[宋]朱熹 撰

朱傑人 嚴佐之 劉永翔 主編

新訂

朱子全書

附外編

12

上海古籍出版社

本册書目

八朝名臣言行録……………………一

八朝名臣言行録

李偉國　校點

校點説明

五朝名臣言行録、三朝名臣言行録，亦稱八朝名臣言行録、朱子名臣言行録。五朝爲宋太祖、太宗、真宗、仁宗和英宗，三朝爲神宗、哲宗和徽宗，整個北宋，就缺了欽宗亡國的那一段。此書既題爲「言行録」，則當然係輯録他書而成，但在材料的去取、删略、考辨之間，也很明白地透露了編者的觀點。而據朱熹自序，其編纂目的爲「有補于世教」，這就讓許多人從道學的眼光去看這部書，于是以爲書中所收人物，如趙普之陰險，王安石之堅僻，吕惠卿之奸詐，均不能算是「名臣」，書中所及事件，如吕夷簡非正人，而記翦鬚賜藥之詳，余靖正人，而有杖臙懷金之耻，還有蘇軾蘇木私鹽等事，均不足爲法。這種眼光是很迂腐的。且不説書中并没有列吕惠卿爲名臣（其事則不能無），以趙普和王安石這樣在歷史上有重大影響的人物而不算名臣，這是無論如何講不過去的。再説人無完人，如一列爲名臣就祇能記録其盛德之事，那麽一個人的生平出處，還會顯得完整嗎？首尾完整，毁譽具録，這一點正是朱熹名臣言行録的高明之處和價值所在，也正因爲朱熹在這部書中比較客觀全面地記述了北宋的史事和人物，所以我們可以説這是一部歷史著作，是一部以人物爲綫索的簡明北宋史。朱熹的「有補于世教」與後來有些人所理解的「説教」，看來相去甚遠。

因爲是南宋初的人編纂的北宋史書，涉及衆多當朝人物，而那些北宋的世家大族，子孫繁多，官宦滿朝，對涉及自己祖宗的臧臧否否，不免觸動神經。北宋名臣吕夷簡的後人，南宋著名學者吕祖謙就有與朱元晦曰：「近麻沙印一書，曰五朝名臣言行録，板样頗與精義相似，或傳吾丈所編定，果否？蓋其間頗多合考訂商量處，若信然，則續次往求教。或出於它人，則雜録行於世者固多，有所不暇辨也。」而朱熹亦有與祖謙書曰：「言行二書，亦當時草草爲之，其間自知尚多謬誤，編次亦無法，初不成文字，因看得爲訂正示及爲幸。」朱、吕關于這部書的討論，焦點在五朝名臣言行録卷九之五孔道輔下引涑水記聞記吕夷簡勸仁宗廢郭后事。在此條記事之末，有朱熹自注（這條自注應非初版本所有，而係吕氏後人提出質疑以後所加），引述吕家另一位後人吕本中的意見，説涑水記聞等書不可靠，如郭后之廢，當時論者止認爲吕夷簡不應不力爭，如按涑水記聞所記，則是大奸大惡，罪不容誅。朱熹蓋以吕家兄弟爭之甚力，姑存其説于此，而没有删去涑水記聞的那段記事，因爲實際上他并不認爲吕家兄弟是對的。朱子語類卷一百三十説：「涑水記聞，吕家子弟力辨以爲非温公書，蓋其中有記吕文靖公數事，如殺郭后等。某嘗見范太史之孫某説親收温公手寫稿本，安得爲非温公書？某編八朝名臣言行録，吕伯恭兄弟亦來辨。爲子孫者，祇得分雪，然必欲天下之人從己，則不能也。」表明了他對歷史事實的嚴肅態度。

八朝名臣言行録摘録了大量的北宋官私著作，計有國史實録、别史雜史、文集筆記等百餘種，碑志行狀等又近百種。在這麽豐富的史料中，有的早已失傳，如王沂公言行録，係王皞録王曾言行三十七事，八朝名臣言行録引有二十五條，又如范忠宣公言行録，引有二十一條，還有范祖禹家傳、胡氏傳家録、王荆公日録、温公日録、王彦霖繫年録，等等，共十六七種。有的史料，特别是一些筆記，今雖有傳本，但闕佚甚多，八朝名臣言行録所引，常有可補今本之闕者，如前述司馬光涑水記聞，即有一百二十餘條被稱引，鄧廣銘先生從中輯得佚文二十四條，又如范鎮東齋記事，原本已佚，今本係清初修四庫全書時從永樂大典中輯出，中華書局標點本，又輯得佚文三十七條，用功已很深，可惜没有翻檢朱熹名臣言行録，從中尚可輯得佚文數條。八朝名臣言行録不僅有輯佚補缺的作用，還具有很高的校勘價值，如邵伯温邵氏聞見録卷六有「王晉公祐事太祖爲知制誥」條，「祐」實當作「祜」，宋史界已有定論，五朝名臣言行録卷二之四引此正作「祜」，而中華書局標點本邵氏聞見録未據以改正，甚可惜。此類實例極多，不勝枚舉，可證明朱熹的名臣言行録具有很高的文獻價值。

據清王懋竑朱子年譜，八朝名臣言行録初刊於孝宗乾道八年（一一七二年），朱熹時年四十三歲。但自宋末以後，朱熹生前刊刻的本子就已鮮爲人知，一直到清末民初，藏家所見所録，多爲李幼武所編之宋名臣言行録。幼武字士英，理宗時人，曾依朱熹之例續輯皇朝名臣言行續録、四朝名臣言行録、皇朝道學名臣言行録，景定間以李衡校正本五朝名臣言行録、三朝名臣言行録連同自輯之數種合刻，統稱爲前、後、續、别、外集，其前、後集即朱熹所編兩種，卷前均署「晦菴先生朱熹纂輯、太平老圃李衡校正」。據趙崇硂皇朝名臣言行續録序，太平老圃爲李幼武宗人，而李幼武是趙崇硂的外孫。宋史卷三九〇有李衡傳，字彦平，江都人，曾爲監察御史，知温、婺、台等州，以秘閣修撰致仕，定居昆山，聚書逾萬卷，號曰樂菴，卒年七十九。又崑山碑刻集存所録宋故侍御史李公壙誌及永樂大典卷一〇四二二引蘇州府志，均謂李衡卒于淳熙五年，所著書有易説、論語説、易義海撮要、樂菴文集等。要確定此李衡即彼李衡，尚有二疑，一爲宋史和其他資料均衹説李衡號樂菴，未提到號太平老圃，一爲亦未提到李衡曾校正朱熹名臣言行録。但李衡以飽學有道之士閑居昆山，聚書逾萬卷，有校書的條件，在其去世前八朝名臣言行録已刊行，故亦不可否定。以李幼武所編入之宋名臣言行録前後集與五朝名臣言行録、三朝名臣言行録相比較，前後集本的篇幅僅爲五朝、三朝本的一半，在大量删削的同時，也查閱了許多原始資料，有所訂正。

到目前爲止，對於李衡的「校正」是否包含删簡工作尚難確定，如李衡僅爲一般的文字校訂，則亦有可能「删簡」乃朱熹本人所爲。

經過精簡的圖書常常比原書流傳更廣。八朝名臣言行録後世覆刻極稀，而李幼武合刊的版本宋代以後多次被翻刻。所幸五朝三朝本於清末民初重現於世，今有商務印書館四部叢刊本，其所據底本爲海鹽張氏涉園藏宋刊本。北京圖書館藏有宋本，中國古籍善本書目著録爲宋淳熙刻本。又傅增湘藏園群書經眼録記有袁寒雲藏宋本。疑涉園張氏藏本已在一九三六年毁于日本侵略軍之手，而北圖藏本即原袁藏本。據著録，兩本行款相同，經查對，四部叢刊本所缺四頁，北圖藏本亦缺，則張藏本（即四部叢刊所據本）與袁藏本（即今北圖藏本）爲同一版本。

李幼武合刊之宋名臣言行録宋本已難覓，今有清洪瑩、顧千里仿宋刻本、中山大學圖書館藏元刊本、明張采校刻本等版本。先師裴汝誠教授和學長顧宏義教授曾發表論文以爲朱熹名臣言行録之兩種版本不可偏廢，言之成理。五朝三朝本和前後集本均爲朱熹重要著作。今即以四部叢刊影宋本爲底本，校以李幼武系統的三個版本，整理五朝名臣言行録、三朝名臣言行録。以清洪瑩、顧千里校刻本爲底本，校以五朝三朝本及元刊本、明刻本整理宋名臣言行録前後集。在整理過程中參校了大量宋代相關著作。

朱熹輯録諸書在宋代，今所用底本和校本又多刻于宋元，其輯佚、校勘的價值之高已如前所述，然朱熹輯録不可能絶對無誤，宋時刻本亦不會絶對無誤，且既爲輯録，例可删削，偶亦有删削過甚，致使文意不甚明了，乃至無法卒讀者，又某些被輯録之書，當時流傳已非一本，今存世本之祖本，不必爲朱熹所見之本，兩者之間的異文，仍有參考價值。有鑑于此，在這次整理中，盡可能檢出現存之朱熹所引原書加以參校，遇見可以確定的誤字如「忘」作「志」、「勸」作「歡」、「善」作「喜」之類，改字出校，遇有有價值的異文，酌出异同校，遇有删削過甚以致文意不明或不通者，出校略作説明。嚴格掌握改字出校，决不據原書對言行録作增補。五朝、三朝録底本所缺之四頁，因無同本可據，正文亦不補，衹在校記中加以説明并略作補遺，補遺的次序是先李幼武本，後所引原書存世本。底本和各版本原書目録與卷前題不盡相合，今爲方便閲讀查檢，據正文及原書體例編定目録，並酌情出校。

限于學識，錯誤難免，敬祈方家不吝指正。

二〇一九年十二月　李偉國

總目録

自叙……八
五朝名臣言行録……九
三朝名臣言行録……三三一

自叙

予讀近代文集及記事之書，觀其所載國朝名臣言行之迹，多有補於世教者。然以其散出而無統也，既莫究其始終表裏之全，而又汨於虚浮怪誕之説，予常病之。於是掇取其要，聚爲此録，以便記覽。尚恨書籍不備，多所遺闕，嗣有所得，當續書之。

五朝名臣言行録

目録

卷第一……一五
一之一　中書令韓國趙忠獻王普……一五
一之二　樞密使濟陽曹武惠王彬……二三
一之三　丞相魯國范公質……三二
一之四　内翰竇公儀……三六
一之五　丞相李文正公昉……四〇
一之六　丞相許國吕文穆公蒙正……四二
一之七　丞相張文定公齊賢……四五
卷第二……四八
二之一　丞相吕正惠公端……四八
二之二　樞密錢宣靖公若水……五一

二之三　丞相李文靖公沆……………………五五
二之四　太尉魏國王文正公旦………………六一
卷第三……………………………………………七八
三之一　丞相向文簡公敏中…………………七八
三之二　參政陳晉公恕………………………八二
三之三　尚書張忠定公詠……………………八五
三之四　樞密馬正惠公知節…………………九八
三之五　樞密曹武穆公瑋……………………一〇二
卷第四……………………………………………一〇九
四之一　丞相畢文簡公士安…………………一〇九
四之二　丞相萊國寇忠愍公準………………一一三
四之三　太尉衛國高烈武王瓊………………一二八
四之四　内翰楊文公億………………………一三三
四之五　丞相王文康公曙……………………一三六
卷第五……………………………………………一三九

五之一　丞相沂國王文正公曾……一三九
五之二　丞相李文定公迪……一五〇
五之三　參政魯肅簡公宗道……一五六
五之四　參政薛簡肅公奎……一五八
五之五　參政蔡文忠公齊……一六一
卷第六……一六六
六之一　丞相許國吕文靖公夷簡……一六六
六之二　丞相陳文惠公堯佐……一八〇
六之三　丞相晏元獻公殊……一八五
六之四　丞相鄭國宋元憲公庠……一八九
六之五　參政韓忠憲公億……一九二
六之六　參政程文簡公琳……一九五
卷第七……二〇〇
七之一　丞相祁國杜正獻公衍……二〇〇
七之二　參政范文正公仲淹……二〇七

七之三　東染院使种公世衡……二二四
卷第八……二三三
八之一　丞相潁國龐莊敏公籍……二三三
八之二　樞密使狄武襄公青……二四一
八之三　參政吳正肅公育……二五一
八之四　參政王文忠公堯臣……二五五
八之五　樞密包孝肅公拯……二五八
八之六　樞密使魯國王武恭公德用……二六一
卷第九……二六七
九之一　諫議大夫田公錫……二六七
九之二　内翰王公禹偁……二七〇
九之三　侍讀孫宣公奭……二七五
九之四　御史中丞李恭惠公及……二七八
九之五　御史中丞孔公道輔……二八〇
九之六　起居舍人尹公洙……二八五

九之七　尚書余襄公靖……二九二
九之八　待制王公質……二九七
九之九　侍讀孫公甫……三〇〇
卷第十……三〇七
十之一　希夷陳先生摶　穆脩、种放、李之才、魏野、林逋附……三〇七
十之二　安定胡先生瑗……三一四
十之三　泰山孫先生復……三二一
十之四　徂徠石先生介……三二三
十之五　老蘇先生洵……三二七

五朝名臣言行録卷第一

一之一　中書令韓國趙忠獻王

王名普，字則平，幽州薊人，後徙洛陽。周世宗用兵淮上，太祖拔滁州，宰相范質奏用王爲軍事判官。太祖領同州節度，辟爲推官，移領宋州，表掌書記。太祖受禪，以佐命功，授右諫議大夫，充樞密直學士。從平上黨，遷樞密副使，拜樞密使。乾德二年，范質、王溥、魏仁浦同日罷，以王爲門下侍郎、平章事。開寶中，出爲河陽三城節度使。太平興國初，入朝，拜司徒，兼侍中。八年，出爲武勝軍節度使。雍熙中，册拜太保，兼侍中。明年，出爲西京留守，兼中書令。淳化三年，薨，年七十一。咸平初詔配享太祖廟庭。

普爲滁州判官，太祖與語，奇之。會獲盜百餘人，將就死，普意其有寃，啓太祖更訊之，

所全活十七八。范蜀公蒙求

太祖既得天下，誅李筠、李重進，召趙普問曰：「天下自唐季以來，數十年間，帝王凡易十姓，兵革不息，蒼生塗地，其故何也？吾欲息天下之兵，爲國家建長久之計，其道何如？」普曰：「陛下之言及此，天地人神之福也。唐季以來，戰鬭不息，國家不安者，其故非它，節鎮太重，君弱臣强而已矣。今所以治之，無它奇巧也，惟稍奪其權，制其錢穀，收其精兵，則天下自安矣。」語未畢，上曰：「卿勿復言，吾已諭矣。」頃之，上因晚朝，與故人石守信、王審琦等飲酒，酒酣，上屏左右謂曰：「我非爾曹之力，不得至此，念汝之德，無有窮已。然爲天子亦大艱難，殊不若爲節度使之樂，吾今終夕未嘗敢安枕而卧也。」守信等皆曰：「何故？」上曰：「是不難知，居此位者，誰不欲爲之？」守信等皆惶恐起，頓首言曰：「陛下何爲出此言？今天命已定，誰敢復有異心？」上曰：「不然。汝曹雖無心，其如汝麾下之人欲富貴者何？一旦以黄袍加汝之身，汝雖欲不爲，不可得也。」皆頓首涕泣曰：「臣等愚不及此，唯陛下哀憐，指示以可生之塗。」上曰：「人生如白駒之過隙，所爲好富貴者，不過欲多積金錢，厚自娱樂，使子孫無貧乏耳。汝曹何不釋去兵權，擇便好田宅市之，爲子孫立永久之業，多置歌兒舞女，日飲酒相驩，以終其天年。君臣之間，兩無猜嫌，上下相安，不亦善乎！」皆再拜謝曰：「陛下念臣及此，所謂生死而肉骨也。」明日，皆稱疾，請解軍權。上許之，皆以散官就第，所以尉撫賜賚之甚厚，與結婚姻。更置易制者，使主親軍。其後，又置轉運使、通判，使主諸道錢穀。收選天下精兵，以備宿衛。而諸功臣亦以善終，子孫富貴，迄今不絕。曏非韓王謀慮深長，太祖聰明果斷，天下何以治平？至今戴白之老不覩干戈，聖賢之見，何其遠哉！普爲人陰刻，當其用事時，以睚眦中傷人甚多，然其子孫至今享福禄，國初大臣鮮能及者，得非安天下之謀，其功大乎？太祖既納韓王之謀〔一〕，數遣使者分詣諸道，選擇精兵。凡其材力伎藝有過人者，皆收補禁軍，聚之京師，以備宿衛，厚其糧賜，居常躬自按閲訓練，皆一以當百。諸鎮皆自知兵力精鋭非京師之敵，莫敢有異心者，由我太祖能强幹弱支，制治於未亂故也〔二〕。涑水記聞○又王沂公筆録云：太祖在位歷年，石守信、王審琦等猶分典禁兵，相國趙公普屢以爲言。上不得已，召守信等曲宴，道舊甚樂，因諭之曰：「朕與公等昔嘗比肩，義同骨肉，豈有它哉！而言事者進説不已。今莫若自擇善地，各守外藩，優游卒歲，不亦樂乎？朕復有女數人，便當約婚。」守信等咸頓首稱謝。由是高、石、王、魏之族，俱蒙選尚，尋各歸鎮。幾二十年，貴盛赫奕，始終如一。○又程氏遺書云：趙普除節度使權，便是烏重胤之策，以兵付逐州刺史。

太祖初登極，杜太后尚康寧，常與上議軍國事，猶呼趙普爲「書記」，嘗撫勞之曰：「趙書記且爲盡心，吾兒未更事也。」太祖寵待韓王如左右手。御史中丞雷德驤劾奏普强市人第宅，聚斂財賄，上怒叱之曰：「鼎鐺尚有耳，汝不聞趙普吾之社稷臣乎？」命左右曳於庭數匝，徐使復冠，召升殿曰：「今後不宜爾，且赦汝，勿令外人知也。」記聞

太祖即位之初，數出微行，以偵伺人情，或過功臣之家，不可測。趙普每退朝，不敢脱衣冠。一日大雪向夜，普謂帝不復出矣。久之，聞叩門聲，普亟出，帝立風雪中。普惶懼迎拜，帝曰：「已約晉王矣。」已而太宗至，共於普堂中設重裀地坐，熾炭燒肉。普妻行酒，帝以嫂呼之。普從容問曰：「夜久寒甚，陛下何以出？」帝曰：「吾睡不能着，一榻之外，皆他人家也。故來見卿。」普曰：「陛下小天下耶？南征北伐，今其時也。願聞成算所向。」帝曰：「吾欲下太原。」普默然久之，曰：「非臣所知也。」帝問其故，普曰：「太原當西北二邊，使一舉而下，則二邊之患，我獨當之，何不姑留，以俟削平諸國，則彈丸黑誌之地，將無所逃。」帝笑曰：「吾意正如此，特試卿耳。」遂定下江南之議。帝曰：「王全斌平蜀多殺人，吾今思之猶耿耿，不可用也。」普於是薦曹彬爲將，以潘美副之。邵氏聞見録

太祖欲使符彦卿典兵，趙韓王屢諫，以爲彦卿名位已盛，不可復委以兵柄。上不聽。宣已出，韓王復懷之請見。上迎謂之曰：「豈非以符彦卿事耶？」對曰：「非也。」因別以事奏。既罷，乃出彦卿宣進之。上曰：「果然。宣何以復在卿所？」韓王曰：「臣託以處分之語未備者〔三〕，復留之，惟陛下深思利害，勿爲後悔。」上曰：「卿苦疑彦卿，何也？朕待彦

卿至厚，彦卿能負朕邪？」韓王曰：「陛下何以能負周世宗？」上默然，遂中止。記聞

太祖一日以幽燕地圖示中令，問所取幽燕之策。中令曰：「圖必出曹翰。」帝曰：「然。」又曰：「翰可取否？」中令曰：「翰可取，孰可守？」帝曰：「以翰守之。」中令曰：「翰死孰可代？」帝不語，久之，曰：「卿可謂遠慮矣。」帝自此絶口不言伐燕。至太宗，因平河東，乘勝欲擣燕、薊，時中令鎮鄧州，上疏力諫。其憂國愛君之深，言出乎文章之外〔四〕，雖雜陸宣公論事中不辨也。聞見録

趙普嘗欲除某人爲某官，不合太祖意，不用。明日，普復奏之，又不用。明日，又奏之，太祖怒，取其奏壞裂投地，普顔色自若，徐拾奏，歸補綴。明日，復進之，上乃寤，用之。其後果稱職，得其力。記聞○又晉公談録云：普嘗奏事忤旨，上怒，就趙手掣奏劄子挼而擲之，趙就地拾起，以手展開，近前復奏。上愈怒，拂袖起。趙猶奏曰：「此事合如此，容進入取旨。」其膽量如此。

太祖時，嘗有群臣立功，當遷官。上素嫌其人，不與。趙普堅以爲請，上怒曰：「朕固不爲遷官，將若何？」普曰：「刑以懲惡，賞以酬功，古今之通道也。且刑賞者，天下之刑賞，非陛下之刑賞也，豈得以喜怒專之？」上怒甚，起，普亦隨之。上入宫，普立於宫門，久之不去。上寤，乃可其奏。記聞

國初，趙普爲相，於廳事坐屏後，置二大甕，凡有人投利害文字，皆置中〔五〕，滿即焚於

通衢。聞見録

太祖常與趙普議事不合。太祖曰：「安得宰相如桑維翰者與之謀乎！」普對曰：「使維翰在，陛下亦不用。」蓋維翰愛錢。太祖曰：「苟用其長，亦當護其短。措大眼孔小，賜與拾萬貫，則塞破屋子矣。」楊文公談苑〔六〕

太祖豁達，既得天下，趙普屢以微時所不足者言之，欲潛加害。太祖曰：「不可。若塵埃中總教識天子、宰相，則人皆去尋也。」自後普不復敢言。談録〔七〕

開寶中，趙普猶秉政，江南後主以銀五萬兩遺普。普白太祖，太祖曰：「此不可不受，但以書答謝，少賂其來使可也。」普叩頭辭讓，上曰：「大國之體，不可自爲寢弱，當使之勿測。」既而後主遣其弟從善入貢，常賜外，密賚白金如遺普之數，江南君臣始震駭上之偉度〔八〕。談苑○又記聞云：太祖時，趙普爲相，車駕因出，忽幸其第。時兩浙錢俶方遣使致書及海物十瓶於普，置在左廡下。會車駕至，倉卒出迎，不及屏也。上顧見，問何物，普以實對。上曰：「此海物必佳。」即命啓之，皆滿貯瓜子金也。普皇恐，頓首謝曰：「臣未發書，實不知，若知之，當奏聞而却之。」上笑曰：「但取之無慮。彼謂國家事皆由汝書生耳。」因命普謝而受之。

王始爲相，太祖命薛居正、吕餘慶參知政事以副之，不知印，不奏事，不押班，但奉行制書而已，事無大小，一決於王。開寶中，盧多遜因對屢攻其短，雷有鄰復訟其庇吏受賕。上怒，下御史府案問，抵吏罪，詔參知政事更知印、押班、奏事，以分其權。

王性深沈，有岸谷，多忌克。初以吏道聞，寡學術。太祖常勸以讀書，晚年手不釋卷。其爲宰相，以天下事爲己任，沈毅果斷，當世無與爲比。

昭憲太后聰明有智度，嘗與太祖參決大政，及疾篤，太祖侍藥餌，不離左右。太后曰：「汝自知所以得天下乎？」太祖曰：「此皆祖考與太后之餘慶也。」太后笑曰：「不然，正由柴氏使幼兒主天下耳。」因戒敕太祖曰：「汝萬歲後，當以次傳之二弟，則并汝之子亦獲安矣。」太祖頓首泣曰：「敢不如母教！」太后因召趙普於榻前，爲約誓書，普於紙尾自署名云：「臣普書。」藏之金匱，命謹密宮人掌之。及太宗即位，普爲盧多遜所譖，出守河陽，日夕憂不測。上一旦發金匱，得書，大寤，遂遣使急召之，普惶恐，爲遺書與家人別而後行，既至，復爲相。記聞

盧多遜貶朱崖。諫議大夫李符求見趙普言：「朱崖雖在海外，而水土無它惡；春州雖在內地，而至者必死。望追改前命，以外彰寬宥，乃置於必死之地。」普頷之。後月餘，符坐事貶宣州行軍司馬，上怒未已，令再貶嶺外，普具述其事，即以符知春州，到郡月餘卒。湘山野録

太平興國中，朝士祖吉典郡姧贓，事覺下獄。時郊禮將近，太宗怒其貪墨，諭旨執政，

特俾郊赦不宥。趙普奏曰：「敗官抵罪，宜正刑辟。然而國家卜郊肆類，所以對越天地，告休神明，吉本何人，安足以隳改陛下赦令哉！」上善其對而止。沂公筆録

彌德超自冗列爲諸司使，驟被委遇，誣奏侍中曹公彬有不軌謀，太宗疑之。拜德超樞密副使，不數月，趙普再相，因爲辯雪，上乃大悟，即逐德超而待彬如故。自是數日，上頗不懌，從容謂普曰：「朕以聽斷不明，幾悞大事，夙夜循省，内愧于心。」普對曰：「陛下知德超才幹而任用之，察曹彬無罪而昭雪之。有勞者進，有罪者誅，物無遁情，事至立斷。此所以彰陛下之明聖也，雖堯舜何以過此哉！」上於是釋然。沂公筆録

李繼遷擾邊，太宗用趙普計，封趙保忠守夏臺故地，令滅之。保忠反與繼遷合謀，大爲邊患。玉壺清話

校勘記

〔一〕太祖既納韓王之謀　宋司馬光涑水記聞（以下簡稱涑水記聞）卷一自此句以下作另條。

〔二〕制治　「制」，涑水記聞卷一作「致」。

〔三〕臣託以處分之語未備者　「未備」上當有「有」字，見宋李燾續資治通鑑長編（以下簡稱長編）卷

四乾德元年二月丙戌。

〔四〕言出乎文章之外　宋邵伯温邵氏聞見録（以下簡稱邵氏聞見録）卷六「言」作「有」，「外」下有「者」字。

〔五〕皆置中　邵氏聞見録作「皆置甕中」。

〔六〕楊文公談苑　按：孔平仲談苑卷四亦有此條。

〔七〕談録　宋李衡校正清洪瑩據宋本重刊本（以下簡稱洪本）及宋李衡校正明崇禎十一年張采、宋學顯等評閱刊本（以下簡稱張本）均作「晉公談録」。

〔八〕江南君臣始震駭上之偉度　宋江少虞宋朝事實類苑（以下簡稱類苑）卷一、宋曾慥類説（以下簡稱類説）卷五三引「震駭」下有「服」字，則此句可斷作「江南君臣始震駭，服上之偉度」。

一之二　樞密使濟陽曹武惠王

王名彬，字國華，真定靈壽人。漢乾祐中補成德軍牙職。入周，以後宫近戚歷典蒲、晉軍。太祖乾德初，改内客省使，兼樞密承旨。二年，征蜀，以爲歸州行營都監。師還，授宣徽南院使、義成軍節度使。開寶七年十月，征江南，爲昇州西南路行營都部署。明年十一月，江南平，以功拜樞密使，領忠武軍節度。太宗即位，加同平章事。從平太原，加兼侍中。出爲天平節度使。雍熙三年，王師北伐，爲幽州道行營前軍都部署，以違詔失律，責授檢校太保、右驍騎上將軍。四年，起爲武寧節度使。真宗嗣位，召拜樞密使。咸平二年，薨，年六十九，追封濟陽郡王，配享太祖廟庭。

王事周嘗監蒲州軍，蒲帥王仁鎬性長厚〔一〕，以王帝室近親，尤所加禮，而王恭謹彌至，雖公府宴樂，必端簡終日，未嘗旁視。王公謂從事曰：「老夫自謂夙夜匪懈，今覩監軍，誠散率之甚也。」李宗諤撰行狀

使吳越，宣賚既畢，即日而廻，私覿之禮，皆所不受。越人追以奉之，王猶不納。既而曰：「吾或終拒之，是近名也。」遂盡籍其數，歸奏世宗，願納内帑。世宗曰：「前使東南者，皆分外求索，是致遠人頗輕朝命。汝獨如此，可謂賢矣。然此常禮，不必固辭。」王始拜賜，悉散遺親舊，不留一錢。行狀

充晉州兵馬都監，劉鈞盜據并、汾，晉爲敵境，王未及壯，爰膺戎寄，晝則訓練，夜則警巡，食無膏粱，衣靡文采。嘗一日，王與主帥暨諸賓從環坐於野，適有鄰道守將命單介馳書詣王，使人素不識，潛問人曰：「誰爲曹公？」有指王以示之者，使人初謂其紿也，笑曰：「豈有國戚近臣，肯衣弋綈袍，坐木素胡床者乎？」審視之方信。其簡儉如此。行狀

太祖始在潛躍，實典禁軍，以王中立不倚，尤所推重。然王非因公事，未嘗造門，羣居

醺樂，亦所罕至。太祖益以此奇之。建隆二年，自平陽召歸，謂曰：「我當日常欲親汝，汝何故疏吾？」王頓首謝曰：「臣事周朝，連葭莩之親，復忝内職，靖恭守位，猶恐獲過，安敢妄有交納？」太祖曰：「朕素知汝意，方將擢用，宜罄乃誠，以輔新邦也。」行狀○又記聞云：

太祖事世宗於澶州，曹彬爲世宗親吏，掌茶酒。太祖嘗從求酒，彬曰：「此官酒，不敢相與。」自沽酒以飲太祖。及即位，語群臣曰：「世宗舊吏，不欺其主者，獨曹彬耳。」由是委以腹心，使監征蜀之軍。

大舉伐蜀，詔劉光義充歸州路行營前軍副部署，以王爲都監。始破三會、巫山寨，次平夔州，又取遂州。時諸將皆欲屠城殺降，以逞威暴，唯王申禁戢之令，明勸賞之法，繇是乘破竹之勢，不血刃而峽中郡縣悉下。兩川平，王與諸將會成都，大將王全斌等日夕縱酒，不恤軍事，部下列校，皆求取無厭，蜀人苦之。王屢勸全斌等宜速振旅凱旋，全斌等逗留不發。卒致全師雄等作亂，郡縣相應，盜賊蜂起。王與崔彦進悉力剪平之。洎全斌等歸闕，太祖盡得全斌等所爲事狀，又面詰王仁贍，仁贍歷詆諸將奢縱不法事，冀以自解，止言清畏廉恪，唯曹彬一人耳。太祖大怒，全斌等並下吏議。即日授王宣徽南院使，充義成軍節度使。王獨懇請曰：「收蜀將校皆得罪，臣以無功獨蒙厚賞，恐無以勸天下。」太祖笑曰：「卿有茂功，加以不伐，設有微累，仁贍肯惜言哉！夫懲惡勸善，此所以勵臣子也。」王不敢辭。

行狀○又掇遺曰：曹彬討蜀，初克成都，有獲婦女者，彬悉閉于一第，竅以度食，且戒左右曰：「是將進御，當密衛之。」洎事罷，咸訪其親以還之，無者備禮以嫁之。及師還，輜重甚多，或譖言：「悉奇貨也。」太祖密令伺之，圖書也，無銖金寸錦之附焉。○又記聞曰：王仁贍自劍南獨先歸闕，乞見，歷數王全斌等貪縱之狀。太祖笑謂仁贍曰：「納李廷珪妓，擅開豐德庫金寶，此又誰邪？」仁贍惶怖，叩伏待罪〔二〕曰：「此行清介畏謹，但止有曹彬一人爾。」○晉公談録曰：太祖遣王全斌等平蜀，全斌殺降兵三千人。時曹彬不從，但收其文案，不署字。及師還，太祖傳宣送中書取勘，左右曰：「方克復西蜀回，雖殺降兵，亦不可便案劾，今後陛下如何用人？」太祖曰：「不然。河東、江南，皆未歸服，若不勘劾，恐今後委任者轉亂殺人，但且令勘劾。」洎勘案成，宣令後殿見責，問曰：「如何敢亂殺人？」又曰：「曹彬但退，不干你事。」曹不退，但叩頭伏罪曰：「臣同商議，罪合誅戮。」太祖遂皆原之。後忽一日，宣曹并潘美曰：「命汝收江南。」又顧曹曰：「更不得似往時西川亂殺人。」曹徐奏曰：「臣若不奏，又恐陛下未知。曩日西川殺降之事，臣曾商量，固執不下，臣見收得當日文案，元不着字。」太祖令取覽之，謂曰：「如此則當時何故堅自服罪？」曰：「臣從初與全斌等同被委任，若全斌等獲罪，臣獨清雪，不爲穩便，所以一向服罪。」太祖曰：「卿既欲自當罪，又安用留此文字？」曰：「臣初謂陛下必行誅戮，故留此文書，令老母進呈，乞全老母之命。」太祖尤器遇之。又潛謂曰：「但只要他歸服，切勿煞。是他無罪過，自是自家着他不得。卿切會取。」曹曰：「謹奉詔旨，不敢違越。」晉公曰：「今國家享無疆之休，良由是耳。而曹之諸子，皆享豐禄，豈非餘慶乎。」

王與太祖密論天下事，無不合上意，而公堂會議，如不能言。太祖益所器重。行狀太祖遣曹彬、潘美征江南，彬辭才力不逮，乞別選能臣，美盛言江南可取。帝大言諭彬曰：「所謂大將者，能斬出位犯分之副將，則不難矣。」美汗下，不敢仰視。將行，夜召彬入禁中，帝親酌酒。彬醉，宫人以水沃其面。既醒，帝撫其背以遣曰：「會取會取，他本無罪，只是自家着他不得。」蓋欲以恩德來之也。是故以彬之厚重，美之明鋭，更相爲助，令行禁止，未嘗妄戮一人，而江南平。聞見録

曹彬事太祖，時將討金陵，責後主稱疾不朝之罪。以彬長者，令爲統帥，將終全其城。彬累遣告城中：「大軍決取十一月二十七日破城，宜早爲之圖。」後主將遣其愛子清源郡公仲寓入覲，至仲冬下旬，日日克期，仲寓未出。彬屢遣督之，言：「郎君到寨，即四面罷攻。」後主終惑左右之言，以爲：「堅壘如此，天象無變，豈可計日而取？蓋敵人之言，豈足爲信？但報言行李之物未備，宫中之宴餞未畢，將以二十七日出。」彬又令懇言：「至二十六日，亦無及矣！」果以是日城陷。整軍成列，至其宫城門，後主方開門奉表納降，彬答拜，爲之盡禮。先是，宫中預積薪，後主誓言：「若社稷失守，當携血屬以赴火。」既見彬，彬諭以歸朝俸賜有限，費用至廣，當厚自齎裝，既歸有司之籍，則無及矣。遣後主入治裝。裨將梁迥、田欽祚皆力爭，以爲「苟有不虞，咎將誰執」？彬但笑而不答。迥等切諫，彬曰：「非爾所知。觀煜神氣，懦夫女子之不若，豈能自引決哉！」煜果無他。彬遣五百人爲般致輜重

登舟，有一卒負籠下道旋〔三〕，彬立命斬之，負檐者罔敢蹉跌。後主既失國，殊無心問家計。既升舟，隨軍官吏入其宫，屏幃几硯什器，皆設不動，所齎持鮮矣。談苑

江南文武官吏，賴王保全，皆得其所，親屬有爲軍士所掠者，王即時遣還之。因大搜軍中，無得匿人妻女。倉廪府庫，悉委轉運使按籍檢視，王一不問。振乏絶，恤鰥寡，仁人之心，無所不至，吴人大悦。及歸，舟中無他物，惟圖籍衣被而已。行狀

曹彬攻金陵，垂克，忽稱疾不視事。諸將皆來問疾，彬曰：「余之病非藥石所愈，唯須諸公共發誠心，自誓以克城之日，不妄殺一人，則自愈矣。」諸將許諾，共焚香爲誓。明日，稍愈。及克金陵，城中皆按堵如故。曹翰克江州，忿其久不下，屠戮無遺。彬之子孫貴盛，至今不絶，翰卒未三十年，子孫有乞匄於海上者矣。程頤云。記聞

金陵之陷，後主以藏中黄金分賜近臣辦裝。張佖得二百兩，詣曹彬自陳不受，願奏其事。彬以金輸官，而不以聞。談苑

太祖遣曹彬等下江南，許以平定之日，授之相印。洎凱旋，恩禮踰厚，而絶無前命。彬等因曲宴，從容陳叙及之，上曰：「非忘之也，顧念河東未下，而卿等官位隆重，豈可更親此事耶？」彬等宴退，其家各賜錢百萬，其重爵勸功若此。沂公筆録○涑水記聞云：彬怏怏而退，至家，見錢滿室，乃歎曰：「好官亦不過多得錢耳，何必使相也！」

以功拜樞密使。王在宥密，常公服危坐，如對君父，接小吏亦以禮，未嘗以名呼。歸私第，唯閉閤宴居，不妄通賓客。五鼓纔動，已待漏於禁門矣，雖雪霜不易其操，如此者八年。行狀

王和氣接物，煦如陽春；忠誠事君，皎如白日。不以富貴驕人，唯以謙恭自處。兩總機密，五臨蕃翰，位益高而志益下，寵愈厚而憂愈深。不蓄羨財爲子孫計，不樹私黨爲門館恩。所居之宅，僅芘風雨；敗簷疏牖，不堪其憂。而王處之，恬然自若。喜慍之色，家人不知；湛然澄波，莫窺其際。所以西降蜀，南平吳，出將入相，善始令終者，蓋王能以功業自全，而善守富貴也。加以歷代治亂，近朝興廢，燦然胸中，問一知十，每與朝士清談終日，鴻儒碩生，自以爲不及。行狀

曹侍中爲人仁愛多恕，平數國，未嘗妄斬人。嘗知徐州，有吏犯罪，既立案，逾年然後杖之，人皆不曉其旨，彬曰：「吾聞此人新娶婦，若杖之，彼其舅姑必以婦爲不利而惡之，朝夕笞罵，使不能自存。吾故緩其事，而法亦不赦也。」其用志如此。記聞

曹武惠王，國朝名將，勳業之盛，無與爲比。嘗曰：「自吾爲將，殺人多矣，然未嘗以私喜怒輒戮一人。」其所居堂室弊壞，子弟請加修葺，公曰：「時方大冬，墻壁瓦石之間，百蟲所蟄，不可傷其生。」其仁心愛物蓋如此。既平江南回，詣閤門入見，牓子稱「奉敕江南幹當

公事回」，其謙恭不伐又如此。歸田録

曹武惠王始生周歲日，父母以百玩之具羅於席，觀其所取。武惠左手提干戈，右手取俎豆，斯須取一印，餘無所視。後果爲樞密、使相，卒贈濟陽王，配享帝食。公雖兼領將相，不以爵禄自大，造門者皆降廡而揖，不名呼下吏，吏之稟白者，雖劇暑，不冠不見。伐江南、西蜀二國，諸將皆稛載而歸，惟公但圖史衾簟而已。爲藩帥，中塗遇朝紳，必引車避〔四〕。過市，戢其傳呵，戒導吏去馬不得越十輪，恐壅遏市井。性仁恕，清謹，無撓，强記，善談論。清白如寒儒，宅帑無十日之蓄，至坐武帳，止衣弋綈紵絮而已〔五〕。征幽州，偶失律於涿鹿，素服待罪。趙參政昌言請按軍法〔六〕，朝廷察之，止責右驍衛上將軍，未幾遂起。趙參政自延安還，因事被劾於尚書省，久不許見。時公已復樞密使，三抗疏，力雪之，方許朝謁。士論歎伏。玉壺清話

侍中曹公彬爲樞密使，向公敏中爲副使。當是時，契丹犯塞，繼遷叛命，每軍書狎至〔七〕，上必亟召樞臣計議。彬則曰：「此狂寇，當速發兵誅討，斬決而已。」止用强弩若干，步兵若干，定矣〔八〕。」敏中徐曰：「某所儲廪未備，或道途迂遠，或出兵非其時，當別施方略制之。」纖悉措置，多從敏中所議。上謂將帥難其人，彬必懇激而言：「臣請自效！」更無他說。敏中常私怪之。及子瑋，亦有將材，累歷邊任，威名甚重。晚自樞貳出鎮西鄙，臨事整

衆，酷類先君，復果於戰鬬，而不肯以安民柔遠爲意。豈將帥之體，固當若是邪？王沂公筆録

曹冀王彬，前後受命帥師征討諸國，凡降四國主，江南，西川，廣南，湖南也，未嘗殺一無辜，功名顯著，爲諸將之首。諸子皆賢令，瑋、琮、璨繼領旄鉞。陶弼觀王畫像，有詩曰：「蒐兵四把降王縛〔九〕，教子三登上將壇。」其後少子玘追封王爵，實生慈聖光獻太后，輔佐仁祖，母儀累朝，聖功仁德，天下懷慕，以至濟陰生享王爵，子孫昌盛，近世無比。非元功陰德，享報深厚，何以至此！雖漢馬、唐郭，殆無以過。嗚呼盛哉！澠水燕談

校勘記

〔一〕王仁鎬　「仁」原作「知」，據元脱脱等宋史（以下簡稱宋史）卷二五六曹彬傳及宋杜大珪名臣碑傳琬琰之集（以下簡稱琬琰集）李宗諤撰曹武惠王彬行狀改。又，琬琰集所載李宗諤撰曹武惠王彬行狀與五朝名臣言行録所引文多不同。

〔二〕叩伏待罪　「伏」原誤作「仗」，今涑水記聞無此條，據類苑卷一改。

〔三〕有一卒負籠下道旋　類苑卷四引「道」下有「迴」字。

〔四〕必引車避　宋釋文瑩玉壺清話（以下簡稱玉壺清話）卷一「車」下有「爲」字。
〔五〕止衣弋綈紵絮而已　玉壺清話卷一作「止衣弋綈紵袍、素胡床而已」，類説卷五四引此句作「正衣冠綈紵素而已」。
〔六〕請按軍法　「軍法」，玉壺清話卷一作「誅」。
〔七〕每軍書狎至　宋左圭百川學海咸淳本（以下簡稱百川學海）已集王文正公筆録無「狎」字。
〔八〕定矣　同前書「定」作「足」。
〔九〕蒐兵四把降王縛　「把」，宋王闢之澠水燕談録（以下簡稱澠水燕談録）卷二作「解」。

一之三　丞相魯國范公

公名質，字文素，大名宗城人。後唐長興中登第，仕晉爲翰林學士。漢初加户部侍郎。周祖起兵，以爲樞密副使。廣順初，拜中書侍郎、平章事。世宗不豫，入受顧命，輔立恭帝。太祖受禪，加兼侍中，罷参知樞密。乾德二年，罷爲太子太傅。薨，年五十四。將終，戒其子無得請謚立碑。

質自從仕，未嘗釋卷，人或勉之，質曰：「昔嘗有異人與吾言，他日必當大任，苟如其

言，無學術何以處之？」蒙求

周祖自鄴舉兵向闕，京師亂，范魯公隱於民間。一日坐封丘巷茶肆中，有人貌怪陋，前揖曰：「相公無慮。」時暑中，公所執扇偶書「大暑去酷吏，清風來故人」二句，其人曰：「世之酷吏寃獄，何止如大暑也，公它日當深究此弊，幸無忘吾言〔一〕。」公悵然久之。後至祆廟後門，見一土木短鬼，其貌肖茶肆中見者〔二〕，公心異焉。亂定，周祖物色得公，遂致大用。公見周祖，首建議律條繁廣，輕重無據，吏得以因緣爲姦，周祖特詔詳定，是爲刑統。聞見録

范質初作相，與馮道同堂，道意輕其新進，潛視所爲。質初知印，當判事，語堂吏曰：「當判之事〔三〕，並施籤表，得以視而書之，慮臨文失誤，貽天下笑。」道聞嘆曰：「真識大體，吾不如也。」質後果爲名相。談苑

世宗在揚州，怒竇儀，罪在不測。范質非時求見，世宗意其救儀，將避之，質趨而前曰：「儀近臣，以小過忤旨，罪不當誅。」因免冠叩首泣下曰：「臣備位宰相，不敢致人非辜，當帝王之怒，幸陛下寬之。」世宗意解，遂赦儀罪。蒙求

范質奉行制敕，未嘗破律，每命刺史縣令，必以户口版籍爲急。蒙求

周恭帝之世，有右拾遺直史館鄭起上宰相范質書，言太祖得衆心，不宜使典禁兵，質不聽。及太祖入城，諸將奉登明德門，太祖命軍士皆釋甲還營，太祖亦歸公署，釋黃袍。俄而

將士擁質及王溥、魏仁浦等皆至，太祖嗚咽流涕曰：「吾受世宗厚恩，今爲六軍所逼，一旦至此，慚負天地，將若之何？」質等未及對，軍校羅彦瓌按劍厲聲曰：「我輩無主，今日必得天子！」太祖叱之，不退。質頗誚讓太祖，且不肯拜，王溥先拜，質不得已從之，且稱萬歲，請詣崇元殿，召百官就列。周帝内出制書禪位，太祖就龍墀北面再拜命，宰相扶太祖登殿，易服於東序，還即帝位，群臣相賀。及太宗即位，先命溥致仕，蓋薄其爲人也。又嘗稱質之賢，曰：「惜也，但欠世宗一死耳。」記聞○又龍川別志云：周顯德末年，太祖任殿前點檢，功業日隆，而謙下愈甚，老將大校多歸心者，雖宰相王溥亦陰效誠款。今南御園〔四〕，則溥夙所獻也。惟范質忠於周室，初無所附。及世宗晏駕，北邊奏契丹入寇，命太祖以大兵出拒之。行至陳橋，軍變，既入城，韓勍以親衛戰於闕下〔五〕，敗死。太祖登正陽門，望城中諸軍未有歸者，乃脱甲詣政事堂。時早朝未退而聞亂，質下殿執溥手曰：「倉卒遣將，吾儕之罪也。」爪入溥手，幾出血。溥無語。既見太祖，質曰：「先帝養太尉如子，今身未冷，奈何如此？」太祖性仁厚，流涕被面。然質知勢不可遏，曰：「事已爾，無太倉卒，自古帝王有禪讓之禮，今可行也。」因具陳之，且曰：「太尉既以禮受禪，則事太后當如母，養少主當如子，切勿負先帝舊恩。」太祖揮涕許諾，然後率百官行禮。由此太祖深敬重質，仍以爲相者累年。終質之世，太后、少主皆無恙。故太祖、太宗每言賢相，必以質爲稱首。

范魯公嘉謀偉量，時稱名相。自以執政之地，生殺慘舒所繫，苟不能蚤夜兢畏，悉心精慮，敗事覆餗，憂患畢至。加之道有枉直，時有夷險，居其位者，今古爲難。嘗謂同列曰：

「人能鼻吸三斗醇醋，即可爲宰相矣。」沂公筆録

舊制：宰相早朝，上殿命坐，有軍國大事，則議之，從容賜茶而退。自餘除拜號令，刑賞廢置，事無巨細，並熟狀擬定進入，止於禁中親批紙尾〔六〕，用御印可其奏，謂之印畫，降出奉行而已。由唐歷五代，不改其制。國初，范質、王溥、魏仁浦，自以前朝舊相，且憚太祖英睿，具劄子面取進止，朝退各疏其事，所得聖旨，臣等同署字以志之。自是奏御寖多，或至旰昃，命坐啜茶之禮，尋亦廢罷，今遂爲定式。沂公筆録

公性卞急，好面折人，以廉介自持，未嘗受四方饋遺。前後所得禄賜，多給孤遺。閨門之中，食不異品，身没之後，家無餘貲。後太祖因講求輔相，謂侍臣曰：「朕聞范質但有所居宅，不營産，真宰相也。」太宗亦素重質，嘗對近臣稱：「累朝宰弼，以爲循規矩，惜名器，持廉節，無出質之右者。」

校勘記

〔一〕幸無忘吾言　邵氏聞見録卷七作「因携其扇去」。

〔二〕其貌肖荼肆中見者　同前書此句下尚有「扇亦在其手焉」一句。

〔三〕當判之事　「當」，類苑卷九引作「堂」。

〔四〕今南御園　「南御園」，宋蘇轍龍川別志（以下簡稱龍川別志）上作「淮南都園」。

〔五〕韓勍以親衛戰於闕下　「勍」，長編卷一建隆元年春正月甲辰條注及宋史卷一太祖本紀均作「通」。按：韓勍爲五代梁唐將，唐後事迹未見，此處似當作「韓通」。然據宋史太祖本紀，韓通乃「謀禦之」而被殺，又據宋史韓通傳，通乃聞變「惶遽而歸」，「未及闔門」被害，與此處云「戰敗死」者不同，姑存疑。

〔六〕止於禁中親批紙尾　「止」，百川學海己集王文正公筆録作「上」。

一之四　内翰竇公

公名儀，字可象，薊州漁陽人。晉天福中舉進士，歷漢、周爲翰林學士，判河南府。國初再入翰林，乾德四年卒，年五十三。儀弟儼、侃、偁、僖，皆繼登科。儼字望之，漢史館修撰，周中書舍人，國初轉禮部侍郎，卒年四十二。偁字日章，周祕書郎，開寶中拜右補闕、開封府判官，出爲彰義軍節度推官。太宗即位，召拜左諫議大夫，後拜參知政事，卒年五十八。

趙普自樞密使授集賢殿大學士，是時范質等皆已罷相，中書絶曹，普授官敕，無人署字。普入奏之，太祖曰：「卿但進來，朕爲卿署可乎？」普曰：「有司所署，非帝王之事。」太祖曰：「卿問陶穀、竇儀，必有所説。」乃召問之。穀時爲尚書，對曰：「自古輔相，未嘗虚位，唯唐文宗時甘露事後，中書無宰相，當時以僕射尚書奉行制書。今尚書乃六官之長，可以署敕。」儀曰：「此非承平之制，不足法。今皇弟尹正京府，兼中書令，此正宰相任也，署敕宜矣。」普即入奏，遂召太宗署敕。掇遺

太祖欲改元，謂宰相曰：「今改年號，須古來未有者。」時宰相以乾德爲請，且言前代所無。三年正月，平蜀，蜀宫人有入掖庭者，太祖因閲其奩具，得鑑，背字云：「乾德四年鑄。」大驚曰：「安得四年所鑄乎？」出鑑以示宰相，皆不能對。乃召學士陶穀、竇儀，奏曰：「蜀少主曾有此號，鑑必蜀中所鑄。」太祖大喜，因歎曰：「作宰相須是讀書人。」自是大重儒臣矣。劉貢父詩話

王著既貶官，内署闕人。太祖謂范質等曰：「王著昨以酒失，深嚴之地〔一〕，當選謹重之士以處之。」質等對以前朝學士惟竇儀清介謹厚，然頃自翰林遷端明，今又官爲尚書，難於復召。太祖曰：「禁中非此人不可，卿當諭朕意，令勉赴所職。」即日再入翰林，爲學士。金坡遺事

竇儀開寶中爲翰林學士，時趙普專政，帝患之，欲聞其過。一日，召儀，語及普所爲多不法，且譽儀早負才望之意。儀盛言普開國勳臣，公忠亮直，社稷之鎮〔二〕。帝不悦。儀歸，言於諸弟，張酒引滿，語其故曰：「我必不能作宰相，然亦不詣朱崖，吾門可保矣。」既而召學士盧多遜，多遜嘗有憾於普，又喜其進用，遂攻普之短。果罷相，出鎮河陽。普之罷，甚危，賴以勳舊脱禍。多遜遂參知政事，作相。太平興國七年，普復入相，多遜有崖州之行。是其言之驗也。談苑

太祖下滁州，世宗命儀籍其帑藏。至數日，太祖遣親吏取藏絹，儀即白曰：「公初下城，雖傾藏取之，誰敢言者？今既有籍，即爲官物，非詔旨不可得也。」後太祖屢對大臣稱儀有守〔三〕，欲以爲相。趙普忌其剛直，乃引薛居正參知政事。及儀卒，太祖聞之，驚歎曰：「天何奪我竇儀之速耶！」太宗亦稱儀質重嚴整，有家法，閨門敦睦，人無間言。諸弟皆不能及，僖亦中人之才，惟偁爲有操尚耳。蒙求

儼顯德中上疏言六綱，一曰明禮，二曰崇樂，三曰熙政，四曰正刑，五曰勸農，六曰經武。蒙求

太祖嘗晚坐崇政殿，召學士竇儼對，上時宴服，儼至屏樹間，見之不進。中使促，不應。上訝其久不出，笑曰：「豎儒以我燕服爾。」遽命袍帶，儼遂趨出。沂公筆録

儼尤善推步星曆，與盧多遜、楊徽之同在諫垣，謂二公曰：「丁卯歲，五星當聚於奎，奎主文明，又在魯分，自此天下始太平，二拾遺必見之，老夫不與也。」至乾德間，五星果聚於奎。玉壺清話

竇偁爲晉府記室〔四〕，賈琰爲判官。每諸王宗室宴集，琰必怡聲下氣，褒讚捷給〔五〕。偁叱之曰：「賈氏子何巧言令色之甚，獨不懼於心邪？」太宗甚怒，白太祖，斥出爲涇州節判。後即位，思之，召爲樞密直學士。數月參政，中謝，語之曰：「汝知何以及此？」偁曰：「陛下以臣往年霸府遭逢，所以至此耳。」上曰：「不然。以卿嘗面折賈琰〔六〕，故任卿左右，思聞直言耳。」談苑

竇儀尚書本燕人，爲性嚴重，家法整肅。尚書每對客坐，即二侍郎、三起居、四參政、五補闕，皆侍立焉。晉公談録

校勘記

〔一〕深嚴之地　洪本、元刊本「地」下有「既貶官」三字。

〔二〕社稷之鎮　「鎮」，洪本、元刊本作「重」，似較長。

〔三〕太祖屢對大臣稱儀有守 「守」上宋史卷二六三竇儀傳有「執」字。
〔四〕竇偁爲晉府記室 「記室」，類苑卷六引作「賓佐」。
〔五〕褒讚捷給 同前書引作「動息褒讚，諂辭捷給」。
〔六〕以卿嘗面折賈琰 「折」原作「拆」，據同前書引改。

一之五　丞相李文正公

公名昉，字明遠，深州饒陽人。漢乾祐初舉進士，仕周爲翰林學士。國朝開寶六年，拜翰林學士，遂參政事。太平興國八年，拜同中書門下平章事。端拱初罷。淳化二年，復相。四年，又罷。明年，以司空致仕。至道二年薨，年七十二。

李相昉在周朝知開封府，人望已歸太祖，而昉獨不附。王師入京，昉又獨不朝，貶道州司馬。昉步行日十數里，監者中人問其故，曰：「須後命耳。」上聞之，詔乘馬，乃買驢而去。三歲，徙延州別駕。在延州爲生業以老，三歲當徙，昉不願内徙。後二年，宰相薦其可大用，召判兵部。昉五辭，行至長安，移疾六十日，中使促之行，至洛陽，又移疾三十日而後行。既至，上勞之，昉曰：「臣前日知事周而已，今以事周之心事陛下。」上大喜，曰：「宰相

不謬薦人。」談叢

太宗語侍臣曰：「朕何如唐太宗？」左右互辭以讚，獨李昉無它言，微誦白居易諷諫七德舞詞曰：「怨女三千放出宮，死囚四百來歸獄。」上聞之，遽興曰：「朕不及，朕不及。卿言驚朕矣！」掇遺

李昉，太宗時與宋琪同建議復時政記，月終送史館，先進御而後付有司。時政記進御，自昉始也。蒙求

盧多遜與李昉相善，昉待之不疑。多遜知政，多毀昉。人有以告昉，昉不信之。後太宗語及多遜事，昉頗爲解釋。太宗曰：「多遜居常毀卿一錢不直。」昉始信之。太宗由是目昉爲善人。蒙求

李文正爲相，有求差遣，見其人材可取，將收用，必正色拒絕之，已而擢用；或不足收用，必和顔温語待之。子弟或問其故，公曰：「用賢，人主之事，我若受其請，是市私恩也，故峻絶之，使恩歸於上。若其不用者，既失所望，又無善辭，此取怨之道也。」卮史

李文正公常期王文正公旦必爲相，自小官薦進之。公病，召王公，勉以自愛。既退，謂其子弟曰：「此人後日必爲太平宰相，然東封西祀，亦不能救也。」卮史

至道元年燈夕，太宗御樓。時李文正以司空致仕於家，上亟以安輿就其宅召至，賜

坐於御樓之側，敷對明爽，精力康勁。上親酌御樽飲之，選餚核之精者賜焉。謂近侍曰：「昉可謂善人君子也，事朕兩入中書，未嘗有傷人害物之事，宜其今日所享如此也。」玉壺清話

公溫和無城府，寬厚多恕，不念舊惡。在位小心循謹，無赫赫稱。好接賓客，雅厚張洎而薄張佖。及罷相，洎草制深詆之，而佖朔望常詣其第。人或謂佖曰：「李公待君素不厚，何數詣之？」佖曰：「我爲廷尉日，李公方秉政，未嘗一有請求，此吾所以重之也。」

一之六　丞相許國呂文穆公

公名蒙正，字聖功。河南人。太平興國二年舉進士。太宗始臨軒親試，擢冠甲科。五年，拜左補闕、知制誥。八年，擢參知政事，遂拜中書侍郎、平章事。淳化中罷，既而復相。至道元年，出判河南府。咸平四年，復以左僕射平章事。六年，以病罷，歸洛。大中祥符四年薨，年六十六。

淳化三年，太宗謂宰相曰：「治國之道，在乎寬猛得中。寬則政令不成，猛則民無所措手足。有天下者，可不敬之哉！」呂蒙正曰：「老子稱『治大國若烹小鮮』。夫魚，擾之則

亂。近日内外皆來上封，求更制度者甚衆。望陛下漸行清淨之化。」上曰：「朕不欲塞人言路，至若愚夫之言，賢者擇之，亦古典也。」趙昌言曰：「今朝廷無事，邊境謐寧，正當力行好事之時。」上喜曰：「朕終日與卿論此事，何愁天下不治？苟天下親民之官皆如此留心，則刑清訟息矣。」談苑

上聞汴水輦運，卒有私質市者，謂侍臣曰：「幸門如鼠穴，何可塞之？但去其尤者可矣。篙工楫師，苟有少販鬻，但無妨，公不必究問，冀官物之入無至損折可矣。」呂蒙正曰：「水至清則無魚，人至察則無徒。小人情僞，在君子豈不知之？若以大度兼容，則萬事兼濟。曹參不擾獄市者，以其兼受善惡，窮之則姦慝無所容，故戒勿擾也。聖言所發，正合黄、老之道。」事實

國朝三入中書，惟公與趙韓王爾。未嘗以姻戚徼寵澤。子從簡當奏補，舊制，宰相奏子，起家即授水部員外郎加朝階。公奏曰：「臣昔忝甲科及第，釋褐止授六品京官。況天下才能，老於巖穴，不能霑寸禄者無限。今從簡始離襁褓，一物不知，膺此寵命，恐罹陰譴，止乞以臣釋褐所授官補之。」固讓方允，止授六品京官，自爾爲制。湘山野録

呂蒙正不喜記人過。初參知政事，入朝堂，有朝士於簾内指之曰：「是小子亦參政邪？」蒙正佯爲不聞而過之。其同列怒，令詰其官位姓名，蒙正遽止之。罷朝，同列猶不能

平，悔不窮問，蒙正曰：「若一知其姓名，則終身不能復忘，固不如毋知也。且不問之何損？」時皆服其量。記聞

呂文穆公以寬厚爲宰相，太宗尤所眷遇。有一朝士，家藏古鑑，自言能照二百里，欲因公弟獻以求知。其弟伺間從容言之，公笑曰：「吾面不過楪子大，安用照二百里？」其弟遂不復敢言。聞者歎服，以謂賢於李衛公遠矣。蓋寡好而不爲物累者，昔賢之所難也。歸田錄

呂公蒙正嘗問諸子曰：「我爲相，外議如何？」諸子云：「大人爲相，四方無事，蠻夷賓服，甚善。但人言無能爲，事權多爲同列所爭。」公曰：「我誠無能，但有一能，善用人耳，此真宰相之事也。」公夾袋中有册子，每四方人替罷謁見，必問其有何人才，客去隨即疏之，悉分門類。或有一人而數人稱之者，必賢也，朝廷求賢，取之囊中。故公爲相，文武百官各稱職者，以此。卮史

呂文穆公既致政居洛，真宗祀汾陰過洛，文穆尚能迎謁，至回鑾，已病，帝爲幸其宅，問曰：「卿諸子孰可用？」公對曰：「臣諸子皆豚犬不足用，有姪夷簡，任潁州推官，宰相才也。」帝記其語，遂至大用，文靖公也。先是，富韓公之父貧甚，客文穆公門下。一日，白公曰：「某兒子十許歲，欲令入書院事廷評、太祝。」公許之。其子，韓公也。文穆見之，驚

曰：「此兒它日名位，與吾相似。」亟令諸子同學，供給甚厚。文穆兩入相，以司徒致仕，後韓公亦兩入相，以司徒致仕。文穆知人之術如此。聞見録

公質厚寬簡，有重望，不結黨與。遇事敢言，每論政事，有未允者，必固稱不可。太宗嘉其無隱。趙韓王開國元老，公晚輩驟進，同在相位，韓王甚推許之。

一之七　丞相張文定公

公名齊賢，字師亮，曹州冤句人，後徙洛陽。太祖時舉賢良方正，又獻十策，皆報罷。太平興國二年，中進士第。六年，爲江南西路轉運副使。召還，簽書樞密院事。出知代州。淳化二年，拜吏部侍郎、同平章事。四年，出知成都府。咸平初，復相，坐冬至朝會被酒失儀免。大中祥符五年，以司空致仕。七年薨，年七十二。

太祖幸西都，肆赦。張文定公齊賢時以布衣獻策，太祖召至便坐，令面陳其事。文定以手畫地，條陳十策：一下并汾，二富民，三封建，四敦孝，五舉賢，六大學，七籍田，八選良吏，九懲姦，十恤刑。内四説稱旨，文定堅執其六説皆善，太祖怒，令武士拽出。及車駕還京，語太宗曰：「我幸西都，唯得一張齊賢耳。我不欲爵之以官，異時汝可收之，使輔汝爲

相也。」至太宗初即位，放進士榜，決欲置於高等，而有司偶失掄選，寘第三甲之末〔一〕。太宗不悦。及注官，有旨一榜盡與京官、通判。文定釋褐將作監丞、通判衡州。不十年，果爲相。東軒筆録○又聞見録云：太祖幸西都，文定公獻十策於馬前，召至行宫，賜衛士廊飡。文定就大盤中以手取食，帝用柱斧擊其首，問所言十事。文定且食且對，略無懼色。賜束帛遣之。歸謂太宗曰：「吾幸西都，爲汝得一張齊賢，宰相也。」

張齊賢爲江南轉運使，吉州沿江有勾欄地錢，其地爲江水淪陷，或官占爲船場，而所輸錢如故。又李氏時民於江中編浮栰以居，量丈尺輸税，名水場錢。齊賢悉奏免之。蒙求

真宗時，戚里有爭分財不均者，更相訴訟。又因入宫，自理於上前，更十餘斷，不能服。宰相張齊賢曰：「是非臺府所能決也，臣請自治之。」上許之。齊賢坐相府，召訟者曰：「汝非以彼所分財多，汝所分財少乎〔二〕？」皆曰：「然。」即命各供狀結實，乃召兩吏趣歸其家，令甲家入乙舍，乙家入甲舍，貨財皆按堵如故，分書則交易之，訟者乃止。明日奏狀，上大悦，曰：「朕固知非君莫能定者。」記聞

公姿儀碩大，善談方略，以致君之術自負，往往涉於疏闊。前後治獄，多所全宥。喜提獎寒雋，种放之召，公所薦也。大中祥符中，嘗言玉清昭應宫繢畫祥瑞，有損謙德，及違奉天之意，屢請罷土木之役。然不事儀矩，頗好治生，再入相，數起大獄，又與寇公準相傾奪，

人以此少之。

校勘記

〔一〕寘第三甲之末　「寘」原缺，據宋魏泰東軒筆録（以下簡稱東軒筆録）卷一補。

〔二〕汝非以彼所分財多汝所分財少乎　「多汝所分財」五字原脱，據洪本、元刊本及長編卷四三咸平元年十月丁酉、宋史卷二六五張齊賢傳補。

五朝名臣言行録卷第二

二之一　丞相吕正惠公

公名端，字易直，幽州安次人。晉朝以蔭補千牛備身。開寶中知成都府。太宗朝再爲開封判官，皆坐累左遷。復爲樞密直學士，拜參知政事，又擢拜户部侍郎、平章事，逾年以病罷。薨年六十六。

吕正惠公使高麗，遇風濤，檣折〔一〕，舟人大恐，公恬然讀書，若在齋閤時。玉壺清話

太宗欲相正惠公，左右或曰：「吕端之爲人糊塗。讀爲鶻突。」帝曰：「端小事糊塗，大事不糊塗。」決意相之。吕氏家塾記

保安軍奏獲李繼遷母，太宗甚喜。是時寇準爲樞密副使，吕端爲宰相，上獨召準與之謀。準退，自宰相幕次前過不入，端使人邀至幕中，曰：「鄉者主上召君何爲？」準曰：「議邊事

耳。」端曰：「陛下戒君勿言於端乎？」準曰：「不然。」端曰：「若邊鄙常事，樞密院之職，端不敢與知。若軍國大計，端備位宰相，不可以莫之知也。」準以獲繼遷母告，端曰：「君何以處之？」準曰：「準欲斬於保安軍北門之外，以戒凶逆。」端曰：「陛下以爲何如？」曰：「陛下以爲然，令準之密院行文書耳。」端曰：「必若此，非計之得者也。願君少緩其事，文書勿亟下，端將覆奏之。」即召閤門吏，使奏「宰臣呂端請對」。上召入之，端見，具道準言，且言：「昔項羽得太公，欲烹之，漢高祖曰：『願遺我一盃羹。』夫舉大事者，固不顧其親，況繼遷胡夷悖逆之人哉！且陛下今日殺繼遷之母，繼遷可擒乎？若不然，徒樹怨讎而益堅其叛心耳。」上曰：「然則奈何？」端曰：「以臣之愚，謂宜置於延州，使善養視之，以招徠繼遷，雖不能即降，終可以繫其心，而母死生之命在我矣。」上撫髀稱善，曰：「微卿，幾誤我事。」即用端策。其母後病死於延州，繼遷尋亦死，其子竟納款請命。記聞

太宗大漸，李太后與宣政使王繼恩忌太子英明，陰與參知政事李昌齡、殿前都指揮使李繼勳、知制誥胡旦謀立潞王元佐。太宗崩，太后使繼恩召宰相呂端，端知有變，鏁繼恩於閤内，使人守之而入。太后謂曰：「宮車已晏駕，立嗣以長，順也。今將何如？」端曰：「先帝立太子，正爲今日。今始棄天下，豈可遽違先帝之命，更有異議？」乃迎太子立之。尋以繼勳爲使相，赴陳州本鎮，昌齡爲忠武行軍司馬，繼恩爲右監門衛將軍，均州安置，胡旦除

名，流潯州。記聞

真宗既於大行柩前即位，垂簾引見群臣，宰相呂端於殿下平立不拜，請卷簾，升殿審視，然後降階，率群臣拜呼萬歲。記聞○又談叢曰：太宗不預，呂正惠公日與太子問起居。既崩，奉太子至福寧庭中，而先登御榻，解衣視之而降，揖太子以升，遂即位。

趙普在中書，呂端爲參政〔一〕。趙嘗謂人曰：「吾嘗觀呂公奏事，得嘉賞未嘗喜，遇抑挫未嘗懼，亦不形言，真台輔之器也。」晉公談録

公姿儀瓌秀，有器量，寬厚多恕，意豁如也。雖屢經擯退，未嘗以得喪介懷，深爲當世所服。善與人交，輕財好施，未嘗問家事。其爲相，持重識大體，以清靜簡易爲務。每奏對，同列多異議，公罕所建明。一日，内出手扎戒曰：「自今中書事，必經呂端詳酌，乃得聞奏。」公讓不敢當。真宗初即位，每見公，肅然拱揖，不以名呼。嘗召對便殿，訪軍國大事，經久之制，陳當世急務，皆有條理，上甚嘉納。

校勘記

〔一〕遇風濤檣折 玉壺清話此句作「遇風濤恍恍摧檣折舵」。

〔二〕呂端爲參政　百川學海癸集丁晉公談録此句作「忽命呂公蒙正爲參預」。按：據宋史卷四太宗本紀及卷二一〇宋宰輔表，太平興國八年趙普罷相，十一月呂蒙正參知政事，端拱元年二月趙、呂同拜相。呂端參知政事在淳化四年，時趙普已養疾西京。則呂端似未及副趙普。

二之二　樞密錢宣靖公

公名若水，字淡成，河南新安人。雍熙中舉進士，釋褐同州觀察推官，擢祕書丞、直史舘，遷知制誥、翰林學士。至道初，以右諫議大夫同知樞密院事，以母老求解機務便奉養，遂以本官充集賢院學士，復判流内銓。知開封府，出知天雄軍，巡撫陝西，還拜鄧州觀察使、知并州。薨年四十四。

錢若水爲舉子時，見陳希夷於華山，希夷曰：「明日當再來。」若水如期往，見有一老僧與希夷擁地爐坐。僧熟視若水，久之不語，以火箸畫灰作「做不得」三字，徐曰：「急流中勇退人也。」若水辭去，希夷不復留。後若水登科，爲樞密副使，年才四十致仕。希夷初謂若水有仙風道骨，意未決，命僧觀之，僧云「做不得」，故不復留。然急流中勇退，去神仙不遠矣。僧，麻衣道者也。聞見録錢若水爲同州推官，知州性褊急，數以胸臆決事，不當。若水固爭不能得，輒曰：「當奉陪贖銅耳。」已而果爲朝廷及上司所駁，州官皆以贖論。知州愧謝，已而復然。前後如此數矣。有富民家小女奴逃亡，不知所之，奴父母訟於州，命録事參軍鞫之。録事嘗貸錢於富民不獲，乃劾富民父子數人共殺女奴，棄屍水中，遂失其屍。或爲元謀，或從而加功，罪皆應死。富民不勝榜楚，自誣服。具上，州官審覆，無反異，皆以爲得實。若水獨疑之，留其獄，數日不決。録事詣若水廳事，詬之曰：「若受富民錢，欲出其死罪邪？」若水笑謝曰：「今數人當死，豈可不少留，熟觀其獄詞邪？」留之且旬日，知州屢趣之，不能得，上下皆怪之。若水一旦詣州，屏人言曰：「若水所以留其獄者，密使人訪求女奴，今得之矣。」知州驚曰：「安在？」若水因密使人送女奴於知州所。知州乃垂簾引女奴父母，問曰：「汝今見汝女，識之乎？」對曰：「安有不識也？」因從簾中推出示之，父母泣曰：「是也。」乃引富民父子，悉破械縱之。其人號泣不肯去，曰：「微使君之賜，則某滅族矣！」知州曰：「推官之賜也，非我也。」其人趣詣若水廳事，若水閉門拒之，曰：「知州自求得之，我何與焉？」其人不得入，繞垣而哭，傾家貲以飯僧，爲若水祈福。知州以若水雪寃死者數人，欲爲之奏論其功。若水固辭曰：「若水但求獄事正，人不寃死耳，論功非其本心也。且朝廷若以此爲若水功，當置録事於何地邪？」知州歎服曰：「如此尤不可及矣。」録事詣若水叩頭愧謝，若水曰：「獄情難知，偶有過誤，何謝也？」於是遠近翕然稱之。未幾，太宗聞之，驟加進擢，自幕職半歲中爲知制誥，二年中爲樞密副使。記聞

錢若水爲學士，太宗禮遇殊厚。嘗草賜趙保忠詔云：「不斬繼遷，存狡兔之三穴；潛疑光嗣，持首鼠之兩端。」太宗覽之甚悦，謂若水曰：「此四句正道着我意。」又與趙保吉詔有：「既除手足之親，已失輔車之勢。」其辭甚美，太宗御筆批其後云：「依此詔本，極好。」至今其子延年寶藏之。金坡遺事

李繼隆與轉運使盧之翰有隙，欲陷之罪，乃檄轉運司，期八月出塞，令辦芻粟。轉運司調發方集，繼隆復爲檄，言據陰陽人狀，國家八月不利出師，當更取十月。轉運司遂散芻粟。既而復爲檄，云得保塞胡偵候狀，言賊且入塞，當以時進軍，芻粟即日取辦。是時，民輸輓者適散，倉卒不可復集，繼隆遂奏轉運司乏軍興。太宗大怒，立召中使一人，付三函，令乘驛馳取轉運使盧之翰、竇玭及某人首。丞相呂端、樞密使柴禹錫皆不敢言，惟樞密副使錢若水爭之，請先推驗，有狀然後行法。上大怒，拂衣起，入禁中。二府皆罷，若水獨留廷中不去。上既食，久之，使人偵視廷中有何人，報云：「有細瘦而長者尚立焉。」上出詰之曰：「爾以同州推官再期爲樞密副使，朕所以擢任，以爾爲賢，爾乃不才如是邪？尚留此安俟？」對曰：「陛下不知臣無狀，使得待罪二府，臣當竭其愚慮，不避死亡，補益陛下，以

報厚恩。李繼隆外戚，貴重莫比，今陛下據其一幅奏書，誅三轉運使，雖有罪天下何由知之？鞫驗事狀明白，加誅亦何晚焉？獻可替否，死以守之，臣之常分。臣未獲死，固不敢退。」上意解，乃召呂端等，奏請如若水議，先令責狀，許之。三人皆黜爲行軍副使。既而虜欲入塞事皆虚誕，繼隆坐罷招討，知秦州。記聞

詔訪備邊之策，若水條上五事：一擇郡守，二募鄉兵，三積芻粟，四革將帥，五明賞罰。

錢公若水嘗率衆過河，號令軍伍，分布行列，悉有規節，深爲戍將所伏。上知之，謂左右：「朕嘗見儒人談兵，不過講之於尊俎硯席之間，於文字則引孫、吳，述形勢皆閑暇清論可也，責之於用，則罕見有成效者。今若水亦儒人，曉武，深可嘉也。」時言者請城綏州，積兵禦党項，詔公自魏乘疾傳往案，至則乞罷其役，時論韙之。上嘗謂左右曰：「朕觀若水風骨秀邁，才力有餘，止疑其算部蹙隘，果至大用，恐愈迫之。」其後果夭。玉壺清話

至道初，呂蒙正罷相，以僕射奉朝請。上謂左右曰：「人臣當思竭節以保富貴。呂蒙正前日布衣，朕擢爲輔相，今退在班列寂寞，想其目穿望復位矣。」劉昌言曰：「蒙正雖驟登顯貴，然其風望不爲忝冒。僕射師長百僚，資望崇重，非寂寞之地，且亦不聞蒙正之鬱悒也。況今巖穴高士，不求榮達者甚多，惟若臣輩，苟且官禄，不足以自重耳。」上默然。又嘗

言：「士大夫遭時得位，富貴顯榮，豈得不竭誠以報國乎？」錢若水言：「高尚之人，固不以名位爲光寵；忠正之士，亦不以窮達易志操。其或以爵禄恩遇之故而效忠於上，此中人以下者之所爲也。」上然之。及劉昌言罷，上問趙鎔等曰：「屢見昌言否？」鎔等曰：「屢見之。」上曰：「涕泣否？」曰：「與臣等談，多至流涕。」上曰：「大率如此。當在位之時，不能悉心補職，一旦斥去，即汍瀾涕泗。」若水曰：「昌言實未嘗涕泣，鎔等迎合上意耳。」若水因自念，上待輔臣如此，蓋未嘗有秉節高邁，不貪名勢，能全進退之道，以感動人主，遂貽上之輕鄙，將以滿歲移疾。遂草章求解職，會晏駕，不果上。及今上之初年，再表遜位，乃得請。談苑

公美風神，有器識，能斷大事。事繼母以孝聞。風流儒雅，善談論，尤輕財好施，所至推誠待物。委任僚佐，總其綱領，無不稱治。汲引後進，推賢重士，胸中豁如也。

二之三　丞相李文靖公

公名沆，字太初，洺州人。太平興國五年擢進士甲科，召試，除右補闕、知制誥。淳化二年，拜給事中、參知政事。四年罷。真宗升儲，以爲太子賓客，詔東宫待以師傅

禮。咸平初，以中書侍郎平章事。景德元年七月，薨，年五十八。乾興初，詔配饗真宗廟庭。

雍熙中，王化基上封自薦，太宗謂宰相曰：「李沆、宋湜，皆嘉士也。」即命中書并召試，並除右補闕、知制誥。

李沆嘗侍曲宴，太宗目送之曰：「李沆風範端凝，真貴人也。」俄除參知政事。蒙求

趙保吉久叛，朔方危蹙，中外咸以爲靈州乃必爭之地，苟失之，則緣邊皆驚。上訪於李文靖公，公曰：「繼遷不死，靈州非朝廷有也。莫若遣使密召州將，使部分軍民，空壘而歸，則關右之民息肩矣。」未幾，靈州果陷。

李文靖公沆爲相，王魏公旦方參預政事。時西北隅尚用兵，或至旰食。魏公嘆曰：「我輩安能坐致太平〔一〕，得優游無事耶？」文靖曰：「少有憂勤，足爲警戒。它日四方寧謐，朝廷未必無事。」其後北狄講和，西戎納款，而封岱祠汾，蒐講墜典，靡有暇日，魏公始歎文靖之先識過人遠矣。歸田録○又涑水記聞曰：真宗既與契丹和親，王文正公問於李文靖公曰：「和親何如？」文靖曰：「善則善矣，然邊患既息，恐人主漸生侈心耳。」文正亦未以爲然。及真宗晚年，多事巡遊，大脩宮觀，文正乃潛歎曰：「李公可謂有先知之明矣。」○又龍川志云：真宗初即位，李沆爲相，王旦參知政事。沆日取四方水旱、盜賊奏之，旦以爲細事，不足煩上聽。沆曰：「人主少年，當使知

四方艱難，不然，血氣方剛，不留意聲色犬馬，則土木、甲兵、禱祠之事作矣。吾老，不及見此。此參政它日之憂也。」及旦親見王欽若、丁謂等所爲，欲諫則業已同之，欲去則上遇之厚，不忍去，乃歎曰：「李文靖真聖人也。」

李沆在相位，接賓客常寡言。馬亮與沆同年生，又與其弟維善，語維曰：「外議以大兄爲無口匏。」維乘間嘗達亮語，沆曰：「吾非不知也。然今之朝士，得升殿言事，上封論奏，了無壅蔽，多下有司，皆見之矣。若邦國大事，北有强虜，西有戎遷，日旰條議，所以備禦之策，非不詳究。薦紳中如李宗諤、趙安仁皆時之英秀，與之談，猶不能啓發吾意。自餘通籍之子，坐起拜揖，尚周章失措，即席必自論功最，以希寵獎。此有何策，而與之接語哉？苟屈意妄言，即世所謂籠罩，籠罩之事，僕病未能也。爲我謝馬君。」沆常言：「居重位，實無補萬分，唯中外所陳利害，一切報罷之，唯此少以報國爾。朝廷防制，纖悉備具，或徇所陳請，施行一事，即所傷多矣。陸象先曰『庸人擾之』，正此謂也。憸人苟一時之進，豈念於民耶？」談苑

真宗初即位，李沆爲相。帝雅敬沆，嘗問治道所宜先，沆曰：「不用浮薄新進喜事之人，此最爲先。」帝問其人，曰：「如梅詢、曾致堯等是矣。」帝深然之。故終帝世，數人者皆不進用。時梅、曾皆以才名自負，嘗遣致堯副温仲舒安撫陝西，致堯於閤門疏納仲舒〔一〕，言不足與共事，輕鋭之黨無不稱快。然沆在中書不喜也，因用它人副仲舒，而罷致堯。故

自真宗之世，至仁宗初年，多得厚重之士，由沆力也。龍川别志〇又東坡志林云：真宗時〔三〕，或薦梅詢可用者，上曰：「李沆嘗言其非君子。」時沆之没蓋二十餘年矣。歐陽文忠公嘗問蘇子容云：「宰相没二十年，能使人主追信其言，以何道？」子容言：「獨以無心故耳。」軾謂：「陳執中俗吏耳，特以至公，猶能取信主上，況如李公之才識，而濟之無心耶？」

先生言：「真宗問李文靖曰：『人皆有密啓，而卿獨無，何也？』對曰：『臣待罪宰相，公事則公言之，何用密啓？夫人臣有密啓者，非讒即佞，臣常惡之，豈可效尤？』」因言：「祖宗時宰相如此，天下安得不治？」龜山語録

李文靖公爲相時，真宗嘗夜遣使持手詔問欲以某氏爲貴妃如何，公對使者自引燭焚其詔書，附奏曰：「但道沆以爲不可。」其議遂寢。書曰：「成王畏相。」其此之謂乎！呂氏家塾記

寇萊公始與丁晉公善，嘗以丁之才薦於李文靖公屢矣，而終未用。一日，萊公語文靖曰：「比屢言丁謂之才，而相公終不用，豈其才不足用邪？抑鄙言不足聽邪？」文靖曰：「如斯人者，才則才矣，顧其爲人，可使之在人上乎？」萊公曰：「如謂者，相公終能抑之使在人下乎？」文靖笑曰：「它日後悔，當思吾言也。」晚年，與寇權寵相軋，交互傾奪，至有海康之禍，始伏文靖之識。東軒筆録

李文靖公作相，常讀論語。或問之，公曰：「沆爲宰相，如論語中『節用而愛人』，『使民以時』兩句，尚未能行。聖人之言，終身誦之可也。」聞見録

李丞相沆重厚淳質，言無枝葉，善屬文，識治體，好賢樂善，爲丞相有長者之譽。頗通釋典，尤厭榮利，世務罕以嬰心。其自奉甚薄，所居陋巷，廳事無重門，其偪下已甚，頹垣壞壁，沆不以屑慮。堂前藥欄壞，妻戒守舍者勿令葺，以試沆。沆朝夕見之，經月終不言。妻以語沆，沆笑謂其弟維曰：「豈可以此動吾一念哉！」家人勸治居第，未嘗答。維因語次及之，沆曰：「身食厚禄，時有横賜，計囊裝亦可以治第。但念内典以此世界爲缺陷，安得圓滿如意，自求稱足？今市新宅，須一年繕完，人生朝暮不可保，又豈能久居？巢林一枝，聊自足耳，安事豐屋哉！」後遇疾，沐浴右脇而逝。時盛暑，停屍七日，室中無穢氣，亦履行之報也。談苑

公沆厚寡言，内行脩謹，識大體，居位謹密，不求聲譽，所居湫隘，處之晏然，未嘗問家事。公退終日危坐〔四〕，未嘗跛倚。性直諒有守。駙馬都尉石保吉求爲使相，真宗以問公〔五〕，公曰：「賞典之行，須有所自。保吉因緣戚里，無攻戰之勞，台席之拜，恐騰物論。」它日，再三詢之，執議如初。遂寢其事。及公薨數日，乃卒拜焉。公在相府，動遵詔條，不可干以私，然人有請求，無所辨明，既抑退失望，則歸咎焉，公亦不介意也。

故尚書張詠嘗謂人曰：「吾牓中得人最多，謹重有雅望，無如李文靖；深沉有德，鎮服天下，無如王公；面折庭爭，素有風采，無如寇公；當方面寄，則詠不敢辭。」王文正公遺事

元城先生論本朝名相最得大臣體者，惟李沆丞相。或曰：「何以明之？」先生曰：「李丞相每謂人曰：『沆在政府，無以補報國家，但諸處有人上利害，一切不行耳。』此大似失言，然有深意。且祖宗之時，經變多矣，故所立法度，極是穩便，正如老醫，看病極多，故用藥不至孟浪殺人。且其法度不無小害，但其利多耳，後人不知，遂欲輕改，此其害所以紛紛也。李丞相每朝謁奏事畢，必以四方水旱盜賊、不孝惡逆之事奏聞，上爲之變色，慘然不悦。既退，同列以爲非，問丞相曰：『吾儕當路，幸天下無事，丞相每奏以不美之事，以拂上意，然又皆有司常行，不必面奏之事，後告已之。』公不答。數數如此。因謂同列曰：『人主一日，豈可不知憂懼也？若不知憂懼，則無所不至矣。』惟此兩事，最爲得體。在漢之時，惟魏相能行此兩事。以爲古今異制，方今務在奉行故事而已，奏故事詔書凡二十三事。敕掾史案事郡國，及休告從家還至府，輒白四方異聞，或有逆賊、風雨、災變，郡不上，相輒奏言之。此最爲得宰相大體，後之爲宰相者，則或不然，好逞私智，喜變祖宗之法度，欺蔽人主，惡言天下之災異。喜變法度則綱紀亂；惡言災異則人主驕。此大患也。」元城先生語録

李文靖公爲相，治居第於封丘門内，聽事前僅容旋馬。或言其太隘，公笑曰：「居第當傳子孫，此爲宰相聽事，誠隘，爲太祝奉禮聽事，已寬矣。」温公訓儉

校勘記

〔一〕我輩安能坐致太平　「太」原作「大」，據宋王闢之澠水燕談録卷一改。按：此條注出歸田録，檢今所傳元刊本等均未見。

〔二〕致堯於閤門疏納仲舒　「納」，龍川别志卷上作「論」。

〔三〕真宗時　各本及東坡志林等均如此，然後文有「時沆之没蓋二十餘年矣」之句，查李沆卒於景德元年，其後二十餘年，已爲仁宗之時，姑存疑。

〔四〕公退終日危坐　「公退」原作「退公」，據宋史卷二八二李沆傳改。

〔五〕真宗　各本均作「仁宗」，然李沆卒於真宗時，顯有誤，據宋史二八二李沆傳改。

二之四　太尉魏國王文正公

公名旦，字子明，魏州人。中進士第，知平江縣，通判鄭州，拜右正言、知制誥。趙

昌言參知政事，公其子婿也，表請辭職，改集賢殿修撰。昌言罷，乃復舊職。真宗即位，爲翰林學士。咸平四年，拜工部侍郎、參知政事。景德三年，遂進拜同平章事，從封泰山，祀汾陰，兼玉清昭應宫使，又爲迎奉聖像、天書刻玉、兖州太極觀奉上寶册使。公素羸多疾，至是屢求退，拜太尉兼侍中，五日一朝視事，遇軍國重事，不以時入參決。以疾懇辭，册拜太尉、玉清昭應宫使。是年九月，薨，年六十一。乾興初詔配享真宗廟庭。仁宗篆其碑首曰：「全德元老之碑。」且詔史臣歐陽脩銘之。

王晉公祐事太祖爲知制誥。太祖遣使魏州，以便宜付之，告曰：「使還，與卿王溥官職。」時溥爲相也。蓋魏州節度使符彦卿，太宗夫人之父，有飛語聞于上。祐往别太宗於晉邸，太宗卻左右，欲與之語。祐徑趨出。祐至魏，得彦卿家僮二人挾勢恣横，以便宜決配而已。及還朝，太祖問曰：「汝敢保符彦卿無異意乎？」祐曰：「臣與符彦卿家各有百口，願以臣之家保符彦卿。」又曰：「五代之君，多因猜忌殺無辜，故享國不長。願陛下以爲戒。」帝怒其語直，貶護國軍行軍司馬，華州安置，七年不召。太宗即位，以兵部侍郎召，不及見而薨。初，祐赴貶時，親賓送於都門外，謂祐曰：「意公作王溥官職矣。」祐笑曰：「祐不做，兒子二郎必做。」二郎者，文正公旦也。祐素知其必貴，手植三槐于庭，曰：「吾子孫必有爲三公者。」已而果然。天下謂之三槐王氏云。聞見録文正公通判鄭州，建言請天下置常平倉，以抑兼并。爲人嚴重，能任大事，避遠權勢，不可干以私。爲學士時，嘗奏事退，上目送之曰：「爲朕致太平者，必斯人也。」錢宣靖公名知人，常稱公有宰相器。上嘗問以羣臣可大用者，錢以公對。上曰：「吾固已知之矣。」遂以爲參知政事。

公扈從在澶淵，雍王元份留守，得暴疾，命公代之。公曰：「願宣寇準來，臣有所陳。」準至，公奏曰：「十日之間，未有捷報，時當如何？」上良久黯然曰：「立皇太子。」遺事

上在澶淵，遣公還守東都。既至，直入禁中，下令甚嚴，使人不得傳播。後車駕自河北還，公家人及子弟輩皆出迎於郊外，忽聞後有呵喝之聲，驚而視之，乃公也。其處事謹密如此。遺事

公與人寡言笑，其語雖簡，而能以理屈人。默然終日，莫能窺其際。及奏事上前，群臣異同，公徐一言以定。今上爲皇太子，太子諭德見公，稱太子學書有法，公曰：「諭德之職，止於是耶？」歐公撰神道碑○又遺事云：張士遜言：「皇太子學書甚好。」公曰：「皇太子不待應舉選學士去，不必學書。」由是文懿日以善道規贊皇太子。

趙德明言民飢，求糧百萬斛。大臣皆曰：「德明新納誓而敢違，請以詔書責之。」真宗以問公，公請敕有司，具粟百萬於京師，詔德明來取。真宗大喜。德明得詔書，慚且拜曰：

「朝廷有人。」神道碑

契丹奏請歲給外別假錢幣。上以示公，公曰：「東封甚近，車駕將出，以此探朝廷之意耳。」上曰：「何以答之？」公曰：「止當以微物而輕之也。」乃於歲給三十萬物内，各借三萬，仍諭次年額内除之。契丹得之大慚。次年復下有司：「契丹所借金帛六萬，事屬微末，仰依常數與之，今後永不爲例。」遺事

大中祥符中，天下大蝗。真宗使人於野得死蝗，以示大臣。明日，他宰相有袖死蝗以進者，曰：「蝗實死矣，請示於朝，率百官賀。」公獨以爲不可。後數日，方奏事，飛蝗蔽天。真宗顧公曰：「使百官方賀，而蝗如此，豈不爲天下笑邪！」神道碑〇又遺事所載與此同，但云諸公皆謝曰：「王旦遠識，非臣等所及。」公但斂容退身而已。

宦者劉承規，以忠謹得幸，病且死，求爲節度使。真宗以語公曰：「承規待此以瞑目。」公執以爲不可，曰：「他日將有求爲樞密使者，奈何？」至今内臣官不過留後。神道碑

薛簡肅公天禧初爲江淮發運使，辭王文正公，王無他語，但云：「東南民力竭矣。」薛退而謂人曰：「真宰相之言也。」湘山野録

張士遜出爲江西轉運使，辭公於政事堂，且求教。公從容曰：「朝廷榷利至矣。」士遜起謝。後迭更是職，思公之言，未嘗求錐刀之利。識者曰：「此運使最識大體。」遺事

景德中，李迪、賈邊皆舉進士，有名當時，及就省試，主文咸欲取之。既而二人皆不與。取其卷視之，迪以賦落韻，邊以當仁不讓於師論以「師」爲「衆」，與注疏異説。乃爲奏，具道所以，乞特收試。時王文正公爲相，議曰：「迪雖犯不考，然出於不意，其過可恕；如邊特立異説，將令後生務爲穿鑿，漸不可長。」遂收迪而黜邊。國朝事實

宫禁火災，公馳入對。上驚惶語公曰：「兩朝所積，朕不妄費，一朝殆盡，誠可惜也。」公對曰：「陛下富有天下，財帛不足憂。所慮者政令賞罰，有所不當。臣備位宰府，天災如此，臣當罷免。」繼上表待罪。上乃降詔罪己，許中外上封事，言朝政得失。後有大臣，言非天災，乃榮王宫失於火禁，請置獄。出其狀，當斬決者數百人，公持以歸。翌日，乞獨對，曰：「初，火災，陛下降詔罪己，臣上表待罪，今反歸咎於人，何以示信？且火雖有迹，寧知非天譴邪？果欲行法，願罪臣以明無狀。」上欣然聽納，減死者幾百輩。遺事

公在昭應宫齋宿，寶符閣役工有墜死者。公得報，繳奏曰：「陛下崇奉上靈，爲民祈福，今反傷民損財，豈合天意？乞諭有司，省工惜費。」遺事

石普知許州，不法，朝廷議欲就劾。公曰：「普本武人，不明典憲，恐恃薄劾〔一〕，妄有生事。必須重行，乞召歸置獄。」乃下御史，俟普至按之，一日而獄具。議者以爲不屈國法而保全武臣，真國體也。遺事

公任事久，人有謗公於上者，公輒引咎，未嘗自辨。至人有過失，雖人主盛怒，可辯者辯之，必得而後已。日者上書言宫禁事誅，籍其家，得朝士所與往還占問吉凶之説，真宗怒，欲付御史問狀。公曰：「此人之常情，且語不及朝廷，不足罪。」真宗怒不解，公因自取嘗所占問之書進曰：「臣少賤時，不免爲此，必以爲罪，願并臣付獄。」真宗曰：「此事已發，何可免？」公曰：「臣爲宰相，執國法，豈可自爲之，幸於不發，而以罪人？」真宗意解。公至中書，悉焚所得書。既而真宗悔，復馳取之，公曰：「臣已焚之矣。」由是獲免者衆。神道碑

上出喜雨詩示二府，公袖歸，諭同列曰：「上詩有一字誤寫，莫進入，改却。」王欽若曰：「此亦無害。」欽若退，密奏之。翌日，上怒謂公曰：「昨日詩有誤字，何不奏來！」公再拜謝曰：「臣昨日得詩，未暇再閲，有失奏陳，不勝惶懼。」諸公皆再拜，獨樞密馬公知節不拜，具以實奏。又曰：「王旦略不辯，真宰相器也。」上顧公笑。遺事

中書有事，關送密院，事礙詔格。寇萊公準在樞府，特以聞。上以責公，公拜謝引咎，堂吏皆遭責罰。不踰月，密院有事送中書，亦違舊詔，堂吏得之，欣然呈公。公曰：「却送與密院。」吏出白寇公，寇公大慚。翌日見公曰：「同年甚得許大度量。」公不答。名臣遺事

○又龜山語録云：昔王文正在中書，寇萊公在密院，中書偶倒用了印，萊公須勾吏人行遣。它日密院亦

倒用了印，中書吏人呈覆，亦欲行遣。文正問吏人：「汝等且道密院當初行遣倒用印者是否？」曰：「不是。」文正曰：「既是不是，不可學他不是。」更不問。

王欽若、陳堯叟、馬知節同在樞府。一日，上前因事忿爭，上召公，公至則見欽若諠譁不已，馬公流涕曰：「願與王欽若同下御史府。」公廼叱欽若曰：「王欽若，對上豈得如此，下去！」上大怒，乃命下獄。公從容曰：「欽若等恃陛下顧厚，上煩陛下譴訶，當行朝典〔二〕。然觀陛下天顏不怡，願且還内，來日取旨。」上許之。翌日，上召公問：「欽若等事當如何？」公曰：「欽若等當黜，然未知坐以何罪？」上曰：「朕前忿爭無禮。」公曰：「陛下奄有天下，而使大臣坐忿爭無禮之罪，恐夷狄聞之，無以威遠。」上曰：「卿意如何？」公曰：「願至中書，召欽若等宣示陛下含容之意，且戒約之。俟少間，罷之未晚。」上曰：「非卿之言，朕固難忍。」後月餘〔三〕，欽若等皆罷。遺事

是時，契丹初請盟，趙德明亦納誓約，願守河西故地〔四〕，二邊兵罷不用，真宗遂欲以無事治天下。公以謂宋興三世，祖宗之法具在，故其爲相，務行故事，謹所改作，進退能否，賞罰必當。真宗久而益信之，所言無不聽也。雖他宰相大臣有所請，必曰：「王旦以謂如何？」事無大小，非公所言不決。公在相位十餘年，外無夷狄之虞，兵革不用，海内富庶，群工百司，各得其職，故天下至今稱爲賢相。神道碑

王沂公曾、張文節公知白、陳彭年參預政事，因白公曰：「每奏事，其間有不經上覽者，公但批旨奉行，恐人言之以爲不可。」公遜謝而已。一日奏對，公退，諸公留身。上已驚，曰：「有何事不與王旦同來？」諸公以前説對。上曰：「旦在朕左右多年，朕察之無毫髮之私，自東封後，朕諭以小事一面奉行，卿等當謹奉之。」諸公退而愧謝，公曰：「向蒙諭及，不可自言曾得上旨，然今後更賴諸公規益。」名臣遺事

公於用人，不以名譽，必求其實，苟賢且才矣，必久其官，衆以爲宜某職，然後遷。其所薦引，人未嘗知。寇準爲樞密使，當罷，使人私公，求爲使相。公大驚曰：「將相之任，豈可求耶？且吾不受私。」準深恨之。已而制出，除準武勝軍節度使、同中書門下平章事。準入見，泣涕曰：「非陛下知臣，何以至此！」真宗具道公所以薦準者，準始媿歎，以爲不可及。故參知政事李穆子行簡，有賢行，以將作監丞居于家。真宗召見慰勞之，遷太子中允。初，遣使者召之，不知其所止，真宗命至中書問王旦，然後人知行簡，公所薦也。公自知制誥至爲相，薦士尤多。其後公薨，史官修真宗實録，得内出奏章，乃知朝廷之士，多公所薦者。神道碑

真宗時，王文正公爲相，賓客雖滿坐，無敢以私干之者。既退，公察其可與言者及素知名者，使吏問其居處。數月之後，召與語，從容久之，詢訪四方利病，或使疏其所言而獻之，

觀其才之所長，密籍記其名。他日其人復來，則謝絶不復見也。每有差除，公先密疏三四人姓名請於上，上所用者，輒以筆點其首，同列皆莫之知。明日，於堂中議其事，同列爭欲有所引用，公曰：「當用某人。」同列爭之莫能得。及奏入，未嘗不獲可。同列雖疾之，莫能間也。丁謂數毀公於上，上益親厚之。記聞

諫議大夫張師德謁向文簡公曰：「師德兩詣王相公門，皆不得見，恐爲人輕毀，望公從容明之。」一日方議知制誥，公曰：「可惜張師德。」向公曰：「何謂？」公曰：「累於上前説張師德名家子，有士行，不意兩及吾門。狀元及第，榮進素定，但當靜以待之耳。若復奔競，使無階而進者當如何也？」向公方以師德之意啓之。公曰：「旦處安得有人敢輕毀人，但師德後進，待我淺也。」向公固稱：「師德適有闕，望公弗遺。」公曰：「第緩之，使師德知，聊以戒貪進、激薄俗也。」名臣遺事

張尚書知成都召還，朝議以任中正代之，言者以爲不可。是時王文正公爲相，上責問之，對曰：「非中正不能守詠之規，它人往，妄有變更矣。」上是之。言者亦伏王之能用人也。湘山野録

以病求罷，入見滋福殿。真宗曰：「朕方以大事託卿，而卿病如此。」因命皇太子拜公，公言：「皇太子盛德，必任陛下事。」因薦可爲大臣者十餘人，其後不至宰相者，李及、凌策

二人而已，然亦皆爲名臣。神道碑○又政要云：真宗命太子拜旦，旦惶恐走避，太子隨而拜之。仁宗幼年，尊重大臣已如此。

公久疾不愈，上命肩輿入禁中，使其子雍與直省吏扶之，見於延和殿，勞勉數四，命曰：「卿今疾亟，萬一有不諱，使朕以天下事付之誰乎？」公謝曰：「知臣莫若君，惟明主擇之。」再三問，不對。是時張詠、馬亮皆爲尚書。上曰：「張詠如何？」不對。又曰：「馬亮如何？」不對。上曰：「試以卿意言之。」公强起舉笏曰：「以臣之愚，莫若寇準。」上憮然有間，曰：「準性剛褊，卿更思其次。」公曰：「他人，臣所不知也。臣病困，不任久侍。」遂辭退。公薨歲餘，上卒用準爲相。記聞

王太尉薦寇萊公爲相，萊公數短太尉於上前，而太尉專稱其長。上一日謂太尉曰：「卿雖稱其美，彼專談卿惡。」太尉曰：「理固當然。臣在相位久，政事闕失必多，準對陛下無所隱，益見其忠直，此臣所以重準也。」上由是益賢太尉。初，萊公在藩鎮，嘗因生日造山棚大宴，又服用僭侈，爲人所奏。上怒甚，謂太尉曰：「寇準每事欲效朕，可乎？」太尉徐對曰：「準誠賢能，無如騃何？」上意遽解，曰：「然此止是騃耳。」遂不問。記聞○又名臣遺事云：寇萊公在長安，因生日爲會，有所過當，轉運使以聞，上怒，以狀示公。公覽狀笑曰：「寇準許大年幾〔五〕，尚騃耶！」因奏請録付準，使自知過。萊公皇恐待罪。

陳彭年任翰林學士日，求對歸詣政府，公延見之。陳起呈其狀，曰科場條貫，公投之於地曰：「内翰做官幾日，待隔截天下進士〔六〕！」陳惶懼而退。時向文簡同在中書，一日，陳再來，公不見，曰：「令到集賢廳相見。」既而向出陳所留文字，公瞑目取紙封之。向曰：「何不一覽？」公曰：「不過興建符瑞圖進爾。」遺事

公嘗與楊文公評品人物，文公曰：「丁謂久遠果何如？」對曰：「才則才矣，語道則未。他日在上位，使有德者助之，庶得終吉；若獨當權，必爲身累。」後謂果被流竄。遺事

上欲命王欽若作相，公曰：「欽若遭逢陛下，恩禮已隆，且乞在樞密院，兩府亦均〔七〕。臣見祖宗朝未嘗有南方人當國，雖古稱立賢無方，然須賢士乃可。臣爲宰相，不敢沮抑人，此亦公議也〔八〕。」上遂止。後公罷，欽若乃相。出語人曰：「爲王公遲却我十年作宰相。」遺事

公爲兖州景靈宫朝修使，内臣周懷政同行，或乘間請見，公必俟從者盡至，冠帶以出，見於堂隍，周乃白事而退。後周以事敗，方知公遠慮，不涉嫌忌之間。遺事

王文正公或歸私第，不去冠帶，入靜室中默坐，家人惶恐，莫敢見者，而不知其意。後公弟以問趙公安仁，趙公曰：「見議事公不欲行而未決，此必憂朝廷矣。」名臣遺事

王文正公晚年官重，每家人出賀，立令止之。因語其弟曰：「遭遇如此，愈增憂懼，何

可賀也？」公每有賜予，見家人置於庭下，乃瞑目而歎曰：「生民膏血，安用許多！」名臣遺事

公事寡嫂謹，與其弟旭友悌尤篤，任以家事，一無所問，而務以儉約率勵子弟，使在富貴不知爲驕侈。兄子睦欲舉進士，公曰：「吾嘗以太盛爲懼，其可與寒士爭進？」至其薨也，子素猶未官，遺表不求恩澤。神道碑○又韓魏公别録云：王文正母弟傲不可訓。一日，遇冬至〔九〕，祠家廟，列百壺於堂前，弟皆擊破之，家人惶駭。文正忽自外入，見酒流滿路，不可行，俱無一言，但攝衣步入堂。其後弟忽感悟，復爲善，終亦不言。

公每見家人服飾似過，即瞑目曰：「吾門素風，一至於此！」亟令減損。故家人或有一衣稍華，必於車中易之，不敢令公見焉。遺事

有貨玉帶者，公弟以呈公，公曰：「如何？」弟曰：「甚佳。」公命繫之，曰：「還見佳否？」弟曰：「繫之安得自見？」公曰：「自負重而使觀者稱好，無乃勞乎！我腰間不稱此物，亟還之！」故平生所服，止於賜帶。名臣遺事

王太尉不置田宅，曰：「子孫當各念自立，何必田宅？置之徒使爭財爲不義耳。」温公日録

王文正太尉局量寬厚，未嘗見其怒，飲食有不精潔者，但不食而已。家人欲試其量，以

少埃墨投羹中，公惟啖飯而已。家人問其何以不食羹，曰：「我偶不喜肉。」一日又墨其飯，公視之曰：「吾今日不喜飯，可具粥。」其子弟愬於公曰：「庖肉爲饔人所私，食肉不飽，乞治之。」公曰：「汝輩人料肉幾何？」曰：「一斤。今但得半斤食，其半爲饔人所廋。」公曰：「盡一斤可得飽乎？」曰：「盡一斤固當飽。」曰：「此後人料一斤半可也。」其不發人過皆類此。嘗宅門壞，主者徹屋新之，暫於廊廡下啓一門出入。公至側門，門低，據鞍俯伏而過，都不問。門畢復行正門，亦不問。有控馬卒歲滿辭公，公問：「汝控馬幾時？」曰：「五年矣。」公曰：「吾不省有汝。」既去，復呼回，曰：「汝乃某人乎？」於是厚贈之。乃是逐日控馬，但見背，未嘗視其面，因去，見其背，方省。筆談

公病危，上臨視，賜白金五千兩。公召楊大年，於床前作辭章，既成，乃自書四句云：「已懼多藏，況無用處，見謀散施，以息咎殃。」是夕，公薨。文公歎曰：「精爽不亂如此。」文公因至上前語及，上令內司賓取元草視之。後榮國夫人謁章獻太后，語曰：「上見公表，泣下久之。」遺事

王魏公與楊文公大年友善，疾篤，延大年於卧內，託草遺奏，言忝爲宰相，不可以將盡之言爲宗親求官，止叙平生遭遇之意。表上，真宗歎惜之，遽遣就第，取子弟名數録進。記聞

公端重介直，操履堅正，明達治體，接物若甚和易而風格峻整。當官涖事，莊厲不可

犯。妙於啓奏，言簡理順，有識略。善鎮定大事，惜重名器，叙進材品，必使人得其所。士雖咈於己者，亦不以私廢公。沖澹寡欲，奉身至薄，所居甚陋。真宗嘗欲爲治之，公以先人舊廬，懇辭而止。被服質素，家人欲以繒錦飾氈席，拒而不許。婚姻不求門閥。事寡嫂有禮，與弟旭友愛甚篤。

李文靖公居相位，王文正公旦參預朝政。一日，便殿論邊事退，王文正公歎曰：「何日邊候徹警，使吾輩得爲太平宰輔？」文靖公不答。至中書，獨召文正公語之：「唯聖人能内外無患，自非聖人，外寧必有内憂。譬人有疾，常在目前，則知憂而治之。沆死，子必爲相，遽與虜和親。一朝疆埸無事，不有盤游之樂，必興土木之功矣。」及祥符間，契丹既脩好，兵革不用，近習任事之人，始建議封泰山，祀汾陰，築玉清昭應宫，崇奉天書，耗用寖廣。文正公常悒悒不自得，然不忍獨善其身以去，曰：「誰爲國家抗群小者？」乃薦先祖文靖公暨王沂公曾等二十餘人，布列于位。所以小人卒不能勝，而成仁宗持盈之業，文正公之勳也。吕氏家塾記

契丹既受盟而歸，寇公每有自多之色〔一〇〕，雖上亦以自得也。王欽若深患之。一日，從容言於上曰：「此春秋城下之盟也，諸侯猶且耻之，而陛下以爲功，臣竊不取。」真宗愀然不樂，曰：「爲之奈何？」欽若度上厭兵，即謬曰：「陛下以兵取幽、燕，乃可刷耻。」上曰：

「河朔生靈，始免兵革之禍，吾安能爲此？ 可思其次。」欽若曰：「唯有封禪泰山，可以鎮服四海，誇示夷狄。 然自古封禪，當得天瑞希世絶倫之事，然後可爲也。」既而又曰：「天瑞安可必得？ 前代蓋有以人力爲之者矣，惟人主深信而崇奉之，以明示天下，則與天瑞無異也。」上久之乃可。 然王旦方爲相，上心憚之，曰：「王旦得無不可乎？」欽若曰：「臣得以聖意喻旦，宜無不可。」乘間爲旦言之，旦黽勉而從。 然上意猶未決，莫適與籌之者。 它日，晚幸祕閣，唯杜鎬方直宿，上驟問之曰：「古所謂河出圖，洛出書，果何事耶（一一）？」鎬老儒，不測上旨，漫應之曰：「此聖人以神道設教耳。」其言適與上意會。 上由此意決，遂召王旦飲酒於内中，歡甚，賜以樽酒，曰：「此酒極佳，歸與妻孥共之。」既歸發之，乃珠子也。 由是天書、封禪等事，旦不復異議。 旦爲相，才有過人者，然至此不能力爭，議者少之。 蓋旦之爲人類馮道，皆偉然宰相器也，道不幸生於亂世，死生之際不能自立，旦事真宗，言聽諫從，安於勢位，亦不能以正自終，其實與道何異？ 祥符之末，每有大禮，輒奉天書以行。 旦爲天書使，常邑邑不樂。 既寢疾，欲削髮披緇以斂。 素善楊大年，死後諸子欲從之，大年不可，乃止。 雖富貴終身，實不得志也。 龍川志

真宗臨御歲久，中外無虞，與群臣燕語，或勸以聲妓自樂。 王文正公性儉約，初無姬侍。 其家以二直省官治錢，上使内東門司呼二人者，責限爲相公買妾，仍賜銀三千兩。 二

人歸以告公，公不樂，然難逆上旨，遂聽之。蓋公自是始衰，數歲而捐館舍。初，沈倫家破，其子孫鬻銀器，皆錢塘錢氏昔以遺中朝將相者，花籃火筩之類，非家人所有。直省官與沈氏議，止以銀易之，具白於公。公嚬蹙曰：「吾家安用此！」其後姬妾既具，乃呼二人，問昔沈氏什器尚在可求否？二人謝曰：「向私以銀易之，今見在也。」公喜，用之如素有。聲色之移人如此！龍川志

歐陽公撰公神道碑，銘曰：「烈烈魏公，相我真宗。真廟翼翼，魏公配食。公相真宗，不言以躬。時有大事，事有大疑，匪卜匪筮，公爲蓍龜。公在相位，終日如默。問其夷狄，包裹兵革。問其卿士，百工以職。問其庶民，耕織衣食。相有賞罰，功當罪明。相所黜升，惟否惟能。執其權衡，萬物之平。孰不事君，胡能必信。孰不爲相，其誰有終。公薨于位，太尉之崇。天子孝思，來薦清廟。侑我聖考，惟時元老。天子念功，報公之隆。春秋從享，萬祀無窮。作爲歌詩，以諗廟工。」

校勘記

〔一〕恐恃薄劾 「劾」原作「效」，據百川學海乙集王文正公旦遺事（以下簡稱王文正公旦遺事）改。

〔二〕上煩陛下譴訶當行朝典　同前書無「譴訶」二字，有「臣冠宰府」四字，則句當讀作：「上煩陛下，臣冠宰府，當行朝典。」

〔三〕後月餘　「月餘」，王文正公旦遺事作「數月」。

〔四〕願守河西故地　「地」字原無，據宋歐陽修居士集（以下簡稱居士集）卷二二太尉文正王公神道碑銘補。

〔五〕寇準許大年幾　「幾」，王文正公旦遺事叙同事作「紀」。

〔六〕待隔截天下進士　「進」，同前書作「寒」。

〔七〕且乞在樞密院兩府亦均　同前書此句作：「且乞在樞密，兩府任用亦均。」

〔八〕此亦公議也　「亦」，同前書作「示」，亦通。

〔九〕遇冬至　「遇」原作「逼」，據洪本、元刊本改。

〔一〇〕寇公每有自多之色　「多」，龍川别志卷上作「矜」。

〔一一〕果何事耶　「果」下同前書有「如」字。

五朝名臣言行録卷第三

三之一　丞相向文簡公

公名敏中，字常之，開封人。登進士第，通判吉州。除左司諫、知制誥，權判大理寺，出知廣州。召還，爲樞密直學士，未幾，拜右諫議大夫、同知樞密院事。咸平初，以兵部侍郎參知政事。四年，進同平章事。出知永興軍，爲鄜延路緣邊安撫使。知河南府。封泰山，祀汾陰，皆爲留守。五年，復拜同平章事。天禧三年薨，年七十二。

太宗飛白書張詠向敏中二人名付中書，曰：「二人者名臣〔一〕，爲朕記之。」向公自員外郎爲諫議，知樞密院，止百餘日。咸平四年，除平章事。後坐事出知永興。駕幸澶淵，手賜密詔：「盡付西鄙〔二〕，得便宜從事。」公得詔藏之，視政如常。會邦人大儺，有告禁卒欲倚儺爲亂者，密使麾兵被甲衣袍伏廡下幕中。明日，盡召賓僚兵官，置酒縱閱，無一人預知者。命儺入，先令馳騁於中門外，後召至堦，公振袂一揮，伏卒齊出，盡擒之，果各懷短刃。即席誅之。勦訖屏屍，亟命灰沙埽庭，張樂宴飲，賓從股慄。歸田録

真宗時，向文簡除右僕射。麻下日，李昌武爲翰林學士，當對，上謂之曰：「朕自即位以來，未嘗除僕射，今日以命敏中，此殊命也，敏中應甚喜。」對曰：「臣今日早候對，亦未知宣麻，不知敏中何如。」上曰：「敏中門下，今日賀客必多，卿往觀之，明日却對來，勿言朕意也。」昌武候丞相歸，乃往。見丞相方謝客，門闌悄然無一人。昌武與向親，徑入見之，徐賀曰：「今日聞降麻，士大夫莫不歡慰，朝野相慶。」公但唯唯。又曰：「自上即位，未嘗除端揆，此非常之命，自非勳德隆重，眷倚殊越，何以至此？」公復唯唯，終不測其意。又歷陳前世爲僕射者，勳勞德業之盛，禮命之重，公亦唯唯，卒無一言。既退，復使人至庖厨中，問：「今日有無親戚賓客飲宴者？」亦寂無一人。明日再對，上問：「昨日見敏中之意何如？」乃具以所見對。上笑曰：「向敏中大耐官職。」筆談

向相在西京，有僧暮過村民家求寄止，主人不許，僧求寢於門外車箱中，許之。夜中有盜入其家，自墻上扶一婦人并囊衣而出，僧適不寐，見之，自念不爲主人所納而强求宿，今主人亡其婦及財，明日必執我詣縣矣，因夜亡去。不敢循故道，走荒草中，忽墮眢井，則婦人已爲人所殺，先在其中矣。明日，主人搜訪亡財及子婦屍〔三〕，得之井中，執以詣縣掠治。

僧自誣云：「與子婦姦，誘與俱亡，恐爲人所得，因殺之投井中，暮夜不覺失足，亦墜其中，贓在井傍亡失，不知何人所取。」獄成言府〔四〕，府皆不以爲疑，獨敏中以贓不獲疑之。引僧詰問數四，僧服罪，但言「某前生當負此人，死無可言者」。敏中固問之，僧乃以實對。敏中因密使吏訪其賊。吏食於村店，店嫗聞其自府中來，不知其吏也，問之曰：「僧某者其獄何如？」吏紿之曰：「昨日已笞死於市矣。」嫗嘆息曰：「今若獲賊則何如？」吏曰：「府已誤決此獄矣，雖獲賊，亦不敢問也。」嫗曰：「然則言之無傷矣。婦人者，乃此村少年某甲所殺也。」吏曰：「其人安在？」嫗指示其舍，吏就舍中掩捕獲之，案問具服，并得其贓。一府咸以爲神。記聞

敏中爲柴氏所訟，罷相出鎮。時舊相出鎮者，多不以吏事爲意。寇萊公雖有重名，所至之處，終日遊宴，所愛伶人，或付與富室，輒厚有所得，然人皆樂之，不以爲非也。張齊賢儻蕩任情，獲劫盜或時縱遣之，所至尤不治。上聞之，皆不以爲善。唯敏中勤於政事，所至著稱。上曰：「大臣出臨四方〔五〕，唯向敏中盡心於民事耳。」於是有復用之意。會夏州李繼遷末年，兵敗被傷，爲潘羅支所射傷。自度孤危且死，屬其子德明小字阿夷。必歸朝廷，曰：「一表不聽，則再請，雖累百表，不得請勿止也。」繼遷卒，德明納款。上亦欲息兵，乃自永興徙敏中知延州，受其降。事畢，徙知河南府，東封西祀，皆以敏中爲東京留守。西祀

還，遂復爲相，薨於位。記聞

公性端厚明辨，遇事敏速，曉民政，識大體。判大理寺時，没入祖吉贓錢，分賜法吏，公引鍾離意委珠事，獨不受。知廣州，至荆南即市南藥以往，在官一無所須，以廉清聞。在密院，時西北用兵，道路斥候，走集之所，罔不周知。密静遠權，累在衡軸，門無私謁。諸子不令釐務，雖當大事，若己不預焉。審於采拔，不妄推薦。時以重德目之。

校勘記

〔一〕二人者名臣 「者」下玉壺清話卷五有「皆」字。按：此條注出歸田録，今見於玉壺清話。

〔二〕盡付西鄙 「鄙」下同前書有「事」字。

〔三〕主人搜訪亡財及子婦屍 「財及」二字，涑水記聞卷七作「僧并」。

〔四〕獄成言府 「言」，同前書作「詣」。

〔五〕大臣出臨四方 「四方」，同前書作「方面」。

三之二　參政陳晉公

公名恕，字仲言，洪州南昌人。少爲縣吏，俄折節讀書，中進士第，歷官州郡，以吏幹聞。入判吏部選事，拜鹽鐵使，參知政事。出知江陵府。淳化中復召爲鹽鐵使，知咸平五年貢舉，所取士甚少，而以王曾爲首，時議稱之。薨年五十九。

尚書左丞陳公恕，峭直守公，性靡阿順。總領計司，多歷年所，每便殿奏事，太宗或未深察，必形誚讓。公斂板踧縮〔一〕，退至殿壁，負墻而立，若無所容。俟帝意稍解，復進，慤執前奏，終不改易。如是或至三四。上以其忠亮，多從其議。故當時言稱職者，公爲之首。王沂公筆録

陳恕長於心計，爲鹽鐵使，釐去宿弊，大益興利，太宗深器之。嘗御筆題殿柱曰：「真鹽鐵陳恕。」掇遺

陳晉公爲三司使，將立茶法，召茶商數十人，俾各條利害。晉公閲之，第爲三等。語副使宋太初曰：「吾觀上等之説，取利太深，此可行於商賈，而不可行於朝廷。下等固滅裂無取。唯中等之説，公私皆濟，吾裁損之，可以經久。」於是始爲三説法，行之數年，貨財流通，

公用足而民富實。世言三司使之才，以陳公爲稱首。後李侍郎諮爲使，改其法，而茶利浸失。後雖屢變，然非復晉公之舊法也。東軒筆録

陳晉公自升朝入三司爲判官，既而爲鹽鐵使，又爲總計使〔二〕，洎罷參政，復爲三司使，首尾十八年，精於吏事，朝廷藉其才。晚年多病，乞解利權。真宗諭曰：「卿求一人可代者，聽卿去。」是時寇萊公罷樞密使歸班〔三〕，晉公即薦以自代。真宗用萊公爲三司使，而以晉公爲集賢學士判院事〔四〕。萊公入省，檢尋晉公前後改革興立事件，類爲方册，及以所出榜示，別用新板題遍〔五〕，躬至其第，請晉公判押。晉公亦不讓，一一與之押字，既而萊公拜於庭下而去。自是計使無不循其舊貫。至李諮爲三司使，始改茶法，而晉公之規模漸革，向之牓示亦稍稍除削，今則無復存者矣。東軒筆録

陳恕爲三司使，真宗命具中外錢穀大數以聞，恕諾而不進。久之，上屢趣之，恕終不進。上命執政詰之，恕曰：「天子富於春秋，若知府庫之充羡，恐生侈心，是以不敢進。」上聞而善之。記聞

陳恕領春官，以王沂公爲舉首，歲中，拔劉子儀于常選，自云：「吾得二俊，名世才也。」是不愧於知人。楊文公以爲然，謂王揚休山立，宗廟器也。談叢

公精於吏理，深刻少恩，性公直，人不敢干以私。頗獵史傳，多識典故，前後掌利柄十

餘年，强力幹事，胥吏畏服，有稱職之譽。善談論，聽者忘倦。素不喜釋氏，嘗請廢譯經院，辭甚激切。真宗曰：「三教之興，其來已久，前代毁之者多矣，但存而不論可也。」張忠定公閲邸報，忽再言「可惜許」。門人李畋請問之，曰：「參政陳左丞恕無也。斯人難得，唯公唯正，爲國家斂怨於身。斯人難得！」退爲詩哭之。乖崖語録

世稱陳恕爲三司使，改茶法，歲計幾增十倍。予爲三司使時，考其籍，蓋自景德中北戎入寇之後，河北糴便之法蕩盡，此後茶利十喪其九，恕在任，值北虜講解，商人頓復，歲課遂增，雖云十倍之多，考之尚未盈舊額。至今稱道，蓋不虞之譽也。筆談

校勘記

〔一〕公斂板蹴縮　「板」、「縮」，百川學海己集王文正公筆録作「裾」、「蹜」。

〔二〕又爲總計使　「計」原作「置」，據東軒筆録卷二、宋史卷二六七陳恕傳改。

〔三〕是時寇萊公罷樞密使歸班　「使」上同前書有「副」字。按：中華書局版東軒筆録點校者李裕民先生以爲此條記載有誤，據宋孫抃萊國寇忠愍公旌忠之碑、宋史卷二八一寇準傳，寇準咸平六年爲三司使之前爲權知開封府，罷樞密副使在十年前，任樞密使則在爲三司使之後四年。

〔四〕而以晉公爲集賢學士判院事　「以」原作「已」，據文意改。
〔五〕别用新板題遍　「遍」，東軒筆録卷二作「扁」。

三之三　尚書張忠定公

公名詠，字復之，濮州鄄城人。舉進士中第，知鄂州崇陽縣。歷通判、轉運使，入爲樞密直學士、同知銀臺通奏封駁司，出知益州。咸平初，召還，爲户部使，改御史中丞，出知杭州，徙永興軍。五年，再知益州，還朝未幾，出知昇州，秩滿州民借留，就轉工部尚書，再任，仍充昇、宣十州宣撫使。代還，不能朝，復求領郡，命知陳州。八年，卒，年七十。

公少倜儻有大志，尚氣節，重然諾，爲學必本仁義，不喜浮靡。太平興國四年秋，與忠愍寇公同赴大名舉，議將首薦公，公以同郡張覃素有文行，即率寇公上書，請以覃爲冠，一府欽歎，遂如公言。士論多之。韓魏公撰神道碑

公令崇陽，民以茶爲業，公曰：「茶利厚，官將榷之，不若早自異也。」命拔茶而植桑，民以爲苦。其後榷茶，他縣皆失業，而崇陽之桑皆已成，其爲絹而北者歲百萬匹，其富至今。

始，令下，唯通樂一鄉不變〔一〕，其後別自爲縣，民亦貧至今也。談叢

公在崇陽，嘗坐城門下，見里人有負菜而歸者，問何從得之，曰：「買之市。」公怒曰：「汝居田里，不自種而食，何惰邪！」笞而遣之。談叢

公在銀臺時，張永德爲并代帥，小校犯法，杖之而死，有詔按罪。公封還詔書曰：「永德方被邊寄，若責一小校，遂摧辱之，臣恐帥體輕而小人慢上矣。」不納。既而果有營卒脅刺其大校者，上始寤公言，面加慰勞。神道碑

淳化四年冬，東西兩川旱，民飢，吏失救恤，寇大起。五年正月，賊首李順陷成都府，詔遣昭宣使王繼恩充招安使，率兵討之。復命公知成都府事。五月，繼恩破賊，收成都，上留公至秋始遣行。時關中率民負粮以餉川師，道路不絕。公至府，問城中所屯兵尚三萬人，而無半月之食。公訪知鹽價素高，而廩有餘積，乃下其估，聽民得以米易鹽。於是民爭趨之。未踰月，得米數十萬斛，軍中喜而呼曰：「前所給米，皆雜糠土，不可食，今一一精好，此翁真善幹國事者。」公聞而喜曰：「吾令可行矣！」時益雖收復，諸郡餘寇尚充斥，繼恩恃功驕恣，不復出兵，日以娛燕爲事，軍不戢，往往剽奪民財。公於是悉擒招安司素用事吏至廷，面數其過，將盡斬之。吏皆股栗求活，公曰：「汝帥聚兵玩寇，不肯出，皆汝輩爲之，今能亟白乃帥，分其兵，尚可免死。」吏呼曰：「唯公所命，兵不分，願就戮。」公釋之。繼恩即

日分兵鄰州，當還京師者悉遣之，不數日，減城中兵半。既而諸軍請食馬芻粟，公命以錢給之。繼恩詬曰：「馬不食錢，給錢何也？」公聞，召繼恩謂曰：「今賊餘黨，所在尚多，民不敢出。招安使頓兵城中，不即討，芻粟民所輸，今城外皆寇也，何由得之？」繼恩懼，即時出城討賊。公計軍食有二歲備，乃奏罷陝西運粮。上喜曰：「向益州日以乏糧爲請，詠至方踰月，已有二歲備，此人何事不能了，朕無慮矣！」公以順黨始皆良民，一旦爲賊脅從，復其間有疲弱，偶挂盜籍者，當示以恩信，許其自新。即揭牓諭之，已而首者相踵，公皆釋其罪，使歸田里。一日，繼恩械賊數十人，請公行法。公詢之，悉皆前所自首者，復縱之。繼恩恚而問公，公曰：「前日李順脅民爲賊，今日僕化賊爲民，不亦可乎！」公度繼恩日横，不能改，亟以狀聞，願選忠實可倚者與繼恩共事。上乃命入内内侍省押班衛紹欽充同招安使。自是繼恩兇勢爲屈。未幾，二人者皆召歸，就以劍門關總管上官正爲招安使。順之餘黨，公撫安于内，正擒討于外，再閲月而兩川平。〈神道碑〉

三年秋，西川都廵檢使韓景祐爲所部廣武卒劉旰所逐，率衆掠懷安軍，破漢州。公方與僚屬會大慈寺，報至，飲燕如故，舉城憂之。賊又掠邛蜀，將趨益。公適會客，報者愈急，公復不問。其夕，始召上官正謂曰：「賊始發不三四日，破數郡，勢方鋭，不可擊。今人得所掠，氣驕，敢逼吾城，乃送死耳，請出兵。比至方井，當遇賊，破之必矣。」正即受教，及行，公爲出，送于郊，激其盡力。正至方井，果遇賊，一戰斬盱首，餘黨盡平。衆益服公料敵制勝，人所不及。神道碑○又記聞云：張詠知益州，有巡檢所領龍猛軍人潰爲群盗，龍猛軍者，本皆募群盗不可制者充之，慓悍善鬬，連入數州，俘掠而去，蜀人大恐。詠一日召鈐轄，以州牌印付之，鈐轄愕然，請其故，詠曰：「今盗勢如此，而鈐轄晏然安坐，無討賊心，是必欲令詠自行也。鈐轄宜攝州事，詠將出討之。」鈐轄驚曰：「某今行矣。」詠曰：「何時？」曰：「即今。」詠顧左右張酒具於城西門之上，曰：「鈐轄將出，吾今餞之。」鈐轄不得已，勒兵出城，與飲於樓上。酒數行，鈐轄曰：「某願有謁於公。」詠曰：「何也？」曰：「某所求兵粮，願皆應副之。」詠曰：「諾。老夫亦有謁鈐轄。」曰：「何也？」詠曰：「鈐轄今往，必滅賊，若無功而返，必斷頭於此樓之下矣。」鈐轄震慄而去。既而與賊遇，果敗，士衆皆還走幾十里。鈐轄召其將校告之曰：「觀此翁所爲，真斬我，不爲異也。」遂復進力戰，大破之，賊遂平。

討劉盱兵廻，有以賊首級求賞者。公曰：「當奔突交戰之際，豈暇獲其首邪？此必戰後翦來，知復是誰？」殿直段倫曰：「學士果神明也。當時隨倫爲先鋒，入賊用命者，皆中傷被體，主帥令付營將理矣。」公命悉舁以來，先録其功，帶首級者次之，於是軍情以公賞罰至當，相顧歡躍。語録

公性剛毅寡欲，唯著皂絁袍角帶，不事外飾。因責決一吏，彼枝詞不伏，公曰：「這的莫要劍喫？」彼云：「決不得，喫劍則得！」公牽出斬之以徇，軍吏愕眙相顧。自是俱服公

之威信，令出必行。語録

初知益州，斬一猾吏，前後郡守所倚任者。吏稱無罪，公封判令至市曹，讀示之，既聞斷辭，告市人曰：「爾輩得好知府矣。」蓋李順嘗有死罪繫獄，此吏故縱之也。見語録

時有僧行止不明，有司執之以白公。公判其牒曰：「勘殺人賊。」既而案問，果一民也，與僧同行於道中，殺僧取其祠部戒牒、三衣，因自披剃爲僧。寮屬問公：「何以知之？」公曰：「吾見其額上猶有繫巾痕也。」記聞

主帥帳下寵卒，恃勢嚇民，暴取財物，民有訴者，其人縋城夜遁。公差衙校往捕之，戒曰：「爾於擒得處則渾衣撲入井中，作逃走投井申來。」是時群黨忷忷，知其已投井，故無它議，又免與主帥有不協名。語録

時民間訛言云，有白頭老翁，午後食人男女，郡縣譊譊，至暮路無行人。公召犀浦知縣謂曰：「近訛言惑衆，汝歸縣去，訪市肆中歸明人尚爲鄉里患者，必大言其事，但立證解來。」明日果得之，送上州，公遂戮于市，即日帖然，夜市如故。公曰：「妖訛之興，沴氣乘之，妖則有形，訛則有聲，止訛之術，在乎識斷，不在乎厭勝。」語録

李順黨中有殺耕牛避罪亡逃者，公許其首身。拘母十日，不出，釋之；復拘其妻，一宿而來。公斷云：「禁母十夜，留妻一宵。倚門之望何疏，結髮之情何厚！舊爲惡黨，今又

逃亡，許令首身，猶尚顧望。就市斬之。」於是首身者繼至，並遣歸業，民悉安居。語録

乖崖守蜀，兵火之餘，人懷反側。一日，合軍旅大閲，始出，衆遂嵩呼者三，乖崖亦下馬東北望而三呼，復攬轡行，衆不敢譁〔一〕。或以此事告韓魏公，公曰：「當是時，琦亦不敢措置。」塵史

李順、王均亂蜀，張公鎮成都。一日，見一卒抱小兒在廊下戲，小兒忽怒批其父。張公見之，集衆語曰：「此方悖逆，乃自習俗，幼已如此，況其長成，豈不爲亂！」遂令殺之。數日間，又一卒相歐，公問，知其一乃上名，遂斬次卒。自是一軍肅然。卮史

公前後治益，愛利之政，不可悉紀。舉其大者，則公嘗以蜀地素狹，游手者衆，事寧之後，生齒日繁，稍遇水旱，則民必艱食，時米斗直錢三十六，乃按諸邑田税，如其價歲折米六萬斛，至春籍城中細民，計口給券，俾輸元估糴之，奏爲永制。逮今七十餘年，雖時有災饉，米甚貴，而益民無餧色者，公之賜也。蜀風尚侈，好遨樂，公從其俗，凡一歲之内，游觀之所，與夫飲饌之品，皆著爲常法。後人謹而從之則治，違之則人情不安，輒以累罷去。神道碑○又語録云：依當時米價三百六十文，科折米一斗。與此不同。

公凡有興作，先帖諸縣，於民籍中係工匠者，具帳中來，分爲四番，役十日，滿則罷去。夏則卯入，午歇一時。冬抵莫放，各給木札一幞以禦寒。工徒皆悦。有一瓦匠，因雨乞假，

公判云：「天晴蓋瓦，雨下和泥。」事雖至微，公俱知悉。危史

公採訪民間事，無遠近悉得其實，蓋不以耳目專委於人。公曰：「彼有好惡，亂我聰明，但各於其黨詢之，再詢則事無不審矣。」李畋問其旨，公曰：「詢君子得君子，詢小人得小人。各就其黨詢之，雖事有隱匿者，亦十得八九矣。」語録

公寢室中張燈炷香，通夕宴坐，郡樓上鼓番漏水，歷歷分明，儻一刻差誤，必詰之，守籤者指名伏辜，謂公爲神明。公曰：「鼓角爲中軍號令，號令在前，尚不分明，其餘外事將如何也？」語録

公有清鑑，善臧否人物。凡所薦辟，皆方廉恬退之士。嘗曰：「彼好奔競者，將自得之，何假吾舉？」神道碑○又語録云：轉運黄虞部好舉時才之士，公勸曰：「大凡舉人〔三〕，須舉好退者。好退者廉謹知耻，若舉之，則志節愈堅，少有敗事。莫舉奔競者，奔競者能曲事諂媚，求人知己，若舉之，必能矜才好利，累及舉官，故不少矣。其人既解奔競，又何須舉他？」

益不貢士者幾二十年，學校頹替。公察郡人張及、李畋、張逵者，皆有學行，爲鄉里所服，遂延獎加禮，敦勉就舉。後三人悉登科，歷美官。於是兩川學者知勸，文風日振。神道碑○又湘山野録云：初，蜀人雖知向學，而不樂仕宦。公察其有聞於鄉者，得張及、李畋、張逵，暇日召與語，往往延入卧内，從容款曲。故公於民情無不察，亦三人佐之也。○又語録曰：公問李畋曰：「子

同人中有善講習者否？」畋以同門生劉式對。公遂辟充州學，主諸生受業者五十餘人，每休務日，就學置酒，以勸勞之。自爾蜀人不以千里爲遠，來學者甚衆。

忠定公每斷事，有情輕法重、情重法輕者，必爲判語，讀以示之。蜀人鏤版，謂之戒民集，大抵以敦風俗、篤孝義爲本也。湘山野録

忠定公爲御史中丞，一日於行香所，宰相張齊賢呼參知政事温仲舒爲「鄉弟」，及它語鄙甚〔四〕。公以非所宜言，失大臣體，遂彈奏之。齊賢深以爲恨。後於上前短公曰：「張詠本無文，凡有申奏，皆婚家王禹偁代爲之。」禹偁前在翰林，作齊賢罷相麻詞，其辭醜詆，故齊賢兩欲中傷之。公聞，自辨，上曰：「卿平生著述幾多？可進來。」公遂以所著進。上閱於龍圖閣，未竟，賜坐，上曰：「今日暑甚。」顧黄門於御几取常所執紅銷金龍扇賜公，且稱文善。公起再拜，乃納扇於几，上曰：「便以賜卿，美今日獻文事。」澠水燕談

公文章雄健有氣骨，稱其爲人。嘗爲聲賦，梁公周翰覽而歎曰：「二百年來不見此作矣。」神道碑

公知杭州事，時歲飢，民冒禁販鹽，捕獲者數百人，公悉寬其罰。官屬執言不可，公曰：「錢塘十萬家，餓殍如此，若鹽禁益嚴，則聚而爲盜，患益甚矣。俟秋成敢爾，當痛以法繩之。」境内卒以無擾。神道碑

公在杭，有富民病將死，子方三歲，乃命其婿主其貲，而與婿遺書曰：「他日欲分財，即以十之三與子，而以七與婿。」子時長立，果以財爲訟。婿持其遺書詣府，請如元約。公閱之，以酒酹地曰：「汝之婦翁，智人也。時以子幼，故以此屬汝，不然，子死汝手矣！」乃命以其財三與婿而子與其七，皆泣謝而去，服公明斷。神道碑

初，公之自蜀還也，詔以諫議大夫牛冕代公。公聞之曰：「冕非撫御才，其能綏輯乎！」始踰年，果致神衛大校王均之亂，逐冕據益州，後雖討平之，而民尚未寧。會益守馬公知節徙延安，上以公前治蜀，長於安集，威惠在人，復以公爲樞密直學士，遷刑部侍郎，知益州事，蜀民聞之，皆鼓舞相慶，如赤子久失父母，而知復來鞠我也。公知民信己，易嚴以寬，凡一令之下，人情無不慰愜，蜀部復大治。轉運使黄觀以政迹聞，賜詔加奬，就改吏部侍郎，命謝濤巡撫于蜀，上遣濤諭公曰：「得卿在蜀，朕不復有西顧之憂。」因詔公與濤議鑄景德大鐵錢于嘉邛州，一當小鐵錢十，銅錢一，于今便之。神道碑

公問李畋曰：「百姓果信我否？」對曰：「侍郎威惠及民，民皆信服。」公曰：「前一任則未也，此一任應稍稍爾。秀才，只此一箇信，五年方得成。」語録

時金陵多火災，居者不安。公廉知皆奸民所爲，潛捕得之，乃命先折其脛，斬之以徇。火患遂絶。神道碑

有范延貴者爲殿直，押兵過金陵。張忠定公爲守，因問曰：「天使沿路來，還曾見好官員否？」延貴曰：「昨過袁州，萍鄉縣邑宰張希顔者，雖不識之，知其好官員也。」公曰：「何以言之？」延貴曰：「自入縣境，驛傳橋道皆完葺，田萊墾闢，野無惰農。及至邑，則鄽肆無賭博，市易不敢諠爭。夜宿邸中，聞更鼓分明。以是知其必善政也。」公大笑曰：「希顔固善矣，天使亦好官員也。」即日同薦於朝。希顔後爲發運使，延貴亦爲閤門祇候，皆號能吏也。東軒筆録

忠定公自金陵入，苦腦疽，未陛見，御史閤門累奏，上寬其告，俾養疾。公恨不得面陳所懷，乃抗論：「近年虚國家帑藏，竭生民膏血，以奉無用之土木者，皆賊臣丁謂、王欽若啓上侈心之所爲也，不誅死無以謝天下。」章三上，不報，出知陳州。真宗嘗稱其材任將帥，以疾不盡其用，深嘆惜之。澠水燕談○又記聞所載與此大同，但云：乞斬丁謂頭置於國門，以謝天下，然後斬詠頭置於丁氏之門，以謝丁謂。上亦不罪焉。○又談叢云：公疾既愈，上使中人往問，將召之也。丁謂以白金千兩賂使者〔五〕，還言如故，乃不召。

公在陳，一日方食，邸報至，公且食且讀，既而抵案慟哭久之，哭止，復彈指久之，彈止，駡詈久之，乃丁晉公逐萊公也。公自知禍必及己，乃延三大户於便坐，與之博，袖間出彩骰子，勝其一坐，乃買田宅爲歸計以自汙。晉公聞之，亦不害也。余謂此智者爲之，賢者不爲

也。賢者有義而已，寧避禍哉！禍豈可避耶？談叢

公早學劍，遂精其術，兩河間人無敵者。生平勇於爲義，遇人艱急，苟情有可哀，必極力以濟，無所顧惜。神道碑○又蒙求曰：張詠少學擊劍，樂爲奇節。有士人遊宦遠郡，爲僕夫持其不法事恐之，且欲其女爲妻即止，歲久，益恣横不能制。詠寓於傳舍，知其事，即陽假此僕爲馭，單騎出城，至林麓中，斬之而還。相傳此事是舉進士時，史不言。

公之當官，凡所施設，動有遠識，始時人或不能測，其後卒有大利，民感無窮。至自奉養逮于服玩之具，則寡薄儉陋，雖寒士不若也。公退，闢靜室焚香燕坐，聚書萬卷，往往手自校正，旁無聲色之好。神道碑○又語録云：公寢室中無侍婢服玩之物，闃如也。李畋嘗侍坐廡下，因謂：「公寢禪室不如。」公哂曰：「吾不爲輕肥，爲官以至此。吾往年及第後，以詩寄傅霖逸人云：『前年失脚下漁磯，苦戀明時未得歸。寄語巢由莫相笑，此心不是愛輕肥。』豈今日之言也？」○東軒筆録云：王均、李順之亂，凡官於蜀者，多不挈家以行。張公知益州，單騎赴任，官屬憚其嚴峻，莫敢蓄婢使者。公不欲絶人情，遂自買一婢，以侍巾櫛。自此官屬稍稍置姬侍矣。公在蜀四年，被召還闕，呼婢父母，出貲以嫁之，仍處女也。公在蜀，一日，有術士上謁，自言能煅汞爲白金。公即市汞百兩俾煅，一火而成，不耗銖兩。公立命工煅爲一大香爐，鑿其腹曰：「充大慈寺殿上公用。」送寺中。以酒榼遺術者，而謝絶之。

公天賦正直，濟以剛果，始終挺然，無所屈撓。自力學筮仕，則有澤及天下之心，而以

富貴爲薄。逸人傅霖，高蹈之士，與公素善。公嘗與夜會劇談，時諸鄰多病瘧者，一夕頓愈。嘗訪三峰，陳先生摶一見公，厚遇之，顧謂弟子曰：「此人於名利澹然無情，達必爲公卿，不達則爲帝王師。」其爲高人推重如此。神道碑○又語録云：公少時謁華山陳圖南，遂欲隱居。圖南曰：「公方有官職，未可議此。其勢如失火家待君救火，豈可不赴也！」

初，蜀新亂，張尚書至，公宇襲舊制，周列更鋪凡數百所，公即日命罷之，人心大安。及代去，留一卷實封文字與僧正希白，且云：「候十年觀此。」後十年，公薨于陳州，訃至，蜀人罷市號慟。希白爲公設大會齋，請知府凌策諫議發開所留文字，乃公畫像，衣兔褐繫絛草裹，自爲贊曰：「乖則違俗，崖不利物。乖崖之名，聊以表德。」因號乖崖公，遂畫于天慶觀仙遊閣。又九曜院皆畫公像，府衙之東南隅又有祠堂，皆後人思公而爲之也。

公曰：「事君者廉不言貧，勤不言苦，忠不言己效，公不言己能，斯可以事君矣。」語録

公謂李畋曰：「大小之事，皆須用智。智猶水也，不流則腐。若凡百不用智，臨大事之際，寧有智來？」語録

公曰：「爲政之道，府吏曰治，未也；庶民曰治，未也；僧道曰治，未也。未若識見無私、學古之士曰治，斯治矣。」語録

公曰：「臨事有三難。能見，一也；見而能行，二也；當行必果決，三也。」語録

公謂李畋曰：「子還知公事有陰陽否？」對曰：「未也。」曰：「凡百公事，未著字前，則屬陽，陽主生也，通變由之。著字後屬陰，陰主刑也，刑貴正名，名不可改。」語録

公謂李畋曰：「子異日爲政，信及於民，然後教之；言及於義，然後勸之；動而有禮，然後化之；靜而無私，然後民安而樂業矣。行斯四者，在乎先率其身，不然，則民退必有後言矣。」又曰：「子見舊政之弊，其大者卒不須革，觀釁而動，乘而革之，雖痛繩以法，亦怨不生也。」語録

李畋苦痁既瘳，請謁，公曰：「子於病中曾得移心法否？」對曰：「未也。」公曰：「人能於病中移其心，如對君父畏之、敬之，靜久自愈。」語録

王陶云：臨川晏詹嘗爲余言，張公自蜀還，對真宗言：「蜀中兵亂，朝廷處置緩急，有失幾宜者。」因言：「如王旦乃太平宰相爾。」真宗默然。它日御便殿，召公對，謂公曰：「王旦真太平宰相也。」仰視殿霤，無它言。公遂退。夫一語不合，大功盡棄，人之爲言，固難矣哉。

蘇軾書公帖後云：以寬得愛，愛止於一時；以嚴得畏，畏止於力之所及。故寬而見畏，嚴而見愛，皆聖賢之難事，而所及者遠矣。張忠定公治蜀，用法之嚴，似諸葛孔明，諸葛孔明與公，遺愛皆至今。蓋尸而祝之，社而稷之也。

校勘記

〔一〕唯通樂一鄉不變 「樂」字原闕，據宋陳師道後山談叢（以下簡稱後山談叢）卷五補。

〔二〕衆不敢讙 「衆」下宋王得臣麈史（以下簡稱麈史）卷中有「亦」字。

〔三〕大凡舉人 「人」原誤作「久」，據洪本、張本改。

〔四〕及它語鄙甚 「鄙甚」，澠水燕談録卷二作「尤鄙」。

〔五〕丁謂以白金千兩賂使者 「賂」，後山談叢卷四及宋洪邁容齋隨筆（以下簡稱容齋隨筆）卷八引皆作「貽」。

三之四 樞密馬正惠公

公名知節，字子元，幽州薊人。父全義，從太祖定天下，力戰有功，卒，公年七歲，太祖召見禁中，賜名補官。歷典數郡。景德中擢檢校太保、簽書樞密院事。進樞密副使，出知天雄軍。召知樞密院事，出知貝州。卒，年六十五。

開寶五年，公年十八，監彭州兵馬，以嚴飭見憚如老將。太平興國三年，領兵戍秦州清水，姦人李飛雄乘驛稱詔，捕公及秦隴巡檢劉文裕等，將繫之秦州，劫獄囚，盜庫兵以反〔一〕，公辨其詐，與文裕執飛雄，治殺之。王荆公撰神道碑

雍熙二年，監博州兵馬，時劉延讓敗於君子驛，而契丹歸矣。公方料丁壯，集芻粮，繕城治械如寇至。吏民初不悦其生事也，已而契丹果至，度不可攻，乃去。神道碑

知定遠軍，時議發河南十三州之民轉饟河北，公告轉運使樊知古：「此軍聚兵少而積粟多，簸其腐，尚可得十七。」知古用此得粟五十萬斛，以罷河南之役。事聞朝廷，太宗嘉之。神道碑

李順之亂，公討平劍州，召還，至三泉，而復以公與王繼恩討賊。繼恩怒公抗直，使守彭州，盡收其軍，而與之羸卒三百。賊率其衆至，號十萬，公力戰一日，亡其卒太半，乃夜獨出，招救兵復入，賊以敗去。神道碑

蜀卒劉旰聚黨數千人爲亂，所攻數州，至輒取之。公以卒三百追至蜀州，與戰，旰走邛州，而招安使上官正召公歸成都計事，公爲正畫曰：「賊破邛州，必乘勝薄我，我軍雖倍，未易敵也，不如迎其弊急擊，破之必矣！」遂行，次方井，與正合，殺旰等無噍類。神道碑

知秦州，諸羌質子有三十年不釋者，公悉歸之，諸羌德公，訖公去，無一人犯塞。神道碑

知成都府，有告騎士謀爲變者，所引以千數，公捕殺其首七人，而置其餘無所問。自乾

德後，歲漕蜀物，以富人爲送吏，多坐漂失籍其家。公奏擇三班使臣及三司軍大將代之，而課其漕事爲賞罰，至今便之。神道碑

知延州，至郡，羌方以兵覘邊，會上元，開門張燈，視以無爲，而羌卒不能爲寇。神道碑

又移知鎮州，會契丹入邊，自澶以北，城郭皆晝閉。詔使過，公輒留之，而募人間行送詔，皆得其報以聞。又以便宜使所至受諸漕輓給邊之物，故契丹欲虜掠，無所得。車駕次澶州，大將王超提卒數十萬，逗留不赴，公屢趣之，乃出師，猶辭以中渡無橋。至則公先已度材，一夕而橋就。上聞，手詔褒之，且知公果可以屬大事也。神道碑

祥符元年，東封泰山，以爲行宮都總管。自此行幸，必以公爲都總管，許以專殺。公部分明，約束審，出入肅然，而未嘗輒戮一人。神道碑

邊將言契丹近塞，大臣議，皆請發兵以備，公獨議使邊將移書問狀，從之。契丹解去。神道碑

除樞密副使。當是時，契丹已盟，大臣方言符瑞，而公每不然之，獨常從容極言「天下雖安，不可忘戰去兵」之意，及它爭議甚衆。真宗多以公言爲是。神道碑

公少忼慨，以武力智謀自喜。又能好書，賓友儒者，所與善必一時豪傑。有集二十卷，其文長於議論。神道碑

自始仕以至登用，遇事謇謇，未嘗有所顧憚。王冀公、丁晉公用事，每廷議，得其不直，輒面詆之。真宗初或甚忤，然終以此知公，而天下至今稱其正直。神道碑○又記聞曰：真宗末，王欽若每奏事，或懷數奏，出其一二，其餘皆匿之。既退，以己意稱聖旨行之。嘗與馬知節俱奏事上前，欽若將退，知節目之曰：「懷中奏何不盡出之？」○又王文正遺事曰：樞密馬公知節與同列奏對次，忽厲聲曰：「王欽若等，讀盡劄子，莫謾官家！」馬公退，見王文正公，詞色尚怒，因語公曰：「諸子上前議論如此，知節幾欲以笏擊死之，但恐驚動君相耳。」公歎撫久之。馬公方直，惟公力保，庇於上前。

真宗東封泰山，車駕發京師，上及從官皆蔬食。封禪禮畢，上勞宰臣王旦等曰：「卿等久食蔬，不易。」旦等皆再拜。馬知節獨進言：「蔬食者，唯陛下一人耳。王旦等在道，與臣同次舍，無不私食肉者。」於是旦等皆再拜曰：「誠如知節之言。」記聞

校勘記

〔一〕劫獄囚盗庫兵以反　「劫獄囚」三字宋王安石王文公文集（以下簡稱王文公文集）卷八三檢校太尉贈侍中正惠馬公神道碑作「因」字。

三之五　樞密曹武穆公

公名瑋，字寶臣，武惠王之子。以父任補西頭供奉官、閤門祗候。知渭州。真宗即位，遷西上閤門副使，徙鎮戎軍。爲環慶鈐轄，兼知邠州。徙真定鈐轄，復爲涇原鈐轄，兼知渭州。移知秦州，兼緣邊安撫使。天禧中，爲鄜延路副都總管，拜宣徽北院使、簽書樞密院事。除南院使、環慶路都總管安撫使。乾興初，謫左衛大將軍，知萊州。復華州觀察使，知青州，徙天雄、永興軍。拜昭武軍節度使，爲真定府、定州都總管〔一〕。天聖八年，薨，年五十八。嘉祐中詔配享真宗廟庭。

公知鎮戎軍時，繼遷虐使其衆，人多怨者。公即移書言朝廷恩信撫納之厚以動之。羌人得書，往往感泣。於是康如諸族皆内附〔二〕。咸平六年，繼遷死，其子德明求保塞。公上書言：「繼遷擅中國要害地，終身旅拒，使謀臣狼顧而西憂。方其國危子弱，不即捕滅，後更盛强，無以息民。」當是時，朝廷欲以恩致德明，寢其書不用。而河西大族延家、妙娥等遂拔其部人來歸，諸將猶豫，未知所以應。公曰：「德明野心，去就尚疑，今不急折其羽翮，而長養成就之，其飛必矣。」即自將騎士入天都山，取之内徙。德明由此遂弱，而至死不敢窺

邊。王荆公撰行狀

曹南院知鎮戎軍日，嘗出戰小捷，虜兵引去。瑋偵虜兵去已遠，乃驅所掠牛羊輜重，緩驅而還，頗失部伍。其下憂之，言於瑋曰：「牛羊無用，徒縻軍，不若棄之，整衆而歸。」瑋不答，使人候。虜兵去數十里，聞瑋利牛羊而師不整，遽還襲之。瑋愈緩行，得地利處，乃止以待之。虜軍將至近，使人請之曰：「蕃軍遠來，必甚疲，我不欲乘人之怠，請休憩士馬，少選決戰。」虜方苦疲甚，皆欣然，嚴軍歇良久。瑋又使人諭之：「歇定可相馳矣。」於是各鼓軍而進，一戰大破虜師，遂棄牛羊而還，徐謂其下曰：「吾知虜已疲，故爲貪利以誘之。比其復來，幾行百里矣，若乘鋭便戰，猶有勝負。遠行之人若小憩，則足痺不能立，人氣亦闌，吾以此取之。」筆談

知渭州，公乃圖涇原、環慶兩路山川、城郭、戰守之要以獻，真宗留其一樞密院，而以其一付本路，使諸將出兵，皆按圖議事。行狀

秦西南羌唃厮囉宗哥立遵始大，遵獻方物，求稱「贊普」。公上書言：「夷狄無厭，一足其求，必輕中國。」大臣方疑其事，會得公書，遂不許，而猶以爲保順軍節度使。公曰：「我狃遵矣，又將爲寇，吾治兵以俟爾。」遵使其舅賞樣丹招熟户郭厮敦爲鄉導，公即誘樣丹捕厮敦而許以一州，樣丹終殺厮敦，公遂奏以爲潁州刺史，而樣丹亦舉南市城以獻。先是，張

吉知秦州，生事熟户多去，爲遵耳目，及公誅樣丹，即皆惶恐避逃〔三〕。公許之入贖自首，還故地，而至者數千人，後遂帖服，皆爲用。至明年，囉遵果悉衆號十萬寇三都，公帥三將破之，追北至沙州，所俘斬以萬計。事聞，除客省使、康州防禦使。其後又破滅馬波叱臘、鬼留等諸羌，囉遵遂以窮孤，逃入磧中。而公斥境隴上，置弓門、威遠凡十寨，自是秦人無事矣。行狀

曹侍中將薨，真宗親臨視之〔四〕，問以後事，對曰：「臣無事可言。」固問之，對曰：「臣二子璨與瑋，材器有取，臣若内舉，皆堪爲將。」上問其優劣，對曰：「璨不如瑋。」已而果然。

瑋知秦州，嘗出巡城，以城上遮箭版大高，召主者令下之。主者對曰：「舊如此，久矣。」瑋怒曰：「舊固不可改邪？」命牽出斬之。僚佐以主者老將諳兵事，罪小宜可赦，皆諫瑋，瑋不聽，卒誅之。軍中懾伏。西蕃犯塞，候騎報虜將至，瑋方飲啗自若。頃之，報虜去城數里，乃起貫戴，以帛纏身，令數人引之，身停不動。上馬出城，望見虜陣有僧奔馬往來於陣前檢校，瑋問左右曰：「彼布陣乃用僧邪？」對曰：「不然，此虜之貴人也。」瑋問軍中誰善射者，衆言李超，瑋即呼超指示之，曰：「汝能取彼否？」對曰：「憑太保威靈，願得十五騎裹送至虜陣前，可以取之。」瑋以百騎與之，敕曰：「不獲而返，當死。」遂進至虜陣前，騎左右開，超射之，一發而斃。於是虜鳴笳，嘯而遁。瑋以大軍乘之，虜衆大敗，出塞窮追，俘斬

萬計，改邊鑿壕。西蕃由是慴服，至今不敢犯塞。每言及瑋，則加手於頂，呼之爲父云。瑋在秦州，有士卒十餘人，叛赴虜中。軍吏來告，瑋方與客弈棋，不應。軍吏亟言之，瑋怒，叱之曰：「吾固遣之去，汝再三顯言邪！」虜聞之，亟歸告其將，盡殺之。記聞

曹太尉瑋知秦州，立遵內寇，是時公方灼灸才數壯，猝起應敵，指揮號令。及事定，久之〔五〕，瘡愈，瘢大數寸，蓋用力氣使然也。曹公在邊，蕃部有過惡者，皆平定之。每以餞將官爲名出郊，而兵馬次序以食品爲節，若曰「下某食」，即某隊發。比至水飯，則捷報至矣。大帥料敵當如此。東齋記事

曹瑋之守秦州也，州之西止於文盈關〔六〕，關之所在，最爲要害，關之左右，皆蕃族也。瑋以恩信結之，咸爲之用。故秦州每歲出兵，以守文盈而已。所守既寡，則州兵雖少而足用，粮草可以自給。自後帥臣守其舊規，不敢增改。龍川志

公爲將幾四十年，用兵未嘗敗衄，尤有功於西方。舊，羌殺中國人，得以羊馬贖死如羌法。公以謂如此非所以尊中國而愛吾人，奏請不許其贖。又請補內附羌百族以上爲軍主，假以勳階爵秩如王官。至今皆爲成法。陝西歲取邊人爲弓箭手，而無所給。公以塞上廢地，募人爲之，若干畝出一卒，若干畝出一馬，至其稅歛〔七〕，爲發州兵戍守。至今邊賴以實，所募皆爲精兵。瑋募弓箭手，使馳射校强弱，勝者予田二頃，再更秋課，市一馬，馬必勝甲，然後官

籍之，則加田五十畝。至三百人以上，團爲一指揮，擇要害處爲築堡，使自塹其地，爲方田環之。立馬社，一馬死，衆爲出錢市馬。開邊濠，率令深廣丈五尺。山險不可塹者，因其峭絶治之，使足以限虜。後皆爲法。在渭州，取隴外籠干川築城，置兵以守，曰：「後當有用此者。」及李元昊叛，兵數出，卒以籠干爲德順軍，而自隴以西，公所措置，人悉以爲便也。自三都之戰，威震西海，喻厮囉聞公姓名，即以手加額。在天雄，契丹使過魏地，輒陰勒其從人無得高語疾驅，至，多憚公，不敢仰視。契丹既請盟，真宗於兵事尤所重，即有邊奏，手詔詰難，至十餘反。而公每守一議，終無以奪。真宗後愈聽信，有論邊事者，往往密以付公可否。行狀

公在西府，丁謂用事，稍除不附己者，既貶寇萊公，指公爲黨，出公環慶，又降知萊州。公自知宿將，爲謂所忌，恐益爲奇中，即日上道，從弱卒十餘人，不以弓韔矢箙自隨。行狀

天雄卒有犯法，衆謂獄具必殺之，公乃處以常法。或以爲疑。公笑曰：「臨邊對敵，斬不用命者，所以令吾衆，非喜殺也。平時治内郡，安事此乎？」初守邊時，山東知名士賈同造公，客外舍，公欲按邊，即同舍邀與俱。同問從兵安在，曰：「已具。」既出就騎，見甲士三千列立，人音不徹舍。同歸語人曰：「瑋果名將也。」公爲將不如其父寬，然自爲一家云。

公好讀書，所如必載書數兩，兼通春秋公羊、穀梁、左氏傳，而尤熟於左氏。行狀

寶元中，王忠穆公爲樞密使，河西首領趙元昊叛，上問邊備，輔臣皆不能對。明日，樞密四人皆罷。忠穆謫虢州，翰林學士蘇公儀與忠穆善，出城見之，忠穆謂公儀曰：「鄜之此行，前十年已有人言之。」公儀曰：「必術士也。」忠穆曰：「非也。昔時爲三司鹽鐵副使，疏決獄囚，至河北，是時曹南院自陝西謫官初起爲定帥，鄜至定，治事畢，瑋謂鄜曰：『決事已畢，自此當還。明日願少留一日，欲有所言。』鄜既愛其雄材，又聞欲有所言，遂爲之留。明日，具饌甚簡儉，食罷，屏左右曰：『公滿面權骨，不爲樞輔，即邊帥。或謂公當作相，則不然也。然不十年，必總樞柄。此時西方當有警，公宜預講邊備，搜閱人材，不然，無以應卒。』鄜曰：『四境之事，惟公知之，何以見教〔八〕？』曹曰：『瑋在陝西日，河西趙德明嘗使人以馬博易于中國，怒其息微，欲殺之，莫可諫止。德明有一子，方年十餘歲，極諫不已，曰：「以戰馬資鄰國，已是失計，今更以貨殺邊人，則誰肯爲我用者？」瑋聞其言，私念之曰：「此子欲用其人矣，是必有異志。」聞其嘗往來牙市中，瑋欲一識之，屢使人誘致之，不可得。乃使善畫者圖其貌，既至觀之，真英物也。此子必須爲邊患，計其時節，正在公秉政之日。公其勉之。』鄜是時殊未以爲然，今知其所畫，乃元昊也。」筆談

校勘記

〔一〕爲真定府定州都總管　「爲」原作「知」，據宋史卷二五八曹瑋傳改。

〔二〕於是康如諸族皆内附　「如」，宋王安石臨川先生文集（以下簡稱臨川集）彰武軍節度使侍中曹穆公行狀卷九〇、宋史卷二五八曹瑋傳均作「奴」。

〔三〕遵使其舅賞樣丹招熟户郭厮敦爲鄉導公即誘樣丹捕厮敦而許以一州樣丹終殺厮敦公遂奏以爲穎州刺史而樣丹亦舉南市城以獻先是張吉知秦州生事熟户多去爲遵耳目及公誅樣丹即皆惶恐避逃　按：其間叙事頗有可疑，前謂曹瑋誘樣丹捕厮敦，後又云「誅樣丹」，宋史卷二五八曹瑋傳叙此事作「瑋陰結厮敦」，厮敦斷樣丹首來，且獻南市地，瑋表厮敦爲順州刺史。應以宋史爲是。曹瑋所誘者爲鄉導厮敦，所殺者爲立遵之舅樣丹，厮敦所得官爲順州刺史。

〔四〕真宗親臨視之　「真宗」原誤作「太宗」，據宋史卷二五八曹彬傳，事在真宗咸平二年。

〔五〕久之　宋范鎮東齋記事（以下簡稱東齋記事）四庫全書本補遺作「灸」，則可屬下讀作「灸瘡愈」。

〔六〕州之西止於文盈關　「止於」，龍川别志卷下作「立」。

〔七〕至其税斂　「税」原作「種」，據臨川集彰武軍節度使侍中曹穆公行狀改。

〔八〕何以見教　「何」，宋沈括夢溪筆談（以下簡稱夢溪筆談）卷九作「幸」。

五朝名臣言行録卷第四

四之一　丞相畢文簡公

公名士安，字仁叟，代州雲中人。乾德四年舉進士，歷知台、饒、乾三州，入爲左拾遺兼冀王府記室參軍，知制誥。淳化中，召入翰林爲學士，以父名乂林抗章引避，議者以禮律二名不偏諱，卻之。真宗尹京，以爲判官，東宫建，兼右庶子。及即位，權知府事，再爲學士。景德初，遷吏部侍郎、參知政事。踰月，拜平章事。二年冬薨，年六十八。吳越入朝，公以選知台州，既至，言：「錢氏所上圖籍，皆張侈賦數，願一用舊籍，以輯新民。」詔從之。劉莘老撰神道碑〔一〕

端拱中，詔王府官各上所爲文。帝問近臣曰：「文吾既知之，其行孰優？」皆以公對。帝喜曰：「是也。」以本官知制誥。召爲翰林學士。大臣以張洎言，帝曰：「洎視士安，詞藝

踐歷固不減，但履行遠在其下耳。」神道碑

公知開封府，近臣有怙勢爲不法，强買民家定婚子者。公請對，白其横，奪還之。神道碑

契丹謀入寇，公首疏五事應詔，陳選將、餉兵、理財之策甚備，帝多納用。於是中書闕宰相，乃進公吏部侍郎、參知政事。入謝，帝曰：「未也，行且相卿。然時方多事，求與卿同進者，其誰可？」公頓首辭謝曰：「臣材駑朽，不足以勝任，惟寇準兼資忠義，善斷大事，此宰相才也。」帝曰：「聞其剛，使氣。」對曰：「準資方正，慷慨有大節，忘身徇國，秉道疾邪。此其素所蓄積，朝臣罕出其右者，第不爲流俗所喜。今天下之民，雖蒙休德，涵養安佚，而西北跳梁爲邊境患，正若準者所宜用也。」帝曰：「然當藉卿宿德鎮之。」不閲月，拜公本官平章事，寇公實並命，而以公監修國史，位在上。既而契丹益犯邊，北州皆警，二公始合議，請帝幸澶淵，時景德元年九月也。虜統軍順國王撻覽引兵入塞，號二十萬。初，雲州觀察使王繼忠戰没虜中，至是爲虜人奏請議和，大臣莫敢如何其事，獨公以爲可信，力贊帝當羈縻不絶，漸許其成。帝謂：「虜悍如此，恐不可保。」公曰：「臣嘗得虜降人，言虜雖深入，屢挫，不甚得志，陰欲引去，而耻無名。且彼寧不畏人乘虚覆其穴？此請殆不妄。繼忠之奏，臣請任之。」帝喜，乃手詔繼忠，許其請和。時已詔巡幸，而議者猶閧閧，二三大臣有進

金陵及成都圖者，公亟同寇公請對，力陳其故，堅定前計。帝乃幸澶淵，軍數十萬。虜大震，然猖狂乘衆，猶掠德清。至澶北鄙，會官軍伏弩發，射撻覽死，衆潰，遁去。而講和之計遂定。初，帝嚴兵將行，太白晝見，流星出上台，北貫斗魁。或言兵未宜北，或言大臣應之。公適卧疾，移書寇公曰：「屢請舁疾從行，而詔不許，今大計已定，惟君勉之。士安得以身當星變而就國事，所願也。」已而少間，追至澶淵。因從以還，兵罷，乃按邊要選良守將易置之：雄州以李允則，定州馬知節，鎮州孫全照，保州楊延昭〔二〕，它所擇用，各得其任。令塞下止驅掠，通互市，除鐵禁，招流亡，廣儲畜。未幾，夏州趙德明亦款塞内附。二方既定，中外略安。量時制法，次第施行。如榷酤毋得增額，平反已決死罪録爲勞，訟不干己者坐以重，至今不易。復置賢良方正直言極諫等科，以廣取士。每對，必爲帝言崇儉息民，近忠直，遠諛佞，是爲政要。故當時天下無事，號至治云。神道碑

公資端重，偉儀觀，少以名節自厲，貫于夷險，白首不易。平生無一語過差。雖貴，奉養無異平素，未嘗殖産爲子孫計。故天下稱其清。而其亡也，帝謂寇公曰：「畢士安君子人也，事朕南府、東宮，以至輔相，飭躬謹行，有古人之風。」後王文正公爲相，嘗面奏曰：「陛下前稱畢士安清畏如古人，在位聞之，無不感歎。且士安仕至輔相，而四海無田園居第。没未終喪，家用已屈，今其妻有貸於臣家。其不負陛下所知，滋可見矣。是固宜有以

周之，然當出上恩，非臣敢爲私惠時也。」帝聞歎息，賜白金五千兩。神道碑

公平生寡交遊，無黨援，唯王晉公、吕公端見引重，王文正公、寇萊公、楊文公相友善。既引寇公同政，而寇公守正疾惡，小人多不便，日思所以傾之者。布衣申宗古告其交通安王元傑，寇公皇恐，莫知所以自明。公力辨其誣，下宗古吏，具得姦罔，斬之。寇公乃安。王禹偁，濟州白屋子，嘗以事至公官舍，陰識其非常童，留之，教以學，後遂登科，進用更在公前。及公繼知制誥，其命乃禹偁詞也。公去潞州，事連禹偁，亦謫黄州，公猶厚資其行云。神道碑

公端方沉雅，有清識，所至以嚴正稱。然性謙退。嘗謂人曰：「僕仕宦無赫赫之譽，但力自規檢，庶幾寡過耳。」

咸平中，詔選官校勘三國志、晉、唐書，或有言兩晉事多鄙惡，不可流行者，真宗以語宰相，公對曰：「惡以戒世，善以勸後，善惡之事，春秋備載。」帝然之，遂命刊刻。蓬山志

校勘記

〔一〕劉莘老撰神道碑　「莘」原誤作「萃」，按宋劉摯字莘老，所著忠肅集中有畢文簡神道碑，據改。

〔二〕保州楊延昭　「昭」原誤作「明」，據宋史卷二八一畢士安傳等改。

四之二　丞相萊國寇忠愍公

公名準，字平仲，華州下邽人。中進士第，知歸州巴東縣。通判鄆州。太宗召對稱旨，爲三司度支推官、鹽鐵判官。淳化二年，擢左諫議大夫、樞密副使，改同知院事。罷，知青州。明年，召參知政事。至道二年罷，知鄧州。咸平初，徙河陽、同州、鳳翔府，知開封府，除三司使。景德元年，同平章事。三年，出知陝州，從封泰山，徙天雄軍，入爲樞密使，同平章事。未幾，以使相罷，判河南府、永興軍。天禧元年，復入相。三年，罷爲太子太傅，降太常卿，知相州，徙安州，貶道州司馬。乾興元年，再貶雷州司户參軍。天聖元年，徙衡州司馬，未行而薨，年六十三。後十餘年，贈中書令，賜謚。詔翰林學士孫抃撰神道碑，御篆其首曰「旌忠」云。

太宗幸魏也，公之年十有六，以父陷蕃，上書行在，辭色激昂，舉止無畏。上壯之，命有司記姓名，後二年進士及第，寖以貴顯。遺事

公年十九，舉進士。時太宗取人，多問其年，年少者往往罷遣。或教公增其年，公曰：

「吾初進取，可欺君耶？」

知歸州巴東縣，每期會賦役，不出符移，唯具鄉里姓名揭縣門，民莫敢後者。嘗賦詩，有「野水無人渡，孤舟盡日横」之句，時以爲若得用，必濟大川。手植雙柏於縣庭，至今民以比甘棠，謂之「萊公柏」。政要○又燕談云：元祐九年，巴東大火，柏與公祠俱焚。明年，莆陽鄭贛來爲令，悼柏之焚，惜公手植，不忍剪伐，種凌霄於下，使附幹以上，以著公遺迹，且慰邦人之思。

太宗時，寇公爲員外郎，奏事忤上旨，上拂衣起，欲入禁中，公手引上衣，令上復坐，決其事然後退。上由是嘉之，嘗曰：「朕得寇準，猶唐文皇之得魏鄭公也。」記聞

太宗時，一歲大旱，天子以爲憂。嘗輦過館中，泛以問衆。衆皆曰：「水旱，天數也，堯、湯所毋奈何。」準獨曰：「朝廷刑罰偏頗，凡天旱爲是發耳。」上怒，起入禁中。頃之，召準問所以偏頗狀，準曰：「願召兩府至前，臣即言之。」有詔召兩府入，準乃言曰：「某子甲坐贓若干，少爾，罪乃至死；參知政事王沔，其弟淮盜所主守財至千萬以上，顧得不死，毋罪。非偏如何？」上顧問沔，沔頓首謝，即皆罷去。其暮遂大雨。上大喜，以準可用，遂驟進。劉貢父撰萊公傳○又遺事云：公性忠朴，喜直言，無顧避，時人爲之語曰：「寇準上殿，百僚股栗。」

公在青州〔一〕，太宗久不豫，驛召還問後事。公曰：「知子莫若父，臣愚，不當與也。」固

問之，公再拜曰：「臣觀諸皇子，惟壽王得人心。」上大悅，遂定策，以壽王爲太子。謁太廟還，六宮登樓以觀，百姓皆合手叩額，歌呼相慶，曰：「少年天子也。」李后聞之不悅，以告上，上即召公責曰：「百姓但知有太子，而不知有朕，卿誤朕也。」公曰：「太子萬世嗣，社稷之主也。若傳之失其人，是爲可憂。今天下歌其得賢臣，敢以爲賀。」上意始解。遺事

章聖即位，公守青州，上想見之。會遣中使撫巡山東，因令問公安否，且促取朝見表來。公再拜謝曰：「陛下若不棄臣，朝召而夕行也，要君之章，實不敢上。」既而召還，遂領相印。遺事○按：此乃太宗朝事也。

契丹犯澶淵，急書一夕凡五至，萊公不發封，飲笑自如。明日同列以聞，真宗大駭，取而發之，皆告急也，大懼，以問，公曰：「陛下欲了欲未了邪？」曰：「國危如此，豈欲久耶！」曰：「陛下欲了，不過五日爾。」其説請幸澶淵。上不語，同列懼，欲退，公曰：「士安等止候駕起，從駕而北。」上難之，欲還內，公曰：「陛下入，則臣不得見，而大事去矣！請無還而行也。」遂行，六軍百司，追而及之。談叢

澶淵之役，王超、傅潛兵力弗加，遂致中外之議不一，至有以北戎狃開運之勝聞於上者。唯寇萊公首乞親征，李沆、宋湜贊之，然而群下終以未必勝爲言。時陳堯叟請幸蜀，王欽若乞幸江南。上召萊公問之，公曰：「不知誰爲此謀者？」上曰：「卿姑斷其可否，勿問

其人也。」公曰：「臣欲得獻策之人，斬以釁鼓，然後北伐耳。」上悟，遂決澶淵之行。見東軒筆録，遺事及聞見録亦與此同。

行次長垣，遣置邊河守將。準侍上側，積制書數十通，近臣在東西廡下，呼而命之，皆辭曰「無兵」。詔報曰：「百姓皆兵，府庫皆財。聽若所爲，不責若野戰。但陷失城郭，則以軍法從事。」皆馳傳去，州郡卒無陷者。萊公傳

公從上在澶淵，王欽若陰請幸金陵，陳堯叟請幸蜀。上以問公，時欽若、堯叟在旁，公心知二人所爲，陽爲不知，曰：「誰爲陛下畫此策者？可斬也。今虜勢憑陵，陛下當率勵衆心，進前禦敵，以衛社稷，奈何欲委棄宗廟，遠之楚、蜀邪？且以今日之勢，鑾輿回軫一步，則四方瓦解，萬衆雲散，虜乘其勢，楚、蜀可得至邪？」上悟，乃止。二人由是怨公。記聞

〇又曰：乘輿在河上行宫，召公入計事。公將入，聞内中人謂上曰：「群臣欲將官家何之？何不速還京師？」及入見，上問以二人之策，公曰：「群臣怯懦無知，不異向者婦人之言。」云云。上善其計，遂北渡河。〇按：此二説與前説異，當以前説爲正，然其所記萊公之言爲尤詳，故並録之。

契丹寇河北，南至冀、貝，虜騎甚盛，州郡震動。天子北巡至澶州，虜騎已過魏府矣。上疑，不欲渡河，駐南澶州。準勸上北渡，以固士卒心，毋令虜得乘勝。上猶豫未決。時陳堯叟勸上避之蜀，王欽若勸上避之金陵，上以問準，準曰：「誰爲陛下畫此計者？」上曰：

「顧所畫如何耳，毋問其名。」準曰：「臣姑欲知之，先斬此曹，以令天下。且先帝建都垂五十年，天下財用兵甲，聚於京師，宗廟社稷之所寄也。不幸有事，陛下當與臣等以死守之，今一旦棄去，非復陛下所有，若盜賊因緣而起，陛下當何歸乎？」上默然。按：此亦與涑水記聞之説同。準又勸上北渡，上猶未決。因起更衣，準亦下殿去。時高瓊爲殿前都指揮使，宿衛殿下，準謂瓊曰：「事當奈何？太尉胡不一言！」瓊曰：「相公謀之廟堂，瓊何敢與知。然相公所以謂上何？」準曰：「今渡河，則河北不勞力而定，不渡則虜日益熾，人心不敢自固，雖有智者，不能善其後矣。」瓊呼曰：「陛下聽寇準語，準所言是也。」上還問之，語良久，準即眣瓊，以其兵先渡，又自牽馬奉上，上乃從之。既至澶州，上御城北門，準居上前，上盡以軍事委準，準因承制專決，號令明肅，士卒喜悦。虜數千騎乘勝薄城下，有詔吏士迎擊之，斬獲太半，虜乃引退，不敢復逼。會暮，上還宮，留準居城上，上使人視準何爲，曰：「準方飲酒歌笑。」上未嘗不釋然也。遺事云：上至澶州，賊猶未退，公曰：「六軍心膽在陛下身上，今若登城，必禽賊矣。」上因御澶之北門，將士望見黄屋，皆呼萬歲，聲震原野，勇氣百倍。○又記聞曰：公在澶淵，每夕與楊億飲博謳歌，諧謔喧呼常達旦，或就寢則鼾息如雷。上使人覘之，喜曰：「得渠如此，吾復何憂！」相持十餘日，契丹計索，欲引去，始遣使請和。既有約矣，又率其衆，詐欲填壕，會有飛矢射其統軍殺之，契丹大擾，其請和遂益堅。準不肯，虜使來益恭，上將許之，準欲邀使稱臣，且獻幽州地，時上厭兵事，姑欲羈縻不絶而已。於是有譖準不願與虜平，幸有兵事，以自取重。上亦不悦，準不得已，乃許之。當時虜舉國來寇，入中國千餘里，其歸，不十日不能出漢地，郡邑堅壁清野以待，寇虜人馬飢乏，百萬之衆，可毋戰而死。虜窘如此，誠少抑緩之，契丹不敢不稱臣，幽州可必得也。萊公傳○又遺事云：虜請和，上以問公，公曰：「如用臣策，可數百年無事，不然四五十年後，臣恐戎心又生矣。」上曰：「朕不忍生靈受困，不如且聽其和，四五十年後，安知無能捍塞者乎！」戎遂得和。

虜兵既退，來求和親，命曹利用與之約。時契丹已疲，又懼鎮定大兵，扼其歸路，見利用至甚喜，寢以珠緣貂褥。虜主求割河北，利用曰：「如此，臣得族罪矣。不敢以聞。」許歲給金繒二十萬，虜嫌其少。利用復還奏之，上曰：「百萬以下，皆可許也。」利用出，準召利用至幄次，語之曰：「雖有敕旨，汝往，所許毋得過三十萬，過三十萬勿來見準，準將斬汝。」利用股栗。再至虜帳，果以三十萬成約而還。記聞

和議成，諸將請設伏邀擊，可使虜匹馬不返。萊公勸帝勿從，縱虜歸國，以保盟好。聞見録

真宗之次澶淵也，一日，語萊公曰：「今虜騎未退，而天雄軍截在賊後，萬一陷没，則河朔皆虜境也。何人可爲朕守魏？」萊公曰：「當此之際，無方略可展。古人有言，智將不如

福將。臣觀參知政事王欽若福禄未艾，宜可爲守。」於是即時進熟出敕。退召欽若，諭以上意，授敕俾行。欽若茫然自失，未及有言，公遽曰：「主上親征，非臣子辭難之日。參政爲國柄臣，當體此意。驲騎已集，仍放朝辭，便宜即塗，身乃安也。」遽酌大白飲之，命曰「上馬盃」。欽若驚懼，不敢辭，飲訖拜别。公答拜曰：「參政勉之，回日即爲同列也。」欽若馳入魏，則戎虜滿野，無以爲計，但屯塞四門，終日危坐。越數日，虜騎退，乃召爲次相。或云：王公數進疑辭於上前，故萊公因事出之，以成勝敵之勳耳。東軒筆録

初〔二〕，契丹入寇，陳堯叟奏請沿河皆撤去浮橋，舟船皆收泊南岸。敕下，河陽、河中、陝府如其奏，百姓驚擾。知河中府王濟獨不肯撤，封還敕書，且奏以爲不可。陝州通判張稷時以公事在外，州中已撤浮橋，稷還，聞河中不撤，乃復脩之。寇公由是知此二人。明年，召濟爲知雜御史，稷爲三司判官。濟性骾直，衆多嫌之，及寇公罷，濟亦出守而卒。記聞

○又談叢曰：澶淵之役，真宗欲南下，萊公不可，曰：「是棄中原也。」欲斷橋，因河而守，公曰：「是棄河北也。國之存亡在河北，不可棄也。」

澶淵之役，所下一紙書爾：州縣堅壁，鄉村入保，金幣自隨，穀不可徙，隨在瘞藏，寇至勿戰。故虜雖深入而無得，才破德清一城，而得不補失，未戰而困。談叢

章聖嘗謂兩府，欲擇一人爲馬步軍指揮使。公方議其事，吏有以文籍進者，公問其故，

曰：「例簿也。」公叱曰：「朝廷欲用一牙官，尚須檢例，即安用我輩哉〔三〕！壞國政者，正由此耳。」遺事

上以澶淵之功，待公至厚，群臣無以爲比，數稱其功，王欽若疾之，承間言曰：「澶淵之役，準以陛下爲投瓊〔四〕，與虜博耳。苟非勝虜，則爲虜所勝，非爲陛下畫萬全計也。且城下之盟，古人耻之，今虜衆悖逆，侵迫畿甸，準爲宰相，不能殄滅凶醜，卒爲城下之盟以免，又足稱乎？」上由是寖疏之。頃之，準罷而天書事起。記聞○又聞見録云：上既回鑾，每歎萊公之功。小人或譖之曰：「陛下知博乎？錢輸將盡，取其餘盡出之，謂之孤注。陛下，寇準之孤注也。尚何念！」帝聞之驚甚，萊公眷禮遂衰。

公鎮大名府，北使道由之，謂公曰：「相公望重，何以不在中書？」公曰：「皇上以朝廷無事，北門鎖鑰，非準不可。」掇遺

大中祥符元年正月，天書降于宮中承天門，天子以改元。其六月，又降于泰山，是歲十月，封泰山。間一歲，祀后土、汾陰。天子奉天書謹甚，載以玉輅，天書所行，天子不敢當其道。居無幾何，復有神降于延恩殿，號稱天尊。天子親自見之，上於是益崇飾祀事。自天書始降，則築昭應宮，其後復置會靈、景靈之屬，而祀老子于亳州，天下無慮皆神事矣。準是時出爲外官，又不信天書，上益疏準。最後知京兆府，都監朱能復獻天書。上以問王旦，

旦曰：「始不信天書者準也，今天書降準所當，令準上之，則百姓將大服，而疑者不敢不信也。」上從之，使中貴人逼準。朱能素事宦者周懷政，而準婿王曙居中與懷政善，勸準與能合。準始不肯，曙固要準，準亦因此復爲中書侍郎、平章事，天禧三年也。萊公傳

天禧末，真宗寢疾，章獻明肅劉太后漸預朝政，真宗意不能平。寇萊公探此意〔五〕，遂欲廢章獻，立仁宗，尊真廟爲太上皇，而誅丁謂、曹利用等。於是引李迪、楊億、曹瑋、盛度、李遵勗等叶力，處畫已定，凡誥命盡使楊億爲之，且將舉事。會萊公因醉漏言，有人馳報謂，謂夜乘犢車往利用家謀之。明日，利用入，盡以萊公所謀白太后，遂矯詔罷公政事。及真宗上仙，遂指公爲反，而投海上。其事有類上官儀者，天下冤之。楊億臨死，取當時所爲詔誥及始末事迹，付遵勗收之。章獻上仙，遵勗乃抱億所留書進呈仁宗，及叙陳本末，仁宗盡見當日曲直，感歎再三，遂下詔湔滌其冤，贈中書令，謚曰「忠愍」。又贈楊億禮部尚書，謚曰「文」。凡預萊公黨而被逐者，皆昭雪之。故李淑爲億贈官制曰：「天禧之末，政漸宫闈〔六〕，能叶元臣，議尊儲極。」蓋謂是也。東軒筆録○又龍川志云：真宗晚年得風疾，自疑不起，嘗卧枕宦者周懷政股，與之謀，欲命太子監國。懷政，東宫官也，出與寇準謀之，準遂議立太子，廢劉后，黜丁謂等，使楊億草具詔書。億私語其妻弟張演曰：「數日之後，事當一新。」語稍洩，丁謂夜乘婦人車與曹利用謀之，誅懷政，黜準。召億至中書，億懼，便液俱下，面無人色。謂素重億，無意害之，徐曰：「謂

當改官，煩公爲一好詞耳〔七〕。」億乃少安。準初爲此謀，欲遣使四方，宣示風指，誅異己者，使楊億爲詔書，遣其婿王曙出使。曙知其不可，力止之，意其必有禍敗，藏其詔書草，使其妻縫置夾衣中。及劉后既没，朝廷方欲理準舊勛，曙出其書，文字磨滅，殆不可復識。由此億得贈官賜謚。準爲人忠亮自信，固無異心，然使之得志，必有恣横失衆之事，未必不爲國之禍也。○又記聞曰：真宗不豫，寇萊公與周懷政密言於上，請傳位太子，上許之。自皇后以下皆不與知。既而月餘無所聞。二月二日，上幸後苑，命後宫挑生菜，左右皆散去。懷政伺上獨處，密懷小刀至上所，涕泣言曰：「臣前言社稷大計，陛下既許臣等，而月餘不决，何也？臣請劃心以明忠款。」因以刀劃其胸，僵仆於地，流血淋漓。上大驚，因是疾復作，左右扶輿入禁中。皇后命收懷政下獄，案問其狀。又於宫中索得萊公奏言傳位事，乃命親軍校楊崇勳密告云：「寇準、周懷政等謀廢上立太子。」遂誅懷政而貶萊公。○按此三書所載大同小異，今並存之。

公好士樂善，不倦推薦，种放、丁謂之徒，皆出其門。然嘗語所親曰：「丁生誠奇材，惟不堪重任。」公爲丞相，謂參知政事，嘗會食都堂，羹染公鬚，謂起拂之，公正色曰：「身爲執政，而親爲宰相拂鬚耶？」謂慚不勝，公恃正直而不虞巧佞，故卒爲所陷。遺事

公爲樞密使，曹利用爲副使，公以其武人，輕之。議事有不合者，輒曰：「君一夫耳〔八〕，豈解此國家大體！」利用由是銜之。真宗將立劉后，公及王旦、向敏中皆諫，以爲出於側微，不可。劉氏宗人横於蜀，奪民鹽井，上以后故，欲捨之，公固請行法。是時上已不

豫，不能記覽，政事多宫中所决。丁知曹、寇不平，遂與利用合謀，請罷公政事，除太子少傅。上初不知，歲餘，忽問左右：「吾目中久不見寇準，何也？」左右亦莫敢言。上崩，太后稱制，公再貶雷州。是歲，丁亦獲罪。記聞○又倦遊録云：丁謂言：「先朝因節日，賜宴于寇相第，寇好以大白飲人，時曹利用爲樞密副使，不領其意。寇怒曰：『若一夫耳，敢爾邪！』曹厲聲曰：『利用在樞府，而相公謂之一夫，明日當於上前辨之！』自此二公不協。厥後發萊公之事者，曹貂也，預謂何事？」然中外皆知萊公之禍，丁有力焉。○又遺事云：章聖不預，謂侍臣曰：「使朕無後世憂者，惟寇準、李迪爲可託。」及大漸，乃用丁謂而黜公，皆非上意也。

公始謫道州司馬，素無公宇，百姓聞之，競荷瓦木，不督而會，公宇立成，頗亦宏壯。守土者聞于朝，遂再有海康之行。倦遊録

公之貶雷州也，丁謂遣中使賫敕往授之，以錦囊貯劍，揭於馬前。既至，公方與郡官宴飲，驛吏言狀，公遣郡官出迎之。中使避不見，入傳舍中，久之不出。問其所以來之故，不答。上下皆皇恐，不知所爲。公神色自若，使人謂之曰：「朝廷若賜準死，願見敕書。」中使不得已，乃以敕授之。公乃從録事參軍借緑衫着之，短纔至膝，拜受於庭，升堦復宴飲，至暮而罷。記聞

公貶死於雷，詔還葬雒陽，過公安，民皆迎祭，哭其喪，斬竹插地，以掛紙錢焚之。尋復

生笋成林，邦人神之，號曰「相公竹」。因立廟其旁，祀奉甚謹。劉貢父、王樂道各嘗爲文刻石以記其事。見塵史及名臣傳○又東軒筆録云：公赴貶雷州，道出公安，剪竹插於神祠之前，而祝曰：「準之心若有負朝廷，此竹必不生。若不負朝廷，此枯竹當再生。」其竹果生。○按此説與前二書異，竊意前説爲是。

公少時不脩小節，頗愛飛鷹走狗。太夫人性嚴，嘗不勝怒，舉秤鎚投之，中足流血，由是折節從學。及貴，母已亡，每捫其痕輒哭。記聞

公初爲樞密直學士，賞賜金帛甚厚。乳母泣曰：「太夫人不幸時，家貧，求一縑作衾襚不可得，豈知今日富貴哉！」公聞之慟哭，盡散金帛，終身不畜財産。後雖出入將相，所得俸禄，惟務施與。公外奢内儉，無聲色之娱，寢處一青幃，二十餘年，時時有破壞，益命補葺。或以公孫洪事靳之，笑答曰：「彼詐我誠，雖弊何憂？且不忍處之久而以弊復棄也。」靳者愧之。遺事

處士魏野贈公詩曰：「有官居鼎鼐，無宅起樓臺。」及上即位，北使至，賜宴，兩府預坐，北使歷視坐中，問譯者曰：「誰是『無宅起樓臺』相公？」坐中無答。丁謂令譯者謂曰：「朝廷初即位，南方須大臣鎮撫，寇公暫撫南夏，非久即還。」政要

鄧州花蠟燭名著天下，雖京師不能造，相傳云是寇萊公燭法。公嘗知鄧州，而自少年

富貴，不點油燈，尤好夜宴劇飲，雖寢室亦燃燭達旦。每罷官去，後人至官舍，見厠溷間燭淚在地，往往成堆。杜祁公爲人清儉，在官未嘗燃官燭，油燈一炷，熒然欲滅，與客相對清談而已。二公皆爲名臣，而奢儉不同如此。然祁公壽考終吉，萊公晚有南遷之禍，遂殁不反，雖其不幸，亦可以爲戒也。歸田録

準爲人敏鋭多智，忼慨好樂賓客。奢侈玉食，其自奉養，時時越法度。然不治産業，而矜權尚氣，收取聲名，其天性也。萊公傳

王元之之子嘉祐爲館職，平時若愚騃，獨寇萊公知之，喜與之語。萊公知開封府，一旦問嘉祐曰：「外人謂劣丈云何？」嘉祐曰：「外人皆云丈人旦夕入相。」萊公曰：「於吾子意何如？」嘉祐曰：「以愚觀之，丈人不若未爲相爲善，相則譽望損矣。」萊公曰：「何故？」嘉祐曰：「自古賢相，所以能建功業、澤生民者，其君臣相得，皆如魚之有水，故言聽計從，而功名俱美。今丈人負天下重望，相則中外有太平之責焉，丈人之於明主，能若魚之有水乎？此嘉祐所以恐譽望之損也。」萊公喜，起執其手曰：「元之雖文章冠天下，至於深識遠慮，殆不能勝吾子也。」記聞

張忠定公守蜀，聞萊公大拜，曰：「寇準真宰相也。」又曰：「蒼生無福。」門人李畋怪而問之〔九〕，曰：「人千言而不盡者，準一言而盡。然仕太早，用太速，不及學耳。」張，寇布衣

交也，萊公兄事之，忠定常面折不少恕，雖貴不改也。萊公在岐，忠定在蜀，還，不留，既别，顧萊公曰：「曾讀霍光傳否？」曰：「未也。」更無它語〔一〇〕。萊公歸取其傳讀之，至「不學無術」，笑曰：「此張公謂我矣。」談叢

張乖崖常稱：「使寇公治蜀，未必如詠。至於澶淵一擲，詠亦不敢爲也。」深歎服之。記聞

準疏通博裕，果敢沈毅，能斷大務，不循細檢。喜風幹，善議論，與人無城府，接物無崖岸。顧大義可爲者，必奮厲翔躍，以身先之，其勇若賁、獲。至於外險中艱，斬然涯垠，亦坦坦無退衄意。聞一善，薦道推輓，不進用不已。附離苟合者，疾之如仇讎。孫抃奉敕撰旌忠碑

準得罪南行，過零陵，踰大陂，溪夷承間鈔掠而去。已而酋長召告之曰：「若等奈何竊賢相行橐，神明其佑若乎？」趣遣種人，持所掠還準，伏道下引罪〔一一〕，且拜。準慰遣之。至南海，晨旦朝謁，從事如常。時謂其子曰：「守法奉正，士人常操，以窮通成敗易之者，非吾意也。」爲層樓於署東偏，置几榻其間〔一二〕，危坐終日，寂無它營。經、史、老、莊，及天竺書，環列前後，暇或看誦之。賓至則憑高瞰虚，笑語燕燕，若初無廊廟之貴者。嶠南山水峻絶，馬不能進，郡縣官有伐竹爲輕輿以迓準者，準謝曰：「吾罪人，騎馬足矣。」冒炎溽，捫險

阻，日行百里，左右爲之泣下，準昂然無隕穫容色，其度量過人如此。及雷陽吏以圖獻，閲視之，首載郡東南門抵海岸凡十里，準恍然悟曰：「吾少時有『到海秖十里，過山應萬重』之句，迺今日意爾。人生得喪，豈偶然耶？」旌忠碑

丁謂敗，得竄，道繇海康。準從者有欲釋憾，謀不利於謂。準知之，陳大席一廡間，設戲具，悉召坐，且命之博弈，因隱几觀焉。聞謂行，迺罷。旌忠碑○又歸田録云：寇忠愍公貶雷州，時丁晉公與馮相拯在中書，丁當秉筆，初欲貶崖州，而丁忽自疑，語馮曰：「崖州再涉鯨波，如何？」馮唯唯而已。丁乃徐擬雷州。丁之貶也，馮遂擬崖州。當時好事者相語曰：「若見雷州寇司户，人生何處不相逢？」比丁之南也，寇復移道州，寇聞丁當來，遣人以蒸羊逆于境上，而收其僮僕，杜門不放出。聞者多以爲得體。

準平生著述，於章疏尤工，旨粹言簡，多所開益，餘藁即焚滅棄去，雖至戚不得見。好爲詩，警策清悟，有劉夢得、元微之風格，其氣欿奇拔，則又過之。旌忠碑

校勘記

〔一〕公在青州　「青州」，歷代小史本萊公遺事作「魏時」。

〔二〕初　涑水記聞卷七作「景德初」。

〔三〕即安用我輩哉　「即」，萊公遺事作「耶」，則當屬上讀。

〔四〕準以陛下爲投瓊　「投瓊」，涑水記聞卷六作「孤注」。

〔五〕寇萊公探此意　「探」下東軒筆録卷三有「知」字。

〔六〕政漸宫闈　「宫闈」，同前書作「中微」，類説卷五、類苑卷一一引同，他本或作「中闈」，宋大詔令集卷二二〇作「中違」。「中闈」亦通。

〔七〕煩公爲一好詞耳　「爲」，龍川别志卷上作「作」，「詞」同上書作「麻」。

〔八〕君一夫耳　涑水記聞卷七清武英殿聚珍本及長編卷五九天禧四年六月丙申條均作「君一武夫耳」，然下文引倦遊録亦作「一夫」，不改。

〔九〕門人李畋怪而問之　「門人李畋」，後山談叢作「幕下」。

〔一〇〕更無它語　此下後山談叢尚有「蓋以不學爲戒也」一句。

〔一一〕伏道下引罪　「引罪」原作「引道」，據全宋文卷四七六孫抃寇忠愍公旌忠之碑改。

〔一二〕置几榻其間　「几」，原作「机」，據同前文改。

四之三　太尉衛國高烈武王

王名瓊，家世燕人，徙亳州之蒙城。事太宗爲御龍直指揮使，累遷歸義軍節度使、殿前都指揮使。景德元年，從幸澶淵有功。明年，以病求解兵柄，授檢校太尉、忠武軍節度使。三年，薨，年七十二。王曾孫女配英宗皇帝，是爲宣仁聖烈皇后云。

太平興國四年，從征太原，太宗引兵自幽州還，聞虜兵盛至，留王夜作引龍直樂于御營〔一〕。遲明，王度車駕已遠，潰圍轉戰以出，至行在所，而六班卒不至。太宗欲誅六班，王曰：「陛下晨夕兼行，令不蚤下，主將之罪也。今衛士皆以材勇選，從下太原，有功未賞，盡誅之可虜？」帝怒遂釋。王禹玉撰神道碑

高瓊以歸義節度使爲并州馬步軍都部署，潘美亦在太原。舊制：節度領軍職者居上。瓊以美舊臣，表請居下。瓊後爲步軍都指揮使，會戍兵以廩食陳腐譁言者〔二〕，瓊知之，一日巡營，士卒方聚食，因取其飯啖之，謂曰：「邊鄙無事，而坐飽此，宜知幸也。」蒙求

管軍員闕，王兼領二司。王乃言曰：「臣老矣，如有負薪之憂，誰爲可任者？先朝自殿前而下，各置副都指揮使及都虞候，常有十人，職近事親，易以第進，又使士卒預識其威名，緩急臨戎，上下得以附習。此軍制之大要也。」上從之。神道碑

景德元年，契丹直抵澶州。真宗北幸，駐驛韋城。大臣有勸上南巡者，召問王行幄，王惖然曰：「虜去國遠鬭，勢不能持久，況羽檄召天下兵，行且至，進則可以決有功。今止軍不發，衆情大惑，誰爲陛下建此策者〔三〕？」真宗曰：「將更議於大臣。」王曰：「天子親御六

軍，蒙犯霜露，國之安危，事在轉漏，尚何議也？」遂發韋城，次澶州，將抵浮橋，左右猶躊躇未進。王下馬自扶輦，擁衆渡河。既而請帝御北城觀兵，漢軍望黄蓋，皆仰呼「萬歲」，而虜人亦大呼，聲聞數十里，其種酋皆駭視失色。有頃，弩伏發，射契丹貴將撻覽死，遂奉書請盟。師還，賜燕于行宫，而李繼隆、石保吉、魏咸信酒酣爭功，王曰：「天子神武，一舉而折敵，公等何功之與也！」繼隆等愧甚。神道碑○又記聞曰：上在澶淵南城，殿前都指揮使高瓊因請幸河北〔四〕，曰：「陛下不幸北城，北城百姓如喪考妣。」馮拯在旁呵之曰：「高瓊何得無禮！」瓊怒曰：「君以文章爲大臣，今虜騎充斥如此，猶責瓊無禮，君何不賦一詩詠退虜騎邪！」上乃幸北城。至浮橋，猶駐輦未進，瓊以所執檛築輦夫背，曰：「何不亟行！今已至此，尚何疑焉？」上乃命進輦。既至，登北城門樓，張黄龍旗，城下將士皆呼「萬歲」，氣勢百倍。會虜大將撻覽中弩死，虜衆遂退。他日，上命寇準召瓊詣中書，戒之曰：「卿本武臣，勿强學儒士作書語也〔五〕。」○又談叢曰：契丹侵澶，萊公相真宗北伐，臨河未度。是夕，内人相泣。明日，參知政事王欽若請幸金陵，樞密副使陳堯叟請幸蜀。真宗以問諸將，王曰：「蜀遠，欽若之議是也。上與後宫御樓船浮汳而下，數日可至。」殿上皆以爲然，公大驚色脱。王徐曰：「但陛下去都城一步，則城中别有主矣！吏卒皆北人，家在都下，將歸事其主，誰肯送陛下者？金陵豈可到邪？」公又喜過望，曰：「瓊知此，何不爲上駕邪！」王乃大呼：「逍遥子！」公掖帝以升，遂渡河而成功。○又元城語録曰：太祖與羣臣言，未嘗文談，蓋欲激厲將士之氣，此漢高祖溺儒冠之意也。至太宗好文，方戰爭之時，多作詩賦，羣臣屬和，故武事不競，卒有潘美之敗。及澶淵之役，章聖既渡大河，至浮橋一半，高瓊執御轡曰：「此處好唤宰相吟兩首詩也！」蓋當時宰相王欽若、陳堯叟輩好爲詩賦，以薄此輩，故平日憾之，而有此語。○又蘇子曰：王郎反河北，世祖得鉅鹿、信都兵，議者以爲可因二郡兵自送還長安，惟邳彤不可，以爲公既西，則邯鄲之兵不肯捐父母、背城主而千里送公〔六〕，其離散逃亡可必也。世祖深感其言而止。此東漢興亡之决，邳彤可謂漢之元臣矣。高瓊之言，大略似之，皆一代雄桀也。

它日，衛士有白廩粟陳腐者〔七〕。王曰：「邊防戰守之兵，暴露寒苦，而所食粟與豉同色。若等日既食太官，月所給又先進樣於上前，豈特諸軍比也？有一言以動吾軍者斬！」於是衆莫敢有言。其後王被疾，久不出，輒有遺陳粒殿下者。中貴人得之以聞，人賜精米一斛。王嘆曰：「安有是邪！」遂以疾辭典軍。神道碑

王素爲寇準所知，而王欽若以南廵之議恨準。準罷相，欽若知樞密院，王疾甚，真宗趣駕欲臨問，欽若乃言：「天子問疾，所以寵勳臣，今瓊無破敵之功，不可往。」帝乃止。神道碑

真宗嘗問：「卿子幾人？」曰：「臣子十有四人。臣誠愚不肖，然未嘗不教以知書。」於是賜諸經史於其家。每戒諸子：「毋曲事要勢，以蘄進身。若吾奮節行間，至秉旄鉞，豈因人力哉！」又嘗與諸子論蔚昭敏、李斌之爲人，諸子曰：「此衆之所非也。」王曰：「吾常與

此二人者言，其忠質一心，無銖髮敢欺朝廷。衆之所非，吾之所取也。」神道碑

校勘記

〔一〕留王夜作引龍直樂于御營　「直」，全宋文卷一一五五王珪烈武高衛王神道碑銘（以下簡稱高瓊神道碑銘）作「真」。

〔二〕會戍兵以廩食陳腐譁言者　「腐」原作「弱」，據宋史卷二八九高瓊傳改。

〔三〕誰爲陛下建此策者　「策」字原無，據高瓊神道碑銘補。

〔四〕殿前都指揮使高瓊因請幸河北　「因」，涑水記聞卷六作「固」。

〔五〕勿强學儒士作書語也　「書」上同前書有「經」字。

〔六〕背城主而千里送公　「城主」原作「成主」，據全宋文卷一九六五蘇軾邳彤漢之元臣改。

〔七〕衛士有白廩粟陳腐者　「廩」，原誤作「稟」，據高瓊神道碑銘改。

四之四　内翰楊文公

公名億，字大年，建州浦城人。七歲能屬文。年十一，太宗聞其名，詔送闕下試詩

賦，授祕書省正字，令就祕閣讀書。真宗即位，拜左正言，與修太宗實録。知處州，召還，知制誥，召入翰林爲學士，同修國史。會母病陽翟，請歸省，不待報而行，貶太常少卿，分司西京。起知汝州，會加玉皇聖號，表求陪預，召還，參詳儀制。天禧四年，復爲翰林學士，是冬卒，年四十七。仁宗即位，贈禮部尚書，賜謚曰文。

楊文公年十一，太宗親試一賦二詩，頃刻而成。上喜，送中書再試。執政令賦喜朝京闕詩，亦立就，且有「願秉清忠節，終身立聖朝」之句，宰相表賀。湘山野録

楊大年每欲作文，則與門人賓客飲博、投壺、奕碁，語笑諠譁，而不妨締思〔一〕。以小方紙細書，揮翰如飛，文不加點，每盈一幅，則命門人傳録，門人疲於應命，頃刻之際，成數千言，真一代之文豪也。歸田録

楊文公凡爲文章，所用故事，常令子姪諸生檢討出處，每段用小片紙録之。文既成，則綴粘所録而蓄之，時人謂之衲被焉。呂氏家塾記

楊大年爲學士時，草答契丹書，云「鄰壤交歡」。進草既入，真宗自注其側云：「朽壤，鼠壤，糞壤。」大年遽改爲「鄰境」。明旦，引唐故事：學士作文書有所改，爲不稱職，當罷。因亟求解職。真宗語宰相曰：「楊億不通商量，真有氣性。」歸田録

楊文公以文章擅天下，然特剛勁寡合〔二〕。有惡之者，以事譖之。大年在學士院，忽夜

召見於一小閣，深在禁中。既見賜茶，從容顧問，久之，出文藁數篋，以示大年，云：「卿識朕書蹟乎？皆朕自起草，未嘗命臣下代作也。」大年皇恐，不知所對，頓首再拜而出，乃知必爲人所譖矣。由是佯狂，奔于陽翟。真宗好文，初待大年，眷顧無比，晚年恩禮漸衰，亦由此也。歸田録

楊文公性剛介寡合，唯與李維、路振、刁衎、劉筠數人厚善。王欽若驟貴，公素薄其爲人，欽若銜之。陳彭年方以文史進，亦忌公名出己右，相與擠之。會公母病陽翟別墅，公請歸省，遂不待報而行。

楊文公少以文進，而方直自守。後因母病，有陽翟之行，王文正公恐人害之，白上遣使賜醫藥，既而言事者彈劾不已，卒以亞卿分司。上嘗語輔臣曰：「聞楊億好謗時政。」王公曰：「楊億文人，幼荷國恩，若譆謔過當，則恐有之。至於謗訕，臣保其不爲也。」王公器重文公至深，頗思其歸，乃因中書齋宿，覽文公近詩，而與趙文定諸時賢繼和。上知之，乃諭公召文公還，爲祕書監。久之，有問公者曰：「楊大年何不早與舊職？」公曰：「大年向以輕去上左右，人言可畏，賴上終始保全之。今此職欲出自清衷，以全君臣之契。」公薨後，文公方復禁署。王文正公遺事

楊文公爲執政所忌，母病謁告，不俟朝旨，徑歸韓城，與弟倚居，踰年不調。公有啓謝

朝中親友曰：「介推母子，願歸綿上之田；伯夷弟兄，甘受首陽之餓。」後除知汝州，而希旨言事者攻之不已。公又有啓與親友曰：「已擠溝壑，猶下石而未休；方困蒺藜，尚關弓而相射。」青箱雜記

楊億在翰林，丁謂初參政事，億例賀焉。語同列曰：「骰子選爾，何多尚哉！」未幾，辭親疾逃陽翟別墅。擬遺

楊文公以直道獨立，時有挾邪説以進者，面戲公曰：「君子知微知章，知柔知剛。」公應聲答曰：「小人不恥不仁，不畏不義。」家塾記

楊文公天性穎悟，自幼及終，不離翰墨。喜誨誘後進，以成名者甚衆。聞人有片辭可紀，必爲諷誦。手集當世述作數十篇。重交遊，性耿介坦夷，敦尚名節，多周給親故，廪禄亦隨而盡。善談吐有味，然評品人物，善惡太明，人多怨之。

范文正公讚公之像曰：公以命世之才，其位不充，故天下知公之文，而未知其道也。昔王文正公居宰府僅二十年，未嘗見愛惡之迹，天下謂之大雅。寇萊公當國，真宗有澶淵之幸，而能左右天子，如山不動，卻戎狄，保宗社，天下謂之大忠。樞密扶風馬公，慷慨立朝，有犯無隱，天下謂之至直。此三君子者，一代之偉人也。公與三君子深相交許，情如金石，則公之道，其正可知矣。

校勘記

〔一〕而不妨締思　「締」，宋歐陽修歸田録（以下簡稱歸田録）作「構」。此處蓋避宋高宗諱也。

〔二〕然特剛勁寡合　「特」上同前書有「性」字。

四之五　丞相王文康公

公名曙，字晦叔，河南人。中進士第，咸平中舉賢良方正科。後以樞密直學士知益州，入爲給事中，兼群牧使。寇萊公罷相遠貶，公其婿也，亦貶郢州團練副使。起知襄州，徙河南府，仁宗召爲御史中丞，兼理檢使，以尚書工部侍郎參知政事。以疾出知陝州、河陽、河南府。復入爲樞密使，拜同中書門下平章事。逾月，薨。

王晦叔知益州，賊盜贓無輕重，一切戮之，蜀中股慄。不數月，賊寇屏竄列郡，皆外户不閉。先是，張詠守蜀，季春糶廩米，其價比時估三之一，以濟貧民。凡十户爲一保，一家犯罪，一保皆坐，不得糴。民以此少敢犯法。至是，獻議者改詠之法，窮民無所濟，復爲寇。晦叔奏復之。名臣傳王文康治蜀，頗以法御下，有謗其太苛，會劉燁召還爲右正言，真宗召問：「凌策、王曙，治蜀孰優？」曰：「凌策在蜀，值歲豐，故得以平易治之。王曙值歲歉，慮民爲盜，故以法治之。使之易地，則皆然。」真宗善其言。名臣傳

王文康公、薛簡肅公俱嘗鎮蜀，而皆有名。章獻時同爲執政，一日，奏事已，因語蜀事，文康曰：「臣在蜀時，有告戍卒反，乃執而斬之於營門，遂無事。」簡肅曰：「臣在蜀時，亦有告戍卒反者，叱出之，亦無事。」湘山野録

玉清昭應宫災，守衛者皆坐繫御史獄。王文康公上疏曰：「昔魯桓、僖宫災，孔子以爲桓、僖親盡當毁者也。遼東高廟及高園便殿災，董仲舒以爲高廟不當居郡國，便殿不當居陵旁，故災。魏崇華殿災，高堂隆以爲天以臺榭宫室爲戒，宜罷勿治，文帝不聽，明年復災。今所建宫，不應經義，災變之來，若有警者。願除其地，罷諸禱祠，以應天變。」仁宗與太后感悟，遂薄守衛者罪。已而詔以不復繕脩諭天下。公方嚴簡重，有大臣體。嘗言：「人臣患不節儉，今居第多踰僭，服玩奢侈，僕妾無數，宜有經制。」及貴顯，深自抑損，齋居蔬食，泊如也。

謝希深、歐陽永叔官洛陽時，同遊嵩山歸〔一〕，暮抵龍門香山，雪作。留守錢文僖公遣吏以厨傳歌妓至，且勞之曰：「山行良勞，當少留龍門賞雪，府事簡，無遽歸也。」錢遇諸公

之厚類此。後錢謫漢東，諸公送別，至彭婆鎮，錢置酒作長短句，俾妓歌之，甚悲，錢泣下，諸公皆泣。王文康公代爲留守〔二〕，御吏如束濕，諸公俱不堪其憂。日訶其多出游，責曰：「公等自比寇萊公何如？萊公尚坐奢縱取禍貶死，況其下者！」希深而下不敢對，永叔取手板起立曰：「以脩論之，萊公之禍不在杯酒，在老不知退爾。」時王公年已高，若爲之動。卒薦永叔入館，然永叔猶不忘錢公。或謂錢公易名者三，卒得美謚，永叔之力云。聞見録

校勘記

〔一〕同遊嵩山歸　「歸」上邵氏聞見録卷八有「自潁陽」三字。

〔二〕王文康公代爲留守　「王文康公」同前書作「王沂公」。按：宋史卷二八六王曙傳亦載此事，且五朝名臣言行録此卷所述正爲王文康公（王曙）事迹，邵氏聞見録傳本有誤。

五朝名臣言行録卷第五

五之一　丞相沂國王文正公

公名曾，字孝先，青州益都人。咸平中由鄉貢試禮部、御前皆第一。通判濟州，代還，特召試政事堂，直史館，三司户部判官，知制誥兼史館修撰，爲翰林學士，知通進銀臺司，遂以右諫議大夫參知政事。時宫觀皆以輔臣爲使，公當使會靈，辭不拜，罷。知應天府、天雄軍，復參知政事，兼太子賓客。仁宗立，拜中書侍郎，同平章事，玉清昭應宫使。天聖中宫災，出知青州、天雄軍、河南府。景祐元年爲樞密使。明年復相，出判鄆州。寶元元年薨，年六十一。

公青州發解，及南省、庭試，皆爲首冠。中山劉子儀爲翰林學士，戲語之曰：「狀元試三場，一生喫着不盡。」沂公正色答曰：「曾平生之志，不在温飽。」東軒筆録

公自濟州代還，當召試學士院，宰相寇萊公奇之，特召試政事堂。景德中，朝廷始與北虜通好，詔遣使，將以「北朝」呼之。王沂公以爲太重，請止稱契丹本號可也。真宗激賞再三，朝論韙之。記聞

祥符中，王沂公奉使契丹，館伴邢祥頗肆談辨，深自衒鬻，且矜新賜鐵券。公曰：「鐵券蓋勲臣有功高不賞之懼，賜之以安反側耳。何爲輒及親賢？」祥大沮失。記聞

祥符中，公在掖垣，時瑞應沓臻，公嘗請對，上語及之。公奏曰：「斯誠國家承平所感而致，然願推而勿居，異日或有災沴，則免夫輿議。」退，又白於執政。及後飛蝗旱暵，公乃亟被擢用焉。沂公言行録

公以建昭應宫上疏陳事之不便者五條以諫，請殺其制，其餘論事甚衆，皆削其藁，惟此疏偶存。言行録

公在閣下累年，時楊文公已居内制，楊性詼諧，好嘲誚，凡僚友無不狎侮，至公則曰：「第四廳舍人，不敢奉戲。」故李翰林昌武尤所歎服，常曰：「若王舍人，可謂不可得而親疏也。」言行録

公任審刑日，建議違制須親被乃坐。未幾，外郡有以具獄讞聞，章聖俾以違制坐之。公奏以制非親被，請從違失。上曰：「若卿之言，自爾無復有違制之罪。」公遽曰：「誠如聖

旨，自爾亦無復輕議矣。」上怡然可其奏。時佐吏趙廓同侍，嘗以語人曰：「廓始聞王公抗議，不覺踴躍自失。後陰察王公，未嘗語於人，亦無自得之色。」言行録

公前在政府日，請置諫臣以廣言路。後公再出守外藩，孔道輔、曹脩古皆以言事謫去。及公肆覲，屢以爲言，恐杜天下之口。言行録

寇萊公鎮秦，民有檛登聞鼓興訟者。上以問公，公奏曰：「長安故都，民心豪舉，若寇準重官，或以訟解。則後人何由鎮服矣！」上意釋然，但命降詔以諭之。言行録

公辭會靈使領，真宗疑其自異，王欽若從而擠之。會公市賀皇后家舊第，其家未徙，而公使人輦土置其門。賀氏入訴禁中，公遂罷去。

章聖不豫，劉后諷宰臣丁謂欲臨朝，中外汹汹，無敢言者。時宰相王曾謂后戚錢惟演曰：「漢之呂后，唐之武氏，皆非據之位，其後子孫誅戮，不得保首領。公后之肺腑，何不入白皇后，萬一宮車不諱，太子即位，太后輔政，豈不爲劉氏之福乎？若欲稱制以取疑於天下，非惟爲劉氏之禍，恐亦延及公矣！」惟演大懼，入白之，其議遂止。政要○又言行録曰：章聖久不預，莊憲太后欲自臨朝，今上居東宮〔一〕，於資善堂決事。會公自大名召還，再貳鈞席，語錢惟演曰：「皇儲冲幼，非中宮不可獨立，中宮非倚皇儲之重，則人心不附矣。」惟演亟入白之，兩宮由是益親，人遂無間。

初，章聖上僊，外尚未聞，中書、密院同入問起居，召詣寢閤，東面垂帷，明肅傳遺命，輔立皇太子及皇太后權聽斷軍國大事，退而發哀。公於殿廬草具遺制，丁謂欲去「權」字，加淑妃爲皇太妃字，公執咨曰：「皇帝冲年，太后臨朝，斯已國家否運，稱『權』猶足示後，况言猶在耳，何可改也？且增減制書有法，豈期表則之地，先欲亂之耶？曷爲更載立妃之文？必若尊禮，當俟事定而議。」謂勃然曰：「參政却欲擅改遺制乎？」公曰：「曾適來寢殿中，實不聞此言，若誠有之，豈敢改也！」諸公無相同者，遂依違而行，然「權」字遂不敢去。故謂之敗，公首被爰立之命。言行録

章獻明肅太后權處分軍國事，聽斷儀式，久而未定。丁謂欲每議大政，則皇太后坐後殿朝執政，朔望則皇帝坐前殿朝群臣，其餘庶務，獨令入内押班雷允恭禁中附奏，傳命中書、樞密院平決之。公時判禮儀院，乃采用蔡邕獨斷所述東漢故事，皇帝在左，母后在右，同殿垂簾，中書、樞密院以次奏事如儀。人心乃定。公嘗於廣坐抗語丁相曰：「政出幃房，斯已國家之否運，然推之至公，不猶愈於政出群下乎！」言行録○又政要所載與此同，但云庶務悉令雷允恭傳奏取旨，即下不覆。曾獨奏曰：「天下者，太祖、太宗、先帝之天下也，非陛下之天下也。奈何使兩宫異位，不共天下之政，是壅主上之聰明，絶下情而不使通。况宦人傳政，亂之始也。」餘並同。

真宗初上仙，公與丁謂同在中書。公獨入劄子，乞於山陵已前一切内降文字，中外並不得施行，又乞今後凡兩府行下文字〔二〕，中書候宰臣、參政，密院須樞密使、副、簽書員同在〔三〕，方許中外承受。兩宫可其奏。謂聞之，愕然自失，由是深憚公矣。東軒筆録

丁謂既逐李文定於衡州，遣中使賫詔賜之，不道所以。李聞之欲自裁，其子柬之救之得免。謂因大行貶竄王欽若、丁度等，皆投之遠方。時王沂公參知政事，不平之，曰：「責太重矣。」謂孰視久之，曰：「居亭主人恐亦未免也。」沂公踧然而懼，因密謀去之。内侍雷允恭既有力於謂，謂深德之。至是允恭爲山陵都監，司天邢中和爲允恭言：「今山陵上百步，法宜子孫，類汝州秦王墳。」允恭曰：「如此何故不就？」中和曰：「恐下有石并水耳。」允恭曰：「先帝獨有上，無它子，若如秦王墳，何故不用？」中和曰：「山陵事重，踏行覆按，動經日月，恐不及七月之期爾。」允恭曰：「第移就上穴，我走馬入見太后言之，安有不從？」允恭素貴横，人不敢違，即改穿上穴。及允恭入白太后，太后曰：「此大事，何輕易如此？出與山陵使議可否。」允恭見謂，具道所以，謂亦知其非，而重違允恭，無所可否，唯唯而已。允恭不得謂決語，入奏太后曰：「山陵使亦無異議矣。」既而上穴果有石，石盡水出。沂公具得其事，以謂擅易陵地，意有不善，欲奏之而不得間，語同列曰：「曾無子，欲令弟子過房。來日奏事畢，略留奏之。」謂不以爲疑。太后聞之，大驚，即命差官按劾其事，而謂不

知也。比知之，於簾前訴之，移時，有内侍卷簾曰：「相公誰與語？駕起久矣。」謂知太后意不可回，以笏叩頭而退。謂既得罪，山陵竟就下穴。蓋謂所坐本欲庇雷允恭，不忍破其妄作耳。然其邪謀深遠，得位歲久，心不可測，雖沂公以計傾之，而公議不以爲非也。龍川志

沂公在中書，得光州奏，祕書監致仕丁謂卒，顧謂同列曰：「斯人平生多智數，不可測，其在海外，由能用智而還，若不死，數年未必不復用。斯人復用，則天下之不幸可勝道哉！吾非幸其死也。」東軒筆録

曹利用既授南陽之命，將入謝。莊憲慮其詆訐，而未有以却之，遣中使江德明問公，公亦慮其交惡兩宫，遽請傳宣放謝。利用泯默而去。初，利用恃恩恣横，公每加裁抑，及其得罪，公獨極言其枉。太后曰：「卿常言利用之非，今何爲佑之？」公對曰：「臣所述利用侵官弄權，慮壞朝廷綱紀。今被以不軌，則爲枉爾。」故卒從輕議。言行録

明肅攝政，馬季良聯姻劉氏，以非道干進，太后欲擢爲龍圖閣待制，顧公守正，難之。會公移疾數日，喻貳政者擢季良，且曰：「王曾在告，當亟行之。」諸公承順匆遽，故季良止以太常丞充職，蓋三丞未嘗有預内閣清職者。中外諠傳，而公持正之名益重焉。言行録

天聖初，公嘗詮録古先聖賢事跡凡六十事，繪事以獻。上嘉納之，降詔褒美，仍敕鏤板

模印，均賜近侍，因命禁署，月繪二十軸以進焉。公又建議，請擇名儒勸講。尋命孫奭、馮元更侍經筵。及戴禮終帙，公率同列獻詩以賀。後孫公即世，馮亦外補，公自魏移洛，經塗肆覲，復以講席爲言。言行録

天聖中，陳堯咨尹京，自以先朝初榜狀元，未大用，頗觖望，常爲誣謗，明肅惑焉。公奏曰：「臣等職預弼諧，敢不心存公正！但讒人罔極，不可不察。臣請以藥物喻之。醫方謂藥有相使相反惡者，而甘草爲國老，以其性能和衆藥，故湯劑中不以寒温，多或用之，而班猫有毒相反，若同用之，則致害人。此其驗也。」后即時大悟。數日，陳有廉車之命，出守於外。言行録

天聖中，楊崇勳帥殿衛，日詣中書白事。屬微雨新霽，穿泥鞹直登堦，公頷之，不以常禮延坐。楊退，劾奏其罪，送宣徽院問狀。翌日，奏請傳詔釋之。明肅訝其然，公曰：「崇勳武夫，不知朝廷之儀。舉奏者，柄臣所以振紀綱；寬釋者，人主所以示恩德。如此，則仁愛歸於上，而威令肅於下矣。」言行録

王欽若再秉大政，屢以宫觀欽奉疏簡，不若昔時爲言。明肅依違未能決。公一日於簾前奏曰：「天道遠，人道邇。天禧中，靈文降，言先帝聖壽三萬日，時欽若率先慶抃曰：『三萬日，八十三歲。』太后必亦記之。後乃無驗。然則今日欽奉之禮，自不須過當。」欽若赧然

而退，自爾不復言。言行録

韓魏公言，希文、師魯畏沂公。師魯初入館，編校四年，復欲得一差遣，遂至中書援錢延年例。沂公徐曰：「學士自待，何爲在錢延年等列耶？」師魯終身以爲媿。魏公別録

韓魏公言，王沂公當國，門下未嘗見顯拔一人。希文乘間輒諷之曰：「明揚士類，宰相之任也。公之盛德，獨少此爾。」沂公徐應之曰：「司諫不思邪，恩若己出，怨將誰歸？」希文憫然嘆曰：「真宰相也！」魏公別録○又歸田録云：王沂公方正持重，最爲賢相，嘗以大臣執政，不當收恩避怨，曰：「恩欲歸己，怨使誰當？」聞者歎服，以爲名言。

錢惟演出守河橋，詣公爲別。公酌酒餞之。錢曰：「惟演身列將相，不爲不重。然朝廷每闕輔相，議不在中，惟公憐之。」公答曰：「相公才用閥閲，豈曾所敢望。然曾忝冠宰府，僅已數年。相公尚寄藩屏者何也？」錢曰：「惟演才識不茂，寔假遭逢，相公科第文章，揚歷中外，豈惟演所敢侔哉！」公曰：「不然。曾之才不及公，而猥當柄用，乃先於公者，蓋以搢紳之士，畏公而不畏曾故也。公誠能去其可畏之跡，使人無所復畏，登庸調化，必有日矣。」杜杞書

公嘗言，始參大政，屬故太尉王公當國，每進用朝士，必先望實。或曰：「某人才，某人賢。」則曰：「誠知此人，然歷官尚淺，人望未著，且俾養望，歲久不渝，而後擢任，則榮塗坦

然，中外允愜。」故公執政之日，遵行是言，而人皆心服。言行録

公留守洛師，屬歲歉，里有囷積者，飢民聚黨脅取，隣郡以强盜論，報死者甚衆。公但重笞而釋之。遠近聞以爲法，全活者數千計。仍上言：「國初江、浙未下之日，嘗命陝、雍、晉、絳歲漕粟以赴京師。」遂詔給陝粟二十萬，儲廩充而民息肩，于今賴之。言行録

公凡更四鎮，所至悉興學校，輟俸錢以助其費，青州仍出家藏書以備習讀。言行録

公非聖之書未嘗再覽，邪誕之事未嘗致毁，亦不之信。南都府署之内有神祠，頗推靈怪，日有請禱。公下車之始，即杜其出入之所，惟朔望俾牙校致奠，訖無他異。時訛言有怪物夜飛下食小兒者，遠近相恐，未昏則楗户滅燭，蔽匿童稚，以黄紙藁炷置門，用爲厭勝。公聞之，戒徼巡之吏，悉令屏去，有爲先倡者，捕而重笞，逐出於境。民情遂安。妖至襄邑而止。言行録

公再莅大名，代陳堯咨。既視事，府署毁圮者，即舊而葺之，無所改作。什器之損失者，完補之如數。政有不便，委曲彌縫，悉掩其非。及移守洛師，陳復爲代，覩之歎曰：「王公宜其爲宰相，我之量弗及已！」蓋陳以昔時之嫌，意謂公必返其故，發其隱也。言行録

公再莅大名，治政益信於俗，民居軍伍，咸畫像以事之。時虜使每往復入境，皆云：「此府王公在焉。」必沐浴潔服而後入。言行録

公前罷參政日，往候故太尉王公，王已疾困辭，弗得見。既而顧其婿范令孫再言曰：「王君介然，他日勳業德望甚大，顧余不得見之耳。」且曰：「王君昨以避讓會靈使領㫝上意，而王君進對詳雅，詞直氣和，了無所懾。且王君始被進用，而能若是，僕在政府幾二十年，每進對忤意，即踧踖不能自容，以是知其偉度矣。」初，公自登朝，歷掖垣内署，每謁王公，必語及闕政，公辭以不在其位，不敢預聞。王曰：「嘻！君他日必當重任，期君振舉之耳。」言行録

韓魏公言，王沂公德器深厚而寡言。當時有得其品題一兩句者，人皆以爲榮。琦爲諫官時，因納劄子，忽云：「近日頻見章疏，甚好，只如此可矣。向來如高若訥輩，多是擇利，范希文亦未免近名。要須純意於國家事爾。」琦聞此言，益自信也。魏公別録

公嘗語曰：「昔楊文公有言，人之操履，無若誠實。吾每欽佩斯言。苟執之不渝，夷險可以一致。」言行録

公自奉甚薄，待客至厚，於滋味無所偏嗜，庖人請命，未嘗改饌。事諸父、諸母、乳母，盡其孝謹。葬外氏十餘喪，嫁姻族孤女數人。言行録

王沂公與孫冲同牓，冲子京一日往辭，沂公相留云：「喫食了去。」飭子弟云：「已留孫京喫食，安排饅頭。」饅頭時爲盛饌也。食後合中送數軸簡紙，開看，皆是他人書簡後截下

紙。其儉德如此。韓莊敏遺事

王沂公當國，屢薦吕許公夷簡，是時明肅太后聽政，沂公奏曰：「臣屢言夷簡才望可當政柄，而兩宮終未用。以臣度太后之意，不欲其班在樞密使張旻之上耳。且旻一赤脚健兒，豈容妨賢如此？」太后曰：「固無此意，行且用夷簡矣。」沂公曰：「兩宮既已許臣，臣請即令宣召學士草麻。」太后從之。及許公大拜，漸與沂公不叶。東軒筆録

公資質端厚，眉目如刻畫，盛服屹然，入朝進止有常處，平居寡言，自奉廉約，人莫敢干以私。楊文公嘗目之曰：「王君揚休山立，宗廟器也。」

胡文定公曰：李文靖澹然無欲，王沂公儼然不動。資稟既如此，又濟之以學，故是八九分地位也。

校勘記

〔一〕今上居東宮　「今」原作「令」，據宋史卷三一〇王曾傳，「真宗不豫，皇后居中預政，太子雖聽事資善堂，然事皆決於后，中外以爲憂」，此處應以作「今上」爲是。王沂公言行録撰於仁宗時，「今上」即仁宗，而仁宗於真宗晚年爲太子。

〔二〕又乞今後凡兩府行下文字 「府」，東軒筆録卷三作「宫」。

〔三〕中書候宰臣參政密院須樞密使副簽書員同在 同前書「候」作「須」，「密院」下「須」字，「員」下「同在」二字，據同前書補。

五之二 丞相李文定公

公名迪，字復古，其先趙郡人，後家濮州。舉進士第一，歷通判徐、兗州，知鄆州，爲三司鹽鐵副使，知制誥。以集賢院學士知永興軍，徙陝西都轉運使，入翰林爲學士。天禧中，拜給事中、參知政事。仁宗爲皇太子，命兼賓客，拜吏部侍郎、同平章事。出知鄆州。仁宗即位，太后預政，貶衡州團練副使。起知舒州、江寧、河南府。太后崩，復入相。景祐中，出知亳州，召還，除資政殿大學士，降太常卿，知密州。復拜大學士，除彰信軍節度使，知天雄軍，徙青州，以太子太傅致仕。薨，年七十七。

李文定公爲舉子時，從种放明逸先生學。將試京師，携明逸書見柳開仲塗，以文卷爲贄，與謁俱入。久之，仲塗出曰：「讀君之文，須沐浴乃敢見。」因留之門下。一日，仲塗自出題，令文定與其諸子及門下客同賦。賦成，驚曰：「君必魁天下，爲宰相。」令門下客與諸子拜之，曰：「異日無忘也。」及文定爲宰相，仲塗門下客有柳某者，文定命長子柬之娶其女，不忘仲塗之言也。文定所擬賦題不傳，如王沂公曾初作有物混成賦，識者知其決爲宰相。蓋所養所學發爲言辭者，可以觀矣。程明道先生爲伯温云。聞見録

李文定公罷陝西都轉運使，還朝。是時真宗方議東封西祀，修太平事業。知秦州曹瑋奏：「羌人潛謀入寇，請大益兵爲備。」上大怒，以爲瑋虚張虜勢，恐愒朝廷，以求益兵。以迪新自陝西還，召見，示以瑋奏，問其虚實，欲斬瑋以戒妄言者。文定從容奏曰：「瑋武人，遠在邊鄙，不知朝廷事體，輒有奏陳，不足深罪。臣前任陝西，觀邊將才略，無能出瑋之右者，他日必能爲國家建功立事。若以此加罪，臣爲陛下惜之。」上意稍解。迪因奏曰：「瑋良將，必不妄言。所請之兵，亦不可不少副其請。臣觀陛下意，但不欲從鄭州門出兵耳。秦之旁郡兵甚多，可發以戍秦。臣在陝西，籍諸州兵數爲小册，常置鞶囊中以自隨，今未敢以進。」上曰：「趣取之。」迪取於鞶囊以進，上指曰：「以某州某州兵若干戍秦州，卿即傳詔於樞密院發之。」既而，虜果大入寇，瑋迎擊，大破之，遂開山外之地。奏到，上喜謂迪曰：「山外之捷，卿之功也。」記聞

上將立章獻后，迪爲翰林學士，屢上疏諫，以章獻起於寒微，不可母天下。由是章獻深銜之。周懷政之誅，上怒甚，欲責及太子，群臣莫敢言。迪爲參知政事，俟上怒稍息，從容

奏曰：「陛下有幾子，乃欲爲此計？」上大寤，由是獨誅懷政等〔一〕，而東宮不動搖，迪之力也。記聞

公在翰林，時仍歲旱蝗，國用不給。一日歸沐，忽傳詔對内東門，上出三司所上歲出入財用數，問：「何以濟？」公曰：「祖宗初置内藏庫，欲復西北故土，及以支凶荒，今邊無他費，陛下用此以佐國用，賦斂寬，民不勞矣。」上曰：「今當出金帛數百萬借三司。」公曰：「天子於財無内外，願下詔賜三司，以顯示德澤，何必曰借？」上悦。又言：「陛下東封時敕所過無伐木除道，行宫裁加塗蔇而已。及幸汾、亳，土木之役，過往時幾百倍。今旱蝗之災，殆天意所以儆陛下也。」上曰：「卿之言然，一二臣誤朕爲此。」

真宗晚年不豫，嘗對宰相盛怒曰：「昨夜皇后以下皆云，劉氏獨置朕於宫中。」衆知上眊亂誤言，皆不應。李迪曰：「果如是，何不以法治之？」良久，上寤，曰：「無是事也。」章獻在帷下聞之，由是惡迪。記聞

真宗不豫，大漸之夕，李文定公與宰執以祈禳宿内殿，時仁宗幼冲，八大王元儼者，有威名，以問疾留禁中，累日不肯出。執政患之，無以爲計。偶翰林司以金盂貯熟水，曰：「王所須也。」文定取案上墨筆攪水中盡黑，令持去。王見之大驚，意其有毒也，即上馬去。文定臨事，大率類此。聞見録

真宗既疾，甚殆，不復知事。李迪、丁謂同作相。内臣雷允恭者，嬖臣也，自劉后以下，皆畏事之。謂之進用，皆允恭之力。嘗傳宣中書，欲以林特爲樞密副使，迪不可，曰：「除兩府須面奉聖旨。」翌日，爭之上前，聲色俱厲。謂辭屈，俛首鞠躬而已。謂既退，迪獨留，納劄子。上皆不能省記，而二相皆以郡罷。允恭傳宣謂家，以中書闕人，權留謂發遣。謂因直入中書，見同列，召堂吏諭之，索文書閲之。來日，與諸公同奏事，上亦無語。衆退，獨留。及出，道過學士院，問院吏：「今日學士誰直？」曰：「劉學士筠。」謂呼筠出，口傳聖旨，令謂復相，可草麻。筠曰：「命相必面得旨。果爾，今日必有宣召，麻乃可爲也。」謂無如之何。它日，再奏事，復少留，退過學士院，復問誰直，曰：「錢學士惟演。」謂復以聖旨語之，惟演即從命。既復相，乃逐李公及其黨，正人爲之一空。將草李公責詞，時宋宣獻知制誥當直，請其罪名，謂曰：「春秋無將，漢法不道，皆其事也。」宋不得已，從之。詞既上，謂猶嫌其不切，多所改定。其言上前爭議曰「罹此震驚，遂至沉頓」，謂所定也。及謂貶朱崖，宋猶掌詞命，即爲之詞曰：「無將之戒，深著於魯經；不道之誅，難逃於漢法。」天下快之。龍川志○又記聞云：真宗不豫，寇準得罪，丁謂、李迪同爲相，以其事進呈，上命除準小處知州。謂退，署其紙尾曰：「奉聖旨除遠小處知州。」迪曰：「曏者聖旨無『遠』字。」謂曰：「與君面奉德音，君欲擅改聖旨，以庇準邪？」由是二人鬪鬩，更相論奏。上命翰林學士錢惟演草制，罷謂政事，惟演遂出迪而留謂。外人先聞其事，制出，無不愕然，上亦不復省也。○又云：丁謂與迪同奏事退，既下殿，謂矯書聖語，欲爲林特遷官，迪不勝忿，與謂爭辨，引手板欲擊謂，謂走獲免，因更相論奏。詔二人俱罷相，迪知鄆州。明日，謂復留爲相。

迪至鄆半歲，真宗晏駕，迪貶衡州團練副使。謂使侍禁王仲宣押迪如衡州，仲宣始至鄆州，見通判以下而不見迪，迪皇恐，以刃自剄，人救得免。仲宣淩侮迫脅，無所不至。人往見迪者，輒籍其名，或饋之食，留至臭腐，棄捐不與。迪客鄧餘怒曰：「豎子欲殺我公以媚丁謂邪？鄧餘不畏死，汝殺我公，我必殺汝！」從迪至衡州，不離左右。仲宣頗憚之，迪由是得全。至衡州歲餘，除祕書監、知舒州。章獻太后上仙，迪時以尚書右丞知河陽〔二〕，召復爲相。迪自以受不世之遇，盡心輔佐，知無不爲。呂夷簡忌之，潛短之於上，歲餘罷相，出知某州。迪謂人曰：「迪不自量，恃聖主之知，自以爲宋璟，而以呂爲姚崇，而不知其待我乃如是也。」記聞

李文定與呂文靖同作相，李公直而疏，呂公巧而密。李公嘗有所規畫，呂公覺非其所能及，問人曰：「李門下誰爲謀者？」對曰：「李無它客，其子柬之，慮事過其父也。」呂公因謂李公：「公子柬之，才可用也，當付以事任。」李公謙不敢當。呂公曰：「進用才能，此自夷簡事，公勿預知。」即奏除柬之兩浙提刑。李公父子不悟也，皆喜受命。二公内既不協，

李公於上前求去，上怪問其故，李奏曰：「老疾無堪夷簡公相謾欺。」具奏所以。上召呂面質之。時燕王貴盛，嘗爲其門僧求官，二公共議許之。既而呂公遂在告，李公書奏與之，久之忘其實，反謂呂獨私燕邸。呂公以案牘奏上，李慚懼待罪，遂免去。其後王沂公久在外，意求復用。宋宣獻爲參知政事，甚善呂公，爲沂公言曰：「孝先求復相，公能容之否？」呂公許諾。宣獻曰：「孝先於公，事契不淺，果許，則宜善待之，不宜如復古也。」呂公笑然之。宣獻曰：「公已位昭文，孝先至，以集賢處之可也。」呂公曰：「不然，吾雖少下之何害？」遂奏言王曾有意復入。上許之。呂公復言願以首相處之，上不可，許以亞相。乃使宣獻問其可否，沂公無所擇。既至，呂公專決事，不少讓，二公又不協。王公復於上前求去，上問所以，對如李公去意。固問之，乃曰：「夷簡政事多以賄成，臣不能盡記。王博文自陳州入知開封府，所入三千緡。」上驚，復召呂公面詰之。呂公請付有司治之，乃以付御史中丞范諷推治無之，王公乃請罪求去。蓋呂公族子昌齡，以不獲用爲怨，時有言武臣王博古嘗納賂呂公者，昌齡誤以博文告，王不審，遂奏之。上大怒，逐王公鄆州，呂公亦以節鉞知許州。參知政事宋宣獻、蔡文忠皆罷去。李、王二公雖以疏短去位，然天下至今以正人許之。

龍川志

校勘記

〔一〕由是獨誅懷政等 「政」原誤作「正」，據涑水記聞卷八及上文改。

〔二〕迪時以尚書右丞知河陽 「右」，宋史卷三一〇李迪傳及類苑卷一〇引均作「左」。

五之三 參政魯肅簡公

公名宗道，字貫之，亳州譙人。舉進士，歷濠州定遠尉，秀州海鹽令，通判河陽。天禧元年，擢右正言。仁宗爲皇太子，除兼諭德。及即位，兼侍講，判吏部流内銓，拜右諫議大夫、參知政事。居位七年，薨。

仁宗在東宫，魯肅簡公爲諭德，其居在宋門外，俗謂之浴堂巷，有酒肆在其側，號仁和，酒有名於京師，公往往易服微行，飲于其中。一日，真宗急召公，將有所問。使者及門而公不在，移時乃自仁和肆中飲歸。中使遽先入白，乃與公約曰：「上若怪公來遲，當託何事以對？幸先見教，冀不異同。」公曰：「但以實告。」中使曰：「然則當得罪。」公曰：「飲酒，人之常情；欺君，臣子之大罪也。」中使嗟歎而去。真宗果問，使者具如公對。真宗問公：

「何故私入酒家？」公謝曰：「臣家貧無器皿，酒肆百物具備，賓至如歸，適有鄉里親客自遠來，遂與之飲。然臣既易服，市人亦無識臣者。」真宗笑曰：「卿爲宮臣，恐爲御史所彈。」然自此奇公，以爲忠實可大用。晚年每爲章獻明肅太后言群臣可大用者數人，公其一也。後章獻皆用之。歸田録

魯宗道爲正言，事有違誤，風聞彈疏，真宗稍厭之。宗道一日自訟於上前曰：「臣在諫列而諫，守臣職也。陛下以數而厭之，豈非事納諫之虚名，俾臣尸素苟禄乎？臣竊媿之，願得罷去。」上悦其忠，慰勉以遣。他日追念其言，御筆題殿壁曰「魯直」。掇遺

章獻太后臨朝，魯肅簡公屢有獻替。太后問：「唐武后何如主？」對曰：「唐之罪人也，幾危社稷。」太后默然。時有上言請立劉氏七廟者，太后以問輔臣，衆不敢對。公獨曰：「不可。」退謂同列曰：「若立劉氏七廟，如嗣君何？」帝、太后將同幸慈孝寺，欲以大安輦前帝行。公曰：「婦人有三從，在家從父，嫁從夫，夫殁從子。」太后乃命輦後乘輿行。執政多任子於館閣讀書，公曰：「館閣育天下英才，豈紈袴子弟得以恩澤處耶？吾子誠幼，已任京官，然終不使慁國恩。」樞密使曹利用恃權驕横，公屢折之帝前。時貴戚用事者，莫不憚之，目爲「魚頭參政」，因其姓且言骨鯁如魚頭也。

魯肅簡公立朝剛正，嫉惡少容，在政府七年，務裁抑僥倖，不以名器私人。及薨，太常

謚曰「剛簡」，議者不知爲美謚，以爲因謚譏之，竟改爲「肅簡」。公與張文節公知白當垂簾之際，同在中書，二公皆以清節直道爲一時名臣，而魯尤簡易，若曰「剛簡」，尤得其實也。歸田録

五之四　參政薛簡肅公

公名奎，字宿藝，絳州正平人。中進士第，歷隰州推官，知莆田長水縣，徙知興州。入爲殿中侍御史，出爲陝西轉運使。遷江淮制置發運使，擢三司户部副使。出知延州，權知開封府，權御史中丞，出知并州，改秦州。加樞密直學士，知益州，召權三司使，遂拜參知政事。罷，判尚書都省。薨，年六十八。

薛簡肅公舉進士時，摯謁馮魏公，首篇有「囊書空自負，早晚達明君」之句。馮掩卷而謂之曰：「不知秀才所負何事？」讀至第三篇春詩云：「千林如有喜，一氣自無私。」乃曰：「秀才所負者如此。」東齋記事

契丹使蕭從順來朝，是時，莊憲明肅太后垂簾聽政，從順謂南使至契丹者皆見太后，遂亦請見。朝議患之，未有以決。公獨以理折之，從順乃止。歐陽公撰墓誌

公在開封，以嚴爲治，肅清京師。京師之民，至私以俚語目公，且相戒曰：「是不可犯也。」及居蜀，則以惠愛稱。民有得僞蜀時中書印者，夜以錦囊掛之西門。門者以白，蜀人隨之者萬計，皆恟恟出異語，且觀公所爲。公顧主吏藏之，略不取視，民乃止。老媪告其子不孝者，子訴貧不能養，公取俸錢與之曰：「用此爲生以養。」母子遂相慈孝。里富人三女皆孤，民或妄爭其産，公析其貲爲三，爲嫁其女。蜀人喜亂而易揺，公既鎮以無事，又能順其風俗，從容宴樂，及其臨事，破姦發伏，無一不中，蜀人愛且畏之，以比張尚書詠而不苛。開封，天子之畿，益州，蜀一都會，皆世號尤難理者，而公尤有名。其寬猛之政，前後異施，可謂知其方矣。墓誌

公在成都，一日，置酒大東門外。城中有戍卒作亂，既而就擒。都監往白公，公指揮只於擒獲處令人喫却〔一〕。民間以爲神斷。不然，妄相攀引，旬月間未能了得，又安其徒黨反側之心也。東齋記事

王文康公、薛簡肅公俱嘗鎮蜀，而皆有名。章獻時同爲執政。一日，奏事已，因語蜀事。文康曰：「臣在蜀時，有告戍卒反，乃執而斬之於營門，遂無事。」簡肅曰：「臣在蜀時，亦有告戍卒反者，叱出之，亦無事。」東齋記事〔二〕

拜參知政事，公入謝，上曰：「先帝嘗言卿可用，吾今用卿矣。」公益感激自勵。而素剛

毅守節，不苟合，既與政，尤挺立，無所牽隨。然遂欲繩天下，無細大一入於規矩，往往不可其意，則歸卧於家，歎息憂愧，輒不食。家人笑其何必若此，公曰：「吾慚不及古人，而懼後世譏我也。」墓誌

明道二年，莊憲明肅太后欲以天子衮冕見太廟，臣下依違不決。公獨爭之曰：「太后必若王服見祖宗，若何而拜乎？」太后不能奪，爲改他服。太后崩，上見群臣，泣曰：「太后疾不能言，而猶數引其衣，若有所屬，何也？」公遽曰：「其在衮冕也。然服之豈可見先帝乎！」上大悟，卒以后服葬。於是益以公爲果可用也。墓誌○又湘山野録云：明肅太后欲以衮冕謁太廟，諫疏交上，宰臣執議，俱不之聽。薛簡肅公關右人，語氣明直，不文其談，獨於簾外口奏曰：「陛下大謁之日，還作漢兒拜耶？女兒拜耶？」明肅無答，是夕報罷。

公性剛，不苟合，遇事敢言。真宗時數燕大臣，至有霑醉者。公諫曰：「大臣數被酒，無威儀，非所以重朝廷也。」尤善知人，范仲淹、龐籍、明鎬，自爲吏部選人，皆以公輔許之，後卒如其言云。歸田録云：薛簡肅公知開封，時明參政鎬爲府曹官，簡肅待之甚厚，直以公輔期之。其後公守秦、益，嘗辟以自隨，優禮特異。有問於公「何以知其必貴」者，公曰：「其爲人端肅，其言簡而理盡。凡人簡重則尊嚴，此貴臣相也。」其後果至參知政事以卒。

校勘記

〔一〕公指揮只於擒獲處令人喫却　「喫」，東齋記事卷四作「斬」。

〔二〕按：本書卷四之五丞相王文康公引同條，出處作「湘山野録」。

五之五　參政蔡文忠公

公名齊，字子思，其先洛陽人，徙家萊州。真宗朝舉進士第一，通判兖州，直集賢院。仁宗初，修起居注兼御史知雜事，入翰林爲學士。出知河南府，徙密州、應天府。召爲御史中丞，擢三司使，拜樞密副使、參知政事。出知潁州。薨，年五十二。

公幼依外舅劉氏，能自力爲學。州舉進士第一，以書薦其里人史防，而居其次。祥符八年，真宗皇帝采賈誼「置器」之説，試禮部所奏士，讀至公賦，有安天下意，歎曰：「此宰相器也。」凡貢士當賜第者，考定，必召其高第數人並見，又參擇其材質可者，然後賜第一。及公召見，衣冠偉然，進對有法，天子以爲無能過者，亟以第一賜之。歐公撰行狀○又歸田録云：真宗好文，雖以文辭取士，然必視其形神器識，或取其所試文辭有理趣者。徐奭鑄鼎象物賦云：

「足惟下正，詎聞公餗之欹傾；鉉乃上居，實取王臣之威重。」蔡齊置器賦云：「安天下於覆盂，其功可大。」皆以爲第一。

蔡文忠公喜酒，飲量過人。既登第，通判濟州，日飲醇酎，往往至醉。是時太夫人年已高，頗憂之。一日，山東賈存道先生過濟，文忠館之數日。先生愛文忠之賢，慮其以酒廢學生疾，乃爲詩示文忠曰：「聖君恩重龍頭選，慈母年高鶴髮垂。君寵母恩俱未報，酒如成病悔何追。」文忠矍然起謝之。自是非親客不對酒，終身未嘗至醉。澠水燕談○賈同字希德，門人私謚曰存道先生。

通判兖州，太守王臻治政嚴急，喜以察盡爲明，公務爲裁損，濟之以寬，獄訟爲之不寃。逾年，通判濰州，民有告某氏刻僞税印爲姦利者，已逾十年，蹤跡連蔓，至數百人。公歎曰：「盡利於民，民無所逃，是爲政者之過也。」爲緩其獄，得減死者十餘人，餘皆釋而不問。濰人皆曰：「公德於我，使我自新爲善人。」由是風化大行。行狀

真宗新棄天下，天子諒陰不言。丁晉公用事專權，欲邀致公，許以知制誥。公拒不往。已而寇萊公、王文康公皆以不附連黜。公歸歎曰：「吾受先帝之知至於此，豈宜爲權臣所脅？得罪，非吾懼也！」既而晉公敗，士嘗爲其用者皆恐懼，獨公終無所屈。行狀

太后修景德寺成，詔公爲記，而宦者羅崇勳主營寺事，使人陰謂公曰：「善爲記，當得

參知政事。」公故遲之頗久，使者數趣，終不以進。崇勳怒，譖之太后。行狀

莊獻明肅皇太后崩，議尊楊太妃爲太后，垂簾聽政，議決，召百官賀。公曰：「天子明聖，奉太后十餘年，今始躬親萬事，以慰天下之心。豈宜女后相繼稱制？且自古無有。」固止不追班。太妃卒不預政，止稱太后於宮中。行狀

京師有指荆王爲飛語者，内侍省得三司小吏鞫之，連及數百人。上聞之大怒，詔公窮治。迹其所來無端，而上督責愈急，有司不知所爲，京師爲之恐動。公以謂：「繆妄之説，起於小人，不足窮治，且無以慰安荆王危疑之心。」奏疏論之，一夕三上。上大悟，乃可其奏，止笞數人而已。中外之情乃安。行狀

南海蠻酋虐其部人，部人款宜州自歸者八百餘人。議者以爲不可納，宜還其部。公獨以爲：「蠻去殘酷而歸有德，且以求生，宜内之荆、湖，賜以閒田〔一〕，使自營。今縱却之，必不復還其部，苟散入山谷，當爲後患。」爭之不能得，其後數年，蠻果爲亂。行狀

郭皇后廢，京師富人陳氏女有色，選入宮爲后。公爭之以爲不可，自辰至巳，辨論不已。上意稍悟，遂還其家。河決横壠，改而北流，議者以爲當塞。公曰：「水性下而河北卑，順其所趣以導之，可無澶、滑壅潰之患，而貝、博數州得在河南，於國家便，但理堤護魏州而已。」從之，澶、滑果無患。契丹祭天於幽州，以兵屯界上。界上驚擾，議者欲發大軍以

備邊。公獨料其必不動，後卒無事。公在大位，臨事不回，無所牽畏，而恭謹謙退，未嘗自伐，天下推之爲正人，縉紳之士倚以爲朝廷重。行狀

錢惟演作樞密直學士題名記，附離丁謂，輒去寇準姓氏，云：「逆準不書。」公言於仁宗曰：「寇準，社稷之臣，忠義聞天下，豈可爲姦黨所誣哉！」遂令磨去。

公之卒，故吏朱寀至潁，潁之吏民見寀，泣於馬前，指公嘗所更歷施爲曰：「此公之迹也。」其爲政有仁恩，所至如此。平生喜薦士，如楊偕、郭勸、劉隨、龐籍、段少連，比比爲當世名臣。公爲人神色明秀，須眉如畫，精學博問，寬大沉默，一言之出，終身可復。行狀

仲淹自布素從公遊，見公出處語默，無一不善。門中奉親，日視其色，諸父昆弟，愛之如傷。先朝采拔，以輔相器之。當遺弓之初，公懷哀慕，不能食者數日。家人視其衾衣，涕泗霑濕。公病汝陰，聞拓拔僭稱，嘻吁感概，教弟稟言西事甚詳。蓋忠孝之性，發之天也。公於親舊間雖死生不易，有孤遺者，爲之嫁娶。又好學無倦，尤以名教爲急。孔子之後世，襲文宣公而宰曲阜，乾興中，四十九代孫承祐卒，遂廢十餘年。公聞承祐有母弟在，抗章請復其嗣。有詔從之。其立朝也，能清其心，高其行，未嘗取於人。兩居憲臺，方嚴不動，百辟畏其風。權戚有過，則彈劾不隱，未嘗求其下也。在政府，浩然示至公於中外，以進賢爲樂，以天下爲憂。見佞色則嫉，聞善言必謝，孜孜論道，以致君堯、舜

爲心。與大臣居，和而不倚，正而不訐，無親疏之間，有方大之量。朝廷爲之重，刑賞爲之平。范文正公撰墓誌

校勘記

〔一〕賜以閒田　「閒」，居士集卷三八户部尚書侍郎贈兵部尚書蔡公行狀作「間」。

五朝名臣言行録卷第六

六之一　丞相許國吕文靖公

公名夷簡，字坦夫，其先萊州人，徙壽州。進士及第，補絳州推官，通判通州，知濱州，擢提點兩浙刑獄。入爲侍御史知雜事，改起居舍人，同知通進銀臺、知制誥。兩川饑，爲安撫使。權知開封府。仁宗即位，拜參知政事，進户部侍郎、同平章事。出判陳州，歲中復相。封申國公，出判許州，徙天雄軍，未幾復入相。徙封許國公，兼樞密使，拜司空、平章軍國重事。慶曆三年，請老，以太尉致仕。薨，年六十五。配食仁宗廟庭。

歲大水，濱州河溢，寇忠愍公知大名府，請擇守臣。天子親諭宰相，以公行。至則究利害，固隄防，分導水勢，卒不爲民患。濱人至今思之。李宗諤撰行狀

河北自五代末即算田鏄。公嘆曰：「王道本於農，此何名哉！」因表除之。朝廷推其法它路，自是農器無征。行狀

祥符末，王沂公知制誥，朝望日重。一日，至中書，見王文正公，問：「君識一呂夷簡否？」沂公曰：「不識也。」退而訪諸人，許公時爲太常博士，通判濱州，人多稱其才者。它日復見文正，復問如初，沂公曰：「公前問及此人，退而訪之。」具所聞以告。文正曰：「此人異日與舍人對秉鈞軸。」沂公曰：「公何以知之？」曰：「吾亦不識，但以其奏請得之。」沂公曰：「奏請何事？」曰：「如不税農器等數事。」時沂公自待已不淺，聞文正之言，不信也。姑應之曰：「諾。」既而許公自濱罷，擢提點兩浙刑獄，未幾，爲侍從。及丁晉公敗，沂公引爲執政，卒與沂公並相。沂公從容道文正語，二公皆嗟嘆，以爲非所及。其後張公安道得其事於許公，故於許公神道碑略叙一二。龍川志

祥符中，營繕宫館，材用所取，東南騷動，斬材木者或碎首洞胸。官嚴期會，以希上意，死者以亡命捕繫妻子。公抗疏條白，卒緩其役，調夫挽送材木。盛冬河涸，暴露岸次，又請一切罷遣。行狀

嶺南獲賊，意以爲蜀盗李順者，獻闕下。王欽若在樞府，即稱慶。上以屬臺，公劾之無實，乃守臣利其功鍛成之，具以聞。欽若愧其前慶，欲遂致其罪，公執平無所變撓，上亦從

之。行狀

歲旱蝗，公表請飭躬修政，略去賡吟小技，敕輔相以弭災變。行狀

寇忠愍公知永興軍，府有姦民，吏不能制，寇公摘其罪，竄湖外。過京師，上變自訴，且告寇公有異謀。公惡姦人得志，傷信任之體，請加重刑，益遠竄。報可。公不欲外聞，以恩自歸，戒吏不泄語，外卒無知者。行狀

時有習妖術者，相傳能飛，且攫人。都下大駭，捕工術數者，皆考訊傅致其罪。公奏請取捕吏，使參考以防其枉。帝寤，遂無寃者。行狀

祥符中，崇奉天書，設官置使，典司其事，儀衛物采甚盛矣。真宗崩，比將葬，文靖公判禮儀院，建議納天書於方中，而官司儀衛皆罷。天慶、天祺、先天、降聖等節，但存其名而已。凡公處事皆類此。家塾記

入內押班雷允恭擅移永定陵皇堂，而丁謂芘之。朝廷命公與魯肅簡公乘傳按視，盡得其迹及允恭等盜没方中金寶以萬計。狀聞，乃用按行故地，抵允恭罪，而罷謂相。行狀

真廟升祔器服，一倣宮中，務極隆厚。公因論事奏曰：「皇太后於先帝喪祭之禮，曲盡尊奉，此雖至誠至孝之道，然未足以報先帝。惟遠姦邪，奬忠直，推心待下，克己抑謙，愛惜民財，拔擢時彥，使邊鄙寧靜，人物富庶，皇帝德業日茂，太后壽樂無憂，此乃報先帝之大節

也。」太后又命真廟神主覆以銀罩，及供設用鏤器。公引「祀無豐昵」，「清廟茅屋」，「丹楹刻桷」之戒，手疏以聞。后亦從焉。行狀

太后初臨朝，宣諭兩府：「深不欲行此禮，候皇帝長立，别有處分。」公即日編入時政記。後每言事，必引及之，以感動后意。又多稱引前代母后臨政所以致禍之道，以勸戒焉。行狀

天聖郊燔卒事，柄臣例進官，至是有司援舊以請。公倡同列確讓不拜，遂著爲定式。行狀

曹利用得罪，遣内侍押班江德明圍其第。公與王沂公列奏：「利用雖有罪，非至不軌，乞從寬宥。」遂止遠貶。行狀

玉清宫災，太后見大臣泣且曰：「先帝尊道奉天，並建宫宇，今忽焦灼，何以稱遺意哉！」公知后旨且復營建，因推洪範以明災異之所致，請罷不復建。因率同列讓去使名，止令内臣兼領，遂不復葺。行狀

公以主上方富春秋，宜導之典學，擢孫奭等居講席，以經義輔導。後又增置崇政説書、天章閣侍講之職，以廣聞見。

太后親祠大廟，衮冕服章，欲一用天子之制。公帥禮官前請，於是冕十旒，衣用十章，

物數之間，悉損於上。行狀

初，章懿之誕上也，章惠、章獻皆以母稱，而懿不得名。及是章懿崩，公聞之，方奏事，因曰：「竊聞昨夕有宫嬪亡。」后聞之不懌，不待公盡言，曰：「宰相豈管宫中事！」遽引帝起。頃之，后獨出，曰：「卿固欲間吾母子耶？」公曰：「太后他日不欲保全劉氏乎？」后乃命公裁之，公請葬如禮，司天探后意，以陰陽拘忌聞。公執議益堅。卒輟視朝發哭，備宫仗葬西原苑中。春會，太后以君臣宴豫，不應罷，公固請，乃已。行狀○又聞見録云：李宸妃薨，章獻欲以宫人禮治喪於外。文靖奏宜從厚，章獻遽引帝起。頃之，獨坐簾下，召公問曰：「一宫人死，相公云云何與？」公曰：「臣待罪宰相，事無内外，無不當預。」章獻怒曰：「相公欲離間吾母子耶？」公從容對曰：「陛下不以劉氏爲念，臣不敢言。尚念劉氏也，喪禮宜從厚。」章獻悟，遽曰：「宫人李宸妃也，且奈何？」文靖乃請治喪皇儀殿，太后與帝舉哀後苑，百官奉靈轝由西華門以出，用一品禮殯洪福寺。公又謂入内都知羅崇勳曰：「宸妃當以后服殮，用水銀實棺，異時莫道夷簡不曾説來。」章獻皆從之。後章獻上仙，燕王謂仁宗言：「陛下，李宸妃所生，妃死以非命。」仁宗號慟毁頓，不視朝者累日，下哀痛之詔自責，尊宸妃爲皇太后，謚章懿。甫畢章獻殿殯，幸洪福寺祭告，易梓宫，帝親哭視之，后玉色如生，冠服如皇太后者，以有水銀沃之，故不壞也。帝嘆息曰：「人言其可信哉！」待劉氏加厚。○又龍川志云：章獻既没，或疑章懿之喪。仁皇遣李用和發其葬，視之，容貌如生。使者馳入奏，仁皇於章獻神御前，焚香泣告曰：「自今大孃孃平生分明矣。」

公在章獻朝，近臣頗以言事去職，或勸公宜退。公曰：「先帝待我厚，期以宗廟安寧，死而不愧於先帝。故平、勃不去，所以安漢，仁傑不去，所以安唐。使吾亦潔虚名而去，治亂未可知也。」故孜孜爕輔，知無不爲，雖禍之未形，事之將然，必先爲之救禦。行狀

太后嘗欲進荆王爲皇太叔，公力爭以爲不可，遂止。又以荆王子養於宫中，既長而弗出。公因對言及，以爲不可。后曰：「無他，欲令與皇帝同讀書耳。」公言：「皇帝春秋方盛，自當親接儒臣，日聞典訓，今與童稚處，無益，乞早令就邸。」他日又極言。后曰：「何至如此！」公曰：「前代母后多利於幼稚，試披史籍，即可見，嫌疑之際，不可不謹。臣今只在中書聽旨。」后寤，即日遣令出宫。行狀

大内災，宫室略盡，比曉，朝者盡至，日晏，宫門不發，不得聞上起居。兩府請入對，不報。久之，追班，上御拱宸門樓，有司贊謁，百官盡拜樓下，公獨立不動。上使人問其意，對曰：「宫廷有變，群臣願一望天顏。」上爲舉簾俯檻見之，乃拜。行狀

明肅太后臨朝，一日，問宰相曰：「福州陳絳贓污狼籍，卿等聞否？」王沂公對曰：「亦頗聞之。」太后曰：「既聞而不劾，何也？」沂公曰：「外方之事，須本路監司發擿，不然，臺諫有言，中書方可施行。今事自中出，萬一傳聞不實，即所損又大也。」太后曰：「速選有風力更事任一人〔一〕，爲福建路轉運使。」二相稟旨而退。至中書，沂公曰：「陳

絳，滑吏也，非王耿不足以擒之。」立命進熟。呂許公俛首曰：「王耿亦可惜也。」沂公不諭。時耿爲侍御史，遂以爲轉運使。耿拜命之次日，有福建路衙校拜于馬首，云：「押進奉荔枝到京。」耿偶問其道路山川風候，而其校應對詳明，動合意旨。耿遂密訪絳所爲。校輒泣曰：「福州之人，以爲終世不見天日也，豈料端公賜問，然某尤爲絳所苦者也。」遂條陳數十事，皆不法之極。耿大喜，遂留校於行臺，俾之幹事。既置詔獄，事皆不實，而校遂首常納禁器于耿〔一〕。事聞，太后大怒，下耿吏，獄具，謫耿淮南副使。皆如許公之料也。澠水燕談

契丹遣使借兵伐高麗，明肅欲與之。文靖公堅執不可。后云：「適已微許其使矣，不與恐生怨，奈何？」公曰：「但以臣不肯拒之。」既而后語其使曰：「意非不欲應，但呂相公堅不可耳。」使人無語而去。趙元昊反，有詔削奪在身官爵，募能生擒元昊若斬首者，即爲節度使，仍賜錢萬貫。公時在大名府，聞之，驚曰：「謀之誤矣！」立削奏曰：「前代方鎮叛命，如此詰誓，則有之矣，非所以禦戎狄也。萬一反有不遜之言，得無損國體乎？」朝廷方改之，已聞有指斥之詞矣。家塾記

章獻嘗爲大車乘幸浮圖。公曰：「太后既稱制，出宜有仗，此車無名，命有司鎖之，不復以進。」其防微杜漸皆此類。行狀

章獻明肅之盛，文靖公整救防微杜漸者非一，未嘗與人言，天下亦莫知也。仁宗既親政，大臣或言當垂簾，時有劉渙者，嘗上章請歸政，得罪于太后。帝顧文靖公曰：「當時樞臣欲黥配嶺南，賴卿力言得免。」若公者，苟利國家，雖舉世不知，弗與辨也。儻非聖主親發德音，人誰知之？豈比夫賤丈夫，急己之毁譽，而緩國之休戚哉！家塾記

章獻崩，上始親政事，公手疏爲治之本，以諷于上，其目有正朝綱、塞邪徑、禁貨賂、辨姦壬、絶女謁、遠近習、罷力役、節冗費，條奏甚詳。行狀

上以章惠有保護之勤，因太后遺誥，特上尊名。公請刊遺誥，止於宫中尊奉。后不悦。上不得已，出公判陳州。將行燕見，期以半歲召還，及期果召。行狀○韓魏公别録云：仁宗欲以楊太妃爲太后，問於吕申公，公曰：「典故無此事。」上曰：「奈已許之。」吕曰：「如此則陛下宫中姑立之可也。」吕以此意密語公，時諫官御史知其非，而不敢爭也。○又龍川志曰：章獻崩，吕許公以后遺令，册楊太妃爲皇太后，且復垂簾。御史中丞蔡齊將留百官班爭之，乃止。許公歎曰：「蔡中丞不知吾心，吾豈樂爲此哉！上方年少，禁中事莫主張者。」其後盛美人等恣横爭寵，無如之何，許公之意或在是矣。然人主既壯，而母后聽政，自非國家令典。雖或能整齊禁中，而垂簾之後，外家用事，亦何所不至？古今母后臨朝，如宣仁后專奉帝室，不爲私計，蓋未有也。

天下學校久廢，公請詔州皆立學。國朝公族，分居邸第，無所統一，公請置大宗正，建

睦親宮，置教授官，悉授諸衛官，以別庶姓。行狀

寇忠愍公以忠義自許，邪臣因中以事，廢死南荒。公辨其枉，請加甄叙及賜謚以褒之。行狀

長秋虛位，公抗疏請擇勳德之後。有豪民陳氏女，已預推擇，公以爲不可，乃止，即選納曹氏。行狀〇韓魏公别録云：呂申公固多不正以結上，然皆有説以勝人，人亦不能奪也。劉后服未除，而勸仁宗立曹后，希文進曰：「又教陛下做一不好事。」它日申公語公曰：「此事外人不知。上春秋盛，郭后、尚美人皆以失寵廢，以色進者不可勝數，已幾於昏矣，不立后無以正之。」每事自有深意，多此類也。

寶元中，御史府久闕中丞。一日，李淑對，仁宗偶問以憲長久虛之故，李奏曰：「此乃呂夷簡欲用蘇紳。臣聞夷簡已許紳矣。」仁宗疑之。異時，因問許公曰：「何故久不除中丞？」許公奏曰：「中丞者，風憲之長，自宰相而下，皆得彈擊。其選用，當出聖意，臣等豈敢銓量之？」仁宗頷之。東軒筆録

初，元昊拒命，契丹重兵壓境上，以伺釁。議者請城洛陽，爲遷都之計。公獨謂：「虜畏壯侮怯，易以威制。洛邑山川狹隘，以壯則不足，以威則退縮。」遂請建都大名，示將親征，以伐虜謀。或曰：「此爲虛聲爾，不若增修東都城池，以沮契丹之志。」公曰：「此子囊

城郢計也。使虜果南嚮，則雖城固無益。」卒申前議。既而契丹求和親，割關南之地，及劉六符等再至，桀驁，久留不能遣。公奏請於殿外幕次，與虜使相見，置酒面議以折之。上以爲然，虜使見公畏伏，語於館伴使曰：「觀宰相如此，雖留無益。」遂亟就道，前好如初。行狀

景祐中，吕許公執政，范文正公以天章閣待制知開封府，屢攻吕公之短，坐落職，知饒州。康定元年，復舊職，知永興軍。會許公自大名復入相，言於仁宗曰：「仲淹賢者，朝廷將用之，豈可但除舊職耶？」即除龍圖閣直學士、陝西經略安撫副使。上以許公爲長者，天下亦以許公不念舊惡。文正面謝曰：「曏以公事忤犯相公，不意相公乃爾奬拔。」許公曰：「夷簡豈敢復以舊事爲念邪？」及文正知延州，移書諭趙元昊以利害，元昊復書，語極悖慢，文正具奏其狀，焚其書，不以聞。時宋庠爲參知政事。先是，許公執政，諸公唯諾書紙尾而已，不敢有所預，宋公多與之論辨，許公不悦。一日，二人獨在中書，許公從容言曰：「人臣無外交，希文乃擅與元昊書，得其書又焚去不奏，它人敢爾耶？」宋公以爲許公誠深罪范也。時朝廷命文正分析，文正奏：「臣始聞虜有悔過之意，故以書誘諭之。會任福敗，虜勢益振，故復書悖慢。臣以爲使朝廷見之而不能討，則辱在朝廷，乃對官屬焚之，使若朝廷初不知者，則辱專在臣矣。故不敢以聞也。」奏上，兩府共進呈，宋公遽曰：「范仲淹

可斬！」杜祁公時爲樞密副使，曰：「仲淹之志，出於忠果，欲爲朝廷招叛虜耳，何可深罪？」爭之甚力。宋公謂許公必有言助己，而許公默然，終無一語。上顧問許公：「何如？」許公曰：「杜衍之言是也，止可薄責而已。」乃降一官，知耀州。於是論者喧然，而宋公不知爲許公所賣也，尋出知揚州。記聞○又行狀云：范仲淹在延州，馳書使諭元昊，已乃奏上。上遣中使於界首等，截取其報書。仲淹知之，使人先路取其書，去首尾以進。上怒，出書以示二府。同列有抗言乞斬仲淹者，公言：「閫外之事，不可中御。兵交使在其間，仲淹不可加罪。」上怒遂釋。

某公惡韓、富、范三公〔三〕，欲廢之而不能。軍興，以韓、范爲西帥，遣富使北，名用仇而實間之。又不克軍罷而請老，盡用三公及宋莒公、夏英公于二府，皆其仇也。又以其黨賈文元、陳恭公間焉。猶欲因以傾之，譽范、富皆王佐，可致太平，於是天子再賜手詔，又開天章閣，而命之坐，出紙筆使疏時政所當因革，諸公皆推范、富，請退而具草。使二宦者更往督之，且命領西北邊事。既而各條上十數事，而易監司，按群吏，罷磨勘，減任子，衆不利而謗興。又使范公日獻二事以困之，及請城京師，人始笑之。初，某公每求去以候主意，常未厭而去，故能三入，及老，大事猶問。西北相攻，請出大臣行三邊。於是范公使河東、陝西，富公使河北。初，某既廷議，乃數出道者院宿焉，范公既奉使，宿道者院而某在焉。賓退，使人致問，范公往見之，某佯曰：「參政欲求去邪？」范公以對，某曰：「大臣豈可一日去君側，去則不復還矣！今萬里奉使，故疑求去耳。」范公私笑之。久而覺報緩而請不獲，召堂吏而問曰：「吾爲西帥，每奏即下，而請輙得。今以執政奉使，而請報不迨，何也？」曰：「某別置司專行鄜、延事，故速而必得耳。」范公始以前言爲然，乃請守邊矣。而富公亦不還，韓又罷去，而賈、陳相矣。及某薨，范公自爲祭文，歸重而自訟云。談叢

王洙修經武聖略，仁宗覽而善之，命呂夷簡用洙直龍圖閣。夷簡曰：「此特會要中邊防一門耳，不足加賞。」既出，乃謂洙曰：「夷簡以修經武聖略欲用學士直龍圖閣，而上謂特會要中邊防一門耳，不足加賞，故不果。」洙退歸。會上使中人獎諭，具道欲用洙與夷簡以爲不可者，洙因出紙筆，請中人具記上語。明日，往見夷簡，問昨日嘗語洙者，夷簡復稱説如昨。洙因出中人所記示之。夷簡起立索笏曰：「上萬幾事繁，恐不記夷簡語。」其後，洙又修祖宗故事，參知政事范仲淹請用洙直龍圖閣，上已許之，仲淹又曰：「乞宣諭出自上意。」上正色曰：「當用則用，何必出朕意！今欲宣諭，是不當用也。」其命遂寢。仲淹大慚而退。此洙自爲孫之翰言之。南豐雜識

景祐末，西鄙用兵，大將劉平死之。議者以朝廷委宦者監軍，主帥節制有不得專者，故平失利。詔誅監軍黄德和。或請罷諸帥監軍，仁宗以問宰臣呂文靖公，公曰：「不必罷，但

擇謹厚者爲之。」仁宗委公擇之，對曰：「臣待罪宰相，不當與中貴私交，何由知其賢否？願詔都知、押班保舉，有不稱職者，與同罪。」仁宗從之。翊日，都知叩頭乞罷諸監軍宦官，士大夫嘉公之有謀。記聞

仁宗以西戎方熾，歎人才之乏，凡有一介之善，必收録之。杜丞相衍經撫關中，薦長安布衣雷簡夫才器可任，遽命賜對於便殿。簡夫辯給，善敷奏，條列西事甚詳。仁宗嘉之，即降旨中書，令檢真宗召种放事〔四〕。是時吕許公當國，爲上言曰：「臣觀士大夫有口才者，未必有實効，今遽爵之以美官，異時用有不周，即難於進退。莫若且除一官，徐觀其能，果可用，遷擢未晚。」仁宗以爲然。遂除耀州幕官。簡夫後累官至員外郎、三司判官，而才實無大過人者。東軒筆録

慶曆初，仁宗服藥，久不視朝。一日，聖體康復，思見執政，坐便殿，促召二府。宰相吕許公聞命，移刻方赴召，比至，中使數輩促公，同列亦贊公速行，公愈緩轡〔五〕。既見，上曰：「久疾方平，喜與卿等相見，而遲遲其來，何也？」公曰：「陛下不豫，中外頗憂，一旦聞急召近臣，臣若奔馳以進〔六〕，慮人心驚動耳。」上以爲深得輔臣之體。記聞

吕相在中書，奏令參知政事宋綬編次中書總例，謂人曰：「自吾有此例，使一庸夫執之，皆可以爲相矣。」記聞

文靖夫人因内朝，皇后曰：「上好食糟淮白魚。祖宗舊制，不得取食味於四方，無從可致。相公家壽州，當有之。」夫人歸，欲以十奩爲進。公見，問之，夫人告以故。公曰：「兩奩可耳。」夫人曰：「以備玉食，何惜也？」公悵然曰：「玉食所無之物，人臣之家安得有十奩也？」其智慮過人類此。聞見録

公感風眩，天子憂甚，手詔拜司空、平章軍國重事，三日一入中書。公表固辭。御府出萬金藥，上剪髭以賜公，手詔曰：「古人有言，髭可療疾，雖無痊驗，今朕剪髭合湯藥，表予意也。卿久病，中書、密院臣寮全然不勾當，公事住滯。卿録可以委任臣寮三五人來，卿更調攝，副朕眷焉。更有西北兩事，子細一一奏來。」公首奏陳西北事機，因薦范仲淹、韓琦、文彦博、龐籍、梁適、曾公亮等數人，後皆大用。行狀

公薨于鄭，訃聞，上震悼，對執政語公輒涕下曰：「安得憂公忘身，理萬事，幹四鄙如吕夷簡者！」行狀

上嘗大書「方正忠良」四字以賜，及親篆王曾墓碑額，因慨然曰：「吕夷簡宜賜之。」遂書「懷忠之碑」以賜。其後大臣家繼有陳請，自此始也。行狀

公於天下事，屈伸舒卷，動有操術。然嘗建募萬勝軍，雜市井小人，浮脆不任戰鬭；用宗室補環衛官，驟增俸賜；又加遺契丹歲繒金二十萬，當時不深計之，至于後世，費大而不可止。

校勘記

〔一〕速還有風力更事任一人　「事」下東軒筆録卷八有「者」字，語意較完整。按，此條末注澠水燕談，今本澠水燕談録無之，而見於東軒筆録。

〔二〕而校遂首常納禁器于耿　「遂」，同前書作「遽」。

〔三〕某公惡韓富范三公　「某公」，容齋隨筆卷八引此作「吕許公」。朱熹以此條置吕夷簡卷内，當然亦知其所叙爲吕夷簡事。惟此文所叙不利於吕，姑隱其名，而吕氏子孫遂起而訟之矣。

〔四〕令檢真宗召种放事　「檢」，東軒筆録卷一〇作「依」。

〔五〕公愈緩轡　「轡」，類苑卷九引作「步」。

〔六〕臣若奔馳以進　「臣」下同前書有「等」字。

六之二　丞相陳文惠公

公名堯佐，字希元，閬州閬中人。中進士第，累遷太常丞，爲開封府推官，貶通判潮州。還，直史舘，歷知廬、壽二州，兩浙、京西、河東、河北轉運使。入爲三司户部副使。天聖初，知制誥，知通進銀臺司。出知河南府，徙并州，權知開封府，爲翰林學士，拜樞密副使，參知政事。出知永興軍，徙廬州、同州，拜同中書門下平章事。罷，以使相判鄭州，以太子太師致仕。薨，年八十二。

公爲人剛毅篤實，好古博學。嘗以言事貶通判潮州。其所言蓋大臣所難言者。歐陽公撰神道碑

潮之惡溪有鱷魚食人，不可近，公命捕得，鳴鼓于市，以文告而戮之，鱷患屏息。神道碑○又澠水燕談云：咸平中，陳文惠公謫官潮州。時潮人張氏子濯于江邊爲鱷魚所食。公曰：「昔韓吏部以文投惡溪，鱷魚遠徙。今乃賊人〔一〕，則不可赦矣。」乃命吏督漁者網得戮之，圖其形，爲之贊，至今人多傳之。鰐大者數丈，或玄黄，或蒼白，似龍而無角，類蛇而有足，睅目利齒，見之駭人〔二〕。卵化山谷間，大率爲鰐者十二三焉，餘或爲黿，或爲龜也。喜食人畜，其食必以尾卷去，如象之任鼻也。

知壽州，遭歲大飢，公自出米爲糜，以食餓者，吏民以公故，皆爭出米，其活數萬人。公曰：「吾豈以是爲私惠邪？蓋以令率人，不若身先而使其從之樂也。」神道碑

錢塘江堤以竹籠石，而潮齧之，不數歲，輒壞而復理。公嘆曰：「堤以捍患，而反病民！」乃議易以薪土，言者以爲非便，而丁晉公主之，以黜公，公爭不已，乃徙公京西。而籠

石爲堤，數歲功不就，民力大困。卒用公議，堤乃成。神道碑

河東地寒而民貧，奏除石炭税，減官冶鐵課歲數十萬以便民，曰：「轉運，征利之官也。利有本末，下有餘則上足，吾豈爲俗吏哉！」神道碑

太行山當河北、河東兩路之界，公以謂：「晉自前世爲險國，常先叛而後服者，恃此也。」其在河東，鑿澤州路，後徙河北，鑿懷州路，而太行之險，通行者得公以爲利。公曰：「吾豈爲今日利哉！」神道碑

河決壞滑州，公躬自暴露，晝夜督促，刱爲木龍，以巨木駢齒，浮水上下，殺其暴，堤乃成。又爲長堤，以護其外。滑人曰：「不可使後人忘我陳公。」因號其堤爲陳公堤。神道碑

開封府治京師，公以謂治煩之術，任威以擊强，盡察以防姦，譬於激水而欲其澄也。故公爲政，一以誠信。每歲正月夜放燈，則悉籍惡少年禁錮之。公召諭曰：「尹以惡人待汝，汝安得爲善？吾以善人待汝，汝忍爲惡耶？」因盡縱之，凡五夜，無一人犯法者。神道碑

太常博士陳詁知祥符縣，縣吏惡其明察，欲中以事，而詁公廉，事不可得，乃欲以奇動京師〔三〕，自録事以下，空一縣皆逃去。京師果喧言詁政苛暴。是時，章獻明肅太后猶聽政，怒詁，欲加以罪。公爲樞密副使，力爭之，以謂罪詁則姦人得計，而沮能吏。詁由是獲

免。神道碑

公十典大州，六爲轉運使，常以方嚴肅下，使人知畏而重犯法。至其過失，則多保佑之，故未嘗按黜一下吏。神道碑

故事：知制誥者，先試其文辭。天子以公文學，天下所知，不復命試。自國朝以來，不試知制誥者，唯楊億及公二人而已。神道碑

公居官不妄進取，爲太常丞者十三年不遷，爲起居郎者七年不遷。自議錢塘堤，爲丁晉公所絀。後晉公益用事，專威福。故人子弟，以公久于外，多勉以進取。公曰：「唯久然後見吾守。」如是十五年。今天子即位，晉公事敗，投海外，公乃見召用。神道碑

公初作相，以唐劉蕡所對策進曰：「天下治亂，自朝廷始，朝廷賞罰，自近始。凡蕡之所究言者，皆當今之弊，臣所欲言，而陛下之所宜行也。」天子嘉納之。神道碑

公居家以儉約爲法，雖已貴，常使其子弟親執賤事，曰：「孔子固多能鄙事。」臨卒口占數十言，自誌其墓。神道碑

呂申公累乞致仕，仁宗問之曰：「卿果退，當何人可代？」申公曰：「知臣莫若君，陛下當自擇。」仁宗再三問之，申公對曰：「陛下欲用英俊經綸之才，臣所不知。必欲圖任老成，鎮撫百度，周知天下之良苦，無如陳堯佐者。」仁宗深然之，遂大拜。湘山野録

公性儉謹行，見動物，必戒左右勿殺。器服壞，隨輒補之，曰：「無使不全以見棄也。」公父秦國公省華三子：長曰堯叟，爲樞密使、同中書門下平章事；季曰堯咨，爲武信軍節度使。皆舉進士第一人及第。三子已貴，秦公尚無恙，每賓客至其家，公及伯、季，侍立左右，坐客蹴踖不安，求去，秦公笑曰：「此兒子輩爾！」故天下皆以秦公教子爲法，而以陳氏世家爲榮。神道碑

堯咨精於弧矢，常自號小由基。爲知制誥，出守荆南廻，其母馮氏問之曰：「汝典名藩，有何異政？」堯咨曰：「州當孔道，過客以堯咨善射，無不歎服。」母曰：「汝父訓汝以忠孝輔國家，今不務仁政善化，而專卒伍一夫之伎，豈汝先人之意耶？」以杖擊之，金魚墜地。名臣傳

校勘記

〔一〕今乃賊人　澠水燕談録卷八作「今鱷魚既食人」。

〔二〕見之駭人　同前書作「見者駭之」。

〔三〕乃欲以奇動京師　「奇」，居士集卷二〇太子太師致仕贈司空兼侍中文惠陳公神道碑銘作

「苛」。下文有「京師果喧言詬政苛暴」。

六之三　丞相晏元獻公

公名殊，字同叔，撫州臨川人。以神童召試，擢祕書省正字。召試中書，累遷知制誥，入翰林爲學士，遷左庶子。仁宗即位，拜樞密副使，出知應天府，召爲三司使，拜參知政事。出知亳、陳州，復爲三司使。康定初，知樞密院事，遂爲樞密使，進同中書門下平章事。慶曆中知潁、陳、許州，以觀文殿大學士知永興軍，徙河南府，以疾請訪醫藥京師，因留侍經筵，踰年薨，年六十五。

晏公殊父本撫州手力節級。晏公幼能爲文，李虚己知滁州，一見奇之，許妻以女，因薦於楊大年，大年以聞，時年十三。真宗面試詩賦，疑其宿成，明日再試，文采愈美，上大奇之，即除祕書省正字，令於龍圖閣讀書，師陳彭年。陳彭年亦撫州人，有文學而姦邪，丁謂薦之，置上左右，使其譽己。温公日録

晏元獻公爲童子時，張文節薦之於朝廷，召至闕下，適值御試進士，便令公就試。公一見試題曰：「臣十日前已作此賦，有賦草尚在，乞别命題。」上極愛其不隱。及爲館職，時天

下無事，許臣寮擇勝燕飲。當時侍從、文館、士大夫，各爲燕集，以至市樓酒肆，往往皆供帳爲遊息之地。公是時貧甚，不能出，獨家居與昆弟講習。一日選東宮官，忽自中批除晏殊，執政莫諭所因。次日進覆，上諭曰：「近聞館閣臣寮，無不嬉遊燕賞，彌日繼夕。惟殊杜門，與兄弟讀書，如此謹厚，正可爲東宮官。」公既受命，得對，上面諭除授之意，公語言質野，對曰：「臣非不樂燕遊者，直以貧，無可爲之具。臣若有錢，亦須往，但無錢不能出耳。」上益嘉其誠實，知事君體，眷注日深。仁宗時，卒至大用。筆談

公既佐佑東宮，真宗所以諮訪，多以方寸小紙細書問之，由是參與機密。凡所對，必以其藁進，示不洩。其後悉閱真宗閣中遺書，得公所進藁，類爲八十卷，藏之禁中，人莫之見也。神道碑

真宗遺詔章獻明肅太后權聽軍國事，宰相丁謂、樞密使曹利用各欲獨見奏事，無敢決其議者。公建言：「群臣奏事太后者，垂簾聽之，皆毋得見。」議遂定。神道碑

章聖皇帝判南衙時，章獻太后得幸，張耆有力焉。天聖中，太后以耆爲樞密使，殊言：「樞密與中書爲兩府，同任天下大事，朝廷雖乏賢，亦宜以中材者處之。如耆者但富貴之可也。」忤太后旨。坐以笏擊僕隸，出守南京。名臣傳

公留守南京，大興學校，以教諸生。自五代以來，天下學廢，興自公始。神道碑

太后謁太廟，有請服衮冕者，太后以問公，公以周官后服對。神道碑

章懿之崩，李淑護葬，晏殊撰志文，志言：「生女一人，早卒，無子。」仁宗恨之。及親政，内出志文以示宰相曰：「先后誕育朕躬，殊爲侍從，安得不知？乃言生一公主，又不育，此何意也？」呂文靖曰：「殊固有罪，然宫省事祕，臣備位宰相，是時雖略知之，而不得其詳。殊之不審，理容有之。然方章獻臨御，若明言先后實生聖躬，事得安否？」上默然良久，命出殊守金陵。明日，以爲遠，改守南都。及殊作相，八大王疾革，上親往問疾。王曰：「叔久不見官家，不知今誰作相？」上曰：「晏殊。」王曰：「此人名在圖讖，胡爲用之？」上歸閲圖讖，得成敗之語，并記志文事，欲重黜之。宋祁爲學士，當草白麻，爭之，乃降二官知潁州。詞曰：「廣營産以殖貲，多役兵而規利。」以它罪羅織之，殊免深譴，祁之力也。龍川志

自公復召用，而趙元昊反，師出陝西，天下弊於兵。公數建利害，請罷監軍，無以陣圖授諸將〔一〕，使得應敵爲攻守，及制財用爲出入之要，皆有法。天子悉爲施行，自宫禁先，以率天下，而財賦之職，悉歸有司。卒能以謀臣元昊，使聽約束，乃還其王號。神道碑

公爲人剛簡，遇人必以誠，雖處富貴如寒士，罇酒相對，歡如也。得一善，稱之如己出。當世知名之士，如范仲淹、孔道輔等，皆出其門。及爲相，益務進賢材。當公居相府時，范仲淹、韓琦、富弼皆進用，至於臺閣，多一時之賢。天子既厭西兵，閔天下困弊，奮然有意，

遂欲因群材以更治，數詔大臣條天下事，方施行，而小人權倖皆不便。明年秋，會公以事罷，而仲淹等相次亦皆去，事遂已。神道碑

公自少篤學，至其病亟，猶手不釋卷。其爲政敏，而務以簡便其民；其於家嚴，子弟之見有時。事寡姊孝謹。未嘗爲子弟求恩澤。其在陳州，上問宰相曰：「晏殊居外，未嘗有所請，其亦有所欲邪？」宰相以告公，公自爲表問起居而已。故其薨也，天子尤哀悼之。神道碑

公剛峻簡率，盜入其第，執而榜之，既委頓，以送官，扶至門即死。累典州，吏民頗畏其悁急云。

校勘記

〔一〕無以陣圖授諸將　「無」，居士集卷二二觀文殿大學士行兵部尚書西京留守贈司空兼侍中晏公神道碑銘作「兼」。

六之四　丞相鄭國宋元憲公

公名庠，字公序，安州安陸人。天聖初舉進士，開封、試禮部皆第一。通判襄州，召試，遷左正言，知制誥，入翰林爲學士。寶元中，以右諫議大夫參知政事，出知揚州，徙鄆州，復入參知政事，除樞密使。皇祐中拜同中書門下平章事。罷，知河南府，復入爲樞密使。封莒國公，以河陽三城節度使同平章事。判鄭州，徙相州。英宗初改封鄭國公，判亳州，以司空致仕。薨，年七十一。

爲左正言，會郭皇后廢，以諫官伏閤爭，不可得，坐罰金。王禹玉撰神道碑

它日，災異數見，宰相唯能開觀寺爲民祈福。公謂：「災異之來，所以戒政事。此豈所以應天變哉！」奏罷之。神道碑

先是，趙元昊反，劉平、石元孫皆以輕敵失軍，因詔中書兼管樞密院機事。時緣邊諸帥官重者，互領陝西四路，以故號令頗不一，又兵多分屯堡障。公言：「宜使大帥收重兵內地，它帥自當一道，緩急有警，則分兵四出以援之。」其議久不決，後卒如公計。神道碑

帝召二府天章閣觀書，出詔目問天下利病事〔一〕。宰相倉猝莫敢對。公時參知政事，

獨進曰：「臣等皆待罪二府，固已總萬事而共謀之，不當下同諸生對策，願至中書條上。」既退，草數千言奏之，後皆施用。神道碑

初，公言：「比有近幸之人，多緣内降得横恩，宜因大祀之後斥絶，以新聖政。」於是帝别爲手詔，與赦書同降。神道碑

公間言：「祖宗收方鎮之權，嘗欲畿甸蓄禁兵四十萬。今所蓄不精，且多外補戍更，非彊本之勢。又武臣用恩幸者，多得仕邊要，而孤寒者常在東南，至老無恩澤。」公乃作科條均其所入官，而恩幸者滋不説。神道碑

皇祐中，宋元憲公請置家廟〔二〕，下兩制、禮官議，以爲廟室當靈長，若身没而子孫官微，即廟隨毁，請以其子孫習三品階勲及爵，庶常得奉祀。不報。退朝録

宋元憲公嘗奏事，而帶寬，誤墜文書于地，不顧而行。仁宗呼内侍臣拾以與之。議者謂：「仁宗有人君體，宋公得大臣體。」吕氏家塾記

宋鄭公初名郊，字伯庠，與其弟祁自布衣時名動天下，號爲「二宋」。其爲知制誥，仁宗驟加獎眷，便欲大用。有忌其先進者，譖之，謂其「姓符國號，名應郊天」，又曰：「郊者交也，交者，替代之名也。『宋交』，其言不祥。」仁宗遽命改之，公怏怏不獲已，乃改名庠，字公序。公後更踐二府二十餘年，以司空致仕，兼享福壽而終，而譖者竟不見用以卒，可以爲小

人之戒也。歸田録

宋元憲公嘗曰：「殘人矜才，逆詐恃明，吾終身不爲也。」退朝録

王侍郎古説：元憲宋公以言者斥其非才，罷樞相守洛。有一舉人，行槖中有不税之物，爲僕夫所告，公曰：「舉人應舉，孰無所貨之物，未可深罪。若奴告主，此風不可長也。」寮屬曰：「犯人乃言官之子也。」意欲激其報之。公不答，但送税院倍其税，仍治其奴罪而遣之。塵史

宋元憲雍雍然有德之君子也，既參大政，朝廷無事，廟堂之上，日閲文史。後既登庸，天下承平日久，尤務清靜，無所作爲。有爲者病之。公嘗自謂，「時賢多以不才誚我」，因爲自詠詩曰：「我本無心士，終非濟世才。虚舟人莫怒，疑虎石當開。蚊負愁山重，葵傾喜日來。欲將嘲强解，真意轉悠哉。」塵史

宋元憲公初執政，遇事輒分别是非可否，用是斥退。及再登用，遂浮沉偷安云。

校勘記

〔一〕出詔目問天下利病事　「目」，琬琰集上編卷七作「具」。

〔一〕宋元憲公請置家廟 「宋元憲公」，宋宋敏求春明退朝録（以下簡稱春明退朝録）卷中作「宗兖」。「宗兖」，稱同族居高位者。

六之五 參政韓忠憲公

公名億，字宗魏，其先真定靈壽人，徙開封之雍丘。舉進士，知永城縣。通判陳州，知洋州，改相州。入爲侍御史、開封府判官。出爲河北轉運使。仁宗初，爲御史知雜事，以樞密直學士知益州，拜御史中丞。景祐三年，除工部侍郎、同知樞密院事，拜參知政事。出知應天府，改澶、亳二州。以太子少傅致仕薨。

忠憲公布衣時，與李康靖公同遊，止一氈同寢。一日分途，遂割而分之。至汝州，太守趙學士請康靖爲門客，尤敬待公，每公至，即令設猪肉。康靖嘗有簡戲云：「久思肉味，請兄早訪。」及趙公有女，遂與公議親，既過省，趙公遣人送女來，至京城外旅店中，一夕病卒，公具素服往哭之。李康靖爲長社，每日懸百錢于壁上，用盡即已，其貧儉如此。莊敏遺事○又聞見録云：韓參政億、李參政若谷未第時，皆貧。同試京師，每出謁，更爲僕。李先登第，授許州長社縣主簿。赴官，自控妻驢，韓爲負一箱。將至長社三十里，李謂韓曰：「恐縣吏來，箱中止有錢六百。」以其半遺韓，相持大哭別去。次舉韓亦登第。後皆至參知政事，世爲婚姻不絶。

忠憲公爲河北轉運使，王太夫人坐太平車，以葦席爲棚覆，獻肅公乘驢隨車。時王文正已貴，忠憲公又作一路使者，其儉如此，今人聞之，誠可愧也。莊敏遺事

億博學能文，嘗爲開封府判官，監分故相向敏中諸子資産。辛相丁謂欲市其別業，億諭向氏子勿與。謂惡之，出爲河北轉運。召爲御史知雜，剛毅不撓，權勢畏之。知益州，會歲大旱。故事：發粟六萬石賑民。億發十萬石以賑之。民免飢饉。爲治嚴簡而有惠愛。召爲中丞，楊、尚二美人以罪斥出，後復欲召入，億言：「武后已斥居感業寺，復召入宫，終爲唐室之禍。」又奏置裏行四員，以廣言路。在樞府，請薦武臣以備任使，纂兵法以授諸將及廣南募土兵數事。景祐中，唃嘶囉與趙元昊交兵，使來獻捷，執政以夷狄相攻，中國之福，議加唃嘶囉節度使。億曰：「二族俱藩臣，當諭使解仇釋憾，以安遠人。且元昊嘗賜姓，今夷狄攻之，而反加恩賞，恐徒激其怒，以生邊患，無益也。」上是其議，乃厚賜其使而遣之。名臣傳

韓忠憲公知洋州日，有大校李申以財豪於鄉里，誣其兄之子爲它姓，賂里嫗之貌類者，使認之爲己子，又醉其嫂而嫁之，盡奪其奩槖之畜。嫂姪訴于州及提轉，申賂獄吏，嫂姪被笞掠，反自誣伏，受杖而去，積十餘年。洎公至，又出訴，公察其寃，因取前後案牘視之，皆

未嘗引乳醫爲證。一日，盡召其黨立庭下，出乳醫示之，衆皆伏罪，子母復歸如初。東軒筆録

范文正公知開封府，獻百官圖，指宰相差除不公，而陰薦公可用。文正既貶，仁宗以諭公，公曰：「若仲淹舉臣以公，則臣之拙直，陛下所知；舉臣以私，則臣委質以來，未嘗交託於人。」遂除參知政事。

公在中書日，見諸路職司捃拾官吏小過，輒不懌，曰：「今天下太平，主上之心，雖蟲魚草木，皆欲得所，況仕者大則望爲公卿，次亦望爲侍從、職司、二千石，其下亦望京朝、幕職，奈何錮之於聖世乎！」名臣傳

公性方重，治家嚴有法。雖燕居，未嘗見惰容。其親舊之孤藐者，多爲昏葬之。

韓忠憲以教子，嚴肅不可犯。知亳州，第二子舍人自西京倅謁告省覲，康公與右相及姪柱史宗彦皆中甲科歸。公喜，置酒，召寮屬之親厚者，俾諸子坐於隅。惟持國多深思，知必有義方之訓，託疾不赴。坐中忽云：「二郎，吾聞西京有疑獄奏讞者，其詳云何？」舍人思之未得，已訶之。再問，未能對，遂推案索杖，大詬曰：「汝食朝廷厚禄，倅貳一府，事無巨細，皆當究心。大辟奏案，尚不能記，則細務不舉可知。吾在千里外，無所干預，猶能知之，爾叨冒廩禄，何顔報國！」必欲撻之。衆賓力解方已。諸子股栗，累日不能釋。家法之嚴如此，所以多賢子孫也。蘇氏談訓

六之六　參政程文簡公

公名琳，字天球，中山博野人。舉服勤詞學科，補泰寧軍節度推官。召試，直集賢院，擢知制誥，權三司使，御史中丞。以樞密直學士知益州，還，知開封府，復爲三司使，遷户部侍郎、參知政事。降光禄卿，知潁州。復侍郎，知青州。北京建，爲留守。以武昌節度使知永興軍，加宣徽北院使，判延州。拜同中書門下平章事，判大名府，更授鎮安軍節，赴鎮，薨，年六十九。

公嘗館契丹使。使者言：「中國使至契丹，坐殿上，位次高；而契丹使來，坐次下，當陞。」語甚切。上與大臣皆以爲小故，不足爭，將許之。公以謂許其小必啓其大，力爭以爲不可，遂止。歐陽公撰墓誌

公知益州，蜀人輕而喜亂，公常先制於無事，至其臨時，如不用意，又略其細，治其大且甚者，不過一二，而蜀人安之。自寮吏皆不能窺其所爲。正月俗放燈，公先戒吏爲火備，有失火者，使隨救之，勿白以動衆。既而大宴五門，城中火，吏救止，卒宴民皆不知。蓋其他設施多類此。軍士見監軍，告其軍有變。監軍入白，公笑遣之，惶恐不敢去。公曰：「軍中

動靜，吾自知之，苟有謀者，不待告也。可使告者來。」監軍去，而告者卒不敢來，公亦不問，遂止。蜀之妖人有自號「李冰神子」者，署官屬吏卒，聚徒百餘人。公命捕寘之法，而讒之朝者言公妄殺人，蜀人恐且亂矣。上遣中貴人馳視之，使者入其境，居人、行旅爭道公善，且曰：「殺一人，可使蜀數十年無事。」使者問其故，對曰：「前亂蜀者，非有知謀豪傑之才，乃里閭無賴小人，惟不制其始，遂至於亂耳。」使者還奏其語，於是上益以公爲能。墓誌

公知開封府，會禁中大火，延兩宮。宦者治獄，得縫人火斗，已誣伏而下府，命公具獄。公立辨其非。禁中不得入，乃命工圖火所經，而後宮人多而居隘，其烓竈近版壁，歲久燥而焚，曰：「此豈一日火哉！」乃建言：「此殆天災也，不宜以罪人。」上爲緩其獄，卒無死者。公在府決事神速，一歲中獄常空者四五。墓誌

司天言：「日食明年正旦，請移閏月以避之。」公以謂「天有所譴，非移閏可免，惟脩德政而已」，乃止。墓誌

范仲淹以言事忤大臣，貶饒州。已而上悔悟，欲復用之，稍徙知潤州，而惡仲淹者復誣以事。語入，上怒，亟命置之嶺南。自仲淹貶而朋黨之論起，朝士牽連，出語及仲淹，皆指爲黨人。公獨爲上開說，明其誣枉，上意解而後已。墓誌

公爲三司使，不悦苟利，不貪近功。時議者患民税多目，吏得爲姦，欲除其名而合爲一。公以謂「合而没其名，一時之便，後有興利之臣，必復增之，是重困民也」。議者莫能奪。其於出入尤謹，禁中時有所取，未嘗肯予。宦官怒言：「陛下雖有欲，物在程琳，何可得！」公曰：「臣所以爲陛下惜爾。」天子以爲然。神道碑○又東齋記事云：夏秋沿納之物，如鹽麴錢之類，名件頗碎〔一〕。慶曆中，有司建議併合歸一名，程文簡獨以謂没其舊名，異日不知，或再敷鹽麴，則致重複。此亦善慮事也。

仁宗朝，有議東南漕粟，兵夫舟船與盜失之費蓋十常三四，欲募商賈，令入中以實都下，時程文簡公爲三司使，以爲萬一所入不足，必邀以增直，是商賈得操其柄。其議遂寢。塵史

公在延州，夏人數百，驅畜産至界上請降，言：「契丹兵至衙頭矣，國且亂，願自歸。」公曰：「契丹兵至元昊帳下，當舉國取之，豈容有來降者！吾聞夏人方捕叛族，此其是乎？不然，誘我也。」拒而不受。已而夏人果以兵數萬臨界上，公戒諸堡寨無得出兵，夏人以爲有備，引去，自此不復窺邊。神道碑

公參預大政，王隨、陳堯佐爲宰相。公性剛厲，與二人不叶，遂俱罷政。及李淑作堯佐墓誌，言「尩愎弗咸，用是罷去」，其意謂堯佐、王隨尩弱不任事，公剛愎不和。故陳氏子弟

頗銜之。名臣傳

公罷政貶官，起守北京，與宦者皇甫繼明爭治行宫事。章交上，上遣一御史視其曲直，御史直公，遂罷繼明。是時繼明方信用，其勢傾動中外，自朝廷大臣，莫不屈意下之，公被中傷，方起未復，而獨與之爭，雖小故不少假也。故議者不以公所直爲難，而以能不爲繼明屈爲難云。墓誌

趙元昊死，子亮祚立，方幼，三大將共治其國。言事者謂，可除其諸將皆以爲節度使，使各有其所部，以分弱其勢，可遂無西患。事下公，公以謂：「幸人之喪，非所以示大信撫夷狄。且亮祚雖幼，然君臣和，三將無異志，雖欲有爲，必無功而反生事，不如因而撫之。」上以爲然。墓誌

章獻垂箔，有方仲弓者，上書乞依武氏故事，立劉氏廟。章獻覽其疏，曰：「吾不作此負祖宗事。」裂而擲之於地。仁宗在側，曰：「此亦出於忠孝，宜有以旌之。」乃以爲開封府司録。及章獻崩，黜爲汀州司馬。程琳亦嘗有此請，而人莫之知也。仁宗一日在邇英謂講官曰：「程琳心行不中，在章獻朝嘗請立劉氏廟，且獻七廟圖。」時王洙侍讀聞之。然仁宗性寛厚，琳竟至宰相，蓋無宿怒也。龍川志

校勘記

〔一〕名件頗碎　「頗」，東齋記事卷三作「煩」。

五朝名臣言行録卷第七

七之一　丞相祁國杜正獻公

公名衍，字世昌，越州山陰人。擢進士甲科，補揚州觀察推官，歷知縣、通判、知州，提點刑獄、轉運使，召爲三司户部副使。除天章閣待制，河北都轉運使。入爲樞密直學士，出知天雄軍。仁宗召爲御史中丞，判流内銓、審官院，出知永興軍，徙并州。寶元二年復知永興軍，召還，權知開封府，拜同知樞密院事，改副使。宣撫河東，拜樞密使。尋以吏部侍郎同中書門下平章事，兼樞密使。出知兖州。慶曆七年，年七十，正旦日，上表還印綬，乃以太子少師致仕。皇祐中進太子太師。薨，年八十。

公父早卒，遺腹生公，其祖愛之。幼時，祖父脱帽，使公執之，會山水暴至，家人散走，其姑投一竿與之，使挾以自泛。公一手執帽〔一〕，漂流久之，救得免，而帽竟不濡。前母有二子，不孝悌，其母改適河陽錢氏。祖父卒，公年十五六，二兄遇之無狀，至引劍斫之，傷腦，出血數升，其姑匿之，僅而得免。乃詣河陽，歸其母。繼父不之容，往來孟、洛間，貧甚，傭書以自資。嘗至濟源，富民相里氏奇之，妻以女，由是資用稍給。舉進士，殿試第四。及貴，其長兄猶存，待遇甚有恩禮。二兄及錢氏、姑氏子孫，受公蔭補官者數人，仍皆爲之婚嫁。記聞

公治吏事如其爲人，其聽獄訟，雖明敏而審覈愈精，故屢決疑獄，人以爲神。其簿書出納，推析毫髮，終日無倦色。至爲條目，必使吏不得爲奸而已。及其施於民者，則簡而易行。始居平遥，嘗以吏事適他州，而縣民爭訟者皆不肯決，以待公歸。知乾州未滿歲，安撫使察其治行，以公權知鳳翔府。二邦之民，爭於界上，一曰：「此我公也。汝奪之。」一曰：「今我公也，汝何有焉！」歐陽公撰墓誌

夏人叛命，陝西困於科斂，吏緣侵漁，調發督迫，民至破産不能足，往往自經、投水以死。公在永興，語其人曰：「吾不能免汝，然可使汝不勞爾。」乃爲之區處計較，量物有無貴賤，道里遠近，寬其期會，使以次輸送，由是物不踴貴，車牛芻秣，宿食來往如平時，而吏束手無所施，民比他州費省十六七。至於繕治城郭、器械，民皆不知。墓誌

開封治京師，常撓於權要，有干其法而能不爲之屈者，世皆以爲難，至公能使權要不敢

有所干。凡其爲治，以聽斷盜訟爲能否爾，獨公始有餘力省其民事，如治他州。墓誌

吏部審官，主天下吏員，而居職者類以不久遷去，故吏得爲奸。公始視銓事，一日，選者三人爭某闕，公以問吏，吏受丙賕，對曰：「當與甲。」乙不能爭，遂授他闕。居數日，吏教丙訟甲負某事，不當得。公悟，召乙問之，乙謝曰：「業已得他闕，不願爭。」公不得已，與丙，而笑曰：「此非吏罪，乃吾未知銓法爾。」因命諸曹，各具格式科條以白，問曰：「盡乎？」曰：「盡矣。」明日，敕諸吏無得升堂，使坐聽行文書而已。由是吏不得與銓事，與奪一出於公。其在審官，有以賂求官者，吏謝不受，曰：「我公有賢名，不久見用去矣，姑少待之。」墓誌

慶曆初，上厭西兵之久出而民弊，亟用富鄭公、韓魏公及范文正公，而三人者遂欲盡革衆事，以修紀綱，而小人權倖皆不悦，獨公與相佐佑。而公尤抑絶僥倖，凡内降與恩澤者，一切不與，每積至十數，則連封而面還之。或詰責其人，至慚恨涕泣而去。上嘗謂諫官歐陽脩曰：「外人知杜衍封還内降邪？吾居禁中，有求恩澤者，每以杜衍不可告之而止者，多於所封還也，其助我多矣。此外人及杜衍皆不知也。」然公與三人者，卒皆以此罷去。墓誌

公多知本朝故實，善決大事。初，邊將議欲大舉以擊夏人，雖韓公亦以爲可舉，公爭以

爲不可，大臣至有欲以沮軍罪公者，然兵後果不得出。契丹與夏人爭銀甕族，大戰黄河外，而雁門、麟府皆警。范文正公安撫河東，欲以兵從，公以爲契丹必不來，兵不可妄出。范公怒，至以語侵公，公不爲恨。後契丹卒不來。二公皆世俗指公爲朋黨者，其論議之際蓋如此。及三人者將罷去，公獨以爲不可，遂亦罷。墓誌

杜正獻公爲相，蔡君謨、孫之翰爲諫官，屢乞出。於是蔡除福州，之翰安州。正獻云：「諫官無故出，終非美事，乞且仍舊。」上可之。退書聖語，時陳恭公爲執政，不肯書，曰：「吾初不聞。」正獻懼，遂焚之。由此遂罷相。議者謂正獻當俟明日審奏，不當遽焚其書也。正獻言：「始在西府時，上每訪以中書事，及爲相，中書事亦不以訪。」公因言君臣之間能全始終者，蓋難也。東坡志林

公與丁文簡公俱爲河東宣撫，時任恭惠公之子上書言事，歷詆執政，至恭惠，曰：「至於臣父，亦出遭逢。」謂其非德選也。進奏院報至，公戲文簡曰：「賢郎亦要牢籠。」文簡深銜之。其後二公同在政府，人言蘇子美進奏院祠神事，公避嫌不與，文簡論以深文，子美坐廢爲民，從坐者數十人，皆名士大夫，而公亦罷去。一言之謔，貽禍一時，故不可不謹也。談叢

公爲人尤潔廉自尅。其爲大臣事其上，以不欺爲忠；推於人，以行己取信。故其動靜

公以所得纖悉，謹而有法，至考其大節，偉如也。墓誌

公自布衣至爲相，衣服飲食無所加，雖妻子亦有常節。家故饒財，諸父分産，公以所得悉與昆弟之貧者。俸禄所入，給宗族賙人急難。至其歸老，無屋以居，寓於南京驛舍者久之。自少好學，工書，喜爲詩，讀書雖老不倦。推奬後進，今世知名士，多出其門。居家見賓客，必問時事，聞有善，喜若己出；至有所不可，憂見於色，或夜不能寐，如任其責者。凡公所以行之終身者，有能履其一，君子以爲人之所難，而公自謂不足以名後世，遺戒子孫無得記述。嗚呼！豈所謂任重道遠，而爲善惟不足者歟！墓誌

公嘗謂門生曰：「凡士君子作事行己，當履中道，不宜矯飾。矯飾過實，則近乎僞。」語録

公嘗謂門生曰：「今之在上者，多擿發下位小節，是誠不恕也。衍知兖州時，州縣官有累重而素貧者，以公租所得均給之，公租不給，即繼以公帑，量其小大，咸使自足。尚有復侵擾者，真貪吏也，於義可責。」又曰：「衍歷知州、提轉、安撫，未嘗壞一箇官員。其間不職者，即委以事，使之不暇惰；不謹者，諭以禍福，俾之自新。從而遷善者甚衆，不必繩以法也。其有文學、政事、殊行、絶德者，雖不識面，未嘗不力薦於朝。有一善可稱、一長可録者，亦未嘗不隨所能而薦之。」語録

有門生爲縣令，公戒之曰：「子之才器，一縣令不足施。然切當韜晦，無露圭角。毀方瓦合，求合於中可也，不然，無益於事，徒取禍爾。」門生曰：「公平生以直亮忠信，取重天下，今反誨某以此，何也？」公曰：「衍歷任多，歷年久，上爲帝王所知，次爲朝野所信，故得以申其志。今子爲縣令，卷舒休戚，繫之長吏。夫良二千石者，固不易得，若不奉知，子烏得以申其志？徒取禍爾！予所以欲子毀方瓦合，求合於中也。」語録

公嘗謂門生曰：「作官第一清畏，無求人知，苟欲人知，同列不謹者衆，必譖己，爲上者又不加明察，適足取禍爾。但優游於其間，默而行之，無愧於心可也。」語録

公一日憂見于色，門生曰：「公今日何以不悦？」公曰：「適覩朝報行某事，行某事非便，所以憂爾。」又一日，喜見于色，門生未及問，公曰：「今日見朝報，某人進用，某人進用，社稷之福也。」公又曰：「孔子稱不在其位，不謀其政。第衍荷國恩之深，退居以來，家事百不關心，獨未能忘國爾。」語録

公食于家，惟一麵一飯而已。或美其儉，公曰：「衍本一措大爾，名位爵禄，冠冕服用，皆國家者。俸入之餘，以給親族之貧者，常恐浮食，焉敢以自奉也？一旦名位爵禄，國家奪之，却爲一措大，又將何以自奉養耶？」又嘗戒門生曰：「天下惟浙人褊急易動，柔懦少立。衍自在幕府，至於監司，人尚不信，及爲三司副使，累於上前執奏不移，人始信之，反

曰：『杜衍如是，莫非兩浙生否？』其輕吾黨也如此。覿子識慮高遠，志尚端慤，他日樹立，當爲鄉曲之顯，切勿少枉，爲時所上下也。」語録

門生嘗從容問公曰：「公在相位，未期年而出，使蒼生不盡被公之澤，天下甚鬱望。」公曰：「衍以非才，久妨賢路，遽得解去，深遂乃心。然獨有一恨爾。」門人曰：「公之恨何也？」公曰：「衍平生聞某人之賢可某任，某人之才可某用，未能悉薦而去，此所以爲恨也。」語録

韓魏公言：「杜祁公公心而樂與人善，既知其人，無復毫髮疑間。始，琦爲樞密副使，論難一二事，祁公不樂。久之相亮，每事問曰：『諫議看來未？』諫議曾看，便將來押字。』琦益爲之盡心，不敢忽。以此見祁公存心至公，不必以出於己爲是，賢於人遠矣。」魏公別録

杜祁公免相，幹吏具未供秩酒齊以白公。祁公曰：「吾既去位，尚敢享其奉乎？」索其券焚之。家塾記

杜祁公享客多用髹器，客有面稱嘆者曰：「公嘗爲宰相，清貧乃爾耶！」公命侍人盡取白金燕器陳於前，曰：「衍非乏此，雅自不好耳。」然祁公好施，亦卒不畜也。張唐公侍讀瓌嘗曰：「祁公之好施，人所能及也，其不妄施，人之所不能及也。」家塾記

公不殖資産。退寓南都凡十年，第宅庳陋，居之裕如也。出入從者纔十許人，烏帽、皂

綈絁、革帶。親故或言宜爲居士服，公曰：「老而謝事，尚可竊高士名耶！」公致仕居南京，上思之。及將祀明堂，謂文彦博曰：「舊老之在外者，朕欲致之以陪大禮，因以示養老尊賢之意。」乃詔公及太子少師致仕任布陪祀都亭驛錫慶院，具供帳几杖以待之。後皆以羸老不任就道，且表謝不得預觀盛禮爲恨。上優詔勞之。

校勘記

〔一〕公一手執帽　涑水記聞卷一〇作「公一手挾竿，一手執帽」。

七之二　參政范文正公

公名仲淹，字希文，蘇州吳縣人。中進士第，歷廣德軍司理，監泰州鹽稅。以晏元獻公薦爲祕閣校理。天聖中，通判河中府，召爲右司諫，出知睦州，徙蘇州，就拜天章閣待制，權知開封府。落職知饒州，徙潤州、越州，復召爲待制。知永興軍，會夏竦爲陝西經略安撫招討使，進公龍圖閣直學士以副之，兼知延州，降知耀州，徙慶州，環慶路經略安撫緣邊招討使，改邠州觀察使，辭不拜，進樞密直學士。會復置陝西四路安撫經略招討使，詔公與韓公琦開府涇州。元昊請和，召拜樞密副使，除參知政事。自請行邊，未還，以資政殿學士爲陝西四路安撫使，知邠州，以疾請鄧州，徙杭州，遷户部侍郎，徙青州。會病甚，請潁州，未至而薨，年六十四。

公生二歲而孤，母夫人貧無依，再適長山朱氏。既長，知其世家，感泣去，之南都，入學舍，掃一室，晝夜講誦。其起居飲食，人所不堪，而公自刻益苦。居五年，大通六經之旨，爲文章論説，必本於仁義。歐陽公撰神道碑○又遺事云：公處南都學舍，晝夜苦學，五年未嘗解衣就寢。夜或昏怠，輒以水沃面。往往饘粥不充，日昃始食。同舍生或饋珍膳，皆拒不受。○又東軒筆録云：公少與劉某同上長白山僧舍脩學，惟煮粟米二升，作粥一器，經宿遂凝，刀畫爲四塊，早晚取二塊，斷虀十數莖，醋汁半盂，入少鹽，煖而啗之。如此者三年。

范公少冒朱姓，舉學究，且甚尪瘠。嘗同衆客見諫議大夫姜遵，遵素以剛嚴著名，與人不款曲，衆客退，獨留范公，引入中堂，謂其夫人曰：「朱學究年雖少，奇士也。它日不唯爲顯官，當立盛名於世。」參坐置酒，待之如骨肉，人莫測其何以知之也。年二十餘，始改科舉進士。記聞

公以進士解褐爲廣德軍司理參軍，日抱具獄，與太守爭是非，守盛怒臨之，公不爲屈，

歸必記其往復辨論之語于屏上。比去，至字無所容。貧止一馬，鬻馬徒步而歸。汪藻撰祠堂記

通、泰、海州皆濱海，舊日潮水皆至城下，土田斥鹵，不可稼穡。范文正公監西溪倉，建白於朝，請築捍海堤於三州之境，長數百里，以衛民田，朝廷從之。以文正爲興化令，專掌役事，發通、泰、楚、海四州民夫治之。既成，民至今饗其利。興化之民往往以范爲姓。記聞

晏丞相殊留守南京，范公遭母憂，寓居城下。晏公請掌府學，范公常宿學中，訓督學者，皆有法度，勤勞恭謹，以身先之。夜課諸生讀書，寢食皆立時刻，往往潛至齋舍詗之，見有先寢者，詰之，其人紿云：「適疲倦，暫就枕耳。」問：「未寢之時，觀何書？」其人亦妄對。則取書問之，其人不能對，乃罰之。出題使諸生作賦，必先自爲之，欲知其難易，及所當用意，亦使學者準以爲法。由是四方從學者輻湊。其後宋人以文學有聲名於場屋朝廷者，多其所教也。記聞

范公服中上宰相書〔一〕，言朝政得失及民間利病，凡萬餘言，王曾見而偉之。時晏殊亦在京師，薦一人爲館職，曾謂殊曰：「公知范仲淹，捨不薦，而薦斯人乎？已爲公置不行，宜更薦仲淹也。」殊從之，遂除館職。頃之，冬至立仗，禮官定議欲媚章獻太后，請天子帥百官獻壽於庭，范公奏以爲不可，晏殊大懼，召公責怒之，以爲狂。公正色抗言曰：「仲淹受

明公誤知，常懼不稱，爲知己羞。不意今日更以正論獲罪於門下也。」殊慚無以應。記聞○又神道碑云：當太后臨朝時，以至日大會前殿，上將率百官爲壽，有司已具。公上疏言：「天子無北面，且開後世弱人主以强母后之漸。」其事遂已。○東坡志林云：先君奉詔脩太常因革禮，求之故府，朝正案牘具在。考其始末，無諫止之事，而有已行之明驗。質之於文忠公，公曰：范公實諫，而卒不從，墓碑誤也，當以案牘爲正。○今按：涑水記聞亦但云「奏以爲不可」，而不言見從與否，則蘇公所記，疑若可信。但諸書皆云「冬至」，而蘇公獨云「朝正」，則誤也。

又上書請還政天子，不報。出，通判河中府。及太后崩，召拜右司諫。時言事者希旨，多求太后時事，欲深治之，公獨以謂：「太后受託先帝，保佑聖躬，宜掩其小故，以全大德。」初，太后有遺命，立楊太妃代爲太后，公諫曰：「太后，母號也。自古無代立者。」繇是罷其册命。神道碑

是歲大旱蝗，詔公奉使安撫江淮〔二〕。還以太平州貧民所食烏昧草進呈，乞宣示六宫戚里，用抑奢侈。澠水燕談

郭皇后廢，率諫官、御史伏閤爭，不能得，貶知睦州，又徙蘇州。歲餘，即拜天章閣待制，召還，益論時政闕失，而大臣權倖多忌惡之。居數月，以公知開封府，素號難治，公治有聲，事日益簡。暇則益取古今治亂安危，爲上開說，又爲百官圖以獻，曰：「任人各以其材

而百職脩，堯、舜之治，不過此也。」因指其遷進遲速次序曰：「如此而可以爲公，可以爲私，亦不可以不察。」由是吕丞相怒，至交論上前。公求對，辨語切，坐落職知饒州。神道碑○又塵史云：公尹京時，有内侍怙勢作威，傾動中外。公抗疏列其罪，疏欲上，家所藏書有言兵者悉焚之，仍戒其子曰：「我上疏言斥君側宵人〔三〕，必得罪以死。我既死，汝輩勿復仕宦，但於墳側教授爲業。」疏奏，嘉納，爲罷黜内侍云。○又澠水燕談云：公貶饒州，謝表云：「此而爲郡，陳優優布政之方；必也立朝，增蹇蹇匪躬之節。」天下歎公至誠許國，始終不渝，不以進退易其守也。

趙元昊反河西，上復召相吕公，乃以公爲陝西經略安撫副使，遷龍圖閣直學士。是時新失大將，延州危，公請自守鄜延捍賊，乃知延州。元昊遺人遺書以求和，公以謂無事請和，難信，且書有僭號，不可以聞，乃自爲書，告以逆順成敗之説甚辨。坐擅復書奪一官，知耀州。未踰月，徙知慶州，既而四路置帥，以公爲環慶路經略安撫招討使。公爲將務持重，不急近功小利。於延州築清澗城，墾營田，復承平、永平廢寨，熟羌歸業者數萬户，於慶州城大順以據要害，奪賊地而耕之。又城細腰、胡蘆，於是明珠、滅臧等大族，皆去賊爲中國用。自邊制久隳，至兵與將常不相識，公始分延州兵爲六將，訓練齊整，諸路皆用以爲法。公之所在，賊不敢犯。人或疑公見敵應變爲如何？至其城大順也，一旦引兵出，諸將不知所向，軍至柔遠，始號令告其地處，使往築城，至於版築之用，大小畢具，而軍中初不知。賊以騎三萬來爭，公戒諸將：「戰而賊走，追勿過河。」已而賊果走，追者不渡，而河外果有伏。賊既失計，乃引去。於是諸將皆服公爲不可及。公待將吏，必使畏法而愛己，所得賜賚，皆以上意分賜諸將，使自爲謝。諸蕃質子，縱其出入，無一人逃者。蕃酋來見，召之卧内，屏人徹衛，與語不疑。居邊三歲，士勇邊實，恩信大洽，乃決策謀取横山，復靈武，而元昊數遣使稱臣請和，上亦召公歸矣。神道碑○又名臣傳云：仲淹領延安，閲兵選將，日夕訓練，又請戒諸路，養兵畜鋭，毋得輕動。夏人聞之，相戒曰：「無以延州爲意，今『小范老子』腹中自有數萬兵甲，不比『大范老子』可欺也。」戎人呼知州爲「老子」，大范謂雍也。在慶州，請以种世衡守環州，招屬羌千餘帳。久之，王師再敗於定川，仲淹晝夜領兵赴援，賊遂遁去。初，關輔人心動摇，及仲淹兵出，號令嚴明，人心遂安。上聞定川之敗，頗以西方爲憂，謂近臣曰：「得仲淹出援，可無慮。」及聞其出師，甚喜。○又澠水燕談云：范文正公帥邠、延、涇、慶四郡，威德著聞，夷夏聳服，熟户蕃部〔四〕，率稱曰「龍圖老子」，至於元昊，亦以此呼之。○又龍川志云：宋公庠爲參知政事，欲傾宰相吕申公而未得其要〔五〕。吕公覺之。會范公擅焚元昊國書，而以私書復之，事至朝廷，諸公議之，申公謬謂大不可，公庠信之，亟於上前乞斬范公，申公徐救之，公庠倉猝失措，相次以事罷去。范氏子弟至今恨之。

仁宗時，西戎方熾，韓魏公爲經略招討副使，欲五路進兵，以襲平夏。時范文正公守慶州，堅持不可。是時尹洙爲經略判官，一日，將命至慶州，約范公以進兵。范公曰：「我師新敗，士卒氣沮，當自謹守，以觀其變。豈可輕兵深入耶？以今觀之，但見敗形，未見勝勢也。」洙歎曰：「公於此乃不及韓公也。韓公嘗云：『大凡用兵，當先置勝敗於度外。』今公乃區區過謹，此所以不及韓公也。」范公曰：「大軍一動，萬命所懸，而乃置於度外，仲淹不見其可。」洙議不合，遽還。魏公遂舉兵入界，次好水川。元昊設覆，全師陷没，大將任福死之。魏公遽還，至半塗，而亡者父兄妻子數千人號於馬首，皆持故衣紙錢招魂而哭曰：「汝昔從招討出征，今招討歸而汝死矣，汝之魂識，亦能從招討以歸乎？」既而哀慟聲震天地，魏公不勝悲憤，掩泣駐馬，不能前者數刻。范公聞而歎曰：「當是時，難置勝敗於度外也。」東軒筆録

仲淹與韓琦叶謀，必欲收復靈、夏、横山之地。邊上謡曰：「軍中有一韓，西賊聞之心骨寒。軍中有一范，西賊聞之驚破膽。」元昊大懼，遂稱臣。名臣傳

初，西人籍爲鄉兵者數萬，既而黥以爲軍，唯公所部，但刺其手，公去兵罷，獨得復爲民。其於兩路，既得熟羌爲用，使以守邊，因徙屯兵，就食内地，而紓西人饋輓之勞。其所設施，去而人德之，與守其法不敢變者，至今尤多。神道碑

自公坐吕公貶，群士大夫各持二公曲直，吕公患之，凡直公者，皆指爲黨，或坐竄逐。及吕公復相，公亦再起被用，於是二公驩然相約，勠力平賊，天下之士，皆以此多二公，然朋黨之論遂起而不能止。上既賢公可大用，故卒置群議而用之。神道碑○又邵氏聞見録曰：歐

陽公作碑如此。文正之子堯夫以爲不然，從歐陽公辨，不可，則自削去「驩然」、「勠力」等語。歐陽公殊不樂，謂蘇明允云：「范公碑爲其子弟擅於石本改動文字，令人恨之。」○又龍川志曰：范文正公篤於忠亮，雖喜功名，而不爲朋黨。早歲排吕申公，勇於立事，其徒因之，矯厲過直，公亦不喜也。自饒州還朝〔六〕，出領西事，恐申公不爲之地，無以成功，乃爲書自咎，解仇而去。故歐陽公爲文正神道碑，言二公晚年，歡然相得，由此故也。後生不知，皆咎歐陽公。予見張公言之，乃信。

公爲參知政事，每進見，上必以太平責之。公歎曰：「上之用我者至矣，然事有先後，而革弊於久安，非朝夕可也。」既而上再賜手詔，趣使條天下事，又開天章閣，召見賜坐，授以紙筆，使疏于前。公惶恐避席，始退而條列時所宜先者十數事上之。其詔天下興學，取士先德行不專文辭，革磨勘例遷以別能否，減任子之數而除濫官，用農桑考課守宰等事方施行，而磨勘、任子之法，僥倖之人皆不便，因相與騰口，而嫉公者亦幸外有言，喜之爲佐佑。會邊奏有警，公即請行，乃以公爲河東、陝西宣撫使。至則上書，願復守邊，即拜資政殿學士，知邠州，兼陝西四路安撫使。其知政事，纔一歲而罷，有司悉奏罷公前所施行而復其故，言者遂以危事中之，賴上察其忠，不聽。是時，夏人已稱臣，公因以疾請鄧州。神道碑○又龍川志云：范公以參知政事出使，吕公已老居鄭，范公往見之，吕公欣然相與語終日。問曰：「何爲亟去朝廷？」范公言：「欲經制西事耳。」吕公曰：「經制西事，莫如在朝廷之爲便。」范公爲之愕然。

○又東軒筆録亦載此事，云：呂公問：「何爲遽出？」范公曰：「暫往經撫兩路，事畢即還矣。」呂公曰：「參政此行，必蹈危機，豈復再入？」范公遂去。未還而有邠州之命。

慶曆四年四月戊戌，上與執政論及朋黨事，參知政事范仲淹對曰：「方以類聚，物以群分，自古以來，邪正在朝，未嘗不各爲一黨，不可禁也，在聖鑑辨之耳。誠使君子相朋爲善，其於國家何害？」記聞

慶曆中，劫盗張海橫行數路，將過高郵。知軍晁仲約度不能禦，喻軍中富民出金帛，具牛酒，使人迎勞，且厚遺之。海悦，徑去不爲暴。事聞，朝廷大怒。時范文正公在政府，富鄭公在樞府，鄭公議欲誅仲約以正法，范公欲宥之，爭於上前。富公曰：「盗賊公行，守臣不能戰，又不能守〔七〕，而使民醵錢遺之，法所當誅也。不誅，郡縣無復肯守者矣。聞高郵之民，疾之欲食其肉，不可釋也。」范公曰：「郡縣兵械足以戰守，遇賊不禦，而又賂之，此法所誅也〔八〕。今高郵無兵與械，雖仲約之義當勉力戰守，然事有可恕，戮之恐非法意也。小民之情，得醵出財物，而免於殺掠，理必喜之，而云欲食其肉，傳者過也。」仁宗釋然從之，仲約由此免死。既而富公愠曰：「方今患法不舉，方欲舉法，而多方沮之，何以整衆？」范公密告之曰：「祖宗以來，未嘗輕殺臣下，此盛德之事，奈何欲輕壞之？且吾與公在此，同僚之間，同心者有幾？雖上意亦未知所定也，而輕導人主以誅戮臣下，它日手滑，雖吾輩亦

未敢自保也。」富公終不以爲然。及二公迹不安，范公出按陝西，富公出按河北，范公因自乞守邊。富公自河北還，及國門，不許入，未測朝廷意。比夜，徬徨不能寐，遶床歎曰：「范六丈，聖人也！」龍川志○又遺事亦載此事，但云淮南盜王倫，與此不同。又載公與富公争於上前之語曰：「寇至無備，若守臣死之，則民盡塗炭。今吏雖不死節，而民之完者數萬家，誠國家實事，所存不細，乃與有備而縱賊者例行誅罰，恐非陛下寧失不經之意。」退至政事堂，昌言曰：「朝廷異時以四方無事，不肯爲郡縣設備，吏敢以治城隍、閲兵卒爲請者，以狂妄坐之，一旦事生不虞，吾輩不自引咎，專以死責外臣，誠有愧於青史也。」

公爲參政，與韓、富二樞並命，鋭意天下之事。患諸路監司不才，更用杜杞、張昷之輩。公取班簿，視不才監司，每見一人姓名，一筆勾之，以次更易。富公素以丈事公，謂公曰：「十二丈則是一筆，焉知一家哭矣！」公曰：「一家哭何如一路哭耶！」遂悉罷之。遺事

歐陽脩、余靖、蔡襄、王素爲諫官，時謂之四諫。四人力引石介，執政欲從之。時范公爲參知政事，獨曰：「介剛正天下所聞，然性亦好異，使爲諫官，必以難行之事，責人君以必行。少拂其意，則引裾折檻，叩頭流血，無所不爲。主上富春秋，無失德，朝廷政事亦自脩舉，安用如此諫官也。」諸公伏其言而罷。東軒筆録

慶曆中，議弛茶鹽之禁及減商税。范文正以爲不可，「茶鹽、商税之入，但分減商賈之

利耳，行於商賈，未甚有害也。今國用未減，歲入不可闕，既不取之於山澤及商賈，須取之於農，與其害農，孰若取之於商賈？今爲計莫若先省國用，國用有餘，當先寬賦役，然後及商賈，弛禁非所當先也。」其議遂寢。筆談

皇祐二年，吳中大飢，殍殣枕路。是時范文正公領浙西，發粟及募民存餉，爲術甚備。吳人喜競渡，好爲佛事，公乃縱民競渡，太守日出宴于湖上，自春至夏，居民空巷出遊。又召諸佛寺主首，諭之曰：「飢歲工價至賤，可以大興土木之役。」於是諸寺工作鼎興。又新敖倉吏舍，日役千夫。監司奏劾杭州不恤荒政，嬉遊不節，及公私興造，傷耗民力。公乃自條叙所以宴遊及興造，皆欲以發有餘之財，以惠貧者，貿易飲食、工技服力之人，仰食於公私者，日無慮數萬人。荒政之施，莫此爲大。是歲，兩浙惟杭州晏然，民不流徙，皆公之惠也。歲飢發司農之粟，募民興利，近歲遂著爲令。既已恤飢，因之以成就民利，此先王之美澤也。筆談

范文正公鎮青社，會河朔艱食。青之輿賦博州置場納〔九〕，青民大患輦置之苦。公戒民納價，每㪷三鍰，給抄與之。以書與博守，遣官輓金，詣博坐倉，以倍價招之。齎巨榜數道，介其境則張之。且戒曰：「郡不假廪，則寄僧舍可也。」至則貿者山積，不五日遂足，而博斛亦衍。斛金尚餘數千緡，按等差給還之。青民因立像祠焉。東齋記事

韓魏公言：「章得象在中書時，方天下多弊事，且有西鄙之患，每與希文、彥國以文字至兩府，輒閉目不應。彥國憤惋，欲悖之，希文惜大體，不許也。」魏公別録

韓魏公言：「希文嘗與呂申公論人物，申公曰：『吾見人多矣，無有節行者。』希文曰：『天下固有人，但相公不知爾。以此意待天下士，宜乎節行者之不至也。』」魏公別録

范文正言：「息盜賊，誅姦雄，浩然無憂，乃所以爲身謀。若未能如是，雖州里不可保，七尺之軀，無所措於天地間矣。」胡氏傳家録

公言：「幕府辟客，須可爲己師者，乃辟之，雖朋友亦不可辟。蓋爲我敬之爲師，則心懷尊奉，每事取法，於我有益耳。」遺事

范文正公曰：「吾遇夜就寢，即自計一日食飲奉養之費，及所爲之事。果自奉之費與所爲之事相稱，則鼾鼻孰寐。或不然，則終夕不能安眠，明日必求所以稱之者。」聞見後録

公之子純仁娶婦將歸，或傳婦以羅爲帷幔者。公聞之不悦，曰：「羅綺豈帷幔之物耶？吾家素清儉，安得亂吾家法！敢持至吾家，當火於庭！」遺事

公既貴，常以儉約率家人，且戒諸子曰：「吾貧時與汝母養吾親，汝母躬執爨，而吾親甘旨未嘗充也。今而得厚禄，欲以養親，親不在矣，汝母又已早世。吾所最恨者，忍令若曹饗富貴之樂也。」遺事

公爲吏部員外郎出守時，有三婢。及官大歷二府，以至于薨，凡十年不增一人，亦未嘗易也。遺事

公在杭州，子弟以公有退志，乘間請治第洛陽，樹園圃以爲逸老之地。公曰：「人苟有道義之樂，形骸可外，況居室哉！吾今年踰六十，生且無幾，乃謀樹第治圃，顧何待而居乎？吾之所患，在位高而艱退，不患退而無居也。且西都士大夫，園林相望，爲主人者，莫得常遊，而誰獨障吾遊者？豈必有諸己而後爲樂耶？俸賜之餘，宜以賙宗族。若曹遵吾言，毋以爲慮。」遺事

横渠張先生言：「嘗有欲爲公買緑野堂者，公不肯，『在唐如晉公者，是可尊也。一旦取其物而有之，如何得安寧？使耕壞及它人有之，已則不可取也。』」程氏遺書

公語諸子弟曰：「吾吳中宗族甚衆，於吾固有親疏。然吾祖宗視之，則均是子孫，固無親疏也。吾安得不恤其飢寒哉！且自祖宗來，積德百餘年，而始發於吾，得至大官，若獨饗富貴而不恤宗族，異日何以見祖宗地下？今亦何顔以入家廟乎！」故恩例俸賜，常均族人，并置義田宅云。遺事

范文正公輕財好施，尤厚於族人。既貴，於姑蘇近郭買良田數千畝，爲義莊以養群從之貧者，擇族人長而賢者一人，主其出納，人日食米一升，歲衣縑一匹，嫁娶喪葬，皆有贍

給。聚族人僅百口。公歿踰四十年，子孫賢令，至今奉公之法，不敢廢弛。見澠水燕談

范文正公自政府出，歸姑蘇焚黄，搜外庫惟有絹三千匹。令掌吏録親戚及閭里知舊，自大及小，散之皆盡，曰：「宗族鄉黨，見我生長、幼學、壯仕，爲我助喜，我何以報之哉！」厄史

公以朱氏長育有恩，常思厚報之。及貴，用南郊所加恩乞贈朱氏。父太常博士暨諸子，皆公爲葬之，歲別爲饗祭。朱氏它子弟以公廕得補官者三人。遺事

范文正公在睢陽，遣堯夫到姑蘇般麥五百斛。堯夫時尚少，既還，舟次丹陽，見石曼卿，問：「寄此久何如〔一〇〕？」曼卿曰：「兩月矣。三喪在淺土，欲葬之而北歸，無可與謀者。」堯夫以所載麥舟付之，單騎自長蘆捷徑而去。到家，拜起侍立良久，文正曰：「東吴見故舊乎？」曰：「曼卿爲三喪未舉，方留滯丹陽，時無郭元振，莫可告者。」文正曰：「何不以麥舟與之？」堯夫曰：「已付之矣。」冷齋夜話

范文正公守邠州，暇日帥僚屬登樓置酒，未舉觴，見衰絰數人營理喪具者。公亟令詢之，乃寄居士人卒於邠，將出殯近郊，賵斂棺槨皆所未具。公憮然，即徹宴席，厚賙給之，使畢其事。坐客感歎有泣下者。記聞

公爲人作銘文，未嘗受遺。後作范忠獻銘，其子欲以金帛謝，拒之，乃獻以所蓄書畫，

公悉不收，獨留道德經，而還書戒之曰：「此先君所藏，世之所寶，仲淹切爲宗家惜之，毋爲人得也。」

晏元獻公判南京，范希文以大理寺丞丁憂，權掌西監。一日，晏謂范曰：「吾一女及笄，仗君爲我擇婿。」范曰：「監中有二舉子富皋、張爲善，皆有文行，它日皆至卿輔，並可婿也。」晏曰：「然則孰優？」范曰：「富脩謹，張疏俊。」晏曰：「唯。」即取富皋爲婿。後改名，即富公弼也。爲善後亦更名方平云。筆録

公與南都朱某相善，朱且病，公視之，謂公曰：「某常遇異人，得變水銀爲白金術，吾子幼，不足傳，今以傳君。」遂以其方并藥贈公，公不納，强之，乃受。未嘗啓封，後其子宷長，公教之，義均子弟，及宷登第，乃以所封藥并其術還之。遺事

昔錢尚書遹爲洪州職官，緣事過鄱陽見彭器資，值月朔，有衣冠數十輩來，見彭公設拜，各人進問起居而退。錢在書齋中窺見，甚訝之，因問公：「此輩何人？」公曰：「皆鄉里後進子弟也。」錢曰：「今它處後進，必居於位，或與先生並行，何以有此？」公曰：「昔范希文自京尹謫守是邦，其爲政，以名教厚俗，敦尚風義爲先，州人仰慕，咸傾嚮之，遂以成俗。故至今爲尊長者，以父兄自處而不辭，後進以子弟自任而不敢忽，久之不變也。」此大賢臨政之效，可以爲法。見胡氏傳家録

公少有大節，其於富貴貧賤、毀譽歡戚，不一動其心，而慨然有志於天下。常自誦曰：「士當先天下之憂而憂，後天下之樂而樂也。」其事上遇人，一以自信，不擇利害爲趨捨。其有所爲，必盡其方〔一二〕，曰：「爲之，自我者當如是，其成與否，有不在我者，雖聖賢不能必，吾豈苟哉！」神道碑

公爲人外和内剛，樂善泛愛。喪其母時尚貧，終身非賓客食不重肉。臨財好施，意豁如也。及退而視其私，妻子僅給衣食。其爲政所至，民多立祠畫像。其行己臨事，自山林處士，里閭田野之人，外至夷狄，莫不知其名字，而樂道其事者甚衆。神道碑

蘇軾序公文集曰：古之君子，如伊尹、太公、管仲、樂毅之流，其王霸之略，皆素定於畎畝中，非仕而後學者也。淮陰侯見高帝於漢中，論劉、項短長，畫取三秦，如指諸掌。及佐帝定天下，漢中之言，無一不酬者。諸葛孔明卧草廬中，與先主論曹操、孫權，規取劉璋，因蜀之資以爭天下，終身不易其言。此豈口傳耳受，嘗試爲之，而僥倖其或成哉！公在天聖中居大夫人憂，則已有憂天下致太平之意，故爲萬言書以遺宰相，天下傳誦。至用爲將，擢爲執政，考其平生所爲，無出此書者。今其集二十卷，其於仁義禮樂，忠信孝悌，蓋如飢渴之於飲食，欲須臾忘而不可得。如火之熱，如水之濕，蓋其天性有不得不然者。雖弄翰戲語，率然而作，必歸於此。故天下信其誠，爭師尊之。孔子曰：「有德者必有言。」非有言

也，德之發於口者也。又曰：「我戰則克，祭則受福。」非能戰也，德之見於怒者也。

張横渠謂范文正才氣老成。程氏遺書

校勘記

〔一〕范公服中上宰相書　涑水記聞卷一〇此條與上「晏丞相殊留守南京」條爲一條，且句作「服除，至京師，上宰相書」。

〔二〕是歲大旱蝗詔公奉使安撫江淮　「安撫」前九字類苑卷一六引作「明道中天下旱蝗，范文正公」。

〔三〕我上疏言斥君側宵人　「宵」原作「霄」，據麈史卷上改。

〔四〕熟户蕃部　「熟」，澠水燕談録卷二作「屬」。

〔五〕欲傾宰相吕申公而未得其要　龍川别志卷下此句作：「仁宗眷之。許公當國，疾公序，陰欲傾之，而不得其要。」按：吕申公、許公均即吕夷簡，依龍川别志，是吕夷簡欲傾宋庠，而依本書所引則爲宋庠欲傾吕夷簡，文意相反。

〔六〕自饒州還朝　「饒州」，龍川别志卷上作「越州」。按本書卷前小傳謂范仲淹「知饒州，徙潤州、越州，復召爲待制。知永興軍……」，則以作越州爲是。

〔七〕又不能守 「能」原作「前」，據龍川别志卷下改。

〔八〕此法所誅也 「所」下同前書有「當」字。

〔九〕青之輿賦博州置場納 東齋紀事補遺作「時青之賦在博州置場收納」。

〔一〇〕寄此久何如 「何」字原無，據四庫全書宋名臣言行録前集卷七補。

〔一一〕必盡其方 「方」，居士集卷二一資政殿學士户部侍郎文正范公神道碑銘作「力」。

七之三 東染院使种公

公名世衡，字仲平，工部侍郎放之兄子。以蔭補將作監主簿。歷知涇陽縣，通判鳳州，坐事流竇州，徙汝州，監徐州酒。簽書同州、鄜州判官事。遷内殿崇班，知青澗城事。慶曆三年，遷東染院使，充環慶路兵馬鈐轄，知環州。五年，卒，年六十一。君少尚氣節，昆弟有欲析其家者，君推資産與之，惟取季父圖書而已。范公撰墓誌

种世衡嘗知武功縣，用刑嚴峻，杖人不使執拘之，使自凭欄立塼上受杖，杖垂畢，足或落塼，則更從一數之。人亦服其威信。或有追呼，不使人執帖入鄉村，但以片紙牓縣門，云：「追某人，期某日詣縣廷。」其親識見之，驚懼走告之，皆如期而至。記聞

种世衡知澠池縣，葺館舍，設什器，乃至砧臼匕筯，無不畢備，客至如歸，由是聲譽大振。縣旁山上有廟，世衡葺之，其梁重大，衆不能舉，世衡乃令縣幹剪髮如手搏者，驅數對於馬前，云「欲詣廟中教手搏」，傾城人隨往觀之。既至而不教，謂觀者曰：「汝曹先爲我致廟梁，然後觀手搏。」衆欣然趨下山共舉之，須臾而上。其權數皆此類。記聞

初，康定元年春，夏戎犯延安，我師不利，朝廷以堡障衆多，有分兵之患，其間遠不足守者，即命罷之。寇驕而貪，益侵吾疆，百姓被其毒。君時爲大理丞，任鄜州從事，建言：「延安東北二百里有故寬州，請因其廢壘而興之，以當寇衝，左可致河東之粟，右可固延安之勢，北可圖銀、夏之舊，有是三利。」朝廷從之，以君董役事。君膽勇過人，雖俯逼戎落，曾不畏憚。與兵民暴露數月，且戰且城。然處險無泉，議不可守。鑿地百有五十尺，始至于石，工徒拱手曰：「是不可井矣。」君曰：「過石而下，將無泉耶？爾其屑而出之，凡一畚償爾百金。」工復致其力，過石數重，泉果沛發，飲甘而不耗，萬人歡呼，曰：「神乎！雖虜兵重圍，吾無困渴之患矣！」用是復作數井，兵民馬牛皆大足。自兹西陲堡障，患無泉者悉倣此，大蒙利焉。既而朝廷署故寬州爲青澗城，授君内殿承制、知城事。墓誌

种世衡初至青澗城，逼近虜境，守備單弱，芻粮俱乏。世衡以官錢貸商旅使致之，不問所出入，未幾，倉廩皆實。又教吏民習射，雖僧道婦人亦習之，以銀爲射的，中者輒與之。

既而中者益多，其銀重輕如故，而的漸厚且小矣。或爭徭役優重，亦使之射，射中者得優處。或有過失，亦使之射，射中則釋之。由是人人皆能射。士卒有病者，常使一子視之，戒以不愈必笞之。撫養羌屬，親入其家，得歡心〔一〕，爭爲之用。寇至，屢破之。部落待遇如家人。有功者或解所服金帶，或撤席上銀器遺之。比數年，青澗城遂成富彊，於延州諸寨中，獨不求益兵運芻粮。記聞

胡酋蘇慕恩部落最强，世衡皆撫而用之。嘗夜與恩飲，出侍姬以佐酒。既而世衡起入內，潛於壁隙窺之。慕恩竊與侍姬戲，世衡遽出掩之，慕恩慚懼請罪，世衡笑曰：「君欲之邪？」即以遺之。由是得其死力，諸部有貳者，使慕恩討之，無不克。記聞

青澗東北，一舍而遠，距無定河，河之北有虜寨，虜常濟河爲患，君屢使屬羌擊之，往必破走，前後取首級數百，牛羊萬計，未嘗勞士卒也，故功多而費寡。建營田二千頃，歲取其利，募商賈使通其貨，或先貸之本，速其流轉，歲時間，其息十倍。乃建白：「城中芻糧、錢幣，暨軍須城守之具，皆不煩外計，一請自給。」有兀二族，受夏戎僞署，君遣人招之，不聽，即使慕恩出兵誅之，死者半，歸者半，盡以其地暨牛羊賞諸有功。其僭受僞署如兀二族者百餘帳，咸股慄請命，納其所得文券袍帶。由是屬羌無復敢貳。君戒諸族，各置烽火，夏戎時來抄掠，則舉烽相告，衆必介馬而待之，破賊者數四。墓誌

初，种世衡在青澗，爲屬吏所訟不法事，按驗皆有狀。鄜延路經略使龐公奏：「世衡披荆棘，立青澗城，若一一拘以文法，則邊將無所措手足。」詔勿問。及徙知環州，將行，別龐公，拜且泣曰：「世衡心腸鐵石也，今日爲公下淚矣。」記聞

慶曆三年春〔二〕，范文正公巡邊，至爲環慶經略使，知環州以屬羌多懷貳心〔三〕，密與元昊通，以种世衡素得屬羌心，而青澗城已完〔四〕，乃奏徙世衡知環州以鎮撫之。有牛奴訛，素屈强，未嘗出見州官，聞世衡至，乃來郊迎。世衡與約，明日當至其帳，慰勞部落。是夕，雪深三尺，左右曰：「奴訛凶詐難信，且道險，不可行。」世衡曰：「吾方以信結諸胡，可失期邪？」遂冒雪而往。既至，奴訛尚寢，世衡蹴起之，奴訛大驚，曰：「吾世居此山，漢官無敢至者，公了不疑我邪？」帥部落羅拜，皆感激心服。記聞○又名臣傳云：世衡佯醉，卧其帳中。奴訛與其妻環侍，不敢離左右。既醒而謂曰：「我醉卧此，爾何不殺我？」奴訛泣曰：「是何言耶？惟有一死可報吾父爾。」自是屬羌無不悦服。

涇原葛懷敏定川之敗，戎馬入縱于渭。予領慶州蕃漢兵往扼邠城，又召君分援涇原，即時而赴，羌兵從者數千人。屬羌爲吾用自此始。君曰：「羌兵既可用矣。」乃復教土人習弧矢，以佐官軍。吏民有謀某事、辭某事者，君咸使之射，從其中否而與奪之，坐過失者亦用此得贖。吏農工商，無不樂射焉。繇是緣邊諸城，獨環不求增兵，不煩益糧，而武力自

振。夏戎聞屬羌不可誘，土人皆善射，烽火相望，無日不備，乃不復以環爲意。墓誌

環、原之間，屬羌有明珠、滅臧、康奴三種最大，素號横猾，撫之則驕不可制，攻之則險不可入，常爲原州患。其北有二川，通於夏虜。二川之間，有古細腰城。慶曆四年，參知政事范文正公宣撫陝西，命世衡與知原州蔣偕共城之。世衡先遣人説誘夏虜，以故未及，出兵爭之。世衡以錢募戰士，晝夜板築，旬月而成。乃召三種酋長，諭以官築此城，爲汝禦寇。三種既出其不意，又援路已絶，因而服從。世衡在役所得疾，明年正月甲子卒，屬羌朝夕聚哭其柩者數日。青澗、環州吏及屬羌皆畫像事之。八子：古、診、詠、諮、諤、訢、記、誼。記聞

始，元昊寇邊，王師屢撓，虜之氣焰益張，常有并吞關中之意。其將剛浪唛號野利王，某號天都王，各統精兵于别都，天都，失其姓名。元昊倚以爲腹心，凡所以能勝我軍，皆二將之策也。种將軍方城青澗，謀有以去之。有王嵩者，本青澗僧，將軍察其堅朴，誘令冠帶，因出師以賊級予之，白於帥府，表授三班借職，充經略司指使，且力爲辦其家事，凡居室、騎從、衣食之具，悉出將軍。嵩感恩既深，將軍反不禮，以奴畜之，或掠治械繫數日，嵩雖不勝其苦，卒無一辭望將軍。將軍知可任以事，居半年，召嵩謂之曰：「吾將以事使汝，吾戒汝所不言，其苦雖有甚於此者，汝能爲吾卒不言否？」嵩泣對曰：「嵩貧賤無狀，蒙將軍恩教，

致身榮顯，常誓以死報，而未知其所，況敢辭捶楚乎！」將軍乃草遺野利書，書辭大抵如世間問起居之儀，惟以數句隱辭，如嘗有私約，而勸其速行之意。書於尺素，且膏以蠟，置衲衣間密縫之，告嵩：「此非濱死不得泄，如泄之，當以負恩不能成吾事爲言。」并以畫龜一幅，棗一節爲信，俾遺野利。嵩受教至野利所居，致將軍命，出棗龜投之。野利知見侮，笑曰：「吾素奇种將軍，今何兒女子見識？」度嵩別有書，索之。嵩佯目左右，既而答以無有。野利不敢匿，乃封其信上元昊。數日，元昊召野利與嵩俱，西北行數百里，至一大城，曰興州。先詣一官寺，曰樞密院，次曰中書，有數胡人雜坐，野利與焉。召嵩廷詰將軍書問所在。嵩堅執前對，稍稍去巾櫛，加執縛，至於捶楚極苦，嵩終不易其言。又數日，召入一官寺，廳事廣楹，皆垂班竹箔，綠衣小豎立其左右。嵩意元昊宫室也。少頃，箔中有人出，又以前問責之，曰：「若速言！死矣。」嵩對如前，乃命曳出誅之。嵩大號，且言曰：「始，將軍遣嵩密遺野利王書，戒不得妄泄。今不幸空死，不了將軍事，吾負將軍，吾負將軍！」箔中急使人追問之，嵩具以對。乃褫衲衣，取書以進。書入移刻，始命嵩就館，優待以禮。元昊於是疑野利，陰遣愛將假爲野利使，使于將軍。將軍知元昊所遣，未即見，命屬官日館勞之。問虜中山川地形，在興州左右言則詳，迫野利所部多不能悉。適擒生虜數人，因令隙中視之，生虜能言其姓名，果元昊使。將軍意決，乃見之。將軍燕服據案坐，屬官皆朝衣抱文籍，鳧雁侍左右。於是賓贊引使者出拜，使者傳野利語，將軍慢罵元昊，而稱野利有心内附，乃厚遺使者曰：「爲吾語若王，速決無遲留也。」度使者至，嵩即還，而野利已報死矣。將軍知謀已行，因欲并間天都，又爲置祭境上，作文書於版以弔，多述野利與天都相結，有意本朝，悼其垂成而失。其文雜紙幣，伺有虜至，急爇之以歸。版字不可遽滅，虜人得之，以獻元昊。天都以此亦得罪。元昊既失二將，久之，始悟爲將軍所賣，遂定講和之策焉。西師既平，天子録諸將功，元帥蔽將軍不以聞。將軍不自辨，至于終身。嘉祐元年，其子古詣匭訴之，事下御史府，按驗如古狀不誣，詔付史官，於是士大夫始知將軍之功。將軍果決縱横，有城府，不測人也。舉秦之人皆能道之。呂與叔文集。後記聞、筆談所載與此小異，疑當以此爲正。

初，洛苑副使种世衡在青澗城，欲遣僧王嵩入趙元昊境爲間，召與之飲，謂曰：「虜若得汝，考掠求實，汝不勝痛，當以實告邪？」嵩曰：「誓死不言。」世衡曰：「先試之。」乃縛嵩於庭，而掠之數百，嵩不屈，世衡曰：「汝真可也！」時元昊使其妻之兄弟、甯令之舅野利旺榮及剛浪㖫，分將左右厢兵，最用事。世衡使嵩爲民服，齎書詣旺榮，且遺之棗及畫龜。旺榮鎖嵩囚地牢中，且半歲所。會元昊欲復歸中國，而先耻自言，乃釋嵩囚，使旺榮遺邊將書，遣教練使李文貴送嵩還，曰：「曏者种洛苑書，意欲更求通和邪？」邊將送文貴及嵩詣

延州，時龐公爲經略使，已奉朝旨招納元昊，始遣文貴往來議其事，奏嵩除三班借職。記聞

寶元中，党項犯邊，有明珠族首領驍悍，最爲邊患。种世衡爲將，欲以計擒之。聞其好擊鼓，乃造一馬持戰鼓，以銀裹之，極華煥，密使諜者陽賣之入明珠族。後乃擇驍卒數百人，戒之曰：「凡見負銀鼓自隨者，併力擒之。」一日，羌酋負鼓而出，遂爲世衡所擒。又元昊之臣野利，常爲謀主，守天都山，號天都大王，與元昊乳母白姥有隙。歲除日，野利引兵巡邊，深涉漢境數宿，白姥乘間，乃譖其欲叛。元昊疑之。世衡嘗得蕃酋之子蘇吃曩，厚遇之，聞元昊嘗賜野利寶刀，而吃曩之父得幸于野利。世衡因使吃曩竊野利刀，許之以緣邊職任、錦袍真金帶。吃曩得刀以還。世衡乃唱言：「野利已爲白姥譖死。」設祭境上，爲祭文，叙歲除日相見之歡。入夜，乃火燒紙錢，川中盡明。虜見火光，引騎近邊窺覘，乃佯委祭具，而銀器千餘兩悉棄之。虜人爭取器皿，得元昊所賜刀，及灰爐中見祭文，已燒盡，但存數十字。元昊得之，又識其所賜刀，遂賜野利死。野利有大功，死不以罪。自此君臣猜貳，以至不能軍。平夏之功，世衡計謀居多，當時人未甚知之。世衡卒，乃録其功，贈觀察使。筆談

王荆公言於神宗曰：「人不堪擾，只如今歲一教，則何由得精？臣以爲唯有修种世衡之法，誘令邊人，皆知習兵，可使抗敵，則兵可省，邊備不待勞費而自足。要如世衡有智略，

能用間精密則難得，若但如世衡誘邊人習兵，中人皆可以爲之。」上曰：「教人勇，擇才武者入宿衛，此亦可以誘邊人習兵；但令邊將爲如此事，須寬假之，勿拘以文法，彼乃可爲。」對曰：「誠當寬假，察則當詳密。若但寬假而察不能詳密，則小人因緣廢法亂紀，更爲邊害，不可不謹也。凡今責邊將，則所急者不過數條，其餘則一切可闊略。如此則人材易得。就最所急者，是使邊人自知習兵。先王能以中國禮樂，兼夷狄所長，此所以能勝夷狄。使邊人知習兵，乃亦所謂兼夷狄之所長也。要在舉人之所利者以加之，於習兵之人，不待令而自勸矣。且世衡獨以一守私爲之，尚能如此，今又上承朝廷，所以利道之者衆，則其見效，又當倍於世衡矣。」王荆公日録

校勘記

〔一〕親入其家得歡心　類苑卷五六引「家」作「帳」，「得」下有「其」字。

〔二〕慶曆三年春　「三」，涑水記聞卷九作「二」，鄧廣銘校記以爲當作「二」。

〔三〕知環州以屬羌多懷貳心　同前書無「知」、「以」二字。

〔四〕而青澗城已完　「完」下同前書有「固」字。

五朝名臣言行録卷第八

八之一　丞相潁國龐莊敏公

公名籍，字醇之，單州武成人。中進士第，歷黄州司理參軍，開封府法曹，知襄邑縣，擢群牧判官、殿中侍御史，開封府判官。出爲廣東、福建轉運使。景祐三年，爲侍御史，元昊反，爲陝西體量安撫使。降知汝州，除陝西轉運使，進龍圖閣學士，知延州，兼經略安撫招討使。元昊既稱臣，召爲樞密副使，改參知政事，拜樞密使，進同中書門下平章事。罷知鄆州，拜昭德軍節度使，知并州，復爲觀文殿大學士，知青州，徙定州，召還京師，以太子太保致仕。薨，年七十六。

明道中，召入爲殿中侍御史。章獻太后崩，章惠太后欲踵之臨朝，公奏燔閤門所掌垂簾儀制以沮其謀。仁宗始專萬機，富於春秋，左右欲以奇巧自媚，後苑珠玉之工，頗盛於前日。公上言：「今螽螟爲災，民憂轉死。北有耶律，西有拓跋。陛下安得不以儉約爲師，奢靡爲戒，重惜國用以徇民之急！」上深納其言。中丞孔公道輔嘗謂人曰：「今之御史，多承望要人風指，陰爲之用。獨龐君，天子御史耳。」司馬公撰墓誌

爲開封判官，尚美人方有寵，遣宦者稱教旨，免工人市繇。公上言：「祖宗已來，未有美人敢稱教旨，干撓府政者。」上怒，抶宦者，切責美人，仍詔：「諸官府自今有傳宮中之命，皆毋得施行。」龍圖閣學士范諷喜放曠，不遵禮法，士大夫多慕效之，又爲姦利事。公屢奏其狀，不報。會使廣南將行，復奏言之，且曰：「苟不懲治，則敗亂風俗，將如西晉之季，不可不察。」有詔置獄以覈其實，獄成，諷坐貶。仍下詔戒天下風俗。墓誌

慶曆元年，延安缺帥，以公爲之。明年，除延州觀察使，不拜。延安自五龍川之敗，戎落民居，焚掠幾盡，距郭無幾，悉爲寇境，人心危懼。公至，補綻茹漏，聚用增備，撫民以仁，馭軍以嚴，戍兵近十萬，未有壁壘，多寄止民家，無秋毫敢犯民者。諸將欲出兵，公必召問方略，取其所長，而誨其所短，告以賞罰，已而必行。由是諸將莫敢不盡力，出輒有功。是時元昊數犯邊，覆軍殺將，而獨不近鄜延，間或小入，輒以敗去。故地爲虜所據者，公悉逐之，築十一城於險要，其腹中可食之田，盡募民耕之，延安遂爲樂土。會朝廷益厭兵，欲赦元昊之罪，以詔書命公招懷之。公曰：「虜驟勝方驕，若遣人說之，彼益偃蹇，不可與言。」

先是，元昊用事之臣野利旺榮遣其牙校李文貴來，公留之於邊。至是召之，自從公所喻以逆順禍福，遣還。文貴尋以旺榮等四人書來，用敵國禮，公以其不遜，未敢復書，請於朝。朝廷急於息民，命公復書勿拒，稱旺榮等爲太尉，且曰：「元昊果肯稱臣，雖仍其僭名可也。」公上言：「僭名理不可容，臣不敢奉詔。太尉，天子上公，非陪臣所得稱。今方抑止其僭，而稱其臣爲上公，恐虜滋驕，不可得臣。旺榮等與臣書，自稱『寧令』、『謨寧令』，此虜中之官，中國不能知其義，可以無嫌，臣輒從而稱之。」朝廷善之。旺榮等又請用小國事大國之禮。公曰：「此非邊帥所敢知也。而主若遣使者奉表以來，乃敢導致於朝廷耳。」是時，朝廷方修復涇原，公恐虜猝犯之，敗其功，乃留連其使，數與之講議，雖抑止其僭，亦不決然絶也。如是踰年，元昊乃遣其臣賀從勗來，自稱「男邦面令國兀卒郎霄上書父大宋皇帝。」公使謂之曰：「天子至尊，荆王，叔父也，猶奉表稱臣。今名體未正，不敢以聞。」從勗曰：「子事父，猶臣事君也。使從勗得至京師，而天子不許，請更歸議之。」公上言：「虜自背誕以來，雖屢戰得氣，然喪和市之利，民甚愁困。今其辭禮寖順，必誠有改事中國之心。願聽從勗詣闕，更選使者往至其國，以詔旨抑之，彼必稱臣。凡名稱禮數及求匄之物，當力加裁損，必不得已，乃少許之。若所求不違，恐豺狼之心，未易盈厭也。」朝廷皆從其策，元昊果稱臣，册命爲夏國主。墓誌

莊敏公爲鄜延招討使，元昊效順，公召李誠之問其信否，誠之曰：「元昊數欺中國，故疑之，今則可信也。元昊向得歲賜而不用，積年而後叛，今用兵數歲，雖戰屢勝，而所攻不克，田里所掠，不辦一日之費，向來之積費已盡矣，故罷兵耳。然公毋以爲功，歸之朝廷，則兵可罷，竊計諸公不以此與人也。」公未以爲然。既而果遣兩人，以他事使虜，過延，問：「朝廷議罷兵，云何？」皆曰：「不知。」及還，與虜使王延壽來，公召會兩人，問延壽來意，又曰不知。公曰：「延壽黠虜，與君來而君且不知耶？」召裨將曰：「問王延壽何來，吾爲將而不與知邪？亟書所奏事來，不然且遣還！」兩人大懼，乃以情告，願還使者。公曰：「軍令不可反，君自止之，而書其事來！」兩人具以事聞。公自是異李焉。談叢

元昊既效順，而不肯臣，請稱「東朝皇帝」爲父，國號「吾祖」，年用私號，求割三州十六縣地，朝議彌年不決。既而報書，年用甲子，國號易其一字。虜使過延，公坐堂上，召虜使立前而謂曰：「爾主欲戰則戰，今不戰而降，則朝廷所賜藩臣詔與頒朔封國，皆有常制，不必論。自古夷狄盜中國之地則聞之，未聞割地與夷狄也。三州十六縣，豈可得耶！」使曰：「清遠故屬虜，且墳墓所在，故欲得耳。」公曰：「中國所失州縣，今未十年，若論墳墓所在，則中國多矣。」使語塞。公曰：「爾主既受封，歲禄多少，此則可議，餘不足論。」虜使畏服。談叢

公在延州，治州城及諸寨，皆募禁軍爲之。軍行出塞，則使因糧於敵，馬芻皆自刈之，

還畀其直，民無飛輓之勞。及去，民遮道泣曰：「公用兵數年，未嘗以一事煩民，雖以一子爲香焚之，猶不足報也。」追送數驛乃去。墓誌

文公爲相，龐公爲樞密使，以近世養兵之弊，在於多而不精，故國用困竭，於是大加簡閱，揀放爲民者六萬餘人，減其衣糧之半者二萬餘人。衆議紛然，以爲不可。施昌言、李昭亮尤甚，皆言衣食於官久，不願爲農，又皆習弓刀，一旦散之閭閻，必皆爲盜賊。上亦疑之，以問二公。二公曰：「今公私困竭，上下遑遑，其故非他，正由畜養冗兵太多故也。今不省去，無由蘇息。萬一果有聚爲盜賊者，二臣請以死當之。」既而昭亮又奏：「兵人揀放，所以如是多者，大抵皆縮頭曲膕，詐爲短小，以欺官司耳。」公乃言：「兵人苟不樂歸農，何爲詐欺如此？」上意乃決，邊儲由是稍蘇。後數年，王德用爲樞密使，許懷德爲殿前都指揮使，復奏選廂軍以補禁軍，增數萬人。東軒筆録○又記聞云：傅求曰〔一〕：皇祐二年，詔陝西揀閱諸軍及新保捷年五十以上，若短不及格四指者〔二〕，皆免爲民。議者紛然，以爲邊事未可知，不宜減兵。又云，停卒一旦失衣糧，歸鄉閭間，必相聚爲盜賊。緣邊諸將，爭之尤甚。是時文公爲執政，龐公爲樞密使，固執行之不疑。是歲陝西所免新保捷凡三萬五千餘人，皆歡呼返其家。其未免者尚五萬餘人，皆悲涕恨己不得去。求曰：陝西緣邊計一歲費七十貫錢養一保捷，是歲邊費凡減二百四十五萬貫，陝西之民由是稍蘇。

公爲相，專以公忠便國家爲事，不以官爵養私交，取聲譽。端明殿學士程公戡知益州，將行，上俾公諭之曰：「戡還，當處以兩府。」公曰：「兹事出於上恩，臣不敢與聞。」卒不與言。墓銘

廣源蠻儂智高反，詔以樞密副使狄青爲宣撫使討之。言事者以青武人，不足專任，固請以侍從文臣爲之副。上以訪公，公以青必能辦賊，請專以委之。於是詔嶺南用兵，皆受青節度。卒破智高。墓誌○此事詳見狄武襄公事中。

近世臺官，進用太速，公舉舊制，御史秩滿，以大藩處之。内侍省都知王守忠侍上久，求領節度使，上以問公。公曰：「自宋興以來，未有内臣爲節度使者。陛下至孝，凡祭祀文物，事有毫髮關於宗廟者，未嘗不兢兢畏敬，况祖宗典法，又可隳邪？」上乃止。由是内外怨疾頗多。墓誌

始平公自鄆徙并，過京師謁上。是時上新用文、富爲相，自以爲得人，謂公曰：「朕新用二相，如何？」公曰：「二臣皆朝廷高選，陛下拔而用之，甚副天下之望。」上曰：「誠如卿言。文彦博猶多私，至於富弼，萬口同詞，皆云賢相也。」始平公曰：「文彦博，臣頃與之同在中書，詳知其所爲，實無所私，但惡之者毁之耳。况前者被謗而出，今當愈畏敬矣。富弼頃爲樞密副使，未執大政，朝士大夫未有與之爲怨者，故交口譽之，冀其進用，而己有所利

焉。若富弼以陛下之爵禄樹私恩，則非忠臣，何足賢也。若一以公議概之，則向之譽者將轉而爲謗矣。此陛下所宜深察也。且陛下既知二臣之賢而用之，則當信之堅，任之久，然後可以責成功。若以一人之言進之，未幾又以一人之言疑之，臣恐太平之功未易可致也。」上曰：「卿言是也。」記聞

至和三年，以災異詔中外咸言得失。公密疏曰：「太子，天下本。今陛下春秋固方盛，然太子不豫建，使四方無所係心。願擇宗室之宜爲嗣者，蚤決之。羣情既安，則災異可塞矣〔三〕。臣歷位將相，恐先犬馬無以報，雖冒萬死而不悔也。」王禹玉撰神道碑

虜盗耕屈野河田，朝廷恐益復侵邊，遣使更定其地。既而召虜人不至，公遂禁邊毋與和爲市。虜人怨之，日夜聚兵境上。公又戒毋得輒舉師。久之，虜且去，公命通判并州司馬光詣麟州與知州武戡計事。戡乃請築二堡于屈野之西，使虜不敢耕故地。光還，公雖許之，而堡實未築也。已而虜兵輒復聚，管勾麟府兵馬郭恩、走馬承受公事黄道元乃與戡擅率兵至忽里堆，欲出其不意以擊之。會伏發，恩、道元皆戰没，而戡僅以身免。未幾，虜送道元歸，詔御史鞫之，乃言：「與戡等行視堡地，因爲虜所掩。」公坐是罷節度使，復爲觀文殿大學士、知青州。於是司馬光上書曰：「擅議築堡，臣光實陳之。今戡等輕出亡師，傷國威重，罪在臣光。」公聞，亦上奏自咎。皆不報。神道碑

知定州，請老，召還京師，公陳請不已。或謂公：「今精力克壯，年少所不及，主上注意方厚，何遽引去若此之堅？」公曰：「必待筋力不支，明主厭棄，然後乃去，是不得已，豈止足之謂耶！」凡上表者九，手疏二十餘通，朝廷不能奪。五年，聽以太子太保致仕。墓誌

公好學出於天性，雖耋老家居，常讀書賦詩以自娛，至忘飢渴寒暑。子弟雖愛之甚，常莊色以誨之。閨門燕居，人不見其有惰容。其爲治，以愛民爲主，明練法令，以平心處之。常曰：「凡爲大臣，尤宜秪畏繩墨，豈得自恃貴重，亂天子法耶？」唯治軍差嚴，有犯輒以便宜從事，或斷斬刳磔，或累笞取斃，軍中股栗。然能察知其勞苦，至於廬舍飲食，無不盡心爲之區處，使皆完美。故所至士卒望風聳畏，而終無怨心。遇僚屬謙恭和易，有所關白，苟可取，雖文書已行，立爲更易，無愛吝心。墓誌

校勘記

〔一〕傅求曰　「求」原誤作「永」，據涑水記聞卷四改。

〔二〕若短不及格四指者　「短」下同前書有「小」字。

〔三〕則災異可塞矣　「災」原作「大」，據洪本、元刊本改。

八之二　樞密使狄武襄公

公名青，字漢臣，汾州西河人。少隸軍籍，選爲散直。寶元初，陝西用兵，出補延州指使，以功累遷涇原路副都總管，經略招討副使。入爲馬步軍副都指揮使，以彰化軍節度使知延州。擢樞密副使。皇祐中儂智高反，以宣徽南院使宣撫荆湖南北路，經制廣南盗賊事。賊平，拜樞密使，以使相出判陳州。薨，年五十。

公風骨奇偉，善騎射，里閭俠少多從之。初游京師，遂補拱聖籍中。寶元之初，元昊叛河西，兵出數無功。公自散直爲延州指使，延帥知公敢行，故常使當賊鋒。凡數歲間，大小二十五戰，捕虜萬有餘，獲馬牛羊槖駝、鎧仗符印、車輜器物以數萬計，嘗破賊金湯城，遂略宥州之境，燔其積聚數萬，廬舍數千，收其帳二千三百五，口五千七百。又城橋子谷，築招安、豐林、新寨、大郎堡，皆扼賊要害，使不能闚邊。上欲召見公，會寇薄平涼，因命圖形以進，繇是天下知公名。王禹玉撰神道碑○又東齋記事云：狄青與西賊戰，每帶銅面具，被髮出入行陣間，凡八中箭。累功至招討副使，而上未識其面，遂令圖形以進。

寶元中，党項犯塞，時新募萬勝軍，未習戰陣，遇寇多北。狄青爲將，一日盡取萬勝旗

付虎翼軍，使之出戰，虜望其旗，易之，全軍徑趨，爲虎翼所破，殆無遺類。筆談

青在涇原，嘗以寡當衆，度必以奇勝，預戒軍中，盡捨弓弩，皆執短兵。密令軍中聞鉦一聲則止，再聲則嚴陣而陽却，鉦聲止則大呼而突之。士卒皆如其教。纔遇敵，未接戰，遽聲鉦，士卒皆止；再聲，皆却。虜人大笑，相謂曰：「孰謂狄天使勇？」時虜人謂青爲「天使」。鉦聲止，忽前突之，虜兵大亂，相蹂踐死者，不可勝計也。筆談

狄青戍涇原日，嘗與虜戰，大勝，追奔數里，虜忽壅遏山踊，知其前必遇險，士卒皆欲奮擊，青遽鳴鉦止之，虜得引去。驗其處，果臨深澗，將佐皆悔不擊。青獨曰：「不然。奔亡之虜，忽止而拒我，安知非謀？軍已大勝，殘寇不足利，得之無所加重，萬一落其術中，存亡不可知。寧悔不擊，不可悔不止。」筆談

廣源州蠻儂智高以其衆叛，乘南方無備，連破邕、賓等七州，至廣州，所至殺吏民，縱掠。東南大駭，朝廷遣驍將張忠、蔣偕馳驛討之，甫至，則皆爲智高所摧陷。又遣楊畋、孫沔、余靖招撫，皆久之無功。仁宗憂之，遂遣樞密副使狄青爲宣撫使，率衆擊之。翰林學士曾公亮問所以爲方略者，青初不肯言，公亮固問之，青迺曰：「比者軍制不立，又自廣川之敗，賞罰不明，今當立軍制、明賞罰而已。然恐賊見青來，以謂所遣者官重，勢必不得見之。」公亮又問：「賊之摽牌殆不可當，如何？」青曰：「此易耳。摽牌，步兵也，當

騎兵則不能施矣。」初，張忠、蔣偕之往，率皆自京師，六七日馳至廣州，未嘗拊士卒、立行伍，一旦見賊，則疾驅使戰，又偕等所居不知爲營衛，故士卒皆望風退走。而忠臨陣，偕方卧帳中，悉爲賊所虜。楊畋、余靖又所爲紛亂，不能自振。而孫沔大受請託，所與行者廼朱從道、鄭紓、歐陽乾曜之徒，皆險薄無賴，欲有所避免，邀求沔引之自從，遠近莫不嗟異。既至潭州，沔遂稱疾，觀望不敢進。青之受命，有因貴近求從青行者，青延見，謂之曰：「君欲從青行，此青之所求也，何必因人之言乎？然智高小寇，至遣青行，可以知事急矣。從青之士，能擊賊有功，朝廷有厚賞，青不敢不爲之請也。若往而不能擊賊，則軍中法重，青不敢私也。君其思之，願行則即奏取君矣，非獨君也，君之親戚交遊之士，幸皆以青此言告之。苟欲行者，皆青之所求也。」於是聞者大駭，無復敢言求從青行者。其所辟取，皆青之素所與以爲可用者，人望固已歸矣。及行，率衆日不過一驛，所至州輒休士一日。至潭州，遂立行伍，明約束，軍行止皆成行列。至於荷鍤贏糧，持守禦之備，皆有區處。軍人有奪逆旅菜一把者，斬之以徇，於是一軍肅然，無敢出聲氣，萬餘人行，未嘗聞聲。青每止郵驛，四面嚴兵，每門皆諸司使二人，無一人得妄出入。而求見青者，無不即時得通。其野宿皆成營栅，青所居四面陳兵，彀弓弩，皆數重，所將精鋭，列布左右，守衛甚嚴。方青之未至，諸將屢敗屢走，皆以爲常。至是，知桂州崇儀使陳某、知英州供備庫使蘇緘與賊戰，復敗走如常，時青至賓州，悉召陳與裨校凡三十二人，數其罪，按軍法斬之。唯蘇緘在某所，使械繫上聞，於是軍中人人奮勵，有死戰之心。是時智高還守邕州，青懼崑崙關險阨爲所據，乃下令賓州具五日糧，休士卒。賊諜知不爲備。是夜大風雨，青率衆半夜時度崑崙關，既度，喜曰：「賊不知守此，無能爲也。彼謂夜半風雨，吾不敢來，吾來所以出其不意也。」已近邕州，賊方覺，逆戰於歸仁鋪，青登高望之，賊據坡上，我軍薄之，裨將孫節中流矢死，青急麾軍進，人人皆殊死戰。先是，青已縱蕃落馬二千出賊後，至是前後合擊，賊之標牌軍爲馬軍所衝突，皆不能駐，軍士又從馬上鐵連枷擊之，遂皆披靡，相枕籍死。賊遂大敗，智高果焚城遁去。青先與公亮言「立軍制，明賞罰」，「賊不可得見」，「標牌不能當騎兵」，皆如其所料。青坐堂户之上，論數千里之外，辭約而慮明，雖古之名將，何以加此？豈特一時之武人崛起者乎！方慶曆中，葛懷敏與李元昊戰於廣川，懷敏敗死，而諸校與士卒既敗，多竄山谷間。是時，以權宜招納，皆許不死，自此軍多棄其將，不肯死戰。故青云「自廣川之敗，賞罰不行」。翰林學士蔡襄亦言聞於青者如此。南豐雜識

初，樞密副使狄青自請擊智高，以青爲宣徽南院使、荆湖南北路宣撫使、都大提舉經制廣南東西路賊盗事。諫官韓絳上言：「狄青武人，不足專任，固請以侍從文臣爲之副。」上

以訪執政，時龐籍獨爲相，對曰：「屬者王師所以屢敗，皆由大將權輕，偏裨人人自用，遇賊或進或退，力不能制也〔一〕。今青起於行伍，若以侍從之臣副之，彼視青如無，青之號令復不得行，是循覆車之軌也。青素名善戰，今以二府將大兵討賊，若又不勝，不惟嶺南非陛下之有，荆湖、江南皆可憂矣。禍難之興，未見其涯，不可不畏〔二〕。青昔在鄜延，居臣麾下，沉勇有智略，若專以智高事委之，使青先以威齊衆，然後用之，必能辦賊。幸陛下勿以爲憂也。」上曰：「善。」於是詔嶺南用兵皆受青節度，處置民事，則與孫沔等議之。時余靖軍于賓州，聞智高將至，棄其城及芻糧，走保邕。智高陷賓州，靖引兵出，揚言邀賊，留監押守邕州，監押亦走。智高復入邕州。十一月，狄青至湖南，諸道兵皆會，諸將聞宣撫使將至，爭先立功。余靖遣廣南西路鈐轄陳某將萬人擊智高〔三〕，爲七寨，逗遛不進。十二月壬申朔，智高與某戰於金城驛，某敗，遁歸，死者二千餘人，棄捐器械輜重甚衆。交趾王德政請出兵二萬助收智高，狄青奏：「官軍自足辦賊，無用交趾兵。」丁未，詔交趾毋出兵。青又請西邊蕃落廣鋭近二千騎與俱。五年正月，青至賓州，余靖、陳某皆來迎謁。時饋運未至，青初令備五日糧，既又備十日糧。智高聞之，由是懈惰不爲備，上元張燈高會。先是，諸將視其帥如僚寀，無所嚴憚，每議事，各執所見，喧爭不用其命。己酉，狄青悉集將佐於幕府，立陳某於庭下，數其敗軍之罪，并軍校數十人皆斬之。諸將股栗，莫敢仰視。余靖起拜曰：「某之失律，亦靖節制之罪。」青曰：「舍人文臣，軍旅之責，非所任也。」於是勒兵而進，步騎二萬。或説儂智高曰：「騎兵利平地，宜遣兵守崑崙關，勿使度險，俟其兵疲食盡，擊之無不勝者。」智高驟勝，輕官軍，不用其言。青倍道兼行，出崑崙關，直趣其城。智高聞之，狼狽發兵出戰。戊午，相遇於歸仁鋪。青使步卒居前，匿騎兵於後。蠻使驍勇者執長槍居前，羸弱悉在其後。其前鋒孫節戰不利而死，將卒畏青令嚴，力戰莫敢退者。青登高丘，執五色旗，麾騎兵爲左右翼，出長槍之後〔四〕，斷蠻軍爲三，旋而擊之，槍立如束，蠻軍大敗，殺獲三千餘人，獲其侍郎黄師宓等。智高走還城，官軍追之，營其城下。夜，營中驚呼，蠻聞之，以爲官軍且進攻，棄城走。明日，青入城，遣裨將于振追之，過田州，不及而還。智高奔大理。捷書至，上喜，謂龐籍曰：「嶺南非卿執議之堅，不能平，今日皆卿功也。」狄青還，上欲以爲樞密使、同平章事，籍曰：「昔曹彬平江南，太祖謂之曰：『朕欲以卿爲使相，然今外敵尚多〔五〕，卿爲使相，安肯復爲朕盡死力耶？』賜錢二十萬緡而已。今青雖有功，未若彬之大，若賞以此官，則富貴極矣，異日復有寇盜，青更立功，將以何官賞之？且青起軍中，致位二府，衆論紛然，爲國朝未有此比〔六〕。今幸而立功，論者方息，若又賞之太過，是復使青得罪於衆人也。臣所言非徒便於國體，亦爲青謀也。昔衛青已爲大將軍，封侯立功，漢武帝更封其子爲侯。陛下若謂賞功未盡，宜更官其諸子。」爭之累日，上乃許之。二月癸未，加青

護國軍節度使，樞密副使如故，仍遷諸子官。既而議者多謂青賞薄，石全彬復爲青訟功於中書。五月乙巳，竟以青爲樞密使。記聞

狄青宣撫廣西，時儂智高守崑崙關。青至賓州，值上元節，令大張燈燭，首夜燕將佐，次夜燕從軍官，三夜饗軍校。首夜樂飲徹曉。次夜二鼓時，青忽稱疾，暫起如内，久之，使人諭孫元規，令暫主席行酒，少服藥乃出，數使人勸勞座客。至曉，各未敢退。忽有馳報者云，是夜三鼓，青已奪崑崙矣。筆談○又東軒筆録云：狄青之征儂智高也，自過桂林，即以辨色時先鋒行，先鋒既行，青乃出帳，受衙罷，命諸將坐，飲酒一巵，小餐，然後中軍行，率以爲常。及頓軍崑崙關下，翊日，將度關，晨起，諸將詣帳立甚久，而青尚未坐。殆至日高，親吏疑之，遽入帳周視，則不知青所在。諸將方相顧驚愕，俄有軍候至曰：「宣徽傳語諸官，請過關喫食。」方知青已微服同先鋒度關矣。○此事二書不同，未知孰是。

公入邕州，獲金貝巨萬，畜數千，悉分戲下。賊所俘脅，皆慰遣之。斂積尸爲京觀于城北。尸有衣金龍之衣者，又得金龍楯於其傍，或言智高已死亂兵中，當亟作奏者。公曰：「安知其非詐？寧失智高，敢欺朝廷耶！」神道碑○又筆談云：狄青平嶺寇，賊帥儂智高兵敗奔邕州，其下皆欲窮其窟穴，青亦不從，以謂趨利乘勢，入不測之城，非大將事。智高因而獲免。天下皆罪青不入邕州，脱智高於垂死。然青之用兵，主勝而已，不求奇功，故未嘗大敗，計功最多，卒爲名將。譬

如奕棋，已勝敵，可止矣，然猶攻擊不已，往往大敗。此青之所戒也。臨利而能戒，乃青之過人處也。

狄青爲樞密使。是時，予爲諫官，人有相語童謠云〔七〕：「漢似胡兒胡似漢，改頭換面總一般，只在汾河川子畔。」以爲青汾河人，面有刺字，不肯滅去，又姓狄，爲漢人。此歌爲是人作也，爲不疑矣。欲予言之。予應之曰：「此唐太宗殺李君羡事，上安忍爲！適以啓君臣疑心耳。」范蜀公東齋記事

公器度深遠。今相國韓公，故資政殿大學士范文正公之爲西帥也，皆隸其節下，咸奇之曰：「此國器也。」文正嘗以左氏春秋授公曰：「熟此可以斷大事。將不知古今，疋夫之勇，不足爲也。」公於是晚節益喜書史，既明見時事成敗，尤好節義。其在涇原也，起居舍人尹洙與公同經略招討安撫使事，洙有文武才略，博通古今，常稱公曰：「古之名將，無以過也。」公於交遊，在亡不渝。師魯後以貶死，公厚恤其孤，如至親焉。余襄公撰墓誌

其徙真定，道過故鄉，謁縣，先下車趨至令庭，遂燕故老於纛下，里中榮之。公事親孝，遭父喪，雖衽金革之事，而哀戚過人。養母尤篤，征南之日，懼遺其憂，戒内外不以治兵事聞，第云奉使江表而已。始行至邕，會瘴霧之氣，昏鬱中人。或謂賊流毒水中，飲者多死，忽一夕泉湧于郊，汲之甘洌，遂濟其衆。神道碑

公之南征，今觀文孫公沔與公偕行，其軍中之政，公實專之。至于南夏經久之制，多讓

孫公裁處。談者嘉其謙挹。墓誌

狄青作真定副帥，嘗宴公，惟劉易先生與焉。易性素疏訐，時優人以儒爲戲，易勃然謂：「黥卒敢如此！」詬詈武襄不絕口，至擲樽俎以起。公是時觀武襄氣殊自若，不少動，笑語益温。次日，武襄首造劉易謝，公於是時已知其有量。韓魏王别録

陝西豪士劉易多遊邊，喜談兵。寶元、康定間，韓魏公宣撫五路，薦之，賜處士號。易善作詩，魏公爲書石。或不可其意，則發怒洗去。魏公欣然再書不憚。尹師魯帥平凉，延易府第尊禮之。狄武襄代師魯，遇之亦厚。每燕設，易喜食苦馬菜，不得之，即叫怒無禮。邊城無之，狄公爲求於内郡。後每燕集，終日唯以此菜啗之，易不能堪，方設常饌。時稱狄公善制易也。聞見録

狄武襄公爲范文正、韓忠獻諸公所知，後位樞密。或告以當推狄梁公爲遠祖，武襄愧謝曰：「青出田家，少爲兵，安敢祖梁公哉！」筆談云：狄青爲樞密使，有狄梁公之後持梁公畫像及告身十餘通，詣青獻之，以謂青之遠祖。青謝之曰：「一時遭際，安敢自附梁公？」厚贈而還之。比之郭崇韜哭子儀之墓，青所得多矣。或勸去鬢間字，則曰：「青雖貴，不忘本也。」或云：仁宗喻青使去其涅，青指其面曰：「臣所以至此者，以是耳。願留以視軍中，不敢奉詔。」每至韓公家，必拜于廟廷之下，入拜夫人甚恭，以郎君之禮待其子弟。其異於人如此。聞

見録

京師火禁甚嚴，將夜分，即滅燭，故士庶家凡有醮祭者，必先關廂吏，以其焚楮幣在中夕之後故也。至和、嘉祐之間，狄武襄爲樞密使。一夕夜醮，而句當人偶失告報，中夕驟有火光，探卒馳白廂主，又報開封知府，到宅則火滅久矣。翊日，都下盛傳狄相公家有光怪燭天者。時劉敞爲知制誥，聞之，語權知開封府王素曰：「昔朱全忠居午溝，夜，光怪出屋，鄰里謂失火而往救，則無之。今日之異，得無類此乎？」此語喧於縉紳間，狄不自安，遽乞陳州，遂薨於鎮。而夜醮之事，竟無人爲辨之者。東軒筆録○或云：青在樞府四年，每出，軍士必指以相誇：青家嘗有犬生角。又時彗出紫微垣，青去而滅云。

校勘記

〔一〕力不能制也　「制」下涑水記聞卷一三有「故」字。

〔二〕不可不畏　「畏」，同前書作「慎」，此應爲避孝宗諱而改。

〔三〕余靖遣廣南西路鈐轄陳某將萬人擊智高　「某」，同前書作「曙」，下同。此應爲避英宗諱。

〔四〕出長槍之後　「長」字原缺，據同前書補。

〔五〕然今外敵尚多　「外」字原缺，據同前書補。
〔六〕爲國朝未有此比　「爲」，同前書作「謂」。
〔七〕人有相語童謡云　東齋記事卷三句作「人有相侵夜吟」。

八之三　參政吴正肅公

公名育，字春卿，建州浦城人。中進士甲科，舉賢良方正，通判蘇州，還知太常禮院，改右正言，供職〔一〕，知制誥，進翰林學士，知開封府。慶曆五年，拜樞密副使，數月，改參知政事，復爲樞密副使，出典數州。召爲翰林侍讀學士，辭疾請郡，得汝州，會疾甚，以集賢院學士判西京留司御史臺。召還，判尚書都省，除宣徽南院使，鄜延路經略安撫使，以疾辭，改知河中，徙河南，薨。年五十五。

公爲人明敏勁果，强學博辨，能自忖度，不可，守不發，已發，莫能屈奪。歐陽公撰墓誌

公爲政簡嚴，所至民樂其不擾，去雖久，愈思之。知襄城縣，宗室宦官往來上冢過縣者無虚日。或夜半叩縣門，索牛駕車，公輒不應。及旦，徐告曰：「牛不可得也。」由是皆曰：「此不可爲也。」凡過其縣者，不敢以鷹犬犯民田，至它境，然後敢縱獵。其治開封府，尤先

豪猾，曰：「吾何有以及斯人，去其爲害者而已！」墓誌

元昊初遣使上書，有不順語，朝廷亟命將出師，而群臣爭言「豎子可即誅滅」。獨公以謂：「元昊雖名蕃臣，而實夷狄，其服叛荒忽不常，宜示以不足責，外置之。且其已僭名號，誇其人，勢必不能自削，以取羞種落。第可因之賜號若『國主』者，且故事也。彼得其欲，宜不肯妄動。」然時方鋭意於必討，故皆以公言爲不然。其後師久無功，而元昊亦歸過自新。天子爲除其罪，卒以爲夏國主。由是議者始悔不用公言，而虛弊中國。墓誌○又龍川志云：寶元初，元昊慢書始聞，張鄧公爲相，即議絶和問罪。時西邊弛備已久，人不知兵〔二〕，識者以爲憂。吴春卿時爲諫官，上言：「夷狄不識禮義，宜勿與較，許其所求，彼將無詞舉動，然後陰敕邊臣，密脩戰備，使年歲之間，戰守之計立，則元昊雖欲妄作，不能爲深害矣。」奏入，鄧公笑曰：「人言吴舍人心風，果然。」既而和事一絶，元昊入寇，所至如入無人之境。後數年，力盡求和，歲增賂遺，仍改名「兀卒」，朝廷竟亦不問。世乃以春卿之言爲然。

公嘗與賈丞相爭事上前，殿中人皆恐色變，公論辨不已，既而曰：「臣所爭者，職也，顧力不能勝矣。願罷臣職，不敢爭。」上多公直，乃復以爲樞密副使。居歲餘，大旱，賈丞相罷去，御史中丞高若訥用洪範言「大臣廷爭爲不肅，故雨不時若」，因并罷公。墓誌

公知蔡州，蔡故多盜，公按令爲民立伍保而簡其法，民便安之，盜賊爲息。京師有告妖

賊聚確山者，上遣中貴人馳至蔡，以名捕者十人，使者欲得兵自往取之。公曰：「使者欲藉兵立威？欲得妖人以還報也？」使者曰：「欲得妖人爾。」公曰：「吾在此，雖不敏，然聚千人于境内，安得不知？使信有之，今以兵往，是趣其爲亂也。此不過鄉人相聚爲佛事，以利錢財爾，一弓手召之可致也。」乃館使者，日與之飲酒，而密遣人召十人者，皆至，送京師，告者果伏辜。墓誌

龐丞相經略河東，與夏人爭麟州界，亟築柵於白草。公以謂約不先定而亟城，必生事，遽以利害牒河東，移書龐公，且奏疏論之。朝廷皆不報。已而夏人果犯邊，殺驍將郭恩，而龐丞相等與其將校十數人，皆以此得罪，麟府遂警。墓誌

公在二府，太保公以列卿奉朝請。父子在廷，士大夫以爲榮，而公踧踖不安，自言：「子班父前，非所以示人以法，顧不敢以人子私亂朝廷之制，願得罷去。」不聽。天子數推恩群臣子弟，公每先及宗族疏遠者，至公之卒，子孫未官者七人。墓誌

公在諫職，時賈昌朝等數人，名編脩資善堂書，而實教授内侍。公奏罷之。爲參知政事。山東盗起，仁宗遣中使察視，還奏：「盗不足慮。惟兖州杜衍、鄆州富弼得山東心，此爲可憂。」上欲徙二人淮南。公曰：「盗誠無足慮，而小人乘時以傾大臣，非國家福也。」乃止。後判西京留司御史臺，留臺舊不領民事，時張堯佐知河陽，民訟久不決，多詣公者。公

爲辨曲直，判狀尾。堯佐畏恐奉行。上嘗語輔臣曰：「育剛正可用，但嫉惡太過耳。」公性明果，所至作條教，簡疏易行，而不可犯。遇事不妄發，發即莫能奪。其辯論明白，使人聽之不疑。初尹開封，范仲淹在政府，因白事，數與仲淹忤。既而仲淹安撫河東，有奏請，多爲任事者所沮，公取可行者固執行之。

王鞏云，其父仲儀言：陳執中罷相，仁宗問：「誰可代卿者？」執中舉吴育，上即召赴闕。會乾元節侍宴，偶醉坐睡，忽驚顧拊床呼其從者。上愕然，即除西京留臺。以此觀之，執中雖俗吏，亦可賢也。育之不相，命矣夫！然晚節有心疾，亦難大用，仁宗非棄材之主也。東坡志林

校勘記

〔一〕供職　宋史卷二九一吴育傳作「供諫職」。

〔二〕人不知兵　「人」字原無，據龍川別志下補。

八之四　參政王文忠公

公名堯臣，字伯庸，應天府虞城人。舉進士第一，通判明州，知光州。入爲右司諫，知制誥，同知通進銀臺司，入翰林爲學士。爲陜西體量安撫使，權三司使，遷翰林學士承旨、群牧使，拜樞密副使，參知政事。薨，年五十六。謚文安。元豐中，詔以公嘗與建儲之議，贈太師、中書令，改今謚。

知光州，歲大旱，群盜發民倉廩，吏法當死，公曰：「此飢民求食爾，荒政之所恤也。」乃請以減死論，其後遂以著令，至今用之。歐陽公撰墓誌

遷右司諫〔一〕。郭皇后廢，居瑶華宫，有疾，上頗哀矜之。方后廢時，宦者閻文應有力，及后疾，文應又主監醫，后且卒，議者疑文應有奸謀。公請付其事御史，考案虚實，以釋天下之疑。事雖不行，然自文應用事，無敢指言者。後文應卒以恣横斥死。后猶在殯，有司以歲正月，用故事張燈。公言：「郭氏幸得厚恩，復位號，乃天子后也，張燈可廢。」上遽爲之罷。墓誌

元昊反，西邊用兵，以公爲陜西體量安撫使。公視四路山川險易，還言某路宜益兵若

干，某路賊所不攻，某路宜急爲備，至於諸將材能長短盡識之，薦其可用者二十餘人，後皆爲名將。是時邊兵新敗於好水，任福等戰死，今韓丞相坐主帥失律，范文正公亦坐移書元昊，皆奪招討副使。公因言：「此兩人，天下之選也。其忠義智勇，名動夷狄，不宜以小故置之。且任福由違節度以致敗，尤不可深責主將。」由是迕宰相意，并其他議多格不行。明年，賊入涇原，戰定川，殺大將葛懷敏，乃公指言爲備處，由是始以公言爲可信，而前所格議，悉見施行。因復遣公安撫涇原路。公曰：「陛下復用韓琦、范仲淹，幸甚。然將不中御，兵法也，願許以便宜從事。」上以爲然。因言：「諸路都部署可罷經略副使，以重將權，而偏將見招討使以軍禮。置德順軍於籠竿城，廢營田，以其地益募弓箭手。」墓誌

公使還行至涇州，而德勝寨兵迫其將姚貴閉城叛。公止道左，解裝爲牓，射城中以招貴，且發近兵討之。初，吏白曰：「公奉使且還，歸報天子爾，貴叛，非公事也。」公曰：「貴，土豪也，頗得士心，然初非叛者。今不乘其未定速招降，後必生事，爲朝廷患。」貴果出降。墓誌

自朝廷理元昊罪，軍興而用益廣，前爲三司者，皆厚賦暴斂，甚者借内藏，率富人出錢，下至果菜皆加税，而用益不足。公始受命，則曰：「今國與民皆弊矣，在陛下任臣者如何。」由是天子一聽公所爲。公乃推見財利出入盈縮，曰：「此本也，彼末也。」計其緩急先後，而

去其蠹弊之有根穴者，斥其妄計小利之害大體者，然後一爲條目，使就法度。罷副使、判官不可用者十五人，更薦用材且賢者。期年，民不加賦而用足。明年，以其餘償内藏所借數百萬。又明年，其餘而積於有司者數千萬，而所在流庸，稍復其業。墓誌

初，宦者張永和方用事，請收民房錢十之三以佐國。事下三司，永和陰遣人以利動公，公執以爲不可。度支副使林瀰附永和，議不已，公奏罷瀰，乃止。益、利、夔三路轉運使皆請增民鹽井課，歲可爲錢十餘萬，公亦以爲不可。而權倖因緣，多見裁抑。京師數爲飛語，及上之左右，往往讒其短者。上一切不問，而公爲之亦自若也。及公既罷，上慰勞之，公頓首謝曰：「非臣之能，惟陛下信用臣爾。」墓誌

爲樞密副使，持法守正，以身任天下事。凡宗室、宦官、醫師、樂工、嬖習之賤，莫不關樞密而濫恩倖，請隨其事，可損損之，可絶絶之，至其大者，則皆著爲定令。由是小人益怨，造爲飛書以害公。公得書自請曰：「臣恐不能勝衆怨，願得罷去。」上愈知公爲忠，爲下令捕爲書者甚急，公益感勵。在位六年，廢職修舉，皆有條理。墓誌

樞密使狄青以軍功起行伍，居大位，而士卒多屬目，往往造作言語，以相扇動。人情以爲疑，而青色頗自得。公嘗以語衆折青，爲陳禍福，言「古將帥起微賤，至富貴，而不能保首領者，可以爲鑑戒」，青稍沮畏。墓誌

公在政事，論議有所不同，必反復切劘，至於是而後止，不爲獨見。在上前所陳天下利害甚多，至施行之，亦未嘗自名。其所設施，與在樞密時特異。豈政事者，丞相府也，其體自宜如是邪？墓誌○公有建儲事，見文潞公、富韓公、范蜀公事中。

校勘記

〔一〕遷右司諫「右」原作「左」，據居士集卷三三尚書户部侍郎參知政事贈右僕射文安王公墓誌及前文（小傳）「入爲右司諫」之語改。

八之五 樞密包孝肅公

公名拯，字希仁，廬州合肥人。舉進士，知天長縣，徙知端州，入爲監察御史，歷三司户部判官，京東、陝西、河北轉運使，三司户部副使，擢天章閣待制，知諫院，復爲河北都轉運使，徙知瀛揚廬州、江寧府，召權知開封府，遷諫議大夫，權御史中丞，爲三司使，拜樞密副使，薨。

包孝肅公知天長縣，有訴盜割牛舌者，公使歸屠其牛鬻之。既而有告私殺牛者，公曰：「何爲割某家牛舌，而又告之？」盜者驚伏。徙知端州，州歲貢硯，前守緣貢，率數十倍以遺權貴人。公命製者纔足貢數，歲滿，不持一硯歸。

吕許公夷簡聞包拯之才，欲見之。一日，待漏院見班次有包拯名，頗喜。及歸，又問知居同里巷，意以拯欲便於求見。無幾，報拯朝辭，乃就部注一知縣而出，尤奇之，遽使人追還，遂薦對除裏行，自此擢用。卮史

包孝肅在言路，極言時事。復爲京尹，令行禁止。至今天下皆呼「包待制」，又曰「包家」。市井小民，及田野之人，凡徇私者，皆指笑之曰：「你一箇包家！」見貪污者曰：「你一箇司馬家！」天下稱司馬公曰「司馬家」。吕氏家塾記

包孝肅公立朝剛嚴，聞者皆憚之，至於閭里童稚婦女，亦知其名，貴戚、宦官，爲之斂手。舊制：凡訟訴不得徑造庭下，府吏坐門，先收狀牒，謂之牌司。公開正門，徑使至前，自言曲直，吏民不敢欺。

包孝肅尹京，號爲明察。有編民犯法，當杖脊，吏受賕，與之約曰：「今見尹，必付我責狀，汝第呼號自辨，我與汝分此罪，汝決杖，我亦決杖。」既而包引囚問畢，果付吏責狀，囚如吏言，分辯不已。吏大聲訶之曰〔一〕：「但受脊杖出去，何用多言！」包謂其市權，捽吏於

庭，杖之十七，特寬囚罪，止從杖坐，以沮吏勢。不知乃爲所賣，卒如素約。小人爲姦，固難防也。孝肅天性峭嚴，未嘗有笑容，人謂「包希仁笑比黄河清」。筆談

王禹玉曰：「包希仁知廬州，廬州即鄉里也，親舊多乘勢擾官府。有從舅犯法，希仁撻之，自是親舊皆屏息。希仁始及第，以親老侍養，不仕宦且十年，人稱其孝。知開封府，爲人剛嚴，不可干以私，京師爲之語曰：『關節不到，有閻羅、包老。』吏民畏服，遠近稱之。爲長吏，僚佐有所關白，喜面折辱人，然其所言若中於理，亦番然從之。剛而不愎，此人所難也。」記聞

包孝肅知諫院，數論斥大臣權倖，請罷一切內降曲恩。又列上唐魏鄭公三疏，請置坐右，以爲龜鑑。别條七事，多見采納。及後爲中丞，奏曰：「東宫虚位日久，天下以爲憂，群臣數有言者，卒未聞有所處置，未審聖意持久不决何也？夫萬物皆有根本，而太子者，天下根本也。根本不立，禍孰大焉？」仁宗曰：「卿欲誰立？」公曰：「臣非才備位，所以乞豫建太子者，爲宗廟萬世計耳。陛下問臣欲誰立，是疑臣也。臣行年七十，且無子，非邀後福者。唯陛下裁察。」仁宗喜曰：「徐當議之。」

公性峭直，然奏議平允，常惡俗吏苛刻，務爲敦厚。雖嫉惡甚至，人情所不及，即推以恕。不爲苟合，未嘗僞色辭以悦人，不作私書。至於干請，無故人親黨，一皆絶之。居家儉

約，衣服器用飲食，雖貴如初官時云。

校勘記

〔一〕吏大聲訶之曰「大」，原作「人」，據夢溪筆談卷二二改。

八之六　樞密使魯國王武恭公

公名德用，字元輔，鄭州管城人。父魯武康公超，事太宗、真宗有勞，公以父任爲官，以御前忠佐爲馬軍都軍頭。出爲邢、洺、磁、相巡檢，知廣信軍，徙冀州，召爲侍衛親軍都虞候，殿前副都指揮使。拜檢校太保，簽書樞密院事，遷副使，知院，加宣徽南院使。罷爲武寧軍節度使，赴鎮，降右千牛衛上將軍，知隨州，徙知曹州。起爲保靜軍節度使，知澶州，徙定、陳州。入奉朝請，出判相州。拜平章事，以太子太師致仕，復以使相起判鄭州。至和元年，拜樞密使，封魯國公，凡三歲，求去位至六七，乃以爲景靈宮使，五日一朝，給扶者以子若孫一人。明年，薨，年七十九。

至道二年，遣五將討繼遷。公從武康公出鐵門爲先鋒，殺獲甚衆。軍至烏白池，諸將失期，不得進。公告其父曰：「歸師過險，爭必亂。」乃以兵前守隘，令其軍曰：「亂行者斬！」由是士卒無敢先後，雖武康公亦爲之按轡。追兵望其軍整，不敢近。武康公嘆曰：「王氏有子矣！」歐陽公撰神道碑

邢、洛盗出入二州間歷年，吏不能捕。公以氈車載勇士爲婦人服，盛飾誘之邯鄲道中。賊黨爭前邀劫，遂皆就擒，由是知名。神道碑

真宗上僊，時雖仲春而大雪苦寒，莊獻太后詔賜坐甲衛士酒，獨王德用令所轄不得飲。后以問德用，德用泣曰：「衛士荷先帝恩德厚矣。今率土崩心，安忍縱飲？矧嗣君尚少，未親萬機，不幸一夫酗酒，奮臂狂呼，得不動人心耶？」后大歎賞，自是有意大用。澠水燕談

先是，軍中選補不以公，其貧亡貲，雖當補不可得。公典禁軍，親爲按籍，以勞舊第進。騎士請馬，集於廷中，混而給之。吏無所容其私。王禹玉撰墓誌

章獻太后臨朝，有詔補一軍吏。公曰：「補吏，軍政也。敢挾詔書以干吾軍！」亟請罷之。太后固欲與之，公不奉詔，乃止。及太后上仙，有司請衛士坐甲，公以爲故事無爲太后喪坐甲，又不奉詔。於是天子以公可任大事。神道碑

公善撫士，狀貌雄偉動人，雖里兒巷婦，外至夷狄，皆知其名氏。御史中丞孔道輔等因

事以爲言，乃罷樞密出鎮，又貶官知隨州。士皆爲之懼，公舉止言色如平時，惟不接賓客而已。久之，道輔卒，客有謂公曰：「此害公者也。」公愀然曰：「孔公以職言事，豈害我者！可惜朝廷亡一直臣。」於是言者終身以爲媿，而士大夫服公爲有量。神道碑○又澠水燕談曰：王武恭公狀貌魁偉而面色正黑，雖匹夫下卒，閭巷小兒，外至遠夷君長，皆知其名，識與不識，稱之曰黑王相公。北虜常呼其名以驚小兒，其爲戎狄畏服如此〔一〕。蘇紳、孔道輔等言其「宅枕乾岡，貌類藝祖」。公奏曰，「宅枕乾岡，朝廷所賜；貌類藝祖，父母所生」云。

契丹聚兵幽、涿，遣使者有所求，自河以北皆警。乃拜公保靜軍節度使，知澶州。契丹使者過澶州，見公，喜曰：「聞公名久矣，乃得見於此耶？」公爲言已衰老，中國多賢士大夫，因指坐客，歷陳其世家，使者竦聽。神道碑

公在定州，契丹使人覘其軍，或勸公執而戮之。公曰：「吾軍整而和，使覘者得實以歸，是屈人兵以不戰也。」明日，大閱于郊，公執桴鼓誓師，號令簡明，進退坐作，肅然無聲。乃下令曰：「具糗糧，聽鼓聲，視吾旗所嚮。」契丹聞之震恐。會復議和解，徙知陳州，道過京師，天子遣中貴人問公欲見否，謝曰：「備邊無功，幸得蒙恩徙內地，不敢見。」神道碑

叔禮爲余言：昔通判定州，佐王德用。是時契丹主在燕京，朝廷發兵屯定州者幾六萬人，皆寓居逆旅及民家，闐塞城市，未嘗有一人敢諠呼暴横者。將校相戒曰：「吾輩各當務

斂士卒，勿令擾我菩薩。」一旦倉中給軍糧，軍士以所給米黑，諠譁紛擾，監官懼，逃匿，有四卒以黑米見德用，曰：「汝從我，當自入倉視之。」乃往召專副問曰：「昨日我不令汝給貳分黑米、八分白米乎？」曰：「然。」「然則汝何不先給白米，後給黑米？此輩見所得米腐黑，以爲所給盡如是，故諠耳〔二〕。」專副對曰：「然。某之罪也。」德用叱從者杖專副，人二十。又呼四卒謂曰：「黑米亦公家物，不給與汝曹，當棄之乎？汝何敢乃爾讙譁！」四卒相顧曰：「向者不知有八分白米故耳。某等死罪。」德用又叱〔三〕：「如此欲求決配乎？」指揮使百拜流汗，乃捨之。倉中肅然，僚佐皆服其能處事。記聞

自寶元、慶曆之間，元昊叛河西，兵久無功，士大夫爭進計策，多所改作。公笑曰：「奈何紛紛？兵法不如是也！使士知畏愛，而怯者勇，勇者不驕，以吾可勝，因敵而勝之爾，豈多言哉！」其在樞密，亦嘗自請臨邊，不許。凡大謀議，必以諮之。其在外，則遣中貴人詔問，其言多見施用。神道碑

皇祐六年，復爲樞密使。是歲契丹使者來，公與之射，使者曰：「天子以公典樞密，而用富公爲相，得人矣。」語聞，上喜，賜公御弓一，矢五十。公善射，至老不衰。常侍上射，辭曰：「幸得備位大臣，舉止爲天下所視，臣老矣，恐不能勝弓矢。」上再三諭之，乃手二矢，再拜，一發中之，遂將釋復位，上固勉之，再發，又中。由是左右皆驩呼，賜以襲衣金帶。神

道碑

公爲人剛烈，有大志，善得士心。平生論議長於兵，而不學孫、吳兵法。遇事慷慨言，亡所避。在樞府時，會契丹閱馬雲、朔，朝廷意其南牧，議者以通好日久，不宜生此。公曰：「戎狄，虎狼也，其可信哉！願飭邊備，常若寇至，猶恐其不及也。」慶曆中，契丹果背約，遣使欲求關南故地，朝廷患之。公方出帥真定，詔公會議二府。公以謂：「契丹必欲内寇，不宜遣使示情，此殆過貪漢餌爾。」公遂入奏言：「臣愚無狀，願陛下假臣二十萬，得先士卒以當匈奴，臣不勝大願。」上不許，公曰：「陛下即不忍勞民，姑以金繒啗之，以全舊好。」後卒如公言。上又嘗遣使問公邊事，公曰：「咸平、景德中，邊兵二十餘萬，皆屯定武，不能分扼要害之處，致虜兵軼境，遽有澶淵之師。又當時賜諸將陣圖，人皆死守戰法，緩急不相救，以至於敗。誠願不以陣圖賜諸將，使得應變出奇立功。」墓誌

寶元初，趙元昊欲僭稱號，遣其校楊守素奉章還節，因貢羊馬等，朝廷欲拒弗内。公曰：「第留所貢塞下，令守素至闕徐計之。」或欲因守素入傳舍，壓壞垣死其下，公益以爲不可。墓誌

公天性孝友，事後母盡力，居家約易，不事娛燕，禄賜多賙施諸族。與人交不苟，既合，雖貧賤不遺。故人爲人奸，進於公，公問約所遺幾何，迺出金厚謝之曰：「故人吾不忘，公

恩其敢私市邪！」上嘗賜飛白「清忠」二字，藏于家。墓誌

韓忠獻公、宋景文公同召試中選，王德用帶平章事，例當謝，二公有「空疏」之謙言。德用曰：「亦曾見程文，誠空疏，少年更宜廣問學。」二公大不堪。景文至曰：「吾屬見一老衙官，是納侮也。」後二公俱成大名，德用已薨。忠獻爲景文曰：「王公雖武人，尚有前輩激勵成就後學之意，不可忘也。」聞見後録

校勘記

〔一〕其爲戎狄畏服如此　按：今本澠水燕談録卷二無以下一段文字。

〔二〕故誼耳　「誼」下涑水記聞卷四有「譁」字，較勝。

〔三〕德用又叱　按：同前書此下尚有「從者亦人杖之二十召指揮使罵曰衙官汝何敢」十九字，語意比較準確、完整，疑當有。

五朝名臣言行録卷第九

九之一　諫議大夫田公

公名錫，字表聖，嘉州人。中進士第，太平興國中爲右拾遺，出爲河北路轉運副使，徙知相州，以論事移睦州。入知制誥，出知陳州，又坐法貶官。未幾，召還，知通進銀臺封駮司，出知泰州。咸平中，詔舉賢良方正之士，翰林學士承旨宋白以公應詔，召還，再掌銀臺，遷侍御史知雜事，擢左諫議大夫。六年，卒，年六十四。

公自白衣，已有意於風化，上書闕下，請復鄉飲、籍田禮。及在朝廷，知無不言。太宗既取太原，范陽未下，帝怒，不賞平晉之功，中外囂然，而莫敢言者。獨公上書論諫，理意深切。帝感悟，璽書褒答，賜内帑錢五十萬。僚友謂公宜少晦，以遠讒忌，公曰：「事君之誠，惟恐不竭。矧天殖其性，豈一賞而奪耶？」在河朔，累章論邊事。知睦州，下車建孔子祠，教民興學，表請入紙國子學，印經籍給諸生，詔賜之，還其紙。聞禁中火，拜章極言，上嘉之。及還，眷遇愈隆，上書請封禪。及在西掖，京畿大旱，禱祠無應，遂抗言，切於時政，故有宛丘之行。咸平初，出使秦、隴迴，上三章，言陜西數十州，苦于靈、夏之役，朝廷爲之感然。出海陵之初，以星文示變，拜疏請降詔責躬，上奉天誡。真宗皇帝嘉其意，屢召對便殿，及行，降中使撫安，仍加寵賚。范文正公撰墓誌

太宗嘗與侍臣論皇王之道，田錫奏曰：「皇王之道，微妙曠闊。今師平太原，逮兹二載，未賞軍功，願因郊籍，議功酬之。乞罷交州戍兵，免驅生民爲瘴嶺之鬼。」上嘉納焉。趙普當國，錫謁之曰：「公以元勳當國，宜事損撿。今群臣書奏，先經中書，既非尊王之體；諫官章疏，令閤門填狀，尤弱臺憲之風。皆不便。」普引咎，正容厚謝，皆罷之。錫將卒，自草遺表，猶勸上以慈儉納諫爲意，絶無私請。上厚恤之。玉壺清話

田錫好直諫，太宗或時不能堪。錫從容奏曰：「陛下日往月來，養成聖性。」上説，益重之。聖政録

田錫太宗時上言軍國要機者一，朝廷大體者四。太宗嘗言錫有文行，敢言。真宗即位，屢召對言事，嘗請抄略御覽三百六十卷，日覽一卷，又采經史要言，爲御屏風十卷，以便觀覽。及卒，真宗謂劉沆曰：「田錫，直臣也。何天奪之速！朝廷每有小缺失，方在思慮，

錫之章奏已至矣。」蒙求

真宗見田錫色必莊，嘗目之曰：「朕之汲黯也。」名臣傳

田錫疾亟，進遺表。真宗宣御醫賫上藥馳救之，無及矣。俄召宰相對，袖出其表示之，且曰：「朕自臨大寶，閲是表者多矣，非祈澤宗族，則希恩子孫，未有如錫生死以國家爲慮，而儆于朕者。」興歎久之，命優贈典。摭遺

上嘗幸龍圖閣閲書，指東北隅架一漆函上親署鐍者，謂學士陳堯咨曰：「此田錫章疏也。」已而愴然久之。摭遺

公動必以禮，言必有法，賢不肖咸憚伏之。出處二十年，未嘗趨權貴之門。在貶廢中，樂得其正，晏如也。墓誌

范文正公銘公之墓曰：「嗚呼田公！天下之正人也，言甚危，命甚奇，盡心而弗疑，終身而無違。嗚呼賢哉！吾不得而見之。」

蘇軾序公奏議曰：「自太平興國以來，至于咸平，可謂天下大治，千載一時矣。而田公之言，常若有不測之憂，近在朝夕者，何哉？古之君子，必憂治世而危明主。明主有絶人之資，而治世無可畏之防。夫有絶人之資，必輕其臣，無可畏之防，必易其民，此君子之所甚懼也。方漢文時，刑措不用，兵革不試，而賈誼之言曰：『天下有可長太息者，有可流涕

者，有可痛哭者。』後世不以是少漢文，亦不以是甚賈誼。由此觀之，君子之遇治世而事明主，法當如是也。」

公耿介寡合，嚴恭好禮，居公庭，危坐終日，未嘗有懈容。自幼至老，手不釋卷。慕魏徵、李絳之爲人，以盡規獻替爲己任。然性不敏悟，治郡無稱云。

九之二　内翰王公

公名禹偁，字元之，濟州鉅野人。擢進士第，解褐成武主簿，知長洲縣。召試，拜右拾遺、直史館，知制誥。貶商州團練使，召還，拜左正言，再知制誥。至道元年，入翰林爲學士，知審官院，兼通進銀臺封駁司。出知滁州，移揚州。真宗即位，召還，復知制誥。咸平初，罷知黄州。四年，徙蘄州，卒，年四十八。

王元之年七八歲已能文，畢文簡公爲郡從事，始知之。問其家以磨麵爲生，因令作磨詩。元之不思以對：「但存心裏正，無愁眼下遲。若人輕著力，便是轉身時。」文簡大奇之，留於子弟中講學。一日，太守席上出詩句：「鸚鵡能言爭似鳳。」坐客皆未有對。文簡寫之屏間，元之書其下：「蜘蛛雖巧不如蠶。」文簡歎息曰：「經綸之才也。」遂加以衣冠，呼爲

「小友」。至文簡入相，元之已掌書命矣。聞見後録

王禹偁能屬文，太宗方奬拔文士，聞其名，召拜右拾遺、直史館，賜緋。故事：賜緋者給銀帶。上特命以文犀帶賜之。禹偁獻端拱箴以爲誡。尋知制誥。上嘗稱之曰：「王禹偁文章，當今天下獨步。」判大理寺，散騎常侍徐鉉爲妖巫道安所誣謫官，禹偁上疏訟之，請反坐尼罪，由是貶商州團練副使，無禄，種蔬自給。徙解州團練副使。上思其才，復召爲左正言，仍命宰相以「剛直不容物」戒之。真宗初即位，召爲翰林學士，脩太宗實録。執政疑禹偁輕重其間，落職出知黄州。州境有二虎鬭，食其一，冬雷，群鷄夜鳴。禹偁上疏引洪範陳戒，且自劾。上以問司天官，對以守臣任其咎。上乃命移知蘄州。尋召還朝，禹偁已卒。記聞

王内翰禹偁因北戎犯邊，獻書建和議，太宗賞之。宰相趙普尤加器重。至景德間，卒用其議，與虜通好。又與夏侯嘉正、羅處約、杜鎬同校三史，多所是正。坐救徐鉉貶官，召爲翰林學士。孝章皇后上仙，詔遷梓宮于故燕國長公主第。群臣不爲服，内翰與客言：「后嘗母儀天下，當遵用舊禮。」罪以謗，責知滁州。真宗即位，以直言應詔，召爲知制誥。咸平初，脩太祖實録，與宰相論不合，又以謗責知黄州，移蘄州，死於官。其平生大節如此。聞見録

王禹偁性剛狷，數忤權貴，宦官尤惡之。上累命執政召至中書戒諭之，禹偁終不能改。

記聞

王元之在翰林，嘗草夏州李繼遷制，繼遷送潤筆物數倍於常，然用啓頭書送，拒而不納。蓋惜事體也。近時舍人院草制，有送潤筆物稍後時者，必遣院子詣門催索，而當送者往往不送。相承既久，今索者送者，皆恬然不以爲怪也。歸田録

太宗時，禹偁爲翰林學士，嘗草繼遷制，送馬五十匹以備濡潤。禹偁以狀不如式却之。及出守滁州，閩人鄭褒徒步謁，禹偁愛其儒雅，及別，爲買一馬。或言買馬虧價者，太宗曰：「彼能却繼遷五十馬，顧肯此虧價哉！」禹偁之卒，諫議大夫戚綸誄曰：「事上不回邪，居下不諂佞，見善若己有，嫉惡過仇讎。」世以爲知言。祥符中，真宗觀書龍圖閣，得禹偁章奏，嘆美切直，因訪其後，宰相稱其子嘉言以進士第爲江都尉，即召對，擢大理評事。記聞

王禹偁爲諫官，上禦戎十策，大旨以謂：外任人，内脩德，則可以弭之。外則合兵勢以重將權，罷小臣詗邏邊事，行間諜以離其心，遣保忠、御卿率所部以張掎角，下詔感勵邊人，取燕薊舊疆，蓋弔晉遺民，非貪其土地。内則省官以寬經費，抑文士以激武夫，信用大臣以資其謀，不貴虚名以戒無益，禁游惰以厚民力。端拱冬旱，禹偁上疏請節用、省役、薄賦、緩刑。記聞

太宗末，王禹偁上言，請明數繼遷罪狀，募諸胡殺之。真宗即位，詔群臣論事，禹偁上

疏陳五事。一曰謹邊防，通盟好。因嗣統之慶，赦繼遷罪，復與夏臺，彼必感恩内附，且使天下知屈己而爲人也。二曰減冗兵，併冗吏，使山澤之饒稍流於下。開寶前，諸國未平，而財賦足，兵威强，由所畜之兵鋭而不衆，所用之將專而不疑，設官至簡而事皆舉。興國後，增員太冗〔一〕，宜皆經制。三曰難選舉，使入官不濫。先朝登第僅萬人，宜糾以舊制，還舉場於有司。吏部銓擇官，亦非帝王躬親之事，宜依格敕注擬。四曰澄汰僧尼〔二〕。恐其驚駭，且罷度人、脩寺一二十載，容自銷鑠，亦救弊之一端。五曰親大臣，遠小人，使忠良蹇諤之士，知進而不疑，姦憸傾巧之徒，知退而有懼。其後潘羅支射死繼遷，平夏款附，卒如禹偁策，而歲限度僧尼之數，及病囚輕繫，得養治于家，至今行之。記聞

王禹偁在翰林，真宗初即位，暇日召與論文。禹偁奏曰：「夫進賢黜不肖，闢諫諍之路，彰爲誥命，施之四海，延利萬世，王者之文也。至於彫織之言，豈足以軫慮，較輕重於瑣瑣之儒哉！願棄其小，務其大，誠宗社之福。」上顧曰：「卿，愛朕之深者。」掇遺

王元之嘗請宰相於政事堂、樞密於都堂同時見客，不許本廳私接。議者以爲是疑大臣以私也，遂寢。或以元之所請爲當，但難其率宰相於政事堂共見耳。其後，二府乞以朝退聚廳見客，以杜請謁，從之，卒如元之之言。澠水燕談

王元之出知黄州，作三黜賦以見志。其卒章曰：「屈于身而不屈于道兮，雖百謫其何

虧？吾當守正直而佩仁義兮，惟終身而行之。」又奏請令州郡脩城池、除械器、練軍士。上嘉納之。

禹偁詞學敏贍，時所推重，鋒氣俊厲，極談世事，臧否人物，以直躬行道爲己任，少所推讓。遇事敢言，雖履危困，封奏無輟。嘗云：「吾若生元和時，從事於李絳、崔群間，斯無愧矣。」又爲文著書，師慕古昔，多涉規諷，以是頗爲流俗所不容，故累登文翰之職，尋即罷去。交遊多儒雅士，後進有詞藝者，極意稱揚之，如孫何、丁謂輩，多遊其門下。

蘇内翰贊公畫像曰：「傳曰：『不有君子，其能國乎？』余嘗三復斯言，未嘗不流涕太息也。如漢汲黯、蕭望之、李固，吳張昭，唐魏鄭公、狄仁傑，皆以身徇義，招之不來，麾之不去，正色而立于朝，則豺狼狐狸，自相吞噬，故能消禍於未形，救危於將亡。使皆如公孫丞相、張禹、胡廣，雖累千百，緩急豈可望哉！故翰林王公元之，以雄文直道，獨立當世，足以追配此六君子者。方是時，朝廷清明，無大姦慝。然公猶不容於中，耿然如秋霜夏日，不可狎玩，至於三黜以死。有如不幸而居於衆邪之間，安危之際，則公之所爲，必將驚世絶俗，使斗筲穿窬之流，心破膽裂，豈特如此而已乎！余始過蘇州虎丘寺，見公之畫像，想其遺風餘烈，願爲執鞭而不可得。其後爲徐州，而公之曾孫汾爲兖州，以公墓碑示余，乃追爲之贊，以附其家傳云。惟昔聖賢，患莫己知。公遇太宗，允也其時。帝欲用公，公不少貶。

三黜窮山，雖死靡憾。咸平以來，獨爲名臣。一時之屈，萬世之信。紛紛鄙夫，亦拜公像。何以占之，有泚其顙。公能泚之，不能已之。茫茫九原，愛莫起之。」

校勘記

〔一〕增員太冗　「員」原作「損」，據涑水記聞卷三武英殿聚珍本改。

〔二〕四曰澄汰僧尼　涑水記聞卷三此句下尚有「使疲民無耗」一句，語意較完整。

九之三　侍讀孫宣公

公名奭，字宗古，博平人。以九經及第，爲國子監直講，諸王府侍讀，判太常禮院、國子監，擢龍圖閣待制，以父老請歸田里，不許。出知密州，還，糾在京刑獄。出知河陽，徙兗州。仁宗即位，召爲翰林侍讀學士，知審官院，判國子監，以年踰七十，固請致仕，拜工部尚書，復知兗州，以太子少傅致仕，卒。

孫奭爲國子監直講，太宗幸監，詔奭講尚書説命三篇。奭年少位下，然音讀詳潤，帝稱

善，因嘆曰：「天以良弼賚商，朕獨不得邪？」因以切勵輔臣，賜奭緋章服。記聞

永興軍上言朱能得天書，真宗自拜迎入宮。孫奭知河陽，上疏切諫，以爲天且無言，安得有書？天下皆知朱能所爲，惟上一人不知耳，乞斬朱能以謝天下。其辭有云：「得來唯自於朱能，崇信只聞於陛下。」其質直如此。上亦不之責。頃之，朱能果敗。記聞

真宗將西祀，龍圖閣待制孫奭上疏切諫，以爲西祀有十不可，陛下不過欲效秦皇、漢武，刻石頌德，誇曜後世耳。其辭有云：「昔秦多繇役，而劉、項起於徒中；唐不恤民，而黄巢因於飢歲。今陛下好行幸，數賦斂，安知天下無劉、項、黄巢乎？」上乃自製辨疑論以解之，仍遣中使尉諭焉。記聞

孫奭每上前説經，及亂君亡國事，反復申繹，未嘗避諱，因以規諷。又掇五經切治道者爲五十篇，號經典徽言，上之，晝無逸爲圖，乞施便坐，爲勸鑑之助〔一〕。時莊憲明肅皇太后每五日一御殿〔二〕，與仁宗同聽政，奭因言：「古帝王朝朝暮夕，未有曠日不朝。陛下宜每日御殿，以覽萬機。」奏留中不報。然上與太后雅愛重之，每進見，常加禮。記聞

孫奭累表聽致仕，病甚，戒其子不内婢妾，曰：「無令我死婦人之手。」奭舉動方重，論議有根柢，不肯詭隨雷同。真宗已封禪，符瑞屢降，群臣皆歌誦盛德，獨奭正言諫爭，毅然有古風采〔三〕。精力於學，同定論語、爾雅、孝經正義，請以孟軻書鏤板，復鄭氏所注月令，

於郊廟禮樂，亦多所是正云。記聞

孫宣公以太子少保致仕，居於鄆。一日，置宴御詩廳，仁宗嘗賜詩，刻石所居之廳壁。語客曰：「白傅有言：『多少朱門鏁空宅，主人到了不曾歸。〔四〕』今老夫歸矣。」喜動于色。復顧石守道諷易離卦九三爻辭，且曰：「樂以忘憂，自得小人之志；歌而鼓缶，不興大耋之嗟。」公以醇德奧學，勸講禁中二十餘年，晚節勇退，優游里中，始終全德，近世少比。澠水燕談

宋尚書祁爲布衣時，未爲人知。孫宣公一見奇之，遂爲知己。後宋舉進士，驟有時名，故世稱宣公知人。公嘗語其門下客曰：「近謚用兩字〔五〕，而文臣必謚爲文，皆非古也。吾死得謚曰『宣』若『戴』足矣。」及公之卒，宋方爲禮官，遂謚曰「宣」，成其志也。歸田録

孫宣公、馮章靖公俱以鴻碩重望，勸講禁中，凡朝廷典禮事，並二公討論之。公嘗言：「孫八座所閲典故，必以前代中正合彝法事，類而陳之，則政府奉行無疑。馮貳卿求廣博，不專以典正爲意，故政府奉行，煩於執奏。」以是二君之優劣分矣。王沂公言行録

校勘記

〔一〕爲勸鑑之助　「勸」，涑水記聞卷四作「觀」。

〔二〕時莊憲明肅皇太后每五日一御殿　「太」字原無，據同前書補。
〔三〕毅然有古風采　「古」下同前書有「人」字。
〔四〕主人到了不曾歸　「了」，澠水燕談録卷四作「老」。
〔五〕近謚用兩字　「近」下歸田録卷一有「世」字。

九之四　御史中丞李恭惠公

公名及，字幼幾，其先范陽人，後徙鄭州。中進士第，再調昇州觀察推官，知興化軍，通判曹州，擢知隴州。初置提點刑獄，以公使陝西，特遷一官。除三司户部副使，爲淮南轉運使，知秦杭鄆州、應天河南府，召拜御史中丞，卒。

曹瑋久在秦州，累章求代。真宗問王旦誰可代瑋者，旦薦樞密直學士李及，上即以及知秦州。衆議皆謂及雖謹厚有行檢，非守邊之才，不足以繼瑋。楊億以衆言告旦，旦不答。及至秦州，將吏心亦輕之。會有屯駐禁軍白晝掣婦人銀釵於市中，吏執以聞。及方坐觀書，召之使前，略加詰問，其人服罪，及不復下吏，亟命斬之，復觀書如故。將吏皆驚服。不日，聲譽達於京師。億聞之，復見旦，具道其事，且曰：「向者相公初用及，外廷之議皆恐及不勝其任，今及材器乃如此，信乎相公知人之明也。」旦笑曰：「外廷之議，何其易得也。夫以禁軍戍邊，白晝爲盜於市，主將斬之，事之常也，烏足以爲異政乎？旦之用及者，其意非爲此也。夫以曹瑋知秦州七年，羌人讋服，邊境之事，瑋處之已盡其宜矣。使他人往，必矜其聰明，多所變置，敗壞瑋之成績。旦所以用及者，但以及重厚，必能謹守瑋之規摹而已矣。」億由是益服旦之識度。記聞

章獻太后臨朝，内侍省都知江德元權傾天下，其弟德明奉使過杭州，時李及知杭州，待之一如常時中人奉使者，無所加益。僚佐皆曰：「江使者之兄居中用事，當今無比，榮枯大臣如反掌耳，而使者精鋭，復不在人下，明公待之，禮無加者。意者明公雖不求福，獨不畏其爲禍乎？」及曰：「及待江使者不敢慢，亦不敢過，如是足矣，又何加焉？」既而德明謂及僚佐曰：「李公高年，何不求一小郡以自處，而久居餘杭繁劇之地，豈能辨耶？」僚佐走告及曰：「果然，使者之言甚可懼也。」及笑曰：「及老矣，誠得小郡以自逸，庸何傷？」待之如前，一無所加。既而德明亦不能傷也。時人服其操守。記聞

李公於杭州，每訪林先生逋於孤山，望林麓而屏導從，步入先生之廬。一日，冒雪出郊，衆皆謂當置酒召客，乃獨造逋，清談至暮而返。逋死，公以喪服哭送拜墓乃歸。吳兒自是耻其風俗之薄也。晁以道集

蔡君謨嘗書小吴牋云：「李及知杭州，市白集一部，乃爲終身之恨。此君殊清節，可爲世戒。張乖崖鎮蜀，當遨遊時〔一〕，士女環左右，終三年未嘗回顧，此君殊重厚，可以爲薄末之檢押。」此帖今在張乖崖之孫堯夫家。予以謂買書而爲終身之恨，近於過激，苟其性如此，亦可尚也。筆談

校勘記

〔一〕當遨遊時　「遊」字據夢溪筆談卷二五補。

九之五　御史中丞孔公

公名道輔，字原魯，孔子四十五代孫。舉進士，爲寧州軍事推官，改知仙源縣，奉孔子祠。章獻太后臨朝，召爲左正言。出知鄆州，徙青州。明道二年，召爲右諫議大夫，權御史中丞。出知泰、徐、兖州，復入爲中丞。出知鄆州，中道病卒，年五十四。

公仕當今天子，天聖、寶元之間，以剛毅諒直，名聞天下。嘗知諫院矣，上書請明肅太

后歸政天子，而廷奏樞密使曹利用、尚御藥羅崇勳罪狀〔一〕。當是時，崇勳操權利，與士大夫爲市，而利用悍彊不遜，内外憚之。嘗爲御史中丞矣，皇后郭氏廢，引諫官、御史，伏閤以爭之，求見上，皆不許，而固爭之，得罪然後已。蓋公事君之大節如此，此其所以名聞天下，而士大夫多以公不終於大位，爲天下惜者也。王荆公撰墓誌

初，莊獻太后稱制，郭后恃太后勢，頗驕横，後宫多爲太后所禁遏，不得進。太后崩，上始得自縱。適美人尚氏父自所由除殿直〔二〕，賞賜無算，恩寵傾京師。郭后妬，屢與之忿爭。尚氏常於上前有侵后不遜語，后不勝忿，起批其頰，上自起救之，后誤查上頸，上大怒。閻文應勸上以爪痕示大臣而謀之。上因以示吕夷簡，且告之故，夷簡因密勸上廢后。上疑之，夷簡云：「光武，漢之明主也，郭后止以怨懟坐廢，況傷乘輿乎？廢之未損聖德。」上未許，外人籍籍，頗有聞之者。左司諫、祕閣校理范仲淹因登對極陳其不可，且曰：「宜早息此議〔三〕，不可使有聞於外也。」夷簡將廢后，奏請敕有司無得受臺諫章奏。十二月乙卯，稱皇后入道，賜號「淨妃」，居别宫。右諫議大夫、權御史中丞孔道輔恠閤門不受章奏，遣吏詗之，始知其事，奏請，未降詔書。丙辰，與范仲淹帥諸臺諫詣閤門請對，閤門不爲奏。道輔等欲自宣祐門入趣内東門，宣祐監官宦者闔扉拒之。道輔拊門銅鐶大呼曰：「皇后被廢，奈何不聽我曹入諫？」宦者奏之，須臾，有旨：「臺諫欲有所言，宜詣中書附奏。」道輔等悉

詣中書，論辨諠譁。夷簡曰：「廢后自有典故。」仲淹曰：「相公不過引漢光武勸上耳，此漢光武失德，又足法邪？自餘廢后，皆昏君所爲。主上躬堯舜之資，而相公更勸之效昏君所爲乎？」夷簡拱立曰：「兹事明日諸君更自登對力陳之。」道輔等退，夷簡即爲熟狀，貶黜道輔等。故事，中丞罷，須有告詞。至是直以敕除之。道輔等始還家，敕尋至，遣人押出城，仍下詔云云。十一月戊子，故后郭氏薨。后之獲罪也，上直以一時之忿，且爲吕夷簡、閻文應所譖〔四〕，故廢之。既而悔之。后出居瑶華宫，章惠太后亦逐楊、尚二美人，而立曹后。久之，上遊後園，見郭后故肩輿，悽然傷之，作慶金枝詞，遣小黄門賜之，且曰：「當復召汝。」夷簡、文應聞之，大懼。會后有小疾，文應使毉官故以藥發其疾。疾甚未絶，文應以不救聞，遽以棺斂之。王伯庸時爲諫官，上言：「郭后未卒數日，先具棺器，請推按起居狀。」上不從，但以后禮葬於佛舍而已。或曰，章獻初崩，上與夷簡謀，以夏竦等皆莊獻太后之黨，悉罷之。退告郭后，郭后曰：「夷簡獨不附太后邪？但多機巧，善應變耳。」由是并夷簡罷之。是日，夷簡押班，聞唱其名，大駭，不知其故。夷簡素與内侍副都知閻文應等相結，使爲中詗，久之，乃知事由郭后。夷簡由是惡郭后。記聞○公孫中書舍人本中嘗言：「温公日録、涑水記聞多出洛中人家子弟增加之僞，如郭后之廢，當時論者止以爲文靖不合不力争及罷諸諫官爲不美爾，然後來范蜀公、劉原父、吕縉叔皆不以文靖爲非，蓋知郭后之廢，不爲無罪，文靖知不可力争而遂已也。若如此記所言，則是大姦大惡，罪不容誅。當時公議分明，豈容但已乎！」

公所至官治，數以爭職不阿，或絀或遷，而公持一節以終身，蓋未嘗自詘也。其在兖州也，近臣有獻詩百篇者，執政請除龍圖閣直學士。上曰：「是詩雖多，不如孔道輔一言。」乃以公爲龍圖閣直學士。於是人度公爲上所思，且不久於外矣。未幾，果復召以爲中丞。而宰相使人説公，稍折節以待遷，公乃告以不能。於是又度公且不得久居中，而公果出。墓誌

初，開封府吏馮士元坐獄，語連大臣數人，故移其獄御史，劾士元罪止於杖，又多更赦。公見上，上固怪士元以小吏與大臣交私，汙朝廷，而所坐止如此，而執政又以謂公爲大臣道地，故出知鄆州。墓誌○又東坡志林云：聞之蘇子容，孔道輔爲御史中丞，勘馮士元盡法不阿。仁宗稱之，有意大用。時大臣與士元通姦利，最甚者宰相程琳也，道輔既得其情矣，而退傅張士遜，不喜道輔，欲有以中之。上使道輔送劄子中書，士遜屏人與語久之，因言：「公將大用。」道輔喜。士遜曰：「公所以致此，誰之力也？非程公公不至此。」道輔悵然，愧而德之。不數日，上殿力救琳。上大怒，既貶琳，亦黜道輔，道輔知爲士遜所賣，感憤得疾，死中路。

公使契丹，契丹燕使者，優人以文宣王爲戲，公艴然徑出。虜使主客者邀還坐，且令謝。公正色曰：「中國與北朝通好，以禮文相接，今俳優之徒，侮慢先聖而不之禁，北朝之過也。道輔何謝！」虜君臣默然。

公廉於財，樂振施，遇故人子，恩厚尤篤。而尤不好鬼神禨祥事。在寧州，道士治真武像，有蛇穿其前，數出近人，人傳以爲神。州將欲視驗以聞，故率其屬往拜之，而蛇果出。公即舉笏擊蛇殺之，自州將以下皆大驚，已而又皆大服。公由此始知名。然余觀公數處朝廷大議，視禍福無所擇，其智勇有過人者。勝一蛇之妖，何足道哉！世多以此稱公者，故余亦不得而略也。墓誌

元祐中，上元駕幸凝祥池宴從臣，教坊伶人以先聖爲戲，刑部侍郎孔宗翰奏：「唐文宗時嘗有爲此戲者，詔斥去之。今豈宜尚容有此？」詔付伶官于理。或曰：「此細事，何足言者？」孔曰：「非爾所知。天子春秋鼎盛，方且尊德樂道，而賤工乃爾褻慢，縱而不治，豈不累聖德乎！」聞者嘆伏。澠水燕談。宗翰，道輔之子也。

校勘記

〔一〕而廷奏樞密使曹利用尚御藥羅崇勳罪狀　「尚」原作「上」，據臨川先生文集卷九一給事中贈尚書工部侍郎孔公墓誌銘改。

〔二〕適美人尚氏父自所由除殿直　「美人」下涑水記聞卷五有「尚氏、楊氏尤得幸」七字。

〔三〕且曰宜早息此議　「曰」字原無，據同前書補。

〔四〕且爲吕夷簡閣文應所譖　「譖」原作「贊」，據長編卷一一七景祐二年十一月戊子條等改。

九之六　起居舍人尹公

公名洙，字師魯，河南人。中進士第，調河南府户曹參軍，知光澤縣。召試，除館閣校勘，貶監郢州酒税。大將葛懷敏辟爲經略判官。范、韓二公出爲經略安撫副使，復以公爲判官。降通判濠州。韓公知秦州，辟通判州事。改知涇州，徙渭州，兼領涇原路經略公事，移知慶州。遷起居舍人，直龍圖閣。貶崇信軍節度副使，徙監均州酒税。卒，年四十六。

師魯，河南人，姓尹氏，諱洙。然天下之士，識與不識，皆稱之曰師魯，蓋其名重當世。而世之知師魯者，或推其文學，或高其議論，或多其材能，至其忠義之節，處窮達，臨禍福，無愧於古君子，則天下稱師魯者未必盡知之。師魯爲文章，簡而有法，博學彊記，通知今古，長於春秋。其與人言，是是非非，務窮盡道理乃已，不爲苟止而妄隨，而人亦罕能過也。遇事無難易，而勇於敢爲。其所以見稱於世者，亦所以取嫉於人，故其卒窮以死。歐陽公撰

墓誌

范公貶饒州，諫官、御史不肯言，師魯上書言：「仲淹，臣之師友，願得俱貶。」貶監郢州酒税。墓誌

康定元年春，夏人寇延州，大將劉平戰死。天子命夏公開府永興以經略招討之。予與范公爲之副，公爲判官。未幾，上遣翰林學士晁公宗慤督出兵攻賊，合府議奏曰：「今將與兵〔一〕，尚未習練，願謹邊防，期以歲月平之。」使還而賊復寇鎮戎，詔下切責，俾以進兵月日來上。府中復議曰：「將在軍，雖得以自便，然攻守大計，當禀算于朝廷。」乃畫攻守二策，余與公詣闕奏之，唯上所擇。詔取攻策。已而難之。事方寢，賊復遣人以書叩延州僞請和，而大舉兵寇涇原之山外，殺部署任福。公時在慶州，得涇原求援書，即移文慶帥，率其部將劉政，鋭兵數千人，使道走鎮戎，未至，賊引去。夏公奏公爲專，徙通判濠州。韓魏公撰墓表

初，朝廷之將用攻策也，命葛懷敏出鄜延道，勒兵綏、宥間，攻賊積聚，招懷種族，奪其要害，而堡障之賊，知朝廷之威，必翻然來服，則久而易制。公曰：「是行也，不患將卒無勇，患應敵寡謀耳。」乃自請參議懷敏行營軍事。有詔如請，而事中罷。墓表

涇原乘葛懷敏覆軍之後，傷夷殘缺，千鏬百漏。公夙夜撫葺，一道以完。時宣徽使鄭公爲陝西四路帥，主靜邊寨主劉滬議〔二〕，遣其屬董士廉與滬於章川堡南入諸羌中，開道二

百里，脩水洛城，以通秦之援兵。公曰：「賊數犯塞，必併兵一道，五路帥之戰兵，常不登二萬人，而當賊昊舉國之衆，且由黄石河路來援，雖遠水洛路二日，而援師安然以濟。今無故奪諸羌田二百里，引堡屯師〔三〕，坐耗芻糧不勝計，以冀秦援一二日之速，則吾兵愈分，而邊用不給矣。」乃奏罷之便，詔從之。會鄭改知永興軍，乃署前帥牒，飭滬等督役如初。二人者遂不奉詔，興作不已。公遣人召滬者再，不至，乃命瓦亭寨主張忠代滬，滬復不受代。部署狄公於是親至德順軍，攝滬、士廉下獄，差官按問。而鄭比奏本道沮滬等功，朝廷薄滬等罪，徙公慶州，而城水洛焉。墓表○又記聞云：先是，渭州西路巡檢劉滬建策，以爲秦、渭兩路有急，發兵相援，路出隴坻之内，回遠恐不及事，請募熟户，於山外築水洛、結公二城，以兵戍之，緩急以通援兵之路。都部署鄭戩以狀聞，命滬及董士廉董其役。會韓琦宣撫陝西還，奏罷四路招討，以戩知永興軍，又言：「兩城之旁多生户，今奪其地，恐城未畢而寇至，請罷之。」戩因極言二城之利，不可輒罷。詔三司副使魚周詢往視其利害。未至，尹洙召滬、士廉令還，滬、士廉以熟户既集，官物無所付，請遂成之。洙怒，以二人違節制，命部署狄青往斬之。青械繫滬、士廉於德順軍。及周詢還，是戩議，乃徙洙慶州。

范公既罷政事，當時衆賢執政，皆指爲朋黨，欲因事斥逐之。董士廉者即詣闕上書，以水洛事訟公，且誣公在渭有盜贓。制使承風指，按驗百端，不能得一毫以汙公。有部將孫用者，出于軍校，嘗自京取民息錢至官，貧不能償。公與狄公惜其材，乃分假公使錢，俾償其民，而月取其俸償于官。逮按問，而錢先已輸官矣。坐此貶公崇信軍節度副使，徙監均州酒税。墓表○又南豐雜識云：尹洙當慶曆中與范仲淹等友善，仲淹等既罷朝政，洙亦爲人希時宰意，攻以居渭州時事，遂置獄，遣劉湜按之。一日，謂洙曰：「龍圖得罪死矣。」洙請其事，湜曰：「龍圖以銀爲偏提，給銀有記，而收偏提無籍，是以知龍圖當得罪死也。」洙曰：「此不足以致洙罪也。以銀爲偏提，用某工校主之，附某籍，可取視之。」湜閲籍果然，知不能害，嘆息而已。其後洙在隨州，而孫甫之翰知安州，過隨，二人皆好辨論，對榻語幾月，無所不道。而洙未嘗有一言及湜者。甫問曰：「劉湜按師魯，欲致師魯於死，而師魯絶口未嘗有一言及湜，何也？」洙曰：「湜與洙本未嘗有不足之意，其希用事者意，欲害洙，迺湜不能自樹立耳，洙何恨於湜乎！」甫深伏其識量。之翰又言：「尹洙自謂平生好善之心，過於嫉惡。」之翰以謂信然。

師魯在均州得疾，沿牒至南陽訪醫藥，疾革，顧稚子在前，無甚憐之色，與賓客言，終不及其私，整冠帶，盥濯，怡然隱几而卒。墓誌○范公作師魯文集序云：師魯來南陽，一日，予謂師魯曰：「將與韓公稚圭、歐陽永叔述君之行，而分俸以濟君之家，君其無憂。」師魯舉手曰：「君言盡矣，吾不復云。」翌日再往，不獲見，傳言曰：「已別矣。」遂隱几而卒。○又記聞云：尹師魯謫官均州，時范希文知鄧州，師魯得疾，即擅去官，詣鄧州，以後事屬希文。希文日往視其疾。一旦，遣人招希文甚遽，既至，師魯曰：「洙今日必死矣。人言將死者必見鬼神，此不可信，洙並無所見，但覺氣息奄奄就盡耳。」隱几坐，與希文語久之，謂希文曰：「公可出，洙將逝矣。」希文出至廳事，已聞其家號哭。希文竭力送其喪及妻孥歸洛陽。○

按：涑水記聞所載如此，與范、歐二公所記已不同，而沈氏筆談所記尤詭異，今不復載。

師魯當天下無事時，獨喜論兵，爲叙燕、息戍二篇行于世。自西兵起凡五六歲，未嘗不在其間，故於西事尤習其詳。欲訓土兵代戍卒，以減邊用，爲禦戎長久之策。皆未及施爲，而元昊臣，西兵解嚴，師魯亦去而得罪矣。墓誌

公天性慈仁，内剛外和，凡事有小而可矜者，必惻然不忍，發見顔貌。及臨大節，斷大事，則心如金石，雖鼎鑊前列，不可變也。在軍謙勤愛士，雖悍夫冗列，皆降意容接，故人人願盡其力。所至郡邑，脩設條教，務以實惠及下，去則人思之。墓表

文章自唐之衰，日淪淺俗，寖以大敝。本朝柳公仲塗始以古道發明之，後卒不能振〔四〕。天聖初，公獨與穆參軍伯長矯時所尚，力以古文爲主，次得歐陽永叔，以雄詞鼓動之，於是後學大悟，文風一變。墓表

師魯深於春秋，故其文謹嚴，辭約而理精，章奏疏議，大見風采，士林聳慕焉。范文正公撰文集序

本朝古文，柳開仲塗、穆脩伯長首爲之唱，尹洙師魯兄弟繼其後。歐陽文忠公蚤工偶儷之文，及官河南，始得師魯，乃出韓退之文學之。蓋公與師魯於文雖不同，公爲古文則居師魯後也。如五代史，公嘗與師魯約分撰。其後，師魯死，無子。今歐陽公五代史頒之學

官，盛行於世，内果有師魯之文乎？抑歐陽公自爲之也？歐陽公誌師魯墓，論其文曰：「簡而有法。」且謂人曰：「在孔子六經中，唯春秋可當。」則歐陽公於師魯不薄矣。崇寧間，改修神宗正史，歐陽公傳乃云：「同時有尹洙者，亦爲古文，然洙才下不足以望脩云。」蓋史官皆晚學小生，不知前輩文章淵原，自有次第也。聞見録

天聖、明道中，錢文僖公自樞密留守西都，謝希深爲通判，歐陽永叔爲推官，尹師魯爲掌書記，梅聖俞爲主簿，皆天下之士。錢相因府第起雙桂樓，西城建臨園驛〔五〕，命永叔、師魯作記。永叔文先成，凡千餘言。師魯曰：「洙止用五百字可記。」文成，永叔服其簡古。永叔自此始爲古文。聞見録

韓魏公表公之墓曰：嗚呼！自古聖賢，必推性命。如公之文武傑立，而貫以忠義兮，此天之性。位不大顯，遭讒而跌，且不壽兮，此天之命。雖孔、孟不能以兼適兮，尚一歸于默定。唯昧者不思而妄求兮，徒自奔於邪徑。故公臨禍福生死而曾不少變兮，是能安性命而歸正。唯大名赫然日月之光兮，亘萬古而增瑩。吾聞善人者天必報其後兮，宜嗣人之蒙慶。

韓魏公曰：希文常勸以身安而後國家可保。師魯以謂不然，直謂臨國家事，不當更顧身。公雖重希文之説，然性之所喜，以師魯爲愜爾。魏公别録

師魯兄源，字子漸，與師魯俱有名於當世。其論議文章，博學彊記，皆有以過人。而師魯

好辯，果於有爲，子漸爲人剛簡，不矜飾，能自晦藏，與人居，久而莫知，至其一有所發，則人必驚伏。其視世事，若不干其意，已而推其情僞，計其成敗，後多如其言。其性不能容常人，而善與人交，久而益篤。趙元昊寇邊，圍定川堡，大將葛懷敏發涇原兵救之。君遺懷敏書曰：「賊舉其國而來，其利不在城堡，而兵法有不得而救者，且吾軍畏法，見敵必赴，而不計利害，此其所以數敗也。宜駐兵瓦亭，見利而後動。」懷敏不能用其言，遂以敗死。劉渙知滄州，杖一卒，不服，渙命斬之，以聞，坐專殺降知密州。君上書爲渙論直，得復知滄州。范文正公嘗薦君材可以居館閣，召試，不用，遂知懷州。及范公與韓、富諸公皆罷，而師魯與一時賢士亦多被誣枉得罪，君歎息憂悲發憤，往往被酒，哀歌泣下，朋友皆竊怪之，已而以疾卒。歐陽公撰墓誌○又名臣傳云：渙即劉滬之兄也。滬嘗訟洙文致其罪，而源乃救雪其兄，其不私如此。

校勘記

〔一〕今將與兵　「與」，琬琰集中卷三六尹學士洙墓表作「興」。

〔二〕主靜邊寨主劉滬議　「主」同上作「至」。

〔三〕引堡屯師　「引」，同前書作「列」。

〔四〕後卒不能振　「振」上洪本有「大」字。

〔五〕西城建臨園驛　邵氏聞見録卷八「建」下有「閣」字,「園」作「圜」。

九之七　尚書余襄公

公名靖,字安道,韶州曲江人。舉進士,試書判拔萃,擢集賢校理。坐言事落職,貶監筠州酒税。慶曆中,除右正言,修起居注,知制誥。出知吉州,改將作少監,分司南京,更授左神武大將軍,辭不就。知虔州,丁父憂。起爲祕書監,經制廣南東西路盜賊。知潭州,改青州,召爲廣西體量安撫使,移知廣州。英宗即位,拜工部尚書,代歸,道病卒,年六十五。

公爲人質重剛勁,而言語恂恂,不見喜怒。自少博學强記,至於歷代史記、雜家小説、陰陽律曆外,暨浮屠、老子之書,無所不通。歐陽公撰神道碑

范文正以言事忤大臣,貶知饒州,諫官、御史緘口避禍,無敢言者。公獨上書曰:「陛下親政以來,三逐言事者矣。若習以爲常,不甚重惜,恐鉗天下之口,不可不戒。」書既上,落職監筠州酒税。尹公洙、歐陽公脩相繼抗疏論列,又以書讓諫官,亦得罪遠謫。時天下

賢士大夫相與惜其去，號爲四賢。蘇台文撰行狀

慶曆三年，上增置諫官，以開廣言路，親筆公姓名，除右正言。公感激奮勵，遇事輒言，無所回避。是年太白犯歲星于太微端門之右，公論之曰：「金、火罰星，與歲相犯，皆主兵喪及饑。蓋木爲德，金爲刑，惟金沴木，五行所忌。願陛下責躬修德，以謝天變。」未幾，火開寶寺塔，上遣中貴人取塔基舊瘞舍利入禁中，相傳以爲能出光景，自天子至于宮掖，雜出寶貨，將復營建，舉京師王公大姓，莫不信嚮。公論之曰：「天火之致，本是災變，朝廷所宜誠懼，以答天意。且自西陲用兵以來，民苦賦役，不聊其生，至有父子夫婦，携手赴井死者，其窮至矣。今復以其膏血之餘，營建佛塔，非所以答天戒，慰民心也。昔梁武帝造長干塔，亦有舍利光怪，及臺城之敗，何能致福於人？此亦可以爲鑑矣。」公之論事，不避忌諱，大率類此。行狀○又筆談云：開寶塔災，得舊瘞舍利，迎入内庭，傳言頗有光怪，將復建塔，余襄公言：「彼一塔不能自衛，何福可及於民？凡腐草皆有光，水精及珠之圓者，夜亦有光，烏足異也？」仁宗從之。

慶曆元年，才人張氏進封脩媛。四年，以脩媛世父職方員外郎堯佐提點開封府縣鎮公事。右正言余靖上言：「堯佐不當得此差遣。一堯佐不足爲輕重，但鑑郭后之禍興於楊、尚。」上曰：「朕不以女謁用人，自有臣僚奏舉。若物議不允，當與一郡。」記聞

慶曆三年，右正言余靖奉使契丹，入辭，書所奏事于笏，各用一字爲目。上顧見之，問

其所書者何，請以實對。上指其字一一問之，盡而後已。上之聽納不倦如此。記聞

慶曆四年，元昊納誓請和，將加封册，而契丹以兵臨境上，遣使言：「爲中國討賊，且告師期，請止毋與和。」朝廷患之。欲聽，重絶夏人，而兵不得息；不聽，生事北邊。議未決，公獨以謂：「中國厭兵久矣，此契丹之所幸。一日使吾息兵養勇，非其利也，故用此以撓我爾。是不可聽。」朝廷雖是公言，猶留夏册不遣，而假公諫議大夫以報。公從十餘騎，馳出居庸關，見虜於九十九泉，從容坐帳中辯析，往復數十，卒屈其議，取其要領而還。朝廷遂發夏册，臣元昊。西師既解嚴，而北邊亦無事。神道碑

慶曆四年，除知制誥，復使契丹。公前後三至虜中，盡得情實，坐嘗爲胡語詩，出知吉州。行狀○又劉貢父詩話云：余尚書使契丹，能爲胡語，契丹愛之。及再往，虜情益親，余作胡語詩，虜主大喜，爲之釂觴。還，坐貶官。

知虔州，丁父憂，去官。而蠻賊儂智高陷邕州，連破嶺南州縣，圍廣州。乃即廬中起公爲祕書監，知潭州，即日馳〔一〕，在道改知桂州。公奏曰：「賊在東而徙臣西，非臣志也。」天子嘉之，即詔公經制廣東、西賊盜，乃趨廣州。而智高復西走邕州。自智高初起，交趾請出兵助討賊，詔不許。公以謂：「智高，交趾叛者，宜聽出兵，毋沮其善意。」累疏論之，不報。至是，公曰：「邕州與交趾接境，今不納，必忿而反助智高。」乃以便宜趣交趾會兵，又募儂、

黄諸姓酋豪，皆縻以職，與之誓約，使聽節制。或疑其不可用。公曰：「使不與智高合足矣。」及智高入邕州，遂無外援。既而宣撫使狄青會公兵，敗賊於歸仁，智高走入海，邕州平。公請復終喪，不許。諸將班師，以智高尚在，請留公廣西，委以後事。遷給事中，諫官、御史列疏言公功多而賞薄〔二〕，再遷尚書工部侍郎。公留廣西踰年，撫緝完復，嶺海肅然。又遣人入特磨，襲取智高母及其弟一人，獻于京師，斬之。神道碑

嘉祐五年，交趾寇邕州，殺五巡檢，驛召公以爲廣西體量安撫使，悉發荆湖兵以從。公至，則移檄交趾，召其臣費嘉祐詰責之。嘉祐惶恐對曰：「種落犯邊，罪當死。願留，取首惡以獻。」即械五人送欽州，斬于界上。神道碑

廣之番舶裝船，舊皆取税，公奏罷之，以徠遠商。又請立法戒，當任官吏，不得市南藥。及公北歸，不載南海一物云。行狀

公資性莊重，量寬而容衆，有知人之鑑。其帥邊也，任使賢勇，各盡其材。嘗所稱薦，亦多顯達。間常接人，温容遜辭，不欲一忤人意。及諫諍人主，論列時政，排斥横議，抵觸忌諱，不少迴避。帥二廣首尾幾十年，以恩信被于異域，如交趾、大理、特磨、南詔之國，皆可以頤指氣使。公之文武之材，可謂具矣。行狀

余靖本名希古，韶州人。舉進士，未預解薦，曲江主簿王仝善遇之。時知韶州者舉制

科，仝亦舉制科〔三〕，知州怒，以爲玩己，捃其罪，無所得，唯得仝與希古接坐，仝坐違敕停任，希古杖臀二十。仝遂閑居虔州，不復仕進。希古更名靖，取他州解及第。景祐中，爲館職，爲范文正訟冤獲罪，由是知名。范公入參大政，引爲諫官。祕書丞茹孝標喪服未除，入京師私營身計，靖上言：「孝標冒哀求仕，不孝。」孝標由是獲罪，深恨靖。靖遷龍圖閣直學士，王仝數以書干靖求貨，靖不能應其求。孝標聞靖嘗犯刑，詐匿應舉，乃自詣韶州密求其案〔四〕，得之。時錢子飛爲諫官，方攻范黨，孝標以其事語之，子飛即以聞。詔下虔州問王仝，靖陰使人諷仝令避去，仝辭以貧不能出，靖置銀百兩於茶篚中，託人餉之。所託者怪其重，開視竊銀而致茶於仝，仝大怒。及詔至，州官勸仝對「當日接坐者余希古，今不知所在」，仝不從，對稱「希古即靖是也」，靖遂以將軍分司。記聞

校勘記

〔一〕即日馳　居士集卷二三贈刑部尚書余襄公神道碑「馳」上有「疾」字。

〔二〕諫官御史列疏言公功多而賞薄　「公」字原無，據同前書補。

〔三〕時知韶州者舉制科仝亦舉制科　此十三字今本涑水記聞作「爲干知韶州者舉制科」。

〔四〕乃自詣韶州密求其案 「密」，同前書作「購」。

九之八 待制王公

公名質，字子野，文正公之姪也。以蔭補官，召試，賜進士及第。通判蘇州，知蔡州，徙廬州。降監舒州靈仙觀。起知泰州，徙荆湖北路轉運使，權知江陵府，同判吏部流内銓，擢天章閣待制，出知陜州。年四十五，卒。

通判蘇州，州守黄宗旦負材自喜，頗以新進少公。議事，則曰：「少年乃與丈人爭事？」公曰：「受命佐君，事有當爭，職也。」宗旦雖屢屈折，而政常得無失，稍德公助己，爲之加禮。宗旦得盜鑄錢百餘人，以託公，公曰：「事發無跡，何從得之？」曰：「吾以術鉤出之。」公愀然曰：「仁者之政，以術鉤人寘之死，而又喜乎？」宗旦慚服，悉緩出其獄，始大稱公曰：「君子也！」歐公撰神道碑

知蔡州，蔡俗舊祠吴元濟，公曰：「豈有逆醜而廟食耶？吾爲州長，不能正民之視聽，俾民何從哉！狄梁公、李太尉，皆唐之忠烈，又德加蔡人，胡爲不祠？」命工徹元濟廟，建二公祠，率吏民拜祭。蔡人從之，于今號爲「雙廟」。范文正公撰墓誌

徙廬州。盜有殺其徒而并其財者，獲之，寘于法。大理駁曰：「法當原。」公以謂：「盜殺其徒而自首者原之，所以疑壞其黨，而開其自新。若殺而不首，既獲而亦原，則公行爲盜。而第殺一人，既得兼其財，又可以贖罪，不獲則肆爲盜，獲則引以自原。如此，盜不可止，非法意。」疏三上，不能爭。公歎曰：「吾不勝法吏矣。」乃上書自劾，請不坐佐吏。公坐貶監靈仙宫。其後，議者更定不首之罪，卒用公言爲是。神道碑

遷荆湖北路轉運使，當用兵西方，急於財用之時，獨不進羨餘，其賦斂近寬平，治以常法。故他路不勝其弊，而荆湖之人自若。神道碑

權知荆南府，民有訟婚者，訴曰：「貧無貲，故後期。」問其用幾何，以俸錢與之，使婚。獲盜竊人衣者，曰：「迫於飢寒而爲之。」公爲之哀憐，取衣衣之，遣去。荆人比公爲子產。神道碑

判吏部流内銓，號爲稱職，而於選法未嘗有所更易。人或問之，公曰：「選法具備如權衡，在執者不欺其輕重耳，何必屢更其法？」神道碑

范仲淹以言事貶饒州，方治黨人甚急，公獨扶病率子弟餞于東門，留連數日。大臣有以讓公曰：「長者亦爲此乎？何苦自陷朋黨？」公徐對曰：「范公，天下賢者，顧質何敢望之！然若得爲黨人，公之賜質厚矣。」聞者爲公縮頸。其爲待制之明年，出守于陜。又明

年，小人連興大獄，坐貶廢者十餘人，皆公素所賢者，聞之悲憤歎息，或終日不食，因數劇飲大醉。公既素病，益以酒，遂卒。神道碑

公生相門〔一〕，而弗驕弗華，以貧爲寶。文正作舍人時，家甚虛，嘗貸人金以贍昆弟，過期不入，輟所乘馬以償之。公因閱家藏書，而得其券，召家人示之曰：「此前人清風，吾輩當奉而不墜，宜祕藏之。」又得顏魯公爲尚書時乞米于李大夫墨帖，刻石以摸之，遍遺親友間。其雅尚如此。故終身不貪，所至有冰蘗聲。墓誌

公充職館殿二十餘年，同舍皆顯官，公介然不動，惟求外補。當國者非戚必舊，公未嘗折顏色，屈語論，以合其意。墓誌

公爲數郡，皆清心以思治，行己以率下，崇學校而風化之。人有犯法，非害于物者，必緩其獄。求民之疾，雖處幽不遺；去民之梗，雖負勢不避也。墓誌

公不治生業，畜書萬卷，樂稱人之善，士大夫非風義高遠，弗與之游。墓誌

校勘記

〔一〕公生相門　「生」原作「在」，據琬琰集中卷七范仲淹撰王待制質墓誌銘改。

九之九　侍讀孫公

公名甫，字之翰，許州陽翟人。初舉進士，得同學究出身。再舉及第，華州觀察推官。知絳州翼城縣，辟永興軍司録，監益州交子務。入爲祕閣校理，改右正言，知諫院。出知鄧州，徙安州，歷江東、兩浙轉運使，知陝州，徙晉州，爲河東轉運使，三司度支副使。嘉祐元年，以天章閣待制兼侍讀，卒，年六十。

公爲華州推官，轉運使李紘薦其材，遷大理寺丞，知絳州翼城縣。故丞相杜祁公與紘皆以清節自高，尤難於取士，聞公紘所薦也，數招致之。一見，大喜。已而祁公自御史中丞知永興軍，辟公司録，凡事之繁猥者，一以委之。公歎曰：「待我以此，可以去矣！」祁公爲謝，顧事非它吏不能者，不敢煩公。公乃從容爲陳當世之務，所以緩急先後，施設之宜。又多薦士之賢而在下者。於是祁公自以爲得益友。歐陽公撰墓誌

監益州交子務。蜀用鐵錢，民苦轉貿重，故設法書紙代錢，以便市易。轉運使以僞造犯法者多，欲廢不用。公曰：「交子可以僞造，錢亦可以私鑄，私鑄有犯，錢可廢乎？但嚴治之，不當以小仁廢大利。」後卒不能廢。

祁公爲樞密副使，薦于朝，得祕閣校理。是時諸將兵討靈夏，久無功，天下騷動，盜賊數入州縣，殺吏卒，吏多失職而民弊矣。天子方鋭意更用二三大臣，乃極選一時知名士，增置諫官，使補闕失。公以右正言居諫院，上好納諫諍，未嘗罷言者，而至言宫禁事，它人猶須委曲開諷，而公獨曰：「所謂后者，正嫡也，其餘皆猶婢爾。貴賤有等，用物不宜過僭。自古寵女色，初不制而後不能制者，其禍不可悔。」上曰：「用物在有司，吾恨不知爾。」公曰：「世謂諫臣耳目官，所以達不知也。若所謂前世女禍者，載在書史，陛下可自知也。」上深嘉納之。保州兵變，前有告者，大臣不時發之。公因力言樞密使副當得罪，使乃杜祁公也。邊將劉滬城水洛于渭州，部署尹洙以滬違節度，將誅之。大臣稍主洙議。公以謂：「水洛通秦、渭，於國家利，滬不可罪。」由是罷洙而釋滬。洙，公平生所善者也。公在諫院，所言補益尤多。是三者，其一人所難言，其二人所難處者。其後言宰相以某事當去者，上亟爲罷之，因以陳執中爲參知政事。公又言執中不可用，由是上難之，公遂求解職。於是小人不便大臣執政，而朋黨之論起，二三公相繼去位。公亦在論中，而辯諍愈切，不自疑。由是罷諫職，以右司諫知鄧州。墓誌

知諫院，因災異言：「應天在誠行愛民。」遂請斥浮費、出宫女、除别庫之私，以寬賦斂。初，李元昊反河西，契丹亦以兵近邊謀棄約，任事者於西方益禁兵二十萬，北方益土

兵亦二十萬，又益禁兵四十指揮，及群盜張海等劫京西，江淮皆警。是時已更用大臣矣，又令天下益禁兵。公言曰：「天下所以大困者在浮費，而浮費之廣者，兵爲甚。今不能損，又可益之耶？且兵已百萬矣，不能止盜，而但欲多兵，豈可謂知所先後哉！」不報，於是極論古今養兵多少之利害以聞，語詆大臣尤切。既而保州有兵變，朝廷賞先言者。公以謂：「有先言者而樞密院不以時下，不可以無責。」天子曰：「某吾方倚以治也，不可使去位。」公猶固請議其罰。〇又云：公始爲杜丞相所知，慶曆之間，二三大臣又與公同心任事，然論保州之變，則所指者蓋杜公，非益兵之議，則所詆者蓋二三大臣也。其不偏於所好如此。行狀

慶曆中，孫甫、蔡襄爲諫官，言宰臣晏殊役官兵治邸舍，懷安苟且，無向公之心。遂罷殊政事，而甫等因薦富弼代殊。上怒，以謂進用宰相，人主之任，臣下不宜有所指陳。遂相陳執中。而甫等極言執中不可用，不聽。則相與求罷爲外官，不許。遂請退自陳。上曰：「卿等言一不聽，則求去，令朕有逐言者名，自爲計則善也。」甫自陳以私便求出，襄亦以養親爲言。先是，襄嘗乞告至莆田迎親，而親不果來。至是，上乃曰：「卿昨迎親不來，何不遂留侍養？」襄惶恐不能對。甫徐進曰：「蔡襄所以辭親遠來事陛下，冀萬一有裨補。今言既不行，蔡襄是以須却思歸去養親。」南豐雜識

孫之翰言：慶曆中，上用杜衍、范仲淹、富弼、韓琦任政事，而以歐陽脩、蔡襄及甫等爲諫官，欲更張庶事，致太平之功。仲淹亦皆戮力自效，欲報人主之知。然好同惡異，不能曠然心無適莫。甫嘗家居，石介過之，問介：「適何許來？」介言：「方過富公。」問：「富公何爲？」介曰：「富公言滕宗諒守慶州，用公使錢坐法，杜公則欲致宗諒重法，『不然，則衍不能在此』。范公則欲薄其罪，曰『不然，則仲淹請去』。富公欲抵宗諒重法，則懼違范公，欲薄其罪，則懼違杜公，患是不知所決。」甫曰：「守道以謂如何？」介曰：「介亦竊患之。」甫洒嘆曰：「法者，人主之操柄。今富公患重罪宗諒則違范公，薄其罪則違杜公，是不知有法，而未嘗意在人主也。守道平生好議論，自謂正直，亦安得此言乎！」因曰：「甫少而好學，自度必難用於世，是以退爲唐史記以自見。而屬爲諸公牽挽，使備諫官，亦嘗與人自謀去就，而所與謀者，適好進之人，遂見誤在此。今諸公之言如是，甫復何望哉！」自此，凡月餘不能寐。慶曆之間任事者，其後余多識之，不黨而知其過如之翰者，則一人而已矣。南豐雜識

知晉州，近臣過晉，夜半叩城欲入，公曰：「城有法，吾不得獨私。」終不爲開門。行狀

初，謝絳知鄧州，有惠政。慶曆中，范仲淹洎甫相繼守郡，皆號循吏，好教育士類。今翰林學士賈黯，鄧人也，嘗善三公之爲人，因爲創三賢堂於百花洲。名臣傳

公素羸，性澹然，寡所好欲，恂恂似不能言，而內勁果，遇事精明。議者謂公道德文學，宜在朝廷備顧問，而錢穀刀筆非其職，然公處之益辦。至臨疑獄滯訟，常立得其情。大賊張海、郭貌山攻劫商、鄧，新破南陽、順陽，公安輯有方。常曰：「教民知戰，古法也。」乃親閱縣弓手，教之擊射坐作，皆爲精兵，盜賊爲息。陝當東西衝，吏苦厨傳，而前爲守者顧毀譽，不能有所損，至公痛裁節之，過客畏其清，初無所望，而亦莫之毀也。陝人賴以紓，後遂爲法。行狀云：鄜州歲時以酒相慶問，公命儲別藏，備官用，一不歸于己。今遂爲法。其爲轉運使，所至州縣，視其職事脩廢，察其民樂否，以此陞黜官吏，而不納毀譽。遇下雖嚴而不害。其在兩浙，范文正公守杭州，以大臣，或便宜行事。公曰：「范公，貴臣也。吾屈於此，則不得伸於彼矣。」由是一切繩以法，而常以監司自處。范公遇公無倦色，及退而不能無恨。公遇范公不少下，然退而未嘗不稱其賢也。墓誌

公雖貴，而衣食薄，無妾媵，不飾玩好，不與酣樂，泊如也。時從當世處士講評，以爲得其好，而客或造其席者，與之言終日，不能以勢利及也。行狀

公喜接士，務揚人善。所得俸廪，多所施與。撫諸孤兒，教育如己子。墓誌

孫之翰，人嘗與一硯，直三十千。孫曰：「硯有何異，而如此之價也？」客曰：「硯以石潤爲賢。此石呵之則水流。」孫曰：「一日呵得一檐水，纔直三錢，買此何用？」竟不受。

筆談

公博學彊記，尤喜言唐事，能詳其君臣行事本末，以推見當時治亂。每爲人説，如其身履其間，而聽者曉然如目見。故學者以謂：「終歲讀史，不如一日聞公論也。」所著唐史記七十五卷，論議閎贍。書未及成，公既卒，詔取其書，藏于祕府。墓誌

司馬温公書公唐史記後云：孫公昔著此書，甚自重惜，常別緘其藳於笥，必盥手然後啓之。謂家人曰：「萬一有水火兵刀之急，它貨財盡棄之，此笥不可失也。」每公私少間，則增損改易，未嘗去手。其在江東爲轉運使，出行部，亦以自隨，過亭傳休止，輒取脩之。會宣州有急變，乘馹遽往，不暇挈以俱。既行，於後金陵大火〔二〕，延及轉運廨舍，弟子察親負其笥，避於沼中島上。公在宣州，聞之亟還，入門問曰：「唐書在乎？」察對曰：「在。」乃悦，餘無所問。自壯年至于白首乃成，亦未以示人。文潞公執政嘗從公借之，公不與，但録姚崇宋璟論以與之，況它人，固不得見也。

蘇内翰答李廌書云：録示孫之翰唐論，僕不識之翰，今見此書，凛然得其爲人。至論褚遂良不譖劉洎，太子瑛之廢由張説，張巡之敗緣房琯，李光弼不當圖史思明，宣宗有小善而無人君大略，皆舊史所不及也。

歐陽公銘公之墓曰：惟學而知方，以行其義；惟簡而無欲，以遂其剛。力雖弱兮，志

則彊。積之厚兮，發也光。

校勘記

〔一〕於後金陵大火　「於」，洪本、張本均作「其」。

五朝名臣言行録卷第十

十之一　希夷陳先生穆脩、种放、李之才、魏野、林逋附

先生名摶，字圖南，亳州真源人。後唐長興中舉進士，不中，隱居武當山，後徙華山雲臺觀。周世宗召至京師，賜號白雲先生。太宗朝再召，賜號希夷先生。端拱二年卒。

陳摶長興末舉進士不第〔一〕，去隱武當山九室巖辟穀練氣二十餘年。後居華山雲臺觀，多閉門獨卧，至百餘日不起。周世宗召至闕下，令於禁中扃户以試之。月餘始開，摶熟寐如故，甚異之。因問以黄白之術，摶曰：「陛下爲天下君，當以蒼生爲念，豈宜留意於爲金乎？」世宗不悦，放還山，令長吏歲時存問。太宗即位，再召之，留闕下數月，多延入宫中與語，謂宰相宋琪等曰：「陳摶獨善其身，不干勢利，真方外之士。」遣中使送至中書。

琪等問曰：「先生得玄默脩養之道，可以授人乎？」曰：「摶遁迹山野，無用於世，練養之事，皆所不知，無可傳授。然正使白日升天，何益於治？聖上龍顔秀異，有天人之表，洞達今古治亂之旨，真有道仁聖之主，正是君臣合德以治天下之時，勤行脩練，無以加此。」琪等表上其言，上覽之甚喜。未幾，放還山。談苑

摶負經綸之才，歷五季亂離，游行四方，志不遂，入武當山，後隱居華山。自晉、漢以後，每聞一朝革命，顰蹙數日。人有問者，瞪目不答。一日，方乘驢遊華陰市，聞太祖登極，驚喜大笑。問其故，又笑，曰：「天下自此定矣。」太祖方潛龍時，摶嘗見天日之表，知太平之有自矣。遯跡之初，有詩云：「十年蹤跡走紅塵，回首青山入夢頻。紫陌縱榮爭及睡，朱門雖貴不如貧。愁聞劍戟扶危主，悶見笙歌聒醉人。携取舊書歸舊隱，野花啼鳥一般春。」豈淺丈夫哉！邵伯温易學辨惑

陳摶，周世宗嘗召見。太平興國初，再召赴闕，太宗賜詩云：「曾向前朝出白雲，後來消息杳無聞。如今若肯隨徵召，總把三峰乞與君。」先生服華陽巾，草屨垂絛，以賓禮見，賜坐。上方欲征河東，先生諫止，會軍已興，令寢於御園，兵還，果無功。百餘日方起，恩禮特異，久之辭歸。澠水燕談○又辨惑云：召至闕，求一静室休息，乃賜舘於建隆觀，扃户熟寐，月餘方起。詔以野服見，上方欲征河東，摶諫止之。九年，復來朝，始陳河東可取。暨王師再舉，果執劉繼元，

平并州。

太宗問摶曰：「昔在堯、舜之爲天下，今可致否？」對曰：「堯、舜土堦三尺，茅茨不剪，其迹似不可及。然能以清靜爲治，即今之堯、舜也。」上善之。辨惑

陳摶被詔至闕下，間有士大夫詣其所止，願聞善言，以自規誨。陳曰：「優好之所勿久戀，得志之處勿再往。」聞者以謂至言。倦遊雜録○又辨惑云：康節嘗誦希夷之語曰：「得便宜事，不可再作；得便宜處，不可再去。」又曰：「落便宜是得便宜。」故康節詩云：「珍重至人嘗有語，落便宜是得便宜。」蓋可終身行之也。

後復再召，摶辭曰：「九重仙詔，休教丹鳳銜來；一片野心，已被白雲留住。」辨惑

端拱初，摶忽命弟子於張超谷鑿石爲室。二年七月，室成，手書數百言爲表，其略曰：「臣摶大數有終，聖朝難戀，已於今月二十二日化形於蓮花峰下張超谷中。」如期而卒。筆録

摶好讀易。以數學授穆脩伯長，脩授李之才挺之，之才授康節先生邵雍堯夫；以象學授种放，放授盧江許堅，堅授范諤昌。此一枝傳於南方也。世但以爲學神仙術，善人倫風鑑而已，非知圖南者也。辨惑

穆脩字伯長，汶陽人，後居蔡州。師事圖南而傳其學。脩少豪放，性褊少合。多游京、洛間，人嘗書其詩句于禁中壁間，真廟見之，深加歎賞，問侍臣曰：「此爲誰詩？」或以

穆脩對。上曰：「有文如是，公卿何以不薦？」丁晉公在側曰：「此人行不逮文。」由是上不復問。蓋伯長與晉公有布衣舊，晉公頃赴夔漕，伯長猶未仕，相遇漢上，晉公意欲伯長先致禮，伯長竟不一揖而去，晉公銜之，由是短於上前。後晉公貶朱崖，徙道州，伯長有詩云：「却訝有虞刑政失，四凶何事不量移！」可見其不相善也。伯長祥符二年梁固牓登進士第，調海州理掾，以忤通判，遂爲捃拾，由是削籍隸池州。其集中有秋浦會遇詩，自叙甚詳。後遇赦，叙潁州文學參軍，故當時呼之曰穆參軍。老益貧，家有唐本韓、柳集，乃丐於所親厚者，得金募工鏤板，印數百帙，携入京師相國寺，設肆鬻之。伯長坐其旁，有儒生數輩，至其肆，輒取閱，伯長奪取，怒視謂曰：「先輩能讀一篇不失一句，當以一部爲贈。」自是經年不售。時學者方從事聲律，未知爲古文。伯長首爲之唱，其後尹源子漸、洙師魯兄弟始從之學古文，又傳其春秋學。辨惑

李之才字挺之，青州人。倜儻不群，師事伯長。伯長性嚴急，稍不如意，或至呵叱。挺之左右承順，如事父兄，略無倦意。登科，任孟州司户，挺之坦率，不事儀矩，時太守范忠獻公以此頗不悦，挺之自若也。後忠獻建節移鎮延安，郡僚多送至境外，挺之但别于近郊，衆或讓之，挺之曰：「異時送太守至於是。且情文貴稱，范公實不我知，而出疆遠送，非情，豈敢以不情事范公！」未幾，忠獻責守安陸，過洛三城，故吏無一人往者，獨挺之沿檄

往省之。忠獻始稱嘆，遂受知焉。又嘗爲衛州共城令，時先君康節居祖母喪，築室蘇門山百源之上，布衣蔬食三年，躬爨以養先祖。挺之聞先君好學苦志，自造其廬，問先君曰：「子何所學？」先君曰：「爲科舉進取之學耳。」挺之曰：「科舉之外，有義理之學，子知之乎？」先君曰：「未也。願受教。」挺之曰：「義理之外，有物理之學，子知之乎？」先君曰：「未也。願受教。」挺之曰：「物理之外，有性命之學，子知之乎？」先君曰：「未也。願受教。」於是先君傳其學。挺之後終殿中丞，簽書澤州判官廳公事。澤人劉羲叟晚出其門，受曆法，亦爲名士，易學則唯先君得之也。辨惑

种放字明逸，隱居終南山豹林谷，聞希夷先生之風，往見之。希夷先生一日令洒掃庭除，曰：「當有嘉客至。」明逸作樵夫拜庭下，希夷挽之而上曰：「君豈樵者？二十年後當爲顯官，名聲聞天下。」明逸曰：「放以道義來，官禄非所問也。」希夷笑曰：「人之貴賤，莫不有命。君骨相當爾，雖晦迹山林，恐竟不能安，異日自知之。」後真宗朝召爲司諫。帝携其手登龍圖閣，論天下事。辭歸山，拜諫議大夫。後改工部侍郎。希夷又謂明逸曰：「君不娶，可得中壽。」明逸從之，至六十歲卒。先是，希夷爲明逸卜上世葬地於豹林谷下，不定穴。既葬，希夷見之，言地固佳，安穴稍後，世世當出名將。明逸不娶，無子。自其姪世衡，至今爲將帥有聲。希夷解化，明逸立碑叙希夷之學，曰「明皇帝王伯之道」云。聞見録

希夷先生有高識，嘗戒門人种放曰：「子他日遭逢明主，不假進取，迹動天闕，名馳寰海。名者，古今之美器，造物者深忌之。天地間無完名，子名將起，必有物敗之〔二〕，可戒之。」放至晚節，侈飾過度，營産滿鄠、鎬間，門人戚屬，亦怙勢强併，歲入益厚，遂喪清節。王嗣宗守京兆，乘醉慢罵，條奏於朝，會赦方止。記聞云：种放以處士召見，拜諫官，真宗待以殊禮，名動海内。後謁歸終南山，恃恩驕倨甚。王嗣宗時知長安，放至，通判以下群拜謁，放小俛垂手接之而已，嗣宗内不平。放召其姪出拜嗣宗，嗣宗坐受之。放怒，嗣宗曰：「鄉者通判以下拜君，君扶之而已。此白丁耳，嗣宗狀元及第，名位不輕，胡爲不得坐受其拜？」放曰：「君以手搏得狀元耳，何足道也！」嗣宗怒，遂上疏言：「放實空疏，才識無以踰人，專飾詐巧，盜虛名。陛下尊禮放，擢爲顯官，臣恐天下竊笑，益長澆僞之風。且陛下召魏野，野閉門避匿，而放陰結權貴，以自薦達。」因抉摘言放陰事數條。上雖兩不之問，而待放之意寖衰。祥符八年，一旦山齋晚起〔三〕，服道衣，聚諸生列飲，取平生文藁悉焚之，酒數行而逝。亦奇男子也。玉壺清話

种放别業在終南山，後生從之學者甚衆。性頗嗜酒，躬耕種秫以自釀。所居有林泉之勝，殊爲幽絶。真宗聞之，遣中使携畫工圖之，開龍圖閣，召輔臣觀焉，上嘆賞之。其後，甘棠魏野居有幽致，帝亦遣人圖之。故野有詩云：「幽居帝畫看。」澠水燕談

處士魏野，字仲先，陜州人。居於東郊，架草堂〔四〕，有水竹之勝。好彈琴，作詩清苦，

多聞於時〔五〕。前後郡守，皆所禮遇。上祀汾陰，召之，辭疾不至。野以詩贄公曰：「從前輔相皆頻出，獨在中書十五秋。泰嶽、汾陰俱禮畢〔六〕，這迴好伴赤松遊。」公覽之，喜形於色，以酒茗藥物爲答。素編先公遺札，有公自寫此詩數本。王文正公遺事○仁宗政要云：旦得詩感悟，以疾屢辭政柄，遂拜太尉、玉清昭應宮使。又曰：魏野謂寇準曰：「自古功名蓋世，少有全者。」因與詩曰：「好去上天辭將相，歸來平地作神仙。」及貶，始悔不用野之言云。○又温公集云：野子閑，亦不仕，皇祐中賜號清逸處士。

林逋字君復，居杭州西湖之孤山。真宗聞其名，賜號和靖處士，詔長吏歲時勞問〔七〕。逋工筆畫〔八〕，善爲詩，如「草泥行郭索，雲木叫鈎輈」，頗爲士大夫所稱。又梅花詩云：「疏影横斜水清淺，暗香浮動月黄昏。」評詩者謂前世詠梅者多矣，未有此句也。又其臨終爲句云：「茂陵他日求遺藁，猶喜初無封禪書。」尤爲人稱誦。自逋之卒，湖山寂寥，未有繼者。歸田録○又筆談云：林逋隱孤山，畜兩鶴，縱之則飛入雲霄，盤旋久之，復入籠中。逋常泛小艇，遊西湖諸寺，有客至逋所居，則一童子出應門，延客坐，爲開籠縱鶴，良久，逋必棹小船而歸。蓋常以鶴飛爲驗也。○又青箱雜記云：逋景祐初尚無恙，范文正公亦過其廬，贈逋詩曰：「巢由不願仕，堯、舜豈遺人？」又曰：「風俗因君厚，文章到老醇。」其激賞如此。

校勘記

〔一〕陳摶長興末舉進士不第　類苑卷四一引此句作「陳摶，譙郡真源人，與老聃同鄉里生，嘗舉進士不第」。

〔二〕必有物敗之　「之」字原無，據玉壺清話卷八補。

〔三〕一旦山齋晚起　同前書作「歲旦山齋曉起」。

〔四〕架草堂　架，百川學海乙集文正王公遺事作「構」，作「架」當爲避高宗諱。

〔五〕多聞於時　「多」，同前書作「名」。

〔六〕泰嶽汾陰俱禮畢　同前書作「西祀東封今已畢」。

〔七〕林逋字君復……詔長吏歲時勞問　此數句今本歸田録作「處士林逋，居於杭州西湖之孤山」。宋阮閱詩話總龜後集卷一九引與五朝名臣言行録同。

〔八〕逋工筆畫　「筆」，詩話總龜引作「於」。

十之二　安定胡先生

先生名瑗，字翼之，泰州海陵人。累舉不第。年四十餘，景祐初，更定雅樂，詔求知音者。范文正薦先生，白衣對崇政殿，授祕書省校書郎。范公使陝西，辟丹州推官。改湖州州學教授，以殿中丞致仕。皇祐中復召議樂，授光禄寺丞，兼國子監直講。嘉祐初，擢太子中允，天章閣侍講，仍治太學。既而疾，不能朝，以太常博士復致仕，歸老於家而卒。

侍講布衣時，與孫明復、石守道同讀書泰山，攻苦食淡，終夜不寢，一坐十年不歸。得家問，見上有「平安」二字，即投之澗中，不復展讀。曾孫滌所記

師道廢久矣。自明道、景祐以來，學者有師，惟先生暨泰山孫明復、石守道三人，而先生之徒最盛。其在湖州之學，弟子去來常數百人，各以其經轉相傳授。其教學之法最備，行之數年，東南之士，莫不以仁義禮樂爲學。慶曆四年，天子開天章閣，與大臣講天下事，始慨然詔州縣皆立學。於是建太學于京師，而有司請下湖州取先生之法以爲太學法，至今爲著令。歐陽公撰墓表

先生教人有法，科條纖悉備具，以身先之，視諸生如其父兄，諸生亦信愛如其子弟。

胡安定在湖州置治道齋，學者有欲明治道者，講之於中，如治兵、治民、水利、算數之類。嘗言劉彝善治水利，後累爲政，皆興水利有功。程氏遺書

先生尤患隋、唐以來，仕進尚文詞而遺經業，苟趨禄利。及爲蘇、湖二州教授，嚴條約，

以身先之。雖大暑，必公服終日，以見諸生，嚴師弟子之禮。解經至有要義，懇懇爲諸生言其所以治己而後治乎人者。學徒千數，日月刮劘，爲文章，皆傳經義，必以理勝。信其師說，敦尚行實。後爲太學，四方歸之，庠舍不能容，旁拓步軍居以廣之。五經異論，弟子記之，目爲胡氏口義〔一〕。侍邇英講，不以諱忌爲避。蔡端明撰墓誌○又曾孫滁記云：侍講讀「乾，元亨利貞」不避諱。上與左右皆失色，侍講徐曰：「臨文不諱。」上意遂解。

安定先生在湖學時，福唐劉彝執中往從之，學者數百人，彝爲高第。凡綱紀於學者，彝之力爲多。熙寧二年召對，上問：「從學何人？」對曰：「臣少從學於安定先生胡瑗。」上曰：「其人文章與王安石孰優？」彝曰：「胡瑗以道德仁義，教東南諸生，時王安石方在場屋，脩進士業。臣聞聖人之道，有體、有用、有文。君臣父子，仁義禮樂，歷世不可變者，其體也。詩、書、史傳、子集，垂法後世者，文也。舉而措之天下，能潤澤其民，歸于皇極者，其用也。國家累朝取士，不以體用爲本，而尚其聲律浮華之詞，是以風俗偷薄。臣師瑗當寶元、明道之間，尤病其失，遂明體用之學，以授諸生，夙夜勤瘁，二十餘年，專切學校，始自蘇、湖，終于太學，出其門者，無慮二千餘人。故今學者，明夫聖人體用，以爲政教之本，皆臣師之功也。」上曰：「其門人今在朝爲誰？」對曰：「若錢藻之淵篤，孫覺之純明，范純仁之直溫，錢公輔之簡諒，皆陛下之所知也。其在外明體適用，教于民者迨

數十輩。其餘政事文學，粗出於人者，不可勝數。此天下四方之所共知，而歎美之不足者也。」上悦。李廌書

先生弟子，散在四方，隨其人賢愚，皆循循雅飭，其言談舉止，遇之不問可知爲先生弟子。其學者相語稱先生，不問可知爲胡公也。墓表

侍講當召對，例須先就閤門習儀。侍講曰：「吾平生所讀書，即事君之禮也，何以習爲？」閤門奏，上令就舟次習之。侍講固辭，上亦不之强，卒許之。人皆謂山野之人必失儀。及登對，乃大稱旨。上謂左右曰：「胡瑗進退周旋，舉合古禮。」曾孫滌所記

安定先生皇祐至和間爲國子直講，朝廷命主太學。生餘千人，先生日講易，予列諸生，執經座下，先生每講罷，或引當世之事以明之。至小畜，以謂：「畜，止也。臣止君也。」已乃言及中令趙公相藝祖日，上令擇一任諫爭臣，中令具名以聞。上却之弗用。異日又問可任者，中令復上前劄，上亦却之。如此者三，仍碎其奏擲於地，中令輒懷以歸。它日復問，中令乃補所碎劄子呈于上，上乃大悟，卒用其人。麈史

胡先生瑗判國子監，其教育諸生皆有法。先生每語諸生：「食飽未可據按或久坐，皆於氣血有傷。當習射投壺游息焉。」是亦食不語、寢不言之遺意也。程伊川曰：「凡從安定先生學者，其醇厚和易之氣，望之可知也。」國子監舊有先生祠，紹聖初，林自爲博士，聞於

朝，徹去。聞見録

公在仁宗朝，嘗上書請興武學，其略曰：「頃歲吳育已建議興武學，但官非其人，不久而廢。今國子監直講内，梅堯臣曾注孫子，大明深義，孫復而下，皆明經旨，臣曾任邊陲，頗知武事。若使堯臣等兼莅武學，每日只講論語，使知忠孝仁義之道，講孫吳，使知制勝禦敵之術，於武臣子孫中選有智略者三二百人教習之，則一二十年之間，必有成效。臣已撰成武學規矩一卷進呈。」時議難之。呂原明記

安定先生自慶曆中教學于蘇、湖間，二十餘年，束脩弟子前後以數千計。是時方尚辭賦，獨湖學以經義及時務，學中故有經義齋、治事齋，經義齋者，擇疏通有器局者居之；治事齋者，人各治一事，又兼一事，如邊防、水利之類。故天下謂湖學多秀彦，其出而筮仕，往往取高第，及爲政，多適於世用，若老於吏事者，由講習有素也。歐陽公詩曰：「吳興先生富道德，詵詵弟子皆賢才。」王荆公詩曰：「先收先生作梁柱，以次收拾桷與榱。」皇祐末，召先生爲國子監講書，專管勾太學。數年，進天章閣侍講，猶兼學政。其初，人未甚信服，乃使其徒之已仕者盛晦之僑、顧子敦臨、吳元長孜輩，分治職事，又令孫莘老覺説孟子，中都士人，稍稍從之。一日，升堂講易，音韻高朗，指意明白，衆方大服。然在列者皆不喜，謗議蜂起，先生偃然不顧也，强力不倦，以卒有立。迄今三十餘年，猶用其規橅不廢。先生在

學時，每公私試罷，掌儀率諸學子，會于首善堂，合雅樂歌詩，乙夜乃散。諸齋亦自歌詩，奏琴瑟之聲徹于外。呂氏家塾記

呂原明侍講爲廌言：頃仁皇時，太學之法寬簡，國子先生必求天下賢士真可以爲人師者，就其中又擇其尤賢者，委專掌教導規矩之事。胡翼之瑗初爲直講，有旨專掌一學之政。文學、行義，一代高之，既專學政，遂推誠教育多士，身率天下之士，不遠萬里，來就師之。方是時，游太學者端爲道藝，稱弟子者中心悦而誠服之也。胡亦甄别人物，擇其過人遠甚，人畏服者，獎之激之，以勸其志。又各因其所好，類聚而别居之。故好尚經術者，好談兵戰者，好文藝者，好尚節義者，皆使之以類群居，相與講習。胡亦時召之，使論其所學，爲定其理，或自出一義，使人人以對，爲可否之。當時政事，俾之折衷。故人皆樂從而有成。今朝廷名臣，往往胡之徒也。李廌記

客有話胡翼之爲國子先生日，番禺有大商，遣其子來就學，其子僨宕，所齎千金，仍病甚瘠，客于逆旅，若將斃焉。偶其父至京師，閔而不責，携其子謁胡先生，告其故，曰：「是宜先警其心，而後誘之以道者也。」乃取一帙書曰：「汝讀是可以先知養生之術，知養生而後可以進學矣。」其子視其書，乃黄帝素問也。讀之未竟，惴惴然懼伐性命之過，甚悔痛自責，冀可自新。胡知其已悟，召而誨之曰：「知愛身則可以脩身，自今以始，其洗心向道，取

聖賢之書，次第讀之，既通其義，然後爲文，則汝可以成名。聖人不貴無過，而貴改過。無懷昔悔，第勉事業。」其人亦穎鋭善學，一二年登上第而歸。李廌記

君在丹州，建議更陳法，治兵器，開廢地，爲營田，募土人爲兵，給錢使自市勁馬，漸以代東兵之不任戰者。雖軍校蕃酋，亭鄣厮役，以事見，輒飲之酒，訪備邊利害，得以資其帥府。府多武人，初謂君徒能知古書耳，既觀君之所爲，不以異己，翕然稱之。墓誌

安定授監某處作院，既之官三日，從容與老吏言製作利害，以誠告曰：「器不精良，由百工皆督以程課，趣赴期會，每苟簡於事，備數而已。今欲革此敝，莫若使工各盡其能，竭其力，每事必求精緻，仍不使之懈墮，然後計其成而定以日力名數可也。」安定從其說，工吏欣然赴功樂事，兵器堅利，大非前日比矣。至今爲作院法也。此事闞注聞之龜山。言行録

侍講治家甚嚴，閨門整肅，尤謹内外之分。兒婦雖父母在，非節朔不許歸寧。先子年弱冠，常侍立左右，賓至則供億茶湯。并有遺訓：「嫁女必須勝吾家者，娶婦必須不若吾家者。」或問其故，曰：「嫁勝吾家，則女之事人必欽必戒；婦不若吾家，則婦之事舅姑必執婦道。」曾孫滁所記

校勘記

〔一〕目爲胡氏口義　「目」，原作「自」，據洪、張本改。

十之三　泰山孫先生

先生名復，字明復，晉州平陽人。舉進士不中，退居泰山，學春秋，著尊王發微十二篇。用范仲淹、富弼薦，除國子監直講。車駕幸太學，賜緋衣銀魚，召爲邇英閣祗候説書。坐事貶，監虔州稅，後通判陵州，未行，留爲直講。卒，年六十六。

先生少舉進士不中，退居泰山之陽，學春秋，著尊王發微。魯多學者，其尤賢而有道者石介，自介而下，皆以弟子事之。先生年踰四十，家貧不娶，李丞相迪將以其弟之女妻之，先生疑焉。介與群弟子進曰：「公卿不下士久矣，今丞相不以先生貧賤而欲託以子，是高先生行義也，先生宜因以成丞相之賢名。」於是乃許。孔給事道輔，爲人剛直嚴重，不妄與人，聞先生之風，就見之。介執杖屨侍左右，先生坐則立，升降拜則扶之。及其往謝也，亦然。魯人既素高此二人，由是始識師弟子之禮，莫不嗟嘆之。而李丞相、孔給事，亦以此見稱於士大夫。歐陽公撰墓誌○又澠水燕談云：孫明復先生退居泰山之陽，枯槁憔悴，鬚鬢皓白。故相李文定公守兖，就見之，歎曰：「先生年五十，一室獨居，誰事左右？不幸風雨飲食生疾奈何？吾弟之女甚賢，可以奉先生箕箒。」先生固辭。文定曰：「吾女不妻先生，不過一官人妻。先生德高天下，幸壻李氏，榮貴莫大於此。」先生曰：「宰相女不以妻公侯貴戚，而固以嫁山谷衰老、藜藿不充之人，相國之賢，古無有也。予不可不成相國之賢。」遂娶之。其女亦甘淡薄，事先生盡禮，當時士大夫莫不賢之。

先生治春秋，不惑傳註，不爲曲説以亂經。其言簡易，明於諸侯大夫功罪，以考時之盛衰，而推見王道之治亂，得於經之本義爲多。召爲直講，將以爲侍講，而嫉之者言其説異先儒，罷之。及病，樞密使韓公言於朝，選書吏，給紙筆，命其門人祖無擇就其家得其書十有五篇，録之藏于祕閣。墓誌○按：論罷孫公者，楊安國也。

先生惡胡瑗之爲人，在太學常相避。瑗治經不如先生，而教養諸生過之。張堯封從孫明復先生學於南京，其女子常執事左右。堯封死，入禁中爲貴妃，寵遇第一。數遣使致禮于明復，明復閉門拒之終身。邵氏後録

范文正在睢陽掌學，有孫秀才者索遊上謁，文正贈錢一千。明年，孫生復道睢陽謁文正，又贈十千。因問：「何爲汲汲於道路？」孫生戚然動色曰：「母老無以養，若日得百錢，則甘旨足矣。」文正曰：「吾觀子辭氣，非乞客也，二年僕僕，所得幾何，而廢學多矣。吾

今補子爲學職，月可得三千以供養，子能安於學乎？」孫生大喜。於是授以春秋，而孫生篤學，不捨晝夜，行復脩謹，文正甚愛之。明年，文正去睢陽，孫亦辭歸。後十年，聞泰山下有孫明復先生，以春秋教授學者，道德高邁。朝廷召至，乃昔日索遊孫秀才也。東軒筆録

十之四　徂徠石先生

先生名介，字守道，兗州奉符人。進士及第，歷鄆州、南京推官。御史臺辟主簿，未至，以論赦書不當求五代及諸僞國後，罷爲鎮南掌書記。侍父遠官，爲嘉州判官。丁外内艱，服除，入爲國子監直講，擢太子中允，直集賢院，出通判濮州，未至，卒，年四十一。

石守道學士爲舉子時，寓學於南都，其固窮苦學，世無比者。王侍郎瀆聞其勤約，因會客，以盤餐遺之。石謝曰：「甘脆者，亦介之願也。但日饗之則可，若止得一餐，則明日何以繼乎？朝饗膏粱，暮厭粗糲，人之常情也。介所以不敢當賜。」便以食還，王咨重之[一]。倦遊録

徂徠石守道常語學者曰：「古之學者，急於求師。孔子，大聖人也，猶學禮於老聃，學

官於郯子，學琴於師襄，矧其下者乎！後世耻於求師，學者之大蔽也。」乃爲師説以喻學者。是時，孫明復先生居泰山之陽，道純德備，深於春秋，守道率張洞北面而師之，訪問講解，日夕不怠。明復行則從，升降拜起則執杖屨以侍。二人者久爲魯人所高，因二人而明復之道愈尊。於是學者始知有師弟子之禮。澠水燕談

先生丁父憂，垢面跣足，躬耕徂徠山下，葬五世之未葬者七十喪，以易教授于家。及爲直講，學者從之甚衆，太學由此益盛。

慶曆三年，吕夷簡罷相，夏竦罷樞密使，而杜衍、章得象、晏殊、賈昌朝、范仲淹、富弼、韓琦同時執政，歐陽脩、余靖、王素、蔡襄並爲諫官。先生喜曰：「此盛事也！歌頌，吾職，其可已乎！」乃作慶曆聖德詩，略曰：「衆賢之進，如茅斯拔。大姦之去，如距斯脱。」衆賢，謂衍等，大姦，斥竦也。詩且出，泰山先生見之，曰：「子禍始於此矣。」先生不自安，求出通判濮州。澠水燕談云：聖德詩云：「維仲淹弼，一夔一卨。」又曰：「琦器魁櫑，豈視居楔，可屬大事，重厚如勃。」其後，富、范爲宋名臣，而魏公定策兩朝，措天下於泰山之安，人始歎先生之知人。

先生非隱者，其仕嘗位於朝矣。然魯之人不稱其官而稱其德，以爲徂徠，魯之望，先生，魯人之所尊，故因其所居山以配其有德之稱曰徂徠先生者魯人之志也。先生貌厚而氣完，學篤而志大，雖在畎畝，不忘天下之憂。以謂「時無不可爲，爲之無不至，不在其位，則

行其言。吾言用，功利施於天下，不必出乎己；吾言不用，雖獲禍咎，至死而不悔」。其遇事發憤，作爲文章，極陳古今治亂成敗，以指切當世，賢愚善惡，是是非非，無所諱忌。世俗頗駭其言，由是謗議喧然，而小人尤嫉惡之，相與出力，必擠之死。先生安然，不惑不變，曰：「吾道固如是，吾勇過孟軻矣。」歐陽公撰墓誌

先生爲文，博辯雄偉，而憂思深遠。其爲言曰：「學者，學爲仁義也，惟忠能忘其身，惟篤於自信者，乃可以力行也。」以是行於己，亦以是教於人。所謂堯、舜、禹、湯、文、武、周公、孔子、孟軻、揚雄、韓愈氏者，未嘗一日不誦於口。思與天下之士，皆爲周、孔之徒，以致其君爲堯、舜之君，民爲堯、舜之民，亦未嘗一日少忘于心。至其違世驚衆，人或笑之，則曰：「吾非狂癡者也。」是以君子察其行而信其言，推其用心而哀其志。墓誌

天聖以來，穆伯長、尹師魯、蘇子美、歐陽永叔始唱爲古文，以變西崑體，學者翕然從之。其有楊、劉體者，人戲之曰：「莫太崑否？」石介守道深疾之，以爲孔門之大害，作怪説二篇，上篇排佛、老，下篇排楊億。於是新進後學，不敢爲楊、劉體，亦不敢談佛、老。後歐陽公、蘇公復主楊大年。呂氏家塾記

石介既卒，夏英公言於仁宗曰：「介實不死，北走胡矣。」尋有旨編管介妻子於江淮，又出中使與京東部刺史發介棺以驗虛實。是時，呂居簡爲京東轉運使，謂中使曰：「若發棺

空，而介果北走，則雖孥戮不足以爲酷。萬一介屍在，未嘗叛去，即是朝廷無故發人冢墓，何以示後世耶？」中使曰：「誠如金部言。然則若之何以應中旨？」居簡曰：「介之死，必有棺斂之人，又内外親族及會葬門生，無慮數百，至於舉柩窆棺，必用凶肆之人，今皆檄召至此，劾問之，苟無異説，即皆令具軍令狀，以保任之，亦足以應詔也。」中使大以爲然。遂自介親屬及門人姜潛以下并凶肆棺斂舁柩之人，合數百狀，皆結罪保證。中使持以入奏，仁宗亦悟竦之譖，尋有旨放介妻子還鄉，而世以居簡爲長者。東軒筆録○又云：夏竦之死也，仁宗將往澆奠。吳奎言於上曰：「夏竦多詐，今亦死矣。」仁宗憮然。至其家澆奠畢，躊躇久之，命大閹去竦面冪而視之。世謂剖棺之與去面冪，其爲人主之疑一也，亦所謂報應者邪？

張安道雅不喜石介，謂狂譎盜名，所以與歐、范不足，至人目以姦邪。一日謁曾祖，至祖父書室中，案上見介書，曰：「吾弟何爲與此狂生遊？」又問：「黄景微何在？聞前日狂生以羔鴈聘之不受，何不與喫了羊，着了絹，一任作怪？何足與之較辭受義理也？」曾祖除御史中丞，固辭不拜，石介以書與祖父，以不拜爲非，其略云：「内相爲名臣，子容爲賢子，天下屬望，所繫非輕，豈可以辭位爲廉？」張見者，此書也。蘇氏談訓

歐陽公銘先生之墓曰：「徂徠之巖巖，與子之德兮，魯人之所瞻。汶水之湯湯，與子之道兮，愈遠而彌長。道之難行兮，孔、孟遑遑。一世之屯兮，萬世之光。曰吾不有命兮，安

在乎桓魋與臧倉。自古聖賢皆然兮，噫子雖毁其何傷。」

校勘記

〔一〕王洛重之 「洛」，宋趙善璙自警篇作「益」。

十之五 老蘇先生

先生名洵，字明允，眉州眉山人。嘗舉進士、茂材異等，皆不中。至和、嘉祐間，歐陽文忠公上其所著書二十二篇，韓忠獻公復薦之召試舍人院，辭疾不至，遂除祕書省校書郎，霸州文安縣主簿。詔與陳州項城令姚闢同脩太常因革禮，書成方奏，未報，卒，年五十八，贈光禄寺丞。

職方君三子，曰澹、曰渙，皆以文學舉進士，而君少獨不喜學，年已壯，猶不知書。職方君縱而不問，鄉閭親戚皆怪之。或問其故，職方君笑而不答，君亦自如也。年二十七，始大發憤，謝其素所往來少年，閉户讀書，爲文辭。歲餘，舉進士，再不中，又舉茂材異等，不中。退而歎曰：「此不足爲吾學也。」悉取所爲文數百篇焚之，益閉户讀書，絶筆不爲文辭者五六年，涵畜充溢，抑而不發。久之，慨然曰：「可矣。」由是下筆，頃刻數千言，其縱横上下，出入馳驟，必造於深微而後止。蓋其禀也厚，故發之遲；志也慤，故得之精。自來京師，一時後生學者，皆尊其賢，學其文，以爲師法。以其父子俱知名，故號老蘇以别之。歐陽撰墓誌

嘉祐中〔一〕，僕領益部，得蘇君所著權書、衡論，因以書先之於翰林歐陽永叔，一見，大稱嘆，目爲荀卿子，獻其書于朝。自是名動天下，士爭傳誦其文，時文爲一變，稱爲老蘇。時相韓公琦聞其名而厚待之，嘗與論天下事，亦以爲賈誼不能過也。初作昭陵，禮廢闕，琦爲大禮使，事從其厚，調發趣辦，州縣騷然。先生以書諫琦且再三，至引華元不臣以責之。琦爲變色，然顧大義，爲稍省其過甚者。及先生没，韓亦頗自咎恨，以詩哭之，曰：「知賢不早用，愧莫先於余者矣。」張安道撰墓表

嘉祐初，王安石名始盛，黨友傾一時。歐陽脩亦善之，勸先生與之遊，而安石亦願交於先生。先生曰：「吾知其人矣，是不近人情者，鮮不爲天下患。」安石之母死，士大夫皆吊，先生獨不往，作辨姦一篇。先生既没三年，而安石用事，其言乃信。墓表○辨姦略云：羊叔子見王衍〔二〕，曰：「誤天下蒼生者，必此人也。」郭汾陽見盧杞，曰：「此人得志，吾子孫無遺類矣。」自今言

之，其理固有可見者。以吾觀之，王衍之爲人也，容貌言語，固有以欺世而盗名者，然使晉無惠帝，雖衍百千，何從而亂天下乎？盧杞之姦，固足以敗國，然不學無文，非德宗之鄙暗，亦何從而用之？由是言之，二公之料二子，亦容有未必然也。今有人，口誦孔、老之言，身履夷、齊之行，收召好名之士，不得志之人，相與語言，私立名字，以爲顔淵、孟軻復出，而陰賊險很，與人異趣，是王衍、盧杞合而爲一人也，其禍可勝言哉！夫面垢不忘澣，此人之至情也。今也不然，衣臣虜之衣，食犬彘之食，囚首喪面而談詩、書，此豈其情也哉！凡事之不近人情者，鮮不爲大姦慝。以蓋世之名，而濟未形之惡，雖有願治之主，好賢之相，猶當舉而用之，則其爲天下之患，必然而無疑者，非特二子之比也。

東坡中制科，王荆公問吕申公：「見蘇軾制策否？」申公稱之。荆公曰：「全類戰國文章。若安石爲考官，必黜之。」故荆公後脩英宗實録，謂蘇明允爲「戰國縱横之學」云。邵氏聞見後録

因論蘇明允衡書、權論曰：「觀其著書之名已非，豈有山林逸民，立言垂世，乃汲汲於用兵？如此所見，安得不爲荆公所薄曰『大蘇以當時不去二虜之患，則天下不可爲』。又其審敵篇引晁錯説景帝削地之策曰『今日夷狄之勢，是亦七國之勢』，其意蓋欲掃蕩二虜，然後致太平耳。曰『才以用兵爲事』，曰『相搔擾』，何時見天下息肩時節？以仁宗之世視二虜，豈不勝如戰國時？然而孟子在戰國時所論，全不以兵爲先，豈以崇虚名而受實敝乎？亦必有道矣。」龜山語録

校勘記

〔一〕嘉祐中 「嘉」，琬琰集中卷四二張方平撰文安先生墓表作「皇」。

〔二〕羊叔子見王衍 「羊叔子」，洪、張本作「王叔子」，宋蘇洵嘉祐集卷九作「山巨源」。按：晉書卷四三王戎傳附從弟衍傳：「衍字夷甫，神情明秀，風姿詳雅。總角嘗造山濤，濤嗟嘆良久。既去，目而送之曰：『何物老嫗，生寧馨兒？然誤天下蒼生者，未必非此人也。』」山濤字巨源。王衍傳又云「衍年十四時在京師造僕射羊祜」，然無「誤天下蒼生」之語。羊祜字叔子。「王叔子」，其人未聞。據此，當以作「山巨源」爲是。

三朝名臣言行録

目録

卷第一……三三七
一之一　丞相魏國韓忠獻王琦……三三七
卷第二……三八八
二之一　丞相韓國富文忠公弼……三八八
二之二　參政歐陽文忠公脩……四一〇
卷第三……四三一
三之一　太師潞國文忠烈公彦博……四三一
三之二　參政趙康靖公概……四四四
三之三　參政吳文肅公奎……四四九
三之四　參政張文定公方平……四五二
卷第四……四六六

四之一　樞密胡文恭公宿……四六六
四之二　端明蔡公襄……四七二
四之三　尚書王懿敏公素……四七八
四之四　集賢學士劉公敞……四八三
卷第五……四九二
五之一　參政唐質肅公介……四九二
五之二　參政趙清獻公抃……四九九
五之三　御史中丞吕公誨……五〇七
五之四　御史中丞彭公思永……五一五
五之五　内翰蜀郡范忠文公鎮……五二〇
卷第六……五三二
六之一　太傅魯國曾宣靖公公亮……五三二
六之二　丞相荆國王文公安石……五三六
卷第七……五六九
七之一　丞相温國司馬文正公光……五六九

七之二　諫議大夫司馬公康……六〇三
卷第八……六〇六
八之一　丞相申國吕正獻公公著……六〇六
八之二　崇政殿説書滎陽吕公希哲……六三九
卷第九……六四七
九之一　中書舍人曾公鞏……六四七
九之二　翰林學士曾文昭公肇……六五二
九之三　内翰蘇文忠公軾……六六一
九之四　門下侍郎蘇公轍……六七三
卷第十……六八五
十之一　丞相康國韓獻肅公絳……六八五
十之二　門下侍郎韓公維……六九四
十之三　中書侍郎傅獻簡公堯俞……七〇五
十之四　尚書彭公汝礪……七一二
卷第十一……七一七

十一之一　丞相范忠宣公純仁……七一七
十一之二　尚書左丞王公存……七三九
十一之三　丞相蘇公頌……七四三
卷第十二……七五八
十二之一　丞相劉忠肅公摯……七五八
十二之二　樞密王公巖叟……七七一
十二之三　諫議劉公安世……七七八
卷第十三……八〇一
十三之一　内翰范公祖禹……八〇一
十三之二　吏部侍郎鄒公浩……八一八
十三之三　諫議陳忠肅公瓘……八二三
卷第十四……八四〇
十四之一　康節邵先生雍……八四〇
十四之二　密學陳公襄……八五二
十四之三　祕書丞劉公恕……八六〇

十四之四　節孝徐先生積……八六四
十四之五　陳無己師道……八七〇

三朝名臣言行録卷第一

一之一　丞相魏國韓忠獻王

王名琦，字稚圭，相州安陽人。中天聖五年進士第二人，授將作監丞。通判淄州，改太常丞，直集賢院，監左藏庫，徙開封府推官，遷度支判官。景祐三年，除右司諫供職。寶元二年，擢知制誥，知審刑院。益、利路大飢，爲體量安撫使。康定元年，西邊用兵，爲陝西安撫使，尋加樞密直學士，充經略安撫副使，同管勾都總管司事。降知秦州，兼秦隴都總管，沿邊招討等使。慶曆二年，改除秦州觀察使，數月，復爲樞密直學士，充陝西四路都總管，經略、招討等使。明年，召拜樞密副使，除資政殿學士。知揚州，徙鄆州、真定府、定州。皇祐五年，授武康節度使，知并州，徙相州，除樞密使。嘉祐三年，拜集賢殿大學士、平章事。六年，進昭文相。英宗即位，封魏國公。神宗即位，除鎮安、武勝等軍節度使，司徒兼侍中，判相州。改淮南節度使，判永興軍，復判相州，徙大名府。熙寧六年，復請相。八年，薨，年六十八。贈尚書令，配饗英宗廟庭。上親製神道碑以賜之，題碑額曰「兩朝顧命定策元勳之碑」。徽宗朝追封魏王。

公自幼而孤，鞠於諸兄。既長，能自立，有大志，端重寡言，不好嬉弄。所學不用力而過人，性淳一無邪曲，孝于其母，悌事諸兄，皆不教而能。李清臣撰行狀

天聖五年，仁宗初臨軒試進士，公年二十，名在第二。時唱名第一甲方終，太史奏日下五色雲見，左右從官皆賀於殿上。家傳

監左藏庫，時方貴高科，多徑去爲顯職，公獨滯於筦庫，衆以爲非宜，公處之自若，不以爲卑冗，職事亦未嘗苟且。禁中須索金帛，皆内臣直批聖旨下庫，無印記可以考驗。公奏曰：「天禧中嘗專置傳宣合同一司，關防甚嚴，官物非得合同憑由，不可給。後相習爲弊，廢而不行。願復舊制。」詔從之。舊有監秤内臣一員，綱運至，必俟監秤，始得受納。内臣往往數日不至，寶貨皆暴露廊廡，遠方衙校，苦於稽留。公奏罷之。災傷，州郡所輸物帛不如度者，例猶追剥，公請蠲之。家傳

徙開封府推官，理事不倦，暑月汗流浹背，府尹王博文大器重之，曰：「此人要路在前，而治民如此，真宰相器也。」胡氏傳家録

以右司諫供職，勸上明得失，正朝廷紀綱，親近忠直，放遠邪佞。時災異數見，公以災變屢發，主於執政者非才，累言於上，未見納。公又奏曰：「豈陛下擇輔弼未得其人邪？若杜衍、范仲淹、孔道輔、宋郊、胥偃，衆以爲忠正之臣，可備進擢。不然，嘗所用者王曾、呂夷簡、蔡齊、宋綬亦人所屬望也。」章十上，不報。公乃抗疏乞出。疏示中書，敕御史臺集百官會議，上乃罷宰臣王隨、陳堯佐，參知政事韓億、石中立等四人者。家傳○王巖叟編別録云：公常言天下事不如人望者多，仁宗朝王隨、陳堯佐爲輔相，皆老病而不和，中書事多不決。韓億、石中立二人參預，又頗以私意害公。公既論罷之，天下望在王沂公、呂申公、杜祁公、范希文，而公亦引薦之。及宣麻日，乃張士遜昭文，章得象集賢，宋庠、晁宗慤參政，天下大失望。是時朝廷欲以公爲知制誥，寵其盡言。公曰：「諫行足矣，因取美官，非本意也，人其謂何！」語聞，遂寢。

時災異數見，朝廷但齋醮禳謝，公既上疏極論，又聞大慶殿建設道場，公奏：「前世祈禱之法，必徹樂減膳，脩德理刑，下詔求言，側身避殿，始可轉禍爲福。願法而行之。宮中宴飲，亦望節減，不獨仰奉天戒，實可上安聖躬。且大慶殿者，國之路寢，陛下非行大禮，被法服，則未嘗臨，臣下非大慶會則不能一至于庭，豈容僧道凡庸之人，繼日累月，喧雜于上？非所以正法度而尊威神也。今後設醮，望於別所安置。」上嘉納之。家傳

公又言：「賞罰當從中書出，今數聞有内降，不可不止。王曾、蔡齊、宋綬，當世名臣，

宜大用。」上納其說。王沂公見公論事切直有本末，喜謂公曰：「比年臺諫官多畏避爲自安計，不則激發近名。如君固不負所職，諫官宜若此。」沂公，天下正人，公得此益自信。行狀

民間復作銷金服玩，公請以先朝舊制禁絶之。乃下詔申諭。未幾，有犯者，開封以刑名未明，申請審刑院議，止徒三年。公奏：「大中祥符八年敕，犯銷金者斬。請復用之。」家傳

詔同詳定阮逸、胡瑗等所造鍾律。公論曰：「祖宗舊法，遵用斯久，屬者徇一士之偏議，變數朝之定律。臣切計之，不若窮作樂之源，爲致治之本，使政令平簡，民物熙洽，海内擊壤鼓腹以歌太平，斯乃上世之樂，可得以器象求乎？既達其源，又當究今之所急。國家方夏寧一，久弛邊備，犬戎之性，豈能常保？願陛下與左右弼臣，緩茲永樂之誠，移訪安邊之議，急其所急，在理爲長。」遂詔：「將來南郊，且用和峴舊樂。」家傳

發解開封府舉人，時惟禮部貢院，置封彌、謄録二司，開封止有封彌官。公請並設謄録司，以示至公。從之。家傳

侍御史袁素言：「乞依賈昌朝所奏，取景德至景祐年凡百用度，較其出入，省罷不急。」詔公與張若谷、任中師同三司詳定。公謂：「景德以來，歲月已深，文案必不完具，若俟齊集而議，徒成淹久。但考見今日，實爲浮費，自可裁度上聞。如故將相戚里之家，多占六軍

等耗，縣官衣粮，爲私家僕隸，在京不啻數千人。若此類，何必待景祐文書較計邪？」詔從之。又言：「自古興儉以勸天下，必以身先之。今欲減省浮費，莫如自宫掖始。請令三司取入内内侍省并御藥院、内東門司先朝及今來賜予支費之目，比附酌中，皆從減省，無名者一切罷之。」詔：「禁中支費，只入内内侍省、御藥院、内東門司同相度減省，報詳定所。其臣僚支賜，即許會問入内内侍省施行。」家傳

公爲諫官三年，所存諫藁，欲斂而焚之，以效古人謹密之義，然恐無以見人主從諫之美，乃集七十餘章爲三卷，曰諫垣存藁，自序於首，大略曰：「諫主於理勝，而以至誠將之。」家傳

知審刑院。先是，盜殺同黨，既已就捕，例不抵死。公曰：「此但并有其貲，或就滅其口，非有自新改過之心，無足矜者。請更議其法。」乃詔：「盜殺其徒而不首者，毋得原。」家傳

以益、利路人飢，爲體量安撫使。公至則蠲減税以募人入粟，招募壯者，等第刺以爲廂禁軍。一人充軍，數口之家，得以全活。檄劍門關，民流移而欲東者勿禁。簡州艱食爲甚，明道中，以災傷嘗勸誘納粟，後糶錢十六餘萬，歸於常平。公曰：「是錢乃賑濟之餘，非官緡也。」發庫盡以給四等以下户，逐貪殘不職吏，罷冗役七百六十人，爲饘粥，活飢人一百九

十餘萬。蜀人曰：「使者之來，更生我也。」家傳

李元昊初叛，兵鋒銳甚，中國久不知戰，人心頗恐，士大夫多避西行。公使蜀道潼、陝歸，奏事便殿，上問西兵形勢，公具以所聞對。上即曰：「朕比憂乏人按邊，卿其爲朕往。」授陝西安撫使，趣上道。公勇欲自效，馳至延安，則羌已解圍去。然士氣沮傷，將吏往往移病求罷職。公即選練材武，治戰守器，慰安居人，收召豪傑，與之計議，檄諸郡完城郭如河北，始設烽燧以候虜。先是，大將劉平戰北，或誣其叛去，遂錮守平妻子，具獄河中府。公力辨白釋之。録戰死者，賻恤賞贈，邊臣皆勸。范雍守延州，朝廷以爲不能，欲以趙振代。公奏曰：「振麄勇，可使搏戰，非謀議守邊才。願留雍以觀後效。無已，則起范仲淹爲可。臣爲國家憂，非私仲淹也。若涉朋比，誤陛下事，當族。」慶人陳叔慶等陳邊防策，既而補官東南，公奏曰：「忠義憤懣，爲國獻計，雖稍收用，乃置于僻左，實羈縻之，非所以開示誠意，招徠人才也〔一〕。」又奏罷率馬令，以寬民力，及裁處它利害甚悉。上益知公可辨大事。行狀

康定元年五月，天子命夏公竦都護西師，而以公副之。未幾，遣學士晁宗慤、内侍王守忠督出兵攻賊。公曰：「如詔意爲便，不則元昊聚兵出不意攻我，我倉猝赴敵，必敗。」合府爭曰：「承平久，不習戰，羌寇暴起，今將與兵未訓講，其可深入客鬬乎？願謹關塞，以歲月平之。」公所論不得用，使持奏還，而元昊掠鎮戎軍，偏將劉繼宗逆戰，果不利。詔下切

責，俾以進兵日月來上。衆復會議曰〔二〕：「軍事雖可擇便宜行之，然大計亦不當遽〔三〕。」乃畫攻守二策求中決。公馳驛奏闕下，上許用攻策，已而執政以爲難。公不得已，獨上章曰：「元昊竊數州，精兵不出四五萬〔四〕，餘皆婦女老弱，舉族而行。我四路之兵不爲少，分戍數十城塞〔五〕，彼聚而來，故常衆，我散，故常寡，相遇每不敵，是以元昊能數勝。今不究此失，乃待賊太過，以二十萬重兵，惴然坐守界濠，不敢與虜確，臣實痛之。願更命近臣，觀賊之隙，如不可不擊，則願不疑臣言。」奏雖不下，知兵者以公説爲然。行狀

公往來塞下，勤苦忘寢食〔六〕，期有以報上。出按屯至涇原，聞元昊乞和，公諭諸將曰：「無約而降者，謀也。宜益備，不可懈弛。」遽調兵瓦亭，兵未集，賊果入鈔山外。公指圖授諸將曰：「山間狹隘可守，過此必有伏，或致師以怒我，爲餌以誘我，皆無得輒出。待其歸且憧也，邀擊之。」而裨將任福、王仲賓狃小勝，數違節度。公遣府吏耿傅就詰責，不從。則又檄福曰：「違節度，有功亦斬。」福猶進兵，遇伏，遂戰死。嫉公者乞置公大罪，後大帥使收餘兵，得檄福衣帶間，封上之。安撫使王公堯臣亦以實奏，朝廷知罪在諸將，止左遷右司諫，知秦州。行狀

公在秦，增廣州城，以保固東西市〔七〕，招輯屬户，益市諸羌馬，討殺生羌之鈔邊者，厲兵以待賊。訖公去，秦賊不敢窺秦塞爲盜。行狀

慶曆二年，陝西四帥皆改觀察使，公爲秦州觀察使，曰：「吾君憂邊，臣子何可以擇官？」獨不辭。行狀○又家傳云：公上表謝曰：「辭之則有可疑之迹，擬希求進用之嫌；受之則有從權之名，協軍旅稱呼之便。」

初，京師所遣戍兵，脆懦不習勞苦，賊常輕之，目曰「東軍」，而土兵勁悍善戰。公奏增土兵以抗賊，而稍減屯戍，内實京師。又以籠竿城據衝要，乞建爲德順軍，以蔽蕭關、鳴沙之道。既任事久，歲補月完，甲械精堅，諸城皆有備，賞罰信于軍中，將亦習鬬，識形勢，每出輒有功，勇氣倍于初時。公方建請：「於鄜、慶、渭三州，各以土兵三萬爲一軍，軍雖别屯，而耳目相通爲一，視虜所不備，互出擣之，破其和市，屠其種落，困撓其國，因以招横山之人，度横山隳則平。夏兵素弱，必不能支，我下視興、靈，穴中兔爾。」章既上，又與范公定謀益堅，而元昊黠賊，知不可敵，亦斂兵不敢輒近塞。行狀

丞相范公純仁，治平中爲御史，坐言事謫通判安州。嘗言康定間，元昊寇邊，韓魏公領四路招討，駐延安。忽夜有人携匕首至卧内，遽褰幃帳，魏公起坐，問誰何，曰：「某來殺諫議。」又問曰：「誰遣汝來？」曰：「張相公遣某來。」蓋是時張元夏國正用事也。魏公復就枕曰：「汝携予首去。」其人曰：「某不忍，願得諫議金帶足矣。」遂取帶而出。明日，魏公亦不治此事。俄有守陴卒報城櫓上得金帶者，乃納之。時范兄純祐亦在延安，謂魏公曰：

「不治此事爲得體。蓋行之則沮國威，今乃受其帶，是墮賊計中矣。」魏公握其手，再三嘆服，曰：「非琦所及。」麈史

公與范公在兵間最久，兩公名重一時，人心歸之，樂爲之用，朝廷倚以爲重，故天下稱爲「韓范」。仁宗知公久勞于外，遣使密諭旨曰：「卿孤立無人援薦，獨朕知之，行召卿矣。」明年春，與范公同召拜樞密副使。公自請捍邊，至五表，不聽。既至，又與范公伸前議，同決策上前，期以兵覆元昊。會夏國送款，公謀不果用，范公每恨齟齬功不就，故作閱古堂詩叙其事，傳于世。行狀

時邊事雖欲講解，元昊猶上書邀朝廷，其輕者欲自建元，爲父子，呼兀卒，及令我使與陪臣爲列。二府遽欲從之，公獨謂不可許。數廷議，衆尚不從，公持之愈堅，故晏丞相至變色而起，公守所見不易，卒殺其禮如公言。行狀

初，夏人方議講和，公以謂邊備不可弛，請與范公俱出按行。遂命公宣撫陝西，范公宣撫河東。范公請益兵數萬屯河陽、蒲中及以兵從，公以爲不必請兵。上前議未合，退於殿廬中，范公猶爭以爲非益兵不可。公曰：「若爾則琦乞自行，不用朝廷一人一騎。」范公色忿，欲再請對，道公語。公笑止之。會杜祁公、富韓公贊公説，卒不發兵，范公亦不以爲忤也。家傳〇又別録云：公嘗爲門人語此事曰：「國家事鎮之則靜，但敢者少爾。如希文亦未免有易動處。」

公既至關、陜，屬歲大飢，群盜嘯聚商、虢之郊，張海、郭貌山、邵興衆數千人。巡檢上官珙與戰失利，餘軍潰散，藏匿山谷。邵興揭牓招誘商州錢監役兵，公遣屬官薛向乘傳往料簡之。其舊係邊兵，即令歸隸舊籍，餘並押赴陜府，填諸軍闕額。又遣人賫牓招致上官珙下散軍，諭以免罪，歸所屬。仍召揚拙等將沿邊土兵，入山捕張海、邵興等，皆相繼殲衄，關輔按堵。是冬大旱，河中、同、華等十餘州，飢民相率東徙出關。公即選官分詣州縣，發省倉賑之。又蠲賦役，察官吏能否者陞黜之。又以兵數雖多而雜以疲老，耗用度，選禁軍不堪征戰者，停放一萬二千餘人。後田況乞選諸路軍不堪戰者爲厢軍，云：「若謂兵驕久，一旦澄汰恐致亂，則去年韓琦汰邊兵萬餘人，豈聞有爲亂者哉！」家傳

時仁宗以天下多事，急于求治，手詔宰相杜衍曰：「朕用韓琦、范仲淹、富弼，皆中外人望，有可施行，宜以時上之。」又開天章閣賜坐，咨訪絶務〔八〕。公條九事，大略備西北，選將帥，明按察，豐財利，抑僥倖，進有能，退不才，去冗食，謹入官。繼又獻七事。議稍用而小人已側目不安。二府或合班奏事，公必盡言，事雖屬中書，公亦對上指陳其實。同列尤不悦，獨仁宗識之，曰：「韓琦性直。」行狀○又强至所編遺事云：公言仁廟御批：「朕用韓琦、富弼、范仲淹，皆公議人望之所歸，凡所議事，仰章得象、杜衍以下，公心協力行之。」文正家藏一本，一以與公，今尚存也。

蘇子美輩爲進奏院事發，仁宗爲讒者所惑，夜遣中使散入大臣家捕同飲者。公明日對

曰：「夜來聞遣宦官遶京城捕館職，甚駭物聽。此事但付有司，自有行遣。緣陛下即位來，不曾做此等事，何故今日陡如此？」上色悔久之。別録

公云：諸人欲以進奏院事傾正黨，宰相章得象、晏殊不可否，賈昌朝參政陰主之，張方平、宋祁、王拱辰皆同力以排，至列狀言「王益柔作傲歌，罪當誅」。公時在右府，不與此事，因兩府同對，偶言：「益柔狂語，何足深計校？方平等皆陛下近臣，今西邊用兵，有何限大事不爲陛下論列，而同狀攻一王益柔，其情亦可見。」上遂釋然。別録

富鄭公安撫河北還，至都門，命守鄆。公奏曰：「朝廷聞北虜點兵，弼以忠義請行，事畢歸奏，去京師咫尺，胸中籌策，不得一陳於陛下之前，乃責補閑郡，四方不聞其罪，曾無一人爲弼言者。臣切爲陛下惜之。」累上，不報。行狀

前此，陝西帥鄭公戩以劉滬、董士廉城水洛，涇原守將尹洙、狄青謂非便，詔輟其役，會戩罷兼涇原路，二人猶城之，青欲斬以徇，不克，戩論救于朝，朝廷薄二人罪。公曰：「二人者實違詔，何可無罪？」列十事辨析。後士廉詣闕訟，而柄臣爲之佐佑，又屬公與當時有名大臣，改更天下敝事，僥倖者憚之，故富公、杜公相繼罷去，公亦懇求補外。行狀

徙知鄆州，京東素多盜，捕盜之法，以百日爲三限，限中不獲者抵罪。盜未必得，而被刑者甚衆。公請獲它盜者，聽比折除過，捕者有免刑之路，故盜多獲。朝廷著爲天下法，至

今用之。家傳

公自揚徙鄆，自鄆徙鎮定，所至設條教，葺帑廩，治武庫，勸農興學，人人樂其愷悌，愛慕之如父母。定州久用武將，治兵無法度，至于驕不可使。當明公鎬引諸州兵平甘陵，獨定兵邀賞賚，出怨語〔九〕，幾欲譟城下。公素聞其事，以爲定兵不治，將爲亂。既至，即用兵律裁之。察其橫軍中尤不可教者，捽首斬軍門外。士死攻圍，賻賞其家，涅其孤兒，使繼衣廩。恩威既信，則效古兵法，作方員鋭三陣，指授偏將，日月教習之。由是定兵精勁齊一，號爲可用，冠河朔。京師發龍猛卒戍保州，在道竊取人衣屨，或飯訖不與人直。至定，公留不遣，曰：「保州極塞，嘗有叛者，豈可雜以驕兵戍之？」易素教者數百人以往，而所留卒未踰月亦皆就律，不敢復犯法。一府裨佐如狄青輩，熟聞公平日語，見〈此下原闕一葉〉〔一〇〕潘美爲帥，避寇鈔爲己累，令民内徙，空塞下不耕，號禁地。而忻、代州、寧化、火山軍廢田甚廣。歐陽公脩嘗奏乞耕之，爲并帥沮撓，久不行。公至，遣人行視，曰：「此皆我腴田，民居舊迹猶存，今不耕，適留以資虜，後且皆爲虜人有之矣。」遂奏募弓箭手居之，得户四千，墾地九千六百頃。屬城歲發防秋兵至河外，人病遠餉。公曰：「寇來可預知，奚防秋？」爲罷不復遣。河東俗雜羌夷，用火葬，公爲買田，封表刻石，著令使得葬於其中，人遂以焚屍爲耻。行狀

除樞密使，公以皇朝百餘年，祖宗以征伐平定中國，外臨制四夷，機事歸樞密府，文書藏于吏舍，朽蠹散亡爲可惜，奏擇吏整比紀次之，多得三聖親筆，見其神斷，及四方兵要根本，爲六百八十卷。制禄令、驛令，使有成法，三司吏不復得弄文移爲稽，故賕賄自絶，訖今以爲便。請稍出内帑錢，糴粟數百萬實邊備。建遣郝質、王慶民、度藏才三族故地，命郭霸復城，爲豐州，與麟府相爲羽翼，瞰契丹、夏國相通之道。行狀

溪洞蠻彭仕羲納其子師賓之妻，師賓與子投辰州告之，且言將謀叛。轉運使李肅之等遂領兵討之，自是入寇不已。仕羲方乞復通貢奉，却欲得投來子孫。二府合議，辛相文彦博呼吏擬奏許之。公曰：「二子既還，則爲魚肉矣。它日朝廷何以來蠻夷也！」遂議遣殿中丞雷簡夫往議之，先約勿殺師賓，俾知龍賜州，然後許降。仕羲乃聽命納款，荆、湖之間遂無事。家傳

中書習舊敝，每事必用例。五房吏操例在手，顧金錢惟意所去取。所欲與，白舉用之；所不欲行，或匿例不見。公令删取五房例，及刑房斷例，除其冗謬不可用者，爲綱目類次之，封縢謹掌。每用例，必自閲。自是人始知賞罰可否出宰相，五房吏不得高下于其間。又編中書機要如樞密院，舉督天下吏職，嚴京百司，察不職者，及貴臣挾恃放縱，有罪無所貸，以懲廢弛之風，陰消宦者權。又試補宗室外官，興學校，變科舉，别考五路貢士。

雖不行，其後頗如其說。行狀

公推廣上之仁德，使及微細。考尋天禧初，嘗於京門外四禪院買地，以瘞無主骸骨，官給錢六百，幼者半之，後因循不復給錢，而死者暴露於道，見者閔傷，乃舉舊制行之。家傳

公自爲宰相，即與當時諸公，同力一德，謀議制作，完補天下事〔一一〕。所汲引多正直有名，或忠厚可鎮風俗，列侍從，備臺諫，以公議用之，士莫自知出何人門下。嘉祐四年，下祫饗赦，事多便民者。命諸路舉學行尤異，敦遣詣京師，館于太學，試舍人院，差使授官。立柴氏後爲崇義公，法春秋存亡國、繼絶世之義。擇才臣，詣四方，寬恤民力，籍户絶田租爲廣惠倉，以廣賑恤。募耕唐、鄧廢田，勸課農作。摹方書，賦藥物，以救疾病。守令治最者，久其任，以率吏課。裁定令敕，以省疑讞。弛茶禁，以便東南之人，愚民得無陷大罪。議者以謂近于三代之仁義，多公所論議施行。行狀

仁宗春秋高，繼嗣未立，天下以爲憂。雖或有言者，而大臣莫敢爲議首。公數乘間伏奏，乞選立皇子。上顧曰：「後宫一二欲就館，卿其毋亟。」後誕育皆皇女。公一日挾孔光傳進對曰：「漢成帝立二十五年無繼嗣，已議立帝弟之子定陶王爲皇太子。成帝中材常主，猶能之，以陛下之聖，何難于此哉！太祖爲天下長慮，福流至今，惟陛下以太祖心爲心，則無不可矣。」仁宗感悟，始以英宗判宗正寺。英宗力辭，宦官宫妾勢未便，中外皆爲危

之。公復啓曰：「陛下屬之以大任而不肯當，蓋其沉遠詳重，識慮有以過人，非有它也。事猶豫不決，招讒慝，生變故。且名未正則尚得以辭，名體一定，父子之分明，則浮議亦不復得揺矣。」仁宗欣納曰：「如此，則宜乘明堂大禮前，亟立爲皇子。」乃召樞密大臣諭其事，大臣或愕曰：「此大事，毋遽。」上顧曰：「朕意決矣。」曰：「誠如此，臣敢爲天下賀！」又召學士爲詔書，學士亦請對，然後進藁。英宗既爲皇子，尚堅卧。公又奏曰：「今既爲陛下子，何所問哉！願令宫人就諭旨，及本宫族屬敦勸。」上如其請。先帝始就慶寧宫。會仁宗棄天下，平旦，入預大議，英宗即皇帝位，宫門徐開，追百官班宣遺制，衛士坐甲，諸司幕廡下治喪，人情肅然。日至巳午，市肆猶有未知者。公性厚重，未嘗名其功，其門人親客，或燕坐從容，語及立皇子定策事，必正色曰：「此仁宗神德聖斷，爲天下計，皇太后母道内助之力，朝廷有定議久矣。臣子何預焉！」故一二大事，天下莫知其詳。行狀○

又遺事云：公自定武入爲樞密使，時仁宗嗣未立，公請置内學，教宗子，建儲之意，默存其中。事未及行，公秉政。仁宗倦勤甚，勢漸迫，更不暇置内學。每進對罷，即論太子天下本，不可不預立，以繫天下心。語日益深切，前後不可勝數。仁宗終無一言，不喜亦不怒。公患之。它日，仁宗忽顧公謂：「朕亦有意多時。」時有二宗子，嘗育宫中。公乘其意動，急叩之，謂：「二宗子陛下亦必自能見其孰聰明，知否可屬大計。」仁宗以英宗爲言，公即將順，以彼一人便若幽、厲，語更不及英宗，乞降聖旨劄子，權判宗正司。後兩府通簽御劄，張昇太尉見之懼，深罪公何不素議及，次日殿上大言：「此事繫社稷，陛下不可錯！」上曰：「此事與相公經商量來。」昇下殿，至中書，又詰公，公曰：「此甚入思慮來，不錯。」昇退，公笑曰：「若與之素議，豈不壞了事？」

英宗初爲皇子，時允弼最尊屬，心不平，且有語。及即位，國朝制度，嗣天子即位，先親王賀，次六軍，次見百官。公是時先獨召允弼入，稱：「先帝晏駕，皇子即位，大王當賀。」允弼曰：「皇子爲誰？」曰：「某人。」允弼謂：「豈有團練使爲天子者？何不立尊行？」公曰：「先帝有詔。」允弼曰：「焉用宰相？」遂循殿陛上。公叱下，曰：「大王，人臣也。不得無禮！」左右甲士已至，遂賀。次召諸親王，見六軍百官，中外晏然。遺事

英廟即位已數日，初掛服于柩前，哀未發而疾暴作，大呼，語言恐人，所不可聞，左右皆反走，大臣輩駭愕癡立，莫知所措。公亟投杖於地，直趨至前，抱入簾曰：「誰激惱官家？且當服藥。」內人驚散，公呼之，徐徐方來，遂擁上以授之曰：「皆須用心照管官家。」再三慰安以出，仍戒當時見者曰：「今日事唯某人見，某人見，外人未有知者。」復就位哭，處之若無事然。歐陽永叔歸以語所親曰：「韓公遇事，真不可及。」別録

英宗初以驚疑得疾，雖平而疑未解，潛晦自居，猶若疾者，面壁堅卧，莫受藥餌。公日率同僚，自捧藥以進。公俯而懇告，則或熟視公而不言，或取藥覆公之衣而不顧。公或跪

於榻上者移時，或拜於床下者數四。太后每勞公曰：「相公亦不易勝矣。大王汝自勸。」及大王勸之，尤不顧也，然須公强之而後服。別録

英宗遇貂璫少恩禮，左右不悦，多道禁中隱密者，雖大臣亦心惑其説，公獨屹然不動，昌言於衆曰：「豈有前殿不曾差了一語，而一入宫門，得許多錯來？」琦深疑此事，簾前亦屢以此爲對。」自爾人情知公意不可摇，妄傳語言者遂稍息。慈壽一日送密札與公，有「爲孀婦作主」之語，仍敕中貴俟報。公但曰：「領聖旨。」公以山陵有事呈乞，晚臨後上殿，諸公不與。既見，謂上曰：「官家不得驚，有一文字須進呈，只是不可泄。陛下今日，皆太后力，恩不可報。然既非天屬之親，願加意承奉，便自無事。」上曰：「謹奉教。」公又云：「此文字臣不敢留，幸宫中密焚之，若泄，則間遂開，卒難合矣。」它日，光獻對中書泣訴英宗疾中語言起居之狀，繼而樞密院對語亦如前。富公弼退而謂公曰：「適聞得簾下所説否？」弼則不忍聞。」蓋富意以太后之言爲然，而歸咎於英宗。及公力勸太后徹簾，不敢令富公預聞。後中書已得光獻旨還政，密院猶未知也。迨手書出，富公愕然，因此不悦。家傳

英廟既自外來，又方寢疾不豫，人情傾向在太后，公慮宫中有不測者。一日因對，深以言動太后曰：「臣等只在外面，不得見官家，内中保護，全在太后。若官家失照管，太后亦未安穩。」太后驚曰：「相公是何言語？自家更是用心！」公即曰：「太后照管，則衆人

自照管。」同列爲縮頸流汗。既而吳奎長文曰：「語不太過否？」公曰：「不得不如此。」別録

公潛察英廟已安，而曹后未有還政意，乃先建議英廟曰：「可一出祈雨，使天下之人識官家。」上然之。咨太后，太后怒曰：「獨不先禀此耶？孩兒未安，恐未能出！」公曰：「可以出矣。」太后曰：「人主出，不可以不備禮儀，方處喪，素仗未具。」公曰：「此小事，朝廷頤旨即辦。」不數日，素仗成，上遂幸相國寺。京師之疑已解，太后不久竟還政。別録

曹后初未還政，公力引古以動之，云：「前世母后，更聰明者多，莫不以固吝權位敗名德。太后若脱然復辟，則是千古所未有。請閲史書，一一可見。」太后曰：「自家何敢望賢人。」公察其意回矣，即連贊成之。後數日，批出云：「某日更不御殿。」公亟令捲簾徹座。乃往白上，上曰：「莫未否？」公曰：「已得親詔矣。」上遂釋然。別録

初，曹后難於還政，公説曰：「當別與太后議儀制。」山呼、警蹕、益衛士五百人之類。太后既允，即以諷上。上曰：「相公苦崇奬母后，是豈好事？」公曰：「臣等亟以此誘之，方肯放下，陛下何惜此耶！若以輕重比之，與之者止如鷄卵，放下者乃如泰山。」富公云：「何啻泰山！」遂定。別録

英宗初在藩邸，恭儉好學，禮下師友，甚得名譽。嘉祐末，仁宗不豫，大臣議選立宗室

子。仁宗勉從衆議，立爲皇子，然左右近習多不樂者。帝憂懼，辭避者久之。及仁宗晏駕，帝即位，以憂得心疾，大臣議請慈聖垂簾。帝疾甚，時有不遜語，后不樂。大臣有不預立皇子者，陰進廢立之計，惟宰相韓琦確然不變，參知政事歐陽脩深助其議。嘗奏事簾前，慈聖嗚咽流涕，具道不遜狀。琦曰：「此病故耳，病已必不爾。子病，母可不容之乎？」慈聖不懌，曰：「皇親輩皆笑太后欲於舊渦尋兔兒。」聞者驚懼，皆退數步，獨琦不動，曰：「太后不要胡思亂量。」少間，脩乃進曰：「太后事仁宗數十年，仁聖之德，著於天下。婦人之性，鮮不妬忌，昔温成之寵，太后處之裕然，何所不容？今母子之間，而反不能忍耶？」太后曰：「得諸君知此，善矣。」脩曰：「此事何獨臣等知之，中外莫不知也。」太后意稍和，脩復進曰：「仁宗在位歲久，德澤在人，人所信服，故一日晏駕，天下稟承遺命，奉戴嗣君，無一人敢異同者。今太后一婦人，臣等五六措大耳，舉足造事，非仁宗遺意，天下誰肯聽從？」太后默然久之而罷。後數日，獨見英宗，帝曰：「太后待我無恩。」公曰：「自古聖帝明王，不爲少矣，然獨稱舜爲大孝，豈其餘盡不孝也？父母慈愛而子孝，此常事，不足道。惟父母不慈而子不失孝，乃可稱耳。今但陛下事之未至耳，父母豈有不慈者？」帝大悟，自是不復言太后短矣。熙寧中，歐陽公退居潁上，轍往見之，間言及此，公曰：「古所謂社稷臣，韓公近之。昔上在潁邸，方人情疑二，公招記室王陶，使密説王傾身奉事慈聖。

王用其言，身執家人禮，至親奉几案，進飲食。慈聖由是歸心，而大計始定。」龍川志

仁宗靈駕欲到永昭，葬且有日，道路忽傳皇堂棟損，有司憂駭，不知所出。公至鄭始聞，時諸使見公，鈎公指，皆欲不問而掩之。公正色曰：「不可！果損，當易之。若違葬期，侈所費，此責猶可當，亦無可奈何。若苟且掩之，後有壞覆，人主致疑心，臣下何以當責？」一坐爲之歎息，服其不苟，處事必盡，識且及遠。既到皇堂，棟乃不損。遺事

英宗初立，外六班有謀變者，或言於公，公曰：「事不成，不過族耳，吾不懼也。」既而卒無事。英宗即政，公以其勇智不世出，可與有爲，乃考尋中書祖宗御批，得百餘番，俱缺落不完，補綴僅能識其字，皆經國長算大策，如取太原，下江南，伐犬戎，付中書之類。編成十餘軸。一日袖進，英宗一見之，不覺避御座。是時同列皆謂公有不言教萬乘事。後上僊，公哭之慟，曰：「何事不可爲？」別録

英宗即位，有疾，請光獻太后垂簾同聽政。有入内都知任守忠者，姦邪反復，間諜兩宫。時司馬温公知諫院，吕諫議爲侍御史，凡十數章，請誅之。英宗雖悟，未施行。宰相韓魏公一日出空頭敕一道，參政歐陽公已簽書矣，參政趙公槩難之，問歐陽公曰：「何如？」歐陽公曰：「第書之，韓公必自有説。」魏公坐政事堂，以頭子勾任守忠者立庭下，數之曰：「汝罪當死。」責蘄州團練副使，蘄州安置。取空頭敕填之，差使臣即日押行。其意以

謂少緩則中變矣。聞見録

公爲宰相十年，當仁宗之末，英宗之初，朝廷多故，公臨大節，處危疑，苟利國家，知無不爲，若湍水之赴深壑，無所疑憚。或諫曰：「公所爲如是誠善，萬一蹉跌，豈惟身不自保，恐家無處所，殆非明哲之所尚也！」公歎曰：「此何言也！凡爲人臣者，盡力以事君，死生以之，顧事之是非何如耳！至於成敗，天也，豈可豫憂其不成，遂輟不爲哉！」聞者愧服。其忠勇如此，故能光輔三后，大濟艱難，使中外之人，餔啜嬉遊自若，曾無驚視傾聽竊語之警，坐置天下於太寧，公之力也。温公撰祠堂記

孫和甫嘉祐、治平間在中書編排文字，嘗言：「昭陵未復土，英廟未親政，朝廷多故，中書文字，日盈於前。公一一從頭看，看了即處置了。接人更久，處事更多，精神意思，定而不亂，靜而不煩，如終日未嘗觸事者。殊不似議了一件事，讀了一紙文字，精神意思終日不來。」別録

治平中，夏國泛使至，將以十事聞朝廷〔一二〕，未知其何事也。時太常少卿祝諮主館伴，既受命，先見樞府，已而見丞相韓魏公，曰〔一三〕：「樞密何語？」曰：「樞府云：『若使人議及十事，第云受命館伴，不敢輒及邊事。』」公笑曰：「豈有止主飲食而不及它語耶！」公乃徐料十事，以授祝曰：「彼及某事，則以某辭對，辯某事則以某辭折。」祝唯唯而退。及

宴使者，果及十事，凡八事正中公所料，祝如所教答之，夏人聳伏。澠水燕談

濮安懿王以英宗踐祚，例當改封。英宗尤詳謹，不欲遽。既踰大祥，始詔兩制議其禮。兩制謂當封大國，稱皇伯。中書疑所生稱皇伯，無經據，又封爵須下詔，名之則未得其中。方下三省再議，英宗復詔罷之，而臺諫官攻中書不已，尤指切歐陽公，諸公莫不避匿自解。公獨謂人曰：「此中書事，皆共議，何可獨罪歐陽公？」士大夫嘆其平直忠諒，不肯推謗以與人。行狀

公素知陝西苦屯戍，餽餉煩艱，當得民兵以爲助，因乞籍民爲義勇。二府難其事，諫官亦爭之，曰：「關輔民將驚駭亡去，願以一身救二十萬人死。」二府以白上，上曰：「河北有義勇乎？」曰：「有。」又曰：「河東有義勇乎？」曰：「有。」「然則陝西奚獨爲不可？」論遂決，至今關輔爲便，人皆服上之言簡而盡，而亦多公之守也。行狀

夏賊叩大順城，公言：「宜留歲賜，遣使詰其罪。」大臣自文丞相悉以爲不然，左右或舉寶元、康定之喪師以動上意。公曰：「軍事須料彼此，今日禦戎之備，大過昔時，且諒祚狂童，國人不附，其勢何敢望元昊？詰之必服。」大臣或私相語曰：「渠謂料敵，且觀渠所料。」公卒建遣何次公往詰諒祚，踰月而次公還，以諒祚表聞。屬英宗已卧疾，二府同入問起居畢，公叩御榻曰：「諒祚表云何？」英宗力疾顧曰：「一如所料，一如所料。」行狀

初，英宗卧疾久，一日，公問起居退，神宗出寢門，憂形於色，顧公曰：「奈何？」公曰：「願大王早暮在上左右。」神宗曰：「此乃人子之職。」公曰：「非爲此也。」神宗感悟而去。英宗自感疾後，不能語，凡處分事，皆書於紙。治平三年十二月，上疾漸革，二府問疾罷，公奏曰：「陛下久不視朝，中外憂惶，宜早建立太子，以安衆心。」上頷之。公請上親筆指揮。上乃批曰：「立大王爲皇太子。」公曰：「大王乃潁王也，煩聖躬更親書之。」英宗又批於後云〔一四〕：「大王潁王某。」公曰：「欲乞只今晚宣學士降麻。」上頷之。公召御藥高居簡於前，授以御札曰：「適已得聖旨，令今晚宣學士依此降制。」是晚鎖院，時神宗侍側，聞是命，辭於榻前者久之。制下，又設置東宫官屬，於是國本定矣。初，英宗既許建儲，處分畢，顔色悽慘，嘻噓涕下。文潞公退而語之曰：「相公適見上面色否？人至此，雖父子之間亦不能不動。」公曰：「國事至此，無可奈何。」家傳

英宗初晏駕，急召上，未至，英宗復手動，曾公愕然，亟告公，欲止召太子。公拒之曰：「先帝復生，乃一太上皇。」愈促召上。其達權知變如此。遺事

上既即位，王陶由東宫官入御史府爲中丞，意有所觖望，奏彈宰相不押常朝班。朝廷以宰相日奏事垂拱，退詣文德殿押常朝班，或已過辰正，則御史臺放班行之，已數十年爲故事。陶憤不勝，乃肆誣詆，語涉不遜，諫官陰爲協比。上察其姦，罷陶言職。公亦遽乞補

郡，乃遣内侍張茂則賜手札慰諭起之。行狀〇又聞見録云：神宗初即位，王陶言魏公不押常朝班爲跋扈。帝遣近侍以陶疏示魏公，公奏曰：「臣非跋扈者，陛下遣一小黄門至，則可縛臣以去矣。」帝爲之動，出陶知陳州。〇又家傳云：王陶既出，邵亢猶欲撼公。上曰：「若不是韓琦，朕只是一皇親太保耳。」亢聞此語，惶懼自悔。

一日，中書進呈罷，上獨留公，訪對久之。因語及英宗初即位服藥次第，上曰：「是時不易處，當日如何？」公曰：「是時人情誠憂懼，然内則惟於太后前主以必不妨，外則急於皇子位差置官屬，相繼陛下自觀察使以使相封郡王奉朝請，立於允初之上，人心知有所屬，内外遂安，英宗亦得安然服藥。」上斂容拱手曰：「此恩何敢忘！」公惶恐謝。它日，上謂公：「近有欲以二大國封濮王者，如何？」公曰：「先帝遵守典禮，不敢爵父，而陛下豈可爵祖？又當以何親稱之邪？此必黨濮議者欲求必勝，殊不顧上累陛下孝德，而措先帝於重不幸也。願深察之。」上欣然納焉。家傳

韓魏公爲相日，曾公爲亞相，趙康靖、歐陽公爲參政。凡事該政令則曰問集賢，該典故則曰問東廳，該文學則曰問西廳，至於大事，則自決之矣。人以爲得宰相體。麈史

公爲英宗山陵使，復土還朝，以疾辭位，除兩鎮節度使，判相州。公以兼領兩鎮，近世無有，力辭，改淮南節度使，虚上相之位以待之。會种諤以兵取綏州，納降人嵬名山族帳數

萬人，諒祚將以兵報，西邊皆警輟〔一五〕，公往經略，授陝西安撫使，判永興軍。家傳曰：公辭二府，方奏事殿上，議邊事未決，曾公亮等奏曰：「今日韓琦朝辭在門外，乞與同議。」上亟召之，公既對，即奏曰：「臣前日備員政府，自當參議，今日，藩臣也，惟奉行朝廷命令耳，決不敢預聞。」上觀公意確，遂罷議。後元豐中，呂惠卿除知延州，乃自請乞與二府同議邊事，坐是黜貶。上因諭輔臣曰：「嘗記韓琦初往陝西，召至此與二府議事，再三辭不肯預，始知老臣自識體也。」方行，夏人誘保安軍守將楊定，殺之以復怨。公既趨關中，知羌中苦飢，又負罪，勢可以困。奏絶其歲賜，選將厲兵，具餅糗器用，移師西指，爲出討計。而諒祚死，秉常告哀謝罪，械送殺楊定者李崇貴、韓道喜以自贖。時議多欲棄綏州，朝廷已屢趣廢。公曰：「綏州要害，出賊脅下，已得之，何可廢也？宜增築，畀熟户大酋折繼世、降羌嵬名山守之。後雖不取，猶足以易地。」未見聽，則使府佐劉航驛奏。後果用易塞門、安遠故寨，不合，卒留爲綏德城，險固可守，虜人常恨失之。狂人尉倉等謀爲亂，以術禽取戮之，不脱一人，寛其詿誤。又城嘖珠堡，據篳篥川，赴甘谷寨，拓秦州之塞，招弓箭手居之，用便宜倚涇原葉燮會爲熙寧栅，畫圖付將吏，教以方略，張聲援，屯兵扼賊路。畢役，虜不敢犯，皆奪其地利，包屬羌于其中，以固藩衛。武事有序，則欲先收横山，漸取河南地，遂爲大字檄，陳向背福禍，牓塞下，騰入虜中〔一六〕，招横山之衆。而或者恐其有功，力沮壞之。行狀○又遺事云：有以使永昭後公不退爲問者，公曰：「是時英宗始立，疾作不任事，慈壽懷二三。時在永昭，一日，遣一近璫，小封親札，諭英宗狂惑等事，問：『相公如何？』報曰：『慈壽既云未定疊，未定疊人言語何足怪？』它日復遣使見逼甚，公曰：『只乞與曾公亮以下商量。』曾公輩果不敢當，皆云：『候韓琦回。』琦是時既使回，一日奏對罷，直論以爲『太后既無親出子，上幸養在宮中久，先帝有詔與子，其於子母，不爲不順，若更懷猶豫，聽讒佞，禍亂由此必起。立人之子，皆知不若立己之子，然太后既無子，不得不自認業。』慈壽由此語塞，不復出口。琦是時豈暇自顧進退之分？」未幾，英宗上仙，今上即位。一日，遂懇辭位。上流涕謂：「相公欲何之？」琦一日又盡持四方士人見責不退書開陳，以謂：「清議不容如此，豈敢安位？」上又流涕不語。請益堅。它日，忽宣諭已有恩命，云亦不久在外，虛冢席以待〔一七〕，故除兩鎮有「衮衣待還」之語。公復進見，謂：「制語太過，使臣不得安外，乞改之。」上不許，遂之相。後移雍，上使喻云：「只俟西帥回召見。」琦是時已知不可爲，堅請還相，次改北門，事由此分矣。

詔復知相州，仍令赴闕朝覲。陛辭之日，上從容訪問政事，公因進言：「用人當辨邪正，爲治之本，莫先於此。」上曰：「侍中國之龜鑑，朕敢不從！」家傳○又遺事云：公自長安入覲，朝廷欲留之，公陰知時事，遂堅請相。陛辭日，上謂：「卿去，誰可屬國者？」公引元老一二人，上默然。問：「金陵何如？」公曰：「爲翰林學士則有餘，處此地則不可。」上又不答。公便退。後有問公：「何以識之？」公曰：「嘗讀金陵答楊忱一書，窺其心術，只爲一身，不爲天下，以此知非宰相器。」○又聞見録云：公自永興過闕，神宗問曰：「卿與王安石議論不同，何也？」魏公曰：「仁宗立先帝爲皇嗣時，安石有異議，與臣不同故也。」帝以魏公之語問荆公，公曰：「方仁宗欲立先帝爲皇子時，春秋未高，萬一有子，措先帝於何地？臣之論所以與韓琦異也。」荆公强辯類如此。當魏公請册英宗爲皇嗣時，仁宗曰：「少俟，後宫有就閤者。」公曰：「後宫生子，所立嗣退居舊邸可也。」蓋魏公有以處之矣。然荆公終英宗之世，屢召不至，實自慊也。

改判大名府。時朝廷行青苗法，衆議皆以謂不便，臺諫官凡言及者，皆以罪斥，中外無復敢言。公慨然上疏，乞罷其法。條例司疏難頒下，及令進奏官指揮，本院將中書劄子頒行天下，公再奏曰：「臣詳制置司疏駁事件，即將臣元奏要切之語，多從删去，唯舉大概，用偏辭曲爲阻難〔一八〕，及引周禮『國服爲息』之説，文其謬妄，上以欺罔聖聽，下以愚弄天下之人，將使無復敢言其非者。臣不勝痛憤，至再有辨列。按周禮泉府：『掌以市之征布，斂市之不售，貨之滯於民用者，以其價買之物，揭而書之，以待不時而買者，各從其抵。』鄭衆釋云：『書其價，揭著其物也。不時買者，謂急求者也。抵，故價也。』臣謂周制民有貨在市而無人買，或有積滯而妨民用者，則官以時價買之，書其物價示民，若有急求者，則以官元買價與之，此所謂王道也。經又云：『凡賒者，祭祀無過旬日，喪紀無過三月。』鄭衆釋云：『賒，貰也。以祭祀喪紀，故從官貰買物。』唐賈公彦疏云：『賒與民，不取利也。』經又云：『凡民之貸，與其有司辨之〔一九〕，以國服爲之息。』鄭衆釋云：『貸者，謂從官借本賈也，故有息。使民弗利，以其所賈之國，所出爲息也。』此所謂王道也。而鄭康成云：『以其於國服事之税爲息也。於國事受園廛之田，而貸萬泉者，則期出息五百。』臣謂周禮園廛二十而税一，近郊十一，遠郊二十而三，甸稍縣都，皆無過十二，唯其漆林之征，二十而五。鄭康成蓋約此法，謂從官貸錢，若受園廛之地，貸萬錢者，出息五百。公彦因而解謂近郊十一者，萬錢期出息一千，遠郊二十而三者，萬錢期出息一千五百，甸稍縣都之民，萬錢期出息二千。臣謂如此，則須漆林之户取貸，方出息二千五百也。然當時未必如此。今放青苗錢，凡春貸十千，半年之内，便令納利二千；秋再放十千，至年終，又令納利二千。則是貸萬錢者，不問遠近之地，歲令出息四千也。周禮至遠之地，止出息二千，今青苗取利尚過周禮一倍，則制置司所言『比周禮貸民取息立定分數，已不爲多』，亦是欺罔聖聽。且謂天下之人，皆不能辨也。且今古異制，貴於便時。周禮所載有不可施于今者，其事非一。若謂泉府一職，今可施行，則上言以官錢買在市不售，及民間積滯之貨，候民急求，則依元買價與之；民有祭祀喪紀，就官中借物，限旬日三月還官，而不取其利，制置司何不將此周公太平已試之法，盡申明而行之？豈可獨舉注疏貸錢取息之利事，以誑天下之公言哉！」上始得公疏，意已大悟，亟欲寢罷。王安石引疾在告，唯參知政事趙抃等對。上諭欲罷之意，抃乃曰：「此主於安石，乞更俟安石出議之。」安石既出，執之益堅，聞者惜之。未幾，御史中丞吕公著亦言青苗法非便，安石欲黜之。上曰：「須别坐事令出。」既而又曰：「公著言韓琦近有章疏，朝廷亦當聽納。自古執政與藩臣若生間隙，至有舉晉陽之甲，以逐君側之惡者。」安石遽曰：「只此可以逐矣。」公著遂坐誣大臣欲舉晉陽之甲，罷知蔡州。諫官孫覺聞之曰：「此言覺嘗奏之，今貶公著，誤也。」公既以言忤權臣，又公著告詞，明坐所因，公益皇恐，遂以疾上章，乞知徐州。章四上，神宗遣内侍李舜舉慰諭之，乃止。家傳○又行狀云：初，法下，曰：「琦老臣也，義不敢默。」及不聽，曉官屬亟奉行，曰：「琦一郡守也，其敢不如令。」○又聞見録云：魏公知揚州，王荆公初及第，爲簽判，每讀書至達旦，略假寐，日已高，急上府，多不及盥漱。魏公見荆公少年，疑夜飲放逸。一日，從容謂荆公曰：「君少年，無廢書，不可自棄。」荆公不答，退而言曰：「韓公非知我者。」魏公後知荆公之賢，欲收之門下，荆公終不屈。故荆公熙寧日録中短魏公爲多，每曰：「韓公但形相好爾。」作畫虎圖詩詆之。至魏公薨，荆公有挽詩云：「幕府少年今白髮，傷心無路送靈輀。」猶不忘魏公少年之語也〔二〇〕。

太宗、真宗嘗獵於大名之郊，賦詩數十篇，賈魏公時刻于石。公留守日，以其詩藏于班瑞殿〔二一〕。既成，客有勸公摹本以進者。公曰：「脩之則已，安用進爲？」客亦莫喻公意。韓絳來，遂進之。公聞之嘆曰：「昔豈不知進耶，顧上方鋭意四夷事，不當更導之爾。」别録

公因語華相在北門〔二二〕，頗姑息三軍，公曰：「御軍自有中道，嚴固不可，愛亦不可，若

當其罪，雖日殺百人何害？人自不怨。」遺事

公曰：魏公、潞公俱嘗鎮北門。方魏公時，朝城令決一守把兵士，方二下，輒悖罵不已，知縣以解府。魏公使前問云：「汝罵長官，信否？」曰：「當時乘忿，實有之。」公曰：「汝爲禁兵，既差在彼，便有階級，安可如此？」即於解狀判「領赴市曹處斬」，從容平和，略不變色，衆但見其投筆，方知有異。至潞公時，復有外鎮解一卒如前者，潞公震怒，問之，兵對如實，亦判處斬而擲筆。以此見二公之量不同。如魏公則彼自犯法，吾何怒之有？不惟學術之妙，亦天資之過人爾。元城語録

公所歷諸大鎮，皆有遺愛，人人畫像事之，獨魏人於生祠爲塑像，歲時瞻奠，比狄梁公。戎狄尤畏公名，凡使契丹及來使者，必問：「韓侍中安否？今何在？」其子忠彦使幕北，虜主問左右：「孰屢使南朝，識韓侍中，觀忠彦貌類父否？」或對曰：「頗類。」乃即宴坐，命畫工圖之而去。館伴楊興功遽以告忠彦。北門爲聘使道，舊與京尹書，皆押字不名，及公留守，則名于書。其副使成禹錫仍喻來介曰：「以侍中在此，故特名。」及公去魏，後留守引前比，欲得其名數，强之，卒不可。每南來涉臨清界，即誡其下曰：「此韓侍中境，無多須索也。」行狀○又澠水燕談云：公舊有德於關中，秦人愛之。後子華自丞相出宣撫陝西，父老有遠來觀於道傍者，愕然相謂曰：「吾以謂韓公，乃非也。」於是相引以去。

熙寧八年三月，上遣近璫賫詔書問公曰：「兩朝通好垂八十年，近歲以來，生事彌甚，代北舊疆，自有定封，比亦遣官案行，經界甚明。朕曲敦盟好，固欲息民。虜情無厭，勢未能已。今横使再來，意在必得祖宗舊地，決難順從。若事出不測，其將奈何？卿夙著忠義，歷事三朝，乃心罔不在王室。國有大政，謀及故老。今待遇之要，備禦之方如何，卿宜密陳，朕將親覽。」公慨然曰：「事至如此，難爲從半塗間理會，須講所以致之由乃可。」因手書千餘言以對。又面語使者曰：「横使雖傲不肯去，第勿恤，待以常禮，使之久留無害也，宜復選使使虜就議，則渠自不安矣。」比使者歸朝廷，已許其地，而蕭禧還矣。別録○又聞見録云：熙寧七年春，契丹遣泛使蕭禧來言：「代北對境有侵地，請遣使分畫〔一二三〕。」神宗許之，遣太常少卿劉忱爲使。忱對便殿曰：「臣受命以來，在樞府考核文據，未見本朝有尺寸侵虜地。且雁門者，古名限塞，雖跬步不可棄，臣當以死拒之。」忱出疆，帝手敕曰：「虜理屈則忿，卿姑如所欲與之。」忱不奉詔。初，以祕書丞吕大忠爲副使，命下，大忠丁家艱，詔起復，未行，忱亦使回。虜又遣蕭禧來，帝開天章閣，召執政與忱、大忠同對，論難久之。忱固執前議，大忠亦然。執政知不可奪，罷忱爲三司判官〔一二四〕，大忠乞終喪制。帝遣中使賜富韓公、韓魏公、文潞公、曾魯公手詔，問以計策。韓魏公疏曰：「臣觀近年以來，朝廷舉事，則似不以大敵爲恤，虜人見形生疑，必謂我有圖復燕南之意，故造此釁端，屢遣使以爭理地界爲名，觀我應之之實如何爾。其所致虜之疑者七事：高麗臣屬契丹，於朝廷久絶朝貢，乃因商舶招諭而來，於國家初無損益，而契丹謂以圖我，一也；吐蕃部族不相君長，未嘗爲邊患，而强取其地，建熙河一路，殺其老弱以數萬計，契丹聞之，當謂行將及我，二也；邊近四山〔二五〕，地勢高仰，不可爲溏濼，向聞遣使部兵，徧置榆柳，以制虜騎，三也；義勇民兵，將校甚整，教習亦精，而忽創團保甲，一道紛然，義勇人十去其七，破可用之成法，得增數之虚名，四也；河北城池，工築並興，增置守具，檢視器械，五也；創都作院，頒降弓刀新様，大作戰車，費財殫力，先自困弊，六也；置河北三十七將，各專軍政，州縣不得關預，聲言出征，又深見可疑之形，七也。夫北虜素爲敵國，因疑起事，不得不然，亦其善自爲謀者也。今横使再至，初示倨蹇，以探伺朝廷，況代北初與雄州素有定界，若優容而與之，虜情無厭，浸淫不許〔二六〕，虜遂持此以爲己直，縱未大舉，勢必漸擾諸邊，卒隳盟好。臣昔曾言青苗錢事，而言者輒賜厚誣，非陛下之明，幾及大戮。自此聞新法日下，實避嫌疑，不敢論列。今親被詔問，事係國家安危，言及而隱，罪不容誅。臣嘗切計，始爲陛下謀者，必曰自祖宗以來，因循苟簡，治國之本，當先富强，則可以鞭笞四夷，盡復唐之故疆，然後制作禮樂，以文太平。故散青苗錢，爲免役法，次第取錢。又内外置市易務。新制日下，更改無常，官吏違者坐徒，不以赦降。監司督責，以刻爲明。今農怨於畎畝，商旅嘆於道路，官吏不安其職，恐陛下不盡知也。夫欲攘斥四夷，以興太平，而先使邦本困揺，衆心離怨，此則陛下始謀者大誤也。又好進之人，不顧國家利害，但得邊事將作，富貴可圖，必曰虜勢已衰，特外恃驕慢爾，以陛下神聖文武，若擇將臣領大兵深入虜境，則强劃之地，一舉可復。此又未之思也。今河朔累歲灾傷，民力大乏，將官麄勇寡謀，保甲未經訓練，若驅重兵頓於堅城之下，粮道不繼，腹背受敵，雖曹彬、米信，名德宿將，猶以此致岐溝之敗也。臣愚今爲陛下計，謂宜遣使報聘，優致禮幣，具言朝廷向來興作，乃脩備之常，與北朝通好之久，自古所無，豈有它意？ 且疆土素定，當如舊界。 請命邊吏，退近者侵占之地，不可持此造端，隳累世之好。 如將官之類，因而罷去，以釋虜疑。 萬一聽服，則可以迂延歲月。 陛下益養民愛力，選賢任能，疏遠姦諛，進用忠鯁，使天下悦服，邊備日充。 虜果敗盟，然後一振威武，恢復故疆，快忠義不平之心，雪祖宗累朝之憤矣。」富韓公、文潞公、曾魯公皆主不與之論。 時王荆公再入相，曰：「將欲取之，必固與之也。」以筆畫其地圖，命天章閣待制韓縝奉使，舉與之，蓋東西棄地五百餘里云。 祖宗故地，荆公輕以畀隣國，又建以與爲取之論，至後世姦臣以伐燕爲神宗遺意，卒致天下之亂，荆公之罪，可勝數哉！ 具載之以爲世戒。

公器量過人，性渾厚，不爲畦畛峭塹。 功蓋天下，位冠人臣，不見其喜；任莫大之責，蹈不測之禍，身危于累卵，不見其憂。 怡然有常，未嘗爲事物遷動。 平生無僞飾，其語言，其行事，進立于朝，與士大夫語，退息于室，與家人言，一出于誠。 門人或從公數十年，記公言行，相與反復考究，表裏皆合，無一不相應。 其所措置，規摹閎大高遠，外視如甚略，已而詳觀其中，則細故小物莫不各有區處，故有志必成。 平居與人接，禮下之，問勞慰存，氣語和易，容人過失，不以爲己忤，小大無所較計，及朝廷事，則守其所當爭，及於義理而後止，毅然終不可奪。 行狀

公氣貌嚴重，人雖望而畏之，及乎接物，極恭而温。 初爲館職，所與游者皆一時英俊。

石曼卿氣豪邁，多戲侮同舍，獨見公不敢少慢，但時呼爲「韓家」。蓋當時市井小民，凡所畏者尊官，則呼厥姓曰「某家」，故石效此語。爲人敬服如此。器量閎博，無所不容。自在館閣，已有重望於天下。與同館王拱辰、御史葉定基同發解開封府舉人，拱辰、定基時有喧爭，公安坐幕中閱試卷，如不聞。拱辰忿不助己，詣公室謂公曰：「此中習宰相器度耶！」公和顏謝之。別録云：趙良規賓客嘗曰：公初入館，時年二十餘歲，亦未嘗有事跡著于人者，然人意已自以公輔許之矣。及公爲樞密副使，石介有慶曆聖德頌曰：「予早識琦，琦有奇骨，可屬大事，敦厚如勃。」後爲宰相，歐陽永叔作相州晝錦堂記曰：「臨大節，決大事，垂紳正笏，不動聲氣，而措天下於泰山之安，可謂社稷之臣矣。」天下傳之，以爲知言。家傳

公爲陝西招討，時師魯與英公不相與，師魯於公處即論英公事，英公於公處亦論師魯。公皆納之，不形於言，遂無事。不然，不靜矣。遺事

公言：在政府時，極有難處事。蓋天下事無有盡如意，須索包總，不然，不可一日處矣。別録

公言：琦待罪中書時，事有不當然者，必堅立不動，反覆論列，須正而後退，不敢取次便放過。別録

慶曆中，公與杜衍、富弼、范仲淹同心輔政，更革弊事，援引正人。時張方平、錢明逸、

是時二府許王拱辰爲兩制，皆歷中丞，故杜祁公而下爲三人者排逐，指爲朋黨，相繼罷去。「琦惟義之逐聽見賓客，拱辰來見，因諷勸公，奮手作跳擲勢曰：「須是躍出黨中。」公對：從，不知有黨也。」既而公亦求去位。家傳○又遺事云：公惟務容小人，善惡黑白不太分，故小人忌之亦少。如范、富、歐、尹常欲分君子小人，故小人忌怨日至，朋黨亦起。方諸公斥逐，獨公安焉，後扶持諸公復起，皆公力也。

公既解相印，王丞相遺公書謂「過周勃、霍光、姚崇、宋璟。」又曰：「爲古人所未嘗，任大臣所不敢。」天下以爲名言。歐陽文忠公亦曰：「進退之際，從容有餘，德業兩全，謗讒自止，過周公遠矣。」行狀

公在宰相〔二七〕，作久旱喜雨詩，上句言：「雷動風行雷雨作〔二八〕。」解之事〔二九〕。斷句云：「須臾慰滿三農望，却斂神功寂似無。」人謂此真做出相業也。在北門重陽有詩云：「不羞老圃秋容淡，且看寒花晚節香。」公居常謂保初節易，保晚節難，故晚節事事尤著力，所立特完。又作喜雪詩云：「危石蓋深鹽虎陷，老枝擎重玉龍寒。」人謂公身雖在外，自任以天下之重如此。公爲詩用意深，非詳味之莫見其指，皆此類也。遺事

公雖在外，然其心常繫社稷，至身老而心益篤。雖病不忘國家，或有時聞更祖宗一法度，壞朝廷一紀綱，則泣血，終日不食。別録

公曰：「琦平生仗孤忠以進，每遇大事，即以死自處，幸而不死，皆偶成，實天扶持，非琦所能也。」別録○又遺事云：公云：「臨事若慮得是，劄定脚做更不移，成敗則任它，方可成務。如琦孤忠，每賴神道相助〔三〇〕，幸而多有成耳。」

公嘗謂：「大臣以李固、杜喬爲本，其弊猶恐爲胡廣、趙戒。以胡、趙自處，弊可知也。」遺事

公曰：「昔與希文議邊事，唯旋旋小進爲得計，亟欲多展，必不可保。」別録

公言：慶曆中與希文、彦國，同在西府，上前爭事，議論各別，下殿各不失和氣，如未嘗爭也。當時相善三人〔三一〕，正如推車子，蓋其心主於車，可行而已，不爲己也。」別録

公因說康定以來事，嘆曰：「忠義難立，直道難行。」別録「忠義」一作「中道」。

公因論進退曰：「處去就之難者，不可猛而有迹。」公每聞新執政用一人，歎曰：「放上則易，放下則難。」遺事

凡人語及其所不平，則氣必動，色必變，辭必厲。唯公不然，更說到小人忘恩背義，欲傾己處，辭和氣平，如道尋常事。別録

公爲丞相，每見文字有攻人隱惡者，即手自封之，未嘗使人見。別録

歐陽永叔在政府時，每有人不中理者，輒峻折之，故人多怨。公則不然，從容喻之以不

可之理而已，未嘗峻折之也。語録

公因論君子小人之際，皆當以誠待之。但知其小人，則淺與之接耳。凡人至於小人欺己處，覺必露其明以破之。公獨不然，明足以照小人之欺，然每受之未嘗形色也。別録○又遺事云：人有疑公待君子小人皆以誠，往往爲小人所欺奈何？公曰：「不然，亦觀其人如何，隨分數放之耳。豈可以爲小人，不待以誠邪？」

公謂：「小人不可求遠，三家村中亦有一家，當求處之之理。知其爲小人，以小人處之，更不可校，如校之，則自小矣。人有非毀，但當反己是不是，己是則是在我，而罪在彼，烏用計其如何？」遺事

公語：「小人害君子，猶蜂蠆之毒物，違之正使不能加諸人。」可謂善處矣。遺事

公以恩及人，無求德心，故所及者廣，所感亦深。平時非不知人之欺，終不別白，能受其欺。賤官因事爭於前，每及己之誤，即受之，事行其直者，不主己爲是。若稟事嘗訐觸，非而却之，異日復稟，終不以前日芥蔕置乎色，亦惟是之從。遺事

孫和甫奉使虜中，過魏，請教于公。公曰：「勿以爲夷狄而鄙薄之。」甚善。

公在魏府，僚屬路拯者，就案呈有司事，而狀尾忘書名。公即以袖覆之，仰首與語，稍稍潛卷，從容以授之。別録

禁卒有私逃數日而負其母以至者，軍中執之以見公，按法當死。卒曰：「母老且病，近在數舍間，常恐不復見，誠知擅去當誅，得一見，死無恨。」公惻然，考按得實，即以便宜釋之。軍中感悦，有垂涕者。別録

公性至仁，其臨事或誅一人，或笞一人，顔色不覺有異。別録

仁宗朝，李都尉喜延士大夫盡聲色之樂，一時館閣清流無不往者，公於其間最年少，獨未嘗造焉。李數召而公數以事辭，人有强之者，公曰：「固欲往，但未有名耳。」公處之不失和，李莫能致怨，同時諸公，亦不以爲介也。別録

公在大名日，有人獻玉盞二隻，云：「耕者入壞塚而得，表裏無纖瑕可指，亦絶寶也。」公以百金答之，尤爲寶玩。每開宴，召客特設一卓，覆以錦衣，置玉盞其上。一日，召漕使，且將用之酌酒勸坐客，俄爲一吏誤觸倒，玉盞俱碎，坐客皆愕然，吏且伏地待罪。公神色不動，笑謂坐客曰：「凡物之成毁，亦自有時數。」俄顧吏曰：「汝誤也，非故也，何罪之有？」坐客皆歎服公寛厚不已。遺事

公帥定武時，夜作書，令一侍兵持燭於旁，侍兵它顧，燭燃公鬢，公遽以袖摩之，而作書如故。少頃回視，則已易其人矣。公恐主吏鞭之，亟呼視之曰：「勿易，渠已解持燭矣！」軍中感服。別録

公姿貌英特，美鬚髯，骨骼清聳，眉目森秀，圖繪傳天下，人以謂如高山大岳，望之氣象雄傑，而包育微細，畜泄雲雨〔三二〕，藏匿寶怪，蓋自然也。平時家居，雖祁寒盛暑，倦劇對僮使，亦攝衣危坐無怠容。遇事遽猝而意不亂，冗劇而才有餘，萬兵侍帳，百吏遶前，處之安靜，裕如也。已而剖決，皆就條理。勤于吏職，簿書文檄，檢察研核，莫不躬親。左右或曰：「公位重年耆艾，功名如此，朝廷賜守鄉郡以養安，幸無親小事。」公曰：「己憚煩勞，吏民當有受敝者。且俸禄日萬錢，不事事，吾何安哉！」公尤知命，每誡其子曰：「窮達禍福，固有定分，枉道以求之，徒喪所守，切勿爲也。余以孤忠，自信未嘗有因緣憑籍，而每遭人主爲知己，今忝三公，所恃者公道與神明而已矣，焉可誣哉！」其自守如此。行狀

公之在相位也，凡進用人，惟以公議所在，多有未嘗識者，人亦不知出何人門下。人或可詢，聞所稱薦，用之不疑。嘗訪於王安石，安石曰：「文行則孫覺，吏事則張頡，皆可用也。」時二人皆常調小官，公乃處覺於館閣，任頡於省府。它皆此類也。所薦引於上前者，未嘗輒漏其語。間因上有宣諭，或同僚談説，人始聞之。公初罷相，上問孰可以爲執政者，公力薦韓絳忠直有公輔之器。上遂用爲樞密副使。既而有排毁絳者，上曰：「韓琦之去，惟薦此人，朕豈可違？」公既罷去，蘇頌除脩注，往謝二府，參政趙概曰：「韓公屢欲用君，以魯公避親嫌，今乃上記前日韓公語矣。」二公始知公嘗援己也。家傳

公喜用知名士，或不識其面，既用之，其人亦不自知所進薦也。不私所親以官，而怨家仇人，其才果可用，必用之。守揚州日，轉運使李參沮州事；在陝西嘗救有罪將李緯寬之，而緯子師中不知，猶訟于朝；孫沔爲御史，以西事詆公甚力。及爲宰相，悉置不報，顯進之。三人者皆愧悔，深自恨。行狀○又遺事云：李師中爲布衣，坐父緯鎮戎退陣當斬，公馳至鎮戎，以賊衆我寡，非諸將罪，且欲戮其爲首一人，師中父在貸中。方請于朝，李師中赴南宮試，遂上書論公募民爲兵往應賊，大擾，乞斬公謝陝西，既不行。後嘗有疑公心。公執政，有請勿害師中者，公曰：「彼是時以子救父，豈可加罪？」人聞之，咸服其公恕。然師中終未之信。後擢知兩制，師中方愧服，且深謝之。○又家傳曰：師中方坐事廢黜，一日擢爲高陽關安撫使，賜對日，神宗諭曰：「韓琦力薦卿有才，故委以方面。」師中方大愧服。○又遺事云：公兄爲泰倅，孫元規爲司理，嘗薦之，遂拜。元規書問，未嘗踰時不講。後公爲西帥兵敗，元規頜言責，深議公罪，自此慊公，書問遂絶。公一日以書問元規：「平日事契如此，若以伯氏嘗薦而後見攻，此乃韓厥之舉也。若琦當言責，亦不爲元規隱，此何待琦之不廣？願公勿疑。」元規疑之，終不講書。公秉政，頗以公有害己心。後起廢爲慶帥，過闕，乃泣見曰：「沔真小人，公知沔，沔不知公。」○又家傳曰：沔帥慶州，過闕賜對，英宗諭曰：「韓琦稱卿有邊帥才，故復用卿。」沔退而袖長書俯伏謝罪，皇愧幾無所容。

有問公：「郭逵衆人皆謂出公力。」曰：「用人等事，非人臣得專，須還它主上。若用人是，則將順，非則開陳，何謂琦力？」始，英宗欲郝質在西府，公謂：「質固得，但二府論道經邦地，一騍卒主之，恐反使不安。如狄青才業爲中外所伏，一旦居此，論議卒紛然而去。愛之適所以害之。」英宗沉吟久，曰：「曰如此，則用郭逵粗勝質。」遂然之。既阻其一，又阻其次，不可。王陶遂見誣，以引往年之斷役。又曰：「此事惟趙少師知之。是時同議以謂大躐等，當近下安排名目，遂有同簽書之號。」遺事

公元勳盛德如此，聞人一小善，則曰：「琦不及也。」別録

公平日獎進人物極博，至心許者，不過一二人。多見其與人長，忘人短，而用之謂太濫，其實胸中不啻黑白。遺事

公平日論時望諸公，皆不以經綸許之，謂：「才器須周，可當四面，入麄入細，乃經綸事業。今皆可當一面才也。」遺事

公論近世宰相，獨許裴晉公，本朝惟師服王沂公。又嘗云：「若晉公，點檢著亦有未盡處。君子成人之美，不可言也。」不知摘晉公何事，恨不得聞也。或問公：「威克厥愛允濟，如潞公臨大事全是威，何如？」曰：「待威而後濟者，亦是也。然有不須以威而能濟者。」觀公意，豈以德不足者必待威以立事耶？古人謂鵰鶚百鳥望而畏之，鸞鳳百鳥望而愛之，其服則一，其品固相遠矣。遺事

公嘗言：「仁廟議配饗，清議皆與沂公，不與申公，誠意不可欺如此。」又曰：「頃時丁、

寇立朝，天下聞一善事，皆歸之萊公，未必盡出萊公也；聞一不善事，皆歸之晉公，未必盡出晉公也。蓋天下之善惡爭歸焉。人之脩身養誠意，不可不謹。」又曰：「沂公爲相，論其事則無可數者，論其人則天下信之爲賢宰相。」又曰：「申公以進賢自任，恩歸於己，時士皆出其籠絡，獨歐、范、尹旋收旋失之，終不受其籠絡。」遺事

公謂：「挺然忠義，奮不顧身，師魯之所存也。身安國家可保，明消息盈虛之理，希文之所存也。」敢問二公，曰：「立一節則師魯可也，考其終身，不免終亦無所濟。若成就大事，以濟天下，則希文可也。」

公言：「富公爲鄆倅，沂公作安撫使，一日謂富公曰：『即日當曾位。』富不敢當。沂公曰：『然進時易，退時難。』」遺事

或問：「君實、晦叔，天下所屬望，它日大用，何如？」公曰：「才偏規摹小。」問晦叔平日，曰：「今日迺是平日。」遺事

孔嗣宗任河北憲，司農召議役法，别公請言，公不答。請益堅，公曰：「故舊不當無言，此行但爲河北説得些衆人不敢道意思足矣。」嗣宗臨上馬，又曰：「富貴易得，名節難保。」嗣宗歸，不懌者數日，終不能自克。遺事

吴長文子璟，素以堅挺有器節稱，公亦稱之。及幕府有闕，門下有以璟爲言者，公曰：

「此人氣雖壯，然包蓄不深，發必暴，且不中節，當以此敗。」置而不言。不踰年，璟敗，皆如其言。遺事

趙君錫被召，別公請教，公曰：「平日之學，正爲今日，若不錯，餘不錯矣。」終不語及它事。又請云：「若上問某事，以何對？」公曰：「此則在廷評自處。」遺事

李清臣平日多於公前論釋氏貴定力，謂無定則不能主善，公每然之。後朝廷斥異論者，清臣頗持兩端。公因書問之曰：「比來臺閣，斥逐紛紛，吾親得不少加定力耶？」公之善論人如此。遺事

錢明逸久在禁林，不滿意，出爲秦州，居常怏怏，不事事。公聞之，語人曰：「己雖不足，獨不思所部十萬生靈耶？」別録

公平日謂成大事在膽，未嘗以膽許人〔三三〕；往往自許也。遺事

公曰：「勇可習。」遺事

潞公在西府，人有以公進退諷潞公者，潞公曰：「彦博豈可望韓公？韓公地位別，彦博則有些麄材，蒙朝廷擢備兩府耳。」人頗與潞公自知之明。遺事

韓魏公屢薦歐陽公，而仁宗不用。它日，復薦之曰：「韓愈，唐之名士，天下望以爲相，而竟不用。使愈爲之，未必有補於唐，而談者至今以爲謗。歐陽脩，今之韓愈也，而陛下不

用，臣恐後之談者〔三四〕，謗必及國，不特臣輩而已。陛下何惜不一試之以曉天下後世也？」上從之。談叢

公言：「歐、曾同在兩府，歐性素褊，曾則齷齪，每議事，至厲聲相攻，不可解。」公一切不問，俟其氣定，徐以一言可否之，二公皆伏。遺事

公晚與歐陽永叔相知，而相親最深。永叔心服公之德量，嘗曰：「累百歐陽脩，何敢望韓公？」公曰：「永叔相知無它，琦以誠而已。」公知永叔不以繫辭爲孔子書，又多不以文中子爲可取，中書相會累年，未嘗與之言及也。別録

石守道編三朝聖政録，將上，一日，求質於公，公指數事爲非。其一，太祖惑一宮鬟，視朝晏，群臣有言，太祖悟，伺其酣寢刺殺之。公曰：「此豈可爲萬世法？已溺之，廼惡其溺而殺之，彼何罪？使其復有嬖，將不勝其殺矣！」遂去此等數事。守道服其清識。遺事

石守道作慶曆聖德詩，忠邪太明白，公與范公適自陝西來朝，道中得之，范公拊股謂公曰：「爲此怪鬼輩壞了也。」公曰：「天下事不可如此，如此必壞。」別録

公言：「始學行己，當如金玉，不受微塵之汙，方是，及其成德，有所受，亦有所不害者，不然無容矣。」遺事

公嘗謂：「忠義之心，皆有之〔三五〕，惟其執之不固，勉之不力，是以不及於古人。」遺事

公嘗從容議及養兵事，慨然曰：「琦有所思而得之，未嘗語人，人亦未必信。養兵雖非古，然積習已久，不可廢之，又自有利處，不爲不深。昔者發百姓，戍邊無虚歲，父子兄弟有生離死別之苦。議者但爲不如漢、唐調兵於民，獨不見杜甫石壕吏一篇，調兵於民，其弊乃至此。後世既收拾强悍無賴者，養之以爲兵，良民雖税斂良厚，而終身保骨肉相聚之樂，此豈小事！又其練習戰陣，而豪勇可使，安得與農民同日道也！」別録

公嘗謂：「處事不可有心，有心則不自然，不自然則擾。太原土風喜射，故民間有弓箭社。琦在太原，不禁亦不驅，故人情自得，亦可寓武備於其間。後宋相繼政，頗著心處之，下令籍爲部伍，仍須用角弓，太原人貧，素只用木弓，自此有賣牛置弓者，人始騷然矣。此蓋出於有心也。」遺事

公重恩義，好樂士大夫，奬與後進，賙人之急，視用財物如瓦礫糠粃，不以悤其意，既乏，則捐已服用玩好，或脱取家人簪珥與之，士歸趨之無遠近。公不厭疏戚與交舊之孫子，寒窶無所託，而依以爲生者，常十數家。少善尹師魯，師魯亡，割俸畀其孤，爲直其寃于朝，仍奏録其子。合宗族百口，衣食均等無所異，嫁孤女十餘人，養育諸姪，比于己子。所得恩例，先及旁族，逮其終，子有褐衣未命者。追孝祖考，恨不及養，奉塋域甚厚，自五世祖冢皆訪得之，買田其旁，植松櫝，召人守視之。貴顯五十年，身爲將相，累更大賜予，及其殁也，

庫無羨錢，室無奇玩，賴天子賜金帛，官出葬資，喪事得以無乏。行狀○又聞見録云：尹師魯以貶死，其子朴，方襁褓。既長，韓魏公聞於朝，命以官，薦爲屬，教育之如子弟。朴少年有才，所爲或過舉，魏公掛師魯之像哭之。朴亦早死。

公天性清簡，至於圖畫、博奕，聲伎之娱，一無所好，獨觀書史，晝夜不倦。餘暇則喜書札，素愛顔魯公書，而加以遒健，自成一家，端重剛勁，類其爲人。行狀

韓魏公在相府時，家有女樂二十餘輩，及崔夫人亡，一日盡厚遣之。同列多勸且留以爲莫年歡，公曰：「所樂能幾何？而常令人心勞。孰若吾簡静之樂也！」識者以謂過人遠矣。别録

崔公孺，諫議大夫立之子，韓魏公夫人之弟也。性亮直，善面折人〔三六〕。魏公執政，用監司有非其人者，公孺曰：「公居陶鎔之地，宜法造化爲心。造化以虵虎者害人之物，故置虵於藪澤，置虎於山林。今公乃置之於通衢，使爲民害，可乎？」魏公甚嚴憚之。記聞

或問伊川：「量可學否？」曰：「可學。進則識進，識進則量進。」曰：「如魏公可學否？」曰：「魏公是間氣。」胡氏傳家録

論韓魏公、范文正公，皆是天資，不由講學。上蔡語録

王巖叟編魏公別録

公嘗言：「天下事不能必如人望。」仁宗時，王隨、陳堯佐爲輔相，皆老病而不和，中書事多不決，韓億、石中立二參政，又頗以私害公。公時爲諫官，屢疏不納，後物議益喧，公復上章乞廷辯。上迫於正論，遂罷四人者。當時天下望在王沂公、吕申公、杜祁公、范希文，而公亦引薦之。及宣麻日，乃張士遜昭文、章得象集賢、宋庠晁宗慤參政，天下大失望。公曰：「事固不可知如此，人意不能必也。」

李燾續通鑑長編按：王巖叟此録謬誤。宋庠參政在寶元二年十一月，晁宗慤參政在康定元年九月，不與士遜、得象同入中書明甚，宗慤此時在翰苑才二年，庠實初除翰苑。然上意本用庠，偶以讒止。更一年餘，卒用之。或傳聞疑似致此。而范仲淹二年前權知開封府，坐讒落天章閣待制，去冬補外，方自饒徙潤，猶未復職，驟遷政府，恐亦無此例。韓琦自言必不差。巖叟聽之不審，又不加參考，遽筆之于書耳。

子闔竊考國史，寶元元年三月，魏忠獻公以右司諫論罷宰執四人，遂拜張文懿昭文、章文簡集賢，同日參大政者，乃王忠穆、李康靖也。子闔五世祖文莊公時在北門，後又知開封府，康定元年五月，魏公爲樞密直學士、陝西經略安撫副使，文莊公以翰林學士兼龍圖閣學士使陝右，會魏公與夏英公議攻守策，九月使事還，道拜參知政事，與宋宣獻並制，亦非宋元憲。先是，康靖以大資政罷，文懿已去位，再相吕申公，距寶元之初僅三歲，河内王公别録所記舛誤，李貳卿續通鑑論之詳矣。淳熙五年五月十二日，朝奉郎新通判廬州軍州事賜緋魚袋晁子闓謹題。

校勘記

〔一〕招徠　「招」字原脱，據洪本補。

〔二〕衆復會議曰　琬琰集中卷四八李清臣撰韓忠獻公琦行狀此句作「衆復守舊議，公曰」，則此下爲韓琦語。

〔三〕不當遽　「遽」，同前書作「固拒」。

〔四〕四五萬　「四五」，同前書作「五六」。

〔五〕城塞　「塞」，同前書作「寨」。

〔六〕忘寢食　「忘」原誤作「志」，據同前書及洪本、張本改。

〔七〕東西市　「市」，琬琰集中卷四八李清臣撰韓忠獻公琦行狀作「京」。

〔八〕絶務　「絶」，同前書作「急」。

〔九〕出怨語 「出」字原脱，據同前書及宋史卷三一二韓琦傳補。

〔一〇〕按：此條應出自李清臣撰韓忠獻公琦行狀，今據琬琰集中卷四八及洪、張本録其下文如次：

其施爲，後亦皆爲名將。歲大歉，爲法賑之，活飢人數〔「數」，洪、張本作「七」〕百萬，詔書褒美。鄰城旁路，剌取其法，視中山隱然爲雄鎮，聲動虜中。行狀

又按：洪、張本此下有引自遺事的一條，現録出如下：定卒惡米陳下，執籌不請。公時爲帥，聞之，馳入倉。羣〔「羣」，百川學海壬集宋强至韓忠獻公遺事作「郡」。〕卒約十餘人，皆持米前訴，公曰：「米乃如此！」餘人皆退，後出懷中米一裹曰：「琦亦請此。朝廷置此米，一斗約八鐶，内地不售一百。今雖陳下，售猶不失四鐶。適皆自汝扇摇！」命盡戮十卒於前，公凝然不動，一軍股慄。遺事

又按：上文後，下文「潘美爲帥」前應有大段闕文，今據琬琰集中卷四八李清臣撰韓忠獻公琦行狀補出如下：皇祐年，受武康軍節度使知并州，兼河東經略安撫使。入境，罷前帥所興不急之役，奏逐怙勢不法宦者廖浩然。契丹吞蝕邊地，公遣將蘇安静抵境上，召酋豪與語曰：「爾移文嘗借天池廟，則皆我地，何可得壞國信義，侵淫詆諫我邊臣也？爲天子守此土，勢必與爾辯。」契丹理屈，遂歸我冷泉村。代州陽武寨，舊用黄嵬山麓爲界，戎人侵不已，公又遣安静塹地立石限之，自此不敢耕山上。後公爲樞密使，使人蕭滬、吴湛來，以辭受

館伴使張昪曰：「南北地界多相冒，如黄嵬山則可，已置不辯。願後謹封略。」昪欲勿受，公曰：「彼辭服矣，受之勿失。異時或有地界爲爭端，此得以爲據。」昪受之。祖宗朝。

〔一一〕完補天下事　同前書「補」作「備」，「事」作「士」，洪、張本「完」作「全」。

〔一二〕聞朝廷　「朝廷」，澠水燕談録卷二作「於天子」。

〔一三〕曰　同前書作「公曰」，較長。

〔一四〕批於後云　「云」，原誤作「大」，據洪、張本改。

〔一五〕警輟　「輟」，琬琰集中卷四八李清臣撰韓忠獻公琦行狀無。

〔一六〕騰入虜中　「騰」，同前書作「謄」。

〔一七〕冢席　「冢」字原脱，據百川學海壬集强至韓忠獻公遺事補。

〔一八〕用偏辭曲爲阻難　「曲」下洪、張本有「説」字。

〔一九〕辨之　「辨」下洪、張本有「授」字，十三經注疏周禮「授」上又有「而」字。

〔二〇〕猶不忘　「忘」，原誤作「志」，據文意改。

〔二一〕班瑞殿　「殿」下洪、張本有「之壁」二字。

〔二二〕華相　「華」，百川學海壬集韓忠獻公遺事作「章」。按「華相」應指韓絳，絳字子華，神宗時拜相，曾徙大名府。

〔二三〕請遣使分畫　「使」下邵氏聞見録卷四有「同」字。

〔二四〕三司判官　「三司」下同前書有「鹽鐵」二字。
〔二五〕四山　「四」，同前書作「西」。
〔二六〕浸淫不許　「淫」下同前書有「日甚」二字，則「甚」下可逗。
〔二七〕公在宰相　「宰相」，百川學海壬集强至韓忠獻公遺事作「相臺」。
〔二八〕雷動　「雷」，同前書作「雲」。
〔二九〕解之事　按：此三字頗費解，疑有脱訛。查文淵閣四庫全書集部别集類韓琦安陽集卷一八喜雨詩末句與此條下文所引同，而首句作「何假嗔雷繫怒桴」云云，與此大異。
〔三〇〕神道　「道」，百川學海壬集强至韓忠獻公遺事作「明」。
〔三一〕當時　「當」原誤作「嘗」，據洪、張本改。
〔三二〕畜泄雲雨　琬琰集中卷四八李清臣韓忠獻公琦行狀作「普施雷雨」。
〔三三〕未嘗　「嘗」，原作「常」，據洪、張本等改。
〔三四〕臣恐後之談者　「之談者」三字後山談叢卷五作「人如唐」。
〔三五〕皆有之　「皆」上百川學海壬集强至韓忠獻公遺事有「人」字。
〔三六〕善面折人　「善」，涑水記聞卷一〇作「喜」。

三朝名臣言行録卷第二

二之一　丞相韓國富文忠公

公名弼，字彦國，河南人。舉茂材異等，授將作監丞。召試，遷太子中允，直集賢院。出通判鄆州，召爲開封府推官，擢知諫院，爲三司鹽鐵判官，改右正言，知制誥。慶曆二年，假資政殿學士、尚書户部侍郎使契丹，還除翰林學士，不拜。三年，拜樞密副使，自請爲河北宣撫使，道除資政殿學士、知鄆州。移青、鄭、蔡州、河陽，除宣徽南院使，判并州。至和二年，召拜同平章事。六年，丁母憂。英宗即位，拜樞密使，同平章事。踰年，以病求解機務，以使相判河陽。神宗即位，封鄭國公。熙寧元年，移汝州，入覲。明年，復相。八月，復以使相判河南府，改亳州。奪使相，徙汝州。尋請老，拜司空，復節度使、平章事，進封韓國公致仕。元豐三年，官制行，改授開府儀同三司。

以至和與議建儲之功，拜司徒。六年，薨，年八十。元祐初，詔配享神宗廟庭。

富韓公初遊場屋，穆脩伯長謂之曰：「進士不足以盡子之才，當以大科名世。」公果禮部試下。時太師公官耀州，公西歸，次陝。范文正公遣人追公曰：「有旨以大科取士，可亟還。」公復還京師，見文正，辭以未嘗爲此學。文正曰：「已同諸公薦君矣。久爲君闢一室〔一〕，皆大科文字，可往就舘。」時晏元獻公爲相，求婚於文正，文正曰：「公女若嫁官人，仲淹不敢知。必求國士，無如富弼者。」元獻一見公，大愛重之，即議婚。公遂以賢良方正登第。聞見録

郭后廢，范仲淹爭之，貶知睦州。公上言：「朝廷一舉而獲二過，縱不能復后，宜還仲淹，以來忠言。」蘇內翰撰神道碑

寶元初，趙元昊反，公時通判鄆州，陳八事，且言：「元昊遣使求割地，邀金帛，使者部從儀物如契丹，而詞甚倨。此必元昊腹心謀臣自請行者。宜出其不意，斬之都市。」又言：「夏守贇庸人，平時猶不當用，而況艱難之際，可爲樞密乎！」議者以爲有宰相器。神道碑

擢知諫院。康定元年，日食正旦。公言：「請罷燕徹樂，雖虜使在舘，亦宜就賜飲食而已。」執政以爲不可。公曰：「萬一北虜行之，爲朝廷羞。」後使虜還者云：「虜中罷燕。」如公言。仁宗深悔之。初，宰相惡聞忠言，下令禁越職言事。公因論日食，以爲應天變莫若

通下情，遂除其禁。神道碑

元昊寇鄜延，殺二萬人，延帥范雍、鈐轄盧守懃閉門不救，中貴人黄德和引兵先走，劉平、石元孫戰死，而雍、守懃歸罪於通判、都監，竄之嶺南，德和誣奏平降賊，詔以兵圍守其家。公言：「平自環慶引兵來援，以姦臣不救，故敗，竟駡賊不食而死，宜恤其家。守懃、德和皆中官，怙勢誣人，冀以自免，宜竟其獄。」樞密院奏方用兵，獄不可遂。公言：「大臣附下罔上，獄不可不竟。」時守懃養子爲御藥〔二〕，亦奏罷之，德和竟坐腰斬。神道碑

延州民二十人詣闕告急，上召問，具得諸將敗亡狀。執政惡之，命遠郡禁民擅赴闕者〔三〕。公言：「此非陛下意，宰相惡上知四方有敗耳。民有急，不得訴之朝，則西走元昊，北走契丹矣。」神道碑

夏守贇爲陝西都總管，又以宦者王守忠爲都鈐轄。公言：「用守贇已爲天下笑，而守忠鈐轄，乃與唐中官監軍無異，且守懃、德和覆車之轍，可復蹈乎？」詔罷守忠。神道碑

自用兵以來，吏民上書者甚衆，初不省用。公言：「知制誥本中書屬官，可選二人置局，中書考其所言，可用用之。」宰相以付學士。公言：「此宰相偷安，欲以天下是非盡付它人。」又引國初故事，請使宰相兼領樞密院。仁宗曰：「軍國之務，當盡歸中書，樞密非古官。」然未欲遽廢，即詔中書同議樞密院事。宰相辭曰：「恐樞密院謂臣奪其權。」公曰：「此宰相避事

耳，非畏奪權也。」會西夏首領二人來降，補借奉職，羈置荆湖。公言：「二人之降，其家已族矣，當厚賞以勸來者。」上命以所言送中書。公見宰相，論之，宰相初不知也。公嘆曰：「此豈小事而宰相不知耶？」更極論之。上從公言，乃以宰相兼樞密使。神道碑

劉從愿妻遂國夫人者〔四〕，王蒙正女也。寶元中，出入内廷，或云得幸於上，外人無不知者。以此獲罪，奪封罷朝謁。久之，復得入。張公安道爲諫官，再以疏論列，皆留中。富鄭公時知制誥，制下復遂國之封，鄭公繳還詞頭，封命遂寢。唐制，唯給事中得封還詔書，中書舍人繳詞頭蓋自鄭公始。安道見吕申公，申公猶以非舊典，不樂。二公之不相喜，凡皆此類也。龍川志

契丹自晉天福以來，踐有幽薊，北鄙之警，略無寧歲，凡六十有九年。至景德元年，舉國來寇，真宗用寇準計，親征澶淵，射殺其驍將順國王撻覽，虜懼，遂請和。時諸將皆請以兵會界河上，邀其歸，徐以精甲躡其後殲之。虜懼，求哀於上。遂詔諸將按兵縱虜歸。虜自是通好守約，不復盜邊者三十有九年。及元昊叛，兵久不決。契丹之臣有貪而喜功者，以我爲怯，且厭兵，遂教其主設詞以動我，欲得晉高祖所與關南十縣。慶曆二年，聚重兵境上，遣其臣蕭英、劉六符來聘。仁宗命宰相擇報聘者，時虜情不可測，群臣皆莫敢行。宰相以公名聞，乃以公接伴。英等入境，上遣中使勞之，英託足疾不拜。公曰：「吾嘗使北，病

卧車中，聞命輒起拜。今中使至而公不起，見何禮也〔五〕」。英矍然起拜。公開懷與語，不以夷狄待之，英等遂去左右，密以其主所欲得者告公，且曰：「可從，從之。不可從，更以一事塞之。」公具以聞。上命御史中丞賈昌朝館伴，不許割地，而許增歲幣，且命公報聘。見虜主，虜主曰：「南朝違約，塞鴈門，增塘水，治城隍，籍民兵，此何意也？群臣請舉兵而南，寡人以謂不若遣使求地，求而不獲，舉兵未晚。」公曰：「北朝忘章聖皇帝之大德乎？澶淵之役，若從諸將言，北兵無得脱者。且北朝與中國好〔六〕，則人主專其利，而臣下無所獲。若用兵，則利歸臣下，而人主任其禍。故北朝諸臣爭勸用兵者，此皆其身謀，非國計也。」虜主驚曰：「何謂也？」公曰：「晉高祖欺天叛君，而求助於北，末帝昏亂，神人棄之。是時中國狹小，上下離叛，故契丹全師獨克。雖虜獲金帛，充牣諸臣之家，而壯士健馬，物故太半，此誰任其禍者？今中國提封萬里，所在精兵以百萬計，法令脩明，上下一心，北朝欲用兵，能保其必勝乎？」曰：「不能。」公曰：「就使其勝，所亡士馬，群臣當之歟，亦人主當之歟？若通好不絶，歲幣盡歸人主，臣下所得，止奉使者歲一二人耳，群臣何利焉！」虜主大悟，首肯久之。公又曰：「塞鴈門者，以備元昊也。塘水始於何承矩，事在通好前，地卑水聚，勢不得不增。城隍皆脩舊，民兵亦舊籍，特補其缺耳，非違約也。晉高祖以盧龍一道賂契丹，周世宗復伐取關南，皆異代事。宋興已九十年，若各欲求異代故地，豈北朝之利也哉！本朝皇帝之命使臣，則有詞矣。曰：『朕爲祖宗守國，必不敢以其地與人。北朝所欲，不過利其租賦耳。朕不欲以地故多殺兩朝赤子，故屈己增幣，以代賦入。若北朝必欲得地，是志在敗盟，假此爲詞耳，朕亦安得獨避用兵乎？澶淵之盟，天地鬼神實臨之。今北朝首發兵端，過不在朕。天地鬼神，豈可欺也哉！』」虜大感悟，遂欲求婚。公曰：「婚姻易以生隙，人命脩短不可知，不若歲幣之堅久也。本朝長公主出降，齎送不過十萬緡，豈若歲幣無窮之獲哉！」虜主曰：「卿且歸矣。再來，當擇一受之，卿其遂以誓書來。」公歸復命，再聘，受書及口傳之詞于政府。既行次樂壽，謂其副曰：「吾爲使者而不見國書，萬一書詞與口傳者異，則吾事敗矣。」發書視之，果不同。乃馳還都，以晡入見，宿學士院一夕，易書而行。聞見録云：富公再使，以國書與口傳之詞不同，馳還奏曰：「政府固爲此，欲置臣於死。臣死不足惜，奈國事何？」仁宗召宰相呂夷簡面問之，夷簡從容袖其書曰：「恐是誤，當令改定。」富公益辨論不平。仁宗問樞密使晏殊：「如何？」殊曰：「夷簡決不肯爲此，真恐誤耳。」富公怒曰：「晏殊姦邪，黨呂夷簡以欺陛下。」富公，晏公之婿也。其忠直如此。既至，虜不復求婚，專欲增幣。曰：「南朝遺我書當曰『獻』，否則曰『納』。」公爭不可。虜主曰：「南朝既懼我矣，何惜此二字。若我擁兵而南，得無悔乎？」公曰：「本朝皇帝兼愛南北之民，不忍使蹈鋒鏑，故屈己增幣，何名爲懼哉？若不得已而至於用兵，則南北敵國，當以曲直爲勝負，非使臣之所憂也。」虜主曰：「卿勿固執，古亦有之。」公曰：「自古惟唐高祖借兵於突厥，故臣事之。當時所遺，或稱『獻納』，則不可知。其後頡利爲太宗所擒，豈復有此禮哉！」公聲色俱厲，虜知不可奪，曰：「吾當自遣人議之。」於是留所許增幣誓書，復使耶律仁先及六符以其國誓書來，且求爲『獻納』。公奏曰：「臣既以死拒之，虜氣折矣，可勿復許，虜無能爲也。」上從之，增幣二十萬，而契丹平。契丹君臣，至今誦其語、守其約不忍敗者，以其心曉然，知通好用兵利害之所在也。神道碑○温公日録云：公力争「獻納」二字，及還，而晏公已稱「納」矣。

初，公糾察在京刑獄。時有用僞牒爲僧者，事覺，乃堂吏爲之。開封按餘人而不及吏，公白執政，請以吏付獄。執政指其坐曰：「公即居此，無爲近名。」公正色不受其言，曰：「必得吏乃止。」執政滋不悦，故薦公使契丹，欲因事罪之。歐陽脩上書引顏真卿使李希烈事留公，不報。使還，除吏部郎中、樞密直學士，懇辭不受。始受命，聞一女卒，再受命，聞一男生，皆不顧而行。得家書，不發而焚之，曰：「徒亂人意。」尋遷翰林學士。公見上力辭，曰：「增歲幣非臣本志也，特以朝廷方討元昊，未暇與虜角，故不敢以死爭耳。」神道碑

富鄭公慶曆中以知制誥使北虜還，仁宗嘉之。一日，王拱辰言於上曰：「富弼亦何功之有？但能添金帛之數，厚夷狄而弊中國耳。」仁宗曰：「不然。朕所愛者，土宇生民爾，財物非所惜也。」拱辰曰：「財物豈不出於生民邪？」仁宗曰：「國家經費，取之非一日之

積，歲出以賜夷狄，亦未至困民。若兵興調發，歲出不貲，非若今之緩取也。」拱辰曰：「犬戎無厭，好窺中國之隙。且陛下只有一女，萬一欲請和親，則如之何？」仁宗憫然動色曰：「苟利社稷，朕亦豈愛一女耶！」拱辰言塞，且知譖之不行也，遽曰：「臣不知陛下能屈己愛民如此，真堯舜之主也。」洒泣再拜而出。東軒筆録

慶曆三年三月，遂命公爲樞密副使，辭愈力〔七〕。至七月，申前命。公言：「虜既通好，議者便謂無事，邊備漸弛，虜萬一敗盟，臣死且有罪。非獨臣不敢受，亦願陛下思夷狄輕侮中原之耻，坐薪嘗膽，不忘脩政。」因以告納上前而罷。踰月，復以命公〔八〕。時元昊使辭，上俟公綴樞密院班，乃坐，且使宰相章得象諭公曰：「此朝廷特用，非以使虜故也。」公不得已乃受。時晏殊爲相，范仲淹爲參知政事，杜衍爲樞密使，韓琦與公副之，歐陽脩、余靖、王素、蔡襄爲諫官，皆天下之望。魯人石介作慶曆聖德詩以美之。公既以社稷爲任，而仁宗責成於公與仲淹，數以手詔督公等條具其事。又開天章閣，召公等坐，且給筆札，使書其所欲爲者，遣中使二人更往督之，且命仲淹主西事，公主北事。公遂與仲淹各上當世之務十餘條，又自上河北安邊十三策。大略以進賢、退不肖、止僥倖、去宿弊爲本，欲漸易諸路監司之不才者，使澄汰所部吏。於是小人始不悅矣。神道碑

元昊遣使以書來，稱「男」而不臣。公言：「契丹臣元昊而我不臣，則契丹爲無敵於天

下，不可許。」乃却其使，卒臣之。四年七月，契丹來告，舉兵討元昊。十二月，詔册元昊爲夏國主，使將行而止之，以俟虜使。公曰：「若虜使未至而行，則事自我出，既至則恩歸契丹矣。」從之。是歲契丹受禮雲中，且發兵，會元昊伐呆兒族，於河東爲近。上問公曰：「虜得無與元昊襲我乎？」公曰：「虜自得幽薊，不復由河東入寇者，以河北平易富饒，而河東嶮瘠，且虞我出鎮、定，搗燕、薊之虚也。今兵出無名，契丹大國，決不爲此。就使妄動，當出我不意，不應先言受禮雲中也。元昊本與契丹約相左右以困中國，今契丹背約，結好於我，獨獲重幣，元昊有怨言，故虜築威塞州以備之，呆兒屢殺威塞人，虜疑元昊使之，故爲是役，安能合而寇我哉！」或請調發爲備。公曰：「虜雖不來，猶欲以虚聲困我，若調發，正墮其計。臣請任之。」上乃止，虜卒不動。公謂契丹異日作難，必於河朔。既上十三策，又請守一郡行其事。神道碑

初，石介聖德詩譽公等而詆夏竦，竦怨之。會介以書與公，責以伊、周之事，竦遂教女奴習介書，改「伊、周」曰「伊、霍」，又僞作介爲弼撰廢立詔草。飛語上聞，仁宗雖不信，而公懼不自安，因保州賊平，求出宣撫河北。歸及國門，不得見，除知鄆州。自鄆移青〔九〕。會河朔大水，民流京東，擇所部豐稔者三州〔一〇〕，勸民出粟，得十五萬斛，益以官廩，隨所在貯之。得公私廬舍十餘萬間，散處其人，以便薪水。澠水燕談云：各因坊村擇寺廟及公私空屋，又

因山岩爲窟室〔一一〕，以處流民。官吏自前資待闕寄居者，皆給其禄，使即民所聚，選老弱病瘠者廪之。山林河泊之利，有可取以爲生者，聽流民取之，其主不得禁。官吏皆書其勞約爲奏請，使佗日得以次受賞於朝。率五日輒遣人以酒肉糗飯勞之。出於至誠，人人爲盡力。流民死者，爲大冢葬之，謂之叢冢，自爲文祭之。明年，麥大熟，流民各以遠近受糧而歸，凡活五十餘萬人，募而爲兵者又萬餘人。上聞之，遣使勞公，即拜禮部侍郎。公曰：「救災，守臣職也。」辭不受。前此救災者，皆聚民城郭中，煮粥食之，飢民聚爲疾疫，反相蹈籍死，或待次數日不食，得粥皆僵仆，名爲救之，而實殺之。自公立法，簡便周至，天下傳以爲法，至于今，不知所活者幾千萬人矣。神道碑〇又記聞云：富公知青州，州歲穰，而河朔大飢，飢民東流。公以爲從來拯飢，多聚之州縣，人既猥多，倉廪不能供，散以粥飯，欺弊百端。由此人多餓死，死者氣熏烝，疾疫隨起，居人亦致病斃。是時方春，野有青菜，公出榜要路，令飢民散入村落，使富民不得固陂澤之利，而等級出米以待之。民重公令，米穀大積，分遣寄居閑官往主其事，間有健吏，募流民中有曾爲吏胥走隸者，皆倍給其食，令供簿書、給納、守禦之役，借民倉以貯，擇地爲場，掘溝爲限，與流民約，三日一支，出納之詳，一如官府。公推其法於境内，吏之所在，手書酒炙之饋日至，人人忻戴，爲之盡力。比麥熟，人給路糧遣歸。餓死者無幾，作叢冢葬之。其間强壯堪爲禁卒者，募得數千人，面刺「指揮」二字，奏乞撥充諸軍。時朝中有與公不相能者，持之不報，人爲公憂之。公連上章懇請且待罪，乃得報。自是天下流民處，多以青州爲法。○邵伯温曰：富公使虜功甚偉，而每不自以爲功。至知青州，活飢民四十餘萬，則每自言之曰：「過於作中書令二十四考矣。」公之所以自任者，世烏得而窺之哉！蘇内翰奉詔撰公墓道之碑，首論公使虜之功，非公之心也。

王則據貝州反，齊州禁兵欲屠城以應之，或詣公告之，公以齊非所部，恐事泄變生。時中貴人張從訓銜命至青，公度從訓可使，即以事付從訓，使馳至郡，發吏卒取之，無得脱者。且自劾擅遣中使罪，仁宗嘉之。神道碑

至和二年，召拜集賢相，與文彦博並命。宣制之日，士大夫相慶於朝，仁宗密覘知之，謂侍臣歐陽脩曰：「古之求相者，或得於夢卜；今朕用二相，人情如此，豈不賢於夢卜也哉！」脩頓首稱賀。神道碑

富韓公爲相，議欲稍由學校進士，命侍從儒臣講立法制，太學諸生經明行脩者，由右學升左學，由左學升上舍，歲終擇上舍中經行尤高者，比及第人，命之以官。既簽同列奏，獨翰林歐陽永叔、舍人劉原父異論曰：「如是則通經者未升於左學，而辭賦者已在於高科矣。」事卒不行。吕氏家塾記

至和間，富公當國，立一舉三十年推恩之法。蓋公與河南進士段希元、魏升平同場屋相善，公作相，不欲私之，故爲天下之制。至今行之。聞見録

仁宗弗豫，大臣不得見，中外憂恐。文彦博與公等直入問疾，内侍止之，不可。因以監視禳禱爲名，乞留宿内殿，事皆關白而後行，禁中肅然。神道碑

公之爲相，守格法，行故事，而附以公議，無心於其間。故百官任職，天下無事。以所在民力困弊，賦役不均，遣使分道相視裁減，謂之寬恤民力。又弛茶禁，以通商賈，省刑獄，天下便之。神道碑

六年，丁秦國太夫人憂，詔爲罷春燕。故事，執政遇喪皆起復，公以謂金革變禮，不可用於平世。仁宗待公而爲政，五遣使起之，卒不從命，天下稱焉。神道碑○又龍川志云：富鄭公、韓魏公同在中書。鄭公母老矣。一日，語及故事，宰相有起復視事者，魏公曰：「此非朝廷盛事。」已而鄭公居母憂，朝廷屢詔起之，上章三辭，貼黄言：「臣在中書日，嘗與韓琦言之，決不當起。」魏公歎曰：「吾但以實言之，不料以爲怨。」自此二人稍稍有隙。

仁宗末年，富公自相位丁太夫人憂。服除，英宗已即位，魏公已遷左相，故用富公爲樞密相，魏公已下皆遷官，富公亦遷户部尚書。公辭曰：「切聞制辭叙述，陛下即位，以臣在憂服，無可稱道，乃取嘉祐中臣在中書日嘗議建儲，以此爲效，而推今日之恩。嘉祐中雖嘗泛議建儲之事，仁宗尚祕其請。其於陛下，則如在茫昧杳冥之中，未見形象，安得如韓琦等後來功效之深切著明也？」聞見録

英宗即位之初，感疾不能視朝，大臣請光獻太后垂簾權同聽政，后辭之不獲，乃從。英宗才康復，后已下手書復辟。魏公奏：「臺諫有章疏，請太后早還政。」后聞之遽起。魏公急令儀鑾司徹簾，后猶未轉御屏，尚見其衣也。時富韓公爲樞密相，怪魏公不關報徹簾事，有「韓魏公欲致弼於族滅之地」之語。歐陽公爲參政，首議追尊濮安懿王，富公曰：「歐陽公讀書知禮法，所以爲此舉者，忘仁宗，累主上，欺韓公耳。」富公因辭執政例遷官，疏言甚危，三日不報。見英宗，面奏曰：「仁宗之立陛下，皇太后之功也。陛下未報皇太后大功，先録臣之小勞，非仁宗之意也。方仁宗之世，宗屬與陛下親相等者尚多，必以陛下爲子者，以陛下孝德彰聞也。今皇太后謂臣與胡宿、吴奎等曰：『無夫婦人無所告。』至不忍聞〔一二〕，臣寔痛之。豈仁宗之所望於陛下者哉！」以笏指御床曰：「非陛下有孝德，孰可居此？」英宗俯躬曰：「不敢。」富公求去益堅，遂出判河陽。自此與魏公、歐陽公絶。後富公致政居洛，每歲生日，魏公不論遠近，必遣使致書幣甚恭，富公但答以老病，無書。魏公之禮終不替，至薨乃已。天下兩賢之。魏公、歐陽公之薨也，富公皆不祭弔〔一三〕。國史著富公以不預策立英宗，與魏公絶，至此祭弔不通，非也。聞見録

英宗一日因公進除目而震怒，響滿一殿，擲除目榻下。公慨然搢笏，拾除目，執之進曰：「前日陛下在藩邸時，喜怒猶不可妄，況今即天子位？竊以天子亦有怒焉，出九師以

伐四夷，否則陳斧鉞以誅大臣。今日陛下之怒，不爲常事除目也，必以臣等有大過惡可怒者，何不斬臣以謝天下！」英宗爲之霽色温言，公進説猶久之不已。晁以道富公奏議序

英宗初臨御，韓魏公爲相，富鄭公爲樞密相。一日，韓公進擬數宦者策立有勞，當遷官。富公曰：「先帝以神器付陛下，此輩何功可書？」韓公有愧色。後韓公帥長安，爲范堯夫言其事曰：「琦便怕它富相公也。」邵氏後録

踰年，懇辭機務，章二十上，以使相判河陽，復五上章辭使相，且言：「真宗以前，不輕以此授人。仁宗即位之初，執政欲自爲地，故開此例。終仁宗之世，宰相樞密使罷者皆除使相，至不稱職有罪者亦然，天下非之。今陛下初即位，願立法自臣始。」不從。神道碑

神宗即位，以集禧觀使召赴闕，公辭不至。熙寧元年，移判汝州，且詔入覲，以公足疾，許肩輿至殿門，令公子紹隆扶以入，且命無拜，坐語從容，至日昃。又欲以觀使留公，公力辭，赴郡。明年二月，除司空、侍中、昭文館大學士，不拜。復以爲左僕射、平章事。公既至，未見。有於上前言災異皆天數，非人事得失所致者。公聞之，歎曰：「人君所畏惟天，若不畏天，何事不可爲者，去亂亡無幾矣。此必姦臣欲進邪説，故先導上以無所畏，使輔拂諫諍之臣，無所復施其力。此治亂之機也，吾不可以不速救。」即上書數千言，雜引春秋、洪範，及古今傳記，人情物理，以明其決不然者。神道碑

群臣請上尊號及作樂，上以久旱不許。群臣固請作樂，公又言：「故事，有災變皆徹樂，恐以同天節虜使當上壽，故未斷其請。臣以爲此盛德事，正當以示夷狄，乞并罷上壽。」從之。即日而雨。公又上疏，願益畏天戒，遠姦佞，近忠良。上親答詔曰：「義忠言親，理正文直。苟非意在愛君，志存王室，何以臻此！敢不置之枕席，銘諸肺腑，終老是戒。更願公不替今日之志，則天災不難弭，太平可立俟也。」公既上疏謝，復申戒不已，且云：「願陛下待群臣不以同異爲喜怒，不以喜怒爲用捨。」神道碑

熙寧初，韓魏公罷政，富公再相。神宗首問邊事，公曰：「陛下臨御未久，臣愚以爲首當推恩惠，布德澤，二十年未可道著『用兵』二字。若干戈一興，上貽聖憂，下竭民力，願勿首先留意邊事。萬一戎狄渝盟，人神共怒，爲應敵之計可也。」上問：「所先當如何？」公曰：「阜安宇内爲先〔一四〕。」蓋是時王荆公已有寵，勸帝用兵以威四夷，於是用王韶取熙河以窺靈武，結高麗以圖大遼〔一五〕，又用章惇取湖北夔峽之蠻，又用劉彝、沈起窺交趾。二人造戰艦於富良江上，交趾偵知，先浮海載兵陷廉州，又破邕州，殺守臣蘇緘，屠其城，掠生口而去。又用郭逵、趙禼宣撫廣南，使直擣交趾，逵老將，與禼議論不同，爲交趾扼富良江，兵不得進，瘴死者十餘萬人。元豐四年，五路大進兵，取靈武。夏人決黄河水櫃以灌吾壘，兵將凍溺飢餓，不戰而死者數十萬人。又用吕惠卿所薦徐禧築永樂城，夏人以大兵破之，自

禧而下，死者十餘萬人。報夜至，帝早朝，當宁慟哭，宰執不敢仰視。帝嘆息曰：「永樂之舉，無一人言其不可者。」右丞蒲宗孟進曰：「臣嘗言之。」帝正色曰：「卿何嘗有言？在内惟呂公著，在外惟趙卨，曾言用兵不是好事。」既又謂宰執曰：「自今更不用兵，與卿等共饗太平。」然帝從此鬱鬱不樂，以至大漸。嗚呼痛哉！聞見録

時王安石參知政事，議改法理財，與公意不合。公稱病求去，章數十上。上問：「誰可代卿？」公薦文彦博。上默然，良久曰：「王安石何如？」公亦默然。八月，以武寧軍節度使同平章事判河南府，請改亳州。

公在亳州，時方行青苗息錢法，公以謂此法行則財聚於上，人散於下，且富民不願請，願請者皆貧民，後不可復得，故持之不行。而提舉常平倉趙濟劾公以大臣格新法，除左僕射，判汝州。公言：「新法臣所不曉，不可以復治郡，願歸洛養疾。」許之。神道碑

熙寧二年，富公自亳州被劾，移判汝州。過南京，張安道留守，富公來見，坐久之，富公徐曰：「人固難知也。」張公曰：「謂王安石乎？亦豈難知者！皇祐間，方平知貢舉，或薦安石有文學，宜辟以考校，姑從之。安石者既來，凡一院之事皆欲紛更之。方平惡其人，檄以出，自此未嘗與之語也。」富公俛首有愧色。蓋富公素喜荆公，至得位亂天下，方知其姦云。聞見録

富公熙寧中罷相鎮亳，常深居養疾，罕出視事。幕府事須稟命者，常以狀白公，公批數

字於紙尾，莫不盡其理。或事有難決、幕府憂疑不能措手者，相與求見公，公以一二言裁處，徐語它事，幕府曉然，率常失其所疑者。退而歎伏，以爲不可及。公早使強虜，以片言折狂謀，尊中國。及總大政，視天下事若不足爲者，矧退處一郡乎？澠水燕談

公雖居家，而朝廷有大利害，知無不言。交趾叛，詔郭逵等討之。公言：「海嶠嶮遠，不可以責其必進。願詔逵等擇利進退，以全王師。」契丹來爭河東地界，上手詔問公。公言：「熙河諸郡，皆不足守，而河東地界，決不可許。」神道碑

故參知政事王堯臣子同老上言，至和三年，仁宗弗豫，其父堯臣嘗與文彥博、劉沆及公同決大策，乞立儲嗣，仁宗許之。會翊日有瘳，故緩其事，人無復知者。以其父堯臣所撰詔草上之。上以問彥博，彥博言與同老合。上嘉公等勳績如此，而終不自言，下詔以公爲司徒。神道碑○又聞見録云：富公之客李偲問公曰：「公治平初進户部尚書，屢辭，今進司徒，一辭而拜，何也？」公曰：「治平初乃弼自辭官，今日潞公皆遷〔一六〕，弼豈敢堅辭妨他人也？」蓋潞公與荆公論政事不合，出判北京，七年不召，自此眷禮復厚矣。

公性至孝，恭儉好禮，與人言，雖幼賤必盡敬，氣色穆然，終身不見喜愠。然以單車入不測之虜廷，詰其君臣，折其口而服其心，無一語少屈，所謂大勇者乎！其好善疾惡，蓋出於天資。常言：「君子小人如冰炭，決不可以同器。若兼收並用，則小人必勝。薰蕕雜處，

終必爲臭。」其爲宰相及判河陽，最後請老家居，凡三上章，皆言：「天子無職事，惟辨君子小人而進退之，此天子之職也。君子與小人並處，其勢必不勝，君子不勝，則奉身而退，樂道無悶。小人不勝，則交結構扇〔一七〕，千岐萬轍，必勝而後已。小人復勝，必遂肆毒於善良，無所不爲，求天下不亂，不可得也。」神道碑

平生所薦甚衆，尤知名者十餘人，如王質與其弟素，余靖、張瓌、石介、孫復、吴奎、韓維、陳襄、王鼎、張昷之、杜杞、陳希亮之流，皆有聞於世，世以爲知人。神道碑

元豐六年，富公疾病矣，上書言八事，大抵論君子小人爲治亂之本。神宗語宰輔曰：「富弼有章疏來。」章惇曰：「弼所言何事？」帝曰：「言朕左右多小人。」惇曰：「可令分析，孰爲小人。」帝曰：「弼三朝老臣，豈可令分析？」左丞王安禮進曰：「弼之言是也。」罷朝，惇責安禮曰：「左丞對上之言失矣。」安禮曰：「吾輩今日曰『誠如聖諭』，明日曰『聖學非臣所及』，安得不謂之小人！」惇無以對。是年五月，大星殞於公所居還政堂下，空中如甲馬聲，公登天光臺，焚香再拜，知其將終也。閏六月丙申，薨。司馬温公、范忠宣來吊哭，公之子紹庭、紹京泣曰：「先公有自封押章疏一通，殆遺表也。」二公曰：「當不啓封以聞。」蘇内翰作公神道碑，謂「世莫知其所言」者是也。神宗聞訃震悼，出祭文，遣中使設祭，恩禮甚厚。政府方遣一奠而已。聞見録

富公爲人温良寬厚，泛與人語，若無所異同者。及其臨大節，正色慷慨，莫之能屈。智識深遠，過人遠甚，而事無巨細，皆反復熟慮，必萬全無失，然後行之。宰相，自唐以來謂之禮絶百僚，見者無長幼皆拜，宰相平立，少垂手扶之，送客未嘗下階，客坐稍久，則吏從傍唱「相公尊重」，客踧踖起退。及公爲相，雖微官及布衣謁見，皆與之抗禮，引坐，語從容，送之及門，視其上馬，乃還。自是群公稍效之，自公始也。自致仕歸西都十餘年，常深居不出。晚年，賓客請見者亦多謝以疾。所親問其故，曰：「凡待人，無貴賤賢愚，禮貌當如一。吾累世居洛，親舊蓋以千百數，若有見有不見，非均一之道，若人人見之，吾衰疾，不能堪也。」士大夫亦知其心，無怨也。嘗欲之老子祠，乘小轎過天津橋，會府中徙市於橋側，市人喜公之出，隨而觀之，至於安門，市爲之空。其得人心也如此。及違世，士大夫無遠近識不識，相見則以言，不相見則以書，更相吊唁，往往垂泣。其得士大夫心又如此。嗚呼！苟非事君盡忠，愛民盡仁，推惻怛至誠之心，充於内而見於外，能如是乎？記聞

劉器之云：富鄭公年八十，書座屏云：「守口如瓶，防意如城。」晁氏客語

故事：宰相以使相致仕者給全俸。公以司徒使相致仕居洛，自三公俸一百二十千外，皆不受。公清心學道，獨居還政堂，每早作，放中門鑰，入瞻禮家廟。對夫人如賓客，子孫不冠帶不見。麈史云：富鄭公治家嚴整，子舍女僕戒不得互相往來，閨門肅如也。平時謝客。文

潞公爲留守，時節往來。公素喜潞公，昔同朝，更拜其母，每勸其早退云。既薨，公子紹廷字德先，能守家法，與公兩婿及諸甥皆同居公之第，家之事一如公無恙時，毫髮不敢變，鄉里稱之。建中靖國初，擢爲河北西路提舉常平，德先辭曰：「熙寧變法之初，先臣以不行青苗法得罪。臣不敢爲此官。」上益嘉之，除祠部員外郎。崇寧中卒。聞見録

富文忠辭疾歸第，以其俸券還府，府受之。伊川先生曰：「受之者固無足議，然納者亦未爲得也，留之而無請可矣。」程氏遺書

富公致事家居，專爲佛老之學，故吏呂大臨與叔奏記於公曰：「大臨聞之，古者三公無職事，惟有德者居之，内則論道于朝，外則主教于鄉。古之大人，當是任者，必將以斯道覺斯民，成己以成物，豈以爵位進退，體力盛衰，爲之變哉！今大道未明，人趨異學，不入于莊，則入于釋，疑聖人爲未盡，輕禮義爲不足學，致人倫不明，萬物憔悴，此老成大人惻隱存心之時，以道自任，振起壞俗，在公之力，宜無難矣。若夫移精變氣，務求長年，此山谷避世之士，獨善其身者之所好，豈世之所以望於公者哉！」呂集

蘇内翰軾作公神道碑，銘曰：五代八姓，十有二君。四十四年，如絲之棼。以人爲嬉，以殺爲儇〔一八〕。兵交兩河，腥聞于天。上帝厭之，命我祖宗：畀爾鑪錘，往銷其鋒。孰謂民遠，我聞其呻。寧爾小忍，無殘我民。六聖受命，維一其心。敕其後人，帝命是承。勿劓

刖人，矧敢好兵。百三十年，諱兵與刑。惟彼北戎，謂帝我驕。帝聞其言，折其萌芽。篤生萊公，尺箠笞之。既服既馴，則擾綏之。堂堂韓公，與萊相望。再聘于燕，北方以寧。景德元年，始盟契丹。公生是歲，天命則然。公之在母，秦國寤驚。旌旗鶴雁，降格其庭。云有天赦，已而生公。天欲赦民，公啓其衷。北至燕然，南至于河。億萬維生，公手撫摩。水潦荐飢，散流而東。五十萬人，仰哺于公。公之在内，自泉流瀕。其在四方，自葉流根。百官維人，百度惟正。相我三宗，重華協明。帝謂公來，隕星其堂。有墳其丘，公豈是藏。維嶽降神，今歸不留。臣軾作頌，以配崧高。

校勘記

〔一〕久爲君闢一室　「久」，洪、張本作「又」。

〔二〕養子　「養子」，宋蘇軾蘇軾文集中華書局本（以下簡稱蘇軾文集）卷一八富鄭公神道碑作「男昭序」。

〔三〕遠郡　「遠」，同前書作「邊」。

〔四〕劉從愿妻遂國夫人者　「愿」，長編卷一三三慶曆元年九月戊午條作「德」，宋史卷四六三劉從德傳謂「從德妻，嘉州王蒙正女也」，與此條下文相合。

〔五〕見何禮也　「見」，蘇軾文集卷一八富鄭公神道碑作「此」。

〔六〕與中國好　「好」上同前書有「通」字。

〔七〕辭愈力　同上書「辭」下有「之」字。

〔八〕復以命公　同上書作「復除前命」。

〔九〕自鄆移青　按：此句以上文字同前書甚簡略，且無「伊、周」，「伊、霍」，廢立詔書等事。朱熹此處所引應有所本。

〔一〇〕三州　「三」，同前書作「五」。

〔一一〕又因山岩爲窟室　澠水燕談録卷二「岩」作「崖」，「窒」作「室」。

〔一二〕無夫婦人無所告至不忍聞　邵氏聞見録卷三「告」下有「訴其言」三字，則讀作：「『無夫婦人無所告訴。』其言至不忍聞。」

〔一三〕富公皆不祭弔　「不」，同前書明鈔本作「有」。

〔一四〕陛下臨御未久……阜安宇内爲先　按：此一段邵氏聞見録卷五僅有「陛下即位之初，當布德行惠，願二十年不言『用兵』二字」數語，甚簡略。朱熹所引，應有所本。

〔一五〕於是用王韶取熙河以窺靈武結高麗以圖大遼　此句同前書作：初於用王韶取熙河以斷西夏右臂，又欲取靈武以斷大遼右臂，又結高麗起兵，欲圖大遼。

〔一六〕今日潞公皆遷　「公」下同前書卷三有「以下」二字。
〔一七〕構扇　「構」原作「御名」二小字，爲避宋高宗諱，今逕改。下逕改不出校。
〔一八〕以殺爲儇　「儇」原作「懁」，據蘇軾文集卷一八富鄭公神道碑改。

二之二　參政歐陽文忠公

公名脩，字永叔，吉州永豐人。舉進士，補西京留守推官，召試，除館閣校勘，貶峽州夷陵令。復入爲校勘，出通判滑州。慶曆初，擢知諫院，俄同脩起居注，閱月，拜右正言、知制誥，出使河東還，以龍圖閣直學士爲河北都轉運使。左遷知制誥，知滁州，徙知揚州、潁州，復職知應天府，以母憂去，免喪爲翰林學士、知貢舉、權知開封府，拜禮部侍郎、樞密副使，未幾參知政事。治平四年，以觀文殿學士知亳州，徙青、蔡二州，以太子少師致仕，薨，年六十六。

公生四歲而孤，母韓國太夫人守節自誓，親教公讀書，家貧，至以荻畫地學書。公敏悟過人，所覽輒能誦。比成人，將舉進士，爲一時偶儷之文，已絕出倫輩。翰林學士胥公時在漢陽，見而奇之，曰：「子必有名於世。」館之門下。公從之京師，兩試國子監，一試禮部，皆第一人，遂中甲科，補西京留守推官。始從尹師魯遊，爲古文，議論當世事，迭相師友，與梅聖俞遊，爲歌詩相倡和，遂以文章名冠天下。留守王文康公知其賢，還朝薦之。蘇黄門撰神道碑○又吴丞相撰行狀云：公少時從里閭借書讀，或抄之，抄未畢，而已成誦矣。

景祐中，范文正公知開封府，忠亮讜直，言無回避，左右不便，因言公離間大臣，自結朋黨，乃落天章閣待制，出知饒州。余靖安道上疏論救，以朋黨坐貶。尹洙師魯上言：「靖與仲淹交淺，臣於仲淹義兼師友，當從坐。」貶監郢州税。歐陽脩永叔貽書責司諫高若訥不能辨其非辜，若訥大怒，繳奏其書，降授夷陵縣令。永叔復與師魯書云：「五六十年來，此輩沉默畏慎〔一〕，布在世間，忽見吾輩作此事，下至竈間老婢，亦相驚怪。」時蔡襄君謨爲四賢一不肖詩以歌之。記聞

公初坐論救范公，遠貶三峽，後元昊反，范起爲環慶帥，辟公掌牋奏，公嘆曰：「吾初論范公事，豈以爲己利哉！同其退不同其進可也。」遂辭不往。行狀

慶曆初，西師未解，契丹初復舊約，京東、西盗賊蜂起，國用不給。仁宗知朝臣不任事，始登進范公及杜正獻公、富文忠公、韓忠獻公，分列二府。增諫員，取敢言士，公首被選，以太常丞知諫院，賜五品服。未幾，脩起居注。公每勸上延見諸公，訪以政事。上再出手詔，使諸公條天下事，又開天章閣，召對賜坐，給紙筆，使具疏于前。諸公皇恐，退而上時所宜

先者十數事。於是有詔勸農桑，興學校，革磨勘、任子等弊，中外悚然，而小人不便，相與騰口謗之。公知其必爲害，常爲上分别邪正，勸力行諸公之言。初，范公之貶饒州，公與尹師魯、余安道皆以直范公見逐，目之黨人，自是朋黨之論起，久而益熾，公乃爲朋黨論以進，言「君子以同道爲朋，小人以同利爲朋。人君但當退小人之僞朋，用君子之真朋」。其言懇惻詳盡。其後，諸公卒以黨議不得久留於朝。公性疾惡，論事無所回避，小人視之如仇讎，而公愈奮厲不顧。上獨深知其忠，改右正言、知制誥，賜三品服，仍知諫院。故事，知制誥必試，上知公之文，有旨不試，與近世楊文公、陳文惠公比，逮公三人而已。嘗因奏事論及人物，上目公曰：「如歐陽脩，何處得來？」蓋欲大用而不果也。神道碑

時温成后方有寵，公言前世女寵之戒，請加裁抑。澧州進柿木成文，有「太平」字。公言：「今四海騷然，未見太平之象，請不宣示于外。」淮南漕臣獻羡餘十萬貫，公請拒之，以防刻剥。行狀

大臣有言河東芻糧不足，請廢麟州，徙治合河津，或請廢其五寨，命公往視利害。公曰：「麟州天嶮，不可廢也。麟州廢，則五寨不可守，五寨不守，則府州遂爲孤壘。今五寨存，故虜在二三百里外，若五寨廢，則夾河皆虜巢穴，河内州縣皆不安居矣。不若分其兵駐並河清塞堡，緩急不失應援，而平時可省轉輸。」由是麟州得不廢。又言：「忻、代州、岢嵐、

火山軍並邊民田，廢不得耕，號爲禁地，而虜常盜耕之。若募民計口出丁爲兵，量入租粟以耕，歲可得數百萬斛，不然，它日且盡爲虜有。」議下，太原帥臣以爲不便，持之久乃從。凡河東賦斂過重，民所不堪，奏罷者十數事。神道碑

保州兵亂，以公爲龍圖閣直學士〔二〕、河北都轉運使。陛辭，上面諭：「無爲久留計，有所欲言，言之。」公曰：「諫官得風聞言事，外官越職而言，罪也。」上曰：「第以聞，勿以中外爲意。」河北諸軍怙亂驕恣，小不如意，輒脅持州郡。公奏乞優假將帥，以鎮壓士心，軍中乃定。初，保州亂兵皆招以不死，既而悉誅之，脅從二千人，亦分隸諸軍〔三〕。富公爲宣撫使，恐後生變，與公相遇於內黄，夜半屏人謀，欲使諸州同日誅之。公曰：「禍莫大於殺已降，況脅從乎？既非朝命，州郡有一不從，爲變不細。」富公悟，乃止。公奏置御河催綱司，以督糧餉，邊州賴之。又置磁、相州都作院，以繕一路戎器。河北方小治，而二府諸公，相繼以黨議罷去。公慨然上書論之，用事者益怒。會公之外甥女張嫁公族人晟，以失行繫獄，言事者乘此欲并中公，遂起詔獄，窮治張貲産。上使中官監劾之，卒辨其誣，猶降官知滁州事。神道碑○又遺事云：富公之議誅亂兵也，公時使河北，復被命權知鎮州，既力沮其議，且曰：「脩至鎮州，必不從命。」富公不得已，遂止。是時小人讒言已入，而富公大閱河北之兵，多所升黜，譖者因曰：「富弼擅命專權，自作威福，已收却河北軍情，此兵不復知有朝廷矣。」於是京師禁軍，亟亦大閱，多所升

擢。而富公歸至國門，密知鄆州，向若遂擅殺二千人，其禍何可測也！然則公一言不獨活二千人命，亦免富公於大禍也。○又墓誌云：奏造鎖栿船以絶侵盗，又方條例北方利病，欲大爲錯置，會罷，不果。○又韓魏公别録云：内官王昭明絶不類内官，往年執政賈昌朝、陳執中惡歐陽公，欲因張氏事深治之，令蘇安世鞫獄，不成，蘇云：「不如鍛鍊就。」仍乞不録問。昭明時爲監勘官，正色曰：「上令某監勘，正欲盡公道爾，鍛鍊何等語也！」歐陽遂清脱。

至和初，判流内銓，小人恐公且大用，僞爲公奏，乞澄汰宦官。宦官聞之，果怒，陰以事中公，遂出公知同州，而言者多謂公無罪，上亦悟，留刊脩唐書。俄入翰林爲學士。自滁州之貶，至是十二年矣。上臨御既久，遍閲天下士，群臣未有以大稱上意。上思富公、韓公之賢，復召寘二府。時慶曆舊人，惟二公與公三人，皆在朝廷。士大夫知上有致治之意，翕然相慶。神道碑

公在翰林，仁宗一日乘間見御閣春帖子，讀而愛之，問左右，曰：「歐陽脩之辭也。」乃悉取宫中諸帖閲之，見其篇篇有意，歎曰：「舉筆不忘規諫，真侍從之臣也。」

歐陽公在翰林日，建言：「讖緯之書，淺俗誣怪，誖經妨道，凡諸書及傳疏所引，請一切削去之，以無誤後學。」仁宗命國子學官取諸經正義所引讖緯之説，逐旋寫録奏上，時執政者不甚主之，事竟不行。吕氏家塾

公權知貢舉，是時進士爲文，以詭異相高，文體大壞，公患之，所取率以詞義近古爲貴，比以嶮怪知名者，黜去殆盡。榜出，怨謗紛然，久之乃服。然文章自是變而復古。神道碑○又墓誌云：時舉者務爲嶮怪之語，號太學體，公云：「一切黜去，取其平澹造理者。」

三年，加龍圖閣學士，權知開封府事。所代包孝肅公，以威嚴御下，名震都邑。公簡易循理，不求赫赫之譽。有以包公之政勵公者，公曰：「凡人材性不一，用其所長，事無不舉，强其所短，勢必不逮。吾亦任吾所長耳。」聞者稱善。神道碑○又行狀云：公之尹京，不事風采。至寵貴犯禁令，又求苟免者，必寘於法。雖詔命有所不從，且請加本罪二等，至今行之。○又遺事云：韓子華謂公曰：「外議云：餘材可以更治一開封府。」

公嘗語人曰：「治民如治病。彼富醫之至人家也，僕馬鮮明，進退有禮，爲人診脉，按醫書，述病證，口辨如傾，聽之可愛。然病兒服藥云無效，則不如貧醫。貧醫無僕馬，舉止生疏，爲人診脉，不能應對，病兒服藥，云疾已愈矣，則便是良醫。凡治人者，不問吏材能否，設施何如，但民稱便，即是良吏。」故公爲數郡，不見治迹，不求聲譽，以寬簡不擾爲意。故所至民便，既去民思。如揚州、青州、南京皆大郡，公至三五日間，事已十減五六，一兩月後，官府閒如僧舍。或問：「公爲政寬簡，而事不弛廢者何也？」曰：「以縱爲寬，以略爲簡，則弛廢而民受其弊也。吾之所謂寬者，不爲苛急耳；所謂簡者，不爲繁碎耳。」識者以爲知言。遺事○又墓誌云：公之爲政，以鎮靜爲本，明不及察，寬不至縱，吏民安之。滁揚二州，皆生立祠。

河決商胡，賈魏公留守北京，欲開横壠故道，回河使東。有李仲昌者，欲道商胡入六塔河。詔兩省臺諫集議。公故奉使河北，知河決根本，以爲：「河水重濁，理無不淤，淤從下起，下流既淤，上流必決。水性避高，決必趨下。以近事驗之，決河非不能力塞，故道非不能力復，但勢不能已〔四〕，必決於上流耳。横壠功大難成，雖成必有復決之患。六塔狹小，不能容受大河，以全河注之，濱、棣、德、博必被其患。不若因水所趨，增治隄防。疏其下流，浚之入海，則河無決溢散漫之憂，數十年之利也。」陳恭公當國，主横壠之議，恭公罷去，而宰相復以仲昌之言爲然，行之而敗，河北被害者凡數千里。神道碑

狄武襄公爲樞密使，奮自軍伍，多戰功，軍中服其威名。上不豫，諸軍訛言籍籍。公言：「武臣掌機密而得軍情，不惟於國不便，鮮不以爲身害。請出之外藩，以保其終始。」狄公遂罷知陳州。神道碑

公在兵府，與曾魯公考天下兵數，及三路屯戍多少、地里遠近，更爲圖籍，凡邊防久闕屯戍者，必加蒐補。其在政府，凡兵民官吏財利之要，中書所當知者，集爲總目，遇事不復求之有司。時富公久以母憂去位，公與韓公同心輔政，每議事，心所未可必力爭，韓公亦開

懷不疑。故嘉祐之政，世多以爲得。神道碑○又行狀云：公嘗以祀假家居，上遣中貴人就中書閣取總目而閲之。

公嘗因嘉祐水災，凡再上疏，請選立皇太子，以固天下根本，言甚激切。及在政府，遂與諸公協定大議，而先帝力辭宗正之命。公進曰：「宗室不領職事，忽有此除，天下皆知陛下意矣。然誥敕付閤門，得以不受。今立爲皇子，則詔書一出而事定矣。」仁宗以爲然，遂下詔。行狀○又神道碑云：及宫車晏駕，皇子嗣位，海内泰然，有盤石之固，然後天下詠歌仁宗之聖與諸公之賢，而向之黨議，消釋無餘，至於小人，亦磨滅不復見矣。○又公奏事録云：仁宗既連失褒、豫、鄂三王，遂更無皇子。自至和三年正月得疾，踰時不能御殿，中外憂恐。既而康復，自是言者常以國本不可不急，交章論述，每輒留中。故樞密副使包公拯，今翰林學士范景仁，所言尤激，其餘不爲外人所知者，不可勝數。今樞密富相與昭文韓相亦屢進説。雖余亦嘗因大水言之，然初無采納之意。如此五六年，言者亦已稍怠。嘉祐六年秋，余自樞庭過東府，忽見内降一封，乃諫官司馬光言皇子事，既而知江州吕誨亦有疏論述。明日，奏事垂拱殿，二章讀畢，未及有所啓，仁宗遽曰：「朕有意多時矣，但未得其人。」余自爲校勘，及在諫垣、忝兩制，逮此二十年，每進對，嘗劇從容，至此始聞仁宗自稱「朕」。既而左右顧曰：「宗室中孰爲可？」韓公皇恐對曰：「不唯宗室不接外人，臣等不知，此事豈臣下敢議，當出自聖擇。」仁宗曰：「宫中嘗養二子，小者甚純，然近不慧，大者可也。」遂啓曰：「其名謂何？」仁宗即道今上舊名曰：「名某，今三十歲矣。」余等遂力贊之，議乃定。余又奏曰：「此事至大，臣等未敢施行，請陛下今夕更思之，臣等來日取旨。」明日，奏事崇政殿，因又啓之。仁宗曰：「決無疑也。」余等奏言：「事當有漸，容臣等商量所除官。」既退，遂議且判宗正。時今上猶在濮王喪，乃議起復。來日將上，仁宗大喜，曰：「如此甚好。」二公與余又奏曰：「此事若行，不可中止，乞陛下斷在不疑，仍乞自內中批出，臣等奉行。」仁宗曰：「此事豈可令婦人知，中書行可也。」余等喜躍稱賀。六年十月也。命既出，今上再三辭避，有旨候服闋取旨。至七年二月一日，服除，今上堅卧稱疾，前後十餘讓。至七月，韓公議曰：「宗正之命始出，則外人皆知必爲皇子也，不若遂正其名，使其知愈讓而愈進，示朝廷有不可回之意，庶幾肯受。」曾公與余皆以爲然。及將上，今上累讓表，仁宗問：「如何？」韓公未對，余即前奏曰：「宗室自來不領職事，今外人忽見不次擢用，皆知將立爲皇子，不若正其名，命立爲皇子。緣誥敕降付閤門，某得以堅卧不受。若立爲皇子，只煩陛下命學士作一詔書，告報天下，事即定矣，不由某受不受也。」仁宗沉思久之，顧韓公曰：「如此莫亦好否？」韓公力贊之，遂降詔書，立爲皇子，仍更名某。自議皇子事，凡所奏請，皆余與西廳趙侍郎自書，其改名劄子，余所書也，初擇日旁十字，其最下一字，乃今名也，是仁宗親點，今封在中書。今上自在濮邸，即有賢名，及遷入內，良賤不及三十口，行李蕭然，無異寒士，有書數廚而已。中外聞者相賀。

英宗即位之初，以疾未親政，慈聖光獻太后臨朝，公與諸公往來二宮，彌縫其間，卒復明辟。神道碑　樞密使嘗闕人，公當次補。韓公、曾公議將進擬，不以告公。公覺其意，謂二公曰：

「今天子諒陰，母后垂簾，而二三大臣，自相位置，何以示天下？」二公大服而止。其後張康節公去位，英宗復將用公，公又力辭不拜。公再辭重位，諸公不喻其意，而服其難。神道碑

自嘉祐以後，朝廷務惜名器，而進人之路稍狹。公屢建言：「館閣育材之地，材既難得，而又難知，則當博採而多畜之，時冀一得於其間，則傑然出爲名臣矣，餘亦不失爲佳士也。」遂詔二府，各舉五人。其後召試，中選者往往在清近，朝廷稍收其用矣。行狀

孫侍郎長卿罷環慶路總管，拜集賢院學士，爲河東都轉運使。臺諫交章論列，長卿守邊無狀，宜加降黜。中書以長卿歲滿得代，無過可黜，而臺諫論奏不已。六月十一日進呈〔五〕，上厲聲曰：「已行之事，何可改易？」臣脩奏曰：「臣等不爲已行難改。若朝廷果是除授不當，能用臺諫之言改正，足以上彰陛下從諫之聖。至於臣等能不遂非而服義，改過不吝，聖賢所難，亦是臣等好事。但以長卿除授不爲過當，若曲從臺諫之言，使彼銜冤受黜，於理豈安？故難行也。」上然之。上又曰：「人言臺諫奪權。」臣脩奏曰：「此則爲陛下言者過也。朝廷置臺諫官，專爲言事，若使默然，却是失職。苟以言事爲奪權，則臺諫無職可供矣。」奏事録

先朝僧官有闕，多因權要請謁，内降補人。時諫官御史累有論列。先帝深悟其事，因著令，僧職有闕，命兩街各選一人，較藝而補。至是鑑義有闕，中書已下兩街選人未上，而

内臣陳承禮以寶相院僧慶輔爲請，内降令與鑑義。中書執奏以爲不可，韓、曾二公陳其事，臣脩亦奏曰：「補一僧官，當與不當，至爲小事，何繫利害！但中書事已施行，而用内降，衝改先朝著令，則是内臣干撓朝政，此事何可啓其漸？」又奏曰：「宦女近習，自前世嘗患難於防制，今小事若蒙聽許，後有大事，陛下必以害政不從，是初欲姑息，而返成怨望。不若絶之於漸。此一小事，陛下不以爲意而從之，彼必自張於外，以謂爲上親信，朝政可回。在陛下目前似一閑事，外邊盛勢不小矣。」上遽可中書所奏，只令依條例選試。臣脩又奏曰：「事既不行，彼必有言，云萬事只由中書，官家豈得自由行一事？陛下試思從私請與從公議，孰爲得失？」而韓、曾二公亦所陳甚多，上皆嘉納也。奏事録

始，英宗踐祚，按祖宗舊典，皇族尊屬之亡者，皆贈官改封。濮安懿王，英宗所生父也，中書以本朝未有故事，請付有司詳處其當。上謙恭慎重，命過仁廟大祥，下禮院兩制官同議。如期詔下，衆乃言王當稱伯，改封大國。中書以所生父稱伯疑無經據，方再下三省議。上遽令權罷，俾有司徐求典故。事久不行，臺官挾憤不已，遂持此斥公爲主議，上章歷詆，必請議定，及以本朝未嘗議及之事，肆爲誣説，欲惑衆聽。又相率納告身，以示必去。上數敦諭，知不可留，各以本官補外。後來者以風憲不勝爲耻，窺伺愈急。今上即位初，御史蔣之奇者乃造無根之言，欲以汙公，中丞彭思永乘虚助之。公退伏私居，力請公辨。上照其

誣罔，連詔詰問，二人者辭窮，皆坐貶。公遂懇辭柄任，遂以觀文殿學士知亳州。墓誌○又遺事云：濮議初不出於公，及臺諫有言，公獨力辨於朝，故議者指公爲立議之人，公不自辨，唯曰：「今人以濮議爲非，使我獨當罪，則韓、曾二公，宜有愧於我。後世以濮議爲是，而獨稱我善，則我宜愧於二公。」又撰濮議四卷，悉記當時議論本末甚詳。又於五代史記書晉出帝父敬儒、周世宗父柴守禮事，及李彦詢傳發明人倫父子之道，尤爲詳悉。○又蘇氏談訓云：元祐中進用執政，多取濮議，臺諫吕微仲、范堯夫、傅欽之、趙大觀皆是也。宣仁聖意叵測，然以經義人情揆之，歐公之論爲中理。公平生不甚留意禮經，嘗與祖父説濮議事，自云：「脩平生何嘗讀儀禮，偶一日至子弟書院中，几間有之，因取讀，見『爲人後者，爲其父齊衰杖期』云云，其言與脩意合，由是破諸異議，自謂得之多矣。」○又温公日録曰：英宗之喪，歐陽公於衰絰之下，服紫地皂花緊絲袍以入臨。劉庠奏乞貶責，上遣使語歐陽公使易之，歐陽公拜伏面謝。○又云：歐陽公長子發，娶冲卿之女，郎中薛良孺，歐陽之妻族也，前歲坐舉官不當被劾，遷延踰南郊赦，冀以脱罪。歐陽避嫌上言，請不以赦原良孺，由是怨之，揚言於衆云：「歐陽公有帷薄之醜。」朝士以濮議故，多疾歐陽，由是流布遂廣。先是，臺官既以紫袍事劾奏歐陽，朝廷不行，蔣之奇遂以此事上殿劾之，仍言「某月日中丞彭思永爲臣言」，上以爲無是事，之奇伏地叩頭，固請以其奏付密院，於是永叔及冲卿皆上章自辨。後數日，復取其奏以入，因謂執政曰：「言事者以閨門曖昧之事中傷大臣，此風漸不可長。」乃命之奇、思永分析，皆無以對，俱坐謫官，仍敕榜朝堂。先是，之奇盛稱濮議之是，以媚脩，由是薦爲御史，既而反攻脩，脩尋亦外遷，故其謝上表曰：「未乾薦禰之墨，已關射羿之弓。」○又龍川志云：蔣之奇彈奏歐陽公，英宗不聽。之奇因拜伏地不起。上顧左右問：「何故久不起？」之奇仰曰：「此所謂伏蒲矣。」上明日以語大臣，京師傳以爲笑。○又馬永卿曰：歐陽公與韓魏公同在政府，歐公長魏公一歲，魏公諸事頗從之。至議推尊濮安懿王，同朝但攻歐公，故歐公遺令託魏公作墓誌，蓋欲令魏公承當此事耳。○又奏事録云：嘗因獨對奏曰：「近聞臺諫累有文字，彈奏臣不合專主濮王之議，上荷陛下保全，文字既悉留中，言者於是稍息。」上曰：「參政性直，不避衆怨，每見奏事，時或二相公有所異同，便相折難，其語更無回避。亦聞臺諫議事，往往面折其短。若似奏事時語，可知人不喜也。今後宜少戒此。」臣脩對曰：「臣以愚拙，敢不如聖訓。」

知青州，時諸縣散青苗錢，公乞令民止納本錢，以示不爲利，罷提舉管句官，聽民以願請。不報。神道碑

除宣徽南院使，判太原府，公辭，求知蔡州，且曰：「時多喜新奇，而臣思守拙；衆方興功利，而臣欲循常。」執政知其終不附己，俄詔以本官知蔡州。行狀

歐陽文忠公在蔡州，屢乞致仕。門下生蔡承禧因間言曰：「公德望爲朝廷倚重，且未及引年，豈容遽去也？」歐公答曰：「脩平生名節，爲後生描畫盡，惟有蚤退，以全晚節，豈可更俟驅逐乎？」倦遊雜録

公在亳已六請致仕，比至蔡踰年，復請。四年，以觀文殿學士、太子少師致仕。公年未

及謝事，天下益以高公。公昔守潁上，樂其風土，因卜居焉。及歸，而居室未完，處之怡然，不以爲意。神道碑

公平生於物少有所好，獨好收畜古文圖書，集三代以來金石，刻爲一千卷，以校正史傳百家訛謬之説爲多。在滁州時，自號醉翁，晚年自號六一居士，曰：「吾集古録一千卷，藏書一萬卷，有琴一張，有棋一局，而常置酒一壺，吾老於其間，是爲六一。」行狀

公天資剛勁，見義敢爲，襟懷洞然，無有城府，常以平心爲難，故未嘗挾私以爲喜怒。獎進人物，樂善不倦，一長之得，力爲稱薦，故賞識之下，率爲聞人。惟視姦邪嫉若讎敵，直前奮擊，不問權貴。後雖陰被讒逐，公以道自處，怡怡如也。平生篤于朋友，如尹師魯、梅聖俞、孫明復既卒，其家貧甚，公力經營之，使皆得以自給，又表其孤于朝，悉録以官。墓誌

公自云：「學道三十年，所得者平心無怨惡爾。」公初以范希文事得罪于吕相，坐黨人遠貶三峽，流落累年。比吕公罷相，公始被進擢。及後爲范公作神道碑言「西事時吕公擢用希文，盛稱公之賢能，釋私憾而共力於國家」，希文子純仁大以爲不然，刻石則輒削去此一節，云：「我父至死，未嘗解仇。」公歎曰：「我亦得罪於吕丞相者，唯其言公取信於後世也。」吾嘗聞范公平生自言無怨惡於一人，兼其與吕公解仇書見在范集中，豈有父自言無怨惡於一人，而其子不使解仇於地下？父子之性，相遠如此，信乎堯朱善惡異也。

公知潁州，時呂公之子公著爲通判，爲人有賢行而深自晦默，時人未甚知。公後還朝，力薦之。奏疏見集中。由是漸見擢用。遺事

陳恭公執中素不喜公，其知陳州時，公自潁移南京過陳，拒而不見。後公還朝作學士，陳爲首相，公遂不造其門。已而陳出知亳州，罷使相，換觀文，公當草制。陳自謂必不得其美辭，至云：「杜門却掃，善避權勢以遠嫌；處事執心，不爲毀譽而更變。」陳大驚喜，曰：「使與我相知深者，不能道此，此得我之實也。」手録一本，寄其門下客李中師曰：「吾恨不早識此人。」遺事

公於經術，務究大本，其所發明，簡易明白。其論詩曰：「察其美刺，知其善惡，以爲勸戒，所謂聖人之志者本也。因其失傳而妄自爲之説者，經師之末也。今夫學者，得其本而通其末，斯善矣。得其本而不通其末，闕其所疑可也。」不求異於諸儒，嘗曰：「先儒於經，不能無失，而所得固多矣，盡其説，而理有不通，然後得以論正。予非好爲異論也。」其於詩、易多所發明，爲詩本義，所改百餘篇，其餘則曰：「毛、鄭之説是矣，復何云乎？」行狀

公嘗被詔撰唐書，又自撰五代史，其爲紀，一用春秋法。於唐禮樂志，明前世禮樂之本出於一，而後世禮樂爲空名。五行志不書事應，盡破漢儒菑異附會之説。其論著類此。五代史辭約而事備，及正前史之失爲多。行狀

公於脩唐書，最後置局，專脩紀志而已，列傳則宋尚書祁脩也。朝廷以一書出於兩手，體不能一，遂詔公看詳列傳，令删脩爲一體。公雖受命，退而嘆曰：「宋公於我爲前輩，且人所見多不同，豈可悉如己意？」於是一無所易。及書成奏御，吏白：「舊制，脩書只列書局中官高者一人姓名，云某等奉敕撰。而公官高，當書。」公曰：「宋公於列傳用功深而爲日久，豈可掩其名而奪其功乎！」於是紀、志書公姓名，列傳書宋姓名。此例皆前未有，自公爲始也。宋公聞而喜曰：「自古文人不相讓，而好相凌掩，此事前所未聞也。」遺事

公脩五代史記，褒貶善惡，其法甚精，發論必以「嗚呼」，曰：「此亂世之書也，吾用春秋之法，師其意不襲其文。」其論曰：「昔孔子作春秋，因亂世而立治法。余述本紀，以治法而正亂君。」此其志也。書減舊史之半，而事跡比舊史添數倍，議者以謂功不下司馬遷。又謂筆力馳騁相上下，而無駁雜之説，至於紀例精密，則遷不及也。亦嘗自謂：「我作伶官傳，豈下滑稽也！」遺事

自唐室之衰，文體隨而不振，陵夷至于五代，氣益卑弱。國初，柳公仲塗一時大儒，以古道興起之，學者卒不從。景祐初，公與尹師魯專以古文相尚，而公得之自然，非學所至，超然獨騖，衆莫能及。譬夫天地之妙，造化萬物，動者植者，無細與大，不見痕跡，自極其工。於是文風一變，時人競爲模範。墓誌

公之於文，天材有餘，豐約中度，雍容俯仰，不大聲色，而義理自勝。短章大論，施無不可。有欲效之，不詭則俗，不淫則陋，終不可及。是以獨步當世，求之古人，亦不可多得。神道碑

鄭公嘗有遺訓〔六〕，戒慎用死刑，韓國以語公〔七〕，公終身行之。以謂漢法惟殺人者死，今法多雜犯死罪。故死罪非殺人者，多所平反，蓋鄭公意也。神道碑

張舜民遊京師，求謁先達之門。是時歐陽公、司馬公、王荆公爲學者所趣，諸公之論，於行義文史爲多，唯歐陽公多談吏事。既久之，不免有請：「大凡學者之見先生，莫不以道德文章爲欲聞者，今先生多教人以吏事，所未喻也。」公曰：「不然。吾子皆時才，異日臨事，當自知之。大底文學止於潤身，政事可以及物。吾昔貶官夷陵，彼非人境也，方壯年，未厭學，欲求史漢一觀，公私無有也。無以遣日，因取架閣陳年公案反覆觀之，見其枉直乖錯，不可勝數，以無爲有，以枉爲直，違法徇情，滅親害義，無所不有。且以夷陵荒遠褊小，尚如此，天下固可知也。當時仰天誓心曰：『自爾遇事，不敢忽也！』迨今三十餘年，出入中外，忝塵三事，以此自將。今日以人望我，必爲翰墨致身，以我自觀，亮是當時一言之報也〔八〕。」見張芸叟集

公嘗誦故相王沂公之言曰：「恩欲歸己，怨使誰當？」且曰：「貧賤常思富貴，富貴必

履危機，此古人之所歎也。惟不思而得，既得而不患失之者，其庶幾乎！」行狀

公與其姪通理書云：「自南方多事以來，日夕憂汝。得昨日遞中書，頓解憂想〔九〕。歐陽氏自江南歸明，累世蒙朝廷官禄。吾今又被榮顯，致汝等並列官品，當思報效。偶此多事，如有差使，盡心向前，不得避事〔一〇〕。至於臨難死節，亦是汝榮事。但存心盡公，神明自祐汝，慎不可思避事也。昨書中言欲買朱砂來，吾不闕此物，汝於官下宜守廉，何得買官下物？吾在官所除飲食外，不曾買一物，汝可觀此爲戒也。」內翰蘇公題其後曰：「凡人勉强於外，何所不至？惟考之其私，乃見真僞。此歐陽公與其弟姪家書也。」東坡集

蔡州妖尼于惠普，妄託佛法，言人禍福。朝中士大夫多往問之，所言時有驗，於是翕然共稱爲神尼。公既自少力排釋氏，故獨以爲妖尼。嘗有名公，於廣坐中稱尼靈異云：「嘗有牽二牛過尼前者，指示人曰：『二牛前世皆人也，前者一官人，後者是一醫人，官人嘗失入人死罪，醫藥誤殺人，故皆罰爲牛。』因各呼其前世姓名，二牛皆應。」一坐聞之，皆嘆其異，公獨折之曰：「謂尼有靈，能知牛前世，尚不足信。彼二牛安能自記其前世姓名，又能曉人言而應乎！且人爲萬物之最靈，其尤者爲聰明聖智，皆不能自知其前世，而有罪被罰之牛，乃能自知乎？」於是坐人皆屈伏。遺事

蘇內翰軾序公之文曰：自漢以來，道術不出於孔氏，而亂天下者多矣。晉以老、莊亡，

梁以佛亡，莫或正之。五百餘年而後得韓愈，學者以愈配孟子，蓋庶幾焉。愈之後二百有餘年而後得歐陽子〔二〕，其學推韓愈、孟子以達於孔氏，其言簡而明，信而通，引物連類，折之於至理，以服人心，故天下翕然師尊之，曰：「歐陽子，今之韓愈也。」宋興七十餘年，民不知兵，富而教之，至天聖、景祐極矣，而斯文終有愧於古，士亦固陋守舊，論卑而氣弱。自歐陽子出，天下爭自濯磨，以通經學古爲高，以救時行道爲賢，以犯顔納諫爲忠。長育成就，至嘉祐末，號稱多士。歐陽子之功爲多。

歐陽文忠公答李詡論性書：「性非學者之所急，而聖人之所罕言。或因而及焉，非爲性而言也。」文忠雖有是說，然大約慎所習與所感及率之者，以孟、荀、楊之說皆爲不悖，此其大略也。臨岐計都官用章謂予曰：「性，學者之所當先，聖人之所欲言。吾知永叔卒貽後世之誚者，其在此書矣。」王公麈史

孟子一部書，只是要正人心，教人存心養性，收其放心。至論仁義禮智，則以惻隱、羞惡、辭讓、是非之心爲之端。論邪說之害，則曰生於其心，害於其政。論事君，則欲格君心之非，正君而國定。千變萬化，只說從心上來，人能正心，則事無足爲者矣。大學之修身齊家，治國平天下，其本只是正心誠意而已。心得其正，然後知性之善。孟子遇人便道性善，永叔却言聖人之教人，性非所先。永叔論列是非利害，文字上儘去得，但於性分之内，全無

見處，更説不行，人性上不可添一物，堯、舜所以爲萬世法，亦只是率性而已。所謂率性，循天理是也。外邊用計用數，假饒立得功業，只是人欲之私，與聖賢作處，天地懸隔。龜山語録

校勘記

〔一〕沉默畏慎　「慎」原作「御名」二小字，爲避宋孝宗諱，今逕改。下類此逕改不出校。

〔二〕龍圖閣直學士　「直」字原無，據宋蘇轍欒城後集（以下簡稱欒城後集）卷二三歐陽文忠公神道碑及宋史卷三一九歐陽脩傳補。

〔三〕諸軍　「軍」，同前欒城後集作「州」，下文亦作「諸州」。

〔四〕但勢不能已　「已」，同前書作「久」。

〔五〕六月十一日進呈　宋歐陽脩奏事録此句前尚有「最後賈中丞二章」七字。

〔六〕鄭公　「鄭公」上洪、張本有「公父」二字。

〔七〕韓國　「韓國」下洪、張本有注「公母」二字，示韓國指歐陽脩之母，追封韓國太夫人。

〔八〕亮是　「亮」，洪、張本作「諒」。

〔九〕憂想　「憂」，蘇軾文集卷六九跋歐陽家書作「遠」。

〔一〇〕不得避事　「得」，同前書作「能」。

〔一一〕愈之後二百有餘年而後得歐陽子　「二」原作「三」，據蘇軾文集卷一〇六一居士集跋改。

按：由韓、歐之生卒年推算，以作「二百餘年」爲妥。

三朝名臣言行録卷第三

三之一　太師潞國文忠公

公名彦博，字寬夫，汾州介休人。中進士第。景祐中爲殿中侍御史，河東轉運副使。以龍圖閣學士知秦州，徙益州。慶曆七年，擢諫議大夫、樞密副使，改參知政事。貝州亂，明鎬討之，久未克，公請行，因以爲宣撫使。賊平，除禮部侍郎、同中書門下平章事。皇祐三年，御史唐介論公語切，仁宗怒，介貶英州別駕，公亦出知許州。至和二年，再入爲相。嘉祐三年，以使相判河南府，封潞國公，歷判大名、太原府。丁母憂。起復使相，加兩將軍號，力辭，得終喪。詔俸賜比宰臣之半，亦辭不受。治平二年，爲樞密使。熙寧六年，拜司空，建節判河陽，徙判大名府。元豐三年，除太尉，開府儀同三司，復判河南。會王堯臣之子同老上書明其父功，以公爲證，於是詔加河東、永興節度使，力辭，許之。六年，請老，以守太師致仕。元祐初，命平章軍國重事，六日一朝〔二〕，一月兩赴經筵。五年，復以太師致仕。紹聖初，降授太子少保。薨，年九十二。

文潞公本姓敬，其曾大父避石晉高祖諱，更姓文。至漢，復姓敬。入本朝，其大父避翼祖諱，又更姓文。初，敬氏避諱，各用其一偏，或爲文氏，或爲苟氏。然「敬」字從茍，己力切，音棘。非苟也，從攴，非文也，俱非其一偏也。聞見後録

文潞公幼時與群兒擊毬，入柱穴中不能取，公以水灌之，毬浮出。司馬温公幼與群兒戲，一兒墮大水甕中，已没，群兒驚走不能救。公取石破其甕，兒得出。識者已知二公之仁智不凡矣。聞見録

文潞公謂予言：初及第，授大理評事、知絳州翼城縣。未赴任，有客李本者，三見訪而後得見之，且言：「本有婿爲縣中巡檢，幸公庇之。」又言曰：「本非獨奉干，亦有以奉助。本嘗知其邑户口衆，人猾難治。」因出一策文字，皆景跡人姓名，其首姓張。比潞公至，姓張人事已敗，縣未能結正。簿、尉皆云：「某等在此各歲餘，豈無過失爲此人所持？幸君之來，必辦之矣。」於是公盡得其姦狀，上于州，決配之。邑人皆悚畏。東齋記事

寶元中，河東闕漕使，堂上議難得可任者，章郇公言：「聞縉紳間説文彦博者，磊落有稱。」時吕許公曰：「恨不識也，可召來面詢之。」明日，召至堂上，許公都不交一談，但睥睨

不已，郇公强問其鄉曲，任使次第，因問河東事，曰：「彥博鄉里，無所不知。」郇公喜之。文退，許公歎曰：「此大有福人，何所任用不可？」遂自殿中侍御史差委。明年，就遷待制。不出十年，出將入相。趙康靖公録

文潞公在成都，米價騰貴，因就諸城門相近院凡十八處〔二〕，減價糶賣，仍不限其數，張榜通衢。翌日，米價遂減。前此或限勝㪷以糶，或抑市井價直，適足以增其氣焰，而終不能平其價。大抵臨事當須有術也。東齋記事

文潞公知益州，喜遊宴。嘗宴鈐轄廨舍，夜久不罷，從卒輒拆馬厩爲之薪，不可禁遏。軍校白之，座客股栗，公曰：「天實寒，可拆與之。」神色自若，飲如故。卒氣沮，無以爲變。記聞

樞密直學士明鎬討貝州，久未下，上深以爲憂，問於兩府，參知政事文彥博請自往督戰。八年正月丁丑，以彥博爲河北宣撫使，監諸將討貝州。時樞密使夏竦惡鎬，凡鎬所奏請，多從中沮，惟恐其成功。彥博奏：「今在軍中，請得便宜從事，不中覆。」上許之。閏月庚子朔，克貝州，擒王則。初，彥博至貝州，與明鎬督諸將築距闉以攻城，旬餘不下，有牢城卒董秀、劉炳請穴地以攻城，彥博許之。貝州城南臨御河，秀等夜於岸下潛穿穴，棄土於水，晝匿穴中，城上不之見也。久之穴成，自教場中出，秀等以褐袍塞之，走白彥博，選敢死二百〔三〕，命指使將之，銜枚自穴入。有帳前虞候楊遂請行，許之。遂白軍士中有病欬者數

人，此不可去，請易之。從之。既出穴，登城殺守者，垂絙以引城外人，城中驚擾。賊以火牛突之，登城者不能拒，頗引却。楊遂力戰，身被十餘創，援槍刺牛，牛却走，賊遂潰。王則、張巒、卜吉與其黨皆突圍走，至村舍，官軍追圍之。則猶著花幞頭，軍士爭趣之，部署王信恐則死無以辨，以身覆其上，遂生擒之。巒、吉死於亂兵，不知所在。彦博斬則於北京，夏竦奏言所獲賊魁恐非真，遂檻車送京師，剮於馬市。董秀、劉炳並除内殿崇班。記聞

文彦博知永興軍。起居舍人毋湜，鄠人也。至和中，湜上言：「陝西鐵錢不便於民，乞一切廢之。」朝廷雖不從，其鄉人多知之，爭以鐵錢買物，賣者不肯受，長安爲之亂，民多閉肆。僚屬請禁之，彦博曰：「如此是愈使惑擾也。」乃召絲絹行人，出其家縑帛數百疋，使賣之，曰：「納其直盡以鐵錢，勿以銅錢也。」於是衆知鐵錢不廢，市肆復安。記聞

至和初，陳恭公罷相，而並用文、富二公。正衙宣麻之際，上遣小黄門密於百官班中聽其論議，而二公久有人望，一旦復用，朝士往往相賀。黄門具奏，上大悦。余時爲學士，後數日，奏事垂拱〔四〕，上問：「新除彦博等，外議如何？」余以朝士相賀爲對。上曰：「古之人君用人，或以夢卜。苟不知人，當從人望，夢卜豈足憑耶！」故余作文公批答云「永惟商、周之所記，至以夢卜而求賢。孰若用搢紳之公言，從中外之人望」者，具述上語也。歸田録

文潞公爲相，因進對言：「嘗聞德音，以搢紳多務奔競，非裁抑之無以厚風俗。莫若稍

旌恬退之人，則躁競者自知愧耻。」乃薦王安石、韓維、張環，皆擢用焉。龐莊敏時爲樞密使，公與之同議省兵，汰爲民者六萬，減廩給之半者又二萬云。

唐質肅公爲御史，論公專權植黨，交結宫禁。仁宗怒，召二府示之疏，唐公語益切。樞密副使梁公適叱唐公下殿，詔送臺劾之。公獨留，再拜曰：「御史言事，職也，願不加罪。」於是唐公既貶，而公亦罷相。其後公再入相，首薦唐公，復召用焉。

嘉祐元年正月甲寅朔，上御大慶殿，立仗朝會。前夕，大雪〔五〕，至壓宫架折。上在禁庭跣禱于天，及旦而霽，百官就列。既卷簾，上暴感風眩之疾，僅能成禮而罷。己未，契丹使者入辭，置酒紫宸殿，上疾又作，左右扶入禁中。文彦博遣人以上旨諭使者云：「昨夕宫中飲酒過多，今日不能親臨宴，遣大臣就驛賜宴，仍授國書。」彦博與兩府俟於殿閤，久之，召内侍都知史志聰、鄧保吉等，問上至禁中起居狀，志聰等對以禁中事嚴密，不敢泄。彦博怒，叱之曰：「主上暴得疾，繫社稷之安危，惟君輩得出入禁闥，豈可不令宰相知天子起居，欲何爲邪？自今疾勢小有增損〔六〕，必一一見白。」仍命直省引至中書〔七〕，取軍令狀。志聰等素謹願，及夕，諸宫門白下鎖，志聰曰：「汝曹自白宰相，我不任受其軍令。」兩府謀以上躬不寧，欲留宿宫中而無名。辛酉，文彦博建議設醮祈福於大慶殿，兩府晝夜焚香，設幄宿於殿之西廡。志聰等白〔八〕：「故事，兩府無留宿殿中者。」彦博曰：「今何論故事也？」壬戌，上疾小間〔九〕。兩府求詣寢殿見上，志聰等難之，平章事富弼責之，志聰等不敢違〔一〇〕。知開封府王素夜叩宮門，求見執政白事。文彦博曰：「此際宮門何可夜開？」詰旦，素入白有禁卒告都虞候欲爲變者，執政欲收捕按治，彦博曰：「如此，則張皇驚衆。」乃召殿前都指揮使許懷德問曰：「都虞候某甲者，何如人？」懷德曰：「在軍職中最爲謹良。」彦博曰：「可保乎？」曰：「可保」。彦博曰：「然則此卒有怨於彼，誣之耳。當亟誅之以靖衆。」衆以爲然。彦博乃請平章事劉沆判狀尾，斬於軍門。及上疾愈，沆譖彦博於上曰：「陛下違豫時，彦博擅斬告反者。」彦博以沆判呈上，上意乃解。初，彦博欲判狀斬告變者，參政王堯臣捏其膝，乃請劉相判之。先是，富弼用朝士李仲昌策，自澶州商胡河穿六漯渠，入横隴故道。北京留守賈昌朝素惡弼，陰結内侍右班副都知武繼隆，令司天官二人俟兩府聚處，於大慶殿廷執狀抗言：「國家不當穿河於北方，致上體不安。」文彦博知其意有所在，未有以制也〔一一〕。後數日，二人又上言，請皇后同聽政，亦繼隆所教也。史志聰等以其狀白執政，彦博視而懷之，不以示同列，有喜色。同列問，不以告。既而，召二人詰之曰：「汝今日有所言乎？」對曰：「然。」彦博曰：「天文變異，汝職所當言也，何得輒預國家大事？汝罪當族！」二人懼，色變。彦博曰：「觀汝直狂愚耳，未欲治汝罪，自今無得復爾。」二人退。彦博乃以狀示同列，同列皆憤怒曰：「奴敢爾妄言，何不斬之？」彦博曰：「斬之則事彰灼，於中宮不安。」

衆皆曰：「善。」既而議遣司天官定六漯於京師方位，彦博復遣二人往。武繼隆曰：「請留之。」彦博曰：「彼不敢輒妄言，有人教之耳。」繼隆默不敢對。二人至六漯，恐治前罪，乃更言六漯在東北，非正北，無害也。戊辰以後，上神思浸清寧。壬申，罷醮，兩府始分番歸第，不歸者各宿於其府。記聞〇又云：樞密使王德用開便門入中書，潞公執守門親事官送開封府撻之。明日，謂同列曰：「昨日悔不斬守門者。天子違豫，禁中門户豈得妄開邪？」

熙寧二年，潞公爲樞密使，陳升之拜相，以公宗臣，詔升之位公下。公言：「國朝樞密使無位宰相上者，獨曹利用嘗在王曾、張知白上，卒取禍敗。臣忝文臣，粗知義理，不敢紊亂朝著。」上從之。温公日録

慶州軍亂，二府入議。文潞公曰：「朝廷施爲，務合人心，以靜重爲先，不宜偏聽。陛下即位以來，厲精求治，而人情未安者，更張之過耳。祖宗法未必不可行，但有廢墜不舉之處耳。」王荆公曰：「所以爲此，將以去民之害，何爲不可？若萬事隳頹如西晉風，兹乃益亂也。」蓋荆公知公言爲己發，故力排之。

于尼父師旦，密人，本選人，屢以贓失官，編管在蔡。尼嘗適人生子，後爲二鬼所憑，言事或有驗，遂爲尼，名惠普，士庶遠近輻湊，以佛事之。嘗因宦者言，邵亢、石全彬、富弼、李柬之、肅之宜爲輔相，皆常敬之者也。柬之姪女二人事之，王樂道命李氏甥爲其母首傳習

妖教，收下獄。詔京東差官按之，得諸公書，自韓、曾以下皆有之，文公獨無。上問其故，文曰〔一二〕：「臣但不知耳，知之亦當有書。」時人美其分謗。温公日録

韓魏公留守北京，李稷以國子博士爲漕，頗慢公。公不爲較，待之甚禮。俄潞公代魏公爲留守，未至，揚言云：「李稷之父絢，我門下士也。聞稷敢慢魏公，必以父死失教至此。吾視稷猶子也，果不悛，將庭訓之。」公至北京，李稷謁見。坐客次久之，公着道服出，語之曰：「而父，吾客也，只八拜。」稷不獲已，如數拜之。聞見録

文潞公判北京，有汪輔之者，新除運判，爲人卞急。初入謁，潞公方坐廳事，閱謁，置案上不問，入宅，久之乃出。輔之已不堪。既見，公禮之甚簡，謂曰：「家人頃令沐髮〔一三〕，忘見，運判勿訝。」輔之沮甚。舊例，監司至之三日，府必作會，公故罷之。輔之移文定日檢按府庫，通判以次白公，公不答。是日，公家宴，内外事並不許通。輔之坐都廳，吏白侍中家宴，匙鑰不可請。輔之怒，破架閣庫鎖，亦無從檢按也。密劾潞公不治。神宗批輔之所上奏付潞公，有云「侍中舊德，故煩卧護北門，細務不必勞心。輔之小臣，敢爾無禮，將别有處置」之語。潞公得之不言。一日，會監司曰：「老謬無治狀，幸諸君寬之。」監司皆愧謝。因出御批以示輔之，輔之皇恐逃歸，託按部以出。未幾，輔之罷。烏乎！神宗眷遇大臣，沮抑小人如此，可謂聖矣！聞見録

元豐三年，王堯臣子同老言：「至和三年，仁宗不豫，内外寒心。先臣參預朝政，與宰

相文彥博、富弼請立英宗皇帝爲嗣。仁宗感悟開納，大計遂定。」會潞公來自北都，過闕入覲，神宗以問，公對曰：「自至和以來，中外之臣乞立皇嗣者甚衆，臣等雖有請，事未果行。至嘉祐末，韓琦等卒就大事。蓋琦等功也。」神宗曰：「議論椎輪於至和時，發端爲難。仁祖意已定，其後止申前詔耳。正如丙吉、霍光事，前後不相揜也。卿宜盡録本末，將付史官。」公乃具奏其詳。於是手詔中書曰：「彥博蓄德深厚，善不自伐，懷此大功，絶口不言，中外搢紳，莫有知者。今緣故臣子明其父勳，始得本末。乃知援立之功，厥有攸在，嘉祐之詔，但宣之耳。」遂加公河東、永興節度使，公復力辭。宴餞瓊林，輔臣皆預，兩遣中謁者，遺詩以寵其行，有「報在不言功」之語，當世榮之。○龍川志云：至和三年，仁宗始不豫，皇嗣未建，宰相文、富、韓三公方議所立。參知政事王公堯臣之弟正臣，嘗爲宗室説書官，知十三使之賢，即言之諸公。諸公亦舊知之，乃定議草奏書，即欲上而上疾有瘳，即止。堯臣私收奏本。後累年〔一四〕，韓公當國，群臣相繼乞選立宗室子，乃定立十三使爲皇子。及仁宗晏駕，皇子踐祚，賞定策之功，以韓公爲首。及元豐末，堯臣子同老上書繳進元奏。時諸公惟文公、富公在，皆歸老於洛。會文公入助郊饗，神宗訪之，公具奏所以，神宗悦焉。故一時諸公，例皆被賞。而韓氏諸子惡分其功，辨之不已。文公之罷平章重事，由此故也。然英宗之譽布於諸公，則始於堯臣，而其爲皇子，嗣寶位，則韓公之力不可誣也。○又記聞云：元豐中，文潞公自北都召對，上問以至和繼嗣事。公對曰：「臣等備位兩府，當此之際，議繼嗣乃職分耳。然亦幸值時無李輔國、王守澄之徒用事於中，故臣等得效其忠懇耳。」上憮然有間而善之。

元豐間，文潞公以太尉留守西京，未交印，先就第廟坐見監司、府官。唐介參政之子義問爲轉運判官，退謂其客尹焕曰：「先公爲臺官〔一五〕，嘗言潞公，今豈挾爲恨耶？義問當避之。」焕曰：「潞公所爲必有理，姑聽之。」明日，公交府事，以次見監司、府官如常儀。或以問公，公曰：「吾未視府事，三公見庶僚也。既交印，河南知府見監司矣。」義問聞之，復謂焕曰：「微君，殆有失於潞公也。」一日，潞公謂義問曰：「仁宗朝，先參政爲臺諫，以言彦博謫官，彦博亦罷相判許州。未幾，彦博復召還相位，即上言唐某所言正中臣罪，召臣未召唐某，臣不敢行。仁宗用彦博言起參政通判潭州，尋至大用，與彦博同執政，相知爲深。」義問聞潞公之言，至感泣，自此出入潞公門下。後潞公爲平章重事，薦義問以集賢殿脩撰帥荆南。烏乎！潞公之德度絶人蓋如此。聞見録

元豐五年，文潞公以太尉留守西都，時富韓公以司徒致仕，潞公慕唐白樂天九老會，乃集洛中公卿大夫年德高者爲耆英會。以洛中風俗尚齒不尚官，就資聖院建大厦曰耆英堂，命閩人鄭奂繪像堂中。時富韓公年七十九，文潞公與司封郎中席汝言皆七十七，朝議大夫王尚恭年七十六，太常少卿趙丙、祕書監劉几、衛州防禦使馮行己皆年七十五，天章閣待制楚建中、朝議大夫王慎言皆年七十二，太中大夫張問、龍圖閣直學士張燾皆年七十。時宣

徽使王拱辰留守北京，貽書潞公，願預其會，年七十一。獨司馬温公年未七十，潞公素重其人，用唐九老狄兼謨故事請入會。温公辭以晚進，不敢班文、富二公之後。潞公不從，令鄭奂自幕後傳温公像，又之北京傳王公像。於是預其會者凡十三人。潞公以地主携妓樂就富公宅作第一會。至富公會，送羊酒不出。餘皆次爲會。洛陽多名園古刹，有水竹林亭之勝，諸老鬚眉皓白，衣冠甚偉，每宴集，都人隨觀之。潞公又爲同甲會，司馬郎中旦〔一六〕、程太中珦、席司封汝言，皆丙午人也，亦繪像於資聖院。其後司馬公與數公又爲真率會〔一七〕，有約：酒不過五行，食不過五味，唯菜無限。楚正議違約增飲食之數，罰一會。皆洛陽太平盛事也。洛之士庶又生祠潞公於資聖院，温公取神宗送公判河南詩，隸于牓曰竾瞻堂〔一八〕，塑公像其中，冠劍偉然，都人事之甚肅。聞見録

元祐初，哲宗幼冲，起文潞公以平章軍國重事，召程正叔爲崇政殿説書。正叔以師道自居，每侍上講，色甚莊，繼以諷諫，上畏之。潞公對上恭甚，進士唱名，侍立終日，上屢曰：「太師少休。」公頓首謝，立不去，時年九十矣。或謂正叔曰：「君之倨，視潞公之恭，議者以爲未盡。」正叔曰：「潞公三朝大臣，事幼主，不得不恭。吾以布衣爲上師傅，其敢不自重？吾與潞公所以不同也。」識者服其言。聞見録

公之在朝，契丹使耶律永昌、劉霄來聘，軾奉詔館客，與使者入覲，望見公殿門外，却立

改容曰：「此潞公也耶？所謂以德服人者。」問其年，曰：「何壯也！」軾曰：「使者見其容，未聞其語。其總理庶務，酬酢事物，雖精練少年有不及；貫穿古今，洽聞强記，雖專門名家有不逮。」使者拱手曰：「天下異人也！」公既歸洛，西羌首領有温谿心者，請於邊吏，願獻良馬於公，邊吏以聞，詔聽之。東坡集

潞公凝簡莊重，顧眄有威。逮事四朝，薦更二府，七換節鉞，位將相五十餘年，再守秦州、大名、永興，五判河南，徧歷公孤，兩以太師致仕，英傑威重，名聞四夷。雖位體隆貴，而平居接物，謙挹尊德，樂善如恐不及。邵雍、程顥以道學名世，居洛陽，公與之游從甚密。及顥死，既葬，親爲題其墓爲「明道先生」云。

至和中，陳執中爲宰相，其嬖人張氏笞女隸至死，臺官趙抃、范師道極言執中嘗救張氏，故獄久不直，因言：「執中無材行，不可任宰相。」翰林學士歐陽脩亦上書請退執中。議久不決。左右怪仁宗禁中少遊燕，默有所思慮，焦勞見於容色，居月餘如此，因問上曰：「陛下比憂勞見於容色，得非思代執中者乎？」上曰：「然。」左右乃曰：「代執中者易得耳，何至此耶？」上曰：「此老子却可謾人！」久之，始用文彦博、富弼二人代之，朝議皆謂得人。數日，歐陽脩得對，上問：「新除彦博等，外議如何？」脩具以朝議爲對。上曰：「卿意如何？」脩曰：「誠如外議。」上又問：「彦博、弼果如何？」脩曰：「陛下已用彦博等，復問

其如何，臣所未喻。」上曰：「彦博有才，然膽大；弼前在政府甚好，今復來，恐多顧慮。」良久，又曰：「弼前深爲人所中傷，今來亦焉能不顧慮？然不若守前志不變也。」既而彦博果不能謹畏，後因郭申錫李修爭塞河事，彦博意有所左右，上由此罷之。弼亦竟以多顧慮少所建明。皆如所料。南豐雜識

校勘記

〔一〕六日一朝　「一」字原脱，據宋史卷三一三文彦博傳補。
〔二〕諸城門相近院　「院」上東齋記事卷四有「寺」字。
〔三〕選敢死二百　「死」下涑水記聞卷九有「士」字。
〔四〕垂拱　「拱」下宋歐陽脩歸田録（以下簡稱歸田録）卷一有「殿」字。
〔五〕大雪　「大」原誤作「太」，據涑水記聞卷五改。
〔六〕小有增損　「小」，同前書作「稍」。
〔七〕直省　「省」下同前書有「官」字。
〔八〕志聰等白　「白」，同前書作「曰」。
〔九〕上疾小間　此句下同前書有「暫出御崇政殿以安衆心。癸亥，賜在京諸軍特支錢」數句。按：

其間事涉壬戌、癸亥兩日，省去稍覺不妥，故校出之。

〔一〇〕志聰等不敢違　此句下同前書有「是日，兩府始入福寧殿卧内奏事，兩制近臣日詣内東門問起居，百官五日一入。甲子，赦天下」等語。按：其間事亦涉兩日。

〔一一〕未有以制也　長編卷一八四嘉祐元年十一月甲辰條叙此事「未」上有「顧」字。

〔一二〕文曰　「文」，宋祝穆事文類聚别集卷二一引作「公」。

〔一三〕頃令　「頃」原作「須」，據邵氏聞見録明鈔本卷一〇改。

〔一四〕後累年　「累」，龍川别志卷下作「二」。

〔一五〕先公　「公」，邵氏聞見録卷一〇作「君」。

〔一六〕司馬郎中旦　「旦」原誤作「且」，據同前書改。

〔一七〕其後司馬公與數公又爲真率會　「後」原作「夜」，據同前書改。

〔一八〕隸於牓曰誴瞻堂　「隸」下同前書有「書」字，較長。

三之二　參政趙康靖公

公名概，字叔平，應天府虞城人。中進士第，授將作監丞，通判海州，知漣水軍。

入爲開封府推官，知洪、青、滁州。召修起居注，以天章閣待制糾察在京刑獄，知制誥。出知蘇州，入翰林爲學士。復出知鄆州，徙應天府，拜御史中丞，爲樞密副使、參知政事。神宗即位，以觀文殿學士知徐州，明年，以太子少師致仕，後十五年卒，年八十六。公七歲而孤，篤學自力。年十七舉進士，當時文人劉筠、戚綸、黄宗旦皆稱其文詞必顯於時〔一〕，而其器識宏遠，則皆自以爲不及。蘇内翰撰神道碑

天聖五年，擢進士第三人，授將作監丞，通判海州。歸見父老故人，幅巾徒步，人人至其家。神道碑

出知洪州，屬吏有鄭陶、饒奭者，挾持郡事，肆爲不法，前守莫能制。州有歸化兵，皆故盜賊配流已而選充者。奭與郡人胡順之共造飛語以動公，曰：「歸化兵得廩米陳惡，有怨言，不更給善米，且有變。」公笑不答。會歸化卒有自容州戍所逃還犯夜者，公即斬以徇，收陶下獄，得其姦贓，具奏，徙奭歙州，一郡股栗。神道碑

知青州，賦税未入中限，敕縣不得輒催科。是歲，夏税先一月辦。神道碑

原叔曰：趙概與歐陽脩同在館，及同修起居注，概性重厚寡言，脩意輕之。及脩除知制誥，是時韓、范在中書，以概爲不文，乃除天章閣待制，概澹然不以屑意〔二〕。及韓、范出，乃復除知制誥。會脩甥嫁爲脩從子晟妻，與人淫亂，事覺，語連及脩，脩時爲龍圖閣直學

士、河北都轉運使，疾韓、范者皆欲文致脩罪，云與甥亂。上怒，獄急，群臣無敢言者，概乃上書言：「脩以文學爲近臣，不可以閨房曖昧之事輕加汙衊。臣與脩蹤跡素疏，脩之待臣亦薄，所惜者朝廷大體耳。」書奏，上不悦，人皆爲之懼，概亦澹然如平日。久之，脩終坐降爲知制誥、知滁州。執政私曉譬概令求出，迺出知蘇州。遭喪去官，服闋，除翰林學士，概復表讓，以歐陽脩先進，不可超越〔三〕。奏雖不報，時論美之〔四〕。記聞

會郊祀〔五〕，當進階封，且任一子京官。公乞以封母郡太君，宰相爲公曰：「方爲學士，擬封不久矣〔六〕。」公曰：「母八十二〔七〕，朝夕不可期，願及今以爲榮。」許之。後遂以爲例。改知審官院，判祕閣，與高若訥同判流内銓。若訥言：「往嘗知貢舉，聞母病，不得出，幾不能生。」公矍然，即請郡以便親。宰相謂：「旦夕爲學士，可少待也。」公不聽，遂除蘇州。神道碑

姦人冷清〔八〕，詐稱皇子，遷之江南。公曰〔九〕：「清言不妄，不可遷；若詐，亦不可不誅。」詔公與包拯雜治之，得其實，乃誅清。神道碑

以太子少師致仕，居睢陽十五年，猶以讀書著文，憂國愛君爲事。集古今諫諍爲諫林一百二十卷，奏之。上甚喜，賜詔曰：「士大夫請老而去者，皆以聲跡不至朝廷爲高。得卿所奏書，知有志愛君之士，雖退休山林，未嘗一日忘也。當置坐右，以時省閲。」神道碑

公爲人樂易深中，恢然偉人也。平生與人，實無所怨怒，非特不形於色而已。專務掩惡揚善，以德報怨，出於至誠，非强勉者。天下稱之，庶幾漢劉寬、唐婁師德之徒云。始，歐陽脩躐公爲知制誥，人謂公不能平。及脩坐累對詔獄，人莫敢爲言，獨公抗章言：「脩無罪，爲仇人所傷〔一〇〕，陛下不可以天下法爲仇人報怨。」上感悟，脩以故得全。公既老，脩亦退居汝陰〔一一〕，公自睢陽往從之游，樂飲旬日。蘇舜欽爲進奏院，以群飲得罪。公言預會者皆一時名人，若舉而棄之，失士大夫望，非朝廷福。嘗舉張浩〔一二〕，浩以贓敗，竄海上，公坐貶六年〔一三〕，而憐浩終不衰，間使人至海上勞問賙給之。代馮浩爲鄆州，吏舉案浩侵用公使錢三十萬，當以浩職田租償官。公曰：「浩，吾同年也，且知其貧，不可。」以己俸償之。公所爲大略如此。至於敦尚義舊〔一四〕，葬死養孤，蓋不可勝數。神道碑

蘇内翰軾銘公之碑曰：惟古任人，仁義是圖。仁近於弱，義近於迂。課其功利，歲計有餘。在漢孝文，發政之初。欲以利口，登進嗇夫。有臣釋之，實矢厥謨。世謂長者，絳侯相如。皆訥於言，有口若無。豈效此子，喋喋巧諛。帝用感悟，老成是親。清淨無爲，監于暴秦〔一五〕。歷祀四百，世載其仁。赫赫我宋，以聖繼神。於穆仁祖，如歲之春。招延樸忠，屏遠佞人。豈獨左右，刑於庶民。惟時趙公，含德不發。如圭如璧，如金如錫。置之不慍，用之不懌。帝嘉其心，長者之傑。遂授以政，歷佐三葉。濟于艱難，不疐不跋。公在朝廷，

靖恭寡言。不忮不求，孰知其賢。望其容貌，有耻而悛。薄夫以敦，鄙夫以寬。今其亡矣，吾誰與存。作此銘詩，以詔後昆。

校勘記

〔一〕文人　「文」，蘇軾文集卷一八趙康靖公神道碑作「聞」。

〔二〕澹然　「然」字原脱，據涑水記聞卷三補。

〔三〕不可超越　「越」下同前書有「爲學士」三字。

〔四〕時論美之　「時」原誤作「持」，據同前書改。

〔五〕郊祀　「祀」，蘇軾文集卷一八趙康靖公神道碑作「禮」。

〔六〕宰相爲公曰方爲學士擬封不久矣　「爲公曰方爲」五字，同前書作「謂公」二字。

〔七〕母八十二　「母」下同前書有「年」字，較長。

〔八〕冷清　「冷」，原誤作「冷」，據同前書改。又宋史卷三一五韓絳傳作「冷青」。

〔九〕公曰　「公」字原脱，據蘇軾文集卷一八趙康靖公神道碑補。

〔一〇〕所傷　「所」下同前書有「中」字。

〔一一〕汝陰　「陰」，同前書作「南」。

〔一二〕張浩　「浩」，同前書作「誥」。宋史卷三一八趙槩傳亦作誥。下文兩處同。

〔一三〕六年　「六」，蘇軾文集卷一八趙康靖公神道碑作「累」。

〔一四〕義舊　「義」，同前書校宋文鑑引作「契」。

〔一五〕監于暴秦　「于」原誤作「干」，據同前書改。

三之三　參政吴文肅公

公名奎，字長文，濰州北海人。初舉五經，後舉賢良方正入等，擢太常博士，通判陳州。入爲右司諫，改起居舍人，同知諫院。出知密州。還，修起居注，遷知制誥。知壽州。入爲翰林學士，權發遣開封府。出守鄆，復入翰林，拜樞密副使。神宗初，拜參知政事。尋以資政殿大學士知青州。薨，年五十八。

始，公爲少吏，晝則治公事，夜輒讀書，嘗不寐者積二十餘年。性既開敏，彊記不忘，作爲文章，實覈有法度。繇是中外大臣，交口稱薦。及遷太子中舍，自以朝臣得言事，於是上疏論取士法及時政得失九事，又欲召見口論事，仁宗深器之。劉貢父撰墓誌

公始對策，極論内降恩澤之爲蠹政也，及在諫官，遂專以禁切左右。於是近臣有承用

中旨而不言者，坐而下遷，及群臣有因事僥倖，雖已得官，皆褫奪之。朝廷爲肅然。御史有言事非其實者，詔詰問從誰受，公奏言：「御史擇於風聞以言事，朝廷用之救過失，使其擇之不詳，朝廷能容，容之，不能，罪之可也。若求主名，則後莫有以事告御史者矣，是自蔽塞其耳目也。」上立罷不問。是時郭承祐以舊恩爲宣徽使，知應天府，事數妄作，不中法度。又張堯佐以後宫戚屬，自三司使爲宣徽使。公連上疏極諫，終之承祐奪宣徽使，堯佐出知河陽。是後遂不復遷官。上又著令，后妃之家，不得爲執政官云。其他排擊非義，救解過失，條舉善政，顯用才士，巨細疏密，苟爲有知，必言，言之不從，未嘗但已也。時因天變，爲上推致休咎，而舉人事消復之應，上常聽受之。墓誌

奉使契丹，虜中群臣爲其主加稱號，謁公使入賀。公自以使事有職，賀無預也，不爲往。虜主畏其守義，甚重之。及還，中路與虜使遇，虜人衣服以金冠爲重，而紗冠次之，其與漢使接，衣服重輕，皆有以相當。至是虜人紗冠邀漢使盛服，公不許，亦殺其禮。坐是二事，出知壽州。墓誌

公明於從政，歷兩郡，皆著治稱。及領京師，富人孫氏，京師大豪，辜榷財利，負其息者，至評取物産，及其婦女。公發其宿罪，徙之遠方。豪猾斂手，聲聞赫然。墓誌

初，仁宗皇帝春秋高，而皇嗣未立，公自爲諫官，即爲上言：「天下大計，願早有所繫。」

其後因大水、日月蝕之變，又以爲言。及爲學士，因奏事，上留語曰：「將有所置，以維大本。」公再拜賀，因復進勸。已而皇子曙遂定〔一〕。英宗即位，再遷禮部侍郎，公辭不拜，詔報不許，曰：「卿在西掖，有儲貳之言。」人乃知公嘗密謀定計也。墓誌

神宗初立，以公爲參知政事。執政言：「樞密副使陳升之有輔立陛下之功。」上曰：「吴奎輔立先帝，其功不又大乎？」未幾，御史中丞王陶論宰相韓琦、曾公亮不押文德殿班，因肆言詆琦，以爲跋扈，琦待罪家居。公勸上黜陶，上手詔除陶翰苑。公復疏陶險躁，妄摧辱大臣，不宜在朝廷，并自劾違詔待罪。陶亦上疏詆公附宰相。乃出陶知陳州，而公亦出守青州。

神宗問政府地震之變。曾公曰：「陰盛。」上曰：「誰爲陰？」曾公曰：「臣者君之陰，子者父之陰，婦者夫之陰，夷狄者中國之陰，皆宜戒之。」上問長文，長文曰：「但爲小人黨盛耳。」上不懌。温公日録

韓魏公嘗云：「吴長文有識。方天下盛推王安石，以爲必可致太平，唯長文獨語所知曰：『王安石必强性很，不可大用。』其後果如所言。」魏公别録

公初與鄉人王彭年善，稱道其能爲致名宦。彭年客死于京師，公使長子主喪事，周恤其家，嫁其二女焉。及它姻族有不能自存者，爲畢嫁娶又數人。以錢二千萬買田北海，號

曰「義莊」，以賙親戚朋友之貧乏者。終之日，家無餘財，諸子無宅以居。烏乎！可謂篤義君子矣。墓誌

校勘記

〔一〕巳而皇子曙遂定　「曙」，原作「御名」二小字。按英宗景祐三年被賜名宗實，嘉祐七年立爲皇子，改名曙。

三之四　參政張文定公

公名方平，字安道，宋城人。明道二年，以茂材異等擢爲祕書省校書郎，知蘇州崑山縣，又以賢良方正直言極諫中選，通判睦州。召知諫院、知制誥，除翰林學士，爲三司使。坐事出知滁州，徙江寧府、杭州。入判流内銓，知滑州，移益州。以三司使召還。復出知南京，帥秦州。英宗初，召還翰林爲學士承旨。神宗即位，除參知政事。丁父憂，服除，入覲，知陳州，徙南京，過闕，除宣徽使，知青州。公以英宗所書立神宗

十五字進，遂詔歸本院供職，除中太一宫使。久之，復請去，乃易宣徽南院使，判應天府。請老，以太子少師致仕。元祐六年薨，年八十五。

公年十三，入應天府學。穎悟絶人。家貧無書，嘗就人借三史，旬日輒歸之，曰：「吾已得其詳矣。」凡書皆一閲，終身不再讀。屬文未嘗起草。宋綬、蔡齊見之曰：「天下奇材也。」共薦之。蘇内翰撰墓誌

通判睦州，時趙元昊欲叛而未有以發，則爲嫚書求大名以怒朝廷，規得譴絶以激使其衆。公以謂：「朝廷自景德以來，既與契丹盟，天下忘備，將不知兵，士不知戰，民不知勞，蓋三十年矣。若驟用之，必有喪師蹶將之憂，兵連民疲，必有盜賊意外之患。當含垢匿瑕，順適其意，使未有以發，得歲月之頃，以其間選將厲士，堅城除器，爲不可勝以待之。雖元昊終於必叛，而兵出無名，吏士不直其上，難以決勝。小國用兵三年，而不見勝負，不折則破。我以全制其後，必勝之道也。」方是時，士大夫見天下全盛，而元昊小醜，皆欲發兵誅之，惟公與吴育同議。議者不深察，以二人之論爲出於姑息，遂決計用兵，天下騷動。公獻平戎十策，大略以爲：「邊城千里，我分而賊專，雖屯兵數十萬，然賊至常以一擊十，必敗之道也。既敗而圖之，則老師費財，不可爲已。宜及民力之完，屯重兵河東，示以形勢。賊入寇，必自延、渭，而夏州巢穴之守必虚〔一〕，我師自麟府渡河，不十日可至。此所謂攻其所必

救，形格勢禁之道也。」宰相呂夷簡見之，謂宋綬曰：「君能爲國得人矣。」然不果用其策。墓誌

方元昊之叛也，禁兵皆西，而諸路守兵，多揀赴闕，郡縣無備，乃命調額外弓手。公在睦州，條上利害八事。及是，有旨遣使於陝西、河東、京東西路刺弓箭手爲宣毅、保捷指使〔二〕，公連上疏，爭之甚力，不從。所刺兵二十餘萬人，皆市人，不可用，而宣毅驕甚，所至爲寇。自是民力大困，國用一空。識者以不從公言爲恨。墓誌

元昊既叛，陝西四路置帥，夏英公竦爲總帥，居長安，不臨邊，精兵勇將得留寘麾下，四路戰守出入皆取決焉。既遠不及事，而四路負敗，罰終不及總帥。知制誥張公安道爲諫官，言：「自古元帥無不身自對敵，雖齊桓、晉文霸主，亦親履行陣。至於將佐有敗，元帥必任其責。諸葛亮爲大將軍，馬謖之敗，降右將軍。此古今通義也。今夏竦端坐長安，未嘗臨敵，諸路失律，一皆不問，有總帥之名，而無總帥之實。乞據四路敗事，加以責罰，而罷總帥，使四路帥臣，自任戰守之計，有事干它路者，遞相關報，隨宜救應，於事爲便。」朝廷從之。英公降知別州，而四路各任其事，蓋始於此。龍川志

慶曆元年，西方用兵已六年矣。上既益厭兵，而賊亦困弊，不得耕牧休息，虜中疋布至十餘千。元昊欲自致〔三〕，其道無由。公慨然上疏曰：「陛下猶天地父母也，豈與此犬豕豺

狼較勝負乎？願因今歲郊赦，引咎示信，開其自新之路，申敕邊吏，勿絶其善意。若猶不悛，亦足以怒我而曲彼〔四〕，雖天地鬼神，必將誅之。」仁宗喜曰：「是吾心也。」命公以疏付中書。吕夷簡讀之，拱手曰：「公之言及此，是社稷之福也。」是歲，赦書開諭如公意。明年，元昊始請降。墓誌

權知開封府，府事至繁，爲尹者皆置版以記事〔五〕，公獨不用，默記數百人，以次決遣，了無遺忘〔六〕。吏民大驚以爲神，不敢復欺。墓誌

元昊遣使求通，已在界上，而契丹與元昊搆隙，使來約我，請拒絶其使。時主者欲遂納元昊〔七〕，故爲答書曰：「元昊若盡如約束，則理難拒絶。」仁宗以書示公與宋祁。公上議曰：「書詞如此，是拒契丹而納元昊，得新附之小羌，而失久和之强虜也。册封元昊〔八〕，而契丹之使再至，能終不聽乎？若不聽，則契丹之怨，必自是始。若聽而絶之，則中國無復信義，永斷招懷之理矣。是一舉而失二虜也。當賜元昊詔曰：『朝廷納卿誠款，本緣契丹之請，今聞卿招誘契丹邊户，失舅甥之歡，契丹遣使爲言，卿宜審處其事，但嫌隙朝除，則封册莫行矣。』如此於西北爲兩得。」時人伏其精識。墓誌

宰相賈昌朝與參知政事吴育忿爭上前，公將對，昌朝使人約公，當以公代育。公怒叱遣曰：「此言何爲至於我哉！」既對，極論二人邪正曲直。然育卒罷。墓誌○又荆公日録

云〔九〕：神宗嘗言：方平少時好進，嘗自干仁宗，求爲執政。荆公言：方平爲御史中丞，專附賈昌朝，誤仁宗賞罰甚衆。

前三司使王拱辰請榷河北鹽，既立法矣，而未下。公見上問曰：「河北再榷鹽，何也？」仁宗驚曰：「始立法，非再也。」公曰：「周世宗榷河北鹽，犯輒處死。世宗北伐，父老遮道泣訴，願以鹽課均之兩税，而弛其禁，世宗許之，今兩税鹽錢是也。豈非再榷乎？」仁宗大悟曰：「卿語宰相立罷之。」公曰：「法雖未下，民已户知之，當直以手詔罷，不可自有司出也。」仁宗大喜，命公密撰手詔下之。河朔父老，相率拜迎於澶州，爲佛老會者七日，以報上恩。且刻詔書北京，至今父老過其下，必稽首流涕。墓誌○又龍川志云：河朔地鹻，民刮鹻煎鹽，不買而足用。周世宗常榷海鹽，共得三十萬緡，民多犯法，極苦之。藝祖征河東還，父老進狀，乞隨兩税納錢三十萬緡，而罷榷法。藝祖許焉，今兩税外食鹽錢是已。是時，民於澶州河橋設感聖恩道場，父老至今能道之。及仁宗朝，王君貺爲三司使，復議榷法，未定，君貺去職。張安道繼之，具本末以奏，且曰：「河朔歲有河堤、國信之勞，比諸道爲苦，恐不宜復榷鹽以困之。」仁宗驚曰：「朕不知也，奈何重困河朔生靈？卿爲朕譔數句語，朕將親批出，使河朔人知此意。」即批奏牘後曰：「朕恐河朔軍民，復食貴鹽，所請宜不行。」時賈魏公昌朝留守北都，聖語至，即刻石於府園騎山樓瓔木亭上。及賈公再守魏，而提點刑獄薛向密奏乞行榷法，託以它事入議，朝廷許之。賈公具知其計，及其還，置酒邀之，中食，引至騎山瓔木亭，相對酒五行，無它語。向顧見石刻，知事已露，遂不復議榷事。魏人以此深德賈公。

○又筆談亦云：太祖嘗降墨敕，聽民貫販，唯收税錢。與龍川志同。

慶曆中，衛士夜逾宫垣爲變。仁宗旦語二府，以貴妃張氏有扈蹕之功，樞密使夏竦倡言宜講求所以尊異貴妃之禮。宰相陳執中不知所爲。公見執中，言：「漢馮婕妤身當猛獸，不聞有所尊異，且皇后在而尊貴妃，古無是禮。若果行之，天下謗議必大萃於公，終身不可雪也。」執中聳然，敬從公言而罷。墓誌

自陝右用兵，公私困之〔一〇〕。公言：「自祥符以來，萬事惰弛，務爲姑息，漸失祖宗之舊。取士、任子、磨勘、遷補之法既壞，而任將養兵，皆非舊律。國用既窘，則政出一切，大商姦民，乘隙射利，而茶鹽香礬之法亂矣。此治亂盛衰之本，不可以不急治。且比年以來，朝廷頗引輕險之人，布之言路，違道干譽，利口爲賢。内則臺諫，外則監司，下至吏胥僮奴，皆可以搆危其上，自將相公卿宿貴之人，皆爭屈體以收禮後輩，有不然者，則謗毁隨之，惴惴焉惟恐不免，何暇展布心腹〔一一〕，爲國立事哉！此風不革，天下無時而治也。」墓誌○又龍川志云：張公安道嘗爲予言：「『道非明民，將以愚之〔一二〕。』國朝自真宗以前，朝廷尊嚴，天下私説不行，好奇喜事之人，不敢以事摇撼朝廷，故天下之士，知爲詩賦以取科第，不知其它。諺曰：『水到魚行。』既已官之，不患其不知政也。昔之名宰相，皆以此術馭天下。仁宗初年，王沂公、吕申公爲政，猶持此論。自設六科以來，士之翹俊者，皆爭論國政之長短。二公既罷，則輕鋭之士稍稍得進，漸爲奇論，以

撼朝廷，朝廷往往爲之動摇。廟堂之淺深，既可得而知，而好名喜事之人盛矣。申公雖復作相，然不能守其舊俗〔一三〕，意雖不喜，而亦從風靡矣。其始也，范諷、孔道輔、范仲淹三人，以才能爲之稱首。其後晏元獻爲政，富鄭公入參政事，多置諫官〔一四〕，以廣上聽。上方嚮之，而晏公深爲之助，乃用歐陽脩、余靖、蔡襄、孫沔等並爲諫官。諫官之勢，自此日横。鄭公尤傾身下士以求譽〔一五〕，相師成風。上以謙虚爲賢，下以傲誕爲高，於是私説遂勝，而朝廷輕矣。」然予以張公之論，得其一不得其二，徒見今世朝廷輕甚，故思曩日之重，然不知其敝也。大臣恣爲非横，而下無由能動，其害亦不細也。使丁晉公之時，臺諫言事必聽，已如仁宗中年，其敗已久矣。至於申公，非諸公並攻其短，其害亦必有甚者。蓋朝廷之重輕則不在此。誠使正人在上，與物無私，而舉動適當，下無以議之，而朝廷重矣。安在使下不得議哉！下情不上通，此亦人主之深患也。可則從之，否則違之，豈害於重哉！西漢之初，專任功臣侯者如絳、灌之流，不可謂不賢，至使賈誼、董仲舒皆老死不得用。事偏則害生。故曰張公得其一不得其二，由此言之也。

秦州叛羌斷古渭路，帥張昇發兵討賊，而副總管劉涣不受命，皆罷之。以公代昇，公力辭曰：「涣與昇有階級，今互言而兩罷，帥不可爲也。」昇以故得不罷。墓誌

移鎮西蜀。始，李順以甲午歲叛，蜀人記之，至是方以爲憂。而轉運使攝守事，西南夷有邛部川首領者，妄言蠻賊儂智高在南詔，欲來寇蜀，攝守大驚，調兵築城，民大驚擾。朝廷聞之，發陝西步騎戍蜀，兵仗絡繹，相望於道。詔促公行，且許以便宜從事。公言：「南詔去蜀二千餘里，道嶮不通，其間皆雜種，不相役屬，安能舉大兵爲智高寇我哉！此必妄

也。臣當以靜鎮之。」道遇戍卒兵仗，輒遣還入境。下令卭部川曰：「寇來吾自當之，妄言者斬！」悉歸所調兵，罷築城之役。會上元觀燈，城門皆通，夕不閉，蜀遂大安。已而得卭部川之譯人始爲此謀者，斬之，梟首境上，而配流其餘黨於湖南。西南夷大震。先是，朝廷獲智高母子留不殺，欲以招智高，至是乃伏法。復以三司使召還。奏罷蜀横賦四十萬，減鑄鐵錢十餘萬，蜀人至今紀之。墓誌

公初主計京師，有三年糧，而馬粟倍之。至是馬粟僅足一歲，而糧亦減半。因建言：「京師無山河之險，特依重兵以立國耳。兵恃食，食恃漕運，河控引江淮〔一六〕，利盡南海，天聖以前，歲發民浚之，故河行地中。有張君平者，以疏導京東積水，始輟用汴夫。其後淺妄者，爭以裁減費役爲功，河日湮塞。今仰而望河，非祖宗之舊也。」遂畫漕運十四策。宰相富弼請施行之，退謂公曰：「自慶曆以來，公論食貨詳矣。」其後未期而京師有五年之蓄。墓誌

知秦州，時亮祚方驕僭，閱士馬，築堡箄築城之西，壓秦境上，屬户皆逃匿山林。公即料簡將士，聲言出塞，實按軍不動。賊既不至，言者因論公無賊而輕舉。宰相曾公亮曰：「兵不出塞，何名爲輕舉？有備而賊不至，則以輕舉罪之，邊臣自是不敢爲先事之備矣。」墓誌〇按：温公集有論張方平守邊輕易狀，言其「姦憸貪猥，士論共知。在秦州貴倨，下情不通。臣罪

其素無備，不罪其過爲備也。」

英宗不豫，學士王珪當直不召，召公赴福寧殿。上憑几不言，賜公坐，出書一幅，八字，曰「來日降詔，立皇太子」。公抗聲曰：「必潁王也，嫡長而賢，請書其名。」上力疾書以付公。公既草制，尋充册立皇太子禮儀使。墓誌

神宗即位，召見側門。公曰：「仁宗崩，厚葬過禮，公私騷然，請損之。」上曰：「奉先可損乎？」公曰：「遺制固云以先志行之，天子之孝也。」上歎曰：「是吾心也。」公又奏：「百官遷秩，恩已過厚，若錫賚復用嘉祐近比，恐國力不能支，乞追用乾興例足矣。」從之。省費十七八。墓誌

御史中丞王陶擊宰相，參知政事吳奎與之辨，上欲罷奎，且諭公曰：「奎罷，當以卿代。」公力辭曰：「韓琦久在告，意保全奎，奎免，必不復起。琦勳在王室，願陛下復奎位，手詔諭琦，以全始終之分。」及奎罷，竟以公代之。墓誌○又温公集有二劄子，論方平姦邪貪猥，嘗爲包拯所論，事迹甚多。温公由此罷臺職云。

御史中丞缺，曾公亮欲用王安石，公極論安石不可用。墓誌○又記聞云：上將召用介甫，訪於大臣，爭稱譽之。張安道時爲承旨，獨言：「安石言僞而辨，行僞而堅，用之必亂天下。」由是介甫深怨之。

知陳州，時方置條例司，行新法，率欲以豐財而强兵。公因陛辭，極論其害，皆深言危語。曰：「水所以載舟，亦所以覆舟，兵猶火也，不戢當自焚。若行新法不已，其極必有覆舟自焚之憂。」上雅敬公，不甚其言，曰：「能復少留乎？」公曰：「退即行矣。」上亦悵然。墓誌

公在陳州，暇日坐西軒，聞外板築喧甚，曰：「民築嘉應侯張太尉廟。」公曰：「巢賊亂天下，趙犨以孤城力戰，保此州捍大患者也，此而不祀，張侯何爲者哉！」命夷其廟，立趙侯祠。墓誌

延和殿賜坐。問：「祖宗禦戎之策孰長？」公曰：「太祖不勤遠略，如夏州李彝興、靈武馮暉、河西折御卿，皆因其酋豪，許以世襲，故邊圉無事。董遵誨捍環州，郭進守西山，李漢超保關南，皆十餘年，優其禄賜，寬其文法，而少遣兵。諸將財力豐而威令行，間諜精審，吏士用命，賊所入輒先知，併兵禦之，戰無不克。故以十五萬人而獲百萬之用，終太祖之世，邊鄙不聳，天下安樂。及太宗平并州，欲遠取燕、薊，自是歲有契丹之虞。曹彬、劉廷讓、傅潛等數十戰，各亡士卒十餘萬。又内徙李彝興、馮暉之族，致繼遷之變，三邊皆擾，朝廷始旰食矣。真宗之初，趙德明納款，及澶淵之克，遂與契丹盟，至今人不識兵革，可謂盛德大業。祖宗之事，大略如此，亦可以鑒矣。近歲邊臣建開拓之議，皆行嶮僥倖之人，欲以

天下安危試之一擲，事成則身蒙其利，不成則陛下任其患，不可聽也。」上曰：「慶曆以來，卿知之乎？元昊初臣，何以待之？」公曰：「臣時爲學士，誓詔封册，皆臣所草。」具言本末。上驚曰：「爾時已爲學士，可謂舊德矣。」時契丹遣泛使蕭禧來，上問：「虜意安在？」公曰：「虜自與中國通好，安於豢養，吏士驕惰，實不欲用兵。昔蕭英、劉六符來，仁宗命二府置酒殿廬，與語，英頗泄其情，六符變色目之，英歸，竟以此得罪。今禧黠虜，願如故事，令大臣與議，無屈帝尊與虜交口。」禧至，以河東疆事爲辭，上復以問公。公曰：「嘉祐二年，虜使蕭扈嘗言之，朝廷討論之詳矣。命館伴王洙詰之，扈不能對。録其條目，付扈以歸。」因以洙藁上之。禧當辭，偃蹇卧驛中不起，執政未知爲言。公班次二府，因朝謂樞密使吴充曰：「禧不即行，使主者日致餽而勿問，且使邊吏以其故檄虜中可也。」充啓用其説，禧即日行。墓誌

故事：歲賜契丹金繒服器，召二府觀焉。熙寧中，張文定公以宣徽使與召，衆謂：「天子脩貢爲辱，而陛下神武，可一戰勝也。」公獨曰：「陛下謂宋與契丹凡幾戰？勝負幾何？」兩府八公皆莫知也。神宗以問公，公曰：「宋與契丹大小八十一戰，惟張齊賢太原之戰才一勝耳。陛下視和與戰孰便？」上善之。談叢

上數欲廢易汴渠，公曰：「此祖宗建國之本，不可輕議。餉道一梗，兵安所仰食？則

朝廷無措足之地矣！」墓誌

自王安石爲政，始罷銅禁，姦民日銷錢爲器，邊關海舶，不復譏錢之出，故中國錢日耗，而西南北三虜皆山積。公極論其害，請詰問安石，舉累朝之令典，所以保國便民者，一旦削而除之，其意安在？墓誌

高麗使過南京，長吏當送迎。公言：「臣班視二府，不可爲陪臣屈。」詔獨遣少尹。墓誌

師征安南，公以謂：「舉西北壯士健馬，棄之南方，其患有不可勝言者。若老師費財，無功而還，則社稷之福也。且交趾風俗與諸夷不類，自建隆以來，吳昌文、丁部、黎桓、李公温〔一七〕，四易姓矣，皆以大校篡立，有唐末五代藩鎮傾奪之風，此可以計破者也。」墓誌

新法既鬻坊場、河渡，司農又并祠廟鬻之，官既得錢，聽民爲賈區。廟中侮慢穢踐，無所不至。公言：「宋，王業所基也，而以火王。閼伯封於商丘，以主大火，微子爲宋始封。此二祠者，獨不可免於鬻乎？」上震怒，批出曰：「慢神辱國，無甚於斯！」於是天下祠廟皆不得鬻。墓誌

公自念將老，無以報上，論事益切，至於論用兵起獄，尤爲反復深言。曰：「老臣且死，見先帝地下，有以籍口矣〔一八〕。」上爲感慟。至永樂之敗，頗思其言。墓誌

校勘記

〔一〕夏州　「夏」，蘇軾文集卷一四張文定公墓誌銘作「興」。
〔二〕刺弓箭手爲宣毅保捷指使　同前書無「箭」字，「使」作揮。
〔三〕自致　「致」，同前書作「通」。
〔四〕怒我而曲彼　「曲」，同前書作「怠」。
〔五〕置版以記事　「置」，同前書作「書」。
〔六〕了無遺忘　同前書作「不遺毫釐」。
〔七〕主者　「主」，同前書作「議」。
〔八〕册封元昊　「册」前同前書有「若已」二字。
〔九〕荆公日録　「日」原作「曰」，據文意改。
〔一〇〕困之　「之」，蘇軾文集卷一四張文定公墓誌銘作「乏」。
〔一一〕心腹　「腹」，同前書作「體」。
〔一二〕道非明民將以愚之　龍川别志卷上此句前有「治道之要，罕有能知之者。老子曰」云云。
〔一三〕舊俗　「俗」，同前書作「格」。
〔一四〕富鄭公入參政事多置諫官　同前書此句作「富鄭公自西都留守入參知政事，深疾許公，乞多置諫官」。按：「深疾許公」云云，疑乃朱熹有意刊落。

〔一五〕尤傾身　「尤」，同前書作「猶」。

〔一六〕河控引江淮　「河」上蘇軾文集卷一四張文定公墓誌銘有「汴」字。按：後文有「輟用汴夫」語，當以作汴河爲是。

〔一七〕李公温　「温」，同前書作「緼」，宋史卷七真宗本紀等處作「藴」。

〔一八〕籍口　「籍」，蘇軾文集卷一四張文定公墓誌銘作「藉」。

三朝名臣言行録卷第四〔一〕

四之一　樞密胡文恭公

公名宿，字武平，常州晉陵人。中進士第，爲真州揚子尉。召試，爲館閣校理，通判宣州，知湖州，爲兩浙轉運使。召還，修起居注，知制誥，遷翰林學士。嘉祐六年，拜左諫議大夫、樞密副使。英宗即位，出知杭州。神宗初，以疾告，除太子少師致仕，命未至而卒，年七十二。

通判宣州，有被誣以殺人者，獄成，議法將抵死，公疑之。呼囚以訊，囚憚箠楚不敢言。公正衣冠坐堂上思之，俄而假寐，夢有人來告曰：「吳姓也。」公遽引囚，辟左右復訊之，囚曰：「旦將之田，縣吏執以赴官，不知其由也。」公取獄辭窮治，乃被毆之婦與吳姓姦，姦者殺其夫，與婦謀執平人以告也。公之精誠格物蓋如此。胡宗愈撰行狀

知湖州，前守滕公大興學校，費民錢數千萬〔一〕。安定先生胡公瑗始教授於其間，未訖，滕公罷去，羣小斐然謗議，以爲滕公用錢有不明者，自通判以下不肯書其簿。公於坐折之曰：「君佐滕侯幾時矣！假滕侯之謀有不臧，奚不早告？陰拱以觀，俟其去廼非之，豈古人分謗之意哉！」一坐大慚，爲公書。公廼闢齋廳於學之東，增舍益弟子員。安定先生之教得盛於東南，東南之士知本經術行義以爲學者，公之力爲最多。行狀

未幾，丁母憂，毁瘠終制，逾三年不居於内，時人比之孟獻子。行狀

入内都知楊懷敏坐衛士夜盜入禁中驚乘輿，斥出爲和州都監。懷敏用事久，勢動中外，未幾，召復故職。公知制誥，封還辭頭，不草制，論曰：「衛士之變，蹤跡連懷敏，得不窮治誅死，幸矣！豈宜復在左右！」其命遂止。歐陽公撰墓誌

公爲人清儉謹默，内剛外和。羣居笑語讙譁，獨正顔色，温温不動聲氣。與人言，必思而後對，故其涖官臨事，慎重不輒發，發亦不可回止，而其趣要，歸於仁厚。墓誌

朝議在官年七十而不致仕者，有司以時案籍舉行。公以謂：「養廉耻，厚風俗，宜有漸。而欲一切以吏議從事，殆非所以優老勸功之意。當少緩其事，使人得自言而全其美節。」朝廷嘉其言是，至今行之。墓誌○又行狀云：公謂廉耻之責，當先士人；功舊之甄，宜厚武士。邊防偏裨、京師將校，年七十者衆，其間曾經行陳立功伐，一旦下令，悉令告老，沮立功之心，解守邊之

體，非所以爲國養恩也。時包公拯親建此議，屢以詞氣折公，公論不可奪，朝廷卒從公議。

皇祐新樂成，議者多異論，有詔：「新樂用於常祀朝會，而郊廟仍用舊樂。」公言：「書稱『同律』，而今舊樂高，新樂下，相去一律，難並用。而新樂未施於郊廟，先用之朝會，非先王薦上帝、配祖考之意，皆不可。」近制，禮部四歲一貢士，議者患之，請更爲間歲。議已定，公獨以爲不然，曰：「使士子廢業而奔走無寧歲，不如復用三歲之制也。」衆皆以公言爲非。行之數年，士子果以爲不便，而卒用三歲之制。墓誌

公學問該博，兼通陰陽五行、天下災異之説。南京鴻慶宮災，公以謂：「南京，聖宋所以受命建號，而大火主於商丘，國家乘德而王者也[三]。今不領於祠官，而比年數災，宜修火祀。」事下太常，歲以長吏奉祠商丘自公始。慶曆六年夏，河北、河東、京東同時地震，而登、萊尤甚。公以歲推之，曰：「明年丁亥，歲之刑德，皆在北宮。陰生於午[四]，而極於亥，然陰猶彊而未即伏，陽猶微而未即勝，此所以震也。是謂龍戰之會，而其位在乾。今西、北二虜，中國之陰也，宜爲之備。不然，必有内盜起於河朔。」明年，王則以貝州叛。公又以爲：「登、萊視京師，爲東北易艮少陽之位也[五]，今二州並置金坑，多聚民以鑿山谷，陽氣損泄，故陰勝而動[六]。縣官入金，歲幾何？小利而大害，可即禁止，以寧地道。」皇祐五年正月，會靈宮災，是歲冬至，祀天南郊，以三聖並配。明年大旱，公曰：「五行火，禮也。去

歲火而今又旱，其應在禮，此殆郊丘並配之失也。」即建言：「並配非古，宜用迭配如初詔。」其後，并州議建軍爲節鎮，公以星土考之，曰：「昔高辛氏之二子，不相能也。堯遷閼伯於商丘，主火，而商爲宋星；遷實沉於臺駘，主水，而參爲晉星。國家受命，始於商丘，王以火德，又京師當宋之分野，而并爲晉地，參商仇讎之星，今欲崇晉，非國之利也。自宋興，平僭僞，并最後服。太宗削之，不使列於方鎮八十年矣。謂宜如舊制。」墓誌

詳議官闕，判院者當擇人薦於上，公與同列得二人，此二人才智明法無上下。一人者監稅河北，以水災虧課。同列議曰：「虧課小失，不足白上以累才。」公不可，至上前悉白之，且曰：「此人小累，才足惜。」仁宗曰：「果得才，小累何恤？」遂除詳議官。同列退誚公曰：「詳議欲得人，公固欲白上，緣是不得，奈何？」公曰：「彼得與不得，一詳議官耳，是固亦有命也。宿以誠事主，今白首矣，不忍絲髮欺君，以喪平生之節。爲之開陳，聽主上自擇耳。」同列驚曰：「某從公久，乃不知公所存如此！」行狀

涇卒以折支不給，出惡言，欲爲亂。其後斬二人，黥四人，亂意乃息。委公置獄，治三司吏不時計度，三司使護吏不肯遣。公曰：「涇卒悖慢，誠其罪，然折支軍情所繫，積八十五日而不與，則三司豈得無罪耶？陛下以包拯近臣，不令置對，可謂曲法申恩。而拯猶不自省，公拒制命，臣恐主威不行，而綱紀益廢矣。」拯懼，立遣吏就獄。行狀

上命公爲青詞，禱諸陵山川，以求儲嗣。公上疏仁宗謂：「漢文帝二年，有司請豫建太子，是時文帝已有元子，猶對有司稱『楚王、吳王、淮南王皆秉德以陪朕，何爲不豫哉』？太祖皇帝感昭憲太后遺言，捨魏王而立太宗，其神武英斷，自開闢以來，未之有也。陛下必待聖嫡然後擬議，非居安思危之道。願察宗室之賢者立之，則儲位定而人心安矣。」仁宗感悟，遂罷祈禱。行狀

公在翰林十年，多所補益，大抵不爲苟止而妄隨，故其言或用或不用，而後卒如其言。然天子察公之忠，欲大用者久矣。嘉祐六年八月，拜公諫議大夫、樞密副使，公既慎靜而當大任，尤顧惜大體。而羣臣方建利害，多更張庶事以革弊，公獨厭之，曰：「變法，古人所難。不務守祖宗成法而徒紛紛，無益於治也。」又以謂：「契丹與中國通好六十餘年，自古未有也，善待夷狄者，謹爲備而已。今三邊武備多弛，牧馬著虛名於籍，可乘而戰者，百無一二。」又謂：「滄州宜分爲二路以禦虜〔七〕，此今急務也。若其界上交侵小故，乃城寨主吏之職，朝廷宜守祖宗之約，不宜爭小利而隳大信，深戒邊臣生事以爲功。」在位六年，其議論類皆如此。墓誌

公在樞府，夏人入貢至都門，伴送者以不去蒲撾不與入，夏人以舊例不肯去，紛爭不已。公訪知其實，見富丞相曰：「蒲撾舊例，彼不敢去，而以死爭，正慮得罪於本國耳。今

彊去之，徒使其曲在我，非綏懷之意也。」即與富丞相入奏許之。延州遣指使楊定押伴西人入貢，因獻取橫山之策，朝廷議以定爲宣事舍人，委定經制西事。公力爭曰：「定貪狡多詐，爲國生患，不宜驟加進用。」其命遂寢。其後復以定領前職，知保安軍，定果與西人通謀，多受寶貨，西人責其背約，誘至境上而殺之。行狀

公尤重章郇公之爲人，謂郇公爲宰相五六年，及死之後，天下不見其黨與偏私之跡云。行狀

公少嘗善一浮圖，其人將死，謂公曰：「我有祕術，能化瓦石爲黄金，子其葬我，我以此報子。」公曰：「爾之後事，吾敢不勉？祕術非吾欲也。」浮圖歎曰：「子之志未可量也。」其篤行自勵，至於貴顯，常如布衣時。墓誌

客有造胡文恭公者，具公服韡板，而忘記不易帽。胡公與之對語，盡禮而退，終未嘗色動。吕氏家塾記

胡文恭公平生守道，不以進退爲意，在文館二十餘年，每語後進曰：「富貴貧賤，莫不有命，士人當脩身俟時，無爲造物者所嗤。」世以爲名言。澠水燕談

校勘記

〔一〕三朝名臣言行録卷第四　原作「三朝名臣言行後録卷第四」，今去「後」字。以下卷五、六、七同。
〔二〕數千萬　「千」，宋史卷三一八胡宿傳作「十」。
〔三〕乘德　居士集卷三五贈太子太傅胡公墓誌銘「乘」下有「火」字。
〔四〕陰生於午　「午」，同前書一本作「子」。
〔五〕爲東北易艮少陽之位也　同前書「北」下有「隅乃」二字，則斷句不同，又無「易艮」二字。
〔六〕故陰勝而動　「勝」，同上書作「乘」。
〔七〕二路　「二」原作「一」，據同前書改。

四之二　端明蔡公

公名襄，字君謨，興化軍仙遊人。中進士甲科。慶曆初除知諫院，兼修起居注。政事有急者，至一夕三上疏。四年，以親老出知福州，遂爲福建路轉運使。丁父憂，服除，復修注，知制誥，知開封府。出知泉州，再知福州，召爲翰林學士、三司使。出知杭州，遷端明殿學士，徙知應天府，未行，丁母憂，以疾卒，年五十六。

范仲淹貶知饒州，余靖上疏論救，尹洙請與同貶，歐陽脩移書責司諫高若訥，皆坐貶。蔡襄作四賢一不肖詩以記其事，四賢謂淹、靖、洙、脩，不肖謂若訥也。其詩播于都下，士人爭傳寫之，鬻書者市之，頗獲厚利。契丹使至密市以還。後張中庸使北，幽州館舍中有寫歐陽脩詩於壁者。政要

慶曆初，永叔、安道、王素俱除諫官，君謨以詩賀曰：「御筆新除三諫官，喧然朝野競相歡。當年流落丹心在，自古忠良得路難。必有謀猷裨帝右，直須風采動朝端。世間萬事俱塵土，留取功名久遠看。」三人以其詩薦於上，尋亦除諫官。記聞

是時天下無事，士大夫弛於久安。一日元昊叛，師久無功，天子慨然厭兵，思正百度以修太平。既已排羣議，進退二三大臣，又詔增置諫官四員，使拾遺補闕，所以遇之甚寵。公以材名在選中，遇事感激，無所迴避，權倖畏斂，不敢撓法干政，而上得益與大臣圖議。明年，屢下詔書，勸農桑，興學校，革弊修廢，而天下竦然知上之求治矣。於此之時，言事之臣，無日不進見，而公之補益爲尤多。歐公撰墓誌

御史唐公介以直言忤旨，貶春州别駕，廷臣無敢言者，公獨論其忠，人皆危之，而上悟意解，唐公得改英州，遂復召用。墓誌

御史吕景初、吴中復、馬遵坐論梁丞相罷臺職，除他官。公封還辭頭，不草制。其後屢有除授，非當者，必皆封還之。而上遇公益厚，曰：「有子如此，其母之賢可知。」命特賜冠帔以寵之。墓誌

慶曆三年九月，諫官蔡襄上言：「兩府私第毋得見賓客，若欲詢訪天下之事，采拔奇異之才，許臨時延召。」詔旬休許見賓客。至和二年七月，翰林學士歐陽脩又上言：「兩制以上毋得詣兩府之第。」詔從之。記聞

陳執中以前兩府知青州兼青、齊一路安撫使，率民錢數萬貫修城，民間苦之。會賊王倫起沂州，入青州境，執中遣青、齊捉賊傅永吉掩擊，盡獲之。上聞之，嘉永吉以爲能，超遷閤門使。入見，上稱美其功，永吉對曰：「臣非能有所成也，皆陳執中授臣節度，臣奉行之，幸有成耳。」因極言執中之美。上益多永吉之讓，而賢執中。謂宰相曰：「陳執中在青州久，可召之。」遂以執中參知政事。於是諫官蔡襄、孫甫等爭上言：「執中剛愎不才，若任以政，天下不幸。」上不聽。諫官爭不止，上乃命中使賫敕告即青州授之，且諭意曰：「朕欲用卿，舉朝皆以爲不可，朕不惑人言，力用卿耳。」明日，諫官復上殿，上作色逆謂之曰：「豈非論陳執中邪？朕已召久矣。」諫官乃不敢復言。執中既至中書，是時杜衍、章得象爲相，賈昌朝與執中參知政事，凡議論，執中多與之立異。蔡襄、孫甫所言既不用，因求出。下中

書，中書共奏云：「諫院闕人，乞且留二人供職。」既奏，上頷之。退歸，即召吏出劄子，令襄、甫且供職。衍及得象既署，執中不肯署，曰：「鄉者上無明旨，當復奏，何得遽令如此？」吏還白衍，衍取劄子壞焚之。執中遂奏云：「衍黨顧二人，苟欲令其在諫署，欺罔擅權。及臣覺其情，遂取劄子焚之以滅迹，懷姦不忠。」明日，衍左遷尚書左丞，出知兖州，仍即日發遣，賈昌朝爲相，襄知福州，甫知鄧州。頃之，得象亦出知陳州，執中遂爲相。記聞

公爲政精明，而於閩人尤知其風俗。至則禮賢勸學，除其甚害。往時閩士多好學，而專用賦以應科舉。公得先生周希孟，以經術傳授，學者常至數百人，公爲親至學舍，執經講問，爲諸生率。延見處士陳烈，尊以師禮，而陳襄、鄭穆方以德行著稱鄉里，公皆折節下之。閩俗重凶事，而奉浮圖，會賓客，以盡力豐侈爲孝，否則深自愧恨，爲鄉里羞。而姦民、游手、無賴子，幸而貪飲食，利錢財，來者無限極，往往至數百千人。至有親亡祕不舉哭，必破產辦具而後敢發喪者。有力者乘其急時，賤買其田宅，而貧者立券舉責，終身困不能償。公曰：「弊有大於此耶！」即下令禁止。至於巫覡主病蠱毒殺人之類，皆痛斷絶之，然後擇民之聰明者，教以醫藥，使治疾病。其子弟有不率教令者，條其事，作五戒，以教諭之。久之，閩人大便。公既去，閩人相率詣州，請爲公立德政碑，吏以法不許謝，即退而以公善政私刻于石，曰：「俾我民不忘公之德。」墓誌

三司、開封，世稱省、府，爲難治，公居之，皆有能名。其治京師，談笑無留事，尤喜破姦發隱，吏不能欺。至商財利，則較天下盈虚出入，量力以制用，必使下完而上給。下暨百司，因習蠹弊，切磨劃剔，久之，簿書纖悉，紀綱條目皆可法。墓誌

蔡侍郎襄自給事中、三司使，除禮部侍郎、端明殿學士，知杭州。初，上入爲皇子，中外相慶，知大計已定矣。既而稍稍傳言有異議者，指蔡公爲一人。及上即位，始親政，每語及三司事，便有忿然不樂之意〔一〕。蔡公終以此疑懼，請出。既有除命，韓、曾二公因爲上言：「蔡襄事出於流言，難以必信。前世人主以疑似之嫌，害及忠良者，可以爲鑑也。」臣脩亦啓曰：「或聞蔡襄文字尚在禁中，陛下曾觀之否？」上曰：「文字即不曾見，無則不可知其必無。」臣奏曰：「若無文字，則事未可知。就使陛下曾見文字，猶須更辨真僞。往時夏竦欲陷富弼，乃先令婢子學石介書字，歲餘學成，乃僞作介與弼書，謀廢立事。書未及上，爲言者廉知而發之。賴仁宗聖明，弼得免禍。至如臣，丁母憂服闋，初還朝，有嫉忌臣者，乃僞撰臣一劄子，言乞沙汰内官，欲以激怒羣閹。是時家家有本，中外喧傳，亦賴仁宗保全，得至今日。由是而言，陛下曾見文字，猶須更辨真僞，何況止是傳聞疑似之言，何可爲信？」上曰：「官家若信傳聞，蔡襄豈有此命！」歐陽公奏事録

公於朋友重信義，聞其喪，則不御酒肉，爲位以哭，盡哀乃止。嘗飲會靈東園，坐客有

射矢誤中傷人者，客遽指爲公矢，京師喧然。事既聞，上以問公，公即再拜愧謝，終不自辨，退亦未嘗以語人。墓誌

公爲文章，清遒粹美。工於書畫，頗自惜，不妄爲人書。仁宗尤愛稱之，御製元舅隴西王碑文，詔公書之。其後命學士撰温成皇后碑文，又敕公書，則辭曰：「此待詔職也。」墓誌

蘇子容云：「歐公不言文章，而喜談政事；君謨言政事，而喜論文章。各不矜其所能也。」蘇氏談訓

襄性忮刻，用刑殘酷。知泉州時，嘗以叔母喪不在式假，通判黄泪攝州事，與晉江令章拱之置酒作樂。襄陰怒之，即捃拱之事械送獄，拱之坐是除名竄流。其弟望之累詣闕訟冤，久之，乃得雪。朝廷不直其所爲，而士亦以此少之。

校勘記

〔一〕忿然不樂之意　「意」，歐陽脩集奏事録辨蔡襄異議作「色」。

四之三　尚書王懿敏公

公名素，字仲儀，以父旦遺恩補官，召試，賜同進士出身。歷知濮、鄂州，召還，知諫院，擢天章閣待制、淮南都轉運按察使。徙知渭州，坐事落職。知汝州，以樞密直學士權知開封府。出知定州、成都府，復入爲京尹，以端明殿學士再知渭州，乞换武職，改澶州觀察使。知成德軍，復以學士知太原府。以工部尚書致仕，卒年六十七。

仁宗方留精政事，思聞朝廷得失，御筆親除諫官，而歐陽脩、蔡襄、余靖與公相次進用。公起少年，遇事感發，嘗言：「禮部取士，不詢采行實，顧文辭漫漶，不足以應務。請郡國置學，擇明師，使通知經術，稍近三代里選之法。」自景德以來，較今内外無名之費，數倍于前，請置官三司，量一歲所入，其用非急者皆省去之。」會皇子生，議欲因赦，百官進官，大賞賚諸軍。公又言：「方元昊叛，契丹數有所求，縣官財用不足，宜留金繒以佐邊費，謹官爵以賞戰勞〔一〕。」其議爲公止。仁宗御天章閣，出手詔問兩府大臣所以興治革弊之方，公又大疏時政姑息十餘事，皆人所難言者，末以「非知之艱，行之惟艱」爲戒。它日曲召公等四人面諭曰：「卿等皆朕所自擇，數論事無所避，特皆賜章服。」王禹玉撰墓誌

仁宗問王懿敏曰：「大僚中孰可命以相事者？」懿敏曰：「下臣其敢言？」帝曰：「姑言之。」懿敏曰：「唯宦官宫妾不知姓名者，可充其選。」帝憮然有間，曰：「唯富弼耳。」懿敏下拜曰：「陛下得人矣。」既告大庭相富公，士大夫皆舉笏相賀。或密以聞，帝益喜，曰：「吾之舉賢於夢卜矣。」聞見後録

慶曆中，京師旱。諫官王公素乞親行禱雨。帝曰：「太史言月二日當雨，一日欲出禱。」公曰：「臣非太史，然是日必不雨。」帝問故，公曰：「陛下幸其當雨以禱，不誠也。不誠不可動天，臣故知不雨。」帝曰：「明日禱雨醴泉觀。」公曰：「醴泉之近，猶外朝也，豈憚暑不遠出邪？」帝每意動則耳赤，耳已盡赤，厲聲曰：「當禱西太一宫。」公曰：「乞傳旨。」帝曰：「車駕出郊不預告，卿不知典故。」公曰：「國初以虞非常，今久太平，預告但百姓瞻望清光者衆耳，無虞也。」諫官故不扈從。明日，特召公以從。日色甚熾，埃霧漲天，帝玉色不怡。至瓊林苑，回望西太一宫，上有雲氣如香煙以起，少時，雷電雨甚至。帝却逍遥輦，御平輦，徹蓋還宫。又明日，召公對，帝喜曰：「朕自卿得雨，幸甚。」又曰：「昨即殿庭雨立百拜，焚生龍腦香十七斤，至中夜，舉體盡濕。」公曰：「陛下事天當恭畏，然陰氣足以致疾，亦當慎。」帝曰：「念不雨，欲自以身爲犧牲，何慎也。」聞見後録

公言王德用進女口事，帝初詰以宫禁事何從知，公不屈。帝笑曰：「朕真宗之子，卿王

旦之子，有世舊，豈它人比！德用實進女口，已服事朕左右，何如？」公曰：「臣之憂，正恐在陛下左右耳。」帝即命宮臣，賜王德用所進女口錢各三百千，押出內東門。訖奏，帝泣下。公曰：「陛下既不棄臣言，亦何遽也？」帝曰：「朕若見其人留戀不肯去，恐亦不能出矣。」少時，宮官奏宮女已出內東門，帝動容而起。聞見後録

公爲淮南都轉運按察使，時初置按察，諸路皆以苛爲明，獨公爲不苛，然貪吏有自投劾去者。墓誌

權知開封府。至和二年秋，大雨壞蔡河，水入都城，密詔軍吏障朱雀門，公違詔止之曰：「方上不豫，軍民廬舍多覆壓，奈何障門，更以動衆耶？」墓誌

知成都府。先是，牙校歲輸酒坊錢，以供厨傳之費，前後日加豐，而不知約，故輸者亦加困，而不能勝，公爲一切裁約之，省其費過半。鐵錢唯行於兩川，歲加鑄不止，故錢輕貨重，商旅不行。公爲罷鑄十年，而物價以平。利州路饑，公遣發廩賑救，民得無流徙。詔適下而公奏至，上數稱嘉之。公爲政在便人情，蜀人録公所行爲王公異斷。墓誌

治平元年秋，虜寇靜邊寨，圍童家堡，天子西憂，以公爲端明殿學士，又知渭州。於是番酋故老皆歡呼，越境望公之來。比公馳至，則虜解圍去矣。公屢帥涇原，馭將卒有恩，無不得其歡心，又善料敵情，故塞下戍常少，而積粟至十餘年。嘗廣渭之西南城，濬隍三周。

屬羌間以土地來獻，公悉募置弓箭手，其行陣出入之法，身自督教之。其居舊皆穿土爲室，寇至老幼多焚死，公爲築八堡，使足自保。所部東西兩路巡檢，比分領弓箭手，不得自便，公曰：「此豈前日募民兵意耶！」悉使散耕田里，遇有警則發之。故其士氣勇悍，它路莫能及。原州蔣偕説宣撫使范仲淹築堡大蟲巉，堡未完而爲明珠滅臧伺間要擊之，偕輒從間道遁歸，伏庭下，當以軍法論，公貰令復往。總管狄青曰：「賊方據險設覆，以待官軍，偕輕而無謀，往必至敗。」公曰：「偕死則君往。」青計不得行。偕卒能以死致其酋，完所築堡而還。番官密廝哥本天水羌也，嘗爲賊用。始，州欲覊縻之，因請以爲十族巡檢，及下公議，即聲其罪，械還本族，既而叛去。諸將曰：「不重購之，後必爲邊患。」公曰：「吾在邊，虜未嘗敢輕入，彼廝哥何爲也！」公一日燕堂上，邊民悉驚走入城，諸將曰：「使姦人亦從而入，必將舉而内應，不若拒之弗内。」公曰：「若拒之東去，勢必揺關中，當且内之。」固知虜不敢犯我，此必有姦言動之者。」乃下令曰：「敢復有言虜至者斬！」有頃，候騎從西來，其傳果妄也。諸將皆服。墓誌

知太原府，會汾河大溢，公曰：「若壞平晉，遂將灌州城。」乃命先具舟栰，築堤以扞城。一夕，水果至，人得無恐。晉薦飢，公勸大姓出粟，活殍者十餘萬人。墓誌

公少感概有大志，人不敢以貴游子弟遇之。及在朝，敢言天下事，數擊姦佞。是時朝

廷患政事因循日久，二三大臣因與共謀，盡更前之所爲，而間至於不次用人，於是論者皆指以爲朋黨。及大臣者去，人莫敢以爲言，公常獨言：「富弼、韓琦、范仲淹皆有重望，宜復召用，處之以不疑。」仁宗嘗命公悉上爲御史諫官時所言事，留觀殿中。墓誌

初，王素與歐陽脩數譽富弼於上前，弼入相，素頗有力。弼既相，素知開封府，冀弼引己登兩府。既不如志，因詆毀弼，又求外官，遂出知定州，徙知益州。復還，知開封府，愈鬱鬱不得志，厭倦繁劇，府事多莽鹵不治，數出遊宴。素性驕侈，在兩州皆以賄聞。爲人無志操，士大夫多鄙之。開封府先有散從官馬千、馬清，善督察盜賊，累功至班行，府中賴之。或謂素：「二馬在外，威福自恣，大爲姦利。」素奏，悉逐之遠方。於是京師盜賊屢發，求捕不獲。臺官言素不才，亦自乞外補，朝廷因而罷之。記聞

素少長席富貴，豪縱浮侈，畜聲妓誇客，然一時當路要人，多其父時所引拔，素亦善自交結，又其爲吏知大略，少時擊斷敢行，皆足以發身。及晚節，官顯志得，益頹靡。在開封府弛慢，意不在事。英宗嘗對執政語及之云。

素自筮仕，所至稱爲能吏。既升臺憲，風力愈勁。嘗與同列奏事上前，事有不合，衆皆引去，公方論列是非，俟得旨乃退。帝曰：「真御史也。」議者目公爲「獨擊鶻」。名賢詩話

校勘記

〔一〕謹官爵　「謹」字原闕，據琬琰集中集卷二七王珪撰王懿敏公素墓誌銘補，洪、張本作「一」。

四之四　集賢學士劉公

公名敞，字原父，吉州臨江人。中慶曆六年進士甲科，通判蔡州。召試，直集賢院，判登聞鼓院，吏部南曹考功，知制誥。出知揚州，徙鄆州，召還，糾察在京刑獄。以翰林侍讀學士出知永興軍。嘉祐八年，召判三班院、太常寺。出知汝州，改集賢院學士，判南京留司御史臺。熙寧元年卒，年五十。

直集賢院，是時方議定大樂，天子使中貴人參其事。公諫以謂：「王事莫重於樂，今材學滿朝，辨論有餘，足以增朝廷之光，而顧使若趙談者居間，臣恐爲袁盎笑也。」弟舍人攽撰行狀

秦州與羌人爭古渭州，上以問左右：「棄之存之孰利？」公時從三司奏事，聞之上奏，獨請棄之，以謂：「假令新城足以蔽秦州，長無羌胡之虞，雖傾國守之可也。不然，地形便

利，賊能乘之以擾邊圉，雖傾國爭之可也。今何所重輕，而糜國財，困民力，捐士卒之命，以貪咫尺之地，而有棄明信、規小利之名於夷狄，使其有以窺中國，非計也。」時議者不同，竟留之。秦州坐是應接多事，財用匱竭矣。行狀

公判考功，夏英公薨，賜謚文正，公曰：「此吾職也。」即上疏言：「謚者，有司之事也。且竦行不應法，今百司各得守其職，而陛下侵臣官。」疏凡三上，天子嘉其守，爲更其謚曰文莊，公曰：「姑可以止矣。」歐陽公撰墓誌

至和元年正月，張貴妃薨，追號溫成皇后，有獻議，求爲立忌日，禮官請對，不許。公奏言：「太祖以來，后廟四室，猶不立忌，奈何以私昵之愛，而變古越禮？恐祖宗神靈，不樂於此。」上乃止。行狀

初，陳丞相以公不附己，論議不能佑公，唯天子察公忠直，數得公奏議，開納無疑，故亟用公知制誥。陳丞相以脩注未一月爲言，上不聽，曰：「此豈計官資日月邪？」公謝日，上又面諭曰：「外間事不便，有所聞，當一一語朕也。」無幾何，朝廷從禮院有所詢問，禮生擅發印狀以報，禮官莫知。知禮院事吳充謫罰禮生，而坐以出官。公奏以謂：「朝廷久安，吏習因循，百司庶府，苟且已甚，稍激厲振職，未知如何，而使充以此得罪，豈不傷事害政也？請追止前命。」已而脩起居注，馮京復以言事奪職。公因奏事，上謂公曰：「吳充乃是振職，

馮京意亦無它，中書惡其太直，不與含容耳。」公奏言：「自古唯有人主不能容受直言，或致竄謫臣下。今則不然，上意慈仁好諫，而中書不務將順聖德之美，排逐言者，乃是蔽君之明，止君之善，必且感動陰陽，有風霧、日食、地震之異。」居五日，地果震鎮戎軍，而都下雪後累日昏霾，太陽色黃濁，略皆如公言。公又密勸上收覽威權，無使聰明蔽塞，法令不行，以消伏災變。上深納之。行狀

兩制諸公，多求補郡者。公上疏論邪臣正臣進退之分：「正臣常難進而易退，邪臣常易進而難退。願陛下參伍觀之〔一〕。呂溱、蔡襄、歐陽脩、賈黯、韓絳，皆有直質無流心，論議不阿執政，有益當世者，誠不宜許其外補，使四方有以窺朝廷，啓姦幸之心。」上悟，頗留脩等。行狀

宦者石全彬以勞遷宮苑使，領觀察使，意不滿，退而愠有言。居三日，正除觀察使，公封還辭頭，不草制，其命遂止。墓誌

奉使契丹，公素知虜山川道里，虜人道自古北口回曲千餘里至柳河，公問曰：「自松亭趨柳河，甚直而近，不數日可至中京，何不道彼而道此？」蓋虜人常故迂其路，欲以國地險遠誇使者，且謂莫習其山川，不虞公之問也，相與驚顧羞愧，即吐其實曰：「誠如公言。」時順州山中有異獸如馬，而食虎豹，虜人不識，以問，公曰：「此所謂駮也。」爲言其形狀聲音

皆是，虜人益歎服。墓誌

初，狄青自南伐歸，爲樞密使，京城小民聞青驟貴，相與推説，誦詠其材武，青每出入，輒聚觀之，至壅路不得行。上自正月不豫，青益爲都人所指目，公憂之。會將赴揚州，辭行見上，因言：「陛下愛青，不如出之，以全始終。今外説紛紛，雖不足信，要當使無後憂。寧負青，無使負國家。」上頷之，曰：「可語中書。」公過見三丞相，謂曰：「向者天下有可大憂者，又有可大疑者。今上體復平，大憂去矣，而大疑者尚存。」具以青事告之，丞相應對唯唯。公既至官，拜表，又徧遺公卿書曰：「汲黯之忠，不難於淮陽，而眷眷於李息。」朝廷皆知爲青發也。至八月，京師大水，青避水徙家相國寺，行坐殿上，都下喧然。執政聞之，始懼，以熟狀出青判陳州。先是，有彗星見，青去之夕，而彗没。自皇祐末有日食之變，公嘗獻救日論三篇，備言所以防姦禦變之術，青見而惡之，謂所親曰：「劉舍人以此洗滌青邪！」公之建言，或以爲過計，及後乃大服云。行狀

揚州雷塘，即漢江都之雷陂也，舊屬民，自唐以來耕種其中。往數十歲，官取蓄水以備漕運，舊田主二十六家皆奪業失職，官始議以它田償之，竟無與也。然塘亦破決不脩，漕運未嘗賴此。發運使因以假揚州種稻，舊田主三百餘口皆飢寒，縣官莫省。及公至，持大和年契書詣府自訟，公即判還之。發運使猶以漕運事動朝廷，靳留之，公用種稻事證明其無

用朝廷，乃聽公。杜公丞相衍致仕居南都，聞之喜曰：「真良太守矣！」行狀

公初治揚，前守政苛，吏民不安，公以寬簡附之，而民大和。及至鄆，鄆比易守，政事不治，市邑擾敓，公行不禁，訟或至累月不決。公撥遺簿書，決平獄訟，不數日則已無事。乃更約束，明賞罰，下吏奔走承命，月餘境内正清，盜賊屏息。使客行壽張道中，遺錢一囊，人不敢取，以告耆長，長爲守視，頃之客還取得之。又有暮遺物市中者，旦往取，故在其所。先是，西路久旱，麥不登，鄆州尤多蝗蟲。公入境而雨，至州數日，蝗自出境亡去，歲以有年。行狀

召還朝。是時士大夫稍矜虚名，每得官輒讓，衆亦予其恬退之稱。讓不失始利，而得名益高。讓端無窮，或四五讓，至七八，天子嘗優容之。下至布衣，福州陳烈等初除吏，亦讓，賜之粟帛，亦讓。公以爲此皆挾僞求名，要上迷衆，其漸不可長，乃建言：「諸讓官或一讓，或再讓，或不得讓，宜一以故事舊典爲準，以防未亂。」行狀

是歲，天子將親大祫于太廟，丞相欲加上尊號。公以禮部兼領名表，丞相請撰表。公說止之曰：「陛下自寶元以來，不受徽號，至今且二十年，天下之人，莫不知天子持盈好謙。今復加數字，既不足盡聖德，而前美並棄，誠亦可惜，願加深思。」富丞相不怡，曰：「適已奏聞，乃是上意欲爾，不可止也。」公曰：「諾。」退謂子弟曰：「吾備位近臣，當獻可替否，寧得

罪權門，豈可使主上受虚名而棄實美耶？」遂上疏曰：「陛下尊號既已云『體天法道欽文聰武聖神孝德』，盡善極美矣，復加『大仁』，不足增光，而曰『至治』，有若自矜。今百姓多困，倉廩不實，風俗未清，賢不肖混淆，獄訟繁多，盗賊群輩，水旱繼有。四夷雖粗定，然本以重賂厚利羈縻之，非畏威慕義者也。未可謂至治。然則讓而不居，於聖德彌高矣。臣謂陛下永執至道，以當天心，必有一謙四益之報。增加數字，未足發揚光輝，而反累二十年昭升之美。又入今歲以來，頗有災異，日食、地震、雨雷、大雪、飛蝗、涌水，傷害廣遠。以禮論之，陛下寅畏天命，正當深自挹損，豈可於此時加上尊號？昔伊尹戒商王曰：『有言逆於汝心，必求諸道。有言遜于汝志，必求諸非道。』誠望陛下求諸道而已。」章凡四上，天子得公奏，顧侍臣曰：「我意本謂當如此。」遂斷章表不受。公於是忤時相。行狀

禮官請祔郭皇后於廟，自孝章以下，四后在别廟者，請毋合食。事下議，議者紛然，公之議曰：「春秋之義，不薨于寢，不稱夫人。而郭氏以廢薨，按景祐之詔，許復其號，而不許其謚與祔，謂宜如詔書。」又曰：「禮於祫，未毁廟之主皆合食，而無帝后之限，且祖宗以來用之。傳曰：『祭從先祖。』宜如故。」於是皆如公言。墓誌

蜀人龍昌期者，著書傳經，以詭僻眩衆，至詆毁周公，雜用佛説。擁弟子十數人至都，文丞相薦諸朝，以所著書示兩制。公與同列平奏：「昌期非聖不經，請下益州毁棄板本。」

事未行，而昌期用薦賜五品服，帛百疋，中外疑駭。公拜疏曰：「臣按昌期之書，違古畔道，所謂言僞而辯，學非而博，是王制之不聽而誅者也。陛下哀其衰老，未使服少正卯之刑，則幸矣，又何賞焉。昔孔子作孝經曰：『非聖人者無法。』而朝廷顧多昌期之毀周公，臣所不曉也。乞追還詔書，毋使有識之士窺朝廷淺深。」詞極切直。昌期亦皇懼不敢受賜。行狀

公治長安，豪猾斂手，良民得職。大姓范偉，積產數巨萬，冒武功縣令范祚爲其祖，持祚爲令時黃敕，家不徭役者五十年。更西事調發，下户困敝，而偉自若。盜扣祚墓，以己祖母合葬之，謾云祚繼室也。雷簡夫以處士登用，能爲文詞，偉賂簡夫，使爲墓碑，以信其僞。偉因此出入公卿間，持府縣短長，數犯法，至徒流，輒以贖去。長安人皆知偉罔冒，畏偉不敢言，吏受賕者，輒爲偉蔽匿。公因事發之，窮治，偉伏罪，長安中讙呼稱神明。會大赦未斷，而公去雍。偉因謀及變前狀，是後連五獄，證逮四五百人，展轉二年，朝廷以委御史，乃不得變，而偉亦以更大赦，杖之而已。長安人恨之。行狀

徙判太常寺，兼禮儀事。上初即位，有疾，皇太后嘗臨朝，上疾愈，乃歸政。適有小人言二宮不歡，諫者或訐而過直。公以謂當以義理從容感諷，不可口舌爭也。是時方進讀史記，至堯授舜以天下，公因陳前説曰：「舜至側微，堯越四嶽禪之以位，天地饗之，百姓戴之，非有它道，惟其孝友之德，光于上下。何謂孝友？善父母爲孝，善兄弟爲友。」辭氣明

暢，上竦體改容，知其以諷諫也。左右屬聽者無不嗟喜動色，即日傳其語於外，慈壽聞之亦大喜。行狀

公前後拜官，未嘗輒讓，唯初拜侍讀，及除諫議，辭之，其誠心以謂所不宜處，則不欲苟受之，非以邀名也。行狀

公爲人磊落明白，推誠自信，不爲防慮。至其屢見侵害，皆置而不較，亦不介于胸中。居家不問有無，喜賙宗族，既卒，家無餘財。與其弟攽友愛尤篤。墓誌

公學問廣博，無書不通，自浮屠、老子，以及山經地誌，陰陽卜筮，醫藥天文，略皆究知大略，求其意義合於聖人者，而世人所謂善者，亦不廢也。嘗與呂溱濟叔同在禮部，夜視填星指曰：「此於法當得土，不乃得女。」居數日，使者來，因言宮中兩夫人皆當就館，呂相視笑。數月，果生兩公主。又嘗齋太一宮，與内弟王欽臣夜語曰：「歲星往來虚、危間，色甚明盛，以吾觀之，當有興於齊者。」歲餘，英宗以齊州防禦使入繼大統，遂登大位云。在長安時，得三代時鍾鼎器皿數十，皆有篆刻銘識，文字奇古。公案讀之，因以考知前代制度，用匜敦簠簋，與前世學者所説不同。其所言「齊黄同冕」，亦書傳所不載也。公與人交，不求其備，得一善則稱道之。其推進者甚衆，而與江休復鄰幾最善，嘗曰：「鄰幾和而不流，柔而不犯，當求之古人阮籍、陶潛之倫也。」薦之於朝。及鄰幾死，歐陽永叔爲誌墓石，公爲書

之，以致意焉。梅堯臣聖俞與公親且舊，既卒，其家不能自存，公哀之，未有以助也。聖俞嘗欲書程丞相神道碑，病不果，公爲成之。程氏喜，餉白金五百兩，公不發封，盡以賻梅氏。公平生未嘗輕爲人書銘，特此二事，以經營二友云。行狀

校勘記

〔一〕參伍觀之　「伍」，原誤作「任」，據四庫全書宋劉攽彭城集卷三五行狀故朝散大夫給事中集賢院學士權判南京留司御史臺劉公行狀改。

三朝名臣言行録卷第五

五之一　參政唐質肅公

公名介，字子方，荆南人。舉進士，歷官州縣，召爲監察御史裏行，遷殿中侍御史裏行。以言事貶英州别駕，數月，徙監郴州税，通判潭州。復召爲殿中侍御史，除直集賢院，權開封府推官。出知揚州，歷轉運、發運使，三司度支副使，除天章閣待制，知諫院。出知洪州。英宗召爲御史中丞。出知太原府。神宗即位，遷權三司使，遂參知政事。薨，年六十。

公爲岳州沅江令，州民李氏，以高貲爲上下所漁擾，或者不厭，因告其祠鬼用人。守喜擊斷，則逮繫其家百口，極獄之慘情，不得奏，專以屬公。公考閲實非殺人者，守又奏以爲未盡。詔遣御史方偕移劾澧州，卒用公所具獄不能變，州吏皆坐罪去，偕以活死者得官。

公終不自言也。劉忠肅公撰神道碑

知莫州任丘縣，縣當國信，驛頓往返，誅索繁急。其下因緣爲姦利，異時俛首趣事，莫敢何辨。公爲作區畫，預居其物，每使至，親坐驛門給之，一以法令從事。應復還而毁失者，移文取其償。故過者皆戢，上下便之。塘水歲浸邑田十一村，而塘實中人主之，州縣畏其勢，不敢拒，公募民自高陽起堤，亘十餘里蔽之，其患遂息。神道碑

通判德州，轉運使崔嶧以庫帛配民而過估之。公即移書安撫司曰：「河北仍年被水災，民困不聊，轉運使不爲之卹，然則爲上存民者，不在安撫司乎？」嶧聞怒，按其留牒不即下。公終不從，嶧亦不能果行。王禹玉撰墓誌

爲殿中侍御史裏行，内侍督作龍鳳車于啓聖院。公言：「此太宗神御所在，爲後宫輿服，故喧瀆其中，又飾金玉過制，皆非是。」詔罷之。神道碑

張堯佐者，以進士擢第，累官至屯田員外郎、知開州。會其姪女有寵於仁宗爲脩媛，堯佐遂驟遷，一日中除宣徽、節度、景靈、群牧四使。御史唐介上疏，引楊國忠爲戒，不報。又與諫官包拯、吳奎等七人，論列殿上，又白御史中丞留百官班，欲以庭爭。卒奪堯佐宣徽、景靈兩使，特加介六品服，以旌敢言。未幾，堯佐復除宣徽使，知河陽。唐謂同列曰：「是欲與宣徽而假河陽爲名耳，我曹豈可中已耶？」同列依違不前，唐遂獨爭之，不能奪。仁宗

諭曰：「除擬初出中書。」介遂極言：「宰相文彦博知益州日，以燈籠錦媚貴妃，而致位宰相。今又以宣徽使結堯佐。請逐彦博而相富弼。」又言：「諫官吴奎觀望挾姦。」語甚切直。仁宗怒，却其奏不視，且言將貶竄。介徐讀畢曰：「臣忠義憤激，雖鼎鑊不避也。」上急召二府，以疏示之曰：「介言它事乃可，至謂彦博因貴妃得執政，何言也？」介面質彦博曰：「彦博宜自省，即有之，不可隱。」彦博拜謝不已。樞密副使梁適叱介使下殿，介諍愈切，仁宗大怒，玉音甚厲，衆恐禍出不測，是時蔡襄脩起居注，立殿陛即進曰：「介誠狂直，然納諫容言，人主之美德，必望全貸。」遂召當制舍人，就殿廬草制，貶春州別駕。翊日，御史中丞王舉正救解之，上亦中悔，改爲英州別駕。復取其奏以入。又明日，罷彦博，黜吴奎，而遣中使護送介至貶所，且戒以必全之，無令道死。名臣傳及碑誌○又晁以道云：仁宗貶唐介嶺南，將行，遣中使賜介金，又畫其像置之便殿。○又聞見録曰：仁宗一日幸張貴妃閣，見定州紅甆器，帝怪問曰：「安得此物？」妃以王拱辰所獻爲對。帝怒曰：「嘗戒汝勿通臣僚饋遺，不聽何也？」因以所持柱斧碎之。妃愧謝，久之乃已。妃又嘗侍上元宴於端門，服所謂燈籠錦者，上亦怪問，妃曰：「文彦博以陛下眷妾，故有此獻。」上終不樂。或云燈籠錦者，潞公夫人遺張貴妃，公不知也。

公怡然南去，絶口不爲人道，當此之時，天下士大夫識與不識，聞風歎慕，聳然有立志，往往作爲文章，以頌詠其美。自是言事官以畏嘿爲恥，而大臣亦知所鑒戒云。神道碑潭州一巨賈，私藏蚌胎，爲關吏所搜。太守而下輕其估，悉自售焉。唐質肅公時以言事謫潭倅，分珠獄發，奏方入，仁宗謂近侍曰：「唐介必不肯買。」案具奏覆，覽之果然。湘山野録

改殿中侍御史，知復州，未至，召充言事御史，特遣内侍齎告敕就賜，令乘驛赴朝。公至，不以一語自明。帝曰：「知卿被謫以來，未嘗以私書至京師，可謂不易所守矣。」公頓首謝，退就職，言事無所避如前。墓誌、神道碑

出知揚州，徙江東轉運使。御史吳中復請還公言路，時潞國文公再當國，亦言：「唐介頃爲御史所言，皆中臣病，而責太重，願如中復言召之。」神道碑

爲河東轉運使，戎人盗耕河西，經略使令築堡限之，而麟州守將輕出按視，賊奄至，與戰而没。朝廷罷易帥臣，公攝事，即絶其互市，盛兵境上。戎人懼，乃來請議，事平，多如公册。神道碑

仁宗至和後，御朝淵嘿。公言：「君臣如天地，以交泰爲治，願時延訪群下，發德音，可否政事，以幸天下。」又言：「賞罰不可以貴賤輕重，如孫沔、吕溱侈縱，宜深責，必行，則衆信矣。」論宫禁干丐恩澤，其命不繇中書，此古所謂斜封，非盛朝所宜有。請裁放後宫冗數，罷祈禳之不經者。諸路走馬承受使臣凌擾郡縣，可罷勿遣，以權歸監司。天下配軍至死無

赦，與古律意異，宜令有司差其重輕，有所縱遣，仍著爲法。」又言：「士節弗立，願委大臣，進敦朴忠厚之士，稍抑聚斂文法吏，以銷刻薄浮競之風。」國朝祖陵在保州，自楊懷敏廣塘水，稍稍侵近，議賜錢改卜。公言：「遷久安之神，以其地與水，非尊祖之道。」兖國公主夜開皇城門入禁中，請重責守者，以嚴宫省。神道碑

嘉祐中，仁宗自内閤降密敕：「近以女謁縱横，無由禁止。今後應内降批出事，主司未得擅行，次日執奏定可否。」始數日，左承天門一寬衣老兵持竹弊器，上以敗荷覆之。門吏搜之，乃金巨弁一枚，上綴巨蚌，燦然不知其數。禁門舊律盡依外門例，凡有搜欄，更不中覆[一]，即送所司。時開封方鞠劾次，一小璫馳騎急傳旨令放，其物仰進呈[二]。府尹魏瓘不用執奏法，遂放之。唐質肅公方在諫垣，疏乞再收犯者劾之，仍重貶瓘以戒不虔，瓘降知越州。湘山野録

時御史中丞劾宰相，未報，乃自去官號不出，宰相亦待罪。公與諫官、御史，連請辨其曲直。於是罷御史中丞，公亦求外補，得知荆南，而門下封還制書，謂公不宜處外，乃留復知諫院。言新除樞密副使陳升之與内侍通姻，不可大任，屢疏，卒罷之。而公亦去，知洪州。翰林學士胡宿等七人上書懇留，不報。神道碑

治平元年，召爲御史中丞。英宗面諭曰：「卿在先朝有直聲，今出自朕選，非繇左右言

也。」公言：「先帝在位四十餘年，天下安樂，唯仁治而已。願恢聖度，廣恩德，則爲善繼，四海蒙福矣。」墓誌、神道碑

知太原府，河東經略使至，則首戒邊將毋生事。初，代州岢嵐軍虜數擾邊，公遣兵撤其所築境上堡栅〔三〕，又移文諭以利害，嚴守以待之，遂不復敢動。其後寇大順城，環慶路移檄出兵牽制，公曰：「守邊之策，莫如自重，奈何以小侵故，使鄰道勞費，非至計也！」以事上聞，詔以諭西帥。神道碑

公雖居外，意未嘗不在朝廷。於是濮王園廟之議起，言者多得罪，公憂形于色，密疏請還臺諫官之謫者。神道碑

召拜三司使，有司議增官屋僦直，公以謂：「京師狃于恩，不喜擾，唐税間架可以爲鑒，恐所得不當所損。」奏卒罷之。神道碑

拜參知政事。公自以進繇直道，感概知遇，益致所以事君之義，純誠盡公，多所獻替。所用人明言其才否，不立恩，不避怨。與同列論政事，反復再三，未嘗阿屈。於祖宗法有所更，近臣有所進退，尤極其慎，雖在帝前，必究切辨析，要是非之歸，未嘗反顧。帝以是益敬信之，而天下翕然想望其風采。神道碑

王荆公與唐質肅公介同爲參知政事，議論未嘗少合。荆公雅愛馮道，以其能屈身安

人，如諸佛菩薩之行。一日，於上前語及此事，介曰：「道爲宰相，易四姓，事十主，此得爲純臣乎？」荆公曰：「伊尹嘗五就湯、五就桀者，志在安人而已，豈可亦謂之非純臣也？」質肅曰：「有伊尹之志則可。」荆公爲之變色。其論議不合，而多致相侵，率如此也。東軒筆録

唐質肅公一日自政府歸，語諸子曰：「吾備位政府，知無不言，桃李固未嘗爲汝等栽培，而荆棘則甚多矣。然汝等窮達莫不有命，惟自勉而已。」湘山野録

熙寧初，富鄭公弼、曾魯公公亮爲相，唐質肅公介、趙少師抃、王荆公安石爲參知政事。是時荆公方得君，鋭意新美天下之政，自宰執同列，無一人議論稍合，而臺諫章疏攻擊者無虚日，吕誨、范純仁、錢顗、程顥之論尤極詆訾，天下之人皆目爲生事。是時鄭公以病足，魯公以年老，皆引去。唐質肅屢爭於上前，不能勝，未幾，疽發于背而死。趙少師力不勝，但終日歎息，遇一事更改，即聲苦者數十。故當時謂中書有生、老、病、死、苦，言介甫生，明仲老，彦國病，子方死，悦道苦也〔四〕。東軒筆録

公端勁之質，出於天資，立朝風格凛然，遇事立斷，初無留思。而邃於學問，待人恂恂有禮。自奉簡約，未嘗問家有無。將終，屬其子「以脩身持門户」而已。神道碑

介爲人簡伉，以敢言見憚，每言事官缺，衆皆以介宜處之。神宗以其有直名，故卒大用。然居政府，遭時有爲，少所建明，聲名減於諫官御史時。

孫參政抃爲御史中丞，薦唐介、吴中復爲御史。人或問曰：「聞君未嘗與二人相識，而遽薦之，何也？」孫答曰：「昔人恥呈身御史，今豈求識面臺官也！」後二人皆以風力稱於天下。孫晚年執政，嘗嘆曰：「吾何功以輔政，唯薦二臺官爲無愧耳。」東軒筆録

校勘記

〔一〕中覆　「中」，續湘山野録作「申」。

〔二〕仰進呈　「仰」，同前書作「即」。

〔三〕撤其所築境上堡栅　「撤」，原作「撒」，據宋史卷三一六唐介傳改。

〔四〕悦道　「悦」，四庫本作「閲」。下文「參政趙清獻公」原文「閲」、「悦」互見。

五之二　參政趙清獻公

公名抃，字閲道，衢州西安人。舉進士，爲武安軍節度推官，知建州崇安縣，通判泗州，擢爲殿中侍御史。出知睦州，移梓州路轉運使，改益州路，召爲右司諫。出知虔

州，召爲侍御史知雜事。爲河北都轉運使，以龍圖閣直學士知成都府。神宗即位，召知諫院，未幾，擢右諫議大夫、參知政事。累章乞罷，以資政殿學士知杭、青二州。進大學士，知成都府，知越州，又徙知杭州。元豐二年，告老，加太子少保致仕。薨，年七十七。

公爲武安軍推官，有僞造印者，吏皆以爲當死。公獨曰：「造在赦前，而用在赦後。赦前不用，赦後不造，法皆不死。」遂以疑讞之，卒免死。一府皆服。蘇内翰撰神道碑

以母越國太夫人喪，廬于墓三年，不宿于家。縣榜其所居里爲「孝弟」，處士孫處爲作孝子傳。神道碑

通判泗州，泗守昏不事事，監司欲罷遣之，公獨左右其政，而晦其所以然，使若權不己出者，守得以善罷。神道碑

曾公亮爲翰林學士，未識公，而以臺官薦，召爲殿中侍御史。彈劾不避權幸，京師號公「鐵面御史」。其言常欲朝廷别白君子小人，以謂小人雖小過，當力排而絶之，後乃無患。君子不幸而有詿誤，當保持愛惜，以成就其德。故言事雖切，而人不厭。神道碑

温成皇后方葬，始命參知政事劉沆監護其役，及沆爲相而領事如故。公論其當罷，以全國體。復言宰相陳執中不學無術，且多過失。章十二上，執中卒罷去。神道碑○又記聞

云：趙抃上言陳相不學亡術，措置顛倒，引用邪佞，招延卜祝，私讎嫌隙，排斥善良，很愎任情，家聲狼藉等八事。

先是呂溱出守徐，蔡襄守泉，吴奎守壽，韓絳守河陽，已而歐陽脩乞蔡，賈黯乞荆南。公即上言：「近日正人賢士，紛紛引去，憂國之士，爲之寒心。侍從之賢，如脩輩無幾，今皆欲請郡者，以正色立朝，不能諂事權要，傷之者衆矣。」脩等由此不去，一時名臣賴之以安。神道碑

知睦州，睦歲爲杭市羊，公爲移文却之。民籍有茶税，而無茶地，公爲奏蠲之。民至今稱焉。神道碑

西蜀地遠而民弱，吏恣爲不法，州郡以酒食相饋餉，衙前治厨傳，破家相屬也。公身帥以儉，不從者請以違制坐之，蜀風爲之一變。窮城小邑，民或生而不識使者，公行部無所不至，父老驚喜相慰，姦吏亦竦。神道碑

宋庠爲樞密使，選用武臣，多不如舊法，公陳其不可。陳升之除樞密副使，公與唐介、呂誨、范師道同言升之交結宦官，進不以道。章二十餘上，不省，即居家待罪。詔强起之，乃乞補外，二人皆相次去位，公與言者亦罷。神道碑

公得虔州，地遠而民好訟，人謂公不樂。公欣然過家上冢而去。既至，遇吏民簡易，嚴

而不苟，悉召諸縣令告之：「爲令當自任事，勿以事諉郡，苟事辦而民悅，吾一無所問。」令皆喜，爭盡力，虔事爲少，獄以屢空。改修鹽法，疏鑿贛石，民賴其利。虔當二廣之衝，行者常自虔易舟而北。公間取餘材，造舟得百艘，移二廣諸郡，曰：「仕宦之家，有父兄没而不能歸者，皆移文以遣，當具舟載之。」至者既悉授以舟，復量給公使物，歸者相繼於道。神道碑

賈昌朝以使相判大名府，公欲按視府庫，昌朝遣其屬來告曰：「前此監司，未有按視吾事者，公雖欲舉職，恐事有不應例，奈何？」公曰：「捨大名，則列郡不服矣。」即往視之。昌朝初不説也。前此有詔，募義勇，過期不足者徒二年，州郡不時辦，官吏當坐者八百餘人。公被旨督其事，奏言：「河朔頻歲豐熟，故募不如數，請寬其罪，以俟農隙。」從之。坐者得免，而募亦隨足。昌朝乃愧服曰：「名不虚得矣。」神道碑

神宗即位，召知諫院。故事，近臣自成都還，將大用，必更省府，不爲諫官。大臣爲言。上曰：「用趙抃爲諫官，賴其言爾。苟欲用之，何傷！」及謝，上謂公：「聞卿匹馬入蜀，以一琴一龜自隨，爲政簡易，亦稱是耶？」公知上意將用其言，即上疏論吕誨、傅堯俞、范純仁、吕大防、趙瞻、趙鼎、馬默皆骨鯁敢言，久謫不復，無以慰搢紳之望。上納其説。郭逵除簽書樞密院事，公議不允。公力言之，即罷。神道碑

居三月，擢右諫議大夫、參知政事。感激思奮，面議政事有不盡者，輒密啓聞。上手詔嘉之。公與富弼、曾公亮、唐介同心輔政，率以公議爲主。會王安石用事，議論不協，既而司馬光辭樞密副使，臺諫侍從，多以言事求去。公言：「朝廷事有輕重，體有大小。財利於事爲輕，而民心得失爲重。青苗使者於體爲小，而禁近耳目之臣用捨爲大。今不罷財利而輕失民心，不罷青苗使者而輕棄禁近耳目，去重而取輕，失大而得小，非宗廟社稷之福，臣恐天下自此不安矣。」言入，即求去。神道碑

至和中，范景仁爲諫官，趙悦道爲御史〔一〕，以論陳恭公事有隙。熙寧中，介甫執政，恨景仁數訐之於上，且曰：「陛下問趙抃，即知其爲人。」他日，上以問悦道，對曰：「忠臣。」上曰：「卿何以知其忠？」對曰：「嘉祐初，仁宗違豫，鎮首請立皇嗣以安社稷，豈非忠乎？」既退，介甫謂悦道曰：「公不與景仁有隙乎？」悦道曰：「不敢以私害公。」記聞

趙閲道曰：「介甫每有中使宣召及賜予，所贈之物，常倍舊例，陰結内侍都知張若水、押班藍元振，因能固上之寵。上使中使二人潛察府界青苗，還皆言民便樂之，故上堅行，盛崇介甫，用之不疑。」又曰：「晦叔罷中丞之日，上諭執政曰：『王子韶言「青苗實不便，但臣先與此議，不敢論列」。小人首鼠兩端，當黜之。』介甫德其獨不叛己，至今未黜也。」温公日録

王荆公初參政事，下視廟堂如無人。一日，爭新法，怒目諸公曰：「公輩坐不讀書耳。」趙清獻同參政事，獨折之曰：「君言失矣。如臯、夔、稷、契之時，有何書可讀？」荆公默然。邵氏後録

公素號寬厚，杭之無賴子弟以此逆公，皆騈聚爲惡。公知其意，擇重犯者卒黥配他州，惡黨相率遁去。未幾，徙青州，因其俗朴厚，臨以清淨。時山東旱蝗，自淄齊來，及境遇風，退飛墮水而盡。神道碑

五年，成都以戍卒爲憂，朝廷擇遣大臣爲蜀人所愛信者，皆莫如公，遂以大學士知成都，然意公必辭。及見，上曰：「近歲無自政府復往者，卿能爲我行乎？」公曰：「陛下有言即法也，顧豈有例哉！」上大喜。公乞以便宜行事，即日辭。至蜀，默爲經略，而燕勞暇如他日，兵民晏然。一日，坐堂上，有卒長在堂下。公好諭之曰：「吾與汝，年相若也，吾以一身入蜀，爲天子撫一方，汝亦宜清慎畏戢以帥衆，比戍還，得餘貲，持歸爲室家計可也。」人知公有善意，轉相告語，莫敢復爲非者。神道碑

劍州民李孝忠集衆二百餘人，私造符牒，度人爲僧。或以謀逆告，獄具，公不畀法吏，以意決之，處孝忠以私造符牒，餘皆得不死。喧傳京師，謂公脱逆黨。朝廷取具獄閲之，卒無以易也。茂州蕃部鹿明玉等蜂聚境上，肆爲剽掠。公亟遣部將帥兵討之，夷人驚潰乞

降，願殺婢以盟。公使喻之曰：「人不可用，三牲可也。」使至，已縶婢引弓，將射心取血。聞公命，讙呼以聽。事訖，不殺一人。神道碑

趙清獻公初任成都，携一龜一鶴以行。其再任也，屏去龜、鶴，止一蒼頭執事。張公裕學士送以詩云：「馬諳舊路行來滑，龜放長河不共來。」呂氏家塾記

吴越大饑，民死者過半，公盡所以救荒之術，發廪勸分，而以家貲先之，民樂從焉。生者得食，病者得藥，死者得藏。下令脩城，使民食其力。故越人雖饑而不怨。復徙治杭，旱與越等，其民尤病。既而朝廷議欲築其城，公曰：「民未可勞也。」罷之。神道碑○南豐集有趙公越州救災記

趙閱道熙寧中以大資政知越州，兩浙旱蝗，米價踊貴，餓死者十五六。諸州皆牓衢路，立賞禁人增米價。閱道獨牓衢路，令有米者任增價糶之。於是諸州米商輻湊詣越，米價更賤，民無餓死者。閱道治民，所至有聲，在成都、杭、越尤著。記聞

公平生不治產業，嫁兄弟之女以十數，皆如己女。在官，爲人嫁孤女二十餘人。居鄉，葬暴骨及貧無以斂且葬者，施棺給薪，不知其數。少育於長兄振，振既没，思報其德。將遷侍御史，乞不遷，以贈振大理評事。公爲人和易温厚，周旋曲密，謹繩墨，蹈規矩，與人言，如恐傷之。平生不畜聲伎，晚歲習爲養氣安心之術，翛然有高舉意。將薨，晨起如平時，子

虮侍側，公與之訣，詞色不亂，安坐而終。不知者以爲無意於世也。然至論朝廷事，分别邪正，慨然不可奪。宰相韓琦嘗稱趙公真世人摽表，蓋以爲不可及也。神道碑

公爲吏，誠心愛人，所至崇學校，禮師儒，民有可與與之，獄有可出出之。治虔與成都，尤爲世稱道〔二〕。要之以惠利爲本。然至於治杭，誅鋤强惡，姦民屏迹不敢犯。蓋其學道清心，遇物而應，有過人者矣。神道碑

韓忠獻公之守安陽，人將鬭訟，輒自止曰：「吾非畏汝，慚見侍中耳！」郡幾至無事。趙清獻再守錢塘，天下劇郡，清獻公從容爲之，其政本於愷悌，然不嚴而肅，民莫敢犯。議者謂二公治民，雖西京所稱循吏不能過也。吕氏家塾記

趙清獻公平生日所爲事，夜必衣冠露香，九拜手告于天，應不可告者，則不敢爲也。聞見後録

蘇内翰銘公之碑曰：蕭望之爲太傅，近古社稷臣，其爲馮翊，民未有聞。黄霸爲潁川，治行第一，其爲丞相，名不迨昔。孰如清獻公〔三〕，無適不宜。邦之司直，民之父師。其在官守，不專於寬，時出猛政，嚴而不殘。其在言責，不專於直，爲國愛人，掩其疵疾。蓋東郭順子之清，孟獻子之賢，鄭子産之政，晉叔向之言，公兼而有之，不幾於全乎！

校勘記

〔一〕趙悦道爲御史　「悦」，據涑水記聞卷一四作「閲」。下三「悦」字同此。

〔二〕尤爲世稱道　「世」下蘇軾文集卷一七趙清獻公神道碑有「所」字。

〔三〕孰如　「如」原作「知」。據同前書改。

五之三　御史中丞吕公

公名誨，字獻可，正惠公之孫。登進士第，歷旌德、扶風主簿，遷雲陽令，知翼城縣，簽書定國軍節度判官，知大通監。召入爲殿中侍御史，出知江州，復召還臺。英宗即位，同知諫院，兼侍御史知雜事。出知蘄州，徙晉州。神宗初，召爲鹽鐵副使，擢天章閣待制，復知諫院，遷諫議大夫，權御史中丞。出知鄧州，提舉西京崇福宫致仕。熙寧四年卒，年五十八。

獻可幼孤，自力爲學，家於洛陽，性沉厚，不妄交遊，洛陽士人往往不之識。司馬温公撰墓誌

召入爲殿中侍御史，彈劾無所避。兖國公主，仁宗之愛女，下嫁李瑋，薄其夫家，嘗因忿恚，夜開禁門，入訴於上。獻可奏：「宿衛不可不嚴，公主夜叩禁門，門者不當聽入。」并劾奏公主閤宦者，竄逐之。會有新除樞密副使者，當時人有疑論。獻可與其僚直以衆言陳上前，謂必不可留，章十七上，卒與俱罷。墓誌

同知諫院，時上有疾，太后權同聽政，内侍都知任守忠久用事於中，上之立非守忠意，乘此與其徒間搆兩宫，造播惡言，中外恟懼。獻可連上兩宫書，開陳大義，辭情切至。由是慈孝益篤，讒言不得行。上疾久未平，獻可請蚤建東宫，以安人心。既而上小瘳，謙默未可否事。獻可屢乞親萬機，攬威福，延近臣，通下情。又請太后間數日一御東殿，漸遠庶務，自謀安佚。會小旱，因請上親出禱雨，使外疑釋然。太后既歸政，獻可復言於上：「今雖專聽斷，太后輔佐先帝久，多閱天下事，事之大者，猶宜關白咨訪然後行，示不敢專，以報盛德。」任守忠謀不售而懼，乃更巧爲諂諛，求自入於上。獻可曰：「是不可使久處左右。」亟言上，數其前後巨惡。并其黨史昭錫竄南方。因上言：「大姦已去，其餘白日憑恃無禮者，宜一切縱捨勿念，以安反側。」墓誌

執政建言〔二〕，欲如漢氏故事，推尊濮安懿王。獻可率僚屬極陳其不可，且請治執政之罪。積十餘章，不聽，乃求自貶。又十餘章，懷知雜御史敕告納上前曰：「臣言不效，不敢

居其位。」上重違大臣，又嘉臺官敢直言，章留中不下，還其敕告，屢詔令就職。獻可與僚屬具録所上奏草納中書，稱不敢奉詔，固請即罪。上不得已，聽以本官出知蘄州。墓誌

治平元年，余與孫覺皆編校史館書籍，直舍相對。覺過余言曰：「聞臺官以數言事不用，相約以謂言小事不足決去就，當共爭濮王事，不聽則決去。」蓋是時知雜御史呂誨、呂大防、范純仁等，與諫官司馬光數論孫固庸回，王廣淵姦邪，不當用，其言愈切，而用之愈堅。事如此類者甚衆。凡臺諫官言入〔二〕，輒以進呈訖寢之，時人謂之「訖了」。范純仁言臺吏，亦爲之沮赧。每白御史曰：「某事又訖了也。」蓋執政方恃權，欲一切以阻言者，而言者以不能塞職爲慚且憤，故相約如此。覺語余時，正月初五六間也。後數日，果聞臺官論濮王事甚急，至上元後，誨等疏已七八上，不聽，遂皆納敕告，求罷去家居，不復供職。而執政方密啓，令禁中自定議，尊濮王爲皇。故誨等云：「曾公亮、趙概對范純仁等言禁中已自商量。」則知大臣陰與計謀，蓋謂此也。是月二十間，天章閣賞小桃，因以勸太后，太后有酒所，卧閤中，内臣高居簡入褰太后寢幃，太后驚起坐，居簡與御藥蘇利涉從上至太后榻前拜，以書一封進太后，求一押字。太后酒未解，不知書所言何事，遂從之。故誨等疏云：「蘇利涉、高居簡眩惑皇太后〔三〕。」蓋謂此也。既而書出，乃太后命中書尊濮王爲皇等事，明日遂奉行，太后始知。京師諠然，下至閭巷，亦以爲不可。太后力爭不已。二十二日，乃

下詔罷濮王稱皇等事。范純仁等欲起供職，吕誨曰：「稱親猶爲吾徒言不用也。」遂以前後所上九疏乞付中書求去。而誨等遂皆絀矣。蓋自至和以後，仁宗雖嘗屬疾，然在位久，熟知人情僞與群臣材性之善惡。故雖委事大臣，而聽用臺諫官，廣開言路，使耳目無壅蔽。大臣有不法者，輒去之，故任事者雖專，亦不能自肆。治平初，英宗新即位，多不豫，任事益專，始欲快意，因用王疇爲樞密副使，知制誥錢公輔封還辭頭，遂絀公輔爲滁州團練副使。知制誥祖無擇亦封還辭頭，又罰無擇銅三十斤，而制遂行。是時凡臺諫官言事，一切不聽，或盡逐臺官，不留一人。京師爲之語曰：「絶市無臺官。」其蔽至於如此。然人主猶采物論，朝廷正人未盡去，公議有所屬，故言事者斥逐相望，而後來者其言愈厲。至濮王之事，執政議稱王爲考是也，遂欲稱王爲伯，陋矣。蓋兩言者各率其私意，而不知考據於載籍，皆不學之過，故各有得失。然爭論至於紛紜，連年汹汹者，蓋由言路不通，人情憤惋，故至於此者，皆執政自用好勝激之使然也。南豐雜識

吕獻可以追尊濮園事擊歐陽公，如曰「首開邪議，妄引經證，以枉道悦人主，以近利負先帝」者，凡十四章，具載獻可奏議中。司馬文正作序，乃首載歐陽公諫臣論，以爲誠言。文正之意，以獻可能盡歐陽公所書諫臣之事，使歐陽公無得以怨歟？抑以歐陽公但能言之，獻可實能行之也？不然，獻可排歐陽公爲邪，反以歐陽公之論，序獻可之奏，又以爲誠

言，可乎？歐陽公晚著濮議一書，專與獻可諸公辨，獨歸過獻可，爲甚矣。邵氏後録

上素聞其彊直，擢爲天章閣待制，復知諫院，遷諫議大夫，權御史中丞。是時有侍臣棄官家居者，朝野稱其材，以爲古今少倫。天子引參大政，衆皆喜於得人，獻可獨以爲不然，衆莫不怪之。居無何，新爲政者恃其材棄衆任己，厭常爲奇，多變更祖宗法，專汲汲斂民財，所愛信引拔，時或非其人，天下大失望。獻可屢爭不能得，乃抗章悉條其過失，且曰：「誤天下蒼生必此人，如久居廟堂，必無安靜之理。」又曰：「天下本無事，但庸人擾之。」上遣使諭解，獻可執之愈堅，乃罷中丞，出知鄧州。墓誌

熙寧間，王介甫初拜參知政事，神考方厲精求治。一日紫宸早朝，二府奏事頗久，日刻既晏，例隔登對官於後殿，須上更衣復坐，以次贊引。時吕獻可任御史中丞，將對於崇政，而司馬温公爲翰林學士，侍講邇英閣，亦將趨資善堂，以俟宣召。相遇於路，並行而北。温公密問曰：「今日請對，欲言何事？」獻可舉手曰：「袖中彈文乃新參也。」温公愕然曰：「以介甫之文學行義，命下之日，衆皆喜於得人，奈何論之？」獻可正色曰：「君實亦爲此言耶？王安石雖有時名，上意所向，然好執偏見，不通物情，輕信難回，喜人佞己。聽其言則美，施於用則疏。若在侍從，猶或可容，置諸宰府，則天下必受其弊矣。」温公又諭之曰：「與公素爲心交，苟有所懷，不敢不盡。今日之論，未見有不善之迹，似傷忽遽。或别有章

疏，願先進呈，姑留是事，更加籌慮，可乎？」獻可曰：「上新嗣位，富於春秋，朝夕所與謀議者，二三執政而已，苟非其人，將敗國事，此乃心腹之疾，治之惟恐不及，顧可緩邪？」語未竟，閤門吏抗聲追班，乃趨而去。温公退自經筵，默坐玉堂，終日思之，不得其説。既而縉紳間寖有傳其章疏者，往往偶語竊議，疑其太過。未幾，聞中書置三司條例司，平日介甫之門，躁進諂諛之士，悉辟召爲僚屬，日相與講議於局中，以經綸天下爲己任，始變更祖宗法，專務聚斂，造出條目，頒於四方。妄引周官，蔽其誅剥之實。輔弼大臣異議不可回，臺諫從官力爭不能奪，州縣監司奉行微忤其意，則譴黜隨之。於是百姓騷然矣。然後前日之議者，始愧仰歎服，以爲不可及。而獻可終緣兹事，出知鄧州。嗚呼！「行僻而堅，言僞而辯，學非而博，順非而澤」，唯孔子乃能識之，雖子貢之賢，有所不知也。方介甫自小官以至禁從，其學行名聲，暴著於天下久矣，士大夫識與不識，咸想聞其風，且曰：「朝廷不用則已，用之則必能推其所學，以致太平。」及參大政，中外相賀，而獻可獨不以爲然，衆莫不怪之。已而考其行事，卒如所料，非明智不惑，傑出於世俗之表，何以及此！易曰：「知機其神乎！」又曰：「幾者，動之微，吉之先見者也。」獻可有焉。温公既辭副樞之命，退居洛陽，每論當世人物，必曰：「吕獻可之先見，范景仁之勇決，皆予所不及，心誠服之。」故作范景仁傳，蓋景仁之勇決，得温公之傳而後明。獻可埋文〔四〕，雖亦成於公手，然止載其平生大節，而自相論難之語，不欲詳著。故獻可之先見，天下莫有知者。予嘗從學於温公，親聞其說，懼賢者之高論遠識，遂將淪没，無傳於世，乃書蜀公之傳後，以貽樂善之君子云。劉諫議集○又聞見録云：神宗天資節儉，因得老宫人言，祖宗時，妃嬪、公主，月俸至微，嘆其不可及。王安石獨曰：「陛下果能理財，雖以天下自奉可也。」帝始有意主青苗、助役之法矣。安石之術類如此，故吕誨中丞彈章曰：「外示朴野，中懷狡詐。」

獻可雖在外，遇朝廷有大得失，猶言之不置。會有疾，奏乞閑官歸鄉里，朝旨未許，乃乞致仕。墓誌

初，正惠公薨，其家日益貧。獻可既仕，常分俸之半以給宗族之孤嫠者，室無餘貲，所以自奉養至儉薄。其治民主於惠利，而疾姦暴，大抵概以公平，故所至人安之。屢爲言職，其奏草存可見者凡二百八十有九。歷觀古人，有能得其一二，已可載之列傳，垂示後世，在獻可曾何足道！前後三逐，皆以迕犯大臣。所與敵者，莫非秉大權，天子所信嚮，氣勢軋天下，獻可視之，若無所睹，正色直辭，指數其非，不去不已，旁側爲之股栗，而獻可處之自如。平居容貌語言，恂恂和易，使之不得位於朝，人不過以謹厚長者名之而已矣。及遇事，苟義所當，爲疾趨徑前，如救焚溺；所不當，爲畏避遠去，如顧陷穽，惟恐墜焉。晚年病卧洛陽，猶旦夕憤嘆，以天下事爲憂，過於在位任其責者，曾不念其身之病，子孫之貧也。嗚

呼！今之世，愛君憂民，發於誠心，無所爲而爲之，可已而不已，始終不變有如獻可者，能幾人邪？故其没之日，天下識不識，皆咨嗟痛惜，彼其心豈獨私於獻可哉！墓誌

獻可病，自草章乞致仕，曰：「臣無宿疾，偶值醫者用術乖方，殊不知脈候有虚實，陰陽有逆順，診察有標本，治療有先後，妄投湯劑，率任情意，差之指下，禍延四枝，寖成風痺，遂艱行步。非秪憚跋盭之苦，又將虞心腹之變。勢已及此，爲之奈何？雖然，一身之微，固未足恤，其如九族之託，良以爲憂。是思納禄以偷生〔五〕，不俟引年而還政。」蓋以一身之疾，喻朝政之病也。温公、康節日就卧内問疾，獻可所言，皆天下國家之事，憂憤不能忘，未嘗一語及其私也。一日，手書託温公以墓銘，温公亟省之，已瞑目矣。温公呼之曰：「更有以見屬乎？」獻可復張目曰：「天下事尚可爲，君實勉之！」温公誌其墓未成，河南監牧使劉航仲通自請書石，既見其文，遲回不敢書。仲通之子安世曰：「成吾父美，可乎？」代書之。仲通又陰祝獻可諸子勿摹本，恐非三家之福。時用小人蔡天申爲京西察訪，置司西都。天申厚賂鐫工，得本以獻安石。天申初欲中温公。安石得之掛壁間，謂其門下士曰：「君實之文，西漢之文也。」獻可忍死謂温公以「天下尚可爲，當自愛」，後温公相天下，再致元祐之盛，獻可不及見矣，天下誦其言而悲之。至温公薨，獻可之子由庚作挽詩云：「地下若逢中執法，爲言今日再昇平。」記其先人之言也。聞見外〔六〕

司馬文正公銘公之墓曰：「有宋名臣，言正惠公之孫，以忠直敢言，克紹其門。位則不究〔七〕，道則不負，年則不壽，名則不朽。嗚呼！爲人臣，爲人嗣，始終無愧，能底于是，可謂備矣！」

校勘記

〔一〕執政　「政」原作「事」，據下文「請治執政之罪」改。
〔二〕凡臺諫官言入　「言」字原脱，據洪、張本補。
〔三〕蘇利涉　「利」字原脱，據前文補。
〔四〕獻可埋文　「埋」原作「理」，據邵氏聞見録卷一三改。
〔五〕以偷生　「以」下原衍「人」字，據邵氏聞見録卷一〇删。
〔六〕聞見外　「外」當作「録」，以上内容見邵氏聞見録卷一〇。
〔七〕位則不究　「究」，琬琰集中集卷二四司馬光撰吕中丞誨墓誌銘作「充」。

五之四　御史中丞彭公

公名思永，字季長，吉州廬陵人。中天聖五年進士第，歷知南海、分寧縣，通判睦州，知潮州。召爲侍御史，出守宣州，爲湖北、益州路轉運使，權知成都府。召還爲户部副使，以天章閣待制充陝西都轉運使，知瀛州。英宗即位，徙知江寧府。召權御史中丞。神宗初降授給事中，知黄州，徙太平、亳、揚三州。熙寧三年，以户部侍郎致仕。卒，年七十一。

南海、分寧，素號難治，前令比以罪去。民化公之誠，相戒以毋犯法，至於無訟。既又通判睦州，會台州大水，監司奉詔以公攝守事，公悉心救養，不憚勞苦，至忘寢食。盡葬溺死者，爲文以祭之。問疾苦，賑飢乏，去盜賊，撫羸弱，民貧不能營葺者，命工伐木以助之，數月而公私之舍畢復，人安其居。公視故城庳壞，曰：「郡瀕海而無城，此水所以爲害也。」程役勸功，民忘其勞，城成遂爲永利。移知潮州，潮民歲苦脩堤之役，吏緣爲姦，貧者尤被其害。公爲之法，役均而費省，民大悦。明道先生撰行狀

召爲侍御史，極論内降授官賞之弊〔一〕，以謂斜封非公朝之事，仁宗深然之。皇祐祀明堂，前一日，有傳赦語，百官皆得遷秩者，公方從駕宿景靈宫，亟上言不宜濫恩，以益僥倖。既肆赦，果然。時張堯佐以妃族進，王守忠以親侍帷幄被寵，參知政事闕員，堯佐朝暮待命，守忠亦求爲節度使，物議讙動。公帥同列言之，皆曰：「宜待命行。」公曰：「宜以先事得罪，命出而不可救，則爲朝廷失矣！」遂獨抗疏極言，至曰：「陛下行此覃恩，無意孤寒，

獨爲堯佐、守忠故，取悦衆人耳。」且言「妃族秉政，内臣用事，皆非國家之福」。疏入，仁宗震怒，人皆爲公危之。公曰：「苟二人之命不行，雖赴鼎鑊無恨。」於是御史中丞郭勸、諫官吴奎皆爲上言其忠，當蒙聽納，不宜加罪。仁宗怒解，而堯佐、守忠之望遂格。公猶以泛恩罷臺職。行狀

公爲荊湖北路轉運使，至部，奏黜守令之殘暴疲懦者各一人，而八州知勸。時大農以利誘諸路，使以羨餘爲獻，公曰：「哀民取賞，吾不忍爲。」遂無所獻。行狀

成都闕守，詔公權領府事。有吏盜官錢千緡，付獄已三歲，猶縱其出入自若者。公命窮治之，一日而獄具。蜀人以交子貿易，皆藏於腰間，盜善以小刃取之於稠人中，民病苦之。公得其狀，即捕獲一人，使疏其黨類，得十餘輩，悉黥隸諸軍，盜者遂絶。一罪而人知畏法，蜀乃大治。歲有中貴人祠峨嵋，常留成都中數十日，誅取珍貨奇玩，例至數百萬錢，一出於民間。公命三省其二，使者恨怒而去，公不之顧。行狀

河朔謀帥，以公鎮高陽。時狃於承平，治兵者鮮明紀律，而三關爲甚。公爲帥方重嚴正，犯者頗以軍法從事，驕兵大戢。河北舊以桑麻爲産籍之高下，民懼不敢蓺植，故益貧。公奏更其法，自是絲績之利，歲歲增益。行狀

召權御史中丞，時追崇濮園大號，復有稱親之議，諫官御史以典禮未正，相繼論列者六

七人，皆以罪去。公始拜中司，力陳其不可，且請召還言事者，上未之察，更爲疏極論其事，言益切至。英宗深加聽納，事幾施行，而大臣持之甚力，故不果。公因求解憲職，以章言者五，進見而面陳者多至不記。會英宗不豫，公憂懼不復言。行狀〇又伊川先生集代彭中丞奏云：濮王生陛下，而仁宗皇帝以陛下爲嗣，承祖宗大統，則仁廟，陛下之皇考，陛下，仁廟之適子，濮王，陛下所生之父，於屬爲伯。陛下濮王出繼之子，於屬爲姪。此天地大義，生人大倫，如乾坤定位，不可得而變易者也。固非人意所能推移，苟亂大倫，人理滅矣。陛下仁廟之子，則曰父、曰考、曰親，乃仁廟也。若更稱濮王爲親，是有二親，則是非之理，昭然自明，不待辯論而後見也。然而聖意必欲稱之者，豈非陛下大孝之心，義雖出繼，情厚本宗，以濮王寔生聖躬，曰伯則無異於諸父，稱王則不殊於臣列，思有以尊大，使絶其等倫，如此而已。此豈陛下之私心哉！蓋大義所當，典禮之正，天下之公論，而執政大臣不能將順陛下大孝之心，不知尊崇之道，乃以非禮不正之號，上累濮王，致陛下於有過之地，失天下之心，貽亂倫之咎，言事之臣，又不能詳據典禮，開明大義，雖知稱親之非，而不知爲陛下惟所生之至恩，明尊崇之正禮，使濮王與諸父夷等，無有殊別，此陛下之心所以難安而重違也。臣以爲當以濮王之子襲爵奉祀，尊稱濮王爲濮國大王，如此則夐然殊號，絶異等倫，凡百禮數，必皆稱情。請舉一以爲率，借如既置嗣襲，必伸祭告，當曰「姪嗣皇帝名敢昭告于皇伯父濮國大王」，自然在濮王極尊崇之道，於仁皇無嫌二之失，天理人心，誠爲允合，不獨正今日之事，可以爲萬世之法。復恐議者以大字爲疑，此則不然，蓋繫於濮國下，自於大統無嫌矣。

御史蔣之奇奏發大臣陰事，欲扳公爲助〔二〕，乃曰：「公嘗言之，公亦謂帷箔之私，非外人所知，誠難究詰，然亦有以取之，故謗言一興，而人以爲信。且其首爲濮園議，違典禮以犯衆怒，不宜更在政府。」執政以之奇所論冥昧不可質，迫公言其所從來，三問而公奏益急，且曰：「風聞者，以廣聰明也。今必問其所從來，因而罪之，則後無聞矣。寧甘重謫，不敢廢國家開言路之法。」因極陳大臣朋黨專恣，非朝廷計。翌日，降授給事中，知黄州。行狀

公仁厚誠恕，出於自然。年八九歲時，從尚書出官岳州，晨起，將就學舍，得金釵於門外，默坐其處，以伺訪者。有一吏徘徊久之，問故，果墜釵者也。公詰其狀，驗之信，即出付之。吏謝以數百金，公笑不受，曰：「我若欲之，取釵不過於數百金耶？」吏嘆駭而去。始就舉時，貧無餘貲，惟持金釧數隻，棲於旅舍。同舉者過之，衆請出釧爲翫。客有墜其一於袖間者，公視之不言，衆莫知也，皆驚求之。公曰：「數止此耳，非有失也。」將去，袖釧者揖而舉手，釧墜於地。衆服公之量。居母喪，貧甚，鄉人爭饋之，皆謝去。後居顯仕，自奉養不改其素，平生無聲色奇巧之翫，其氣守高爽，議論清澹，而端莊恭謹，動必由禮，未嘗有憜慢之色，戲侮之言，見者皆知畏重。然襟度夷曠，不可澄撓，人莫見其喜怒之變，遇事明白，不事襮飾，接人無貴賤高下，一以忠信。爲政本仁惠，吏民愛之如父母。惟不喜矯情悦衆，揚己取譽，常曰：「牢籠之事，吾所不爲。」居憲府，多所論奏，未嘗以語人。或疵其少言，惟

謝之，終不自辨。每謂人曰：「吾不爲它學，但幼即學平心以待物耳。」又常教其子弟曰：「吾數歲時，冬處被中，則知思天下之寒者矣。」其本源如此，故仁恕之善，見於天下，而人推其誠長者。至其持守剛勁，喜善嫉惡，而勇於斷決，則不可以勢利誘，不可以威武移。潮州宅舊傳多怪，前後守臣無寧處者，公迄去未嘗問其有無〔三〕。其達理守正若此，凛乎其丈夫也。

校勘記

〔一〕官賞　「賞」，洪、張本作「資」。宋史卷三二〇彭思永傳作「賞」。

〔二〕欲扳公爲助　「扳」，洪、張本作「援」，宋史卷三二〇彭思永傳作「挽」。

〔三〕問其有無　「問」下原衍「其」字，據文意删。

五之五　内翰蜀郡范忠文公

公名鎮，字景仁，成都華陽人。中進士第，爲新安主簿，召試，擢館閣校勘，除直祕閣、開封府推官。擢知諫院，改集賢殿修撰，修起居注，知制誥。遷翰林學士。出知陳州，復入翰林爲學士，兼侍讀，知通進銀臺司。尋以本官致仕。哲宗即位，遷光禄大夫，拜端明殿學士，兼侍讀，固辭，改提舉嵩山崇福宫，數月，復告老，以銀青光禄大夫致仕。元祐三年卒，年八十一。

景仁少舉進士，善文賦，場屋師之。爲人和易，脩敕薛簡肅公、宋景文公皆器重之。補國子監生，及貢院奏名，皆第一。故事，殿廷唱第過三人，則爲奏名之首者，必抗聲自陳以祈恩，雖考校在下，天子必擢寘上列。以吴春卿、歐陽永叔之耿介，猶不免從衆。景仁獨不然，左右與並立者，屢趣之使自陳，景仁不應，至七十九人，始唱名及之。景仁出拜，退就列，訖無一言。衆皆服其安恬。自是始以自陳爲耻，舊風遂絶。司馬公作傳

參知政事王公薦召試學士院，詩用「彩霓」字，學士以沈約郊居賦「雌霓連蜷」，讀霓爲入聲，謂景仁爲失韻，由是除館閣校勘。殊不知約賦但取聲律便美，非「霓」不可讀爲平聲也。當時有學者，皆爲景仁憤鬱，而景仁處之晏然，不自辨。爲校勘四年，應遷校理，丞相龐公薦景仁有美才，不汲汲於進取，特除直祕閣。傳(一)

上疏論民力困弊，請約祖宗以來官吏兵數，酌取其中爲定制，以今賦入之數十七爲經費，而儲其三以備水旱非常。又言：「古者冢宰制國用，唐以宰相兼鹽鐵轉運，或判户部度

支，今中書主民，樞密主兵，三司主財，各不相知，故財已匱而樞密益兵無窮〔二〕，民已困而三司取財不已。請使中書樞密通知兵民財利大計，與三司同制國用。蘇内翰撰墓誌

葬温成皇后，太常議禮，前謂之園，後謂之園陵。宰相劉沆前爲監護使，後爲園陵使。公言：「嘗聞法吏舞法矣，未聞禮官舞禮也。請詰問前後議異同狀。」又請罷焚瘞錦繡珠玉以紓國用。從之。墓誌

文彦博、富弼入相，百官郊迎。時兩制不得詣宰相居第，百官不得間見。公言：「隆之以虚禮，不若開之以至誠。乞罷郊迎，而除謁禁，以通天下之情。」墓誌

議減任子及間歲取士〔三〕，又乞令宗室屬疏者補外官。仁宗曰：「卿言是也。顧恐天下謂朕不能睦族耳。」公曰：「陛下甄别其賢者顯用之，不没其能，乃所以睦族也。」雖不行，至熙寧初，卒如公言。墓誌

仁宗性寬容，言者務訐以爲名，或誣人陰私，公獨引大體，略細故。時陳執中爲相，公嘗論其無學術，非宰相器。及執中嬖妾笞殺婢，御史劾奏，欲逐去之。公言：「今陰陽不和，財匱民困，盗賊滋熾，獄犴充斥，執中當任其咎。閨門之私，非所以責宰相。」識者韙之。墓誌

仁宗即位三十五年，未有繼嗣。嘉祐初，得疾，中外危恐，不知所爲。公獨奮曰：「天

下事尚有大於此者乎？」即上疏曰：「太祖捨其子而立太宗，此天下之大公也。周王既薨，真宗取宗室子養之宮中，此天下之大慮也。願陛下以太祖之心，行真宗故事，擇宗室賢者，異其禮物，而試之政事，以系天下心。」章累上，不報。因闔門請罪。會有星變，其占爲急兵。公言：「國本未立，若變起倉卒，禍不可以前料，兵孰急於此者乎？今陛下得臣疏，不以留中而付中書，是欲使大臣奉行也。臣兩至中書，大臣皆設辭以拒臣，是陛下欲爲宗廟社稷計，而大臣不欲也。臣竊原其意，特恐行之而陛下中變耳。中變之禍，不過於死，而國本不立，萬一有如天象所告急兵之憂，則其禍豈獨一死而已哉！夫中變之禍，死而無愧，急兵之憂，死且有罪，願以此示大臣，使自擇而審處焉。」聞者爲之股栗。除兼侍御史知雜事。公以言不從，固辭不受。執政謂公：「上之不豫，大臣嘗建此策矣。今間言已入，爲之甚難。」公復移書執政曰：「事當論其是非，不當問其難易。速則濟，緩則不及，此聖賢所以貴機會也。諸公言今日難於前日，安知他日不難於今日乎？」凡見上，面陳者三，公泣，上亦泣，曰：「朕知卿忠，卿言是也。當更俟三二年。」凡章十九上，待罪百餘日，鬚髮爲白，朝廷不能奪，乃罷知諫院，改集賢殿修撰，判流内銓，修起居注，除知制誥。公雖罷言職，而無歲不言儲嗣事。以仁宗春秋益高，每因事及之，冀以感動上心。及爲知制誥，正謝上殿，面論之曰：「陛下許臣今復三年矣，願早定大計。」明年，又因袷享獻賦以諷。其後韓琦卒定策立英宗。墓誌○又温公日録云：先是，王純臣爲潤王宮教授，數譽濮王之子某之賢，於兄伯庸且曰：「某幼時，上養之如子，其妃高氏，曹后之甥也，字洮洮，幼亦在宮爲養女。上嘗戲謂后曰：『他日當以洮洮嫁某，吾二人相與爲姻家。』又曰：『洮洮異日有皇后分。』既長，出宮，遂成昏。若勸上建以爲嗣，勢易助也。」由是政府皆屬心。文公又使任乃孚往來與景仁謀。上初甚開納，已而爲宦官宮妾所間，浸有難意。兩府共議其事，樞密使王德用舉手加頂曰：「若立太子，置此菩薩於何地？」由是議亦不合，事浸沮壞。景仁數問文公，文公曰：「事不諧矣。」景仁曰：「奏疏何在？」曰：「焫之矣。」於是景仁凡上六七章，不報。及家居待罪，乞落諫職，除已蜀一郡〔四〕，時八月也。又上六七章，不報。及出，復録前後所上章，乞對面陳之，且求外補。上許之。景仁乞使中使傳宣中書，上令景仁自語之。富公曰：「已不用嘉謀，又出諫官，不可。」未幾，乃有修撰之命。

英宗即位，中書奏請追尊濮安懿王，下兩制議，以爲宜稱皇伯，高官大國，極其尊榮，非執政意〔五〕，更下尚書省集議。已而臺諫爭言其不可，乃下詔罷議，令禮官檢詳典禮以聞。公時判太常寺，率禮官上言：「漢宣帝於昭帝爲孫，光武於平帝爲祖，其父容可以稱皇考，然議者猶非之，謂其以小宗而合大宗之統也。今陛下既考仁宗，又考濮安懿王，則其失非特漢宣、光武之比矣。凡稱帝若皇考〔六〕，立寢廟，論昭穆，皆非是。」於是具列儀禮及漢儒論議、魏明帝詔爲五篇奏之。墓誌以草制違故事出知陳州〔七〕。陳飢，公至三日，發庫廩三萬貫石以貸，不及奏，監司繩之急，公上書自劾，詔原之。是歲大熟，所貸悉還，陳人至今思之。墓誌

王安石爲政，始變更法令，改常平爲青苗法。公上疏曰：「常平之法，始於漢之盛時，視穀貴賤發斂，以便農末，最爲近古，不可改。而青苗行於唐之衰亂，不足法。且陛下疾富民之多取而少取之，此正百步與五十步之間耳。今有二人坐市賈〔八〕，一人下其直以相傾奪，則人皆知惡之，其可以朝廷而行市道之所惡乎！」疏三上，不報。邇英閣進讀，與呂惠卿爭論上前，因論舊法預買紬絹亦青苗之比。公曰：「預買亦敝法也。若陛下躬節儉，府庫有餘，當并預買去之，奈何更以爲比乎？」韓琦上疏，極論新法之害，安石使送條例司疏駁之。諫官李常乞罷青苗錢，安石令常分析，公皆封還其詔。詔五下，公執如初。司馬光除樞密副使，光以所言不行，不敢就職，詔許辭免，公再封還之。上知公不可奪，以詔直付光，不由門下。公奏：「由臣不才，使陛下廢法，有司失職，乞解銀臺司。」許之。會有詔舉諫官，公以蘇軾應詔，而御史知雜謝景温彈奏軾罪。公又舉孔文仲爲賢良，文仲對策，極論新法之害。安石怒，罷文仲歸故官。公上疏爭之，不報。時年六十三，即上言：「臣言不行，無顔復立於朝，請致仕。」疏五上，最後指言安石以喜怒爲賞罰，且曰〔九〕：「陛下有納諫之資，大臣進拒諫之計，陛下有愛民之性，大臣用殘民之術。」安石大怒，自草制極口詆公，

落翰林學士，以本官致仕。聞者皆爲公懼。公上表謝，其略曰：「雖曰乞身而去，敢忘憂國之心。」又曰：「望陛下集群議爲耳目，以除壅蔽之姦；任老成爲腹心，以養和平之福。」天下聞而壯之。安石雖詆之深，人更以爲榮焉。墓誌

公既得謝，蘇軾往賀之曰：「公雖退而名益重矣。」公愀然不樂，曰：「君子言聽計從，消患於未萌，使天下陰受其賜，無智名，無勇功。吾獨不得爲此，命也夫。使天下受其害，而吾享其名，吾何心哉！」軾慚而退〔一〇〕。墓誌

景仁既退居，有園第在京師，專以讀書詩賦自娱。客至無貴賤，皆野服見之，不復報謝。故人或爲具召之，雖權貴不拒也。不召則不往見之。或時乘興出遊，則無遠近皆往。嘗乘籃輿歸蜀，與親舊樂飲，賑施其貧者，周覽江山，窮極勝賞，期年然後返。年益老而視聽聰明，支體尤堅彊。嗚呼！繇使景仁枉道希世，以得富貴，蒙屈辱，任憂患，豈有今日之樂邪！則景仁所失甚少，所得殊多矣。詩云：「愷悌君子，神所勞矣。」又曰：「樂只君子，遐不眉壽。」景仁有焉。傳○又墓誌云：或勸公稱疾杜門，公曰：「死生骫福，天也。吾其如天何！」同天節乞隨班上壽，許之。遂著爲令。

初，英宗即位，祔仁宗主而遷僖祖。及神宗即位，復還僖祖而遷順祖。公上言：「太祖起宋州，有天下，與漢高祖同，僖祖不當復還。乞下百官議。」不報。及上即位，公又言：

「乞遷僖祖，正太祖東嚮之位。」時年幾八十矣。韓維上言，公在仁宗朝首開建儲之議，其後大臣繼有論奏，先帝追録其言，存没皆推恩，而鎮未嘗以語人，人亦莫敢爲言者。雖顔子不伐善，介子推不言禄，不能過也。悉以公十九疏上之，拜端明殿學士。墓誌

元祐初，首以詔起公曰〔一一〕：「西伯善養，二老來歸；漢室卑詞，四臣入侍。爲我强起，無或憚勤。」天下望公與温公同升矣。公辭曰：「六十三而求去，蓋以引年；七十九而復來，豈云中禮？」卒不起。先是，神宗山陵，公會葬陵下，蔡京見公曰：「上將起公矣。」公正色曰：「鎮以論新法不合，得罪先帝。一旦先帝棄天下，其可因以爲利？」故公卒不爲元祐二聖一起。紹聖初，章惇、蔡卞欲并斥公爲元祐黨，將加追貶，蔡京曰：「京親聞蜀公之言如此，非黨也。」惇、卞乃已。聞見録

初，仁宗命李照改定大樂，下王朴樂三律。皇祐中，又使胡瑗等考正，公與司馬光皆上疏論律尺之法，又與光往復論難，凡數萬言，自以爲獨得於心。元豐三年，神宗詔公與劉几定樂。公曰：「定樂當先正律。」上曰：「然。」雖有師曠之聰，不以六律，不能正五音。」公作律尺、龠、合、升、斗、豆、區、鬴、斛，欲圖上之。又乞訪求真黍，以定黄鍾。而劉几即用李照樂，加用四清聲而奏，樂成，詔罷局，賜賚有加。公謝曰：「此劉几樂也，臣何與焉？」及提舉崇福宫，欲造樂獻之，自以爲嫌，乃先請致仕。既得謝，請太府銅爲之，逾年乃成。比李

照樂下一律有奇。二聖御延和殿，召執政同觀，賜詔嘉奬，以樂下太常，詔三省、侍從、臺閣之臣皆往觀焉。時公已屬疾，樂奏三日而薨。墓誌○又公作東齋記事曰：君實，予莫逆之交也。惟議樂爲不合。往在館閣時，決於同舍，同舍莫能決，遂弈棋以決之，君實不勝，乃定。其後二十年，君實在西京爲留臺，予往候之，不持他書，惟持所撰樂論八篇示之。爭論者數夕，莫能決。又投壺以決之，予不勝。君實謔曰：「大樂還魂矣！」凡半月，卒不得要領而歸。豈所見然邪，將戲謔邪？抑遂其所執，不欲改之邪？俱不可得而知也。是必戲謔矣。

公清明坦夷，表裏洞達，遇人以誠，恭儉慎默，口不言人過。及臨大節，決大議，色和而語壯，常欲繼之以死，雖在萬乘前無所屈。篤於行義，奏補先族人而後子孫，鄉人有不克婚葬者，輒爲主之，客其家者常十餘人，雖僦居陋巷，席地而坐，飲食必均。兄鎡卒于隴城，無子。聞其有遺腹子在外，公時未仕，徒步求之兩蜀間，二年乃得之，曰：「吾兄異於人，體有四乳，是兒亦必然。」已而果然。名之曰百常，以公蔭，今爲承議郎。公少受學於鄉先生龐直溫，直溫之子昉卒於京師，公娶其女爲孫婦，養其妻子終身。其學本於六經仁義，口不道佛、老、申、韓異端之說。其文清麗簡遠，學者以爲師法。凡五入翰林，四知貢舉。凡朝廷有大述作、大議論，未嘗不與。契丹、高麗皆知誦公文賦。少時嘗賦「長嘯却胡騎」，及奉使契丹，虜相目曰：「此長嘯公也。」其後兄子百祿亦使虜，虜首問公安否。墓誌○李廌談紀云：東坡云：范景仁平生不好佛，晚年清慎，減節嗜慾，一物不芥蔕於心，却真是學佛作家，然至死不取佛法。〇又程氏遺書云：今日卓然不爲此學者，惟范景仁與君實爾。然其所執理有出於禪學之下者，一日做身主，不得爲人驅過去裏。〇又曰：范景仁論性曰：「豈有生爲此，死又却爲彼？」儘似見得。後却云：「自有鬼神。」又却迷也。

客有問今世之勇於迂叟者，叟曰：「有范景仁者，其爲勇，人莫之敵。」客曰：「景仁長僅五尺，循循如不勝衣，奚其勇？」叟曰：「何哉！而所謂勇者，而以瞋目裂眥，髮上指冠，力曳九牛，氣陵三軍者爲勇乎？是特匹夫之勇耳，勇於外者也。若景仁，勇於內者也。自唐宣宗以來，不欲聞人言立嗣，萬一有言之者，輒切齒疾之，與倍畔無異。而景仁獨唱言之，十餘章不已，視身與宗族如鴻毛。後人見景仁無恙而繼爲之者則有矣，然景仁者冒不測之淵，無勇者能之乎？人之情孰不畏天子與執政？親愛之至隆者，孰若父子？執政欲尊天子之父，而景仁引古義以爭之，無勇者能之乎？祿與位，皆人所貪，或老且病，前無可冀，猶戀戀不忍捨去。況景仁身已通顯，有聲望，視公相無跬步之遠，以言不行，年六十三，即拂衣歸，終身不復起，無勇者能之乎？凡人有所不能，而人或能之，無不服焉。如呂獻可之先見，范景仁之勇決，皆余所不及也。」余心誠服之，故作范景仁傳。傳

熙寧、元豐間，士大夫論天下賢者，必曰君實、景仁。其道德風流，足以師表當世，其議

論可否，足以榮辱天下。二公蓋相得歡甚，皆自以爲莫及，曰：「吾與子生同志，死當同傳。」而天下之人亦無敢優劣之者。二公既約更相爲傳，而後死者則誌其墓。故君實爲景仁傳，其略曰：「呂獻可之先見，景仁之勇決，皆予所不及也。」蓋二公用捨大節，皆不謀而同。如仁宗時論立皇嗣，英宗時論濮安懿王稱號，神宗時論新法，其言若出一人，相先後如左右手。故君實常謂人曰：「吾與景仁，兄弟也，但姓不同耳。」然至於論鍾律，則反復相非，終身不能相一。君子是以知二公非苟同者。墓誌

校勘記

〔一〕傳　原作大字連正文，誤，今改作小字注。

〔二〕益兵無窮　「兵」字原脱，據蘇軾文集卷一四范景仁墓誌銘改。

〔三〕間歲取士　「間」，同前書作「每」。

〔四〕已蜀　「已」，涑水記聞附温公日記作「已」。

〔五〕非執政意　「非」原誤作「詠」，據蘇軾文集卷一四范景仁墓誌銘改。

〔六〕若皇考　「若」下同前書有「皇若」二字。

〔七〕以草制違故事出知陳州　「草制違故事」五字，同前書作「翰林侍讀學士」六字。

〔八〕坐市賈　「賈」，同前書作「貿易」。

〔九〕且曰　「且」，同前書作「事」，則可屬上讀。

〔一〇〕軾慚而退　「慚而退」三字，同前書作「以是愧公」四字。

〔一一〕首以詔起公曰　「詔」下邵氏聞見録卷一二有「特」字。

三朝名臣言行録卷第六

六之一　太傅魯國曾宣靖公

公名公亮，字明仲，泉州晉江人。中進士第，知越州會稽縣，坐事謫官。獻文召試，授集賢校理，兼天章閣侍講，歷史館檢討、修起居注、翰林學士，出知鄭州。俄還舊職，權知開封府，拜參知政事、樞密使。嘉祐六年，拜吏部侍郎，同平章事。熙寧二年，拜司空、河陽三城節度使兼侍中、集禧觀使，五日一朝。久之納節，以太傅兼侍中致仕。薨年八十。詔配享英宗廟庭，篆其碑首曰「兩朝顧命定策亞勳之碑」。

知越州會稽縣，縣有鑑湖，溉民田，湖溢則反爲田病。公爲即曹娥江堤疏爲斗門，泄湖水入江，田以不病，民至今賴之。曾内翰撰行狀

仁宗一日召執政侍從之臣策訪政事。時公侍楚國太夫人疾，謁告家居，亟以手詔就

問，公條六事以獻，其略以謂：「完堡栅，畜兵馬，使主兵者久於其任，則夷狄不敢窺邊。取之得其要，任之盡其材，則將帥不患無人。損冗兵，汰冗官，則財用省；徭役不專在農，則耕者勸。」又陳古者取六郡良家子爲宿衛，及府兵番上十六衛之制，以明今宿衛之失。言狂者似直，愛憎似忠，以明聽言知人之難，而消讒諛之患〔一〕。蓋皆取當世之所先急，而便於施行者，以爲説云。行狀

異時領省寺者，多以貴達，且數遷徙，類不省事，吏得並緣爲姦。公周覽詔條，考校簿書，分別是非可否，不爲苟簡，故所至舉職，皆有能名。歐陽文忠公不妄許人，至三班，嘗以不敢易公舊事爲言。其爲世所服如此。行狀

知鄭州，鄭居數路要衝，冠蓋旁午，州將疲於應接，尠能及民事。公獨詢訪閭里，爲之除害興利。轉運使歲多無名率斂，而輔郡尤甚。公至，一切不報，有不得已者，使民以常賦代之。民以不擾，至今思之。公爲政惠和，而尤能鈎考情僞，禁戢姦盜。郡故多寇攘，公至，悉竄他境。路不拾遺，民外户不閉，至號公爲「曾開門」。常有使客亡橐中物，移文求盜，公諭以境内無盜，必從者自爲也。索之，果然。使客慚服，以爲神明。行狀

公在樞府，修紀綱，除弊事，數裁損冗兵，又更制圖籍，以周知四方兵數登耗，三路屯戍衆寡，地里遠近。及在相位，與韓忠獻公戮力一心，更唱迭和，其所更革廢舉尤多。以謂政

事以仁民爲先，故其志尤急於去民所疾苦，而補助其窮乏。罷弛茶禁，歸之於民，籍户絶田，收其租，爲廣惠倉以廩食窮獨。其他施設，亦多此類。

公嘗與韓忠獻公力贊仁宗蚤建皇子，以爲天下萬世之本。前此固有言者，未之開納，至是感悟，儲貳乃定。行狀

公在位久，熟於朝廷政事，尤矜慎折獄。異時四方以獄來上者，委成有司，二府總領綱紀而已。公得奏讞，必躬自省覽，原情議法。密州銀發民田中，盜往强取之，大理當以强盜，應死。執政皆欲從之。公獨以謂：「此禁物也，取之雖强，與盜民家物有間。」固爭不決，遂下有司，議如公言，比劫禁物法，盜得不死。先是，東州地産金銀，坐强取者多抵死，繇公一言，自是無死者。蓋公推析律意，不差毫釐，而主於平恕，類皆如此。行狀

公嘗以謂：「夷狄驕於姑息，屈於理折。」契丹縱邊人漁界河，邊吏不能禁，後又數通鹽舟，益患之。或謂：「與之校，且生事。」公曰：「不可因循不禁，後將爲患。獨可委之强臣。」且言趙滋守雄州，其人强勇有謀，可任。因諭以風指。滋果能明約束，設方略，絶其鹽舟，而漁者亦皆遠去。諜告虜欲遣泛使，滋又沮之曰：「泛使非誓約，雖至不敢上聞。」卒不至。契丹賀正使在館，故事，賜宴紫宸殿，時英宗不豫，命宰相就館宴之，使者以非故事，不就席。公責以「賜宴不赴，是不虔君命也。人主不豫，必待親臨，非體國也。使人處之安

乎」？遂拜賜。夏人犯大順城，朝廷憂之。公以爲：「彼方薦饑，姑絶其歲賜，遣使詰問，必窘急謝罪。」或曰：「得賜尚爾，況絶之乎？」公曰：「彼雖戎夷，固能擇利而處也。」卒遣使，皆如公言。羌酋嵬名山舉族來歸，且言可率他族内附。种諤乘其勢取綏州，又欲因其謀招致他族。或謂夷狄懷詐，未可信，且欲棄綏州。上以問公，公言：「舉族而來，決非詐。綏州，我故地也，既得之，何可不信〔二〕？然遂欲招致他族，則我素無備，非倉卒可爲，未宜摇動其衆。」後遣習邊事者計之，不能易公説。行狀

曾魯公自嘉祐秉政，至熙寧中尚在中書，年雖甚高而精力不衰，故臺諫無非之者，惟李復圭以爲不可，作詩曰：「老鳳池邊蹲不去，饑烏臺上噤無聲。」魯公亦致仕而去。東軒筆録

校勘記

〔一〕而消讒諛之患　「而」下琬琰集中集卷五二曾肇撰曾太師公亮行狀尚有「人君得其言，則當審覆而後行，以」十三字，此十三字似當有，疑爲朱熹所脱漏。又同書「患」作「風」。

〔二〕何可不信　「信」，同前書作「守」。

六之二　丞相荆國王文公

公名安石，字介甫，撫州臨川人。慶曆二年登進士甲科，簽書淮南節度判官廳公事。代還，例當獻文求試，公獨無所獻，特召試，亦固辭。知明州鄞縣，通判舒州，召爲羣牧判官，出知常州，提點江南東路刑獄。入爲三司度支判官，除直集賢院，累辭不獲命，始就職。嘉祐五年四月，除同修起居注，固辭，不拜。十一月，申前命，章又五上，不許，遂除知制誥、糾察在京刑獄，同知嘉祐八年貢舉。丁母憂，服除，英宗朝累召不起。神宗即位，就除知江寧府，召爲翰林學士。未幾，除諫議大夫、參知政事。熙寧三年，拜禮部侍郎、同平章事。七年，以旱求避位，拜觀文殿大學士，知江寧府。明年，再入爲首相，以三經義成，拜左僕射。九年，以使相判江寧，公懇辭，遂復以大觀文領集禧觀使。元豐三年，改特進，封荆國公。哲宗即位，拜司空。明年，薨，年六十六。紹聖初，賜謚，配享神宗廟庭。崇寧三年，詔配祀文宣王廟。政和三年，追封舒王。靖康初，用諫議大夫楊時言，停文宣王廟配享，列于從祀。建炎中，用員外郎趙鼎言，罷配享神宗廟庭。

王安石舉進士，有名於時。慶曆二年，第五人登科，初署揚州判官〔一〕，後知鄞縣。好讀書，能强記，雖後進投贄及程試有美者，一讀過輒成誦在口〔二〕，終身不忘。其屬文動筆如飛，初若不措意，文成，見者皆服其精妙。友愛諸弟，俸禄入家，數日輒盡爲諸弟所費用，家道屢空一不問〔三〕。議論高奇，能以辨博濟其説，人莫能屈。始爲小官，不急急於仕進〔四〕。皇祐中，文潞公爲宰相，薦安石及張瓌、曾公定、韓維四人恬退，乞朝廷不次進用，以激僥競之風。有旨皆籍記其名。至和中，召試館職，固辭不就，乃除羣牧判官，又辭，不許，乃就職。懇求外補〔五〕，得知常州。由是名重天下，士大夫恨不識其面。朝廷常欲授以美官，惟患其不肯就也。自常州徙提點江南東路刑獄〔六〕。嘉祐中，召除館職、三司度支判官，固辭，不許。未幾，命修起居注，辭以新入館，館中先進甚多，不當超處其右，章十餘上。有旨令閤門吏賫敕就三司授之，安石不受。吏隨而拜之，安石避之於廁。吏置敕於案而去，安石使人追而與之。朝廷卒不能奪。歲餘，復申前命，安石辭七八章〔七〕，乃受，除知制誥。自此不復辭官矣。温公瑣語

司馬温公嘗曰：「昔與王介甫同爲羣牧司判官，包孝肅公爲使，時號清嚴。一日，群牧司牡丹盛開，包公置酒賞之，公舉酒相勸，光素不喜酒，亦强飲，介甫終席不飲，包公不能强也。光以此知其不屈。」聞見録

嘉祐末，王介甫以知制誥糾察在京刑獄。有少年得鬭鶉，其同儕觀之〔八〕，因就乞之，鶉主不許，借者恃與之狎昵，遂持去。鶉主追及之，踢其脅〔九〕，立死。開封府捕按其人，罪當償死。及糾察司録問，介甫駁之曰：「按律，公取、竊取皆爲盜。此不與而彼强携以去，乃盜也。此追而毆之，乃捕盜也，雖死當勿論。府司失入平人爲死罪。」府官不伏，事下審刑、大理詳定，以府斷爲是。有旨，王安石放罪。舊制，放罪者詣殿門謝。介甫自言：「我無罪，不謝。」御史臺及閤門累移牒趣之，終不肯謝。臺司因劾奏之，執政以其名重，不問〔一〇〕。介甫亦竟不謝。瑣言〔一一〕

仁宗朝，王安石爲知制誥。一日，賞花釣魚宴，内侍各以金楪盛釣餌藥置几上，安石食之盡。明日，帝謂宰輔曰：「王安石詐人也。使誤食釣餌，一粒則止矣。食之盡，不情也。」常不樂之。後安石自著日録，厭薄祖宗，仁宗尤甚〔一二〕，每謂漢文帝不足取〔一三〕。其心薄仁宗也，故一時大臣富弼、韓琦、文彦博〔一四〕，皆爲其毀詆云。聞見録

初，韓魏公知揚州，介甫以新進士簽書判官事。魏公雖重其文學，而不以吏事許之。介甫數引古義爭公事，其言迂闊，魏公多不從。介甫秩滿去。會有上韓公書者，多用古字，韓公笑而謂僚屬曰：「惜王廷評不在此，其人頗識難字。」介甫聞，以韓公爲輕己，由是怨之。及介甫知制誥，言事復多爲韓公所沮。會遭母喪，服除，時韓公猶當國，介甫遂留

金陵，不朝參。曾魯公知介甫怨忌韓公，乃力薦介甫於上，强起之，其意欲以排韓公耳。記聞○又聞見録云：韓魏公知揚州，王荆公爲簽判。每讀書達旦，略假寐，日已高，亟上府，多不及盥漱。魏公見荆公年少，意其夜飲放逸。一日，從容謂荆公曰：「君少年，毋廢書，不可自棄。」荆公不答，退而言曰：「韓公非知我者。」魏公後知荆公之賢，欲收之門下，荆公終不屈，如召館職不就之類是也〔一五〕。故荆公熙寧日録中短魏公爲多，每曰：「韓公但形相好耳。」作畫虎圖詩詆之。至荆公作相，行新法，魏公言其不便。神宗感悟，欲罷其法。荆公怒甚，取魏公之章送條例司疏駁，頒天下。又誣呂申公有言藩鎮大臣將興晉陽之師，除君側之惡，自草申公謫詞，明著其事〔一六〕，因以摇魏公。賴神宗之明，眷禮魏公，終始不替。及魏公薨，荆公有挽詩云：「幕府少年今白髮，傷心無路送靈輀。」猶不忘魏公「少年」之語也〔一七〕。○又曰：熙寧二年，韓魏公自永興移判北京，過闕上殿。王荆公方用事，神宗問曰：「卿與王安石議論不同，何也？」魏公曰：「仁宗立先帝爲皇嗣時，王安石有異議，與臣不同故也。」帝以魏公之語問荆公，公曰：「方仁宗欲立先帝爲皇子時，春秋未高，萬一有子，措先帝於何地？臣之論所以與韓琦異也。」荆公强辯類如此。當魏公請册英宗爲皇嗣時，仁宗曰：「少俟，後宫有就閤者。」公曰：「後宫生子，所立嗣退居舊邸可也。」蓋魏公固有以處之矣〔一八〕。○又東軒筆録云：嘉祐末，魏公爲相，荆公知制誥，因論蕭注降官詞頭，遂上疏爭舍人院職分，其言頗侵執政，又爲糾察刑獄駁開封府斷爭鵪鶉公事，而魏公以開封府爲直。自是文字還往甚多。及荆公秉政，又與常平議不合。然而荆公每評近代宰相，即曰「韓公德量才智，心期高遠，諸公皆莫及也〔一九〕」。

王安石居金陵，初除母喪，英宗屢召不至。安石在仁宗時論立英宗爲皇子，與韓公不合，故不敢入朝。安石雖高科，有文學，本遠人，未爲中朝士大夫所服，乃深交韓、吕二家兄弟。韓、吕，朝廷之巨室也，天下之士，不出於韓，即出於吕。韓氏兄弟，絳字子華，與安石同年高科，維字持國，學術尤高，不出仕，用大臣薦入館。吕氏公著，字晦叔，最賢，亦與安石爲同年進士。子華、持國、晦叔爭揚於朝，安石之名始盛。安石又結一時名德之士，如司馬君實輩皆相善。先是，治平間，神宗爲潁王，持國翊善，每講論經義，神宗稱善，持國曰：「非維之説，維之友王安石之説。」至神宗即位，乃召安石，以至大用。

治平四年，以介甫知江寧府。時介甫方乞分司，衆謂介甫必不肯起。既而詔到，即詣府視事。温公日録

荆公召爲翰林學士，初入對，神宗問：「方今治當何先？」公對曰：「擇術爲先。」上問：「唐太宗如何？」公曰：「陛下當以堯、舜爲法，太宗所知不遠，所爲不盡合先王，不足道也。堯、舜之道，至簡而不繁，至要而不迂，至易而不難，但末世學者不能通知，故常以爲高而不可及耳。」上曰：「卿可謂責難於君矣。朕自視眇然，恐無以副卿意。可悉意輔朕，庶同濟此道。」一日侍上，語及諸葛亮、魏鄭公。公對曰：「陛下誠能爲堯、舜，則必有皋、夔、稷、卨，陛下誠能爲高宗，則必有傅説。魏鄭公、諸葛亮，皆有道者所羞，何足道哉？但

恐陛下擇術未明，推誠未至，則雖有咎、夔、稷、禼、傅説之賢，亦爲小人所蔽，因卷懷而去耳。」上曰：「自古治世，豈能使朝廷無小人？雖堯、舜之時，不能無四凶。」公曰：「唯能辨四凶而誅之，此乃所以爲堯、舜也。若使四凶得肆其讒慝，則咎、夔、稷、禼亦安肯苟食其禄以終身乎？」未幾，遂參大政。

荆公既爲參知政事，上謂之曰：「人皆不能知卿，以爲卿但知經術，不曉世務。」公對曰：「經術正所以經世務。但後世所謂儒者大抵皆庸人〔二〇〕，故世俗皆以爲經術不可施於世務耳。」上問：「然則卿所施設，以何爲先？」公曰：「變風俗，立法度，最方今所急也。」於是，青苗、市易、坊場、保甲、保馬、導洛、免役之政，相繼並興。設制置三司條例司，與知樞密院陳升之同領之。中丞吕公誨論公十事，公力求去位。上爲出吕公。而韓魏公亦上疏論青苗法，乞罷諸路提舉官。奏至，公稱疾求分司，上不許。公入謝，因爲上言：「陛下欲以先王正道變天下流俗，故與天下流俗相爲輕重。流俗權重，則天下之人歸流俗；陛下權重，則天下之人歸陛下。權者與物相爲輕重，雖千鈞之物，所加損不過銖兩而移。今姦人欲敗先王之正道，以沮陛下之所爲。是於陛下與流俗之權適爭輕重之時，加銖兩之力，則用力至微，而天下之權已歸流俗矣。此所以紛紛也。」上以爲然，公乃視事。

王荆公在臺閣侍從時，每爲人言唐太宗令諫官隨宰相入閤，最切於政道，後世所當行也。及入司政事，而孫莘老、李公擇在諫職，二人者熟荆公此論，遂列奏請舉行之，荆公不可，曰：「是又益兩參知政事也。」呂氏家塾記

王荆公知制誥，吴夫人爲買一妾，荆公見之曰：「何物女子？」曰：「夫人令執事左右。」曰：「汝誰氏？」曰：「妾之夫爲軍大將，部米運失舟，家資盡没，猶不足，又賣妾以償。」公愀然曰：「夫人用錢幾何得汝？」曰：「九十萬。」公呼其夫，令爲夫婦如初，盡以錢賜之。司馬温公從龐潁公辟爲太原府通判，尚未有子。夫人爲買一妾〔二二〕，公殊不顧。夫人疑有所忌也。一日，教其妾：「俟我出，汝自飾至書院中。」冀公一顧也。妾如其言，公訝曰：「夫人出，汝安得至此？」亟遣之。潁公知之，對僚屬咨其賢。荆公、温公不好聲色，不愛官職，不殖貨利皆同。二公除修注，皆辭至六七，不獲已方受。温公除知制誥，以不善作辭令屢辭免，改待制。荆公官浸顯，俸禄入門，任諸弟取去盡不問。温公通判太原時，月給酒饋待賓客外，輒不請。晚居洛，買園宅，猶以兄郎中爲户。故二公平生相善，至議新法不合，始著書絶交矣。聞見録

王荆公知明州鄞縣，讀書爲文章，二日一治縣事。起堤堰，決陂塘，爲水陸之利。貸穀于民，立息以償，俾新陳相易。興學校，嚴保伍，邑人便之。故熙寧初爲執政，所行之法皆本於此。然荆公知行於一邑則可，不知行於天下不可也。又所遣新法使者，多刻薄小人，

急於功利，遂至決河爲田，壞人墳墓室廬膏腴之地，不可勝紀。青苗雖取二分之利，民請納之費，至十之七八。又公吏冒民，新舊相因，其弊益繁。保甲保馬，尤有害天下，騷然不得休息。蓋祖宗之法壹變矣。獨役法新舊差募二議俱有弊，吳、蜀之民以雇役爲便，秦、晉之民以差役爲便。荆公與司馬温公皆早貴，少歷州縣，不能周知四方風俗，故荆公主雇役，温公主差役〔二二〕。蘇内翰、范忠宣，温公門下士，復以差役爲未便。章子厚，荆公門下士，復以雇役爲未盡。三人雖賢否不同，皆聰明曉吏治，兼知南北風俗，其所論甚公，各不私於所主。元祐初，温公復差役，改雇役，子厚議曰：「保甲保馬，一日不罷，有一日害，如役法則熙寧初以雇役代差役，議之不詳，行之太速，故後有弊，今復以差役代雇役，當詳議熟講，庶幾可行。而限止五日，太速，後必有弊。」温公不以爲然。子厚對太皇太后簾下，與温公爭辯，至言「異日難以奉陪喫劍」。太后怒其不遜，子厚罪去〔二三〕。蔡京者知開封府，用五日限盡改畿縣雇役之法爲差役，至政事堂白温公，公喜曰：「使人人如待制，何患法之不行？」紹聖初，子厚入相，復議以雇役改差役，置司講論，久不決。蔡京兼提舉，白子厚曰：「取熙寧、元豐法施行之耳，尚何講爲？」子厚信之，雇役遂定。蔡京前後觀望反復，賢如温公，暴如子厚，皆足以欺之，真小人也。聞見録

熙寧四年，王荆公當國，欲以朱柬之監左藏庫。柬之辭曰：「左帑有火禁，而年高宿直

非便，願易勾當進奏院。」荆公許諾。翊日，進擬某人監左藏庫，上曰：「何不用朱柬之監左藏庫可也？」荆公震駭，莫測其由。上之機神臨下，多知外事，雖纖微莫可隱也。東軒筆録

吐蕃在唐最盛，至本朝始衰。今河湟、邈川、青唐、洮、岷以至階、利、文、政、綿州，威、茂、黎、雅州夷人，皆其遺種也。獨唃厮囉一族最盛，雖西夏亦畏之，朝廷封西平王，用爲藩翰。陝西州縣特置驛，謂之唃家位，歲貢奉不絶。未開熙河前，關中士人多言其利害，雖張横渠先生之賢，少時亦欲結客以取。范文正公帥延安，招置府第，俾修制科，至登進士第，其志乃已。仁宗皇帝朝，韓琦、富弼二公爲宰相，凡言開邊者皆不納。熙寧初，王荆公執政，始有開邊之議。王韶者，罷新安縣主簿，遊邊得其説，遂上開河湟之策。荆公以爲奇謀，乃有熙河之役。獨岷州白石大潭、秦州屬縣有賦税，其餘無㪷粟尺布，唯仰陝西州郡、朝廷帑藏供給。故自開熙河以來，陝西民日困，朝廷財用益耗。初，唃厮囉分處諸子於熙、河、洮、岷之地，唃厮囉死，諸子皆衰弱，故韶能取之。唃厮囉諸子唯董氊者在湟、鄯最盛。韶之勢止能取河州，韶暫入朝，鬼章已舉兵攻河州，遂有踏白之敗，景思立死之。紹聖初，章惇作相，曾布作樞密，董氊已爲强臣阿里骨所篡，國人畏之。阿里骨死，其子瞎征立，國人思故主，不輔瞎征。瞎征懦弱，欲爲僧，國人又欲殺之。瞎征遂乞納土歸朝廷〔二四〕。時童貫初領邊事，乃受之，送于朝，封官爵，遣居熙州。建中靖國初，韓忠彦爲相，安燾爲樞

密，遂棄郋鄯，求唃氏苗裔立之。韓忠彦罷，蔡京作相，復郋鄯，責安燾與熙河帥姚師雄及凡議棄者，邊事復興矣。靖康初，言者乞求青唐種族，以郋鄯之地賜之，朝廷下熙河帥議以聞，無敢任其責者，乃已。至金人陷陝之六路，兵入熙河，即求郋鄯舊族，盡以其地與之。聞見録

上以外事問介甫，介甫曰：「陛下從誰得之？」上曰：「卿何必問所從來？」介甫曰：「陛下與他人爲密，而獨隱於臣，豈君臣推心之道乎？」上曰：「得之李評。」介甫由是惡評，竟擠而逐之。他日，介甫復以密事質於上，上問：「於誰得之？」介甫不肯對。上曰：「朕無隱於卿，卿獨有隱於朕乎？」介甫不得已，曰：「朱明之爲臣言之。」上由是惡明之。明之，介甫妹夫也。及介甫出鎮金陵，吉甫欲引親暱置之左右〔二五〕，薦明之爲侍講，上不許，曰：「安石更有妹夫爲誰？」吉甫以直講沈道原對，上即以道原爲侍講。吉甫又引弟升卿爲侍講，升卿素無學術，每進講，多捨經而談財穀利害、營繕等事。上時問以經事〔二六〕，升卿不能對，輒目道原從旁代對。記聞

熙寧六年十一月〔二七〕，吏有不附新法〔二八〕，介甫欲深罪之，上不可。介甫固爭之曰：「不然，法不行。」上曰：「聞民間亦頗苦新法。」介甫曰：「祁寒暑雨，民猶有怨咨者，豈足顧也！」上曰：「豈若并祁寒暑雨之咨亦無邪？」介甫不悅，退而屬疾家居。數日，上遣使尉

勞之，乃出。其黨爲之謀曰：「今不取門下士上所素不喜者暴進用之，則權輕，將有人窺間隙者矣。」介甫從之。既出，即奏擢章惇、趙子幾等，上喜其出，勉强從之。由是權益重。記聞

介甫請并京師行陝西所鑄折二錢，既而宗室及諸軍不樂，有怨言。上聞之，以問介甫，欲罷之。介甫怒曰：「朝廷每舉一事，定爲浮言所移，如此何事可爲？」退，遂移疾，卧不出。上使人諭之曰：「朕無間於卿，天日可鑒，何遽如此？」乃起。記聞

王荆公秉政，更新天下之務，而宿德舊人論議不叶，荆公遂選用新進，待以不次，故一時政事，不日皆舉，而兩禁臺閣，内外要權，莫非新進之士也。洎三司論市易，而吕參政指爲沮法，荆公信以爲然，堅乞罷相。既出，吕嘉問、張諤持荆公而泣，公慰之曰：「已薦吕惠卿矣。」二子收淚。及惠卿入參，有射羿之意，而一時之士見其得君，謂可以傾奪荆公矣，遂更朋附之。既而鄧潤甫枉狀廢王安國〔二九〕，而李逢之獄又挾李士寧之事以撼荆公〔三〇〕，又言熙寧編敕不便，乞重編修，及令百姓手實供家財簿〔三一〕，又欲給田募役以破役法，其他貪緣事故非議前宰者甚衆〔三二〕，綱紀幾紊。天子斷意，再召荆公秉政。鄧綰懼不自安，欲弭前迹，遂發張若濟事，返攻吕惠卿。朝廷俾張諤爲兩浙路察訪，以驗其事。諤猶欲掩覆，而鄧綰復觀望意指，薦引匪人，於是惠卿自知不安，乃條列荆公兄弟之失凡數事面奏，意欲上意有貳。上封惠卿所言以示荆公，故荆公表有「忠不足以取信，故事事欲其自明；義不足以

然自是勝奸，故人人與之立敵」，蓋謂是也。既而惠卿出亳州，鄧綰、張諤之徒皆以罪去。然自是門下之人皆無固志，荆公無與共圖事者，又復請去，而再鎮金陵。故詩有「紛紛易變浮雲白，落落難鍾老栢青」者〔三三〕，蓋謂是也。東軒筆録〇又云：熙寧七年，王荆公初罷相，薦呂惠卿爲參政。呂得君怙權，慮荆公復進，因郊禮薦荆公爲使相，方進熟，上察見其情，遽問曰〔三四〕：「王安石去不以罪，何故用赦復官？」呂無以對。〇又曰：李士寧者，蜀人，得導氣養生之術，又能言人休咎。王荆公與之有舊，每延於東府，迹甚熟。及呂惠卿執政，會山東告李逢、劉育之變，事連宗子世居，起獄推治，劾者言士寧嘗預此謀，敕天下捕之。獄具，世居賜死，逢、育棄市，士寧決杖，流永州，連坐者甚衆。呂爲此獄引士寧者，意欲有所誣衊，會荆公再入，謀遂不行。

王荆公再秉政，既逐呂惠卿，門下之人復爲諛媚以自安。而荆公求退告去尤切。有練亨甫者，謂中丞鄧綰曰：「公何不言於上，以丞相之子雱爲樞密使，諸弟皆爲兩制，婿姪皆館職，京師賜第宅田邸，則庶幾可留也。」綰如所戒言之，上察知其阿黨，亦頷之而已。一日，荆公復於上前求去，上曰：「卿勉爲朕留，當一一如卿所欲，但未有一穩便第宅耳。」荆公駭曰：「臣有何欲？且何爲而賜第？」上笑而不答。翊日，荆公懇請其由，上出綰所上章，荆公即乞推劾。先是，綰欲用其黨方揚爲臺官〔三五〕，懼不厭人望，乃并彭汝礪薦之，其實意在揚也。無何，上黜汝礪，綰遽表言：「臣素不知汝礪之爲人，昨所舉鹵莽，乞不行前狀。」即此二事，上察見其姦，遂落綰中丞，以本官知虢州，亨甫奪校書，爲漳州推官。綰制曰：「操心頗僻，賦性姦回。論士薦人，不循分守。」又曰：「朕之待汝者，義形於色；汝之事朕者，志在於邪。」蓋謂是也。東軒筆録

初，吕惠卿爲荆公所知，驟引至執政。荆公去，惠卿遂背之。洎荆公再相，於是起華亭詔獄，而使徐禧、王古、蹇周輔三輩按之，惠卿情不得。練亨甫、吕嘉問以鄧綰所條惠卿事交鬭其間〔三六〕，復爲惠卿所中，語連荆公子雱，雱時已病，坐此憂憤而卒。荆公憂傷益不堪，遂再求罷去。

熙寧庚戌冬，荆公拜相，百官皆賀，荆公以未謝〔三七〕，皆不見之，獨與余坐西廡之小閤。忽顰蹙久之，取筆書窗曰：「霜筠雪竹鍾山寺，投老歸歟寄此生。」放筆揖余入。後再罷相，歸金陵，築第於白門外〔三八〕。元豐癸丑春〔三九〕，余謁公於第，公遽邀余同遊鍾山，憇法雲寺，偶坐於僧房，余因爲公道平昔之事及誦書窗之詩，公憮然曰：「有是乎？」微笑而已。東軒筆録〔四〇〕

元豐七年春，公有疾，兩日不言。少蘇，與蔡元度書曰：「風疾暴作，心雖明了，口不能言。」語吴國夫人曰：「夫婦之情，偶合耳，不須它念，强爲善而已。」執葉濤手曰：「君聰明，宜博讀佛書，慎勿徒勞作世間言語。安石生來多枉費力，作閑文字，深自悔責。」吴國勉之

曰：「公未宜出此言。」曰：「生死無常，吾恐時至不能發言，故今叙此，時至則行，何用君勸？」公疾瘳，乃自悔曰：「雖識盡天下理，而定力尚淺，或者未死，應尚竭力修爲。」陳子聞之而疑曰：「豈現行無常，現身有疾者乎？不可疑也〔四一〕。」荆公語録

元豐末，創爲户馬之説。神宗俯首歎曰：「朕於是乎愧於文彦博矣！」王珪等請宣德音，復曰：「文彦博頃年爭國馬不勝，嘗曰：『陛下十年必思臣言。』」珪因奏曰：「罷去祖馬監〔四二〕，是王安石堅請行之者，本非陛下意也。」上復歎曰：「安石相誤，豈獨此一事？」神宗聞安石之貧，命中使甘師顔賜安石金五十兩。安石好爲詭激矯厲之行，即以金施之定林僧舍。師顔因不敢受常例，回具奏之。上諭御藥院牒江寧府，於安石家取甘師顔常例。安石約吕惠卿無令上知一帖，惠卿既與安石分黨，乃以其帖上之。上問熙河歲費之實於王韶，安石喻韶不必盡數以對。韶既畔安石，亦以安石言上之。晁以道論神廟配享劄子

王荆公晚年於鍾山書院多寫「福建子」三字，蓋悔恨於吕惠卿者，恨爲惠卿所陷，悔爲惠卿所誤也。每山行多恍惚，獨言若狂者。田畫承君云：荆公嘗謂其姪防曰：「吾昔好交游甚多，皆以國事相絶。今居閑復欲作書相問。」防忻然爲設紙筆案上，公屢欲下筆作書，輒長歎而止，意若有所愧也。公既病，和甫以邸吏狀視公，適報司馬温公拜相，公悵然曰：「司馬十二作相矣。」公所謂日録者，命防收之。公病甚，令防焚去，防以他書代之。後朝廷

用蔡卞請下江寧府王防家取日録以進，下方作史，乃假日録減落事實，文致姦僞，盡改元祐所修神宗正史。蓋荆公初相，以師臣自居，神宗待遇之禮甚厚。再相，帝滋不悦，議論多異同，故以後日録下欺，哲宗匿之〔四三〕。今見於世止七十餘卷，陳瑩中所謂「尊私史以壓宗廟」者也。至荆公薨，温公在病告中聞之，簡呂申公曰：「介甫無他，但執拗耳。贈卹之典宜厚。」温公之盛德如此。聞見録

王荆公改科舉，莫年乃覺其失，曰：「本欲變學究爲秀才，不謂變秀才爲學究也。」蓋舉子專誦王氏章句，而不解義，正如學究誦注疏爾。談叢

王荆公在金陵，聞朝廷變其法，夷然不以爲意。及聞罷役法，愕然失聲曰：「亦罷至此乎？」良久曰：「此法終不可罷。安石與先帝議之二年乃行，無不曲盡。」後果如其言。危史

王丞相嘗云：「自議新法，始終言可行者，曾布也；言不可行者，司馬光也；餘皆前叛後附，或出或入。」

先生與僕論變法之初，僕曰：「神廟必欲變法，何也？」先生曰：「蓋有説矣。天下之法，未有無敝者〔四四〕。祖宗以來，以忠厚仁慈治天下，至於嘉祐末年，天下之事似乎舒緩，委靡不振，當時士大夫亦自厭之，多有文字論列。然其實於天下根本牢固。至神廟即位，富於春秋，天資絶人，讀書一見便解大旨，是時見兩蕃不服，及朝廷州縣多舒緩，不及漢、唐

全盛時，每與大臣論議，有怫然不悦之色。當時執政從官中有識者，以謂方今天下，正如大富家，上下和睦，田園開闢，屋舍牢壯，財用充足。但屋宇少設飾，器用少精巧，僕妾樸魯遲鈍，不敢作過。但有鄰舍來相凌侮，不免歲時以物贈之。其來已久，非自家做得如此，遂不敢承當上意，改革法度。獨金陵揣知上意，以一身當之，以激切奮怒之言，以動上意。遂以仁廟爲不治之朝。神廟一旦得之，以爲千載會遇。改法之初，以天下公論謂之流俗，内則太后，外則顧命大臣等，尚不能回，何況臺諫、侍從、州縣乎？祇增其勢爾！雖天下之人，群起而攻之，而金陵不可動者，蓋此八個字，吾友宜記之。」僕曰：「何等八字？」先生曰：「虚名實行，强辯堅志。當時天下之論，以金陵不作執政爲屈，此虚名也。平生行止，無一點涴，論者雖欲誣之，人主信乎？此實行也。論議人主之前，貫穿經史今古，不可窮詰，故曰强辯。前世大臣，欲任意行一事，或可以生死禍福恐之得回，此老實不可以此動，故曰堅志。因此八字，此法所以必行也。得君之初，與人主若朋友，一言不合己志，必面折之，反覆詰難，使人主伏弱乃已。及元豐之初，人主之德已成，又大臣尊仰將順之不暇，天容毅然正君臣之分，非與熙寧初比也。」元城語録

問：「荆公可謂得君乎？」曰：「後世謂之得君可也。然荆公之智識，亦自能知得，如表云『忠不足以信上，故事必待於自明；智不足以破姦，故人與之爲敵』也。『不破姦』此則

未然，若君臣深相知，何待事事使之辨明也？舉此一事便可見。」曰：「荆公『勿使上知』之語信乎？」曰：「須看他當時因甚事説此話，且如作此事當如何，更須詳審，未要令上知之；又如説一事未甚切當，更須如何商量體察，今且勿令上知，若此類不成是欺君也。凡事未見始末，更切子細反覆推究方可。」程氏遺書

介甫不知事君道理，觀他意思，只是要樂子之無知。如上表言：「秋水既至，因知海若之無窮；大明方升，豈宜爝火之不息。」皆是意思常要己在人主上。自古主聖臣賢乃常理，何至如此？又觀其説魯用天子禮樂云：「周公有人臣所不能爲之功，故得用人臣所不得用之禮樂。」此乃大段不知事君。大凡人臣身上，豈有過分之事？凡有所爲，皆是臣職所當爲之事也。介甫平居事親最孝，觀其言如此，其事親之際，想亦洋洋自得，以爲孝有餘也。臣子身上，皆無過分事，惟是孟子知之，説曾子只言「事親若曾子可矣」，不言「有餘」，只言「可矣」。唐子方作一事，後無聞焉，亦自以爲報君足矣。當時所爲，蓋不出誠意。嘉仲曰：「陳瓘亦可謂難得矣！」先生曰：「陳瓘却未見其已。」程氏遺書

王荆公平生養得氣完，爲他不好做官職，作宰相只喫魚羹飯，得受用底不受用，緣省便去就自在。嘗上殿進一劄子擬除人，神宗不允，對曰：「阿除不得？」又進一劄子，擬除人，神宗亦不允，又曰：「阿也除不得？」下殿出來，便乞去，更留不住。平生不屈也奇特。上蔡

語録

論及荆公「勝流俗」之説，人多謂荆公以同己者爲是，異己者爲流俗，切謂荆公「勝流俗」之説起於方特立有爲之前，非解於行新法之後，人能用此以行其所學，爲補不細。蕭謂：「先生有點鐵成金之語，人能用之於此，何所不可？但不知荆公勝之是否爾。」先生曰：「俗不善而能勝之也，不亦善乎？」又云：「荆公却養氣，今人都無此。」上蔡語録

因論荆公法云：「青苗、免役，亦是法，然非藏於民之道。如青苗，取息雖不多，然歲散萬緡，則奪民二千緡入官，既入官，則民間不復可得矣。免役法，取民間錢雇人役於官，其得此錢用者，蓋皆州縣市井之人，不及鄉民，鄉民惟知輸而不得用〔四五〕，故今鄉民多乏於財也。」「青苗二分之息，可謂輕矣，而不見利於百姓，何也？今民間舉債，其息少者亦須五七分，多者或倍，而亦不覺其爲害。」曰：「惟其利輕，且官中易得，人徒知目前之利，而不顧後患，是以樂請。若民間舉債，則利重，又百端要勒，得之極難，故人得已且已。又青苗雖名取二分之息，其實亦與民間無異，蓋小民既有非不得已而請者，又有非不得已用之。且如請錢千，或遇親舊於州縣間〔四六〕，須有酒食之費，不然亦須置小小不急之物，只使一二百錢，已可比民間四分之息。又請納時往來之用，與官中門户之賂遺，至少亦不下百錢。況又有胥吏追呼之煩，非貨不行，而公家期限，又與私間不同，而民之畏法者，至舉債以輸官，往往

沿此遂破蕩產業者固多矣，此所以有害而無利也。」或云：「官中息輕，民得之可以自爲經營，歲豈無二分之息乎？」「蓋未之思也。若用之商販，則錢散而難集，正公家期逼，卒收不聚，失所指準，其患豈細？往年富家知此患也，官中配之，請不得已請而藏之，比及期出私錢爲息輸之官，乃無患。夫使民如此，是無事而侵擾之也，何名補助之政乎？」龜山語録

謂與季常言：「王氏只是以政刑治天下，『道之以德，齊之以禮』之事全無。」他日季常曰：「細思之，實如公言。但『道以德，齊以禮』之事，於今如何做？」曰：「須有會做，只爲而今不用着此等人，若是他依本分會底，必有道理。」龜山語録

或曰：「正心於此安得天下便平治？」曰：「正心一事，自人未常深知之。若深知而體之，自有其效。觀後世治天下，皆未嘗識此，然此亦惟聖人力做得徹。蓋心有所忿懥恐懼，好樂憂患，一毫少差，即不得其正。自非聖人，必須有不正處。然有意乎此者，隨其淺深，必有見效，但不如聖人之效著耳。觀王氏之學，蓋未造乎此。其治天下，專講求法度。如彼脩身之潔，宜足以化民矣，然卒不逮王文正、吕晦叔、司馬君實諸人者，以其所爲無誠意故也。明道常曰：『有關雎、麟趾之意，然後可以行周官之法度。』蓋深達乎此。」龜山語録

荆公在上前爭論，或爲上所疑，則曰：「臣之素行，亦不至無廉耻〔四七〕，如何不足信？」且論事當問事之是非利害如何，豈可以素有廉耻，劫人使信己也？夫廉耻在常人足道，若

君子更自矜其廉耻，亦淺矣！蓋廉耻自君子所當爲者，如人守官，曰：「我固不受贓！」不受贓豈分外事乎？龜山語録

鄭季常作太學博士，言：「養士之道，當先善其心。今殊失此意，未知所以善之之方。」曰：「由今之道，雖賢者爲教官，必不能善人心。」曰：「使荆公當此職，不知如何？」曰：「荆公爲相，其道蓋行乎當年，今日學法，荆公之法也，已不能善之矣。」季常良久曰：「如是，如是。」龜山語録

神宗賜金〔四八〕，荆公即時送蔣山僧寺爲常住〔四九〕。了翁云：「嘗見人説，以此爲曠古所難。其實能有多少物？人所以難之，蓋自其眼孔淺耳。」曰：「荆公作此事，絶無義理。古者人君賜之果，尚懷其核，懷核所以敬君賜也。所賜金，義當受則受，當辭則辭，其可名爲受之，而施之僧寺乎？是賤君賜也。金可賤，君賜不可賤。書曰：『人不易物，唯德其物。』若於義當受，而家已足，不願藏之家，則班諸昆弟之貧者，則合禮矣。」龜山語録

王荆公天資孝友，俸禄入門，諸弟輒用之至盡，不問。其子雱既長，專家政，則不然矣。諸弟亦皆有文學，安禮者字和甫，嘗爲右丞，氣豪玩世，在人主前不屈也。一日，宰執同對，上有無人材之歎。左丞蒲宗孟對曰：「人材半爲司馬光以邪説壞之。」上不語，正視宗孟久之。宗孟懼甚，無以爲容。上復曰：「蒲宗孟乃不取司馬光耶？司馬光者未論别事，只辭

樞密一節，朕自即位以來，唯見此一人，他人則雖迫之使去，亦不肯矣。」宗孟又因奏書請官屬恩，上曰：「所脩書謬甚，無恩。」宗孟又引例書局、儀鸞司等當賜帛，上以小故未答。安禮進曰：「修書謬，儀鸞司者恐不預。」上爲之笑。方蘇子瞻下御史獄，小人勸上殺之，安禮言其不可。安國者字平甫，尤正直有文。一日，荆公與吕惠卿論新法，平甫吹笛于内。荆公遣人諭曰：「請學士放鄭聲。」平甫即應曰：「願相公遠佞人。」惠卿深銜之。後荆公罷，竟爲惠卿所陷，放歸田里，卒以窮死。雱者字元澤，性險惡，凡荆公所爲不近人情者皆雱所教。吕惠卿輩奴事之。荆公置條例司，初用程顥伯淳爲屬。伯淳賢士，一日盛暑，荆公與伯淳對語，雱者囚首跣足，手携婦人冠以出，問荆公曰：「所言何事？」荆公曰：「以新法數爲人沮，與程君議。」雱箕踞以坐，大言曰：「梟韓琦、富弼之頭于市，則新法行矣。」荆公遽曰：「兒誤矣。」伯淳正色曰：「方與參政論國事，子弟不可預，姑退。」雱不樂，去。伯淳自此與荆公不合。祖宗之制，宰相之子無帶職者。神宗特命雱爲從官，然雱已病，不能朝矣。雱死，荆公罷相，哀悼不忘，有「一日鳳鳥去，千年梁木摧」之詩，蓋以比孔子也。荆公在鍾山，嘗恍惚見雱荷鐵枷杻如重囚者，荆公遂施所居半山園宅爲寺，以薦其福。後荆公病瘡良苦，嘗語其姪曰：「亟焚吾所謂日録者。」姪紿公，焚他書代之，公乃死。或云又有所見也。聞見録

王安國常非其兄所爲。爲西京國子監教授，溺於聲色。介甫在相位，以書戒之曰：「宜放鄭聲。」安國復書曰：「安國亦願兄遠佞人也。」官滿，至京師，上以介甫故，召上殿，時人以爲必除侍講。上問以其兄秉政，物論如何，對曰：「但恨聚斂太急，知人不明耳！」上默然不悦，由是别無恩命。久之，乃得館職。安國嘗力諫其兄，以天下恟恟，不樂新法，皆歸咎於公，恐爲家禍。介甫不聽，安國哭於影堂，曰：「吾家滅門矣！」又嘗責曾布以誤惑丞相，更變法令，布曰：「足下，人之子弟，朝廷變法，何預足下事？」安國勃然怒曰：「丞相，吾兄也。丞相之父，即吾父也。丞相由汝之故，殺身破家，僇及先人，發掘丘壟，豈得不預我事邪？」記聞

平甫教授西京國子監，代還召對，上曰：「卿學問通古今，以漢文何主也？」對曰：「三代以後，賢主未有如文帝者。」上曰：「但惜其才不能立法更制爾。」對曰：「文帝自代來，夜入未央宫，於擾攘時定變故於俄頃之際，諸將故武夫，皆脅息待命，恐無才者不及是。然能用賈誼言，待群臣有節，專務以德化民，海内興於禮義，幾致刑措，使一時風俗，耻言人過。則文帝加有才一等矣。」上曰：「王猛佐苻堅，以蕞爾國，而令必行。今朕以天下之大，而不能使人，何也？」對曰：「王猛睚眦之忿必報，專教苻堅以峻刑法殺人爲事，此必小臣刻薄，有以誤陛下者。願專以堯、舜、三代爲法，理順而勢利，則下豈有不從者乎？」上深然之。

王安國著序言五十篇，上初即位，韓絳、邵亢爲樞密副使，同以序言進。上御批稱美，令召試學士院，將不次進用。而大臣有不喜之者，止得兩使職官，從辟爲西京國子監教授〔五〇〕。後中丞呂誨彈奏王荆公，猶引以爲推恩太重。平甫博學，工文章，通古今，達治道，勁直寡合，不阿時之好惡，雖與荆公論議，亦不苟合，故異時執政得以中傷，而言事者謂非毁其兄，遂因事逐之，天下人皆以爲冤。初〔五一〕，荆公爲參知政事，時因閲晏元獻公小詞而笑曰〔五二〕：「爲宰相而作艶詞，可乎？」平父曰：「亦偶然爾。」呂惠卿爲館職在坐〔五三〕，遽曰：「爲政必放鄭聲，況自爲之乎！」平父正色曰：「放鄭聲，不若遠佞人也。」呂大以爲議己，自是遂與平父相失云。東軒筆録○案：鄭聲事三書所載不同，未知孰是。

鄭俠介夫者，福州福清人，荆公居憂金陵時嘗從學，後舉進士，調光州司法，秩滿至京師，會荆公秉政，俠見之，公喻使試刑法，俠辭不習。公問以所聞，俠因爲具言青苗、免役、用兵之害，公不答。俠退，又數以書論之，亦不報。久之，得監在京安上門，荆公又使人喻，將以爲經義局檢討，俠又辭之。公使人謂之曰：「凡仕宦，須改得一京官，然後可以别圖差遣，何得介僻如此？」俠對曰：「俠罷官而來，本求執經丞相門下耳，初不知官有美惡高下也。不意丞相一旦當路，發言無非以官爵爲先，殊非俠所望也。且丞相果欲援俠而進之，俠之所言，行其一二，使俠進而無愧，不亦善乎？」時初行免役及收市利錢法，京師細民，負水拾髮、擔粥提茶之類〔五四〕，皆有免行錢，不輸者毋得販鬻。市道、門司、稅院，並行倉法，專欄月賦食錢，每正稅百錢，則收市利十錢以給之。逮法之行，則正稅不及十錢者，有司亦取之，其末反重於本。俠又言於荆公，得損其尤甚者數事。會大旱，自十一月不雨，至于三月，河東、河北、陝西流民大入京師，與城外飢民，市麻籸麥麸爲糜，或掘草根、采木實以食，或身被鎖械，而負瓦揭木，賣妻鬻子以償官。俠畫圖爲書，勾馬遞以聞，曰：「如行臣之言，十日不雨，即乞斬臣，以正欺罔之罪。」又自劾擅發馬遞待罪，時熙寧七年三月二十六日也〔五五〕。神宗皇帝覽疏歎息，終夕不寐。翌日，遂詔韓維、孫永體量免行錢，詔曾布體量市易法，又詔司農寺發常平倉，放商稅務及諸門稅錢三十文以下，市利錢二十文以下，青苗、免役權罷追索，方田、保甲並罷。凡此類十八事，民間讙呼相慶。四月一日，遂下詔責躬求言。越三日，大雨，十一日〔五六〕，早朝賀雨，神宗出圖狀示宰執，且責之，丞相以下皆謝罪。是日有旨，放俠擅發馬遞之罪，荆公遂力求去，於是其徒爭言俠罪，詔送開封取勘。時士庶欲應詔言事者甚衆，聞此皆沮縮，而姦人託名爲書，日詣匭獻之，乞留荆公，守新法，而治俠罪。會熙河小捷，群小因得入其言，吕惠卿、鄧綰之徒，至環泣上前。已而荆公卒去位，薦惠卿以代己，命下之日，京師大風雨，土翳席逾寸。俠又上書言：「安石本爲惠卿所誤至此，今復相扳援，以遂前非，不復爲宗社計。昔唐天寶之亂，國忠已誅，貴妃未戮，人以爲賊本尚在。今日之事，何以異此！」又上疏諫用兵，語甚切。屬熙河奏捷，殺戮甚衆，上爲惻然，手詔諭王韶等：「今後只務招降，未征餘黨〔五七〕，毋以多殺爲功。」於是惠卿等益惡之，亟取開封所勘擅發馬遞事下刑部，定合罰銅十斤，取旨勒停。俠又上書言：「大臣奏以三路流民，皆爲南北下各有田，名鸞子田，若北旱則南，南荒又北。此皆誣罔上聽。臣乞勘會三路之民，自去冬流移，至今不已，何人是南方有田者？」它語譏大臣甚衆，并詆臺諫皆如芻靈木偶，又言禁中被甲登殿等事。奏入，執政大怒，言於上以爲謗訕朝政，追毀出身以來文字，送汀州編管。既行，上問惠卿：「鄭俠小臣，禁中密事及大臣奏對之言，何自聞之？」惠卿對曰：「此皆馮京手録，使王安國持示，導之使言耳。」惠卿與京同列，議多矛盾，又以諂事荆公，爲安國所疾，屢諷其兄不寤，故併中之。已而上以惠卿語責京，京惶駭對曰：「臣與鄭俠素不相識。」上方疑之。御史知雜張琥遂以俠事劾京，京奏：「俠行未遠，乞追還對辨。」遂詔付臺推勘，遣奉禮郎舒亶追俠，及諸太康，搜其衣橐，得王克臣所贐銀三十兩〔五八〕，御史臺知班楊忠信所贈韓、范、司馬諸公所言新法不便奏藁兩帙，遂逮赴詔獄。俠對：「實不識京，但每遣門人吴無至詣檢院投匭，判院丁諷輒爲無至道京稱歎之語。及罷局時，遇安國於途，安國馬上舉鞭相揖曰：『賢可謂獨立不懼。』因隨至所居，求觀前後奏草。俠答以未嘗存留。安國言：『亦見所與家兄書，家兄雖安國之言亦不聽，而況公乎？』

俠曰：『不意丞相一旦爲小人所誤，以至於此。』安國曰：『是何爲小人所誤！家兄自以爲人臣子不當避四海九州之怨，使四海九州之怨盡歸於己，方是臣子盡忠國家。』俠曰：『未聞堯、舜在上，夔、契在下，而有四海九州之怨。』安國以爲然。忠信者，嘗應四月一日詔書，言新法不便。因謂俠曰：『御史職在諫爭，皆緘默不言，公一監門爾，乃上書不已，是言責在監門而臺中無人也。』探懷中書授俠曰：『以此爲正人助。』京未嘗使安國傳導省中語，凡所論乃鄰居内殿崇班楊永芳所告也。」安國赴對不承，俠責之曰：「凡對制使，不當有隱，口所言者，安得諱之？天地鬼神，皆在左右，學士欲誰欺耶？」安國乃伏。獄成，俠改送英州編管，忠信、無至皆真決編管湖外，京罷政，諷落職，安國追毀告身，放歸田里。俠徒步赴貶居十年，樞密直學士陳襄在經筵日，嘗論薦當世之士，自司馬公而下三十三人，最後言：「鄭俠小臣，愚直敢言如此，是亦發於忠義，非陛下矜憐其志，而使得生還，誰復爲俠言者？」尋以哲宗登極恩霈放還，用蘇軾、孫覺、虞大寧等薦，除泉州州學教授。秩滿，諸生借留州，奏得再任。元符元年，再貶英州。徽宗登極放還，復爲泉學教授。崇寧初，又勒停，尋復將仕郎。宣和初卒。俠性清儉，布衣糲食終其身。平居進止，必以禮法，閨門怡然，不肅而治。喜賓客，樂教訓，嗇用廣施，鄉里敬之。中表有應舉不以實年者，俠戒之曰：「方謀入仕，已有欺君之心，不可。」暇日聞子姪誦詩考槃之義曰：「『弗諼』者，弗忘君之惡；『弗過』者，弗過君之朝；『弗告』者，弗告君以善。碩人之於君，有卷卷之不忍也，故永矢以絶之。」公嘆曰：「是何言與！古之人在畎畝不忘其君，況於賢者，一不見用而忿戾若是哉！蓋『弗諼』者，弗忘君也；『弗過』者，弗以君爲過也；『弗告』者，弗以告他人也。」其存心如此，故雖流落頓挫之餘，一話一言，未嘗不在君父，覩政役繁興，民物嗷嗷，但顰顣而已。鄭介夫言行録

錢景諶者，忠懿王孫，師事康節先生，舊與王荆公善。後荆公用事，論新法不合，遂相絶，終身爲外官。其家集有答兖守趙度支書，自序甚詳，云：「始僕爲進士時，彼爲太常博士，主別頭試，取僕於數百人之中。是後日遊其門，執師弟子之禮，授經論文，非二帝、三王之道，孔子、孟子之言不言。及僕丁家難，聞其參大政，天下之人無不懽喜鼓舞，謂其必能復三代之風，一致太平。是時僕自許昌以私事來京師，因見之於私第。方盛夏，與僧智緣者並卧於地，又與其日最親者一人袒露而坐於傍〔五九〕，顧僕脱帽褫服，初不及其他。卒然見問曰：『青苗、助役如何？』僕對以『利少而害多，後日必爲平民之患』。又問曰：『孰爲可用之人？』則對以『居喪不交人事，而知人之難尤非淺淺事』。彼不樂。僕私自謂，大賢爲政於天下，必有奇謀遠業〔六〇〕，出人意表，亦不敢必其乖亂〔六一〕。及歸許，見其變祖宗法度，專以聚斂苛刻爲政，務爲新奇，謂之新法，而天下好進之人，紛紛然以利進矣，殊非前日

之所講而聞者。又二三年，僕以調官來京師，當其作相〔六二〕，又往見之。彼喜僕之來，令先見其弟平甫。平甫固故人知我者，亦喜曰：『相君欲以館閣處君，而任以事。』僕戲與平甫相誚，以謂『百事皆可，所不知者新書、役法耳』。平甫雖以僕爲太方〔六三〕，然擊節賞歎，以爲知言。及見彼，首言欲僕治峽路役書，又以戎、瀘蠻事見委。僕以不知峽路民情，而戎、瀘用兵繫朝廷舉動，一路生靈休戚，願擇知兵愛人者。彼大怒。時坐客數十人，無不爲僕寒心者。後僕官繁、鄧，彼益任政用事，而一代成法無一二存者。百姓愁苦，而郡縣吏惴惴憂懼，虞以罪去。且不但變其法制而已，乃以穿鑿不經〔六四〕，入於虛無，牽合臆說，作爲字解者，謂之時學，而春秋一王之法，獨廢而不用。又以荒唐誕怪，非昔是今，無所統紀者，謂之時文。傾險趨利，殘民而無耻者，謂之時官。驅天下之人，務時學，以時文邀時官。僕既預仕籍，而所學者聖賢事業，專以春秋爲之主，皆大中至正，三綱五常之道。其所爲文，學六經而爲，必本於道德性命，而一歸於仁義。其施於官者，則又忠厚愛人，兼善天下之道。自顧不合於時，而學之又不能，方惶惶然無所容其迹。而故人張諫議正國辟僕爲高陽帥幙，到官已逾一年矣。今春邵堯夫先生亦有書招我爲洛中之游，兼有詩云：『年光空去也，人事轉蕭然。』止俟貧老之兄生事粗足〔六五〕，幼而孤者有分有歸，亦西歸洛中，守先人墳墓，徜徉于有洛之表，吾願畢矣。」聞見録

校勘記

〔一〕初署　「初」下涑水記聞附録三温公瑣語有「簽」字。
〔二〕一讀過　「一讀過」，同前書作「讀一周」。
〔三〕一不問　「一不」，同前書作「不一」。
〔四〕急急　「急急」，同前書作「汲汲」。
〔五〕懇求外補　「懇」上同前書有「少時」二字。
〔六〕江南東路　「東」原誤作「西」，據同前書改。本書卷前王安石小傳亦作「東」。
〔七〕安石辭七八章　「辭」上同前書有「又」字。
〔八〕其同儕觀之　「觀」上同前書有「借」字。
〔九〕踢其脅　「脅」下同前書有「下」字。
〔一〇〕不問　「不」上同前書有「遂」字。
〔一一〕瑣言　按前有引温公瑣語者，查此條亦出自温公瑣語，疑「言」當作「語」。
〔一二〕仁宗尤甚　「仁宗」上邵氏聞見録卷二有「於」字。
〔一三〕每謂漢文帝不足取　同前書句作「每以漢文帝恭儉爲不足取者」。
〔一四〕文彥博　「博」下同前書有「而下」二字。

〔一五〕召館職　「召」下邵氏聞見録卷九有「試」字。

〔一六〕明著其事　「明」，同前書作「昭」。

〔一七〕按：此條前文卷一之一已引。

〔一八〕固有以處之矣　「固有以」三字邵氏聞見録卷九作「有所」二字。按：此條前文卷一之一已引。

〔一九〕諸公　「諸」上原衍「諸」字，據東軒筆録卷六删。

〔二〇〕儒者　「儒」字原脱，據琬琰集下集卷一四王荆公安石傳及宋史卷三二七王安石傳補。

〔二一〕夫人爲買一妾　邵氏聞見録卷一一作「潁公夫人言之，爲買一妾」。

〔二二〕温公主差役　「役」下同前書有「雖舊典亦有弊」一句。

〔二三〕子厚罪去　「罪」，同前書明鈔本作「罷」。

〔二四〕納土　「土」原誤作「上」，據同前書改。

〔二五〕引親暱　「引」下涑水記聞卷一六有「介甫」二字。

〔二六〕經事　「事」，同前書作「義」。

〔二七〕熙寧六年十一月　「六」，據涑水記聞卷一六鄧廣銘校，長編卷二七〇熙寧八年十一月丙戌條、宋彭百川太平治蹟統類卷一三神宗任用王安石及宋史卷三二七王安石傳均作「八」。

〔二八〕不附新法　「法」下長編卷二七〇熙寧八年十一月丙戌條有「者」字。

〔二九〕既而　「而」下東軒筆録卷五有「鄧綰」二字。
〔三〇〕而李逢之獄又挾李士寧之事以撼荆公　「挾」原誤作「扶」，據同前書改。
〔三一〕供家財簿　「財」下同前書有「以造」二字。
〔三二〕夤緣　「夤」原誤作「寅」，據同前書改。
〔三三〕落落難鍾老栢青者　「鍾」，同前書作「終」。
〔三四〕遽問曰　「曰」原誤作「日」，據同前書改。
〔三五〕綰欲用其黨方揚爲臺官　「爲」原缺，據同前書卷六補。
〔三六〕練亨甫　「練」上琬琰集下集卷一四王荆公安石傳有「緣」字，較長。
〔三七〕荆公以未謝　「謝」下東軒筆録卷一二有「恩」字，較長。
〔三八〕白門　「白」，同前書作「南」。
〔三九〕元豐癸丑春　各本及東軒筆録卷一二均如此，然元豐無癸丑，疑當作癸亥。
〔四〇〕東軒筆録　「軒」原誤作「坡」，按此條出自東軒筆録卷一二，據改。
〔四一〕不可疑也　「不」，張本作「大」。
〔四二〕祖馬監　「祖」，洪、張本作「祖宗」。
〔四三〕故以後日録下欺哲宗匿之　「下」，邵氏聞見録卷一二作「卞」；「哲」，同書作「神」。
〔四四〕未有無敝者　「敝」，洪、張本作「弊」。

〔四五〕鄉民　「鄉民」二字原脱，據洪、張本及宋楊時龜山先生語録卷三補。
〔四六〕州縣間　「間」原誤作「問」，據洪、張本及同前書改。
〔四七〕亦不至無廉耻　「亦」，同前書卷一作「似」。
〔四八〕賜金　「金」下同前書卷四有「荆公」二字。
〔四九〕即時送　「送」下原衍「時送」二字，據同前書删。又同前書「送」作「賜」。
〔五〇〕從辟　「從」，東軒筆録卷五作「後」。
〔五一〕初　按：從此字始同前書原作另條。
〔五二〕時因　「時因」，同前書作「閒日」。
〔五三〕吕惠卿　「吕」上同前書有「時」字。
〔五四〕拾髮　「拾」，宋史卷三二一鄭俠傳作「捨」。
〔五五〕熙寧七年　「七」字原脱，據洪、張本補。
〔五六〕十一日　洪、張本作「七日」。
〔五七〕未征餘黨　「未」，原誤作「木」，據洪、張本改。
〔五八〕王克臣　「克」，洪、張本作「堯」。按：宋史卷三四三鄧潤甫傳有「同鄧綰、張琥治鄭俠獄，深致其文，入馮京、王安國、丁諷、王堯臣於罪」等語，而卷二五〇王克臣傳又有「熙寧中，爲開封、度支二判官，遷鹽鐵副使。時鄭俠以上書竄嶺表，克臣嘗薦俠，且餽之白金，又坐奪官」

云云，兩處所叙不同，似當以作王克臣爲是。

〔五九〕日最親者　「日」，邵氏聞見録卷一二無。

〔六〇〕奇謀遠業　「業」，同前書元鈔本作「策」。

〔六一〕乖亂　「乖」，同前書作「無」。

〔六二〕當其作相　「相」下同前書有「當國」二字。

〔六三〕太方　「方」，同前書元鈔本作「戇」。

〔六四〕穿鑿不經　「不」，同前書作「六」。

〔六五〕止俟貧老之兄生事粗足　「貧老之兄」，同前書作「貧而老者」。

三朝名臣言行録卷第七

七之一　丞相温國司馬文正公

公名光，字君實，陜州夏縣人。初以父任爲將作監主簿，舉進士甲科，簽書武成軍判官事。入爲國子監直講，召試，除館閣校勘，同知太常禮院。從龐莊敏公辟通判并州事，擢脩起居注，同知諫院，除知制誥，力辭至八九，改授天章閣待制兼侍講，仍知諫院。神宗初，擢爲翰林學士，力辭，不許，爲御史中丞。遷翰林侍讀學士，拜樞密副使，辭不拜，以端明殿學士出知永興軍，移知許州，不赴，乞判西京留司御史臺以歸。又提舉崇福宮，居洛十五年。官制行，改太中大夫、資政殿學士。元豐八年，除知陳州，詔過闕入見，則拜門下侍郎。元祐元年，拜左僕射兼門下侍郎。九月，薨，年六十八。時方祀明堂，禮成不賀，贈太師、温國公。哲宗親篆碑額曰「清忠粹德之碑」。紹聖初，奪贈謚，仆所立碑，再貶爲朱崖軍司户參軍。崇寧元年，除名入黨籍。靖康初，詔復贈謚。至建炎二年，遂詔配饗哲廟云。

公自成童〔一〕，凛然如成人。七歲聞講左氏春秋，大愛之，退爲家人講，即了其大義。自是手不釋書，至不知飢渴寒暑。年十五，書無所不通。文詞醇深，有西漢風。蘇内翰撰行狀○又冷齋夜話云：司馬温公童稚時與群兒戲於庭，庭有大瓮，一兒登之，足跌没水中，群兒皆棄去，公則以石擊瓮，水因穴而迸，兒得不死。蓋其活人手段，已見齠齓中。至今京、洛間多爲小兒擊瓮圖。○又邵氏後録云：予見温公親書一帖云：「光年五六歲，弄青胡桃，女兄欲爲脱其皮，不得。女兄去，一婢子以湯脱之。女兄復來，問脱胡桃皮者，光曰：『自脱也。』先公適見，訶之曰：『小子何得謾語！』光自是不敢謾語。」○又吕氏家塾記云：司馬温公幼時患記問不若人，群居講習，衆兄弟既成誦游息矣，獨下帷絶編，迨能倍諷乃止。用力多者收功遠，其所精誦，乃終身不忘也。温公嘗言：「書不可不成誦，或在馬上，或中夜不寢時，詠其文，思其義，所得多矣。」

山谷言：頃與范内翰純甫同局，純甫多能言温公事。方公初官時，年尚少，家人每每見其卧齋中，忽蹶起，着公服，執手版危坐，久率以爲常，竟莫識其意。純甫常從容問之，答曰：「吾時忽念天下安危事。」夫人以天下安危爲念，豈可不敬耶？冷齋夜話

知禮院，時中官麥允言死〔二〕，詔以允言有軍功，特給鹵簿。公言：「孔子不以名器假

人。今允言近習之臣，非有元勳大勞，而贈三公，給鹵簿，其爲繁纓，不亦大乎？」故相夏竦卒，詔賜謚文正，公言：「謚之美者，極於文正，竦何人，可以當此？」書再上，改謚文莊。行狀

公之召試，樞密副使龐籍之薦也。籍爲鄆州，徙并州，皆辟公通判事〔三〕，公感籍知己，爲盡力。時趙元昊始臣，河東貧甚，官苦貴糴，而民疲於遠輸。麟州窟野河西多良田，皆故漢地，公私雜耕。天聖中，始禁田河西者，虜乃得稍蠶食其地，俯窺麟州，爲河東憂。籍請公案視，公爲畫五策：「宜因州中舊兵，益禁兵三千，廂兵五百，築二堡河西，可使堡外三十里虜不敢田，則州西六十里無虜矣。募民有能耕麟州閑田者，復其税役十五年，能耕窟野河西者，長復之，耕者必衆，官雖無所得，而糴自賤，可以漸紓河東之民。」籍移麟州，如公言。而兵官郭恩勇且狂，夜開城門，引千餘人渡河，載酒食，不爲戰備，遇敵死之。議者歸罪於籍，罷節度使，知青州。公守闕，三上書，乞獨坐其事，不報。籍初不以望公，而公深以自咎。籍既没，升堂拜其妻如母，撫其子如昆弟，時人兩賢之。行狀

交趾貢異獸，謂之麟，公言：「真僞不可知。使其真，非自至，不爲瑞；若僞，爲遠夷笑。願厚賜而還之。」因奏賦以諷。行狀

有司奏六月朔，日當食。公言：「故事，食不滿分或京師不見皆賀。臣以爲日食四方

見京師不見，天意人君爲陰邪所蔽，天下皆知而朝廷獨不知，其爲災當益甚，皆不當賀。」詔從之。後遂以爲常。行狀

蘇轍舉直言策，入第四等，而考官胡宿以爲不當收。公言：「轍於同科四人中，言最切直，有愛君憂國之心，不可不收。」時宰相亦以爲當黜，仁宗不許，曰：「求直言而以直棄之，天下其謂朕何！」公遂與諫官王陶同上疏：「願爲宗廟社稷自重，卻罷宴飲，安養神氣，後宫嬪御，進見有度，左右小臣，賜予有節，厚味腊毒，無益奉養者，皆不宜數御。」上嘉納之。行狀

初，至和三年，仁宗始不豫，國嗣未立，天下寒心而不敢言。惟諫官范鎮首發其議，公時爲并州通判，聞而繼之。上疏言：「禮『大宗無其子，則小宗爲之後』者，爲之子也。願陛下擇宗室賢者，使攝儲貳，以待皇嗣之生，退居藩服。不然，則典宿衛，尹京邑，亦足以係天下之望。」疏三上，其一留中，其二付中書。公又與鎮書：「此大事，不言則已，言一出，豈可復反？願公以死爭之。」於是鎮言之益力。及公爲諫官，復上疏，且面言：「臣昔爲并州通判，所上三章，願陛下果斷而力行之。」時仁宗簡默不言，雖執政奏事，首肯而已。聞公言，沈思久之，曰：「得非欲選宗室爲繼嗣者乎？此忠臣之言，但人不敢及爾。」公曰：「臣言此，自謂必死，不意陛下開納。」上曰：「此何害，古今皆有之。」因令公以所言付中書。公

曰：「不可。願陛下自以意喻宰相。」是日，公復言江淮鹽事，詣中書白之。宰相韓琦問公：「今日復何所言？」公默計此大事，不可不使琦知，思所以廣上意者。即曰：「所言宗廟社稷大計也。」琦喻意，不復言。後十餘日，有旨令公與御史裏行陳洙同詳定行户利害，洙與公屏語曰：「日者大饗明堂，韓公攝太尉，洙爲監祭，公從容謂洙：『聞君與司馬君實善，君實近建言立嗣事，恨不以所言送中書，欲發此議，無自發之。』行户利害，非所以煩公也。欲洙見公達此意爾。」時嘉祐六年閏八月也。至九月，公復上疏面言：「臣向者進説，陛下欣然無難，意謂即行矣。今寂無所聞，此必有小人言陛下春秋鼎盛，子孫當千億，何遽爲此不祥之事。小人無遠慮，特欲倉卒之際，援立其所厚善者爾。唐自文宗以後，立嗣皆出於左右之意，至有稱定策國老、門生天子者，此禍豈可勝言哉！」上大感悟，曰：「送中書。」公至中書，見琦等〔四〕：「諸公不及今定議，異日夜半，禁中出寸紙以某人爲嗣，則天下莫敢違。」琦等皆唯曰〔五〕：「敢不盡力。」後月餘，詔英宗判宗正寺，固辭不就職。明年，遂立爲皇子〔六〕。稱疾不入。公復上疏言：「凡人爭絲毫之利，至相爭奪。今皇子辭不貲之富，至三百餘日不受命，其賢於人遠矣。有識聞之，足以知陛下之聖，能爲天下得人。然臣聞父召無諾，君命召不俟駕而禮〔七〕，使者受命不受詞，皇子不當避〔八〕，使者不當徒反。凡召皇子，内臣皆乞責降，且以臣子大義責皇子。宜必入。」英宗遂受命。行狀兖國公主下嫁李瑋，以驕恣聞。公上疏言：「太宗時，姚坦爲兖王翊善，有過必諫。左右教王詐疾，踰月，太宗召王乳母入，問起居狀。乳母曰：『王無疾，以姚坦故，鬱鬱成疾耳。』太宗怒曰：『王年少，不知爲此，汝輩教之。』杖乳母數十，召坦慰勉之。齊國獻穆大長公主，太宗之子，真宗之妹，陛下之姑，而謙恭率禮，天下稱其賢。願陛下教子，以太宗爲法，公主事夫，以獻穆爲法。」已而公主不安於李氏，詔瑋出知衛州，公主入居禁中，而瑋母楊歸其兄璋，散遣其家人。公言：「陛下追念母家〔九〕，使瑋尚主〔一〇〕，今乃母子離析，家事流落，陛下獨無雨露之感，悽惻之心乎？瑋既責降，公主亦不得無罪。」上感悟，詔公主降封沂國，待李氏恩禮不衰。行狀

除知制誥，辭至八九，乃改天章閣待制，兼侍講。按文集，公有上龐丞相啓云：「光於屬文性分素薄，又懶爲之，當應舉時，强作科場文字，雖僅能牽合，終不甚工。頗慕作古文，又不能刻意致力，闕前脩之藩，徒使其言迂僻鄙俚，不益世用。雖親舊書啓，不免假手於人。今知制誥之職掌，爲天子作詔文，宣布華夷，豈可使假手答書啓者爲之邪？若苟貪榮利，强顔爲之，不惟取一身没齒之羞，亦非所以增朝廷之光華也。」以是觀之，光之不授知制誥，出於赤誠，非飾讓也，但不爲朝廷及世人所諒耳。

充媛董氏薨，贈淑妃，輟朝成服，百官奉慰定謚行册禮，葬給鹵簿。公言：「董氏秩本微，病革之日，方拜充媛。古者婦人無謚，近制惟皇后有之，鹵簿本以賞軍功，未嘗施於婦

人，惟唐平陽公主有舉兵佐高祖定天下之功，乃得給，至韋庶人始令妃主葬日皆給鼓吹，非令典，不足法。」時有司新定後宫封贈法，皇后與妃皆贈三代。公言：「别嫌明微，妃不當與后同。袁盎引却慎夫人坐，正爲此耳。天聖親郊，太妃止贈二代，而況妃乎！」行狀

仁宗崩，英宗以哀毁致疾，慈聖光獻太后同聽政。公首上疏言：「章獻明肅太后，保佑先帝進賢退姦，有大功於趙氏，特以親用外戚小人，故負謗天下。今太后初攝大政，大臣忠厚如王曾，清純如張知白，剛正如魯宗道，質直如薛奎者，當信用之。鄙猥如馬季良，讒諂如羅崇勳者，當疏遠之。則天下服。」又上疏英宗言：「漢宣帝爲昭帝後，終不追尊衛太子、史皇孫；光武起布衣，得天下，自以爲景帝後〔一一〕，亦不追尊鉅鹿都尉、南頓君。惟哀、安、桓、靈，皆自旁親入繼大統，追尊其父祖，天下非之，願以爲戒。」行狀

公所得仁宗遺賜珠金直百餘萬，率同列三上章言：「國有大憂，中外窘乏，不可專用乾興故事，若遺賜不可辭，則宜許侍從以上進金錢，佐山陵費。」不許。公乃以所得珠爲諫院公使錢，金以遺其舅氏，義不藏於家〔一二〕。

英宗疾既平，皇太后還政。公上疏言：「治身莫先於孝，治國莫先於公。」其言切至，皆母子間人所難言者。時有司立法，皇太后有所取用，有司奏覆，得御寶乃供。公極論以爲不可，當直下合同司移所屬立供如上所取，已乃具數奏太后，以防矯僞。行狀

曹佾除使相，兩府皆遷。公言：「佾無功而得使相，陛下以慰母心爾。今兩府皆遷，無名，若以還政爲功，則宿衛將帥，内侍小臣，必有覬望。」已而都知任守忠等皆遷，公復爭之，因論：「守忠大姦，陛下爲皇子，非守忠意，沮壞大策，離間百端，賴先帝不聽。及陛下嗣位，反覆革面，交搆兩宫，國之大賊，人之巨蠹，乞斬於都市以謝天下。」詔以守忠爲節度副使，蘄州安置。天下快之。行狀

時有詔陝西刺民兵號義勇，公上疏極論其害，云：「康定、慶曆間，籍陝西民爲鄉弓手，已而刺爲保捷指揮，民被其毒，兵終不可用，遇敵先北，正兵隨之，每致崩潰。縣官知其坐食無用，汰遣歸農，而惰游之人，不能復反南畝，彊者爲盜，弱者爲之轉徙〔一三〕，父老至今流涕也。今義勇何以異此！」章六上，不從。乞罷諫官，不許。行狀○又龍川志云：治平中，韓魏公建議於陝西刺義勇，凡三丁刺一，每人支買弓箭錢三貫文省〔一四〕，共得二十餘萬人。深山窮谷，無得脱者。人情驚撓，而民兵紀律疏略，終不可用，徒費官錢不貲，無一人敢言其非者。司馬君實時爲諫官，極言不便，持劄子至中堂〔一五〕，魏公曰：「兵貴先聲後實。今諒祚方桀驁，使聞陝西驟益二十萬兵，豈不震慴？」君實曰：「兵之用先聲，爲無其實也，獨可以欺之於一日之間耳。少緩則敵知其情，不可復用矣。今吾雖益二十萬兵，然實不可用，不過十日〔一六〕，西人知其詳，不復懼矣。」魏公不能答，復曰：「君但見慶曆間，陝西鄉兵初刺手背，後皆刺面充正兵，憂今復作爾耳。今已降敕牓與民約，永不充軍戍邊矣。」君

實曰：「朝廷屢失信，民間皆憂此事，未敢以敕牓爲信，雖光亦未免疑也。」魏公曰：「吾在此，君無憂此語之不信。」君實曰：「光終不敢奉信，非獨光不敢信，但恐相公亦不能自信耳。」魏公怒曰：「君何相輕甚邪？」君實曰：「相公長在此坐可也，萬一均逸偃藩，它人在此，因相公見成之兵，遣之運糧戍邊，反掌間事耳。」魏公默然，然竟不爲止。其後不十年，義勇運糧戍邊，率以爲常，一如君實之言。

王廣淵除直集賢院，公言：「廣淵姦邪不可近，昔漢景帝爲太子，召上左右飲，衛綰獨稱疾不行，及即位，待綰有加。周世宗鎮澶淵，張美掌州之錢穀，世宗私有求假，美悉力應之，及即位，薄其爲人，不用。今廣淵當仁宗之世，私自結於陛下，豈忠臣哉！願黜之以厲天下。」行狀

執政建言濮安懿王德盛位隆，宜有尊禮，詔太常禮院與兩制議。翰林學士王珪等相顧不敢先，公獨奮筆立議曰〔一七〕：「爲之後者爲之子，不敢復顧其私親。今日所以崇奉濮安懿王，典禮宜一準先朝封贈期親尊屬故事，高官大爵，極其尊榮。」議成，珪即敕吏，以公手藁爲案，至今存焉。時中外洶洶，御史吕誨、傅堯俞、范純仁、吕大防、趙鼎、趙瞻等皆爭之，相繼降黜。公上疏乞留之，不可。則乞與之皆貶。行狀

初，西戎遣使致祭，而延州指使高宜押伴，傲其使者，侮其國主。使者訴於朝，公與吕誨乞加宜罪，不從。明年，西戎犯邊，殺略吏士，趙滋爲雄州，專以猛悍治邊，公亦論其不

可。至是契丹之民，有捕魚界河，伐柳白溝之南者，朝廷以知雄州李中祐爲不材，選將代之。公言：「國家當戎狄附順時，好與之計較末節，及其桀驁，又從而姑息之。近者西戎之禍，生於高宜，北狄之隙，起於趙滋。朝廷方賢此二人，故邊臣皆以生事爲能。今若選將代中祐，則來者必以滋爲法，而以中祐爲戒，漸不可長。宜敕邊吏，疆埸細故，徐以文檄往反，若輕以矢刃相加者，坐之。」行狀

神宗即位，首擢公爲翰林學士，公力辭，不許。上面諭公：「古之君子，或學而不文，或文而不學，惟董仲舒、揚雄兼之。卿有文學，何辭爲？」公曰：「臣不能爲四六。」上曰：「如兩漢制詔可也。」公曰：「本朝故事不可。」上曰：「卿能舉進士，取高等，而云不能四六，何也？」公趨出，上遣内臣至閤門，强公受告，拜而不受。趨公入謝，曰：「上坐以待公。」公入，至廷中，以告置公懷中，不得已乃受。行狀

除御史中丞。王陶論宰相不押常朝班爲不臣，宰相不從，陶爭之力，遂罷。公既繼之，言：「宰相不押班，細故也，陶言之過，然愛禮存羊，則不可已。自頃宰相權重，今陶復以言宰相罷，則中丞不可復爲，臣願俟宰相押班，然後就職。」上曰：「可。」陶既出知陳州，謝章詆宰相不已，執政議再貶陶，公言：「陶誠可罪，然陛下欲廣言路，屈己受陶，而宰相獨不能容之？」乃已。行狀

公上疏論脩心之要三，曰仁，曰明，曰武。治國之要三，曰官人，曰信賞，曰必罰。其説甚備。且曰：「臣昔爲諫官，即以此六言獻仁宗，其後以獻英宗，今以獻陛下。平生力學所得，盡在是矣。」行狀

公在英宗時，與吕誨同論祖宗之制：「勾當御藥院常用供奉官以下，至内殿崇班則出。近歲居此位者，皆暗理官資，食其廩給，非祖宗本意。又，故事，年未五十，不得爲押班。今除張茂則，止四十八，不可。」至是又言之，因論高居簡姦邪，乞加遠竄。章五上，上爲盡罷寄資内臣，居簡亦補外。未幾，復留二人〔一八〕，公復爭之。日録云：壬午，延和登對，言高居簡不宜在左右。因曰：「先帝初立，左右惕息，因居簡以諂自入，故晚年復張。陛下登極，中外頌美，首以留此四人爲失。」上曰：「祔廟畢，自當去。」曰：「閨闥小臣，何與山陵先後？彼知當去，而置肘腋，尤非宜。舜去四凶，不爲不忠；仁宗貶丁謂，不爲不孝。居簡狡猾膽大，不惟離間君臣，恐令陛下母子、兄弟、夫婦皆不寧也。」上命留劄，光請以付密院，上從之。癸巳，崇政登對，言臣與居簡勢難兩留，乞罷中丞，除外任。上曰：「今日已令出外矣。」光曰：「凡左右之臣，不須才智，謹樸小心不爲過則可矣。」又言：「近者王中正往陝西，知涇州劉渙等諂事中正，而鄜延鈐轄吴舜臣違失其意。已而渙等進擢，舜臣降黜，權歸中正，謗歸陛下。是去一居簡得一居簡。」上手詔問公所從知。公曰：「臣得之賓客，非一人言，事之有無，惟陛下知之。若無，臣不敢避妄言之罪。萬一有

之〔一九〕，不可不察。」行狀

壬寅，延和登對，言張方平參政姦邪，貪猥不叶物望，仁宗知之，故不用，不然方平兩登制科，在兩府久矣。上作色曰：「朝廷每有除拜，衆言輒紛紛，非朝廷好事。」光曰：「此乃朝廷好事也。知人帝堯所難，況陛下新即位，萬一用姦邪，臺諫循嘿不言，陛下何從知之？此乃非朝廷好事也。若其競來論列，陛下可以察其是非，若所言公當，雖制命已行，亦當追寢，若挾私非是，自可罪言者。」既退，其暮復以一劄言方平。癸卯，聞予還翰林兼侍讀，滕元發權中丞。晦叔封駁言：「光在臺舉職，不宜遽罷，甫非光之比。」十月丙午朔，詔閤門召光及甫受命。光奏：「臣論張方平若當，方平當罷；不當，臣當貶。不可兩無所問。間臣更加美職，心所未安，不敢祗受。」晚際，上賜手詔敦喻，光上奏謝。丁未，受勑告。日録

甲寅，余初赴經筵，上自製自書資治通鑑序以授光，光受讀，降，再拜。讀三家爲諸侯論，上顧禹玉等，稱美久之。日録

詔用宮邸直省官四人爲閤門祗候。公言：「國初草創，天步尚艱，故即位之始，必以左右舊人爲腹心耳目，謂之隨龍，非平日法也。閤門祗候在文臣爲館職，豈可使厮役爲之。」行狀

邊吏上言：「西戎部將嵬名山，欲以横山之衆，取諒祚以降。」詔邊臣招納其衆。公上

疏極論，以爲：「名山之衆，未必能制諒祚，幸而勝之，滅一諒祚，生一諒祚，何利之有？若其不勝，必引衆歸我，不知何以待之。臣恐朝廷不獨失信於諒祚，又將失信於名山矣。若名山餘衆尚多，還北不可，入南不受，窮無所歸，必將突據邊城以救其命。陛下獨不見侯景之事乎？」上不聽，遣將种諤發兵迎之，取綏州，費六十萬萬。西方用兵，蓋自是始矣。行狀

登州有不成婚婦，謀殺其夫傷而不死者。吏疑問，即承知州事許遵讞之。有司當婦絞，而詔貸之。遵上議，準律，因犯殺傷而自首者，得免所因之罪，婦當減二等〔二〇〕，不當絞。詔公與王安石議之。安石是遵議。公言：「謀殺猶故殺也，皆一事，不可分爲二。若謀爲所因與殺爲二，則故與殺亦可爲二邪？」自宰相文彥博以下，皆附公議，然卒用安石言，至今天下非之。行狀

百官上尊號，公當答詔。上疏言：「先帝親郊，不受尊號，天下莫不稱頌。末年有建言者，國家與契丹有往來書信，彼有尊號而我獨無，以爲深耻。於是群臣復以非時上尊號。漢文帝時，單于自稱『天地所生日月所置匈奴大單于』，不聞文帝復爲大名以加之也。願陛下追用先帝本意，不受此名。」上大悦，手詔答公：「非卿，朕不聞此言，善爲答詞，使中外曉然，知朕至誠，非欺衆邀名者。」遂終身不復受尊號。行狀

執政以河朔災傷，國用不足，乞今歲親郊，兩府不賜金帛，送學士院取旨。公言：「兩

府所賜，以匹兩計止二萬，未足以救災，宜皆減半。」公與學士王珪、王安石同對，公言：「救災節用，宜自貴近始，可聽兩府辭賜。」安石曰：「常衮辭賜饌，時議以爲衮自知不能，當辭位不當辭禄。且國用不足，非當今之急務也。」公曰：「衮辭禄猶賢於持禄固位者，國用不足真急務。安石言非是。」安石曰：「不足者，以未得善理財者故也。」公曰：「善理財者，不過頭會箕斂以盡民財，民窮爲盗，非國之福。」安石曰：「不然。善理財者，不加賦而上用足。」公曰：「天下安有此理。天地所生財貨百物，止有此數，不在民則在官。譬如雨澤，夏澇則秋旱。不加賦而上用足，不過設法陰奪民利，其害甚於加賦。此乃桑羊欺漢武帝之言，太史公書之，以見武帝之不明耳。至其末年，盗賊蜂起，幾至於亂。若武帝不悔禍，昭帝未變法，則漢幾亡。」爭議不已。王珪進曰：「救災節用，宜自貴近始，司馬光言是也。然所費無幾，恐傷國體，王安石言亦是。惟明主裁擇。」上曰：「朕意與光同，然姑以不允答之。」會安石當制，遂引常衮事責兩府，兩府亦不復辭。行狀○案文集，公自記此事甚詳，又云：明日，邇英講讀罷，上獨留介父與語，兩府不敢先出以俟之，至晡後乃出。不數日，參知政事。日録又云：臣非謂今者得兩府郊賚，能富國也，欲陛下以此爲裁省之始耳。且陛下强裁省之則失體，今大臣以河北災傷，憂公體國，自求省郊賚，從其請所以成其美，何傷體之有？

詔公與張茂則同相視二股河及新堤利害〔二一〕。公用都水監丞宋昌言策，乞於二股之西置土堤，約水東流，若東流日深，北流日淺〔二二〕，薪蒭漸備，乃塞其北，放出御河、胡盧河下流，以紓恩、冀、深、瀛以西之患。時議者多不同，公於上前反覆論難甚苦，卒從之。後皆如公言，賜詔獎諭。行狀

王安石始爲政，創立制置三司條例司，建爲青苗、助役、水利、均輸之政，置提舉官四十餘員，行其法於天下，謂之新法。公上疏逆陳其利害，曰：「後當如是。」行之十餘年，無一不如公言者。天下傳誦，以公爲真宰相。雖田父野老，皆號公司馬相公，而婦人孺子，知其爲君實也。邇英進讀蕭何、曹參事，公曰：「參不變何法，得守成之道，故孝惠、高后時，天下晏然，衣食滋殖。」上曰：「漢常守蕭何之法不變，可乎？」公曰：「何獨漢也，使三代之君，常守禹、湯、文、武之法，雖至今存可也。武王克商，曰『乃反商政，政由舊』，然則雖周亦用商政也。書曰『無作聰明，亂舊章』。漢武帝用張湯言，取高帝法紛更之，盜賊半天下。元帝改宣帝之政，而漢始衰。由此言之，祖宗之法，不可變也。」後數日，吕惠卿進講，因言：「先王之法，有一年變者，『正月始和，布法象魏』是也；有五年一變者，『巡狩考制度』是也；有三十年一變者，『刑罰世輕世重』是也，有百年不變者，父慈子孝兄友弟恭是也。前日光言非是，其意以諷朝廷，且譏臣爲條例司官耳。」上問公：「惠卿言何如？」公曰：「『布法象魏』，布舊法也，何名爲變？若『四孟月朔，屬民讀法』，爲時變月變耶？諸侯有

變禮易樂者，王巡狩則誅之，王不自變也。刑，新國用輕典，亂國用重典，平國用中典，是爲『世輕世重』，非變也。且治天下譬如居室，弊則脩之，非大壞不更造也。大壞而更造，非得良匠美材不成。今二者皆無有，臣恐風雨之不庇也。公卿侍從皆在此，願陛下問之。三司使掌天下財，不才而黜可也，不可使兩府侵其事。今爲制置三司條例司，何也？宰相以道佐人主，尚安用例？苟用例則胥史足矣〔一三〕。今爲看詳中書條例司，何也？」惠卿不能對，則詆公曰：「光爲侍從何不言？言而不從何不去？」公作而答曰：「是臣之罪也。」上曰：「相與論是非耳，何至是。」講畢，賜坐戸外。將出，上令徙戸内，左右皆避去。上曰：「朝廷每更一事，舉朝訩訩，何也？」王珪曰：「臣疏賤在闕門之外，朝廷之事不能盡知，借使聞之道路，又不知其虚實也。」上曰：「聞則當言之。」公曰：「青苗出息，平民爲之，尚能以蠶食下户，至飢寒流離，況縣官法令之威乎！」惠卿曰：「青苗法，願取則與之，不願不强也。」公曰：「愚民知取債之利，不知還債之害，非獨縣官不强，富民亦不强也。臣聞作法於凉，其弊猶貪，作法於貪，弊將若之何？昔太宗平河東，立和糴法，時米斗十餘錢，草束八錢，民樂與官爲市。後物貴而和糴不解，遂爲河東世世患。臣恐異日之青苗，猶河東之和糴也。」上曰：「陝西行之久矣，民不以爲病。」公曰：「臣陝西人也，見其病不見其利，朝廷初不許也。而有司尚能以病民，況立法許之乎？」上曰：「坐倉糴米何如？」坐者皆起曰：

「不便。上已罷之，幸甚。」上曰：「未罷也。」公曰：「京師有七年之儲，而錢常乏，若坐倉錢益乏，米益陳，奈何？」惠卿曰：「坐倉得米百萬斛，則省東南百萬之漕，以其錢供京師，何患無錢？」公曰：「東南錢荒而米狼戾，今不糴米而漕錢，棄其有餘，取其所無，農末皆病矣。」侍講吳申起曰：「光言，至論也。」公曰：「此皆細事，不足煩人主。但當擇人而任之，有功則賞，有罪則罰，此則陛下職也。」上曰：「然。『文王罔攸兼于庶言、庶獄、庶慎，惟有司之牧夫。』」公趨出，上曰：「卿得無以惠卿之言不樂乎？」公曰：「不敢。」行狀

邇英留對。是日，光讀資治通鑑賈山上疏言秦皇帝居滅絶之中不自知事，因言從諫之美，拒諫之禍。上曰：「舜堲讒説殄行，若臺諫欺罔爲讒，安得不黜？」光曰：「進讀及之耳，時事臣不敢論也。」及退，上留光謂曰：「呂公著言藩鎮欲興晉陽之甲，豈非讒説殄行也？」光曰：「公著平居與儕輩言，猶三思而發，何故上前輕發乃爾？外人多疑其不然。」上曰：「此所謂『静言庸違』者也。」光曰：「公著誠有罪，不在今日。向者朝廷委公著專舉臺官，公著乃盡舉條例司之人，與條例司互相表裏，使熾張如此，乃始逼於公議，復言其非，此所可罪也。」上言：「安石不好官職及自奉養，可謂賢者。」光曰：「安石誠賢，但性不曉事而愎，此其短也。又不當信任呂惠卿，惠卿真姦邪而爲安石謀主，安石爲之力行，故天下並指安石爲姦邪也。」上曰：「今天下洶洶者，孫叔敖所謂『國之有是，衆之所惡』也。」光曰：

「然。陛下當審察其是非，然後守之。今條例司所爲，獨安石、韓絳、吕惠卿以爲是，天下皆以爲非也。陛下豈能獨與此三人共爲天下邪？」遂退。日録

上問：「近相陳升之，外議云何？」光對：「陛下擢用宰相，臣愚賤，何敢與？」上曰：「第言之。」光曰：「今已宣麻，誕告中外，臣雖言何益？」上曰：「雖然，試言。」光曰：「閩人狡險，楚人輕易。今二相皆閩人，二參政皆楚人，必將援引鄉黨之士，充塞朝廷，天下風俗，何以更得淳厚？」上曰：「然今中外大臣，更無可用者，獨升之有才智，曉民政邊事，它人莫及。」光曰：「升之才智，誠如聖旨，但恐不能臨大節而不可奪耳。昔漢高祖論相，以爲王陵少戇，陳平可以輔之。平智有餘，然難獨任。真宗用丁謂、王欽若，亦以馬知節參之。凡才智之士，必得忠直之人，從旁制之，此明主用人之法也。」上曰：「然升之朕固已誡之。」光曰：「富弼老成，有人望，其去可惜。」上曰：「朕所以留之至矣，彼堅欲去。」光曰：「彼所以欲去者，蓋以所言不用，與同列不合故也。」上曰：「若有所施爲，朕不從而去可也。自爲相，一無施爲，唯知求去，彼信于尼之言，云『雖親，國家事亦勿與知』故也。」上又曰：「王安石何如？」光曰：「人言安石姦邪，則毁之太過，但不曉事，又執拗耳，此其實也。」上曰：「韓琦敢當事，賢於富弼，但木强耳。」光曰：「琦實有忠於國家之心，但好遂非，此其所短也。」上因歷問群臣，至吕惠卿，光曰：「惠卿憸巧，非佳士，使安石負謗於中外，皆惠卿所爲

也。近日不次進用，大不合衆心。」上曰：「惠卿明辨，亦似美才。」光曰：「惠卿文學辨慧，誠如聖旨，然用心不端，陛下更徐察之。江充、李訓若無才，何以動人主？」上因論臺諫天子耳目，光曰：「臺諫天子耳目，陛下當自擇人。今言執政短長者皆斥逐之，盡易以執政之黨，臣恐聰明將有所蔽蒙也。」上曰：「諫官難得，卿更爲擇其人。」光退而舉陳薦、蘇軾、王元規、趙彦若。日録

庚申，延英進讀通鑑三葉畢，上更命讀一葉半。讀至蘇秦約六國從事，上曰：「蘇秦、張儀掉三寸舌，乃能如是乎？」光對曰：「秦、儀爲從横之術，多華少實，無益於治。臣所以存其事於書者，欲見當時風俗，專以辨説相高，人君委國而聽之，此所以謂利口之覆邦家者也。」上曰：「朕聞卿進讀，終日忘倦。」光曰：「臣空疏無取，陛下每過形奬飾，不勝惶懼。」上曰：「卿進讀，每存幾諫。」光對曰：「非敢然也，欲陳著述之本意耳。」日録〔二四〕

呂晦叔曰：昨使契丹，虜中接伴問副使狄諮曰：「司馬中丞今爲何官？」諮曰：「今爲翰林學士兼侍讀學士。」虜曰：「不爲中丞邪？聞是人甚忠亮。」晦叔以著於語録。日録

上謂晦叔曰：「司馬光方直，其如迂闊何？」晦叔曰：「孔子上聖，子路猶謂之迂。孟軻大賢，時人亦謂迂闊。況光豈免此名？大抵慮事深遠，則近於迂矣。願陛下更察之。」日録

韓琦上疏論青苗之害，上感悟，欲罷其法，安石稱疾求去。會拜公樞密副使，公上章力辭至六七，曰：「上誠能罷制置條例司，追還提舉官，不行青苗、助役等法，雖不用臣，臣受賜多矣。不然，終不敢受命。」上遣人謂公：「樞密，兵事也。官各有職，不當以它事爲辭。」公言：「臣未受命，則猶侍從也，於事無不可言者。」安石起視事，青苗法卒不罷，公亦卒不受命。則以書喻安石，三往反，開喻切至，猶幸安石之聽而改也。且曰：「巧言令色鮮矣仁，彼忠信之士，於公當路時，雖齟齬可憎，後必徐得其力，諂諛之人，於今誠有順適之快，一旦失勢，必有賣公以自售者。」意謂吕惠卿。對賓客，輒指言之曰：「覆王氏者，必惠卿也。小人本以利合，勢傾利移，何所不至。」其後六年，而惠卿叛安石，上書告其罪，苟可以覆王氏者，靡不爲也。由是天下服公先知。行狀

八日，垂拱登對，乞知許州或西京留司御史臺、國子監。上曰：「卿何得出外？朕欲申卿前命，卿且受之。」光曰：「臣舊職且不能供，求外補，況敢當進用！」上曰：「何故？」光曰：「臣必不敢留。」上沉吟久之，曰：「王安石素與卿善，卿何自疑？」光曰：「臣與王安石素善，但自其執政，違忤甚多。今忤安石者如蘇軾輩，皆毀其素履，中以危法。臣不敢避削黜，只欲苟全素履。臣善安石，豈如公著？安石舉公著云何，後毁之云何？彼一人之身，何前是後非，必有不信者矣。」上曰：「安石與公著如膠漆，及其有罪，不敢隱其惡，乃安

石之至公也。」上曰：「青苗已有顯効。」光曰：「茲事天下知其非，獨安石之黨以爲是爾。」上曰：「蘇軾非佳士，卿誤知之。鮮于侁在遠，軾以奏藁傳之。韓琦贈銀三百兩而不受，乃販私鹽及蘇木、甆器。」光曰：「凡責人當察其情。軾販鬻之利，豈能及所贈之銀乎？安石素惡軾，陛下豈不知？以姻家謝景温爲鷹犬使攻之，臣豈能自保，不可不早去也。且軾雖不佳，豈不勝李定？定不服母喪，禽獸之不如，安石喜之，欲用爲臺官。」日録

公言司馬君實初除樞密副使，竟辭不受。時公在魏，聞之亟遣人賫書與潞公勉之云：「主上倚重之厚，庶幾行道，道或不行，然後去之可也。似不須堅讓。」潞公以書呈君實，君實云：「自古被這般官爵，引得壞了名節，爲不少矣。」後得寬夫書云：「君實作事，今人所不可及，須求之古人。」韓魏公語録○又魏公與公書云：「伏承懇辭樞弼，必冀感悟上聽，大忠大義，充塞天地，横絶古今，竊與海内有志之士同切傾慕，俱有執鞭之願焉。」

老先生嘗謂金陵曰：「介甫行新法，乃引用一副當小人，或在清要，或爲監司，何也？」介甫曰：「方法行之初，舊時人不肯向前，因用一切有才力者，候法行已成，即逐之，却用老成者守之。所謂智者行之，仁者守之。」老先生曰：「介甫誤矣。君子難進易退，小人反是。若小人得路，豈可去也？若欲去，必成讎敵，它日將悔之。」介甫默然。後果有賣金陵者，雖悔之亦無及也。元城先生語録

出知永興軍，朝辭進對，猶乞免本路青苗、助役。宣撫使下令，分義勇四番，欲以更戍邊，選諸將驍勇，募閭里惡少爲奇兵，調民爲乾糧麨飯〔二五〕，雖内郡不被邊，皆脩城池樓櫓如邊郡。且遣就糧長安、河中、邠，三輔騷然。公上疏，極言：「方凶歲，公私困弊，不可舉事。而永興一路城池樓櫓皆不急，乾糧麨飯昔常造，後無用，腐棄之，宣撫司令，臣皆未敢從。若乏軍興，臣坐之。」於是一路獨得免。行狀

熙寧七年，上以天下旱蝗，詔求直言。公讀詔泣下，欲默不忍，乃復陳六事：「一青苗，二免役，三市易，四邊事，五保甲，六水利。此尤病民者，宜先罷。」又以書責宰相吳充：「天子仁聖如此，而公不言，何也？」行狀

神宗既退司馬温公，一時正人皆引去，獨用王荆公，盡變更祖宗法度，用兵宣利〔二六〕，天下始紛然矣。帝一日侍太后，同祁王至太皇太后宫，時宗祀前數日，太皇太后曰：「天氣晴和，行禮日亦如此，大慶也。」帝曰：「然。」太皇太后曰：「吾昔聞民間疾苦，必以告仁宗，常因赦行之，今亦當爾。」帝曰：「今無它事。」太皇太后曰：「吾聞民間甚苦青苗、助役錢，宜因赦罷之。」帝不懌，曰：「以利民，非苦之也。」太皇太后曰：「王安石誠有才學，然怨之者甚衆。帝欲愛惜保全，不若暫出之於外，歲餘復召用可也。」帝曰：「群臣中惟安石能横身爲國家當事耳。」祁王曰：「太皇太后之言，至言也。陛下不可不思。」帝因發怒，曰：「是

我敗壞天下耶？汝自爲之！」祁王泣曰：「何至是也。」皆不樂而罷。温公常私記富韓公之語如此，而世無知者。崇寧中，蔡京等脩哲宗史，爲王安石傳，至以安石爲聖人，然亦書慈聖光獻后、宣仁聖烈后因間見上，流涕爲言安石變亂天下，已而安石罷相。豈安石之罪，雖其黨竟不能文耶？抑天欲彰吾本朝母后之賢，自不得而删也？帝退安石，十年不用。元豐末，帝屬疾，念可以託聖子也，獨曰：「將以司馬光、吕公著爲師傅。」王安石不預也。烏乎，聖矣哉！聞見録

熙寧初，朝廷遣大理寺丞蔡天申爲京西察訪，妄作威福，震動一路。河南尹、轉運使畜晚衙待之甚恭〔二七〕。時司馬温公判留司御史臺，因朝謁應天院神御殿，天申者獨立一班，蓋尹以下不敢相壓也。既報班齊，温公呼知班曰：「引蔡寺丞歸本班。」知班引天申立監竹木務官富贊善之下。蓋朝儀位著以官爲高下，朝謁應天院，留臺職也。天申即日行。聞見録

元豐五年，公忽得語澁疾，自疑當中風，乃豫作遺表，大略如六事加詳盡，感概親書，緘封置卧内，且死，當以授所善范純仁、范祖禹使上之。凡居洛十五年，再任留司御史臺，四任提舉崇福宫。行狀

孫和甫曰：固在西府，親見神宗晚年，以事無成功，當宁太息，欲召司馬君實用之。時王禹玉、蔡持正並在相位，相顧失色。禹玉憂不知所出，持正密議，欲於西邊深入，探虜巢

穴，以爲此議若行，必不復召君實，雖召，將不至。自是西師入討，夷夏被害，死者無算。蓋自西邊用兵，神宗嘗持淺攻之議，雖一勝一負，猶不至大有殺傷。至於西邊將帥，習知兵事，亦無肯言深入者。非禹玉、持正不歷外任，不習邊事，無敢開此議者。龍川志

元豐五年，文潞公與富韓公集洛中公卿大夫年德高者爲耆英會。以洛中風俗尚齒不尚官，就資聖院建大厦曰耆英堂，温公年未七十，潞公素重其人，用唐狄兼謩故事，請入會。温公辭以晚進，不敢班富、文二公之後。潞公謂温公曰：「彦博留守北京，遣人入大遼偵事回，云見虜主大宴群臣，伶人劇戲，作衣冠者，見物必攫取懷之，有從其後以梃撲之者，曰：『司馬端明耶？』君實清名在夷狄如此。」温公愧謝。聞見録〔二八〕

温公判西京留司御史臺，遂居洛，買園於尊賢坊，以獨樂名之，始與伯温先君子康節先生游。嘗曰：「光陝人，先生衛人，今同居洛，即鄉人也。有如先生道學之尊，當以年德爲貴，官職不足道也。」公嘗問康節曰：「光何如人？」康節曰：「君實脚踏實地人也。」公深以爲知言。康節又曰：「君實九分人也。」其重之如此。聞見録

司馬温公既居洛，時往夏縣展墓，省其兄郎中公，爲其群從鄉人説書講學，或乘興遊荆、華諸山以歸。多遊壽安山，買甃窑畔爲休息之地〔二九〕。嘗同范景仁登嵩頂，由轘轅道至龍門〔三〇〕，涉伊水，至香山，憩石樓，臨八節灘。凡所經從，多有詩什，自作序，曰遊山録，

士大夫爭傳之。公不喜肩輿，山中亦乘馬，路險，策杖以行，故嵩山題字曰：「登山有道，徐行則不困，措足於平穩之地則不跌，慎之哉！」其旨遠矣。聞見録

温公知永興軍，到官踰月，上章曰：「臣之不才，最出群臣之下。先見不如吕誨，公直不如范純仁、程顥，敢言不如蘇軾、孔文仲，勇決不如范鎮。伏望聖恩裁處其罪。若臣罪與范鎮同，則乞依范鎮例致仕。若罪重於鎮，或竄或誅，所不敢逃。」帝必欲用公，召知許州，令過闕上殿。方下詔，謂監察御史裏行程顥曰：「朕召司馬光，卿度光來否？」顥對曰：「陛下能用其言，光必來。不能用其言，光必不來。」帝曰：「未論用其言，如光者常在左右，人主自可無過。」公果辭召命。帝嘗謂左丞蒲宗孟曰：「如司馬光未論別事，只辭樞密一節，朕自即位以來，惟見此一人。」帝之眷禮於公不衰如此。特公以新法不罷，義不可起。元豐官制成，帝曰：「官制將行，欲取新舊人兩用之。」又曰：「御史大夫非用司馬光不可。」蔡確進曰：「國是方定，願少俟之。」王珪亦助其說。至元豐七年秋，資治通鑑書成進御，時拜公資政殿學士，賜帶如二府品數者，脩書官皆遷秩，召范祖禹及公子康爲館職。時帝初微感疾，既安，語宰輔曰：「來春建儲，以司馬公、吕公著爲師保。」至來春三月，未及建儲而帝升遐。神宗知公之深如此。聞見録〔三二〕

神宗崩，公赴闕庭，衛士見公入，皆以手加額曰：「此司馬相公也。」民遮道呼曰：「公

無歸洛，留相天子，活百姓。」所在數千人聚觀之。公懼，會放辭謝，遂徑歸洛。太皇太后聞之，詰問主者，遣使勞公，問所當先者。公言：「近歲士大夫以言爲諱，閭閻愁苦於下，而上不之知，明主憂勤於上，而下無所訴，此罪在群臣，而愚民無知，歸怨先帝，宜下詔首開言路。」從之。下詔榜朝堂，而當時有不欲者於詔語中設六事以禁切言者曰：「若陰有所懷，犯非其分，或扇搖機事之重，或迎合已行之令，上以觀望朝廷之意以僥倖希進，下以眩惑流俗之情以干取虛譽，若此者必罰無赦。」太皇太后封詔草以問公。公曰：「此非求諫，乃拒諫也。人臣惟不言，言則入六事矣。」時有應詔言事而坐越職贖銅者，公具論其情，且請改賜詔書，行之天下。從之。於是四方吏民，言新法不便者數千人。公方草具所當行者，而太皇太后已有旨，散遣脩京城役夫，罷減皇城内覘者，止御前工作，出近侍之無狀者三千餘人，戒飭中外無敢苛刻暴斂，廢導洛司物貨場，及民所養户馬寬保馬限，皆從中出，大臣不與。公上疏謝：「當今急務，陛下略已行之矣，小臣稽慢，罪當萬死。」行狀

拜門下侍郎，公力辭，不許。數賜手詔：「先帝新棄天下，天子冲幼，此何時，而君辭位耶？」公不敢復辭。初，神宗皇帝以英傑絶人之資，勵精求治，凛凛乎漢宣帝、唐太宗之上矣。而宰相王安石用心過當，急於功利，小人得乘間而入，吕惠卿之流以此得志，後者慕之，爭先相高，而天下病矣。先帝明聖，獨覺其非，出安石金陵，天下欣然，意法必變，雖安

石亦自悔恨，其去而復用也，欲稍自改。而惠卿之流，恐法變身危，持之不肯改。然先帝終疑之，遂退安石，八年不復召，而惠卿亦再逐不用。元豐之末，天下多故，及二聖嗣位，民日夜引領，以觀新政，而進説者以爲三年無改於父之道，欲稍損其甚者，毛舉數事，以塞人言。公慨然爭之曰：「先帝之法，其善者，雖百世不可變也。若安石、惠卿等所建，爲天下害，非先帝本意者，改之當如救焚拯溺，猶恐不及。昔漢文帝除肉刑，斬右趾者棄市，笞五百者多死。景帝改之。武帝作鹽鐵、搉酤、均輸等法，昭帝罷之。唐代宗縱宦官，公求賂遺，德宗罷之。德宗爲宫市，五坊小兒暴横，鹽鐵使月進羨餘，順宗罷之。當時悦服，後世稱頌，未有或非之者也。況太皇太后以母改子，非子改父。」衆議乃定。遂罷保甲團教，依義勇法，歲一閲。保馬不復買，見在者還監牧給諸軍。廢市易法，所儲物皆鬻之，不取息，而民所欠錢皆除其息。京東鑄鐵錢，河北、江西、福建、湖南鹽及福建茶法，皆復其舊。獨川峽茶〔三二〕，以邊用，未即罷，遣使相視，去其甚者。户部左右曹錢穀，皆領之尚書。凡昔之三司使事，有散隸五曹及寺監者，皆歸户部，使尚書周知其數，量入以爲出。元祐元年正月，公始得疾。詔公與尚書左丞吕公著朝會，與執政異班再拜而已，免舞蹈。公疾益甚，歎曰：「四患未除，吾死不瞑目矣。」乃力疾上疏，論免役五害，乞直降敕罷之，率用熙寧以前法。有未便，州縣監司節級以聞，爲一路一州一縣法。詔即日行之。又論西戎，大略以和戎爲便，用兵爲失。時異議甚衆，獨太師文彦博議與公合，衆不能奪，遂詔諸將兵皆隸州縣，軍政委守令通決之。又廢提舉常平司，以其事歸之轉運使及提點刑獄。罷青苗錢，專行常平糶糴法。行狀

公奏以文學、德行、吏事、武略等爲十科，以求天下遺材，命文臣升朝以上，歲舉經明行脩一人，如進士高選。皆從之。行狀

元祐初，司馬温公輔政，是歲天下斷死刑凡千人〔三三〕。其後二吕繼之，歲常數倍。此豈智力所能勝耶〔三四〕？談叢

公曰：温公當揆路日，蓋知後必有反覆之禍，然仁人君子，如救焚拯溺，何暇論異日事？元豐之末，京東劇寇欲取掊克吏吳居厚投之鑄冶中，賴居厚覺蚤，間道遁去，不然，賊殺一轉運使，從官得晏然而已乎？劉先生譚録

公欲改新法，或謂公曰：「元豐舊臣如章惇、吕惠卿輩皆小人，它日有以父子之義間上，則朋黨之禍作矣。不可不懼。」公正色曰：「天若祚宋，必無此事。」遂改之不疑。聞見録

公忠信孝友，恭儉正直，出於天性。其好學如飢渴之嗜飲食，於財利紛華，如惡惡臭，誠心自然，天下信之。退居於洛，往來陜、洛間，皆化其德，師其學，法其儉。有不善，曰：「君實得無知之乎？」博學無所不通，音樂、律歷、天文、書數，皆極其妙。晚節尤好禮，爲冠

婚喪祭法，適古今之宜。不喜釋老，曰：「其微言不能出吾書，其誕吾不信。」不事生産，買第洛中，僅庇風雨。有田三頃，喪其夫人，質田以葬。惡衣菲食，以終其身。自以遭遇聖明，言聽計從，欲以身徇天下，躬親庶務，不舍晝夜。賓客或以諸葛孔明事多食少之語戒之，公曰：「死生，命也。」爲之益力。病革，諄諄不復自覺，如夢中語，然皆朝廷大事也。既没，其家得遺奏八紙上之，皆手札，論當世要務。京師民畫其像，刻印鬻之，家置一本，飲食必祝焉。四方皆遣人購之京師，時畫工有致富者。行狀

温公與其兄伯康友愛尤篤，伯康年將八十，公奉之如嚴父，保之如嬰兒，每食少頃，則問曰：「得無飢乎？」天少冷，則拊其背曰：「衣得無薄乎？」范太史集

晁無咎言：司馬温公有言：「吾無過人者，但平生所爲，未嘗有不可對人言者耳。」東坡集

公又云：司馬文正對賓客，無問賢愚長幼，悉以疑事問之。有草簿數枚，常致坐間，苟有可取，隨手記録，或對客即書，率以爲常，其書字皆真謹。公見時已有三十餘簿。劉先生譚録

東都曹生言：「范右相既貴，接親舊情禮如故，它亦不改，世未有也。然體面肥白潔澤，豈其胸中亦以爲樂邪？惟司馬温公枯瘦自如，豈非不以富貴動其心邪？」談叢

公初患歷代史繁重，學者不能綜，況於人主。遂約戰國至秦二世，如左氏體，爲通志八卷以進。英宗悅之，命公續其書〔三五〕，置局祕閣，以其素所賢者劉攽、劉恕、范祖禹爲屬官。神宗尤重其書，以爲賢於荀悅，親爲製叙，賜名資治通鑑，詔邇英讀其書，賜潁邸舊書二千四百二卷。書成，拜資政殿學士，賜金帛甚盛。行狀　又邵氏後録云：温公脩通鑑成進御。丞相王珪、蔡確見上，問何如。上曰：「當略降出，不可久留。」又咨歎曰：「賢於荀悅漢紀遠矣。」罷朝，中使以其書至政事堂，每葉縫合以「睿思殿寶」章。睿思殿，上觀書之所也。

遼人、夏人遣使入朝，與吾使至虜中者，虜必問公起居。及爲相，遼人敕其邊吏曰：「中國相司馬矣，慎毋生事開邊隙。」神道碑

公薨，京師之民罷市而往弔，鬻衣以致奠，巷哭以過車者，蓋以千萬數。上命户部侍郎趙瞻、内侍省押班馮宗道，護其喪歸葬。瞻等還言：「民哭公哀甚，如哭其私親。」四方來會葬者，蓋數萬人，而嶺南封州父老相率致祭，且作佛事以薦公者，其詞尤哀。炷香於手頂以送公葬者〔三六〕，凡百餘人；而畫像以祠公者，天下皆是也。神道碑

先生每與司馬君實説話，不曾放過。如范堯夫十件事，只爭得三四件便已。先生曰：「君實只爲能受盡言〔三七〕，儘人忤逆，終不怒，便是好處。」程氏遺書

伯淳道：「君實之語，自謂如人參、甘草，病未甚時可用也，病甚則非所能及。觀其自

處，必是有以救之之術。」遺書

君實之能忠孝誠實，只是天資，學則元不知學。堯夫之坦夷，無思慮紛擾之患，亦只是天資自美爾，皆非學之功也。遺書○又曰：或問范祖禹曰：「或謂夫子有言：『人有篤學力行而不知道者。』信乎？」祖禹曰：「吾嘗聞之，夫子有指而言之也。」

或云：「三代以下，宰相學術，温公一人而已，公以爲何如？」公曰：「學術誠然，若宰相之才，所以圖回四海者，未敢以爲第一。」蓋當時正人多短於才，所謂愛而知其惡也。劉先生譚録

蘇内翰軾作公神道碑，銘曰：「於皇上帝，子惠我民。孰堪顧天，惟聖與仁。聖子受命，如堯之初。神母詔之，匪亟匪徐。聖神無心，孰左右之。民自擇相，我興授之。其相惟何，太師温公。公來自西，一馬二童。萬人環之，如渴赴泉。孰不見公，莫如我先。二聖忘己，惟公是式。公亦無我，惟民是度。民曰樂哉，既相司馬。爾賈于途，我耕于野。士曰時哉，既用君實。我後子先，時不可失。公如麟鳳，不鷙不搏。羽毛畢朝，雄狡卒服。爲政一年，疾病半之。功則多矣，百年之思。知公于異，識公于微。匪公之思，神考是懷。天子萬年，四夷來同。薦于清廟，神考之功。」

范太史祖禹作布衾銘記云：温國文正公所服之布衾，隸書百有十字。曰「景仁惠」者，

端明殿學士范蜀公所贈也；曰「堯夫銘」者，右僕射高平公所作也。元豐中公在洛，蜀公自許往訪之，贈以是衾。先是，高平公作布衾銘以戒學者，公愛其文義，取而書於衾之首。及寢疾，東府治命，斂以深衣而覆以是衾。公於物澹無所好，唯於德義若利欲。其清如水，而澄之不已；其直如矢，而端之不止。故其居處必有法，動作必有禮，其被服如陋巷之士，一室蕭然，圖書盈几，終日靜坐，泊如也。又以圓木爲警枕，小睡則枕轉而覺，乃起讀書。蓋恭儉勤禮，出於天性，自以爲適。不勉而能與二范公爲心交，以直道相與，以忠告相益，凡皆如此。其誠心終始如一，將殁而猶不忘。祖禹觀公大節與其細行，雖不可遽數，然本於至誠無欲，天下信之，故能奮然有爲，超絶古今。居洛十五年，若將終身焉，一起而功被天下，内之嬰童婦女，外之蠻夷戎狄，莫不敬其德，服其名，唯至誠故也。公兄子宏得公手澤紙本于家，屬祖禹序其本末，俾後世師公之儉云。范集

校勘記

〔一〕成童 「成」，蘇軾文集卷一六司馬温公行狀作「兒」，疑當作「兒」。

〔二〕麦允言死 「麦」，同前書作「麥」。

〔三〕通判事　「判」下同前書有「州」字。

〔四〕見琦等　「等」下同前書有「曰」字，於意較完足。

〔五〕琦等皆唯曰　「唯」下同前書重「唯」字。

〔六〕皇子　「皇」下同前書有「太」字。

〔七〕不俟駕而禮　「禮」，同前書作「行」。

〔八〕不當避　「避」上同前書有「辭」字。

〔九〕母家　「母家」，同前書作「章懿皇后」。

〔一〇〕使瑋尚主　「使」上同前書有「故」字。

〔一一〕自以爲景帝後　「景」，同前書作「元」。按：南朝宋范曄後漢書卷一光武帝紀謂光武「出自景帝生長沙定王發」，作元帝恐誤。

〔一二〕按：此條亦出自蘇軾文集卷一六司馬温公行狀，漏注「行狀」二字。

〔一三〕弱者爲之轉徙　同前書作「弱者轉死」。

〔一四〕三貫文省　「三」，龍川别志卷下作「二」。

〔一五〕中堂　「中」下同前書有「書」字。

〔一六〕十日　「日」原誤作「曰」，據同前書改。

〔一七〕奮筆　「筆」字原無，據蘇軾文集卷一六司馬温公行狀補。

〔一八〕復留二人　「留」下同前書有「陳承禮、劉有方」二人名。

〔一九〕萬一有之　「一有」二字原誤倒，據同前書乙正。

〔二〇〕二等　「二」，同前書作「三」。

〔二一〕新堤　「新」，同前書作「土」。

〔二二〕北流日淺　「日」，同前書作「自」。

〔二三〕苟用例則胥史足矣　同前書「例」下有「而已」二字，「史」作「吏」。

〔二四〕日録　「日」，原誤作「曰」，據文意改。下遇此例逕改。

〔二五〕調民爲乾糧麨飯　「麨」，原作「麸」，據蘇軾文集卷一六司馬温公行狀及後文改。

〔二六〕用兵宣利　「宣」，邵氏聞見録卷三作「興」。

〔二七〕待之甚恭　「待」字原闕，據邵氏聞見録元鈔本卷一一補。

〔二八〕按：此條前半已見引於本書卷三之一。

〔二九〕買虀窨畔　「買」下邵氏聞見録明鈔本卷一一有「屋」字。

〔三〇〕軨轅道　「軨轅」，同前書作「轘轅」，按：轘轅，山名，在河南登封縣西北。觀上句「嘗同范景仁登嵩頂」云云，似以作「轘轅」爲是。

〔三一〕按：此條係參取邵氏聞見録卷一一神宗皇帝初召王荆公於金陵條及元豐四年官制書成條而成。

〔三二〕川峽茶　「峽」，蘇軾文集卷一六司馬温公行狀作「陜」。

〔三三〕是歲天下斷死刑凡千人　後山談叢卷四「刑」作「罪」、「千」作「十」。

〔三四〕智力　「智」，同前書作「人」。

〔三五〕續其書　「續」原誤作「讀」，據蘇軾文集卷一六司馬温公行狀改。

〔三六〕炷香　「炷」原作「注」，據蘇軾文集卷一七司馬温公神道碑改。

〔三七〕能受盡言　「盡」下張本有「人」字。

七之二　諫議大夫司馬公〔一〕

公名康，字公休，文正公之子也。舉明經中第，授耀州富平主簿，文正公奏留國子監聽讀。文正公脩資治通鑑，奏充檢閲文字。元豐八年，擢祕書省正字，遷校書郎。丁文正公憂，服除，召爲著作郎，兼侍講，除左正言，以執政親嫌，不就除司諫，未拜命，會疾亟，除直集賢院，提舉崇福宫而卒，特贈右諫議大夫。

君幼端謹，性至孝，丁母夫人憂，勺飲不入口者三日，杖而後能起，見者哀之。文正公居洛十五年，往來陜、洛間，士之從學於公者，退與君語，未嘗不有得。塗之人見其容止，雖不識，皆知其司馬公之子也。公薨，執喪如夫人，哀毀有加焉。治喪皆用禮經家法，不爲世俗事。得遺恩，悉以予族人。以蔬食地卧得腹疾，親戚勉以肉食，終不肯，及免喪，毀瘠羸然，治療不愈而卒。范太史撰墓誌

初，文正公在相位，與吕正獻公及同列共議稍脩官制，以就簡便，令門下、中書二省通職事，草具未上而薨。君上其遺藁，降付三省，而朝廷未遑有所行也。墓誌

君爲講官，嘗上疏歷陳前世治少而亂多，祖宗創業之艱難，積累之勤勞，以勸上及時嚮學，守天下大器。又勸太皇太后每於禁中訓導，其言切至。又言：「孟子爲書最醇正，陳王道尤明白，所宜觀覽。」上曰：「方讀孟子。」尋詔講筵官編脩孟子節解，爲十四卷以進。君已病矣，猶自力解孟子二卷。會除諫職，未受，條具諸所當言以待，曰：「得一對極言而死，無所恨矣。」疾病，召醫于兖，鄉民聞之，詣醫告曰：「百姓受司馬公恩深，今其子病，願速往。」來告者日夕不絶，醫遂行，至則疾不可爲矣。没，語妻子以不報國恩爲恨。二聖嗟悼不已，所以優恤贈賻之甚厚。墓誌

君篤行，内外淳備必欲如古人。燕居如對大賓，動静有矩法，望之色莊，氣和而言厲。嚴於祭祀，爲人潔廉，未嘗言財。其事君務責難，非堯、舜仁義之道，不陳於上前。待族人委曲周旋，唯恐不得其所欲。與朋友忠信，久而益親。墓誌

校勘記

〔一〕七之二　「二」原作「一」。按：原書目録卷七下作「七之一　丞相温國司馬文正公光諫議大夫司馬公康附」，正文司馬光前無「七之一」字樣，司馬康前反有「七之一」字樣，於例不順，今於司馬光前加「七之一」，司馬康前改「七之二」，目録亦依正文統一。

三朝名臣言行録卷第八

八之一　丞相申國吕正獻公

公名公著，字晦叔，文靖公之子。以恩補奉禮郎，中進士第，召試館職，不就。皇祐初，判吏部南曹，同判太常寺。召試，知制誥，亦辭不就，除天章閣待制兼侍講。治平元年，出知蔡州。神宗即位，召爲翰林學士兼侍講、知通進銀臺司。熙寧元年，知開封府，數月，還翰林。二年，拜御史中丞，罷知潁州。五年，召還經筵，辭疾，差提舉嵩山崇福宫。十年，起知河陽，召還，提舉中太一宫。元豐元年，除翰林學士丞旨，改端明殿學士。三年，拜樞密副使，改同知樞密院。五年，出知定州，徙揚州。哲宗即位，召兼侍講，提舉中太一宫，拜尚書左丞，遷門下侍郎，拜尚書右僕射。元祐三年，拜司空，同平章軍國事。四年，薨，年七十二，詔贈太師申國公，御書墓碑之首曰「純誠厚德之碑」。紹聖中，追貶建武軍節度副使，又貶昌化軍司户參軍。元符三年，復太子太保。崇寧元年，降授左光禄大夫，書名黨籍。紹興初乃追復贈謚云。

公在潁逾年，而歐陽公脩爲守。初，脩以公爲相家令子弟，少有時譽，待公良厚，而未甚重也。劉原父敞博學有高才，王深父回好古君子也，二人者皆寓潁，公日與相從，脩等稍稍愛公之學識。其後脩入爲翰林學士，薦公文學行誼宜在左右，因數爲朝廷在位者稱公清静寡欲，有古君子之風。及脩使北虜，虜問中國德行文章之士，脩以公及王荊公安石對。家傳

歐陽公嘗患士大夫少高退之節，乃薦正獻公及張唐公、王荊公、韓持國，欲以激勵風俗。又薦王荊公與正獻公作諫官。家塾記

公既中第，詔叙次所業以進，將召試館職，公謙避，終無所進。朝廷知其意，不復索所業，令徑就試，亦不赴，故仁宗心重之。及領南曹，因引選人對便殿奏事畢，帝謂公曰：「知卿恬退，有顔氏之節。」時仁宗臨朝淵默，雖貴近亦罕聞德音，公以小官對，獨被褒語。家傳

公爲郡，率五鼓起，秉燭視案牘，黎明，出廳決民訟，退就便坐，宴居如齋，賓寮至者毋拘時。以故郡無留事，而下情通。凡典六郡，以爲常。後雖年高貴重，不少替。單，陋邦也，公以愷悌爲政，不嚴而肅。轉運司輦乳香數萬斤配賣郡中，公停之郡庫，雖符檄督迫，

竟不爲强配。家傳

仁宗在位久，天下無事，一時英俊多聚於文館，日食祕閣下者常數十人。是時風俗淳厚，士大夫不喜道長短，爲風波，朝夕講論文義，賡唱詩什，或設棋酒以相娱。同舍有出任外官者，即相率就僧舍，爲盛會以餞之。然際接必以禮，平居非着帽垂紳，不出廬舍。公性安重寡言，析理精微，尤爲時流所敬。間有笑謔踰度者，公每以正色裁之，皆信服，不以爲恨。老儒掌禹錫被服不潔清，言動樸野，多爲人所玩，公獨未嘗以一語戲之，禹錫至感泣，衆亦以此益稱公之盛德。家傳

貴妃張氏薨，追册賜謚，以后禮葬。公當攝事引䡮，聞有命，即歸家稱疾，中使挾太醫察視，公堅卧不起，竟獲免。家傳

差判登聞鼓院，公自單州歸，益研精講學，無進趨之意。嘗與王介甫相對而歎曰：「今天下雖小康，然堯、舜之道知不可復行。」以故求閑局，將以遂其志。家傳

公既侍經筵，時仁宗春秋高，公於經傳同異，訓詁得失，皆粗陳其略。至於治亂安危之要，聞之足以戒者，乃爲上反復深陳之。仁宗嘗詔講官：「凡經傳所載逆亂事，皆直言毋諱。」公因進講言：「弑逆之事，臣子之所不忍言，而仲尼書之春秋者，所以深戒後世人君，欲其防微杜漸，居安而慮危，使君臣父子之道素明，長幼嫡庶之分早定，則亂臣賊子，無所

萌其姦心。故易曰：『履霜堅冰至。』由辯之不早辯也。」侍讀劉原父常退謂記言官曰：「當載之史册，以垂後世。」家傳

先是，上清宫火，壽星殿獨存，因以爲壽星觀，至此十有九年，詔建神御殿於觀中，將自禁中迎真宗繪像奉安。公言：「都城中真宗已有三神御，而營建不已，非『祀無豐暱』之義。」不報。吕汲公撰神道碑

英宗不豫久，中外疑駭，或謂朝廷將行永正故事。公一日因禀山陵事，獨至中書見韓魏公於後閤，因密白曰：「主上方富於春秋，非素有疾，徐當自平。審如外人之言，恐君臣父子之間，人情便不能安。唯公静以鎮之，則天下幸甚。」魏公領曰：「正與琦意合。」未幾，上疾有瘳。家傳

詔與司馬光同定學制，而光前已獻議，公即獨疏其事，大略欲請錫慶院爲太學，增置講堂，立管句太學官一員，專治規矩，博士八員，分經教授，管句官及博士專委祭酒、司業舉任，專以學術行誼，無拘資考。始入學者爲外舍，滿歲，較其經行升于内舍，又滿歲，長貳學官，較内舍之尤異者三五人，薦於朝廷，覆試而授以官。具爲科條上之。不果行。家傳

英宗初親政，公言：「陛下以宗藩選繼大統，奉母后當極子道，雖居深宫之中，不以造次廢禮，則中外瞻仰，天下幸甚。」上嘉納之。神道碑

公每進講，多傳經義以進規。時上躬猶未全安，多不喜進藥，會講論語，至「子之所慎，齋、戰、疾。」公因言：「有天下者，爲天地、宗廟、社稷之主，其於齋戒祭祀，必須致誠盡恭，不可不慎。古之人君，一怒則伏尸流血，則於興師動衆，不可不慎。至於人之疾病，常在乎飲食起居之間，衆人之所忽，聖人之所慎，況於人君，任大守重，固當節嗜欲，遠聲色，近醫藥，爲宗社自愛，不可不慎。」上欽納其言。又講「人不知而不慍，不亦君子乎」，公言：「在下而不見知於上者多矣，然在上者亦有未見知於下者也。故古之人君，政令有所未孚，人心或有未服，則反身修德，而不以慍怒加之。如舜之『誕敷文德』，文王之『皇自恭德』是也。」上知公意深切，每改容鞠躬，如在車之式。家傳

公於講讀尤精，衆謂語約而義明，可以爲當世之冠。英宗嘗對執政稱其善。與司馬光同侍經筵，光退語人曰：「每聞晦叔講，便覺己語煩。」神道碑

自仁宗末，率以二月開經筵，至重午罷，八月復開，至冬至罷。是歲，詔以九月五日開經筵，至重陽罷。公上奏曰：「臣竊以國家置儒術之官，設勸講之制，蓋將以開廣聰明，究古今理亂之要，而求正身治天下國家之術，非徒以爲縉紳之美談，朝廷之虚文也。今陛下始初清明，勵精圖治，固宜親近儒雅，漸以歲月，猶恐未盡。今若自五日開講，至重陽祗是四日朝，著聞之頗已疑惑，若傳之四方，則爲損不細。臣願陛下日御邇英以循先帝故事，則

天下幸甚。」詔即從之。後講論語將畢，公以尚書備二帝三王之道，尤切於治術，乞候進講論語畢日進講尚書。從之。家傳

公爲祭酒也，以太學爲教化之原，故究心經理之。舊制，薦舉學官、博士，皆嚴其資格，限以年齒。公數爲論列，冀稍寬其科條。前後所薦學官，如王回、吳孜、姜潛、張載，皆一世大儒；王存、顧臨，爲元祐名臣；常秩、吳申、黄履、朱臨、盛僑，亦顯於世；處士程頤，隱居不仕，公命衆博士即其家敦請，以爲太學正，頤固辭，公即命駕過之。後王陶用孟醇爲學正，亦遣博士致請，於是諸生始知有聘士禮。家傳

南郊，太僕卿升輅授綏，國朝陪乘皆差翰林學士，無雜學士者。至公始以直學士升輅。英宗自太廟赴南郊，中途問：「今之郊與古之郊何如？」公對曰：「古之郊貴誠尚質，今之郊盛儀衛，事物采而已。」因言：「仁宗郊祀，徹黄道以登虛，小次不入，立壇下，須禮成，詔祝册官至，慎毋興。」上皆遵用焉。家傳

執政建議追崇濮安懿王，或欲稱皇伯考，公曰：「真宗以太祖爲皇伯考，豈可加於濮王耶？」及詔下稱親，公言：「於仁宗有兩考之嫌。」班濮王諱於天下，公獨以謂當避於上前，不當與七廟同諱。神道碑

御史臺官吕誨等六人以言事罷。公言：「陛下即位以來，納諫之風，未形於天下，而誨

等以言事去，非所以風示四方。」爭之不能得，乞補外任。上曰：「學士朕所重，未可去朝廷。」公復懇請家居者百餘日，上遣内侍敦諭就職，曰：「宜徐徐勸誘，勿太迫也。」公起就職數月，又乞補外，三年，出知蔡州。神道碑

蔡所統十縣，汝陽宰政事修，公首薦之，以爲十縣最，於是屬吏人人爭自飭。蔡多水泉，因爲醨水，以溉民田者數千頃。故時軍營皆草舍，率數歲一修，且多火災，人以爲病，公至，盡變爲瓦舍。轉運使惜其財，固爭之，時公已被召，爲晝夜督吏卒，輦材用，致役所事集而後去。初至，孔子廟殿宇圮壞，會前守度材，將以構廳事，公命輟其材以修之。郡人郝戭有孝行，方壯歲，棄官就養，公薦之於朝，詔復起，戭竟不起。家傳

神宗自在藩邸，即熟聞公與司馬温公名，及即位，首召二公爲學士，朝論翕然稱上之得人。家傳

御史中丞司馬光以言事罷，公封還其誥，曰：「光以言舉職，而賜罷，則有責者不得盡其言。陛下雖有欲治之心，何從而知安危利害？」於是内出光誥付閤門，公又言：「誥不由封駮而出，則封駮之職，因臣而廢，乞正臣之罪，以正紀綱。」上手批公奏，因邇英講，獨留公以諭旨，公請不已，竟罷封駮事。神道碑

神宗初御經筵，公進講尚書，至「天乃錫王勇智，」上曰：「何以獨言勇智？」公曰：「仲

虺方稱成湯能伐夏救民，故以勇智言之。然聖人之德，當如易所謂『聰明睿智神武而不殺』者，然後可以爲盡善。」時上方富於春秋，故公以好勇黷武爲戒。家傳

知開封府，時有内侍持龍鳳首飾入内東門，閽者摘其事，詔以付開封。少頃，復遣使追取，仍詔開封毋須覆奏。公言：「法當覆奏。」而後遣使人立廳事不肯去，公持之益堅，不得已，復命於禁中竟覆奏，然後遣。貴近憚焉。家傳

夏秋淫雨，京師地震，公言：「自昔人君遇災者，或恐懼以致福，或簡誣以致禍。上以至誠待下，則下思盡誠以應之。上下至誠，而變異不消者，未之有也。夫衆人之言不一，而至當之論難見。君人者去偏聽獨任之弊，而不主先入之語，則不爲邪説所亂。顔淵問爲邦，孔子以『遠佞人』爲戒，蓋佞人唯恐不合於君，則其勢易親，正人唯恐不合於義，則其勢易疏。唯先格王正厥事，蓋未有事正而世不治者。唯陛下勉行之而勉終之。」神道碑

禮官欲用唐故事，以五月朔御大慶殿受朝，遂上尊號。公以五月朔會朝與人君尊號皆非古典，言曰：「陛下方越漢、唐，追復三代，何必於陰長之月，爲非禮之會，受無益之名？」上從之。遂竟神宗朝不受尊號。神道碑

拜御史中丞，入對，上語及西陲事，公退而上奏曰：「臣早來入對，陛下論及夏國事宜。臣竊以夏國既不肯全歸二寨故地，則朝廷須至却留綏州，向去必是難保誓約，或至用兵。

然臣以事勢料之，秉常年幼國弱，雖有黠臣爲之謀主，亦未能爲國家深患。唯當修嚴武備，來則應之，以逸待勞，保無失利。若臨遣大臣，張皇武事，或議深入，或求奇功，皆非國家至計。仍慮向後或有邊境急奏，乞朝廷靜鎮，無致驚擾。」其後公去位未逾年，朝廷果遣宰臣臨邊，已而西征無功，士卒内潰，上爲之責躬肆赦，皆如公所料云。家傳

公薦張載修身講學，爲關右士人師表，且深知邊境利害。上特召對，以爲崇文院校書。公又言：「載老矣，宜任之以事。」不報。未幾，差載就鞫苗振於越州。公又言：「載賢者，獄事非所以使之。」亦不從。家傳

公同知貢舉，在貢院密上奏曰：「天子臨軒策士，而用詩賦，非舉賢求治之意，且近世有司考較，已專用策論，今來廷試，欲乞出自宸衷，唯以詔策咨訪治道。」是歲上臨軒，遂以策試進士。家傳

王安石秉政，置三司條例以商天下之財利，又置提舉常平官於諸路，爲斂散青苗之法以便民，其實征利，物議沸騰，以爲非是。公極論其不可，曰：「自古有爲之君，未有失人心而能圖治者，亦未有脅之以威、勝之以辯而能得人心者。昔日之所賢者〔一〕，今皆以此舉爲非，主議者一切詆爲流俗詖説而助之。」會韓琦論青苗不便，用其請罷河北安撫使，司農駁琦奏議，摹印以下四方。言者或謂大臣不可輕詆摩，執政反謂公有藩鎮欲除君側之惡之語

於上前，除翰林侍讀學士，知潁州，又改其誥以命之，衆皆謂安石欲去公而加之罪也。公初列館閣，與安石友善，安石博辯有文，同舍莫敢與之亢，獨公以精識約言服之。安石出守常州，求贈言，公以四言曰：「莊守情密。」安石至郡，寓書於公曰：「備客京師二年，疵吝積於心，每不自勝，一詣長者，即廢然而反。夫所謂德人之容，使人之意也消，吾於晦叔見之矣。」又謂人：「晦叔爲相，吾輩可以言仕矣。」後安石秉政，公爲中丞，安石冀其助己，公既以公議極論其過失，由此怨公，至以險語中傷，而公不屈也。神道碑○又家傳云：公自二年十月，即奏乞罷制置條例司。三年二月，公自貢院遂論青苗錢法，前後章十數上，不見從。即上奏乞解憲職〔一〕，再上章待罪。然神宗待公素厚，初無譴怒意，顧公言愈切，乃諭執政，聽解言職。四月五日，除翰林學士兼侍講學士、寶文閣學士。公上奏曰：「臣之義若既當言責，而言不見用，又不能避位而去，則於廉耻之節，全然隳喪。其或朝廷既不聽其言，又不許其去，則於進退群臣之禮，亦爲差謬。況臣已曾面陳，實爲多病衰耗，兼因論列時事，乞補外任。今有此命，決不敢受。」於是落兩學士，除翰林侍讀學士，知潁州。先是，三月十一日，諫官孫覺見上，論青苗事，且言：「制置條例司取韓琦奏疏，條其疏謬，加以嗤毀，鏤板班天下，非陛下所以待勳舊大臣之意。如琦朴忠，固無慮設。當唐末五代藩鎮强盛時，豈不爲國生事耶？」後二日，公入對，復極論青苗事，而未嘗及琦也。已而上謂執政曰：「吕公著、孫覺皆極言青苗法不可行，且云駮難韓琦非是。」上因面咨絳、安石不當鏤板，初亦無罪覺意也。然既以不肯行縣事黜覺，執政遂以覺語加公。時舍人宋敏求當制，執政召敏求，面受意旨，使於制中叙韓琦事。敏求以爲口語難分明，不當載制中，曾公亮亦固以爲不可。安石即取制草改之，有曰「比大臣之抗章，因便坐之與對。乃誣方鎮，有除惡之謀；深駭予聞，乖事理之實」者，安石與陳升之所易也。二十四日，忽有旨放朝辭不許入對，令便赴本任。公即日行，時孫覺尚艤舟成東，覺素忠厚，乃謂人曰：「韓公事獨覺嘗言及爾。」然後人乃知公未嘗言琦也。宋敏求自以不得其職，即因事求罷掌誥，從之。初，趙清獻公抃在中書，與曾丞相平居竊語，深不悦更張事，亦間爲上言之。及公力言青苗法，二人乃相邀曰：「須獨座，得罪，吾曹當引去。」公罷五日，趙公遂如約再上表，凡七日而罷。後歲餘，希績自瀛州罷官歸，過北都，見魏公，謂希績曰：「前日紛紛，特欲一發兩靶耳。」○又温公日録云：介甫與晦叔素親，患臺諫多横議，故用晦叔爲中丞。既而天下皆患條例司爲民害，晦叔乃復言條例不便。介甫以晦叔叛己，怨之尤深。已而上語執政：「吕公著嘗言韓琦將興晉陽之甲，以除君側之惡。」介甫因用此爲晦叔罪，除知潁川。次道當爲告詞，介甫使之明著其語。次道但云：「敷奏失實，援據非宜。」介甫怒，明日進呈改之。晦叔素審謹，實無此語。咸云：莘老嘗爲上言，今藩鎮大臣如此論列而遭挫折，若當唐末、五代之際，必有興晉陽之甲，以除君側之惡者矣。上誤記以爲晦叔也。○又聞見録云：王荆公與吕申公素相厚，嘗曰：「吕十六不作相，天下不太平。」及薦申公爲中丞，其辭以謂有八元、八凱之賢，未半年，所論不同，復謂有驩兜、恭工之姦。荆公之喜怒如此。蓋孫覺莘老嘗爲上言：「今藩鎮大臣，如此論列而遭挫折，若當唐末、五代之際，必有興晉陽之甲，以除君側之惡者矣。」上已忘其人，但記美鬚，誤以爲申公也。

公至潁，時部使者皆新進年少，輕鋭能擊搏，爭陵轢舊臣，公一不與之較，專以庇民爲

己任。會提舉官朱紘、王穎議免役法，集郡官置局，公密爲申解，因得少寬。家傳

彗星見，詔求直言，公疏曰：「陛下臨朝願治，日已久，左右前後，莫敢正言。陛下有欲治之心，而無致治之實者何哉？此任事之臣負陛下也。何以言之？蓋士之邪正賢不肖，蓋素定也。今則不然，前日舉之，以爲天下之至賢，後日逐之，以爲天下之至不肖。其於人才，既反覆而不常，則於政事，亦乖戾而不審矣。古之爲政，初不信民者有之，鄭之子産是也，一年而鄭人怨之，三年而鄭人歌之。陛下垂拱仰成，七年于兹矣，輿人之誦，亦未異於七年之前也。陛下獨不察乎？」神道碑

十年二月，差知河陽。初，公罷潁，領崇福，還居西都，衆人謂公不見用於時，當放懷山水，爲終焉之計。公曰：「不然。吾於國家，可謂世臣，且主上待吾不薄，不幸爲人所間，退就閑散，豈吾所欲哉！」及王安石、吕惠卿相繼罷去，果復起公。三月，公至河陽，時役法已定，類多張虛數，以取羡餘。孟所統五縣，歲取於民者，有募監倉庫人等錢三千九百二十七緡，而官未嘗募人，實以軍吏代役，又有追償舊牙校重役錢五千五百緡，然至是所償已盡，而取於民者，遂爲定數，歲輸之無已。時公爲括其數以告于朝，請一切蠲之，以寬下户之輸錢者。詔付司農，竟不行。家傳

熙寧四年，申公以提舉嵩山崇福宫居洛，買宅於白師子巷張文節相宅西，隨高下爲園宅，

不甚宏壯。康節、温公、申公時相往來，申公寡言，見康節必從容，終日亦不過數言而已。一日，對康節長歎曰：「民不堪命矣！」時荆公用事，推行新法者，皆新進險薄之士，天下騷然，申公所歎也。康節曰：「王介甫者遠人，公與君實引薦至此，尚何言？」公作曰：「公著之罪也。」十年春，公起知河陽，河南尹賈公昌衡率温公、程伯淳餞於福先寺上東院，康節以疾不赴。明日，伯淳語康節曰：「君實與晦叔席上各辯論出處不已，顥以詩解之曰：『二龍閑卧洛波清，此日都門獨餞行〔三〕。願得賢人均出處〔四〕，始知深意在蒼生〔五〕。』」申公鎮河陽歲餘，召拜樞密副使。後以資政殿學士知定州，又以大學士知揚州。哲宗即位，拜左丞，遷門下侍郎，與温公並相元祐，如伯淳之詩云。聞見録○又呂氏雜志云：或問二程先生以二公出處爲有優劣，先生云：「正不如此。呂公，世臣也，不得不歸見上。司馬公，爭臣也，不得不退處。蓋自熙寧初正人端士相繼屏伏，上意常不樂，以爲諸賢不肯爲我用，故正獻公求在京宫祠，以明不然，上意始大喜。」

邇英進讀，上留公論治道，遂及釋老虚寂之旨。公問上曰：「堯、舜知此道乎？」上曰：「堯、舜豈不知？」公曰：「堯、舜雖知此而常以知人安民爲志。」上又言：「唐太宗能以權智遇臣下。」公曰：「太宗所以致治者，以其能虚己從諫耳。」上臨御久，羣臣進説，罕能出上意，至聞公言，儼然加敬信。神道碑

澶州曹村埽決，河復塞。公因進規曰：「臣伏見昨來澶州曹村埽決潰，全河衝注山東，

聖心惻然，即議閉塞，奮自獨斷，出於羣疑。功未踰時而有成，患不閱歲而尋弭。雖上下竭力，遂濟登兹，實由陛下有至誠憂民愛物之心，天相神助，殆非人力。以此見天道聰明，日監在下，棐忱輔德，喦應不遲，爲人上者，可不欽畏？恭惟陛下聖德仁厚，出自天性，臨下御衆，有日月之明，天地之量，誠非凡庶庸妄所能臆度。以至近日數起詔獄，逮繫頗衆，有司極於鍛鍊，群下無不震恐，比至臨決，多從末減。昔于公，一郡之獄吏耳，猶以陰德有報，光大子孫。況萬乘之尊，六合之廣，布德施惠，固宜受福無疆，施及萬世。然臣願陛下雖聖性得之，猶復加聖心焉。上奉天，下接人，加精致誠，執要行簡。道高百王，而謙以自牧；學貫六藝，而虛以受人。雖威肅群品，不得謂下絶欺誣；雖智燭輿情，不得謂事無壅蔽。親賢士，拒任人，必有忍以濟事功，推内恕以及人物。于以崇起忠厚，保合泰和，則易所謂『自天祐之吉無不利』，詩所謂『干禄百福，子孫千億』者，蓋將以類而應。臣以無狀，獲備近列，竊慕古人將美盡規之義，惟陛下財幸。」七月，公入對，上迎謂公曰：「覽卿所奏，深得近臣盡規之義。」時獄犴寖蕃，而上繼嗣未廣，公辭順而意切，故上深納焉。家傳

初，公自河陽入朝，都人環觀，相謂曰：「此公還朝，百姓之幸也。」至是士民相慶。既受命，出殿門，武夫衛卒，皆歡抃咨嘆。慈聖光獻太皇太后聞公進，尤喜曰：「積德之門也。」中謝日，有司供具，諸執政皆集，内出酒果殽饌，豐腆珍異，就宴賜之。侍史竊視其器

皿，款識皆有「慶壽宮」字，然後知賜物乃光獻意也。時富韓公、司馬温公皆在洛，聞公登樞，富公寓書爲慶曰：「公之名德，聞于天下，然嘗以直道迕執政，士大夫未敢遽望登進。忽報拜命，出於事外，人甚驚喜，此得於輿論，非敢佞也。」司馬温公亦以書遺都下友人曰：「晦叔進用，天下皆喜，以爲治表，聞其猶力辭，光不敢致書，君宜勸之早就職。」家傳

公既就職，後數日，樞臣奏事畢，獨留占謝，因奏曰：「臣老於閑外，蒙陛下收之桑榆，唯知拳拳納忠，以報恩遇。自熙寧以來，朝廷論議不同，端人良士，例爲小人排格，指爲沮壞法度之人，不可復用，此非國家之利也。願陛下加意省察。」上曰：「然。當以次收用之。」家傳

上初即位，韓絳即建議復肉刑，至是復詔執政議。公以爲：「後世禮教未備而刑獄繁，肉辟不可復，將有踊貴屨賤之譏。」吳充議復置圜土，衆以爲難行，王珪欲取開封死罪囚，試以劓刖，公曰：「刖而不死，則肉刑遂行矣。」議竟得寢。家傳

詔以程顥同判武學，諫官李定以顥常爲御史論新法，言而罷之。公上疏曰：「臣向蒙擢在樞府，中謝之日，不敢縷陳細故，輒論及判別忠邪之道，頗蒙開納。蓋今日公卿士夫，嘗於朝廷法令有所同否，然其愛君許國之心愈久而益明者甚多。其唱和雷同，承迎附會，而姦言汙行，卒爲陛下所照者，蓋亦不少。然則人固易未知，而士亦不可忽也。況如顥者，

陛下早自知之，其立身行己，素有本末，講學議論，久益疏通。且其在言路日，時有論列，皆辭意忠厚，不失臣子之體。使得復見用於聖世，其奮身報國，未必在時輩之後，兼所除武學差遣，亦未爲仕宦之要津，而小人齗齗必以爲不可者，直欲深梗正路，廣沮善人，其所措意，非特一二人而已。臣區區所慮者，讒説殄行之徒，日以熾盛，則守正向公之士，愈難自立矣。」家傳

初，公因陳世儒獄事被誣請囑，或謂公以輔弼掛吏議，當隨事自承，不宜有所陳。公曰：「不然。自古公卿大臣，遭枉濫而不能自直者，皆不得其時也。今吾生治世，事明主，近在帷幄之間，一旦被誣，而不能申理，則四方疏遠之人，何以自明？將恐治獄者狃以自强，被罪者望風畏却，一罹苛問，例自承服，致朝廷有濫罰之譏，罪乃在吾而不在朝廷也。」家傳

上以慈聖既升祔，大推恩於曹氏，凡進官被賞者二百餘人，且欲以佾爲中書令。公言：「正中書令，自宋興以來未嘗除人，況不帶節度使，即宰相也，非所以寵外戚。」乃以節度使兼中書令。公因言：「自古亡國亂家，不過親小人，任宦官，通女謁，寵外戚等數事而已。」上深以爲然。時王中正、宋用臣等任事，故公假此以諷上。既退，薛恭敏公向歎曰：「公乃敢言如此事，使向汗流浹背。」家傳

諜告夏幽其主秉常，上對二府議大舉兵以伐之。公曰：「如諜者所告，則夏人誠有罪。

然陛下欲興弔伐之師，未審以何人爲元帥？未得其人，則不如不舉。」五年四月，公以西師無功，奏曰：「外奏皆謂王中正宜正典刑。」會改官制，以王珪、蔡確爲左右僕射。翌日，公上奏乞解樞務。或謂公曰：「今官制新行，所用爲相者，或素出公下，又樞府方以二員爲制，而公與孫公固、韓公縝爲三人，有溢員，上以是詔未用二員之制。今公遽去，得毋近於躁乎？」公曰：「所謂大臣者，病不能以義進退爾，遑卹其他哉！」章繼上，面請尤切，乃除資政殿學士，出爲定州路安撫使。及永樂城陷，奏至，上特開天章閣，對輔臣曰：「邊民疲弊若此，獨呂公著爲朕言之，他人未嘗及也。」家傳○又記聞云：高遵裕既罷歸〔六〕，元豐五年，李憲請發兵自涇原築寨，稍前直抵靈州，攻之可以必取。詔從之。先是，朝廷知陝西困於夫役，下詔諭民，更不調夫。至是，李憲牒都轉運司，復調夫以饋糧，以和雇爲名，日給錢二百，仍使人逼之，云：「受密詔：若乏軍興，斬都運使以下。」民間騷然，相聚立栅於山澤，不受調，吏往輒毆之。解州枷知縣以督之，不能集。知州、通判自詣縣督之，亦不能集。命巡檢、縣尉逼之，則執梃欲鬬，州縣無如之何。士卒前出塞，凍餒死者什五六，存者皆憚行，無鬬志。倉庫蓄積皆竭。群臣莫敢言，獨西京留守文潞公上言：「師不可再舉。」天子遜辭謝之。樞密副使呂晦叔亦言其不可，上不懌。晦叔因請解機務，即除知定州。會内侍押班李舜舉自涇原來，爲上泣言：「必若出師，關中必亂。」上始信之，召晦叔慰勞之。舜舉詣執政，王禹玉迎，以好語悦之曰：「朝廷以邊事屬押班及李留後，無西顧之憂矣。」舜舉曰：「四郊多壘，此卿大夫之辱也。相公當國，而以邊事屬二内臣，可乎？内臣正宜供禁庭灑掃之職耳，豈可當將帥之任邪？」

聞者代禹玉發慚。

公至定州謝表曰：「進不敢希功而生事，退不敢弛備以曠官。」人人傳誦，以爲摭實云。是時朝廷方經武事，增修邊備，趨時者爭獻北伐之策，公至定武，即爲上言：「中國與契丹通好久，邊境晏然無事，塞上屯軍，素有節制，唯宜靜以鎮之。」保甲法新行，被邊皆設教場，日鳴金鼓，課人誦戰法，聲達於虜，虜檄邊郡以爲生事，違誓約。上委公處其事，公即上奏以爲：「遣邊人習戰法於境上，非管子寓令之意也，請一切罷去，專以舊弓箭手法從事。」不聽。時以教保甲，修城池，建大倉，中使旁午於道，公預戒有司，謹敕餼勞。然公素靜重寡言，接對有常禮，無假借，以是至者多不樂。承受陸中被中旨市絲五萬兩供尚方，已而復獻計增市，詔以付定州。公上言：「日前所市者，皆先期給緡錢，故民力猶可辦。今已涉夏，民間漸就機織，若再行收市，人將受害。」帝悟，即詔公寢其事。中又受旨專董倉役，日使人持挺立城四門，民有以車乘輦薪蒸鬻城中者，皆彊致之倉，所以供陶甓，城中幾廢爨。公命擒中所遣卒，盡杖之，一城歡呼。公之未至也，中受命經始倉役，即壞民居，毀僧舍。民有世葬於倉西者，中故築垣，直界其域中。民號泣，發其墓，持喪而去。其所占地蓋廣矣，然不足於素慮者，猶三百五十二楹。中因請別度地，建小倉以足之。公曰：「今二大倉所受已不貲，又益一倉，徒費公私，無益也。」奏罷之。中既數被沮，六年，遂奏定州差驍武卒護送罪人，違所降就配法，公坐是降正議大夫。先是，朝廷所欲更張，類出於邀功生事者之言，多非公意。唯州城興築且四年，僅成一面，公曰：「定，河朔衿喉，〔此下原闕一葉〕〔七〕之要莫先於學。學有緝熙于光明，日新又新，以至于大治者，學之力也。臣待罪講讀，謹條上十議，以裨聰明。一曰畏天，二曰愛民，三曰修身，四曰講學，五曰任賢，六曰納諫，七曰薄斂，八曰省刑，九曰去奢，十曰無逸。」居月餘，除執政，遂倚以爲相。神道碑○又家塾記云：今上即位，正獻公初自維揚召還經筵，至之日，上書言十事，皆據經直言，不爲浮辭虛説。其論薄斂之略曰：「昔鹿臺之財，鉅橋之粟，商紂聚之以喪國，周武散之以得民。由是觀之，人主當務仁義而已，何必曰利？」○又上蔡語録云：申公初召還，上十事，如徐鉉質論，初成每篇數千字，後删改極簡，不止可用於當時，爲君之道，幾無出此十篇，可爲人君座右銘。

太皇太后遣使問公所欲言，公奏曰：「先帝即位之初，臣爲學士，令臣草詔，以寬省民力爲先。既而秉政者建議變舊法，以侵民爲意，其言不便者，指以爲沮壞新法，一切斥去之，故日久而弊愈深，法行而民愈困。陛下既深知其弊，誠得中正之士，使講求天下之利害，上下協力而爲之，宜不難矣。」又曰：「唐德宗拒諫，幾至覆國。今兩省諫官未備，三院御史主察者不許言事，恐未合先帝本意。」後卒施行。神道碑

官制三省並建，而中書獨爲取旨之地，門下、尚書，奉行而已。公曰：「三省均輔臣也，

正如同舟共濟，當一心並力，以修政事。乞事干三省者，自今執政同進呈取旨，而各行之。」遂定爲令。神道碑

初，執政三五日一集都堂，長官專決，同列多不與議。及公秉政，非有故日聚都堂，遂爲故事。神道碑

公始與司馬光輔政，於是共推本先帝之意，蓋欲鞭笞四夷，以彊中國，阜蕃邦財，以佐其費。有司奉行，失其本旨，先帝固嘗患之矣。故欲更而未暇，與已更而未定，其詔墨記言具在，而可考者有若干事。若詰青苗之害，則曰：「常平泉穀，以禦水旱，而貪散以求利，至十之七八，國失拯救之備，而民之責償被笞箠者衆。」責興利之弊，則曰：「大傷鄙細，有損國體。」戒用兵之失，則曰：「南安西師，兵夫死傷者，皆不下二十萬，有司失一死罪，其責不輕，今無罪置數十萬人於死地，朝廷不得不任其咎。」救官制之滯，則曰：「更新官制，以覈正吏治，至今頒行無緒，有以啓寵四方，貽譏後世。」於是二公與同志者，建請以常平舊法改青苗，以嘉祐差役參改募役，罷保馬以復監牧，損保甲教選以便農作，除市易之令，寬茶鹽之禁，賜邊砦，贖亡民，和西戎。於是民讙呼鼓舞以爲便，而沮議者上則大臣，下則用事之小吏，蓋不可勝數。司馬光既卧疾于家，公與數人者同救其弊，太皇太后爲去其異議者，然後定。神道碑○又家傳云：太皇太后閒諭執政曰：「民間養保馬，甚以爲苦，宜早罷之。」臣民所言新

法之不便於民者，亦宜以時施行。吾於大行，母子也，大行所立之法，苟民間不以爲便，當循至公，豈可不改？」又曰：「爲政莫如至公，至公則人無不服。」又出士庶所上封事數萬通付政府。公意以爲，法之害於民而不合於先帝本指者，當以次更之，使觀聽不改而實利及民。而温公時已病，不能朝，自以當二宫大任，恐一旦殂謝，無以自効，於是奏疏相屬，力疾入對，意切語峻。未逾年而更張幾盡。○温公病中與公簡曰：「晦叔自結髮志學，壯而行之，端方忠厚，天下仰服，垂老乃得秉國政，平生所藴，不施於今日，將何俟乎？比日以來，物論頗譏晦叔慎嘿太過。若此際復不廷争，事蹉跌，則入彼朋矣！光自病以來，悉以身付醫，家事付康，惟國事未有所付，今日屬於晦叔矣。」○又曰：「介甫文章節義，過人處甚多，但性不曉事，而喜遂非。致忠直疏遠，讒佞輻輳，敗壞百度，以至于此。今方矯革其弊，不幸介甫謝世，反覆之徒，必詆毁百端。光意以謂朝廷特宜優加厚禮，以振起浮薄之風。不識晦叔以爲如何？」

公與温公同奏舉河南處士程頤，乞特加召命，待不以次。詔以爲潁州團練推官、國子監教授，不就。又以爲宣德郎、秘書省校書郎，亦不就。已而召對便殿，拜通直郎、崇政殿説書，乃受命。議者譏頤辭卑而居尊。及在朝廷，以天下自任，好論説政事，褒貶人物，俗士好進者，嫉之若讎，竟不能自容而去。家傳

公上奏曰：「臣竊以自古治戎之策，雖三代之盛，亦不過來則禦之，去則備之。爲備之道，莫先於積穀。臣嘗任定州路安撫使，河北沿邊，大約有十年糧，蓋令商旅輸粟塞上而算請錢貨於京師，故能致此豐羨。訪聞西陲自兵興後至今，所儲軍糧，只可支一二年。若緩

急更添屯軍馬，何以供之？乞令陝西經略司與轉運司同共廣作計置，使沿邊皆增及五年之蓄。如此，攻雖不足，守則有餘。兵法曰：『國雖大，好戰必亡；天下雖平，忘戰必危。』乞賜裁酌施行。」從之。家傳

先是，司馬温公上疏論免役法五害，乞變從舊法，詔付三省施行。蔡丞相建言：「此大事也，當與樞密共之。」公上奏曰：「臣竊尋故事，朝廷有大論議，多選近臣定奪。欲望選差三數人，詳定聞奏。」仍擬數人以聞詔，以吕大防、韓維、范純仁詳定，專付三省，不復令密院預議。初，温公議凡役人皆不許雇人以代，然東南及兩蜀諸路，民有高貲，或子弟業儒，皆當爲弓手、執賤役，既不許募代，甚苦之。公聞其弊，即令一切聽募雇，民情大悦。家傳

温公在門下省，建議：「天下案牘有不應讞者，舊皆放罪，無以懲謬妄，請悉勘劾。」温公意欲州郡慎聽獄，而官吏苟避譴罰。自是雖有疑案，皆不上。及公爲侍郎，乃請官吏案後帖放如舊制，迄今遵用焉。家傳

自官制改，盡廢三館直官校理，纔校書郎、正字數員爲職事官，至是乃盡復舊制。召試學士院，唯策問古今治亂之要，不復用詩賦。尚書省六曹遍置郎吏，而不計事之繁簡，或案牘填委，抵暮不得休，或終日無一事，而俸賜均等，公以爲非宜，乃省閑曹十九員，定爲三十五員。家傳

御史彈奏：「駕部員外郎賈種民素無行，元豐中任大理官，爲蔡確鷹犬，專中傷善良。」詔黜爲通判。公面奏曰：「方種民爲獄官，臣亦與被誣。今臣在相位，而種民得罪，恐所懲者小，所損者大，非所以示天下。」乃寢前命。門下韓公奏曰：「種民醜惡，衆所共知。奈何以公著故屈朝廷公議？」公復爲請，乃除知臨江軍，既而又以臨江僻遠，改知通利軍。家傳

內出手札云：「向者朝廷講求法度，務以愛民，而縉紳之士，往往不原朝廷本意，速希功賞，有誤使令，殘民蠹物，久益知弊，至使群言交攻不已，其罪顯者，已行譴逐，自餘干涉之人，自今更不追劾。可做此意作詔，布告中外，咸使改過自新，各安職業。」議者或咎公持心太恕，今除惡不盡，將失有罪，爲異日患。公曰：「爲治，去其太甚者耳。人才實難，當使之自新，豈宜使之自棄耶？」家傳

初，二聖首從公言，闢言路，自是臺諫官章疏無虛日，常假借納用焉。其後言者益自肆，上意寖不懌。會御史張舜民彈劉奉世，語侵太師文彥博，乃罷舜民臺職。於是臺諫交章，以爲舜民不當罷。上不從，中丞傅堯俞、諫議梁燾、侍御史王岩叟、司諫朱光庭、王覿，御史孫升，各居家待罪。上命執政召言官至都堂，諭以舜民言彥博私奉世，而奉世使夏國，非彥博所建，舜民難再除御史。堯俞等不受命，而燾尤喧勃。公上奏曰：「臣伏見陛下自臨政以來，開廣言路，登用直臣，納諫之盛，近古未有。然臺諫官數人，例各供職日久，言事

既多，不能盡忠，固不可便行罷黜，又不可一向包容，恐向後愈更紛拏，朝廷却不能保全。欲乞稍與優遷，令解言職，更擇有名望學識臣僚，使備諫諍。如此，則陛下於言事之臣，可以全其恩意，不至駭動物聽。」自是堯俞等皆以善罷，無以言事降黜者。家傳

御批付中書省：「門下侍郎韓維，嘗面奏范百禄任刑部侍郎所爲不正。輔臣奏劾臣僚，當形章疏，明論曲直，豈但口陳，何異姦讒？維爲輔臣，不正如此，予何賴焉？可罷門下侍郎，分司南京，仍放辭謝。」公即上疏曰：「臣伏思陛下自臨政以來，慈仁寬大，判別忠邪，於輔弼之臣，每加優禮，故得上下安樂，人情悦服。若以奏劾臣僚，當有章疏，則自來大臣造膝密論，亦未嘗須有章疏。兼維素有人望，久以直言廢棄，陛下始初清明，方蒙收用，忽然峻責，罪狀未明，慮必有讎嫌中傷，以惑聖聽。況五六十年來，執政大臣，不曾有此降黜，恐中外驚駭，人情不安。臣又竊思皇帝陛下春秋方富，正賴太皇太后陛下訓以仁厚之道，調平喜怒，以復仁祖之政。若大臣倉卒被罪，則小臣何以自保？臣受陛下厚恩，與常人不同，故今來雖當雷霆之怒，不敢愛身，以陷陛下於有過之地。伏望少回聖慮。」乃詔韓維除資政殿大學士、知鄧州，然猶用前責辭。公乃與中書侍郎吕大防同奏曰：「此大事也，更乞訪問太師文彦博。」時大防繼上奏論之，舍人曾肇亦再還辭頭，不肯命辭。然上意終未回，且批大防奏曰：「近臣若更有營救者，必當重行貶竄。」公又於便殿爲上詳言之，乃得旨

改辭頭，作均勞逸之意。家傳

右司諫賈易降知懷州。自蘇軾以策題事爲臺諫官所言，而言者多素與程頤善，於是頤、軾交惡，黨與相攻，易獨建言，請併逐頤、軾，以靖朝廷。而易言侵及太師文彦博、同知樞密院范純仁，故太皇太后怒欲峻責易。公言：「易所言頗切直，唯詆大臣爲太甚，不可復處諫列爾。」后曰：「不責易，此亦難作。宗作切。公等自與皇帝議之。」公曰：「不先逐臣，易責命亦不可行。」爭久之，乃止罷諫職，出知懷州。既退，公謂諸公曰：「諫官所論，得失未足言。顧主上方富於春秋，異時有進導諛之説，以惑上心者，當爾之時，正賴左右諫諍，不可預使人主輕厭言者也。」於是吕中書大防、劉左丞摯、王右丞存私相顧而歎曰：「吕公仁者之勇，乃至於此！」家傳

熙河蘭會路奏：「洮東安撫种誼等部領漢蕃人馬，於今月十九日午時攻破洮州，生擒西蕃大首領鬼章青宜結。」百官入賀，遣近臣告永裕陵。鬼章者，董氊之大將也，凶悍敢戰，熙寧間嘗覆官軍，殺大將景思立於河州，爲邊患者二十餘年。後遂據洮州與夏州合從，將入寇。邊臣言：「宜先事討之，以伐其謀。」公與同列議遣軍器監丞游師雄諭旨諸將。不逾月，果以捷奏至。公在上前，及與執政會議西陲事，諸公多欲舉熙寧、元豐所得地盡棄之以與夏人，不如是則邊境無寧日也。公曰：「先朝所取，皆中國舊境，而蘭州乃西蕃地，非先

屬夏人也。今天子嗣守先帝境土，豈宜輕以與人？況羌戎貪惏無厭，與之，適足以啓其侵侮之心。但嚴守備以待之，彼亦安能遽爲患？」乃以詔賜乾德，其大略以爲：「前後用兵以來，其因而所得城寨，彼此各不曾交還，今來所請，義不可從。然朕獨以永樂之師陷没者衆，每一念此，常用惻然〔八〕。汝黨能盡以見存漢人送歸中國，復修職貢，事上益恭，仍戢邊酋，無犯疆塞，則朕必釋然於尺寸之地，復何顧惜！當議特降指揮，據用兵以來所得地土，除元係中國舊寨及順漢西藩上境外，餘委邊臣商量，隨宜分畫給賜。」又詔以「永樂將吏兵夫等，雖已詔汝發遣，然念城初失守，衆即散亡，或爲部落所匿藏，爲主者所轉鬻，汝可子細訪求發遣，據送到者，每人别賜絹十疋，命官以上，更加優賜，以給所得之家。」公既建議制五年之蓄，發内帑以濟之，又遣省官制置熙蘭財用，所省浮費，歲數十萬計，邊備寖實。及鬼章將寇熙河，夏人傾國會之，行半道，聞洮州破，鬼章就擒，而氣索而退，以兵圍鎮戎軍。由是朝廷嘗預戒邊吏，寇至，堅壁清野以待之，無與戰。至是夏人頓城下數日，無所得而遁。其後乾德遂入貢，稍還永樂所陷漢人，朝廷纔以四寨還之，而西陲竟無他虞。家傳

上以邇英講論語畢，賜執政、講讀官、左右史御筵於資善堂，内出御書唐人詩，分賜在坐。翌日，公上奏曰：「臣伏思皇帝陛下，睿哲之性，出於天縱，而復内稟慈訓，日新典學，誠以堯、舜、三代爲法，則四海不勞而治。將來論語終帙，進講尚書，二書皆聖人之格言，爲

君之要道，臣輒於其中及孝經内節要語共一百段進呈。聖人之言，本無可去取，臣今唯取明白切於治道者，庶便於省覽，或游意筆硯之間，以備揮染，亦日就月將之一助也。」居數日，太皇太后宣諭曰：「吕相所進要語，已令皇帝即依所奏，每日書寫看覽，甚有益於學問，與寫詩篇不同也。」家傳

諫議大夫孔文仲言朱光庭除太常少卿不當。公與同列奏辯甚力，乃寢其奏，光庭竟就職。文仲本以伉直稱，然惷不曉事，數爲浮薄輩所使，以害善良。自程頤、賈易繼去，騰説者日益勝，於是李常、杜純、范純禮各求補外。公與執政面奏曰：「善人懼讒而不敢自安，非朝廷之福也。」上嘉納焉。文仲晚乃自悟爲小人所紿，感憤嘔血而卒。家傳

熙河路檻鬼章以獻，二聖御崇政殿受俘，遣閤門使面詰之。鬼章請罪，詔釋縛，貸其死。方邊議未定時，近臣多進計，請盡還西夏地，獨公與吕左相大防持不可。至是鬼章就擒，西賊却退，議者耻前説之謬，因言鬼章宜優命以官，置之秦鳳，或言遂放歸，以責其來効。又言熙河克捷，鎮戎守禦之功，皆不足賞。公曰：「鬼章爲邊患二十年，先帝欲獲之而不可得，今二聖待以不死，其恩固已厚矣，尚何官之有？况可放邪？疆埸之功，雖不可過賞，然有勞不報，何以使人？」上納焉。家傳

公在上前，前後論救災事最詳。二宫初聽政，四方有以災旱聞者，公爲上言：「唐太宗

正觀元年，天下霜儉，太宗悉心救卹。至四年，米斗三文。故爲人父母者，苟能以卹民爲心，極力賑濟，自然感召和氣，終至富盛，豈以不足爲患哉！」自後每水旱災眚，分遣諫官省郎使諸路，大發倉粟以濟之，又兑郡上供米，以繼乏絶，或爲饘粥湯藥以救疾，紙衣以禦寒，民有棄幼稚於路者，皆設法收養之。於是四方之人，知二聖以百姓爲心，人人愛戴，乃愈於無災云。家傳

郎官何洵直失本部印，公曰：「洵直誠有罪，然重譴之則自今猾吏皆有以制主司矣。」乃薄其罪。家傳

初，公在仁宗朝，嘗請進士先策論。神宗初，又獻議以經術取士。及知熙寧三年貢舉，遂密啓臨軒專用策試。未幾，公以言青苗等事得罪去，王安石專政，乃盡罷詩賦，一用經義，獨以春秋爲殘缺不可讀，廢其學，學者不得以應書。安石又與其子雱、其徒吕惠卿、升卿撰定詩書周禮義，模印頒天下，凡士子應書者，自一語以上，非新義不得用。於是舉者不復思索經意，亦不復誦正經，唯誦安石、惠卿書精熟者，輒得上第。有司發策問，必先稱頌時政，對者因大爲諛辭以應之。又多以佛書證六經，至全用天竺語以相高。晚尚字學，復以字書去取天下士，於是學者不復解經，而專解字，往往離析字畫，説一字至數百言，去經意益遠。由是中外議者，皆咎經義而思詩賦矣。元祐初，議者爭言科舉之弊，請復舊制。

公曰：「先帝更新法度，如造士以經術，最爲近古。且仲尼六經，何負於後世？特安石課試之法爲謬耳。安石解經，亦未必不善，唯其欲人同己爲大謬耳。」司馬温公亦以爲詩賦不可復，然論者習見經義之弊，忿懣不可遏，乃定制，進士初場試經義，次賦詩論策，對經義者許引用古今諸儒之説及己見。又詔立春秋科，太學置春秋博士二員，禁有司不得於莊、老書出題，程文不得雜用申、韓刑名之學及引釋氏書，仍罷試律義。至是將廷試，執政又以熙寧復策之初，進士葉祖洽譏議祖宗，自後對策者，皆訕前朝以阿當世，因以爲策問可廢，當復詩賦論三題。公曰：「天子臨軒發策，延四方貢士，詢以治道，豈非近古良法耶？至於對者是非邪正，則在考官去取耳。」乃仍舊試策。其後論科舉者亦未息，以至公薨，而詩賦益隆，期盡廢經義而後已，非公意也。家傳

中批右諫議大夫王覿論列新除右丞胡宗愈不當，落諫議大夫，與外任。公上奏曰：「臣與王覿舊不相識，在前朝及陛下臨政之初，並不曾舉薦。但見覿自任言責以來，凡所言事，最爲穩審。今來若止爲論列胡宗愈，便行責降，必未協衆情。乞與包容，更加裁酌。」又與二相論於簾前，上曰：「胡宗愈有何罪？司空與司馬丞相皆親嘗薦之。」公曰：「宗愈在先朝，誠有直聲，然自任中執法，頗爲浮議所惑，所言事多不協衆望。」乃除覿直龍圖閣、知潤州。其後宗愈竟以物論不與，不能安位而去。家傳

宋興以來，大臣以三公平章軍國者四人，二人出公家。草制之夕，上御闔殿見學士蘇軾曰：「吕僕射以疾求去，不欲煩以事，故以三公留之。」詔建府第於東府之南，啓北扉以便執政會議，三省、樞密院條其所當關者，以爲軍國事，一月三至經筵，三日一朝，非朝日不至都堂，其出也不以時。蓋異禮也。神道碑

初判大名府，韓絳建議開澶州故道，工役浩大，議者皆以爲不可行。已而都水使者王令圖、給事中案河使張問議開孫村減水河，而論者復不一。三年冬，乃詔吏部侍郎范百禄、給事中趙君錫案視之。百禄、君錫還奏：「見今北流深入地中，故道高仰，不當開治。」而執政未能決，公奏行之，蓋寢疾前一日也。家傳

公自少講學，即以治心養性爲本，其寡嗜欲，薄滋味，無疾言遽色，無窘步，無惰容，凡嬉笑俚近之語，未嘗出諸口，於世利紛華，聲伎遊宴，以至于博奕奇玩，淡然無所好。蓋得之天然。晚多讀釋氏書，益究禪理。司馬温公博學有至行，而獨不喜佛。公每勸其留意，且曰：「所謂佛學者，直貴其心術簡要爾，非必事事服習，爲方外人也。」自以服儒衣冠，燕居講道，未嘗爲沙門機警語。獨於先佛及祖師之言，掇其至要而默識之。大率以正心無念爲宗。自屬疾，雖子孫滿前，親舊遝至，初不談及身世，經理後事。上顧公甚厚，使人問勞，日再三至。又遣輔臣至第諭意，公對之，一無欣戀之色。及疾加甚，精神靜定，手足安徐，

聲氣不亂，以至於屬纊。家傳

正獻公簡重清靜，出於天性，冬月不附火，夏月不用扇，聲色華耀，視之漠然也。范公內翰淳夫祖禹，實公之婿，性酷似公，後滎陽公長婿趙仲長演〔九〕，嚴重有法，亦實似公焉。童蒙訓○又雜志云：正獻公居家，夏不排窗，不揮扇，冬不附火。一日盛夏，楊大夫瓌寶字器之將赴鎮戎軍倅，來辭，器之乃呂氏甥，視正獻爲親堂舅，正獻於西窗下烈日中，公裳對坐，飲酒三盃，器之汗流浹背，正獻凝然不動。正獻退公，常坐堂中，應婢僕輩皆在堂外，不得入堂，堂中唯使諸孫。每有賜物，不問何物，但一呈過，置之不復問。傳宣中使，未嘗接坐。

正獻公燕居，凝塵滿案，澹然弗顧。所用硯或十數日不洗滌，亦不問也。平生每半年許一變饌，嘗言：「自吾友王深父，而道德性命之學日加益。」公天性清儉，然居處、飲食、衣服不過爲弊陋，從容有常。家塾記

正獻公爲小官時，每於中庭試馬，必具冠帶而後攬轡。平生未嘗行草書，尤不喜人博，曰：「勝則傷仁，負則傷儉。」家塾記

正獻公平生未嘗較曲直，聞謗未嘗辯也。少時書于座右曰：「不善加己，直爲受之。」蓋其初自懲艾也如此。至和中，手書東漢延篤與李文德書于座右，又書古人詩「好衣不近節士體，粱穀似怕腹中書」兩句于子舍屏風。家塾記

正獻公每事持重近厚，然去就之際，極於介潔。其在朝廷，小不合便脱然無留意，故歷事四朝，無一年不自引求去。家塾記

正獻公爲樞密副使，年六十餘矣，常問太僕寺丞吳公傳正安詩己之所宜脩，傳正曰：「毋敝精神於蹇淺。」滎陽公以爲傳正之對不中正獻之病，正獻清静不作，爲患於太簡也。本中後思得，正獻問傳正時，年六十餘矣，位爲執政，人士皆師尊之，傳正，公所獎進，年纔三十餘，而公見之，猶相與講究，望其切磋，後來所無也。滎陽公獨論其問答當否，而不言下問爲正獻公之難，蓋前輩風俗純一，習與性成，不以是爲難能也。童蒙訓

呂晦叔真大臣，其言簡而意足。孫莘老嘗言「裕陵好問」，且曰：「好問則裕。」晦叔曰：「好問而裕，不若聽德而聰。」。人有非劉向彊聒而不舍者，呂晦叔曰：「劉向貴戚之卿。」此語可謂忠厚。然向之眷眷於漢室而不忍去，則是也。至於上變論事，亦可謂不知命矣。龜山語録

公平生以人物爲己任，好德樂善，出於天性。士夫有以人物爲意者，公必問其所知，與其所聞參互考實，以待上求。神宗嘗謂執政曰：「呂公著之於人材，其言不欺，如權衡之於稱物，其於用人，無遠邇疏密，一以至公待之。雖有舊怨，亦不以屑意。」其論事處物，不以徇己爲悦，從衆爲難，雖澹於世利，而勇於愛民，簡於應接，而周於慮世。上前議政事，盡誠

去飾，博取衆人之善，至其所當守，毅然不可回奪也。神道碑

皇祐、至和間，司馬公名猶未甚輝赫，正獻公曰：「若君實者，可謂實過其名也。」後温公隆名蓋代，士無賢不肖，無貴賤，皆知畏而愛之，而知之衆人未知之前者，龐丞相與正獻公二人而已。家塾記

正獻公之在侍從也，專以薦賢爲務，如孫莘老覺、李公擇常、王正仲存、顧子敦臨、程伯淳顥、張天祺戩等，皆爲一時顯人。童蒙訓

正獻公既薦常秩，後差改節，嘗對伯淳有悔薦之意。伯淳曰：「願侍郎寧百受人欺，不可使好賢之心少替。」公敬納焉。童蒙訓

公自爲小官，不問生事，而夫人亦好施，仕寖顯，内外姻戚亦益多，初爲相，受賜所散至十之九，三公俸賜，率以周九族，家無餘積，米不足，至糴以繼之。家傳

校勘記

〔一〕所賢者　「所」下宋史卷三三六呂公著傳有「謂」字。

〔二〕上奏　「上」，原誤作「王」，據上下文意改。

〔三〕此日都門獨餞行　邵氏聞見録卷一二作「幾歲優遊在洛城。」

〔四〕賢人　「賢」，同前書作「二」。

〔五〕始知深意在蒼生　「始知深意在」五字同前書作「一時同起爲」五字。

〔六〕罷歸　「罷」，涑水記聞卷一四作「敗」。

〔七〕按：此處底本闕一葉，洪、張本此條僅引至「時以教保甲修城池」之前，下注「並家傳」。又按：下文「之要莫先於學」前闕文，據洪、張本補出如下：哲宗即位，公爲邇英侍讀。始至，上言曰：「人君即位之始，當正始以正天下，修德以安百姓。修德。」

〔八〕惻然　「惻」，原作「測」，據文意改。

〔九〕滎陽公　「滎」，原作「榮」，據後文改。按：滎陽公即吕希哲，爲吕公著長子。

八之二　崇政殿説書滎陽吕公〔一〕

公名希哲，字原明，正獻公之長子，以恩補官。元祐中，除尚書兵部員外郎，充崇政殿説書，兼判登聞檢院。紹聖初，出知太平州，降官分司南京，居和州。徽宗即位，稍復舊官，知單州，召爲光禄少卿，以直祕閣知曹州，尋奪職知相州、邢州，罷爲宫祠。

政和中卒，年七十八。

正獻公居家簡重寡默，不以事物經心，而申國夫人性嚴有法度，雖甚愛公，然教公事事循蹈規矩。甫十歲，祈寒暑雨，侍立終日，不命之坐，不敢坐也。日必冠帶以見長者，平居雖天甚熱，在父母長者之側，不得去巾襪縛袴，衣服唯謹。行步出入，無得入茶肆酒肆。市井里巷之語，鄭、衛之音，未嘗一經於耳。不正之書，非禮之色，未嘗一接於目。正獻公通判潁州，歐陽文忠公適知州事，焦先生千之伯强客文忠公所，嚴毅方正，正獻公招延之，使教諸子，諸生小有過，差先生端坐，召與相對，終日竟夕，不與之語，諸生恐懼畏伏，先生方略降詞色。時公方十餘歲，内則正獻公與申國夫人教訓如此之嚴，外則焦先生化導如此之篤，故公德器成就，大異衆人。公嘗言：「人生内無賢父兄，外無嚴師友，而能有成者，少矣。」家傳

公從安定胡先生瑗於太學，與黄公履、邢公恕同舍，至相友善。其後遍從孫先生復、石先生介、李先生覯講讀辯問，又從王公安石學。安石以爲，凡士未官而事科舉者爲貧也，有官矣，而復事科舉，是僥倖富貴利達而已，學者不由也。公聞之，遽棄科舉，一意古學。始與程先生頤俱事胡先生，居並舍，公少程先生一二歲，察其學問淵源，非它人比，首以師禮事之。楊公國寶、邢公恕皆以公故從程氏學，而明道先生顥及横渠張先生載兄弟、孫公覺、李公常，

皆與公遊。由是知見日益廣大，然公亦未嘗專主一説，不私一門，務略去枝葉，一意涵養，直截勁捷，以造聖人。專慕曾子之學，盡力乎其内者。其讀經書，平直簡要，不爲辭説，以知言爲先，自得爲本，躬行爲實，不尚虚言，不爲異行。當時學者，莫能測其深淺也。家傳

公熙寧初監陳留税，章樞密楶方知縣事，心甚重公。一日與公同坐，遽峻詞色，折公以事，公不爲動。章歎曰：「公誠有德者，我聊試公爾。」汪輔之少有才學名，所接士大夫，率遭侮慢，獨於公敬服。張横渠曰：「於蠻貊之邦行矣，於吕原明見之。」公嘗言：「我少時性本豪縱，亦喜任俠，後所以如此者，皆痛自矯揉之力。」公與人交誠盡，年稍長者事之，少者畜之如子弟，平居未嘗稱人之短，居京師舊第，與衆共財，一毫不取，皆推與衆。正獻公常語張耒曰：「此子不欺闇室。守官京師，不謁臺諫官，遇遷轉即一見執政，過此不見也。」家傳

王公安石與正獻公既相推重，而公又從之學，自嘉祐間内外事多不甚治，王公與當世諸賢務欲變更，略倣前代，别立法制，登進善人，修建學校，其所施設者公皆預聞之矣。然自秉政，施設次弟，往往與舊説不合，又愎諫自信，動失衆心，寖與公父子不同。後欲用其子雱侍講殿中，乃欲先引公，公固辭，乃止。家傳

公既不用於時，而正獻公亦久在外，前後筦庫者幾十年。邢恕和叔既從宰相蔡確用事，略變新法，稍用舊人，欲進用公。公未及行，而正獻公召。元祐初，正獻公廣用當世善

士，人之有一善，無不用也。嘗以數幅紙書當世名士姓名，既而失之，後復見此紙，則所書人姓名悉用之矣。正獻公嘗親書遺公曰：「當世善士，無不用者，獨爾以吾故不得用，亦命也。」公夫人張氏有賢行，遽取紙視之，笑曰：「是亦未知其子矣。」家傳

公爲説書凡二年，日夕勸導人主，以修身爲本，修身以正心誠意爲主，心正意誠，天下自化，不假它術；身不能修，雖左右之人且不能諭，況天下乎！家傳

公既除諫官，累辭未獲，蘇公子瞻在邇英，戲謂公曰：「法筵龍象，衆當觀第一義。」公笑而不答，退謂范公淳父曰：「若辭不獲命，必以楊畏爲首。」時畏方在言路，以險詐自任，頗爲子瞻所厚，公故及之。蘇公名重一時，在邇英直舍，凡寫一字，畫一竹石，必爲同列爭求去，雖吳公安詩方嚴，猶爭取之，公獨未嘗起觀，蘇公亦不樂也。家傳

滎陽公建中靖國間爲祕書少監，時曾布不樂其在朝，諷侍御史陳次升言之，以爲資淺望輕，左遷光禄少卿。時豐相之初除禮部尚書，大不平之，即薦滎公自代，薦辭云：「具官呂希哲，心與道潛，湛然淵靜。所居則躁人化，聞風則薄夫敦。」雜志

滎陽公爲郡處，令公帑多畜鰒魚諸乾物，及筍乾蕈乾以待賓客，以減鷄鴨等生命也。雜志

公雖性至樂易，然未嘗假人詞色，悦人以私，在邢州日，劉公安世適守潞州，邢、潞，鄰

州也，公之子疑問嘗勸公與劉公書通懃懇，公曰：「吾素與劉往還不熟，今豈可先意相結，私相附託耶？」卒不與書。家傳

公晚居宿州、真、揚間十餘年，衣食不給，有至絶糧數日者，公處之晏然，靜坐一室，家事一切不問，不以毫髮事託州縣。其在和州，嘗作詩云：「除却借書沽酒外，更無一事擾公私。」閑居日讀易一爻，徧考古今諸儒之説，默坐沉思，隨事解釋，夜則與子孫評論古今，商搉得失，久之方罷。家傳

滎陽公在淮陽時，東萊公爲曹官，所居廨舍無几案，以□縛架上置書册〔一〕，器皿之屬悉不能具，處之甚安。其簡儉如此。雜志

滎陽公晚年習靜，雖驚恐顛沛，未嘗少動。自歷陽赴單守，過山陽渡橋，橋壞，轎人俱墜浮於水，而滎陽公安坐轎上，神色不動，從者有溺死者。時徐仲車先生年幾七十矣，作我敬詩贈公曰：「我敬吕公，以其德齒，敬之愛之，何時已已！美哉吕公，文在其中，見乎外者，古人之風。惟賢有德，神相其祉，何以祝公，勿藥有喜。」雜志

公之行己，務自省察校量，以自進益。晚年嘗言：「十餘年前在楚州，橋壞墮在水中，時猶覺心動。數年前大病，已稍勝前。今次疾病，全不動矣。」其自力如此。家傳

仙源嘗言：「與侍講爲夫婦，相處六十年，未嘗一日有面赤。自少至老，雖衽席之上，

未嘗戲笑。」滎陽公處身如此，而每歎范内翰以爲不可及。雜志

公晚年名益重，遠近皆師尊之。陳公瓘經由揚州見公，請公危坐堂上，爲公特設六拜，請問卑恭，如新學小生。然見公夫人，亦盡敬致拜焉。家傳

滎陽公與諸人云：「自少官守處，未嘗干人舉薦，以爲後生之戒。仲父舜從守官會稽，人或譏其不求知者，仲父對詞甚好，云『勤於職事，其他不敢不慎，乃所以求知也。』」童蒙訓

滎陽公爲人處事，皆有長久之計，求方便之道，只如病中風人，口不能言，手不能書，而養疾者，乃問所欲，病者既不能答，適足增苦。故公嘗教人每事作一牌子，如飲食衣裳寒熱之類，及常所服藥，常所作事，常所服藥如理中圓之類，常所作事如梳頭、洗手之類，及作某親等書。病者取牌子以示人，則可減大半之苦。凡公爲人處事，每如是也。童蒙訓

滎陽嘗言：「世人喜言『無好人』三字者，可謂自賊者也。包孝肅尹京時，民有自言：『以白金百兩寄我者死矣，予其子，其子不肯受，願召其子予之。』尹召其子，辭曰：『亡父未嘗以白金委人也。』兩人相讓久之。」公言：「觀此事而言無好人者，亦可以少愧矣。人皆可以爲堯、舜，蓋觀於己而知之。」童蒙訓

公嘗言：「孝子事親，須事事躬親，不可委之使令也。」嘗説穀梁，言：「『天子親耕，以供粢盛；王后親蠶，以供祭服。國非無良農工女也，以爲人之所盡，事其祖禰，不若以己所

自親者也。』此說最盡事親之道。」又說：「『爲人子者』，『聽於無聲，視於無形』，未嘗頃刻離親也。事親如天，頃刻離親，則有時而違天，天不可得而違。」雜志

滎陽公嘗言：「後生初學，且須理會氣象。氣象好時，百事是當。氣象者，辭令容止，輕重疾徐，足以見之矣。不惟君子小人，於此焉分，亦貴賤壽夭之所由定也。」雜志

又嘗說：「『攻其惡，無攻人之惡。』蓋自攻其惡，日夜且自點檢，絲毫不盡，即不慊於心矣。豈有工夫點檢他人耶？」雜志

或問滎陽公：「爲小人所詈辱，當何以處之？」公曰：「上焉者知人與己本一，何者爲詈，何者爲辱，自然無忿怒心也。下焉者且自思曰：『我是何等人？彼爲何等人？若是答他，却與此人等也。』如此自處，忿心亦自消也。」雜志

滎陽公嘗言：「凡與交遊書問，其父祖知名於世者，須避其名諱。凡作書，須先思，及書之於几，然後作書。文潞公與故舊欵接，一坐未嘗犯其父祖名諱。」雜志

校勘記

〔一〕八之二　「二」原作「一」。按原書目録卷八下作「丞相申國吕正獻公公著侍講吕公希哲附」，而

正文卷目作「三朝名臣言行録卷第八之一」，吕希哲言行復題作「八之一　崇政殿説書滎陽吕公」，於例不順，今改「八之一」爲「八之二」，目録依正文統一。

〔二〕以□縛架上置書册　「以」下原空一字位，不知爲何字。

三朝名臣言行録卷第九

九之一　中書舍人曾公

公名鞏，字子固，建昌軍南豐人。中嘉祐二年進士第，爲太平州司法參軍。召編校史館書籍，歷館閣校勘、集賢校理，兼判官誥院。嘗爲英宗實録院檢討官，不踰月罷，出通判越州。歷知齊、襄、洪州。進直龍圖閣，知福州，召判太常寺，未至，改知明州，徙亳州，又徙滄州。入對，留判三班院，遷史舘脩撰，管勾編脩院兼判太常寺。元豐五年四月，擢試中書舍人，九月，丁母憂，明年四月，卒，年六十五。

爲通判，歲飢，度常平不足仰以賑給，而田居野處之人，不能皆至城郭，至者群聚，有疾癘之虞。前期喻屬縣，召富人，使自實粟數，總得十五萬石，視常平價稍增，以予民，民得從便受粟，不出田里，而食有餘，粟價爲平。又出錢粟五萬，貸民爲種糧，使隨歲賦入官，農事

賴以不乏。弟文昭公撰行述

爲州務去民疾苦，急姦强盗賊而寬貧弱，曰：「爲人害者不去，則吾民不寧。」是時州縣未屬民爲保伍，公獨行之部中，使幾察居人行旅，出入經宿，皆籍記。有盗則鳴鼓相援。又設方略，明賞購，急追捕，且開人自言，故盗發輒得。有葛友者，屢剽民家，以名捕不獲。一日自出告其黨，公與袍帶酒食，假以騎從，輦所購金帛隨之，徇諸部中。盗聞，多出，自言：「友智力兼人。」公外視章顯，實欲携貳其徒，使之不能復合也。齊俗悍强，喜攻刼，至是豪宗大姓，歛手莫敢動，寇攘屏迹，州郡肅清。行述

公在齊，會朝廷變法，遣使四出，公推行有方，民用不擾。使者或希望私欲，有所爲，公亦不聽也。河北發民濬河，調及它路，齊當出夫二萬，縣初按籍二丁三丁出夫一，公括其隱漏，後有至九丁出一夫者，省費數倍。又損役人，以紓民力，弛無名渡錢，爲橋以濟往來，徙傳舍，自長清抵博州，以達于魏，視舊省六驛。人皆以爲利。其餘力比次案牘簿書，藏之以十五萬計，至它州亦然。既罷，州人絶橋閉門遮留，夜乘間乃得去。行述

在洪，會歲大疫，自州至縣鎮亭傳，皆儲藥以授病者。民若軍士不能自養者，以官舍舍之，資其食飲衣衾之具，以庫錢佐其費，責醫候視，記其全失多寡，以爲殿最，人賴以生。安南軍興，道江西者詔爲萬人備，州縣暴賦急歛，芻粟價踴貴，百姓不堪。公獨不以煩民，前

期而辨，又爲之區處次舍，井爨什器，皆有條理，兵既過，而市里不知也。行述

福多佛寺，爲僧者利其富饒，爭欲爲主守，賕請公行。公俾其徒自相推擇，籍其名，以次補之，授文據廷中，却其私謝，以絶左右徼求之敝。民出家者，三歲一附籍，殆萬人，闔府徼賂，至裒錢數千萬。公至不禁而自止，廢寺二，皆囊橐爲姦者，禁婦女毋入寺舍。行述

公所至出教，事應下縣，責其屬，度緩急與之期。期未盡，不復移書督趣。期盡不報，按其罪。期與事不相當，聽縣自言，别與之期，而案與期者，即有所追逮。州不遣人至縣，縣毋遣人呼其門。縣初未甚聽，公小則罰典吏，大則并劾縣官，於是莫敢慢事，皆先期而集，民不知擾，所省文移數十倍〔一〕。事在州者，督察勾稽皆有程式，分任僚屬，因能而使，公總攬綱條，責成而已。蓋公所領州，多號難治，及公爲之，令行禁止，吏莫敢不自盡，政巨細畢舉，庭無留事，囹圄屢空。人徒見公朝夕視事數刻而罷，若無所用心者，不知其所操者約且要，而聰明威信足以濟之，故不勞而治也。吏民初或憚公嚴，已而皆安其政，既去，久而彌思之。行述

公自爲小官，至在朝廷，挺立無所附，遠迹權貴，繇是愛公者少。爲編校書籍，積九年，自求補外，轉徙六州，更十餘年，人皆爲公慊然，而公處之自若也。公於是時既與任事者不合，而小人乘間又欲擠之，一時知名士，往往坐刺譏辭語廢逐，公於慮患防微，絶人遠甚，政

事弛張，操縱雖出于己，而未嘗廢法自用，以其故莫能中傷，公亦不爲之動也。行述

天子察公賢，欲用公。一日，手詔中書門下曰：「曾鞏以史學見稱士類，宜典五朝史事。」遂以爲脩撰。近世脩國史，必衆選文學之士，以大臣監總，未有以五朝大典，獨付一人如公者。公夙夜討論，未及屬藁，會正官名，擢中書舍人，不俟入謝，諭使就職。時自三省至百執事，選授一新，除吏日至數十人，人舉其職事以戒，辭約義盡，論者謂有三代之風，上亦數稱其典雅。行述

公性謹嚴，而待物坦然，不爲疑阻。於朋友喜盡言，雖取怨怒不悔也。於人有所長，獎勵成就之如弗及。與人接，必盡禮，有懷不善之意來者，俟之益恭，至使其人心悅而去。遇僚屬盡其情，未嘗有所按讁。有以過誤抵法者，力爲辯理，無事而後已。在官有所市易，取賈必以厚，予賈必以薄。於門生故吏，以幣交者，一無所受。福州無職田，歲鬻園蔬收其直，自入常三四十萬。公曰：「太守與民爭利，可乎？」罷之。後至者亦不復取也。行述

曾子固初爲太平州司户，守張伯玉，前輩人也。歐陽公、王荆公諸名士共稱子固文章。伯玉殊不顧。間語子固：「吾方作六經閣，其爲之記。」子固凡謄藁六七，終不當伯玉之意。則謂子固曰：「吾自爲之。」其書于紙曰：「六經閣者，諸子百家皆在焉，不書，尊經也。」云云。子固始大畏服，益自勵於學矣。聞見後録

子曾子初見神宗，上問曰：「卿與王安石布衣之舊，安石何如？」對曰：「安石文學行義，不減揚雄，然吝，所以不及古人。」曰：「安石輕富貴，非吝也。」對曰：「非此之謂。安石勇於有爲，吝於改過。」上頷之。談叢

曾子固罷檢討，以錢醇老代之。元素曰：「曾公知山陰，賤市民田數十頃，爲人所訟。曾易占時在越幕，説守倅曰：『曾宰高科，它日將貴顯，用兹事敗之可惜。父曾爲明守，衰老，宜與謀，俾代其子任咎。』守倅從之。會由是坐贓追停，曾公猶以私坐監當，深德易占。後易占以信州縣宰坐贓，英州編管，亡匿於曾公别墅。會赦，自出，俾子固訟冤。再劾，復往英州，因死焉。子固時不奔喪，爲鄉議所貶，介甫爲作辨曾子以解之。子固及第，鄉人作感皇恩道場，以爲去害也。子固好依漕勢以陵州，依州陵縣，依縣陵民。」温公日録○案：曾公父死南都，杜祁公爲治其喪〔二〕，時惟公在側。今文集有謝杜公書可見也。又荆公作墓誌，亦言「至南京病卒」，此云不奔喪者，温公傳聞之悮也。

中書舍人王震序公之文曰：南豐先生以文章名天下久矣。異時齒髮壯，志氣鋭，其文章之慓鷙奔放，雄渾瓌偉，若三軍之朝氣，猛獸之抉怒〔三〕，江湖之波濤，煙雲之姿狀，一何奇也。方是時，先生自負要似劉向，不知以韓愈爲何如爾。中間久外徙，世頗謂偃蹇不偶。一時後生輩鋒出，先生泊如也。晚還朝廷，天下望用其學，而屬新官制，遂掌書命。於是更

置百官，舊舍人無在者。已試即入院，方除目填委，占紙肆書，初若不經意，午漏盡，授草院吏上馬去。凡除郎、御史數十人，所以本法意，原職守，而爲之訓敕者，人人不同，咸有新趣，而衍裕雅重，自成一家。余時爲尚書郎，掌付制吏部，一日得盡觀，始知先生之學，雖老不衰，而大手筆自有人也。

校勘記

〔一〕數十倍 「倍」原誤作「陪」，據洪、張本改。

〔二〕杜祁公 「祁」原誤作「祈」，據文意改。

〔三〕抉怒 「怒」字原脱，據洪、張本補。

九之二 翰林學士曾文昭公

公名肇，字子開，中書舍人鞏之季弟。中進士第，調台州黄巖簿。居鄭州，守聞其賢，薦爲州教授。神宗召對，擢崇文院校書，兼國子監直講。元豐元年，爲國史院編脩官，除吏部郎中，遷右司。元祐初，擢起居舍人，遷中書舍人，以寶文閣待制知潁州，徙陳州、應天府。七年，還朝，守禮部侍郎。復出知徐州。紹聖初，徙知瀛州，坐史事奪一官，知滁州，徙泰州、海州。徽宗即位，除中書舍人、翰林學士兼侍讀。出知陳州，徙南京、揚州、定州。崇寧元年，落職知和州，道除舒州靈仙觀，奪兩官，徙居岳州，又貶濮州團練副使、汀州安置，徙台州，復朝散郎，還，居潤州里第。大觀元年卒，年六十一。

王荆公當國，數稱公於上前，上見公，首問所從學，以兄輩對，上默然。同知太常禮院。自秦以來，禮文殘缺，先儒各以臆説，無所稽據，公在職多所釐正。親祠皇地祇於北郊，蓋自公發之，雖衆議不同，而公獨引經辨析，詞旨精慤，故異論莫能奪其議。明堂配饗，徧及五帝，初雖不合，後亦卒見施用。楊文靖公撰公行述

曾肇爲集賢校理兼國子監直講，脩將作監敕，會其兄論市易事被責〔一〕，執政怒未已，遂盡罷肇主判，滯於館下，最爲閑冷，又多希旨窺伺之者，衆皆危之。曾處之恬然無愠。既而曾魯公公亮薨，肇撰次其行狀，上覽而善之，即日有旨除史院編脩官。東軒筆録

哲宗嗣位，宣仁太后垂簾聽政，用司馬温公、吕申公爲宰相，士多傅時自効〔二〕，公獨挺然不爲世變所移，由是諸公益賢之，知其有常德也。行述

門下侍郎韓公維面奏范百禄所爲不正，及有非理事十餘件，簾中怒甚，以爲：「輔臣奏劾臣寮，當公行具章疏，明論曲直，既無明文，何異讒毁？」黜知鄧州。公不草制，兩上章論之曰：「維執政，爲朝廷别白邪正是非，真得大臣體，雖案牘不具，出於口奏，豈可便謂之欺君？大臣參與國論，臧否人物，不必一一須形文字，顧所言當與不當，行之人心服與不服耳。今陛下責維，徒奏而已，遂謂有欺君之意。臣恐命下之日，人心眩惑，謂陛下以疑似之罪逐大臣，恐於陛下盛德，不爲無損，執政大臣，自此以維爲戒，無敢開口論議，臧否人物。君臣上下，更爲形迹。恐非陛下推赤心待大臣之誼，亦非大臣展布四體，以事陛下之道也。」竟以它舍人行下，事雖不從，士論韙之。行述

諫官王覿言執政忤旨，落職知潤州。公封還詞頭，言：「覿之一身，出入内外，不足爲重輕。而陛下寄腹心於大臣，寄耳目於臺諫，二者相須，不可闕一。今覿一言論及執政，即日去之，是何異愛腹心而塗耳目，豈不殆哉！」上悟，加覿直龍圖閣。行述

太皇太后受册，有司檢用章獻明肅太后故事，當御文德殿。公奏疏曰：「伏見太皇太后聽政以來，止於延和殿垂簾視事，受契丹人使朝見，亦止御崇政殿，未嘗出踐外朝。蓋外朝，天子之正宁，太皇太后崇執謙德，不欲臨御，以爲天下後世法。推此言之，受册外朝，殆非太皇太后之意，特以故事當然耳。切詳故事，天聖二年，兩制定皇太后受册於崇政殿，仁

宗自出聖意，特詔有司改文德殿，此蓋人主一時之制，非典法也。願下明詔，屈從天聖二年兩制之議，受册於崇政殿，仰稱太皇太后克己復禮，謙恭抑損之盛德。」中批令學士院降詔，如公所請。是歲坤成節，禮官建議於崇政殿上壽，用天聖三年故事。三省樞密院特降朝旨，引九年會慶殿上壽如乾元節之儀。公奏疏曰：「太皇太后昨降詔書，以謂不敢自同於章獻太后。今此舉似與前後本末不相稱，殆非太皇太后之意，特執政大臣出於不思耳。」疏入，從之。行述

四年春，旱甚，中丞李公常請罷春宴，執政難之，公率彭公汝礪上疏曰：「天菑方作，民食未充，正君臣側身畏懼，憂恤百姓之時，乃相與飲食燕樂，恐無以消復天變，導迎和氣。」翼日，有旨罷宴。二公在朝論事，數與時忤，至是浸不容矣。當是時，丞相范公純仁、左丞王公存論議多與二公合，異意者欲盡去之。會有以蔡丞相確安州詩上者，諫官交章，以爲謗訕，謫新州。范、王二公爭之不能得，同時罷去。先是，公與彭公約，當制者必極論之，會公除給事中未拜，彭公當制，言甚力。諫官多前日與公論異者，言彭公實公使之，誣以賣友，公不自辨，固辭新命，請外。章四上，除寶文閣待制，知潁州。行述

在潁濬清河百餘里，以通東南物貨，人至今賴之。部使者議開八丈溝，疏陳、蔡積水，潁人素以爲患，公距其議，使者以語訹公，復移書折之。及徙陳，執論益堅，人於是知公非

私於一州也。行述

移知應天府。宋當東南孔道，宴勞無虚日。公曰：「餙厨傳以邀往來之譽，吾不爲也。」乃積公帑之餘，大興學校，親加訓導，養成人材爲多。行述

哲宗初祀南郊，有詔合祭天地，如祖宗故事。公守前議論之，語甚厲，不報。乃拜章自劾，徙刑部，不拜，請去不已，除知徐州。行述

哲宗既親政，追用舊臣，盡復熙、豐之法，數稱公議禮有守。及公入對，不及垂簾事，所陳皆國家大體，以謂：「人主雖有自然之聖質，必賴左右前後，皆得其人，以爲政之本。宜於此時，慎選忠信端良、博古多聞之士，置諸左右，以參諷議，以備顧問。與夫深處法宫之中，親近褻御之徒，其損益相去萬萬矣。」忤貴近意，故不得留。行述

時元祐諸公皆流竄嶺表，最後謫前史官范祖禹等，以實録譏訕爲罪。初，實録成，公與陸佃、林希以嘗在局，例轉一官，公奏：「臣不逮成書，不可因人之功，以叨賞典。」累辭不許。至是希爲中書舍人，納所遷官在職，公耻自陳以覬幸免，遂與佃俱奪一官，降小郡，以公知滁州。御史言希不當與公異，佃與奏書，不當與公同，乃削佃職，除公集賢殿脩撰，守滁。行述

元符三年，上皇即位，欽聖太后權同聽斷。一日，二府奏事，簾中宣諭曰：「神宗在宫

中，嘗稱曾肇可用。」召還除中書舍人，即日請對，言：「治道在廣言路而已。祖宗以來，數詔百官，使以次對，神宗舉而行之，於熙寧之初，以興起事功爲後世法。願陛下迹神考之故事，脩轉對之制，下不諱之令，明詔百官，下及民庶，得極言時政，無有所隱，然後擇其善者而行之，且報之以賞。大則加以爵秩，小則錫之金帛。其言不足採若狂妄抵捂者，一切置之，不以爲罪。庶以鼓動天下敢言之氣。」會日蝕四月朔，故事當降詔求直言，特命公草詔，因具著所以言於上者，敷告中外。於是投匭者日以千數，故上得盡聞天下事。行述

元祐士大夫再以赦甄叙，或復舊職，典方面。公奏：「生者蒙恩已厚矣，唯是游魂枯骴，未被聖澤，請如寇準、曹利用故事，還其所奪官職及本家恩澤，又乞如祖宗朝每大赦後置看詳編配罪人一司，命官典領，使流竄廢錮之人，均被恩施。」皆見納用。行述

公嘗奏言：「近世帝王，善爲治者，莫如唐太宗；善言治者，莫如唐陸贄。太宗正觀之治，論者謂庶幾成、康，史官掇其大者，別爲一書，謂之正觀政要。陸贄事唐德宗，知無不言，言無不盡，要其歸必本於帝王之道，必稽於六藝之文。此二書雖一代之文章，實百王之龜鑑。伏願陛下退朝之暇，紬繹經史之餘，取此二書，置之坐右，留神省覽，發言行事，以此爲準，庶於盛德有補萬一。」行述

給事中二人相繼封駁除目，三省進呈，令中書舍人書讀行下。公言：「三省各有職守，

不相侵踰。門下所以駁正中書違失，故中書舍人不兼給事中職事，恐因此隳壞官制，有損治體。」行述

諫官陳瓘以言及東朝與政事被謫，公適館伴虜使，事畢還家，即奏書兩宮曰：「瓘昨者所論，臣雖不知其詳，以詔旨觀之，瓘言雖狂，其意則忠。何則？瓘以疏遠小臣，妄意宮闈之事，披寫腹心，無所顧避。此臣所謂狂也。皇太后有援立明聖不世之大功，有前期歸政過人之盛德，萬一有纖毫可以指議，則於清躬不爲無累。瓘以憂君之誠，陳預防之戒，欲以開悟聖心，保全盛美，忘身爲國，臣子所難。此臣所謂忠也。以臣愚計，皇帝以瓘所言狂率而逐之，皇太后以天地之量隱忍包容，特下手書而留之，則天下之人必曰：『皇帝恭事母儀，不容小臣妄議，其孝如彼。皇太后功德巍巍，而能含洪光大，雖有狂言，不以爲罪，其仁如此。』兩誼俱得，豈不美哉！」初，瓘得罪，左右無敢言者，公獨盡言，請復瓘舊職，其犯顔嬰鱗，率此類也。行述

先是，禮部議哲宗升祔，宜於太廟殿增一室。公獻議稱：「書、禮記皆云七廟，國朝自僖祖而下，至仁宗始備七世，故英宗祔廟，則遷順祖，神宗祔廟，則遷翼祖，三昭三穆，合於典禮。今大行皇帝於神宗，父子也。如禮官所議，更增一室，則廟中當有八世，四昭三穆，考於典禮，未有合者。大行皇帝祔廟，當與神宗爲昭穆，上遷宣祖以合禮文七世三昭三穆

之誼。」時爲禮部者方執政，故公議見絀。時議者又言：「上當爲哲宗服期從兄弟之服。」公在邇英讀史記，至「堯崩三年之喪」畢，因言：「堯、舜同出黄帝，舜且爲堯喪三年者，舜嘗臣堯故也。」侍讀温益進言曰：「史記世次不足信。若堯、舜同出，則舜娶堯女爲娶從祖姑。」公以史記世次、禮記祭法大傳之説質於上前，益語塞。行述

時有陳「大中至正」之論者，以元祐、紹聖均爲有失，魯公稱上命，命公推此意爲詔，諭天下。公見上言：「陛下欲建皇極以消弭朋黨，須先分君子小人，賞善罰惡，不可偏廢。」開説甚至。已而詔自中出，上命魯公相，公適視草禁中，因舉數事爲戒，所謂：「休息百姓，總核庶工。甄叙材良，敦奬正直。澄清風俗，振肅紀綱。」退與魯公言，未嘗不丁寧反復以此也。本朝學士，弟草兄制，惟韓氏與公，無它比也，士論榮之。行述

朝廷更茶法，内侍閻守懃主之。公謂：「與民爭利，不可爲。」是時守懃方用事，勢傾中外，非守義弗渝，無敢忤其意也。

建中靖國元年，太史復奏四月朔，太陽當蝕。公請對極言，因陳天人精祲之説，至誠懇激，言發涕下。行述○案公集此劄子云：連年日食正月歲旦，赤氣亘天，變不虚生，必有所自。意者陛下簡儉清淨之化，或衰於前；而宮室服玩之侈，聲色技藝之好，或萌於心與？抑刑獄滋彰之敝復生，而閭里有不安者與？不然，則朝廷上下，忠邪賢不肖有未辨，而政令賞罰有未當與？抑左右前後，有

阿諛壅蔽，竊弄威福之人，而四方萬里，銜冤失職之民有不得伸者與？此宜陛下反復循察，萬一有之，固當痛自尅責，改過不吝，使皆無之，猶須戒慎不睹，恐懼不聞，博延忠良，使之交儆，庶以答塞天變，轉災爲祥。

元祐士大夫再被降黜，公義不獨全，請與俱貶，言者繼之，落職知和州。行述

魯公已罷政，言路率公素所不合者，未敢誦言排公，迺言：「元符末有外臣上書，議及宫禁。」因疏大臣數人，嘗有是議，而竄公名其間，坐奪兩官，徙居岳州。明年秋，治上封事異趣者千餘人，因追咎公草求言詔，貶濮州團練副使、汀州安置。在汀二年，杜門不與人接，日閲書數卷而已。室内僅容一榻，坐卧其中，若將終身焉。人不堪其憂，而公處之裕如也。行述

公天資仁厚，而剛大之氣睟然見於顔面，望之若不可犯，而即之則温然可親，不問知其爲成德君子也。與人交，無遠近疏戚之間，不爲虚詞飾貌，一以誠意。引掖後進，惟恐不及，一經品目，人人自好。自少力學，於六經百氏之書，無所不究，含英茹實，以畜其德，非如世儒，徒摭其華，雕繪組織爲辭章而已。經綸之業，蓋其素所藴積也。故其在朝，則以論思之責爲己任；出藩于外，則所至有成績。瀛州救荒之政，全活者不可以數計，至其受代，則民挽留之，圮道闔門而不得去。更十一州，若此類不可悉數。家素貧，未嘗屑意有無，而

以字孤振乏爲急。由布衣以至處顯，視其居處，被服飲食無少異。殁之日，陳無新衣，薦無完衾，帷帳器用，質素敝惡，闔門千指無所歸。聞其風者，雖庸夫賤隸皆歎息，爲之泣下。行述

曾子開端嚴可畏，有大臣之風，若其輩流，雖位崇望重，少不以言語禮貌牢籠人者，殊爲失體。龜山語録又云：曾子開不以顔色語言假借人，其慎重爲得大臣之體，於今可以庶幾前輩風流者，惟此一人耳。

校勘記

〔一〕會其兄論市易事被責　「兄」下東軒筆録卷五有「布」字。

〔二〕傳時自劾　「傳」，原誤作「傳」，據文意改。

九之三　内翰蘇文忠公

公名軾，字子瞻，老蘇先生之長子。中進士第，再中制策優等，除大理評事，簽書

鳳翔府判官。召試，直史館。丁父憂，服除，攝開封府推官，通判杭州，知密、徐、湖三州。逮赴詔獄，以黄州團練副使安置，移汝州。哲宗即位，復朝奉郎，知登州，召爲禮部郎中、起居舍人。元祐二年，遷中書舍人、翰林學士兼侍讀，出知杭州。六年，召爲翰林承旨，出守潁州，復以兵部尚書召還，兼侍讀。尋遷禮部兼端明殿、翰林侍讀二學士。出知定州。紹聖元年，以本官知英州，貶寧遠軍節度副使，惠州安置。又貶瓊州别駕，昌化軍安置，徙廉州，再徙永州，復官，監成都府玉局觀。建中靖國元年卒，年六十六。

公生十年，而先君宦學四方，太夫人親授以書。聞古今成敗，輒能語其要。太夫人嘗讀東漢史，至范滂傳慨然太息，公侍側曰：「某若爲滂，夫人亦許之否乎？」太夫人曰：「汝能爲滂，吾顧不能爲滂母耶？」弟黄門公撰墓誌

嘉祐二年，歐陽文忠公考試禮部進士，疾時文之詭異，思有以救之。梅聖俞時與其事，得公論刑賞，以示文忠，文忠驚喜，以爲異人，欲以冠多士。疑曾子固所爲，子固，文忠門下士也。乃寘公第二。復以春秋對義居第一，以書謝諸公，文忠見之，以書語聖俞曰：「老夫當避此人，放出一頭地。」士聞始譁不厭，久乃信伏。墓誌

東坡言：「頃試制科中程後，英宗皇帝即欲便授知制誥，相國韓公曰：『蘇軾之才，遠

大之器也。他日自當爲天下用，要在朝廷培養之，使天下之士，莫不畏慕降伏，皆欲朝廷進用之，然後取而用之，則人人無復異辭矣。今驟用之，則天下之士，未必以爲然，適足以累之也。』英宗曰：『且與脩注如何？』韓公曰：『記注與制誥爲隣，未可遽授。不若且於館閣中擇近上貼職予之，它日擢用，亦未爲晚。』乃授直史館。東坡聞之曰：『公可謂愛人以德矣！』」李廌談記

王介甫用事，多所建立，公與介甫議論素異，既還朝，寘之官告院。四年，介甫欲變更科舉，上疑焉，使兩制三館議之。公議上，即日召見，問：「何以助朕？」公辭避久之，乃曰：「臣竊意陛下求治太急，聽言太廣，進人太鋭，願陛下安靜以待事來〔一〕，然後應之。」上竦然曰：「卿言朕當詳思之。」介甫之黨皆不悦，命攝開封推官，意以多事困之。公決斷精敏，聲聞益遠。會上元，有旨市浙燈，公密疏：「舊例無有，不宜以玩好示人。」即有旨罷。殿前初策進士，舉子希合，爭言祖宗法制非是。公爲考官，退擬答以進，深中其病。自是論事愈力，介甫愈恨。墓誌

謝景温言：「范鎮舉蘇軾爲諫官，軾向丁憂，多占舟船，販私鹽、蘇木。及服闋入京，多占兵士。」介甫初爲政，每贊上以獨斷，上專信任之。軾爲開封府試官，策問進士以「晉武平吳，以獨斷而克，苻堅伐晉，以獨斷而亡。齊桓專任管仲而霸，燕噲專任子之而敗。事同而

功異，何也？」介甫見之不悦。軾弟轍辭條例司，言青苗不便，介甫尤怒，乃定制策登科者不復試館職，以軾、轍兄弟故也。軾有表弟選人，素與軾不叶，介甫使人召之，問軾過失，其人言向丁憂販私鹽、蘇木等事，介甫雖銜之，未有以發之。軾又數上章言時政得失，今春擬進士策，皆譏刺介甫。及詔兩制舉諫官，衆論以爲當今宜爲諫官者，無若傅堯俞、蘇軾，故舉堯俞者六十人，而景仁舉軾。景温恐軾爲諫官，攻介甫之短，故以榜語力排之。介甫下淮南、江南東西、荆湖北、夔州、成都六路轉運司體量其狀，蓋軾眉州人，其入京也，適本州迎新守，軾因帶以來耳。温公日録〔二〕

通判杭州，是時四方行青苗、免役、市易，浙西兼行水利、鹽法。公於其間，常因法以便民，民賴以少安。高麗入貢使者凌蔑州郡，押伴使臣皆本路筦庫，乘勢驕横，至與鈐轄亢禮〔三〕。公使人謂之曰：「遠夷慕化而來，理必恭順。今爾暴恣，非汝導之，不至是也。不悛，當奏之。」押伴者懼，爲之小戢。使者發幣於官吏，書稱甲子，公却之曰：「高麗於本朝稱臣，而不禀正朔，吾安敢受？」使者亟易書稱熙寧，然後受之。時以爲得禮。墓誌

徙知密州，時方行手實法，使民自疏財産以定户等，又使人得告其不實。司農寺又下諸路，不時施行者以違制論。公謂提舉常平官曰：「違制之坐，若自朝廷，誰敢不從？今出於司農，是擅造律也，若何？」使者驚曰：「公姑徐之。」未幾，朝廷亦知手實之害，罷之。

密人私以爲幸。墓誌〔四〕

郡嘗有盜竊發而未獲，安撫轉運司憂之，遣一三班使臣〔五〕，領悍卒數十人，入境捕之。卒凶暴恣行，以禁物誣民，入其家爭鬭，至殺人，畏罪驚散，欲爲亂。民訴之，公投其書不視，曰：「必不至此。」潰卒聞之少安，徐使人招出戮之。墓誌

自密徙徐，是歲河決曹村，泛于梁山泊，溢于南清河。城南兩山環繞，吕梁、百步扼之，匯于城下，漲不時洩，城將敗，富民爭出避水。公曰：「富民若出，民心動摇，吾誰與守？吾在是，水決不能敗城！」驅使復入。公履屨杖策，親入武衛營，呼其卒長，謂之曰：「河將害城，事急矣，雖禁軍，宜爲我盡力。」卒長呼曰：「太守猶不避塗潦，吾儕小人効命之秋也。」執梃入火伍中，率其徒短衣徒跣，持畚鍤以出。築東南長堤〔六〕，首起戲馬臺，尾屬於城。堤成，水至堤下，害不及城，民心乃安。然雨日夜不止，河勢益暴，城不沉者三板。公廬於城上，過家不入，使官吏分堵而守，卒完城以聞，復請調來歲夫，增築故城，爲木岸，以虞水之再至，朝廷從之。訖事，詔褒之，徐人至今思焉。墓誌

徙知湖州，以表謝上，言事者擿其語以爲謗〔七〕，遣官逮赴御史獄。初，公既補外，見事有不便於民者，不敢言，亦不敢默視也。緣詩人之義，託事以諷，庶幾有補於國。言者從而媒蘖之。上初薄其過，而浸潤不止，至是不得已從其請。既付獄吏，欲必寘之死，鍛煉久

之，不決。上終憐之，促其獄，以黄州團練副使安置。公幅巾芒屨，與田父野老相從溪谷之間，築室於東坡，自號東坡居士。三年〔八〕，上有意復用，而言者沮之。上手札徙汝州，略曰：「蘇軾黜居思咎，閲歲滋深，人材實難，不忍終棄。」未至，上書自言有飢寒之憂，有田在常，願得居之。書朝入，夕報可。士大夫知上之卒喜公也，會晏駕，不果復用。墓誌〇又龜山語録云：爲文要有温柔敦厚之氣，對人主語言及章疏文字，温柔敦厚尤不可無，如子瞻詩多所譏玩，殊無惻怛愛君之意。荆公在朝論事，多不循理，惟是争氣而已。何以事君？君子之所養，要令暴慢邪僻之氣不設於身體。〇又曰：凡詩必使言之者無罪，聞之者足以戒，此所以尚譎諫也。如東坡詩，則言之安得無罪，而聞之豈足以戒乎！〇又元城語録云：東坡下御史獄，張安道致仕在南京，上書救之，欲附南京遞，府官不敢受。乃令其子恕至登聞鼓院投進，恕徘徊不敢投。久之，東坡出獄。其後東坡見其副本，因吐舌色動久之。人問其故，東坡不答。其後子由亦見之，云：「宜吾兄之吐舌也，此事正得張恕力。」或問其故，子由曰：「獨不見鄭昌之救蓋寬饒乎？其疏有云：『上無許、史之屬，下無金、張之托。』此語正是激宣帝之怒爾。且寬饒正以犯許、史輩有此禍，今乃再許之，是益其怒也。且東坡何罪？獨以名太高，與朝廷争勝耳。今安道之疏乃云：『其實天下之奇材也。』獨不激人主之怒乎？」僕曰：「然則是時救東坡者宜爲何説？」先生曰：「但言『本朝未嘗殺士大夫，今乃開端，則是殺士大夫自陛下始，而後世子孫因而殺賢士大夫，必援陛下以爲例。』神宗好名而畏義，疑可以此止之。」蘇東坡既貶黄州，神宗殊念之，嘗語宰相王珪、蔡確曰：「國史至重，可命蘇軾成之。」

珪有難色。又曰：「軾不可，姑用曾鞏。」鞏進太祖總論，不當神宗之意，未幾罷去。聞見後録

王介甫與蘇子瞻初無隙，吕惠卿忌子瞻才高，輒間之。中丞李定，亦介甫客也，不服母喪，子瞻以爲不孝，作詩詆之〔九〕，定以爲恨，劾子瞻作詩謗訕。遂下御史獄，謫居黄州。後移汝州，過金陵，見介甫甚款〔一〇〕。子瞻曰：「軾欲有言於公。」介甫色動，意子瞻辯前日事也。子瞻曰：「軾所言者，天下事也。」介甫色定，曰：「姑言之。」子瞻曰：「大兵大獄，漢、唐滅亡之兆。祖宗以仁厚治天下，正欲革此。今西方用兵，連年不解，東南數起大獄，公獨無一言以救之乎？」介甫舉手兩指示子瞻曰：「二事皆惠卿啓之，安石在外，安敢言？」子瞻曰：「固也。然在朝則言，在外則不言，事君之常禮耳。上所以待公者非常禮，公所以事上者豈可以常禮乎？」介甫厲聲曰：「安石須説。」又曰：「出在安石口，入在子瞻耳。」蓋介甫嘗爲惠卿發其「無使上知」私書，尚畏惠卿，恐子瞻泄其言也。介甫又語子瞻曰：「人須是知行一不義，殺一不辜，得天下弗爲，乃可。」子瞻戲曰：「今之君子，爭減半年磨勘，雖殺人亦爲之。」介甫笑而不言。聞見録

温公議改免役爲差役。差役行於祖宗之世，法久多弊，編户充役，不習官府，又虐使之，多以破産，而狹鄉之民，或有不得休息者。先帝知其然，故爲免役，使民以户高下出錢，

而無執役之苦。行法者不循上意，於雇役實費之外，取錢過多，民遂以病。若量出爲入，毋多取於民，則足矣。温公知免役之害，而不知其利，欲一切以差役代之。方差官置局，公亦與其選，獨以實告，而君實不悦。嘗見之政事堂，條陳不可，温公忿然，公曰：「昔韓魏公刺陜西義勇，公爲諫官，爭之甚力，魏公不樂，公亦不顧。軾昔聞公道其詳。豈今日作相，不許軾盡言耶？」温公笑而止。墓誌

除侍讀。進讀至治亂盛衰，邪正得失之際，未嘗不反覆開導，覬上有所覺悟。上雖恭默不言，聞公所論説，輒肯首善之。嘗侍上讀祖宗寶訓，因及時事，公歷言：「今賞罰不明，善惡無所勸沮。又黄河勢方西流，而强之使東。夏人寇鎮戎，殺掠幾萬人，帥臣擁蔽不以聞，朝廷亦不問。事每如此，恐寖成衰亂之漸。」墓誌

諫官言前宰相蔡持正知安州，作詩借郝處俊事以譏刺時事，大臣議遷之嶺南。公密疏言：「朝廷若薄確之罪，則於皇帝孝治爲不足；若深罪確，則於太皇太后仁政爲小累。謂宜皇帝降敕置獄逮治，而太皇太后内出手詔赦之。則仁孝兩得矣。」墓誌

杭州大旱，飢疫並作，公請於朝，免本路上供米三之一，故米不翔貴。復得賜度僧牒百，易米以救飢者。明年方春，即減價糶常平米，民遂免大旱之苦。公又作饘粥、藥劑，遣吏挾醫，分坊治病，活者甚衆。公曰：「杭，水陸之會，因疫病死比它處常多。」乃裒羨緡得

二千，復發私橐得黃金五十兩，以作病坊，稍畜錢糧以待之，至于今不廢。墓誌

杭本江海之地，水泉鹹苦。唐刺史李泌始引西湖水作六井，民足於水。及白居易復浚西湖，淤水入運河〔一一〕，自河入田，所溉至千頃。然湖水多葑，久廢開治，至是積二十五萬餘丈，而水無幾矣。運河失湖水之利，取給於江潮，潮濁多淤，河行闤闠中，三年一淘，爲市井大患，而六井亦幾廢。公始至，浚二河，以茅山一河受江潮，以鹽橋一河受湖水，復造堰閘，以爲湖水畜洩之限。然後潮不入市，且以餘力復完六井，又取葑田積湖中爲長堤，以通南北。募人種菱湖中，而收其利以備修湖。杭人名其堤曰「蘇公堤」云。墓誌

潁有宿賊尹遇等數人，群黨驚劫，殺變主及捕盜吏兵者非一，朝廷以名捕不獲，被殺者噤不敢言。公召汝陰尉李直方，謂之曰：「君能禽此，當力言於朝，乞行優賞；不獲，亦以不職奏免君矣。」直方退，緝知群盜所在，分命弓手往捕其黨，而躬往捕遇。直方有母年九十，母子泣別而行，手戟刺而獲之。然小不應格，推賞不及。公爲言於朝，請以年勞改朝散郎階，爲直方賞。朝廷不從。其後吏部以公當遷，以符會考〔一二〕，公自謂已許直方。卒不報。墓誌

元祐七年，上祀南郊，公以兵部尚書爲鹵簿使。上因太廟宿齋，行禮畢，特至青城，儀衛甚肅，五使乘車，至景靈宮東欞星門外，忽有赭傘犢車百餘兩〔一三〕，衝突而來。東坡呼御

營巡檢使立於車前曰：「西來誰何？敢爾亂行！」曰：「皇后並某國太夫人〔一四〕、國婆婆，乃上之乳母。某國大長公主也。」東坡曰：「可以狀來。」比至青城，諭儀仗使御史中丞李端伯之純曰：「中丞職當肅政，不可不聞。」李以中宫不敢言。東坡曰：「軾當自奏。」即於青城上疏劾之。明日，中使傳命，申敕有司嚴整仗衛。談記

高麗使請書於朝，朝廷以故事盡許之。公曰：「漢東平王請諸子及太史公書，猶不肯予，今高麗所請有甚於此，其可予乎？」不聽。墓誌

知定州，定久不治，軍政尤弛，武衛卒驕墮不教，軍校蠶食其廩賜，故不敢何問。公取其貪汙甚者，配隸遠惡，然後繕脩營房，禁止飲博。軍中衣食稍足，乃部勒以戰法，衆皆畏伏。然諸校多不自安者，有卒史復以贓訴其長，公曰：「此事吾自治則可，汝若得告，軍中亂矣。」亦決配之。衆乃定。會春大閱，軍禮久廢，將吏不識上下之分，公命舉舊典，元帥常服主帳中〔一五〕，將吏戎服奔走執事。副總管王光祖自謂老將，耻之，稱疾不出。公召書吏作奏，將上，光祖震恐而出，訖事無敢慢者。定人言：「自韓魏公去〔一六〕，不見此禮至今矣。」北戎久和，邊兵不試，臨事有不可用之憂，惟沿邊弓箭社兵，與寇爲鄰，以戰射自衛，猶號精鋭。故相龐公守邊，因其故俗立隊伍將校，出入賞罰，緩急可使。歲久法弛，復爲保甲所撓，漸不爲用。公奏爲免保甲及兩税折變科配，長吏以時訓勞。不報。議者惜之。墓誌

公謫惠州，獨以少子過自隨，瘴癘所侵，蠻蜒所侮，胸中泊然，無所芥蔕。人無賢愚，皆得其驩心，疾苦者畀之藥，殞斃者納之竁。又率衆爲天橋以濟病涉者〔一七〕，惠人愛敬之。後三年〔一八〕，大臣以流竄者爲未足也，四年，復以瓊州别駕安置昌化，昌化非人所居，食飲不具，藥石無有，所僦官屋以庇風雨〔一九〕，有司猶謂不可，則買地築室，昌化士人畚土運甓以助之，爲屋三間。人不堪其憂，公食芋飲水，著書以爲樂，時從其父老遊，亦無間也。墓誌

公平生篤於孝友，輕財好施。伯父太白早亡，子孫未立，杜氏姑卒未葬。先君没，有遺言。公既除喪，即以禮葬姑。及官可廕補，復以奏伯父之曾孫彭。其於人，見善稱之，如恐不及，見不善斥之，如恐不盡。見義勇於敢爲，而不顧其害。用此數困於世，然終不以爲恨。孔子謂伯夷、叔齊，古之賢人，曰「求仁而得仁，又何怨」？公實有焉。墓誌

祖父嘗云：「子瞻有盛名於世，而退無自矜之色，此爲過人。」蘇氏談訓

校勘記

〔一〕以待事來　「事」，欒城後集卷二二亡兄子瞻端明墓誌銘作「物之」二字。

〔二〕温公日録　「日」原誤作「目」，據文意改。

〔三〕鈐轄　「鈐」原誤作「鈴」，據欒城後集卷二二亡兄子瞻端明墓誌銘改。

〔四〕墓誌　原誤作「志言」，據同前書改。

〔五〕遣一三班使臣　「一三班」三字原誤作「三墓」二字，據同前書改。

〔六〕築東南長堤　「東」原誤作「未」，據同前書改。

〔七〕擿其語　「擿」原誤作「擲」，據同前書改。

〔八〕三年　「三」，同前書作「五」，宋史卷三三八蘇軾傳有「三年，神宗數有意復用」云云。

〔九〕作詩詆之　「作詩詆」三字，邵氏聞見録卷一一作「惡」。

〔一〇〕甚款　「款」，同前書各本或作「歡」。

〔一一〕淤水入運河　「淤」，欒城後集卷二二亡兄子瞻端明墓誌銘作「放」。

〔一二〕以符會考　同前書「會」下有「公」字。

〔一三〕忽有赭傘犢車百餘兩　洪、張本「傘」作「蓋」，「車」下有「青蓋犢車」四字。百川學海戊集濟南先生師友談記全句作「赭傘覆犢車並青蓋犢車百許兩」。

〔一四〕某國太夫人　「人」下洪、張本有「國婆婆」三字。

〔一五〕主帳中　「主」，欒城後集卷二二亡兄子瞻端明墓誌銘作「坐」。

〔一六〕韓魏公　「魏」原誤作「衛」，據同前書改。

〔一七〕天橋　「天」，同前書作「二」。

〔一八〕後三年　「後」，同前書作「居」。

〔一九〕所僦官屋以庇風雨　「所」，同前書作「初」。

九之四　門下侍郎蘇公

公名轍，字子由，老蘇先生之次子。舉進士，復中制科，除商州軍事推官，乞養親，不赴。復爲大名府推官，熙寧二年，上書召對，爲三司條例司屬官。出爲河南推官，淮陽教授，齊州掌書記，簽書南京判官，謫監筠州鹽酒稅，知歙州績溪縣。哲宗即位，除祕書省校書郎。明年，至京師，除右司諫，遷起居郎、中書舍人、户部侍郎、翰林學士。奉使契丹還，爲御史中丞，拜尚書右丞，遷門下侍郎。元祐末，落職知汝州，降授試少府監，分司南京，筠州居住。又貶授散官，安置循、雷二州。元符末移岳州，復太中大夫、宫觀。崇寧中降朝請大夫，居潁昌。政和末，年八十餘，薨。

轍年十九，舉進士，二十三，舉直言，仁宗親策之於廷。時上春秋高，始倦於勤。轍因所問，極言得失。策入，轍自謂必見黜，然考官司馬君實第以三等。范景仁難之，蔡君謨曰：「吾三司使也，司會之言，吾愧之而不敢怨。」惟胡武平以爲不遜，力請黜之。上曰：

「以直言召人〔一〕，而以直棄之，天下謂我何？」宰相不得已，寘之下第，除商州軍事推官。知制誥王介甫意其右宰相專攻人主，比之谷永，不肯撰詞。宰相韓魏公哂曰：「此人策語，謂宰相不足用，欲得婁師德、郝處俊而用之，尚以谷永疑之乎？」知制誥沈文通，亦考官也，知其不然，故文通當制，有「愛君」之言。諫官楊樂道見上曰：「蘇轍，臣所薦也。陛下赦其狂直而收之，盛德之事也，乞宣付史館。」上悦，從之。潁濱遺老傳

神宗嗣位既二年矣，求治甚急。轍以書言事，即日召對延和殿。時介甫新得幸，以執政領三司條例，上以轍爲之屬，不敢辭。介甫急求財利而不知本，吕惠卿爲之謀主，轍議事多牾。一日，介甫出一卷書，曰：「此青苗法也，諸君熟議之，有不便，以告勿疑。」它日，轍告之曰：「以錢貸民，使出息二分，本以救民之困，非爲利也。然出納之際，吏緣爲姦，雖有法不能禁。錢入民手，雖有良民，不免非理費用，及其納錢，雖富民不免違限。如此則鞭箠必用，州縣事不勝煩矣！唐劉晏掌國計，未嘗有所假貸，有尤之者，晏曰：『使民僥倖得錢，非國之福；使吏倚法督責，非民之便。吾雖未嘗假貸，而四方豐凶貴賤，知之未嘗逾時。有賤必糴，有貴必糶。以此四方無甚貴甚賤之病，安用貸爲？』晏之所言，則常平法耳。今此法見在，而患不修，公誠有意於民，舉而行之，劉晏之功可立竢也。」介甫曰：「君言有理，當徐議行之。後有異論，幸勿相外也。」自此逾月，不言青苗。會河北轉運判官王廣廉召議

事，廣廉嘗奏乞度僧牒數千道爲本錢，於陝西漕司私行青苗法，春散秋斂，與介甫意合，即請而施之河北。自此青苗法遂行於四方。遺老傳

初，陳暘叔以樞密副使與介甫共事，二人操術不同，介甫所唱，暘叔不深和也。既召見謝卿材等八人，欲遣之四方，搜訪遺利，中外傳笑，知所遣必生事迎合，然莫敢言。轍往見暘叔，暘叔逆問：「君獨來見，何也？」對曰：「有疑，欲問公耳。近日有八人者欲遣往諸路，不審公既知利害所在，事有名件，而使往按實之耶？其亦未知其實，漫遣出外，網捕諸事也？」暘叔曰：「所遣果賢，將不肯行，君無過憂。」對曰：「公誠知遣使之不便，而恃遣者之不行，何如？」暘叔曰：「君姑退，得徐思之。」後數日，暘叔召屬官於密院，言曰：「上即位之初，命天下監司具本路利害以聞，至今未上。今當遣使，宜得此以議。可草一劄子，乞催之。」惠卿覺非其黨中意〔一〕，不樂，漫具草，無益也。轍知力不能救，以書抵介甫，暘叔，指陳其決不可者，且請補外。介甫大怒，將加以罪。暘叔止之，奏除河南推官。遺老傳

元祐元年，除右司諫，宣仁后臨朝，用司馬君實、吕晦叔等，欲革弊事。舊相蔡確、韓縝，樞密使章惇皆在位，窺伺得失，中外憂之。轍言曰：「先帝晚年，寢疾彌留，照知前事之失，親發德音，將洗心自新，以合天意，而此志不遂，奄棄萬國。天下聞之，知前日弊事，皆先帝之所欲改，思慕聖德，繼之以泣。是以皇帝踐阼，聖母臨政，奉承遺旨，罷導洛，廢市

易，損青苗，止助役，寬保甲，免買馬，放修城池之役，復茶、鹽、鐵之舊，黜吳居厚、呂孝廉、宋用臣、賈青、王子京、張誠一、呂嘉問、蹇周輔等。命令所至，細民鼓舞相賀。臣愚不知朝廷以爲凡此誰之罪也？上則大臣蔽塞聰明，逢君之惡；下則小臣貪冒榮利，奔競無恥。二者均皆有罪，則大臣以任重責重，小臣以任輕責輕，雖三尺童子所共知也。今確等自山陵以後，猶偃然在職，不肯引咎辭位，以謝天下。謹案確等受恩最深，任事最久，據位最尊，獲罪最重，而有靦面目，曾不知愧。確等誠以昔之所行爲是耶？則今日安得不爭？以昔之所行爲非耶？則昔日安得不言？窮究其心，所以安而不去者，蓋以爲是皆先帝所爲，非吾過也。夫爲大臣，忘君徇己，不以身任罪戾，而歸咎先帝，不忠不孝，寧有過此？乞出臣此章，宣示確等，使自處進退之分，臣雖萬死不恨也。」三人竟皆逐去，然卒不以其前後反復歸咎先帝罪之，世以爲恨。遺老傳

呂惠卿始諂事介甫，倡行虐政，以害天下。其後勢鈞力抗，則傾陷介甫，甚於仇讎，世尤惡之。時惠卿自知罪大，乞宮觀自便，不預貶竄。轍且疏其姦，請加深譴。乃以散官安置建州，天下韙之。遺老傳

司馬君實既以清德雅望專任朝政，知雇役之害，欲復行差役，不知差雇之弊，其實相半。講之未詳，而欲一旦復之，民始聞而喜，徐而疑懼，君實不信也。王介甫以其私說爲詩

書新義，以考試天下士，學者病之，君實改爲新格，而勢亦難行。方議未定，轍言：「自罷差役，至今僅二十年，吏民皆未習慣。況役法關涉衆事，根芽盤錯，行之徐緩，乃得審詳。若不窮究首尾，忽遽便行，恐既行之後，别生諸弊。今州縣役錢，例有積年寬剩，大約足支數年。若且依舊雇役，盡今年而止，催督有司審議差役，趁今冬成法，來年役使鄉户。但使既行之後，無復人言，則進退皆便。」又言：「進士來年秋賦，日月無幾，而議不時決，傳聞四方，不免惶惑。詩賦雖號小技，而比次聲律，用功不淺。至於治經，誦讀講解，尤不可輕易。要之來年皆未可施行，欲乞先降指揮，來年科場，一切如舊，惟經義兼取注疏及諸家論議，或出己見，不專用王氏學，仍罷律義，令天下舉人知有定論，一意爲學，以待選試。然後徐議元祐五年以後科舉格式，未爲晚也。」遺老傳

是歲，上將親饗明堂，轍言：「國朝舊典，冬至圜丘，必兼饗天地，從祀百神。若其有故，不祀圜丘，别行他禮，或大雩於南郊，或大饗於明堂，或恭謝於大慶，皆用圜丘禮樂神位，其意以爲皇帝不可以三年而不親祀天地百神故也。臣竊見皇祐明堂遵用此法，最爲得禮。臣愚欲乞明詔禮官，今秋明用皇祐明堂典禮，庶幾精誠陟降，溥及上下。」奏入，不報。至七年，上將親郊，轍備位政府，乃與諸公共伸前議，合祭天地。遺老傳

初，神宗以夏國内亂，用兵攻討。於熙河路增置蘭州，於延安路增置安疆、米脂等五

寨。至此，夏國雖屢遣使，而未脩職貢。二年夏，始來賀登極，使還未出境，又遣使入界。朝廷知其有請地之意，然大臣議棄守未決。轍言曰：「頃者，西人雖至，而疆埸之事初不自言。度其狡心，蓋知朝廷厭兵，確然不請，欲使此議發自朝廷，得以爲重。朝廷深覺其意，忍而不予，情得勢窮，始來請命。一失此機，必爲後悔。彼若點集兵馬，屯聚境上，許之，則畏兵而予，不復爲恩，不予，則邊釁一開，禍難無已。間不容髮，正在此時，不可失也。況今日之事，主上妙年，母后聽斷，將帥吏士，恩情未接，兵交之日，誰使效命？若其羽書沓至，勝負紛然，臨機決斷，誰任其責？惟乞聖心以此反覆思慮，早賜裁斷，無使西戎別致猖狂，棄守之議皆不得其便。」於是朝廷許還五寨，夏人遂服。

初，元豐中，河決大吳，先帝知故道不可復還，因導之北流，水性已順，惟河道未深，隄防未立，歲有決溢之患，本非深害。至此，諸公皆未究悉河事，而潞公欲以河爲重事，中書侍郎呂微仲、樞密副使安厚卿從而和之，始謂河西流入泊淀，久必淤淺，異日或從北界入海，則河朔無以禦狄。故三人力主回河之計，諸公莫能奪。呂晦叔時爲中書相，轍間見，問曰：「公自視智勇孰與先帝？勢力隆重能鼓舞天下，孰與先帝？」晦叔驚曰：「君何言歟？」對曰：「河決而北，自先帝不能回，而諸公欲回之，是自謂智勇勢力過先帝也。且河決自元豐，導之北流亦自元豐，是非得失，今日無所預。諸公不因其舊而修其未完，乃欲取

而回之，其爲力也難，而其爲責也重矣！」晦叔唯唯，曰：「當與諸公籌之。」既而回河之議紛紛而起，晦叔亦以病没。遺老傳

轍遷户部侍郎，常因轉對，言曰：「願明詔有司，罷外水監丞，舉河北河事及諸路都作院皆歸轉運司。至於都水、軍器、將作三監，皆兼隸户部，使定其事之可否，裁其費之多少，而工部任其功之良苦，程其作之遲速。苟可否多少在户部，則傷財害民，户部無所逃其責矣。苟良苦遲速在工部，則敗事乏用，工部無所辭其譴矣。利出于一，而後天下貧富可責之户部矣。」朝廷以爲然，從之。惟都水仍舊。遺老傳

轍自爲中書舍人，與范子功、劉貢父同詳定六曹條例，子功領吏部。元豐所定吏額，主者苟悦群吏，比舊額幾數倍。朝廷患之，命量事裁減，已再上再却矣。子功奉使，轍兼領事，吏有白中孚者，進曰：「吏額不難定也。昔之流内銓，今侍郎左選也，事之煩劇，莫過此矣。昔銓吏止十數，而今左選吏至數十，事不加舊而用吏至數倍，何也？昔無重法重禄，吏通賕賂，則不欲人多以分所得。今行重法，給重禄，賕賂比舊爲少，則不忌人多，而幸於少事。此吏額多少之大情也。舊法：日生事以難易分七等，重者至一分，輕者至一釐以下，積若干分而爲一人。今若取逐司兩月事，定其分數，則吏額多少之限無所逃矣。」轍以其言遍問屬官，皆莫應。獨李之儀對曰：「是誠可爲也。」即與之儀議之，曰：「此羣吏身計

所係也，若以分數爲人數，必大有所損，將大致紛紜〔三〕，雖朝廷亦將不能守。」乃具以白宰執，請據實立額，竢吏之年滿轉出，或事故死亡者，勿補，及額而止，不過十年，羨額當盡，功雖稍緩而見吏知非身患，不復怨矣。諸公以爲然，遂申尚書省，取諸司兩月生事。諸司吏皆疑懼，莫肯供。再申，乞牓諸司，使知所立額，竢它日見闕不補，非法行之日即有減損也。牓出，文字即具，至是成書，以申三省。左僕射呂微仲大喜，欲攘以爲己功。以問三省吏，皆莫曉。有諸司吏任永壽者，頗知其意，微仲悦之，於尚書省創吏額房，使永壽與三省吏數人典之。小人無遠慮而急於功利，即背前約，以立額日裁損吏員，復以好惡改易諸吏局次。凡近下吏人〔四〕，惡爲上名所壓者，即爲撥出上名於它司，閑慢司分欲入要地者，即自寺丞監撥入省曹之類是也。凡奏上行下，皆微仲專之，不復經三省。法出，中外洶洶，微仲既爲御史所攻，永壽亦以恣横贓汙刺配。久之，微仲知衆不伏，乃使左右司再加詳定，略依本議行下。遺老傳

使契丹還，爲御史中丞。自元祐初革新庶政，至是五年矣，一時人心已定。惟元豐舊黨分布中外，多起邪説，以摇撼在位。呂微仲與中書侍郎劉莘老二人尤畏之，皆持兩端爲自全計，遂建言欲引用其黨，以平舊怨，謂之調亭。宣仁后疑不決，轍於延和面論其非，退復再以劄子論之。奏入，宣仁后命宰執於簾前讀之，仍諭之曰：「蘇轍疑吾君臣遂兼用邪正，言極中理。」諸公相從和之，自此，參用邪正之説衰矣。轍復奏曰：「竊見方今天下，雖

未大治，而祖宗綱紀具在，州郡民物粗安。若大臣正己平心，無生事要功之意，因弊修法，爲安民靖國之術，則人心自定。雖有異黨，誰不歸心？向者異同反覆之心，蓋亦不足慮矣，但患朝廷舉事類不審詳。曩者黄河北流，正得水性，而水官穿鑿，欲導之使東，移下就高，汩五行之理。及陛下遣官按視，知不可爲，猶或固執不從。經今累歲，回河雖罷，減水尚存，遂使河朔生靈，財力俱困。今者西夏、青唐，外皆臣順，朝廷招來之厚，惟恐失之。而熙河將吏，創築二堡，以侵其膏腴；議納醇忠，以奪其節鉞。功未可覬，爭已先形。朝廷雖知其非，終不明白處置。若遂養成邊釁，關陝豈復安居？如此二事，則臣所謂宜正己平心，無生事要功之意者也。昔嘉祐以前，鄉差衙前，民間常有破産之患。熙寧以後，出賣坊場，以雇衙前，民間不復知有衙前之苦。及元祐之初，務於復舊，一例復差，官收坊場之錢，民出衙前之費，四方驚顧，衆議沸騰。尋知不可，旋又復雇。去年之秋，又復差法。又熙寧雇役之法，三等人户並出役錢，上户以家産高强，出錢無藝，下户昔不充役，亦遣出錢。故此二等人户，不免咨怨。至於中等，昔既已自差役，今又出錢不多，雇法之行，最爲其便。罷行雇法，上下二等，忻躍可知，唯是中等，則反爲害。且如畿縣中等之家，例出役錢三貫，若經十年，爲錢三十貫而已。今差法既行，諸縣手力，最爲輕役，農民在官，日使百錢，最爲輕費，然一歲之用，已爲三十六貫，二年役滿，爲費七十餘貫。罷役而歸，寬鄉得閑三年，狹鄉不及一歲。以此較之，則差役五年之費，倍於雇役十年。賦役所出，多在中等。如此條目，不便非一。故天下皆思雇役而厭差役，今五年矣。如此二事，則臣所謂宜因弊修法，爲安民靖國之術者也。臣以闡見淺狹，不能盡知當今得失。然四事不去，如臣等輩猶知其非，而況於心懷異同、志在反覆、幸國之失、有以藉口者乎？臣恐如此四事，彼已默識於心，多造謗議，待時而發，以搖撼衆聽矣。伏乞宣喻宰執，事有失當，改之勿疑，法或未完，修之無倦。苟民心既得，則異議自消。陛下端拱以享承平，大臣逡巡以安富貴。海内蒙福，上下所同，豈不休哉！」然大臣怙權耻過，終莫肯改。遺老傳

轍爲執政，三省又奏除李清臣吏部尚書。給事中范祖禹封還詔書，進呈不允，祖禹執奏如初。左正言姚勔亦言不當〔五〕。三省復除蒲宗孟兵部尚書，轍謂諸公：「且候邦直命下，然後議此，如何？」皆不應。及簾前微仲奏：「諸部久闕尚書，見在人皆資淺，未可用，又不可闕官，須至用前執政。」上有黽俛從之之意。轍奏：「前日除李清臣，給諫紛然，爭之未定。今又用宗孟，恐不便。」宣仁后曰：「奈闕官何？」轍曰：「尚書闕官已數年，何嘗闕事？今日用此二人，正與去年用鄧温伯無異。此三人者非有大惡，但昔與王珪、蔡確輩並進，意思與今日聖政不合。見今尚書共闕四人，若並用似此四人，使互進黨類，氣勢一合，非獨臣等耐何不得，亦恐朝廷難耐何矣！且朝廷只貴安靜，如此用人，臺諫安得不言？

臣恐自此鬧矣。」宣仁后曰：「信然。不如且静。」諸公遂卷除目持下。遺老傳

微仲之在陵下也，堯夫奏乞除執政，上即用李邦直爲中書侍郎，鄧聖求爲尚書右丞。二人久在外，不得志，遂以元豐事激怒上意，邦直尤力。舊法：母后之家，十年一奏門客。時皇太妃之兄朱伯材以門客奏徐州富人竇氏，堯夫無以裁之。一日日中，請轍於都堂與邦直議之。轍曰：「上始親政，皇太妃閤中事，當遍議之。車服儀制，已付禮部，月費宜付户部，奏薦付吏部可也。凡事付有司，必以法裁處，朝廷又酌其可否而後行，於體爲便。」明日奏之，上曰：「月費竢内中批出，奏薦皇太后家減二年，皇太妃十年。」議已定，邦直獨曰：「此可爲後法，今姑與之可也。」上從之。邦直之附會，類如此。會廷策進士，邦直撰策題，即爲邪説以扇惑群聽。轍論之曰：「先帝在位近二十年，而終身不受尊號，裁損宗室，恩止袒免，減朝廷無窮之費。出賣坊場，雇募衙前，免民間破家之患。罷黜諸科誦數之學，訓練諸將慵惰之兵。置寄禄之官，復六曹之舊，嚴重禄之法，禁交謁之私。行淺攻之策，以制西戎；收六色之錢，以寬雜役。凡如此類，皆先帝之睿算，有利無害，而元祐以來，上下奉行，未嘗失墜者也。至於其他，事有失當，何世無之？父作之於前，子救之於後，前後相濟，此則聖人之孝也。漢武帝外事四夷，内興宫室，財用匱竭，於是修鹽鐵、榷酤、均輸之政，民不堪命，幾至大亂。昭帝委任霍光，罷去煩苛，漢室乃定。光武、顯宗，以察爲明，以讖決事，

天下恐懼，人懷不安。章帝即位，深鑒其失，代之以寬厚愷悌之政，後世稱焉。臣不勝區區，願陛下反覆臣言，慎勿輕事改易。若輕變九年已行之事，擢任累歲不用之人，人懷私忿，而以先帝爲詞，則大事去矣。」奏入，不報。再以劄子面論之，上不悅。李、鄧從而媒孽之，乃以本官出知汝州。遺老傳

蘇子由崇寧中居潁昌，方以元祐黨籍爲罪，深居自守，不復與人相見，逍遥自處，終日默坐，如是者幾十年，以至於没，亦人所難能也。呂氏雜志

校勘記

〔一〕召人 「人」，欒城後集卷一二潁濱遺老傳上作「入」。

〔二〕非其黨中意 「其」下原衍「非」字，據同前書删。

〔三〕紛紜 「紜」，同前書作「訴」。

〔四〕凡近下吏人 「凡」原誤作「几」，據同前書改。

〔五〕左正言 「左」字原脱，據欒城後集卷一三潁濱遺老傳下補。

三朝名臣言行録卷第十

十之一　丞相康國韓獻肅公

公名絳，字子華，參知政事忠憲公之子也。以父任爲大理評事，登進士甲科，除太子中允，通判陳州。召知太常禮院，歷開封府推官，户部判官。江南饑，出爲體量安撫。還，知制誥，出知河陽。召入翰林爲學士，權御史中丞。出知蔡州，移知慶州，加端明殿學士，知成都府。英宗即位，召還，除三司使，俄拜樞密副使。神宗初，領制置三司條例司，拜參知政事。熙寧二年，拜陝西、河東宣撫使，即軍中拜同中書門下平章事。會慶州卒叛，遂罷相守鄧州，徙知大名府。七年，復爲相，出知許州，拜建雄軍節度使，知定州，移河南府。哲宗即位，進封康國公，加開府儀同三司，判大名府。屢告老，拜司空，檢校太尉，致仕。薨，年七十七。

公爲開封府推官，男子冷清，自謂母娠宮中，生民間，於是自稱皇太子，都人聚觀，頗以爲疑。吏收捕驗問，亦不敢迫，府官至有改容禮之者。既而果無實，猶止羈置近郡。公上疏引成方遂事，論奏甚切，清遂伏誅。劉貢父撰行狀

江淮、兩浙歲飢，以公體量安撫江南東西路。到部則發倉廪，振貧乏，問百姓疾苦。縣邑以衙前爲重役，一當其役，則破家竭産，民至有嫁祖母與母，而析生異居以避役者。公爲立則衙前法奏行之〔一〕，民以爲便。又兼并之家，私占陂池溪湖，少出税以錮其利。公使以税均所近民田，而陂池溪湖使衆共之。行狀

使還，除右正言供職。時大臣佐佑時政，務循故事。公一日奏言：「政事宜出聖斷。」上諭云：「屢有人言朕少斷，非不欲處分〔二〕，蓋緣國家動有祖宗故事，苟或出令未合憲度，便成過失，以此須經大臣論議而行，臺諫官見有未便，但言來，不憚追改也。」行狀

宣祖神御、温成園陵皆寓奉先寺。仁宗將幸奉先，或謂因欲臨后園。公預以所聞諫。旦日，飭駕使諭公曰：「朕欲酌神御，非詣后園也。」李邦直撰神道碑

召爲翰林學士。仁宗嘗遣使祈嗣茅山，公當草祝詞，公因上疏言：「祈嗣顧禱祠何益？夫女御閉於深宫者衆，宦人養子，絶人之世者多，非所以順天地，致螽斯之福於上也。」書奏，仁宗即日出宫人數百，詔有司裁定宦人養子令。神道碑

孫沔、吕溱等守藩犯法，從官聯章請貰其罪。公曰：「法自貴者始，更相救援，則公道廢矣。」遂并劾之。宫人或納賂請降度牒、紫方袍，歲時内宴，至有與伶官私笑語者。公密發其事，上亟爲逐典掌劉氏及它不謹者十餘人。神道碑

自公爲中司，言事甚多，時富鄭公爲宰相，多寢不下，公不能堪，條前後所言極論之。初，張茂實母乳悼獻太子，茂實幼從其母畜於宫中，後壯長寖貴，領親軍，以掛嫌議，出爲外官。至是鄭公復用茂實主兵，公并以爲言，且論其畏避自私，不足以答上恩，塞群望。因請歸家待罪，不敢赴臺供職。而諫官詆公中傷宰相，擅去官守，由是罷知蔡州。行狀

知成都府，蜀中春秋夏米價常貴，張詠尚書治蜀，自二月減價糶官米，八月糴鹽，各給券爲據，以惠貧户。歲久質賣，悉歸豪右。公諭其自首，别給券貧民，凡七千餘户。因奏每三年視貧富一易之。民有疾疫，致醫藥。客軍貧民，死者葬之。奏立寺額，度僧主管。增置學校，減啇冗費。異時内臣奉使至蜀，州郡迎悦其意，有所貨易，輒附益之，其費皆出於酒場官，衆以爲患。公奏請加禁約。英宗聞之喜，詔内侍省著爲令，每行必申飭焉。行狀

爲三司使，内諸司吏有干恩澤者，詔已許之，公執條例奏稟，上曰：「朕不知條例，當爲卿改。後有此等事，亦須執奏。」三司事多與宫省相關，近習有所干請，即牾條例，公未嘗詭隨。公一日奏事，具爲上言所以，且曰：「即有飛語，願賜覆實。」上曰：「知卿盡公，不肯放

過事。朕在藩邸時，備聞群臣以國事爲人情，隳壞法度，積弊日甚。賴卿盡力，我自諳曉，卿勿慮也。」它日，公又言曰：「國朝之制，上所用財幣，不欲顯名者，乃用合同憑由取之。內臣因循，凡賜予之類，並以合同憑由施行，歲常數十百萬，三司無由鉤校，人皆疑禁中浮費，不知其間賜予宗室及群臣者過半也。請以其宜付有司者付之有司。」英宗嘉納，自是費用之有例者，悉歸三司，得以會計矣。行狀

遷樞密副使，因進對，神宗問天下遺利，公對：「求遺利莫若盡地力。」退而具疏，以謂：「害農之大弊，無甚於差役，不可不改，請委侍從臺省官集議，及聖詔博謀，以收群策。」上嘉納之。初，公在三司時，議欲使官户量出免役錢，兼并之家，計田頃承役，唯存鄉役及弓手之外，並與蠲除。單丁女户，在第一等者，亦量納役錢，其餘一切以免役錢雇召。如此即不限田，而官户兼并之家，不敢過制以貪利，中人得以置田以爲生，品官不必充役，而無業之民，得以應募矣。至是，上手扎取之，公具録以進。上令學士草詔訪問，既進入，上以未見哀痛惻怛之意，手定詔藁，密封示公，令公潤色以進，爲大小訪焉〔三〕。王荆公領條例司，深以公言爲然，遂推廣衙前之法，以及它役。行狀

熙寧三年五月，除參知政事。時樞密副使闕員，會公獨奏事，神宗問誰可補者，公以司馬光對，遂以授光。行狀

熙寧二年九月，夏羌大入慶州境，圍七寨，殺略數千，邊將高敏戰死榆林。以公爲陝西宣撫使，賜空名宣告，即軍中賞功，詔許除補所部官。自受命至陛辭，三日而行，賜金繒及織文袍。纔至邊，悉分與將吏。公初行環慶，勞饗蕃漢士傷痍者，賜帛裹瘡。治兵鄜延，使偏將种諤出青澗城趨銀州界。破撫寧、開光諸帳，屯守囉兀。公欲自高奴通道河東，詔兼河東宣撫使，就拜同中書門下平章事、昭文館大學士。公遣將出麟府，兵徑虜中凡九日。會囉兀下，又破賊馬户川，斬馘數千，獲繡旗木符領盧印。公初至邊，裂諸路兵置七將，間其無備，互出擣之。至是深入破敵者，十七戰皆捷，招降數萬人，居以曠土，方築據奪其要害，而慶將失撫御，兵有叛亡者。時内外多與公異意，爭歸咎宣撫司，邊事揺矣。公一不辨，以身任其責，罷相知鄧州。其後既收兵，羌人亦卷廬帳，驅畜産遁去，客食河外，餓死者衆。數年，終不能復，而使大酋數叩保安軍，求通使，並塞皆空，無賊火。上於是知公爲有功，復召爲相。神道碑○又行狀云：申敕諸路，爲堅壁自守之計，城寨有不可守者，棄之。分七將之兵，爲淺攻擾擊之計，以困戎虜。○或云：公命种諤城囉兀，雪中築撫寧堡，調發倉卒，關中騷然。公駐延州，命四路帥無得預軍事，皆聽於諤。又命蕃官王文諒節制環慶之師，自入陝西，以軍中錢散與乞人。又奪騎士馬以與蕃部，厚犒賞之。軍士皆怨，夏人陷撫寧，又急攻囉兀，公命諸路出師牽制，慶兵再出，遂作亂。

公之入相，繼王荆公之後，政事有未便者，賢士大夫或置不用。公將更易振舉之，奏：「古者冢宰制國用，今天下財用出入，宰相乃不預聞。」始置局中書，稽攷天下財用之數，量入以爲出。援用司馬光，上曰：「吾於光豈有所愛，顧光未肯來耳。」又數與同列論事上前，不得盡行其言，乃歎曰：「勢不能有所裨補矣，唯早去位，可以全進退之分。」故一年之間，求去者三。行狀

三司使發市易官罪，而同列佑之，欲弗責。方創賈人免行錢，孫尚書永議有異，而同列欲論永罔上，故不實。上書人鄭俠絞切下獄〔四〕，而執政馮公京嘗賙俠，同列欲以黨俠爲重坐。公辨帝前，不得直，數求罷。上爲逐市易官，稍寬二臣者。而它相至，欲復留故賈人劉佐任市易，公固言不可，論上前未決，公再拜曰：「臣言不用，辱相位，請從此辭。」上愕曰：「兹小事，何用耶？」公奏曰：「小事弗伸，況大事乎？」上爲罷佐，遣使持手詔，諭公使就位，公乃起。後數月，固稱疾，乃拜觀文殿大學士、禮部尚書，知許州。神道碑

知河南府，夏大雨，伊、洛泛溢〔五〕，冒城郭，居民被溺者太半。公方以疾在告，聞之，力疾而出，率府僚救護，全濟者甚衆。物價騰踴，人多不得食，公發倉廩，以平物價。收葬溺死者，禁止盗賊，訛言驚衆者刑黥之，人以寧息。脩完廬舍，工直十倍，公爲設法招來它州人，四近坌集，公私皆得興作，而工直亦平矣。又奏築長堤以虞後患，幾月而成。後三年，

伊、洛復漲如前日，賴堤而免。會行保馬法，令保甲家自養馬，每都馬五十匹，期十五年數足。提舉官欲其速成爲己功，脅趣州縣，要以二年，期會既急，馬價不訾，民至破産不得馬。公爲條奏，止之如初令。行狀

裕陵興役，洛人言昭陵、厚陵時，府吏中夜視事，留守亦宿于外。至公不改常度，早晚視事外，唯增日中一出而已。内外畏戢，莫敢妄作，事皆辦集。或言陵下乏水，人多暍死，詔置水車數百，及瓢瓠竹筒數萬。公知其未嘗乏水也，遣使具措置水事，及取脩奉官司不乏水狀聞。舊，奉陵之物無先後之序，吏緣擾下。公使以所須緩急第爲之期，揭榜示人。由是人不爭競，而工價平。洛人曰：「洛中不知有裕陵者，公之賜也。」行狀

判大名府，遣使問役法利害，公請到鎮條析以聞。既至，上疏以謂：「初論役法之弊，止謂衙前一役，願得納錢募人，既行之，農民無破家之患，遂并它役。以此用錢至廣，雖不當役者亦不得免。此議論所以多也。務求羸餘，謂之寬剩，重非所宜。復其舊爲便。以今所取錢計年支雇募所費，頗羸二分，以備非常，免除第五等，減第四等數，則天下速被聖澤矣。」後司馬丞相建議一用熙寧法差役，公以六條事駁之，議之連年，然亦多參用公所言者。行狀

公爲人嚴重好禮，其居家燕處無墮容。子弟勝冠，有所賀謝，必具衣冠而後使拜。存

卹宗族，遠近無遺，推財予之，不計有無。自仕宦未達時，已爲族人之孤特者嫁娶之凡十餘人矣。行狀

公兄弟友愛天至，自忠憲公爲兩府大臣，至公兄弟，同時爲真相近輔者三人，衣冠之盛，近世未嘗有也。又皆眉壽高年，公將歸許，而兩弟時亦皆七十，同時請老，朝廷貪惜賢德，未之許也。其爲榮盛，又前古所未有。行狀

公自少氣節嶷然，聞其言，見其貌，皆知其必位將相。剛正渾厚，而於交親仁以盡。至朝廷事，不可屈撓以私，據理道論是非，不辨正不已。推引賢能，急於家事，以誠待人無所疑，而知人常不誤。司馬温公方與執政忤，而公言温公可代己爲樞密副使。至爲宰相，又薦之。神宗亦可之，曰：「卿度光來乎？朕當亟召。」力引吳正憲公忠諒可任大事。宣撫陝西，首薦今左右丞相爲判官。吕大防、范純仁。常舉布衣王安國能辭章，程頤有經行，士大夫出其門，多知名天下。初，進士科進擢速，公言：「偶程文占上選，未見才實，勞最躐衆人，指期爲卿輔，殆亡所謂。」自是始議間年一貢士，而殺其恩。嘉祐中，與陳秀公議茶法，官不失常課，刑辟歲省數千人。又言：「差役病民最甚，宜畀上農及官户、單丁、女户簿率錢募衙前吏〔六〕，凡不可募者存鄉户，則上户免服役，而游手之民得以應募有業矣。」英宗未果行，至熙寧初，申講前議，及温公建言一用差法，詔訪利害，公曰：「臣初議謂衙前可募，

其後乃并及它役，所募既廣，遂率錢及下户，至多取羡數。以今所宜，第除羡數，免下户錢，惠澤周矣。」因條六事，異温公議。後皆參取焉。公前此於温公疏外中援其賢，及議朝廷事，自守不奪所見乃如此。又建言：「官制錯謬，如近臣乃兼判中書門下省，細務多關決二府，恩大政〔七〕。祖宗方耘耡天下〔八〕，襲唐季，未及更。宜早論定。」其後神宗改官制，約用六典，多如公所陳者。將殁，猶上書懇惻言天下事。所臨六州，皆生立祠，聞訃有巷哭者。公撫養孤貧，雖旁宗疏屬，皆仰嫁娶衣食。周門生故吏之不能自存者，俸禄無所餘。神道碑

校勘記

〔一〕立則衙前法　「立」，洪、張本作「五」。

〔二〕處分　「處」，原誤作「廖」，疑當作「虜」，即「處」，據文意改。

〔三〕爲大小訪焉　「爲大小」，洪、張本作「用以咨」。

〔四〕絞切　「絞」，洪、張本作「激」。

〔五〕伊洛　「洛」原誤作「落」，據宋史卷三一五韓絳傳改。

〔六〕宜畀上農及官户單丁女户簿　「簿」原作「薄」，據琬琰集上集卷一〇李清臣撰韓獻肅公絳忠弼

之碑改。

〔七〕恩大政 「恩」原誤作「恩」，據同前書改。

〔八〕耘耡 「耘」字原脱，據同前書補。

十之二 門下侍郎韓公

公名維，字持國，忠憲公之子。以蔭補將作監主簿，除國子監主簿，知太常禮院。爲淮陽王府記室參軍，修起居注兼侍講，知制誥、通進銀臺司、太子右庶子。出知汝州，召還，修英宗實録，兼侍講，判司農、太常、吏部流内銓。除翰林學士，知開封府，繼除御史中丞，遷翰林侍讀學士。出知襄州，復入爲翰林學士承旨兼侍讀學士，知制誥，知通進封駁事。出知河陽，除資政殿學士，提舉崇福宫。哲宗即位，除兼侍讀，提舉中太一宫，加大學士。元祐元年，爲門下侍郎。二年，出知鄧州、潁昌府，以太子少傅致仕。紹聖中，責授崇信軍節度副使，均州安置。諸子乞盡歸其官，聽父居鄉里，詔從之。元符初，復左朝議大夫，薨，年八十二。

公弱不好弄，篤志問學，嘗以進士薦禮部，父任執政，不就廷試，乃以父任守將作監主簿。丁外艱，服除，闔門不仕。仁宗患搢紳奔競，諭近臣曰：「恬退守道者旌擢，則躁求者自當知恥。」於是宰相文彥博、宋庠等言公好古嗜學，安於靜退，乞加甄録，以厚風俗。召試學士院，辭不赴，除國子監主簿。行狀

歐陽文忠公爲史館修撰，薦公檢討，知太常禮院。先是，温成皇后立廟用樂，公因祫饗上疏：「乞詔有司議廟制，有不如禮者，一切裁去，以明陛下不私後宮，專奉祖宗之意。」宰相陳執中薨，請謚，公立議，及上書，以謂：「皇祐之末，貴妃張氏薨，天子問所以葬祭之禮〔一〕，執中知皇儀治喪，非嬪御之禮，乃請追册位號，建廟用樂，此不忠之大者。宜謚曰榮靈，以應寵禄光大，不勤成名之法〔二〕。」朝廷賜謚恭，公連疏論列，以謂：「『責難於君爲恭』，臣之議執中正以不恭。」遂罷太常禮院。行狀

神宗封淮陽郡王，出就外邸，以公爲記室參軍。神宗遇公尤厚，每事諮訪，公悉心以對，至於拜起進退之容，皆陳其節。聞見録云：神宗邸〔三〕，英宗命韓魏公擇宮寮，用王陶、韓維等，皆名儒厚德之士。神宗内朝，拜稍急，維曰：「維下拜，王當效之。」一日侍坐，近侍以弓樣靴進〔四〕，維曰：「王安用舞靴。」神宗有愧色，亟令毁去。

神宗嘗與公論天下事，語及功名，公曰：「聖人功名，因事始見，不可有功名心。」神宗

拱手稱善。誦書「有言逆于汝心，必求諸道；有言遜于汝志，必求諸非道」，以爲聽納之戒。公嘗引疾請郡，神宗上章乞留。將去王府，採「東平樂善」之語爲贊以獻。慈聖垂簾，諭宰臣曰：「諸王仁孝日聞，皆卿等慎擇宮臣所致，宜召至中書褒諭。」時禁中遣使泛至諸臣之家，爲潁王擇妃。公上疏以謂：「潁王孝友聰明，動履法度，方嚮經學，以觀成德。今合族授室〔五〕，其繫尤重，宜歷選勳望之家，慎擇淑哲之媛，考古納采問名之義，以禮成之，不宜苟取華色而已。」行狀

除起居注，侍邇英講筵，是時英宗方免喪，簡默不言。公上疏曰：「邇英閣者，陛下燕閒之所也。侍於側者，皆獻納論思之臣；陳於前者，非聖人之經，則歷代之史也。御燕閒則可以留漏刻之永，對大臣則可以極諮訪之博；論經史則可以窮仁義之道、成敗之源。今禮制終畢，臣下傾耳以聽玉音。語曰：『時然後言。』陛下之言，此其時也。臣雖不敏，請秉筆以俟。」行狀

御史呂誨等論濮安懿王稱親得罪。公上疏言：「誨等能審禮守職，國之忠臣，計其用心，不過欲陛下盡如先王之法而止耳。士大夫貪固寵利〔六〕，厚賞嚴罰，猶恐此風不變，而復内牽邪說，貶斥正人，自此陛下耳目益壅蔽矣。」又求對極論其失，「請追還前詔，令百官詳議，以盡人情；復召呂誨等還任舊職，以全政體。」既而誨等降黜，敕命不由門下封駁。公

言：「罷黜御史，事關政體，而不使有司預聞，紀綱之失，無甚於此。宜追還敕，銀臺使臣得申議論。」不從。遂闔門待罪，乞解職。有旨舉臺官二人，公上章曰：「呂誨、范純仁有已試之効，願復其職，以盡招賢納諫之美。」蘇寀除御史知雜，公封還詞頭，以謂：「自濮王稱親，逐三御史，傅堯俞等復不肯就職。今用蘇寀，則堯俞等豈復有可留之理？」行狀

霪雨爲災，詔求直言，言事者衆，公請擇近臣，委以章奏，事有可行行之。又請擇郡守，及言：「近制私罪雖輕，常爲仕進之累；公罪雖大，一時被責，輒復升進。請詔有司，議私罪之可恕者，稍蠲留礙，以通滯才；坐公罪之有害者，稍加困抑，以儆慢吏。」行狀

時英宗初政，公因便殿奏事，論：「人君好惡，當明賞刑以示天下，使人知所避就，則風俗可移。」又以爲：「聖賢思慮，不能全無過差，假如陛下誤有處分，改之則足以彰納善從諫之美。」未幾，翰林學士范鎮作批答不稱旨，出補郡。公言：「鎮誠有罪，自可明正典刑。若其所失止在文字，當函容以全近臣體貌。陛下前黜錢公輔，中外以爲太重，比連退二近臣，而衆莫知其所謂。臣恐自此各懷疑懼，莫敢爲陛下盡忠者。」行狀

神宗踐祚，公陳三事以獻：「一曰從權聽政。蓋不得已者，惟大事急務，時賜裁決，餘當闊略。二曰執政皆兩朝顧命大臣，宜推誠加禮，每事咨訪，以盡其心。三曰百官執事，各有其職，惟當責任，使盡其能。若王者代有司行事，最爲失體。」其末又曰：「天下大事，不

可猝爲，人君施設，自有先後。惟加意慎重。」及注釋滕世子問孟子居喪之禮一篇以獻，因推及後世禮文之變，以申規諷。上皆嘉納。行狀

御史中丞王陶彈擊宰相韓琦等不押常朝班，以爲跋扈，陶罷御史中丞，爲翰林學士。公言：「宰相跋扈，王法所當誅也。御史中丞之言是，則宰相安得無罪？若其非是，中丞安得止罷臺職而已？今爲翰林學士，是遷也。陛下既不能辨明大臣，使負惡名，有不自安之意，又使言者無名罷去，疑惑遠方。願庭對群臣，使是非兩判。」參知政事吳奎論王陶遷官，封還御批，罷知青州。公以爲：「奎素有學問，敦篤持重，可任以事，擢參大政，衆謂得人。今纔數月，止因論事之際，少失婉順，便加斥逐。進退大臣，不當如是。」有旨進奎官一級，公曰：「執政罷免，則爲降黜；今復遷官，則爲褒進。理難並行。此與王陶罷中丞而加翰林學士何以異？賞罰所以爲天下之耳目，豈可不慎？」章累上，神宗召奎，面諭就職，琦等各復其位。公援前言，力請郡，知潁州，改汝州。行狀

初，英宗即位，祔仁宗主而遷僖祖。及神宗即位，中書奏：「本朝自僖祖以上，世次不可得知，則僖祖有廟與稷、契等。今毀其廟而藏其主夾室，非是。」因復還僖祖而遷順祖。公上疏曰：「昔先王既有天下，迹基業之所由起，奉以爲太祖，稷、契是也。後世有天下者，皆特起無所因，故遂爲太祖，其所從來久矣。太祖皇帝戡定大亂，子孫遵業，萬世蒙澤，爲

宋太祖，無可議者。僖祖雖於太祖高祖也，然仰迹功業，非有所因，上尋世系，不知所始。若以所事稷、契事之，切恐於古雖有考，而於今有所未安，宜如故便。」行狀

除御史中丞。公以兄康公任樞密副使兼條例司，「御史中丞於朝廷闕失，無所不當言。不言則廢公議，言之則傷私恩。且呂公著論青苗事，用此而罷。臣代其任，自處之地，不得無嫌。且無以屈士大夫之論。」又屢面對，引義堅切。復知開封府，始置八厢，分決輕刑，輦轂清肅。時吳充爲三司使，神宗曰：「韓維、吳充，以文學進，及任繁劇，皆號稱職，可謂得人。」行狀

遷翰林侍讀學士，差考試賢良方正，孔文仲對策入等，已而文仲罷歸。公言：「陛下亡以文仲爲一賤士爾，黜之何損？臣恐賢俊由此解體，忠良結舌，阿諛苟合之人，將窺隙而進，爲禍不細。願改賜處分。」章五上，其言益切，堅請便郡。除端明殿學士、翰林侍讀學士，知襄州。行狀

除翰林學士承旨，入對延和殿。時京師旱，神宗曰：「久不雨，朕夙夜焦勞，奈何？」公曰：「陛下憂旱傷，損膳避殿，此乃舉行故事，恐不足以應天變。書曰：『惟先格王正厥事。』願陛下痛自責己，下詔廣求直言，以開雍蔽；大發恩令，有所蠲免，以和人情。」後數日，上疏曰：「近日畿内諸縣〔七〕，督索青苗錢甚急，往往鞭撻取足，至伐桑爲薪，以易錢貨。旱

災之際，重罹此苦。夫動甲兵，危士民，匱財用於荒夷之地，朝廷處之不疑，行之甚鋭，至於蠲除租税，寬格逋負，以救愁苦之民，則遲遲而不肯發。望陛下自奮英斷行之。過而養人，猶愈於過而殺人也。」因奏對面論，神宗感悟，有旨根究市易免行利害，權住方田、編排保甲，罷議東、西川市易。命公草詔求直言，其略曰：「朕之聽納，有不得於理歟？獄訟非其情歟？賦歛失其節歟？忠謀讜言，鬱於上聞，而阿諛壅蔽，以成其私者衆歟？」詔出，人情大悦，是日大雨。又命與知開封府孫永同體問在京諸行利害事。未幾，令呂嘉問同行體問，又令以問到利害送呂嘉問等。公上疏曰：「陛下待臣，乃在呂嘉問之下。臣雖不才，先帝所命以輔陛下於初潛。行年六十，未嘗有一言稍涉阿倚，以希己利；未嘗有一言不盡理道，以損聖聰。今於此小事，處置闕防，乃不得與新進小臣爲比。臣復何面目出入禁闥？懇求去位。」優詔答之。知熙州王韶赴闕奏事，將領景思立敗績，韶還任，上表待罪，奏斬獲首級。公草批答曰：「方其敗時，卿適在朝，何嫌而上章引咎？勉綏新附之衆，毋以多殺爲功！」讀者竦然。公自以言多不用，求去益堅。會康公入相，援故事乞補外，以端明殿學士、龍圖閣學士知河陽。坐議免行錢不合，落端明殿學士。踰年復職，徙知許州。行狀

車駕幸舊邸，除資政殿學士，通議大夫再任，而中書舍人曾鞏草制，稱公「純明亮直，練達古今，先帝所遺，以輔朕躬」。又曰：「參角之間〔八〕，韓延壽、黄霸之迹在焉。興禮樂而

勸農桑，以追參于前烈，皆爾素學。」御批：「韓維不知事君之義，朋俗罔上，老不革心，非所謂純明亮直。姑以藩邸舊恩，使守便郡，又非可仗以布政宣化。今辭命乖戾，不中本情，傳播四方，甚害好惡。可送中書省改辭行下。」翬賣銅十斤，公請宫觀，乃以爲提舉西京嵩山崇福宫。行狀

神宗晏駕，公赴臨闕庭，太皇太后遣使降手詔勞問，公對曰：「治天下之道，不必過求高遠，止在審識人情而已。識人情不難，以己之心，推人之情，則可見矣。大凡貧則思富，苦則思樂，困則思息，鬱則思通。陛下誠能常以利民爲本，則民富矣；常以憂民爲心，則民樂矣；賦役非人力所堪者去之，則勞困息矣；法禁非人情所便者蠲之，則鬱窒通矣。推此而廣之，盡誠心而行之，則神孫觀陛下之法，不待教而自成聖德；賢士聞陛下之風，不煩諭而爭宣忠力矣。」遂出牓朝堂，詔求直言。公應詔言六事：「一曰青苗蠲歲散之法；二曰免役除寬剩之數；三曰坊場依祖宗法，中歲定額不可添長；四曰罷市易；五曰斂保馬；六曰禁錢幣出關。」又言：「先帝以夏國主秉常受朝廷爵命，而國母擅行囚廢，故興兵問罪。今國母死，秉常復位，所爲恭順有藩臣禮，宜復還其故地，以成先帝聖意。」因陳兵之不可不息者有三，地不可不棄者有五。行狀

邇英讀三朝寶訓，至「天禧中，有二人犯罪，法當死，真宗皇帝惻然憐之，曰：『此等安

知法，殺之則不忍，捨之則無以勵衆。』乃使人持去，笞而遣之，以斬訖奏。」又「祀汾陰日，見一羊自擲道左，怪問之，曰：『今日尚食殺其羔。』真宗慘然不樂，自是不殺羊羔。」資政殿學士韓維讀畢，因奏言：「此特真宗皇帝小善爾。推其心以及天下，則仁不可勝用也。真宗自澶淵之役却狄之後，十九年不言兵，天下富庶，其源蓋出於此。昔孟子論齊王不忍觳觫之牛，以爲是心足以王，今恩足以及禽獸而不及於百姓，豈不能哉，蓋不爲耳。外人皆云，皇帝陛下仁孝發於天性，每行見昆蟲螻蟻，違而過之，且敕左右勿踐履，此亦仁術也。臣願陛下推此心以及百姓，則天下幸甚。」軾時爲右史，奏曰：「臣今月十五日侍邇英閣，切見資政殿學士韓維因讀三朝寶訓，至真宗皇帝好生惡殺，因論皇帝陛下在宮中不忍踐履蟲蟻，其言深切，可以推明聖德，益增福壽。臣忝備位右史，謹書其事於册，又録一本上進，意望陛下采覽，無忘此心，以廣好生之德。臣不任大願。」東坡集

元祐元年，爲門下侍郎。詔臣僚不得言先朝事，而臺諫欲有所言，乞改詔語。公於簾前抗議，以爲帝王詔令，傳信四方，豈可鑴改？御史張舜民以言事罷，王巖叟固爭，簡上官均問舜民事如何，語洩，朝廷下巖叟分析。公曰：「朝廷但論其所言是非，若所言是，則折簡聚談，更相督責，乃是相率爲善，何害於理？若所言不善，雖杜門不通問訊，各執己見論議，非惟國事無補，亦恐人情壅隔。」行狀

初，公與王安石雅相厚善，安石執政，公議國事始多異同。至是議者欲廢三經義，公以爲安石經義，宜與先儒之説並行，不當廢。司馬公光與公平生交，俱以耆舊進用，至臨事未嘗一語附合，務爲苟同，人服其平。行狀

時中官梁惟簡除入内内侍省押班，范純仁等累奏，未允，公於簾前力爭，許之。其後惟簡遷官，蘇轍繳還詞頭，公因面奏論内降，且言：「仁宗寬仁，每言近習貴戚，僥求恩澤，宜諭執政：『卿等但依公執奏，可以寢罷。』臣備位執政，自可執奏，不問人怨憎。」惟簡罷遷官。行狀

公自嘉祐以來爲名臣，神宗知之尤深，屢欲大用。會王安石用事，變更舊法，公言多異。及元祐初起爲門下侍郎，宣仁、哲宗眷禮優異。公自以四朝舊臣，身任天下之重，庶幾行其所知。而在位不踰年，遂去，天下惜之。行狀

先生云：韓持國服義，最不可得。一日，頤與持國、范夷叟泛舟於潁昌西湖，須臾，客將云：「有一官員，上書謁見大資。」頤將謂有甚急切公事，乃是求知己。頤云：「大資居位，却不求人，乃使人倒來求己，是甚道理？」夷叟云：「只爲正叔大執求薦章，常事也。」頤云：「不然。只爲曾有不求者不與，來求者與之，遂致人如此。」持國便服。程氏遺書

韓持國罷門下侍郎，出帥南陽，已出國門，程子往見之。子時在講筵，公驚曰：「子來

見我乎？子亦危矣！」程子曰：「只知履安地，不知其危。」坐頃之，公不言，子曰：「公有不豫色，何也？」公曰：「在維固無足道，所慮者貽兄姊之憂耳。」子曰：「領帥南陽，兄姊何所憂？」公悟曰：「正爲定力不固耳。」程氏遺書

校勘記

〔一〕所以　「所」原誤作「以」，據琬琰集下集卷一七實録韓侍郎維傳改。

〔二〕不勒成名之法　「勒」原誤作「勤」，據同前書改。

〔三〕神宗邸　「邸」上邵氏聞見録卷三有「開潁」二字。

〔四〕弓様靴　「様」下原重「様」字，據同前書改。

〔五〕合族　「合」，琬琰集下集卷一七實録韓侍郎維傳作「卜」。

〔六〕貪固寵利　「固」原誤作「困」，據同前書改。

〔七〕畿内諸縣　「諸」字原脱，據同前書補。

〔八〕參角之間　「參角」原誤作「三川」，據同前書改。

十之三　中書侍郎傅獻簡公

公名堯俞，字欽之，鄆州須城人。未冠，登進士第，知蔡州新息縣。用薦者爲監察御史裏行。英宗即位，進殿中侍御史，遷右司諫，同知諫院。出知和州。神宗初，召還。丁憂，服除，直昭文館，同判流内銓，遷三司鹽鐵副使。出知江寧府，兩歲間凡五易郡，遂丐閑局，得提舉西京嵩山崇福宫。坐事落職奪官，監衛州黎陽縣倉草場。哲宗即位，召爲祕書少監，兼侍講，擢給事中、吏部侍郎、御史中丞，遷吏部尚書，兼侍讀。元祐四年，爲中書侍郎，在位薨，年六十八。

公初登第，時徂徠先生石介每過公，公未嘗不在〔一〕。介問曰：「君少年登科，不以游嬉爲娱，獨閉門不出，何也？」公對曰：「性不熹囂雜，非有它也。」介歎息，大奇之。既仕，益學問。其在洛、孟，擇其士之賢者，皆折節與交，相課治經史，每數日一置酒，論難間各面攻其短，識者遂知其爲遠器。范忠宣公撰墓記

公爲御史諫官四年，所上百六十餘章，多觸忌諱，抵權倖，名重朝廷。而風節凛然，聞於天下。墓誌

兖國公主嫁李瑋〔二〕，爲内臣梁懷吉、張承照所間，不相中。天子斥二人於外。無幾何，詔還二人主家，而出瑋衛州。公上疏言：「逐主婿而還隸臣，悖禮，爲四方笑，且陛下後何以誨諸女乎？」墓誌

皇城司卒密奏，言富人嘗殺人。有司鞫問無狀，願得卒詰所從，而内侍主者留不遣。公言：「臣料陛下必不惜此人，意恐將不復聞外事耳。臣以謂陛下付有司，辨其是非而賞罰之，則事上聞者皆實，乃所以聞外事也。今縱之使言，不問虚實，則貨賄行而是非亂矣。雖刺告盈前，亦何益哉？」墓誌

仁宗春秋高，未立嗣。公上疏請建宗室之賢，以繫天下望。及英宗爲皇子，有司闕供饋，而仁宗未之知也。公建言：「陛下既以宗社之重建皇嗣，宜一切以家人禮，使皇子朝夕侍饍左右，以通慈孝之誠。今禮遇有闕，非所以隆親親，重國本也。」於是詔有司供具甚厚。墓誌

内侍朱晦子穎士以内降監汳口，而都水監復薦之。公言：「樞密院既不治穎士求内降罪，而都水又安知其可任而舉之？且汳口歲興大役，責亦甚重，今上下相結，迭相阿徇，其盜陛下名器，將不但一汳口而已也。」後既罷穎士，公又屢請治樞密、都水罪，以戒欺罔。内侍趙繼寵以董淑妃故越次得勾當天章閣，蔡世寧取内藏庫珠私示内人。公皆乞治其罪。

久之，未聽。則又曰：「忠義之言日切，而陛下不亮；權倖之交日深，而陛下不察。自夏至今，如朱穎士等已三犯法，内侍省法且盡廢矣。」章各數上，每上益切，權倖憚焉。墓誌

時國用乏，言利者爭獻計富國。公奏曰：「今度支歲用不足，誠不可忽。欲救其弊，陛下宜躬自儉刻，身先天下，無奪農時，勿害商旅，如是可矣。不然徒欲紛更，爲之無益，聚歛者用，則天下殆矣〔三〕。」墓誌

京師大雨踰月，郡國多水灾，公上書，請詔百官言事，未聽。又上書曰：「陛下不以臣言爲然，不過以水災歸之天數而已。臣請以政事明之。大理誤斷鄭州嚴奕獄，已決，輒請對舉，覺法官不得首，誤法也。今審刑、大理，匿法罔上，而乾剛未奮，陽明未融，亦致異之一端也。」墓誌

英宗初即位，有疾，皇太后同聽政。至是上疾平，公上書請天子聽政。又再上疏太后，請還政。天子未聽。久之，頗聞内侍任守忠有惎間語。公又上疏太后曰：「天下之可信者，無大於以天下與人，亦無大於受天下於人。殿下今日誅竄讒人，則慈孝之聲，並隆於天下矣。」於是，太后遂還政，而逐守忠等。公復奏疏天子，謂：「皇太后給事左右之人，宜頗録其勤勞，少加恩惠，以上慰母后，下安反側。且守忠既去，其餘一切不問可也。」墓誌

神宗爲淮陽王，公上言：「王年踰志學，尚居中禁。臣願俾之出館，稍親諸務，問安内

寢，著爲定規。然後飲食起居，必有常度，左右前後，皆用正人。」墓誌

遷右司諫，每對輒移時，或督使言事。方是時，天子雖躬庶政，而猶退託任大臣。公言：「大臣之言非是，陛下偶以爲然而行之，可也。審其非矣，從而徇之，則人主之柄安在？臣願君臣之際，是是非非，毋相面從。總覽衆議，無所適莫，則威柄歸陛下矣。」墓誌

嘗論事，上不從，因曰：「卿何不言蔡襄？」公對曰：「若襄有罪，陛下何不自朝廷意正典刑責之，安用臣等言？」上曰：「欲使臺諫言其罪，以公議出之。」公曰：「若付之公議，臣但見蔡襄辨山陵事有功，不見其罪。臣身爲諫官，使臣受旨言事，臣不敢。」龜山語録

陝西言，近邊熟户頗逃失。詔以内侍李若愚等爲陝西四路鈐轄，專使招納，歲一入奏事。公以謂：「此安撫、經略使職也。且若愚等，陛下不信其言，則如不用；言必見從，則邊帥之權遂移於四人矣。」尋罷之。墓誌

大臣有建言濮安懿王宜稱皇考。公曰：「此於人情禮文，皆大謬戾。是必邪人有爲爲之。」即上疏爭其非，且願與建議之人廷辨邪正〔四〕。又與侍御史知雜事呂誨等同上十餘疏，言極切至。主議者知天下恟恟不可遏，遂易「考」稱「親」。公又言：「『親』非父母而何？亦不可也。夫恩義大端，存亡一也。先帝既以陛下爲子，當是之時，設濮王尚無恙，陛下得以父名之乎？」又因水災上書言：「簡宗廟，則水不潤下。今以濮王爲皇考，於仁宗

之廟，簡孰甚焉。」又陳十事，皆當世要務。俄命公與趙瞻使契丹，而吕誨、吕大防、范純仁皆罷，復除公侍御史知雜事。公還，五拜疏，論列益急，必求罷去。英宗面留公，公言：「誨等已逐，臣義不當止，願得罪去。」因再拜辭。上愕然曰：「是果不可留也？」不得已，出公知和州。墓誌

公在英宗時，最被眷遇。嘗雪中賜對，公自東廡升，上傾身東向以待。每奏事退，常目送之，故言多見聽。嘗曰：「卿最知朕。」一日奏事殿中，上曰：「多士盈廷，孰忠孰邪？」公曰：「大忠大佞，固不可移，中人之性，繫上所化。」上敬納其言。墓誌

熙寧三年，王安石新用事，方變法令，公以母喪服除至京師。安石素善公，謂公曰：「舉朝紛紛，今幸公來，已議以待制、諫院奉還矣。」公謝曰：「恩甚厚，但恐與公所謂新法者相妨耳。」且爲言新法之不善者。安石大怒，乃以爲直昭文館、權同判流内銓。行狀

傅堯俞權鹽鐵副使，堯俞初除服，入都，未見介甫，介甫屢召之。既見，語及青苗，堯俞以爲不便，介甫即不悦，自是惡之。及此除命，介甫以爲資淺，且令權發遣。曾公以爲堯俞曾任知雜御史，資不淺，乃正除副使。介甫退，有密啓。明日，敕已降閤門，有旨復收入，晚批出與權。曾公復爭之，上曰：「堯俞知雜不到官，且爲人弛慢。」曾公請弛慢之狀，上曰：「觀其面，即見弛慢之狀。」温公日録

出爲河北轉運使，未行，改知江寧府，又改許州，數月再除江寧，移河陽，又移徐州。凡再閱歲，徙五郡。公自知不爲時所容，而持權者欲困公以奔走，因請閑局，得提舉崇福宫。會在徐時或告狂人言天文休咎，疑爲變，公以事未白，不受辭。後狂人竟伏誅，公坐不即捕落職奪官。方獄大起，所連逮甚衆，或至惶懼自殺，而公處之自如，家人未嘗見憂色。復起居舍人，監衛州黎陽倉草場，郡掾行縣，公同邑官出迎，拜竭甚恭。郡守檄邑官代公治出納，公不可，曰：「居其官，不可以曠職。」雖祈寒隆暑，必躬坐庾中治事不少懈。墓誌

哲宗登極，除御史中丞。即上疏言：「陛下使臣拾遺補闕，以輔盛德，明善正失，以平庶政，舉直錯枉，以正大臣。臣請極其力，以死繼之。若夫窺人之私，擿其細故，此非臣之志也。願陛下慎終如始，則天下幸甚。」墓誌

御史張舜民論事語及大臣，罷去，公與侍御史王岩叟力爭之，章七上，不報。除吏部侍郎，不受命，求外補，乃出知陳州。行狀

召還，復爲中丞。會蔡確貶新州，自宰執侍從以下，罷去者凡七八人，而御史府爲之一空。遣使押公就職，公徐進言曰：「確之罪，自絶於天，陛下既屈典刑矣。然臣之愚，恐雖聖度如天，亦或有所未能平者。夫事至而應之，以無心事往，若未嘗經意者，此聖人所以養至誠而御遐福也。願陛下寬聖心，省浮念。誠陛下之氣和，則上下之氣和，而天地之和應

矣。且確黨之尤者，固宜貶逐，其餘一切置之，以安反側，則天下幸甚。」行狀
拜中書侍郎，論事率由大公，而未嘗容心。其薦引多得吉人良士。及薨，太皇太后諭近臣曰：「傅侍郎清直一節，終始不變，金玉君子人也。」嗟惜久之。兩宮皆幸其第，哭之慟。墓誌

公性純厚，貌重氣和而寡言，其遇人不設城府，與人語，唯恐傷之。至當言職論事，上前亹亹不窮，正直確切，無所回隱，左右爲懼，而公益安徐。不見聽，終不已。平生自奉養甚約，室無媵妾，食才脱粟一肉。所用服器，雖敝敗不易。篤於孝友，家事付昆弟，得任子恩，亦先推與之。爲守令，本於豈弟，而能擊姦豪，以安良民。其在徐，前守侵用公使錢，公寖爲償之，未足而公罷。後守反以文移公，當償千緡。公竭資且假貸償之。久之，鈎攷得實，公蓋未嘗侵用也，公卒不辨，其容物不校類如此。故司馬温公嘗歎曰：「清直勇三德，吾於欽之畏焉。」洛之君子邵雍曰：「欽之至清而不耀，至直而不激，至勇而能温，此爲難爾。」人以雍言爲然。墓誌

公在上前，吐論激切，事已則終不復言。出爲和州也，通判楊洙乘間問曰：「公以直言斥居此，何爲言未嘗及御史時事？」公曰：「前日言，職也，豈得已哉！今日爲郡守，當宣朝廷美意，而反呫呫追言前日之闕政，與誹謗何異？」行狀

校勘記

〔一〕未嘗　「未」原誤作「來」，據宋史卷三四一傅堯俞傳改。
〔二〕李瑋　「瑋」原作「御舊名」三小字，爲避宋孝宗諱，據同前書改。下文「而出瑋衛州」之「瑋」字同。
〔三〕則天下殆矣　「殆」原誤作「治」，據洪、張本及宋史卷三四一傅堯俞傳改。
〔四〕廷辨　「辨」原誤作「辦」，據文意改。

十之四　尚書彭公

公名汝礪，字器資，饒州鄱陽人。治平二年舉進士第一，調保信、武安幕府。除國子監直講，改大理寺丞，擢太子中允、監察御史裏行。出爲江南西路轉運判官。元祐初，除起居舍人，進中書舍人，落職守徐州。召權兵部侍郎，徙刑部。使契丹還，徙吏部。紹聖初，除權吏部尚書，尋以寶文閣待制知江州。至郡數月，卒，年五十四。故事，進士第一人無入吏部選者，公釋褐歷保信軍節度推官，武安軍節度掌書記，丁外

艱，服除，復授漳州軍事推官，在選十年，人以爲淹，而公處之澹如也。曾内翰撰墓誌

丞相王文公得公詩義，善之，留爲國子監直講，改大理寺丞。御史中丞鄧綰欲舉公御史，召公，不往。後雖薦之，而爲小人所訹，復自陳失舉，且薦它官代之。神宗察其姦，怒甚，王文公亦以爲言，即日黜綰，除公太子中允、監察御史裏行。墓誌

公在言職，非唐、虞、三代不論。初對上十事：一正本，二任人，三守令，四理財，五養民，六賑𠒋，七興事，八變法，九青苗、免役，十鹽事。指陳得失利病，多人難言者。又言：「吕嘉問領市易司，專事聚歛，非法意，當罷黜。俞充諂事中人王中正，至使妻出拜之，不當除檢正中書五房公事。」神宗爲寢充命，而究語所從得。公言：「如此，非所以廣聰明。」不肯奉詔。宗室賣婚至女娼家子，行有日矣，公奏罷之。因言：「皇族雖服屬已疏，然皆宗廟子孫，不可使閭閻下賤得以貨取。願爲更著婚姻法。」王中正、李憲用兵陜西，公言：「不當以兵付中人。」因及漢、唐禍亂之事。神宗初若不懌，出語詰公，公拱立不動，伺間復言。帝卒爲之改容。是日殿廷觀者，始皆爲公懼，已而皆歎服。墓誌

元豐元年，罷爲館閣校勘、江南西路轉運判官，辭日，復上疏論時事。且言：「今不患無將順之臣，患無諫爭之臣；不患無敢爲之臣，患無敢言之臣。」神宗察其忠，慰諭久之。墓誌

元祐二年，以起居舍人召，既至，執政有問新舊之政者，公曰：「政無彼此之辨，一於是而已。今所更大者，取士及差役法，行之而士民皆病，未見其可。」執政不能屈。墓誌

踰年，拜中書舍人，賜服金紫，詞命雅正，人以爲有古風。遇事不苟，多所建白。其論詩賦、回河事尤力，主議者皆不悅，公亦數請去。是時大臣有持平者，頗與公相佐佑，而一時進取者病之，欲排去其類，未有以發。會知漢陽軍吳處厚得蔡丞相確安州詩上之，傅會解釋，以爲怨謗。諫官交章請治，又造爲危言，以激怒太皇太后，必欲寘之極法。公曰：「此羅織之漸也。」數以白執政，不能捄，則上疏論列甚切，又不聽，則居家待罪。時中書舍人止公一人，既而蔡丞相有謫命，公曰：「我不出，誰任其責者！」即入省，封還除目，辨論愈切。御史臺自中丞而下五人，坐是同日出，臺中一空。公復力爭，以爲不可，諫官指公爲朋黨。太皇太后曰：「汝礪豈黨確者，亦爲朝廷論事爾已。」而蔡丞相貶新州，用起居舍人草詞行下，而公亦落職知徐州。一二大臣相繼去位，自是正人道壅，而進取者得志矣。公在臺既嘗論呂嘉問事，且與蔡丞相異趣，使外十年，蔡爲有力。後治嘉問獄，不肯阿執政意擠之，坐奪一官，至是又辨蔡丞相不當謫，至得罪乃已，人以此益賢之。墓誌

召權兵部侍郎，徙刑部。會有具獄，執政以爲可殺，公以爲當貸，而執政以特旨殺之，公執不下，執政怒，舍公而罰其屬。公言：「奉制書而有不便，許論奏，法也。且非屬罪。」

自劾請去，章四上，不聽。御史亦助之言，遂并其屬免罰。墓誌

紹聖元年，今上初專聽斷，召二三大臣脩舉熙寧、元豐政事，人人爭獻所聞，公居之如不能言者。或問之，曰：「在前日則無言之者，於今則夫人而能言之矣。」以寶文閣待制知江州，入辭，上勞問甚寵，曰：「與卿非久別也。」問所欲言者，公曰：「陛下今所復者，其政不能無是非，其人不能無賢不肖。政唯其是，則政無不善；人唯其賢，則人無不得矣。」墓誌

二年正月，召公于江州，以爲樞密都承旨，翌日，以訃聞。既而遺表至，其略以謂：「土地已有餘，願拊以仁；財用非不饒，願節以禮。佞人初若可悦，而其患在後；忠言初若可惡，而其利甚博。」以至恤河北流移，察江南水旱，凡數百言。墓誌

公爲監司，務大體，不事細苛，而於議獄，必傅經典。故在京西，多所全宥。爲州，所至有惠愛，尤以興學養士，賑乏恤孤爲急。墓誌

公居家孝友，事寡嫂謹甚，兄無子，爲立後，官之。又官其弟汝方，而後其子。汝方聞公喪，即棄所居官歸，論者多之。族人貧者，分俸錢賙給，或爲置義莊。與人交，盡誠敬。少時師事桐廬倪天隱，天隱亦奇之。及官保信，迎天隱置于學，執弟子禮事之。天隱死，無子，公爲并其母葬之，又葬其妻，又割俸資其女。同年進士宋渙未官而死，公經理其後，不啻其家人。蓋其篤行如此。墓誌

公平生好學喜問，樂聞其過，自任以聖賢之重，而於貧富貴賤，利害得喪，一不以累其心。至於憂國愛君，推賢揚善，則拳拳孜孜，常若不及。故自處顯於朝廷，事知無不言，言不行必爭，爭而不得，必求去。人始而駭，中而疑，卒而信，則曰：「名節之士也。」忌之者則以爲好異，或以爲近名。最爲今范丞相純仁所知。范公再相，人謂公必用，既對，太皇太后首曰：「姑徐進彭汝礪。」蓋已有間之者。及出江州未數月，上命召還，或曰須改歲，不幸而公死矣。墓誌

三朝名臣言行録卷第十一

十一之一　丞相范忠宣公

公名純仁，字堯夫，文正公之次子。以恩補太常寺太祝，中皇祐元年進士第，知汝州襄城、開封府襄邑縣。治平中，爲江東轉運判官，擢殿中侍御史，遷侍御史。出通判安州，徙知蘄州，歷京西提點刑獄，陝西轉運使。召還，同知諫院，修起居注，判國子監。出知河中府，徙成都府路轉運使。降知和州，加直龍圖閣，知慶州。奪職知信陽軍，徙齊州，管勾西京留守御史臺。再知河中府。元豐八年，復職知慶州。召還，充侍講，又除給事中。元祐元年，拜中大夫，同知樞密院事。三年，拜尚書右僕射，兼中書侍郎。明年，以觀文殿學士知潁昌府，進大學士。知太原、河南、潁昌府。召還，復爲右僕射。又罷，知潁昌、河南府，改陳州，落職知隨州，再貶武安軍節度副使，永州安置。元符三年，以光禄卿分司南京，不數月，以觀文殿大學士中太一宮使召，以疾不赴，薨，年七十五。徽宗書其碑額曰「世濟忠直之碑」。

文正公門下多延賢士，如胡瑗、孫復、石介、李覯之徒，與公從游，晝夜肄業，置燈帳中，夜分不寢。後公貴，夫人猶收其帳，頂如墨色，時以示諸子孫曰：「爾父少時勤學燈煙迹也。」言行録

再調官，皆不赴，文正公遣之，公曰：「純仁豈可重於禄食，而輕去父母耶？雖近，亦不能朝夕在側。」遂終養焉。言行録

丁文正公憂，四方無所歸，朝廷特爲給所居官俸，仍借官屋，居於許州。文正公平生好施，捐館之日，家惟四壁，公居喪中，兄嫂弟妹聚族七十口，約己粗糲，上下均一，内外無間言。飲食居處，人不堪其憂，哀毁骨立，廬墓下與役夫同等而食。言行録

知襄城縣，伯兄久病心疾，公承事照管，湯藥飲食，居處衣服，必躬必親，如孝子之事嚴父。賈文元守北都，辟掌機密，召編校祕閣書籍，皆以兄病辭不赴。富文忠公責之曰：「臺閣清資，人豈易得？小官出常調亦難事，何必苦辭？」公曰：「富貴有命。」言行録

襄城之民素不事蠶織，鮮有植桑者，公患之。因民之有罪而情輕者，使植桑於家，多寡隨其罪之輕重，後按其所植榮茂與除罪。自此人得其利。公去，民懷之不忘，至今號爲「著

作林」。「著作」，公宰縣時官也。〔言行録〕

知襄邑縣，縣字學校，倉廩驛舍，皆一新之。又營學田，擇鄉之賢者，以教其人。聽政之暇，時一至學，親勸誘之。〔言行録〕

縣有牧地，每歲衛士縱牧馬踐民田，百姓病之，而縣令不敢誰何。公下車，恩威著於上下，百姓知公可賴。一日，民有訴衛士縱馬食田者，公捕而杖之。衛士校長申殿前司，殿前司申樞密院，有旨劾公，公申中書曰：「非不知衛士非畿邑小官所敢刑，然養兵出於二税，二税出於民田，衛士牧馬而侵食民田，則二税將使何從而出哉？身爲縣令，職在養民，若坐視而不恤，安用縣令哉！」章上，特免罪，仍令畿邑兼管句牧地。自公始也。〔言行録〕

旱久不雨，公度將來必闕食，遂盡籍境内客舟，召其主而諭之曰：「民將無食，爾等商販，唯以五穀貯之於佛寺中，候闕食時，吾爲汝主糶。」衆賈從命，運販不停，以至春首，所蓄無慮十數萬。諸縣飢，獨境内之民不知也。〔言行録〕

公爲侍御史，時方議濮安懿王典禮，大臣與從官異論。公言：「陛下親受仁宗詔而爲之子，與前代入繼之主不同，請如從官議。」繼與御史吕誨等更入論奏，不聽，則皆納告牒，家居待罪。既而内出皇太后手書，尊王爲皇，夫人爲后。公復言：「陛下以長君臨御，奈何使命出房闥〔一〕，異日或爲權臣矯託之地，非人主自安計。」時已詔罷追尊，趣公就職。公猶以言不盡用，請去益堅，上不得已，出公通判安州。公在臺數言人所難言，及爭濮王事，引誼據經，語斥大臣尤切，繇是名震天下。曾子開撰墓誌

神宗初即位，慨然有追迹先王，内脩政事，外攘夷狄之志。得王荆公任之，多所更張。公自還朝，即勸上毋開邊隙。言行録曰：自陝西轉運副使召還，神宗問曰：「卿在陝西，久主漕輓，必精意邊事，城郭、甲兵、糧儲如何？」公對曰：「城郭粗完，甲兵粗修，糧諸粗備。」神宗愕然曰：「卿才能如此，朕所倚賴，而職事皆言『粗』，何也？」公徐對曰：「粗者未精之辭，如是足矣。臣願陛下無深留意於邊事，恐邊臣覬望要功，生事結釁，夷狄殘害生靈，耗竭財用，糜費爵賞，不惟爲今日目前之害，又將貽他時意外之憂。臣願陛下究孟子交鄰之道，修孔子來遠之德，使好生之德，洽于夷狄，彼將愛戴陛下如父母。雖其酋首桀傲，欲侵侮我疆，其徒亦不爲之用也。」又進言：「變改法度，人心不寧。書曰：『怨豈在明，不見是圖。』願陛下圖不見之怨。」上曰：「何謂不見之怨？」公曰：「古人所謂『天下之人，不敢言而敢怒』者是也。」上善之，令條古事可爲戒者以聞。公作尚書解以進。及爲諫官，前後爲上言，以休兵省事，節用富民，進君子，退小人，愛人材，中公論爲急；崇聚斂，事苛刻，親讒佞，任偏聽爲戒。大則廷論，小則疏達，未聽，則連章累牘，不苟止。其於君子小人之際，尤反復激切，無所諱避。嘗論：「富韓公在相位，不當數移疾杜門，自爲形迹。吕誨不當罷御史中丞，李師中不可守邊，薛向不可發運使，向行均輸法於六

路，必將掊克生民，斂怨基禍。」它所開陳類如此。上方鋭於求治，又言：「道遠當馴致，事大難速成，人材不可遽求，積敝不可頓革。自古人君欲事功亟就，必爲憸佞所乘，不可不察。」公雅與荆公厚善，至是數言其以五霸富國强兵之術惑誤人主，失天下望。既而劉琦、錢顗、孫昌齡同時罷御史。公又言：「琦等一言，柄臣遽以罪絀。今在廷阿附者衆，奈何陛下更以法驅之？」益指切荆公并及它大臣，詞氣甚厲。上察其忠，留章弗下，而公請去不已。至闔門不出，迺罷諫院，留修起居注。公固辭，執政或遣所親諭公速起，且除知制誥矣。公曰：「是以利訹我也。言不用，萬鍾於我何加焉？」録所上章，納中書門下，執政見之怒，出知河中府。墓誌○又聞見録云：熙寧中，朝廷有「生老病死苦」之語。時王荆公改新法，目爲生事〔二〕；曾魯公以年老，依違其間；富韓公稱病不出〔三〕；唐質肅與荆公争按問，欲舉理直不勝，疽發背死；趙清獻唯聲苦。時范忠宣公爲諫官，皆劾之，言荆公「志在近功，忘其舊學」，富公「謀身過於謀國」，曾公、趙公「依違，不斷可否」。忠宣每曰：「以王介甫比莽、卓，過矣。但急於功利，遂忘素守耳。」

權成都府路轉運使，兼領農田水利、差役事。公以新法於民不便，反復論奏，戒約州郡，未得遽行。安石怒公沮格新法，使門下人捃摭公私事，然卒不能得。言行録

環慶大饑，帥守坐不職罷去，以公代之。過闕入對，神宗見公甚喜，曰：「卿父在慶，甚有威名，卿兵法必精。」公對曰：「臣素儒家，未嘗學兵法。」又問：「卿縱不學兵法，卿久隨

侍在陝西，必亦詳熟邊事。」公對曰：「臣隨侍時年幼，並不復記憶。兼今日事體與昔時不同，且臣不才，陛下若使完繕城壘，愛養百姓，臣策疲駑，不敢有辭；若使臣開拓封疆，侵攘夷狄，則願別擇才者。」因遂力辭。上不許。公到慶州，餓殍滿路，官無穀以振恤，公欲發常平、封椿粟麥振之，州郡皆欲俟奏請得旨而後散，公曰：「人七日不食即死，何可待報？諸公但勿預，吾寧獨坐罪。」時一路薦饑，耕牛殺盡，五穀絶種，官儲有限，方懼未有以繼。會是秋蓬生蔽野，而結實如粟可食，所收狼戾，民食之餘，公令官糴，所收尚不貲。又於鄰路市耕牛、穀種，計户口分貸蕃、漢人户，兼以人力墾耕，布種甚廣，遂大有年。或言公稟貸過多，而無活人之實，朝廷疑之，遣使按治。民間聞之，爭先輸官，比使至，無負者。詔使得蕠塚於邠、寧間，喜曰：「全活不實之罪，於此得矣！」發塚數骸，藉其數上之。詔委本路監司窮治，實前帥楚建中所封也，與公殊無干涉。朝廷遷治建中罪，公連上疏云：「建中當饑儉之初，循守法令，申請措置之間，不免有殍死者。比之臣來，繼其法度已成之後，故得一意賑恤，偶免流亡。況建中已坐罪罷去，今緣按臣而又及建中，是一罪而再刑也。」建中猶贖銅三十斤。言行録

屬郡流人道慶稱冤，按得冤狀，郡將种古訟公挾情變獄〔四〕，詔移獄比郡，出御史治之。逮公就對，部人數萬，號泣遮道，童兒相率，誦詩隨之，久乃去。獄成，古坐誣告抵罪，公猶

以它事奪職，知信陽軍。墓誌

移知齊州。齊爲山東劇郡，屠販劫盗無虚日。人或勉公曰：「公爲政素寬，然齊民兇悍，性好剽劫，以嚴治之，猶不能戢，若一以寬，恐不勝其治矣。」公曰：「寬出於性，若强以猛治，則不能持久；猛而不久，以治兇民，取玩之道也。」齊有兩司理院〔五〕，因繫常滿，多屠販盗竊而督賞者。公曰：「此何不責保在外，使之輸納耶？」通判州事起白公曰：「非不知此，第以此輩兇暴，釋之，不旋踵復紊官司矣〔六〕。」公曰：「終當如何？」曰：「往往待其自以疾斃於獄中，是亦與民除害耳。」公蹙然曰：「法不當死，而在位者以情殺之，豈理也耶！」遂盡呼出，立於庭下，戒飭之曰：「爾輩爲惡不悛，在位者不欲釋汝，懼爲良民害，復紊官司也。汝等若能悔過自新，我欲釋汝。」皆叩頭曰：「敢不佩服教令！」遂釋之。歡呼而出，轉相告語。是歲犯法者減舊歲之半。言行録

録事參軍宋儋年中毒暴卒，公得罪人置於法。初，宋君因會客罷，是夜門下人遽以疾告。公遣家人子弟視其喪事，宋君小斂，口鼻血出，漫汙幎帛，公疑其死不以理，果爲寵妾與小吏爲姦，付有司按治具伏，因會客置毒在鼈臠中。公曰：「臠在第幾巡？豈有中毒而能終席耶？」命再劾之，宋君果不嗜鼈臠，爲坐客所并，乃客散醉歸，置毒酒盃中而殺之。罪人覬他日獄變，爲逃死之計也。人以爲公發擿姦伏如神明，若非遇公，則宋君之冤，無以

申於地下矣。言行録

公判留臺時，一時耆舊多在洛，公與司馬公皆好客而家貧，相約爲真率會，脱粟一飯，酒數行，過從不間一日。洛中誇以爲勝事。行狀

除給事中，時哲宗、宣仁太后共政，司馬温公入相，首改差役法。公聞之，謂人曰：「此事當熟講而緩行，不然，滋爲民病。且宰相職在求人，變法非所先也。」還朝，力爲温公言之。温公有所建請，公復言：「宰相當虚心以延衆論，不必謀自己出。謀自己出則諂諛得乘間迎合，而正士將卷懷退避。」是時初改熙寧案問自首法，公奏立文太深。又言：「四方奏讞大辟，有司一以八年十一月詔書從事，坐死者視舊數倍，非先王寧失盡不經之意。」蓋公雖與温公同志，及臨事有所矯正類如此。於是人皆服公平直，且知前於荆公，非苟爲異也。墓誌○又，言行録載公與温公手柬曰：「蒙示奏藁，益見公之存心。然公既知純仁不欲速而示之以益堅之削，蓋欲使知其罪而默默耳。默默何難，人人皆能，不止能默，亦可贊公使公喜而自容於門下，何用犯公怒而喋喋也？若果如此，則是純仁不若少年合介甫，求早富貴也，何用白首强顔於此，媚公求合哉！惟其如此，所以誤公一顧，而提携至此，惟公憐其誠而深察爲幸。」

司馬温公欲令進士召朝官保任，然後應舉，又更貢舉法。公曰：「舉人難得朝士相知，士族近京猶可，寒遠之人，尤不易矣。兼今之朝士，未必能過京官選人，京官選人，未必能

如布衣，徒令求舉，未必有益。既欲不廢文章，則雜文四六之科，不如設在衆人場中，不須別設一科也。孟子恐不可輕，猶黜六經之春秋矣〔七〕。」温公從之。言行録

除兼侍講。公語人曰：「國之本在君，君之本在心。人君之學，當正心誠意，以仁爲體，使邪僻浮薄之説，無自而入，然後發號施令，爲社稷宗廟之福，豈務章通句解，以資口舌之辯哉！」及在經筵進講，必反覆開陳其説，歸於人君可用而後止。言行録

同知樞密院事。初，公還自慶，兩宫亟遣中使賜太官饍，出手詔問禦備西戎之策。公請罷兵棄地，因使歸所掠漢人，執政持之未決。會公入樞府，復申前議，又請予地之外，歸一漢人，予絹十兩。事皆施行。既而夏人未順，公請陜西一郡自効，不許。會邊臣俘蕃酋鬼章以獻，兩宫歸功輔臣，褒賜異甚。公請誅鬼章塞上，以謝邊人，而議者欲致其子，收河南故地，故赦不殺。其後又欲官之，公復固爭，然鬼章子卒不至。墓誌

公自爲執政，務以博大開上意，忠篤革士風。在樞府時，言者攻章惇、鄧綰，公皆力爲捄解。因言：「臣嘗爲綰誣奏坐黜，今日所陳，恐録人之過太深，實繫國體。」兩宫感悟，即日遣中使手詔嘉納。因下詔書：「前日希合附會之人，一切勿問，言者亦勿復以言。」既而在廷頗分朋黨，論議多出私意，浸潤之説稍行。學士蘇軾草策問題，或言引用不當。韓維罷門下侍郎補外。公奏：「軾無罪，維心國家，弗避嫌謗，不可因譖言絀。」及在相位，諫官

王覿坐論朋黨貶，公復爲辨君子小人朋黨之異，因極言前世朋黨之禍，并録歐陽文忠公朋黨論以進。墓誌

前宰相蔡確坐詩語譏訕，簾中臺諫章疏交上，必欲朝廷誅殛。宰執侍從皆爲當，然公獨以爲不可。遂於簾前開陳：「方今聖朝，宜務寬厚，不可以語言文字之間，曖昧不明之過，誅竄大臣。今日舉動，宜與將來爲法式，此事甚不可開端也。」宰臣奏：「蔡確黨人甚盛，不可含胡不問。」公面奏以爲：「朋黨難辨，却恐誤及善人。此事正宜詳審，不可容易。」繼入奏曰：「切以朋黨之起，蓋因趣向異同，同我者謂之正人，異我者疑爲邪黨。既惡其異我，則逆耳之言難至；既喜其同我，則迎合之佞日親。以至真僞莫知，賢愚倒置，國家之患，何莫由斯！至如王安石，止因喜同惡異，遂至黑白不分，至今風俗猶以觀望爲能，後來柄臣，固合永爲商監。今來蔡確，不必推治黨人，旁及枝葉。臣聞孔子曰：『舉直錯諸枉，能使枉者直。』則是舉用正直，而可化枉邪爲善人，不仁者自當屏迹矣。何煩分辨黨人，或恐有傷仁化。」公初與諸公議蔡確之命，唯左丞王存與公相協。是日上前方開陳論列之際，諸公晝可，皆不顧公而先退。公獨留身，因揖王存上前，論之益堅。宣仁怒，卒貶確新州。言者交章擊公黨確，公遂以疾請外。即日以公知潁昌府，王存知蔡州。言行録○又聞見録云：

元祐三年，有吴處厚者，以蔡確題安州車蓋亭詩來上，以爲謗訕，宣仁太后得之，怒曰：「蔡確以吾比武

后，當重謫。」吕汲公爲左相，不敢言。忠宣乞薄確罪，不從。初議貶確新州，忠宣謂汲公曰：「此路荆棘

已七、八十年，吾輩開之，恐自不免。」汲公又不敢言，忠宣因乞罷政。

先是，河上所科夫役，許輸錢免夫，上下皆以爲便。公獨憂曰：「民力自此愈困矣。」或曰：「每歲差夫一丁，費萬錢，今以七千免一丁，又免百姓奔走執役之勞，豈不便乎？」公曰：「每歲差夫，雖曰萬錢，然隨身者不過三千，又得一丁就食於官。今免夫所出七千，盡歸於官矣，民又儼然坐食於家。蓋力者身之所出，錢者非民所有，今捨其所有而征其所無，民安得不病？此一事，富民不親執役者以爲便，窮民有力而無錢者非所便也。又況差夫必計其的確合用之數，縱使所差倍其所役，則力愈衆，民愈不勞矣。今若出錢以免夫，雖三分之工，亦可以取十分免夫錢，其弊無由致察。又從來差夫，不及五百里外，今免夫錢無遠不屆，若遇掊克之吏，則爲民之害，無甚於此。」言行録

知太原府，河東土狹民衆，惜地不葬其先。公遣屬僚，收無主燼骨，别男女，異穴以葬。又檄一路諸郡皆倣此，不可以萬數計。刻石以記歲月。言行録

復拜尚書右僕射，因入謝，簾中宣諭曰：「或以謂卿必先引用王覿、彭汝礪，卿宜與吕大防一心。」公對曰：「此二人實有士望，臣亦知之，臣終不敢保位蔽賢，更望陛下加察。」行狀

公前爲相時，有司請歸河故道，二三大臣主其議，公獨爭以爲：「壅水使高，必難成功，況今公私匱乏，當緩其役。」朝廷爲出近臣往視，還奏如公言，主議者不懌，密啓以手詔督趣，公復固爭，兩宫悟，爲收還手詔。公既罷，而河役復興調發。至潁昌，公又上疏極論，兩宫然之，而役猶不輟。及公再相，又遣從官御史經度，不能易前説，然主議者必欲成之。後雖暫歸故道，已而復決，人力爲之大敝，至於今未復也。墓誌○又談叢：元祐執政議河爲兩説，文潞公、安樞密燾主故道，范丞相、王左丞存主新道，士大夫是故者見文、安，是新者見王、范，持兩可者見四公也。

宣仁寢疾，宰輔入問，后留忠宣曰：「卿父仲淹，可謂忠臣。在章獻朝勸后盡母道，在仁宗朝勸帝盡子道。卿當似之。」聞見録

上方親政，於大臣中注意獨厚，有密薦人材者，輒以質於公。又嘗問先朝法度，公悉心以對，無所回隱，因勸上慎擇執政臺諫官，且言：「仁宗朝委事執政，而臺諫實參論議，可以爲法。然不可用非其人。」上嘉納之。墓誌

一日，三省同登，蘇轍獨進上前，論殿試策題，因引漢昭變更武帝法度事，哲宗怒曰：「安得以漢武比先帝！」轍再拜而退曰：「臣引用失當，容臣待罪。」公奏曰：「漢武雄才大略，史無貶辭，又轍所論非異同，正欲救已行之言。望陛下宣任蘇轍。」尚書右丞鄧潤甫越

次言曰：「先帝法度，爲司馬光、蘇轍壞盡。」公曰：「不然。法本無弊，弊則當改。」上曰：「人謂秦皇、漢武。」公奏：「蘇轍之所論，事與時也，非人也。」轍卒得罪去。聞見録云：李清臣首建紹述之議，多害正人。一日，哲宗震怒，謂門下侍郎蘇轍曰：「卿安得以秦皇、漢武上比先帝？」蘇公下殿待罪。呂汲公等不敢仰視。忠宣從容言曰：「史稱武帝雄材大略，爲漢七制之主，蓋近世之賢君。蘇轍果以比先帝，非謗也。陛下親政之初，進退大臣不當如訶叱奴僕。」哲宗怒少霽。罷朝，蘇門下舉笏以謝忠宣曰：「公佛地位中人也。」蘇公與忠宣同執政，忠宣寡言，蘇公平昔若有所疑，至此方知其賢。時士大夫觀望，多誣詆垂簾時事，人情大恐。公以明道二年五月癸酉詔書上之，曰：「望陛下稽倣而行，以戒薄俗。」已而狂人趙天啓作擬試策，傳播中外，御史章疏，稍取以爲用。公又言：「今狂妄詆訐者已多，容之則累聖孝，懲之則恐塞言路，不若以詔書禁約，一遵仁宗故事。」尋以天啓在元祐中嘗上書言熙寧、元豐政事爲非道〔八〕，編管鄧州。公亦求去，不許。全臺言蘇軾行呂惠卿告詞，詆謗先帝，有旨落職知英州。公疏曰：「熙寧法度，皆惠卿附會王安石建議，不副先帝愛民求治之意。至垂簾之際，始用言者，特行重竄，今已八年矣。言者多當時御史，何故畏避不即納忠，而方有是奏，豈非觀望耶？」客省副使高士敦以太皇太后恩特旨改官，蘇轍謫知汝州。御史來之邵言士敦任成都鈐轄日不法事，又論轍所謫太近。公言：「之邵爲成都路監司，士敦有犯，自當按發。轍與政累年，之邵已作御

史，亦無糾正，今乃繼有二奏，其情可知。」行狀

哲宗親政，吕汲公欲遷殿中侍御史楊畏爲諫議大夫。忠宣曰：「天子諫官當用正人，楊畏不可用。」汲公方約畏爲助，謂忠宣曰：「豈以楊畏嘗言公耶？」忠宣曰：「不知也。」蓋上初召忠宣，畏嘗有言，上不行，忠宣故不知也。忠宣因乞罷政，上不許。後楊畏首叛汲公，凡可以害汲公者，無所不至。聞見録

公在相位，凡薦引人材，必以天下公議。所薦〔此下原闕一葉〕〔九〕命家人促裝以待謫命〔一〇〕。

公在隨幾一年，州事毫髮必親，客至談笑終日無倦色。公素苦目疾，忽全失其明，因上表乞致仕。章惇戒堂吏不得上，蓋懼公復有指陳，終移上意。遂貶公武安軍節度副使，永州安置。命下，公怡然就道，切戒子弟，不得小有不平意，曰：「不見是而無悶，爾曹勉之。」人或謂公爲近名，公聞而歎曰：「七十之年，兩目俱喪，萬里之行，豈其欲哉？但區區愛君之心，不能自已，人若避好名之嫌，則無爲善之路矣。」行狀○又聞見録云：永州命下。忠宣欣然而往。每諸子怨章惇，忠宣必怒止之。江行赴貶所，舟覆，扶忠宣出，衣盡濕，顧諸子曰：「此豈章惇爲之哉！」至永州，公之諸子聞韓維少師謫均州，其子告惇以少師執政日與司馬公議論多不合，得免行，欲以忠宣與司馬公議役法不同爲言求歸，白公，公曰：「吾用君實薦以至宰相，同朝論事，不合即可，汝輩

以爲今日之言，不可也。有愧而生者，不若無愧而死。」諸子遂止。

公在永三年，怡然自得，或加以横逆，人莫能堪，而公不爲動，亦未嘗含怒於後也。墓誌

公到永，日課兒孫誦書，躬親教督，常至夜分，在永三年，終始如一。至於飲食居處，人不堪其憂，公未嘗興一念。每對賓客，唯論聖賢脩身行己，餘及醫書方藥，他事一語不持口，而氣貌益康寧，如在中州時。行狀

上皇即位之初，欽聖皇太后同聽政，忠宣公自永州先以光禄卿分司南京，鄧州居住，蓋二聖欲用公矣。遣中使至永州賜茶藥，密諭曰：「皇帝與太皇太后甚知相公在先朝言事忠直，今虚位以待，相公不知目疾如何，用何人醫治？只爲左右有不是當人阻隔相公。」公頓首謝。又曰：「太后問相公，官家即位，行事如何？天下人何說？」公曰：「老臣與遠方之人，唯知鼓舞聖德。」又曰：「天下有不便事但奏來。」公曰：「敢不奉詔。」又曰：「鄧州且去否？」公曰：「已出望外，如歸鄉里。」又曰：「離闕下日，二聖再三言，太后在宫中，皇帝在藩邸，甚知相公是直臣。」公感泣不已。俄復觀文殿大學士，中太一宫使，召赴闕供職，而公病。詔書有「豈唯尊德尚齒，昭示寵優；庶幾鯁論嘉謀，日聞忠告」之語。公捧詔泣曰：「上果用我矣。目明全失，風痺不隨，恩重命輕，死有餘責。」上又遣中使賜銀合茶藥，促公入覲，仍宣渴見之意。公曰：「老臣命薄，虚蒙聖眷。」乞歸潁昌養疾，上不得已，許之。每見

輔臣問安否，乃曰：「范純仁得一識面足矣。」公復告老，不允。詔至，公已薨矣。上與皇太后震悼出涕。先是，公疾革，精識不亂，諸子侍側，口占遺表凡八事，命門生李之儀次第之。言行録載此表，略云：「蓋常先天下而憂，期不負聖人之學，此先臣所以教子，而微臣資以事君。」又曰：「若宣仁之誣謗未明，致保佑之憂勤不顯，本權臣務快其私忿，非泰陵實謂之當然。」以至未究流人之往愆，悉以聖恩而特叙，尚使存殁，猶汙瑕疵。又復未解疆埸之嚴，幾空帑藏之積，有城必守，得地難耕。凡此數端，願留聖念。」諸子以其所言皆朝廷大事，且防後患，以公口占畫一繳申潁昌府，用府印寄軍資庫。及將葬，之儀又作行狀，論公平生立朝行己大節。蔡京用事，小人附會，言公之子正平等撰造中使至永州傳宣聖語，以爲遺表，非公意也。正平與之儀皆下御史獄，捶楚甚苦。正平、之儀欲誣服，其傳宣中使獨不服，曰：「舊制，凡傳聖語，受本於御前，請寶印，出，注籍於内東門，遣使受聖語籍。」中使從其家得永州傳宣聖語本，有御寶，如所言。又驗内東門受聖語籍，亦同。又下潁昌府取正平所繳納遺表八事，皆實。獄遂解。正平猶羈管象州，之儀羈管太平州。正平之家，死於嶺外者十餘人，獨正平遇赦得歸，不出仕，終身爲選人。蔡京者，紹聖初爲户部尚書，欲結后戚向氏，故奏展向氏墳寺，事下開封府，正平爲開封府縣尉，往按視其地，曰：「向氏寺地步已足，民田不可奪。」府以其言聞，哲宗怒，京贖銅二十斤。京由此恨正平，故欲誣殺之。嗚呼！使忠宣公無恙，相上皇於初載，天下

豈復有今日之慨？公既病，不能朝，上皇始命相曰曾布與蔡京云。聞見録

公性夷易寬簡，弗以聲色加人，及誼所在，則挺然不少屈。誠心好善，不爲忮克。嘗曰：「吾平生所學，得之忠恕二字而已。」繇是所至，人歸其仁而憚其正，歷事四世，終始無間言。自爲布衣，以至宰相，廉儉恭遜，不少加損。政府恩錫，屢斥以廣義莊。晚年南還貧甚，得賜輒均及屬人。前後任子恩，多先疏族，故公殁之日，幼子五孫未官。墓誌○又言行録云：公嘗曰：「我平生所學，唯得忠恕二字，一生用不盡。以至立朝事君，接待僚友，親睦宗族，未嘗須臾離此也。」又戒子弟曰：「人雖至愚，責人則明；雖有聰明，恕己則昏。爾曹但常以責人之心責己，恕己之心恕人，不患不到聖賢地位也。」親族間有子弟請教於公，公曰：「唯儉可以助廉，唯恕可以成德。」其人書於坐隅，終身佩服。公平生自奉食無重肉，不擇滋味粗糲。每退自公，易衣短褐，率以爲常。自少至老，自小官至達宦，終始如一，雖暑月燕居，不去上服，未嘗跣足，亦不揮扇。見子弟雖顛沛造次，非加冠冕莊容不見。

公嘗曰：「人材難得，欲隨事有用，則緩急無以應手。七年之病，求三年之艾，非儲之以待，則如病者何？」故雅以人才爲己任，每有薦引，必先公議。而及其至也，内舉有所不避；其不可，則人君所主亦必爭。行狀

公教子弟曰：「六經，聖人之事也，知一字則行一字。要須『造次顛沛必於是』，則所謂

『有爲者亦若是』耳。豈不在人耶？」行狀

時西邊儒帥，有以威敵斥境，請於公者，手自答曰：「大輅與柴車較逐，鸞鳳與鴟梟爭食，連城與瓦礫相觸，君子與小人鬥力，不惟不能勝，兼亦不可勝，不惟不可勝，雖勝亦非也。」行狀

子言：范公堯夫之寬大也，昔余過成都，公時攝帥，有言公於朝者，朝廷遣中使降香峨眉，實察之也。公一日訪予款語，予問曰：「聞中使在此，公何暇也？」公曰：「不爾則拘束。」已而中使果怒，以鞭傷傳言者耳。屬官喜謂公曰：「此一事足以塞其謗，請聞於朝。」公既不折言者之爲非，又不奏中使之過也。其有量如此。程氏遺書

范公堯夫攝帥成都，程子將告歸，别焉。公曰：「願少留，純仁將别。」子曰：「既别矣，何必復勞輿衛？」遂行。公使人要於路，曰：「願一見也。」既見，曰：「先生何以教我？」子曰：「公嘗言爲將帥，當使士卒視己如父母，然後可用，然乎？」公曰：「如何？」子曰：「公言是也。然公爲政不若是，何也？」公曰：「可得聞與？」子曰：「舊帥新亡，而公張樂大饗將校於府門，是教之視帥如父母乎？」曰：「亦疑其不可，故使屬官攝主之也。」子曰：「是尤不可也。公與舊帥，同僚也，失同僚之義，其過小。屬官於主帥，其義重。」曰：「廢饗而頒之酒食，如何？」曰：「無頒也。武夫視酒食爲重事，弗頒，則必思其所以，而知事帥之

義，乃因事而教也。」公曰：「若從先生言而不來，則不聞此矣。」其喜聞義如此。遺書

正叔說：堯夫對上之詞，言「陛下富國强兵後待做甚」，以爲非是。此言安足諭人主？如周禮，豈不是富國之術存焉？子厚言堯夫抑上富强之說，正猶爲漢武帝言神仙之學，長年不足惜，言豈可入？聖賢之曉人，不如此方拙〔一〕。如梁惠王問何以利國，則說利不可言之理，極言之以至不奪不饜。遺書

科舉取人不得，間有得者，自是豪傑之士，因科舉以進耳。且資蔭得官，與進士得官，孰爲優劣？以進士爲勝，以資蔭爲慊者，此自後世流俗之論，至使人耻受其父祖之澤，而甘心工無益之習，以與孤寒之士角勝於場屋，僥倖一第以爲榮，是何見識！夫應舉亦自寒士無禄，不得已藉此進身耳，如得已，何用應舉？范堯夫最有見識，然亦以資蔭與進士分優劣，建言於有無出身人銜位上帶左右字，不可謂無所蔽也。其言曰：「欲使公卿家子弟讀書耳。」此意甚善，但以應舉得官者，爲讀書而加獎勸焉，則彼讀書者，應舉得官而止耳，豈真學道之人！至如韓持國，自是經國之才，用爲執政亦了得，不可以其無出身，便廢其執政之才。曰：「堯夫所别異者，莫非此等人否？」曰：「執政不是合下便做，亦自小官以次遷之。如後來吴坦求等，在紹聖中被駮了博士，以無出身故也。彼自布衣中朝廷以其學行賜之爵命，至其宜爲博士，乃復以爲無出身奪之，此何理也？資蔭進士中俱有人，惟其

人用之加一右字，亦自沮人爲善。」龜山語録

元符末，吕惠卿罷延安帥，陸師閔代之。有訴惠卿多以人冒功賞者，師閔以其事付有司，未竟，罷去。曾布爲樞密使，素與惠卿有隙，特自太原移德孺延安，蓋德孺於惠卿亦有隙也。德孺至，取其事自治，有自皇城使追奪至小使臣者，德孺由是太失邊將之心。議者謂有詞於前政，事已在有司，德孺乃取以自治，失矣。德孺聰明過人，而爲曾布所使，惜哉！未幾，德孺亦以論役法罷。如忠宣丞相則不然，公帥慶陽時，爲總管种古無故訟於朝，上遣御史按治，古停任，公亦罷帥。至公爲樞密副使，古尚停任，復薦爲永興軍路鈐轄，又薦知隰州。公每自咎曰：「先人與种氏上世有契義，純仁不肖，爲其子孫所訟，寧論事之曲直哉！」嗚呼！可謂以德報怨者也。以德孺之賢，於是乎有愧於忠宣矣。聞見録

紹聖初，哲宗親政，用李清臣爲中書侍郎。范丞相純仁與清臣論事不合，范公求去，帝不許，范公堅辭，帝不得已，除觀文殿大學士，判潁昌府。召章惇爲相，未至，清臣獨當中書，益覬倖相位。復行免役、青苗法，除諸路常平使者。惇至，不能容，以事中之，清臣出知北京。建中靖國初，上皇即位，用韓忠彦爲相，清臣爲門下侍郎。忠彦與清臣有連，故忠彦惟清臣言是聽。清臣復用事，范右丞純禮，忠彦所薦，清臣罷之；劉安世、吕希純皆忠彦所重，清臣不使入朝，外除安世帥定武，希純帥高陽；張舜民，忠彦薦爲諫大夫，清臣出之，帥

真定。其所出與外除及不使入朝者，皆賢士，清臣素所憚，不可得而用者，忠彦懦甚，不能爲之主。曾布爲右相，用范致虚諫疏云：「河北三帥連衡，恐非社稷之福。」劉安世、吕希純同日報罷，清臣亦爲布所陷，出知北京。伯温常論紹聖、建中靖國之初，朝廷邪正治亂未定之際，皆爲一李清臣以私意幸相位壞之。邪説既勝，衆小人並進，清臣自亦不能立於朝矣。使清臣在紹聖初同范丞相，在建中靖國初同范右丞、劉安世、吕希純、張舜民以公議正論，共濟國事，則朝廷無後日之禍，而清臣亦得相位，享美名矣。此忠臣義士惜一時治亂之機，爲之流涕者也。聞見録

文正公四子，長子少有大志，不幸疾廢，公與叔、季克世其家，而公憂國愛君，不以利害得喪貳其心，刻意名節，難進易退，雖屢黜廢，志氣彌勵，人以爲有文正之風焉。其在朝廷，專務奬進人材，故天下善類，視公用舍以爲消長。其論議平恕，不爲已甚，世謂：「使其言行於熙寧、元豐時，後必不至紛更；盡申於元祐中，必無紹聖大臣讎復之禍。」今上虚己待公，天下亦幸公復用，而公疾不能朝，以至不起。哀哉！既病，口授諸子遺奏數百言，讀者益歎其忠。墓誌

曾文昭公銘公之墓曰：「遠矣范宗，陶、唐其系，更夏、商、周，保姓受氏。在晉宣子，以告穆叔，流非不長，止曰世禄。孰爲不朽，維後有人，若公父子，再秉國鈞。有德有言，百世

弗泯。公起諸生，至位丞相，一節不回，雖老猶壯。御史抗議，公惟守禮，諫垣建白，公不言利。封疆之事，公曰休兵，廟堂之論，公則持平。利害異趣，公爲砥柱，愛惡相讎，公爲虚舟。世夸以爭，公避不有，衆所憚行，公惟恐後。堂堂嶷嶷，古社稷臣，正色四世，屢亨屢屯。白首南遷，縱心順命，已僵復起，天子之聖。有澤在民，有謀在國，壽非不多，人以爲嗇。惟其卓偉，山高日赫，歸從先君，嵩、洛之側。帝念公賢，形於詔墨，後人來咨，不假方册。請視豐碑，世濟忠直。」

校勘記

〔一〕房闥　「闥」，宋史卷三一四范純仁傳作「闈」。

〔二〕目爲生事　「目」，邵氏聞見録卷一三作「日」。

〔三〕富韓公稱病不出　同前書「韓」下有「二」字，則爲「富、韓二公稱病不出」。

〔四〕种古　「古」原誤作「詁」，據宋史卷三一四范純仁傳及下文「古坐誣告抵罪」改。下同。

〔五〕兩司理院　「兩」，同前書作「西」。

〔六〕非不知此第以此輩凶暴釋之不旋踵復紊官司矣　按：宋史卷三一四范純仁傳叙此作：「此釋

之，復紊，官司往待其以疾斃於獄中……」行文有誤，「復紊官司」當連讀，觀下文「在位者不欲釋汝，懼爲良民害，復紊官司也」云云可知。

〔七〕孟子恐不可輕猶黜六經之春秋矣　「猶黜」，洪、張本作「黜猶」，則句可讀作「孟子恐不可輕黜，猶六經之春秋矣」。

〔八〕上書言熙寧元豐政事　「言」原誤作「龍」，據文意改。

〔九〕按：此下原闕一葉，今據洪、張本補文如下：士未嘗知出於公，公亦未嘗示恩意於人。人或謂公曰：「身爲宰相，豈可不牢籠天下士，使知出於門下？」公曰：「但願朝廷進用不失正人，何必使知出我門下邪？」

〔一〇〕按：此應叙范純仁上疏諫竄呂大防等嶺表，忤章惇，詆爲同罪，落職知隨州事，參宋史本傳。

〔一一〕不如此方拙　「方」，河南程氏遺書卷一〇作「之」。

十一之二　尚書左丞王公

公名存，字正仲，潤州丹陽人。慶曆六年中進士第，歷秀州嘉興主簿，越州上虞令。治平中，入爲國子直講，館閣校勘，知太常禮院。元豐元年，修起居注，以右正言知制誥，同修國史，兼判太常寺。五年，遷龍圖閣直學士，知開封府，改兵部尚書，遷户部。元祐二年，拜中大夫、尚書右丞。明年，遷左丞。出知蔡州，徙揚州，復召爲吏部尚書。乞出，知杭州。紹聖初致仕，建中靖國元年薨，年七十九。

公少有立志，雖爲小官，修潔自重，首爲歐陽文忠公所知。治平中，呂正獻公判國子監，薦爲直講，又用趙康靖公薦召試，擢祕書省著作佐郎、館閣校勘，校集賢院書籍。曾子開撰墓誌

公故爲王文公所厚，是時文公執政，數引公論事，不合，即謝不往。嘗召見便殿，其言無所附麗。累上書陳時事，因及大臣，皆人所難言者。神宗察公忠實無黨，鄉意用之。墓誌

公在館十年，不少貶以干澤，及爲上所識擢，益自感勵。初修起居注，即乞復唐正觀起居郎、舍人職事，執筆隨宰相入殿。上韙其言。故事，左右史雖日侍便殿，而欲奏事，必稟中書俟旨。公因對及之，即詔左右史遇侍立，許直前奏事，遂著爲令。自公始也。墓誌

官制行，上尤慎用人。公因請自熙寧以來有緣議論得罪，或詿誤被斥，而情實納忠，非有大過者，隨材召擢，以備官使。語合上意，自是收拔者甚衆。其補助將順類如此。又嘗論：「赦令出上恩，公罪異私慝，而比歲議法治獄者，多乞不以赦降去官原減。官司謁禁，本防請託，而弔死問疾，一切杜絶，皆非便，稍更其法〔一〕。」執政見之不悅，而上察其誠，不以爲忤也。墓誌

公在政府，遇事必爭。韓維罷門下侍郎，連章論捄，且曰：「去一正人〔二〕，天下失望，忠黨沮氣，讒邪之人爭進矣。」又論杜純不當罷侍御史，王覿不當罷諫官。自公在兵部，時太僕寺請内外馬事得專達，毋隸駕部。公言：「如此，官制壞矣。先帝正省臺寺監之職，使相統制，不可徇有司自便，而隳已成之法。」及執政，又有建罷教畿内保甲者，公復言：「今京師兵籍益削，又廢保甲不教，非爲國家根本長久之計。且先帝不憚艱難而爲之，既已就緒，無故而廢之，不可。」時四方奏讞大辟，刑部援比請貸，而都省屢以無可矜恕却之。公言：「此祖宗制也，且有司援比欲生之，朝廷破例欲殺之，可乎？」又言：「比廢進士專經一科，參以詩賦，失先帝黜詞律、崇經術之意。」河決而北幾十年，水官議還故道，二三大臣力佐佑之。公言：「故道已高，水性趣下，徒費財力，恐無成功。」累章力爭，卒輟其役。公既中立自信，不爲詭隨，一時公議，翕然歸之，然亦卒以是去。蔡確賦詩安州，吴處厚者上之，以爲怨訕，諫官交章，請行誅竄。公與范丞相純仁或顯言，或密疏，最後留身簾前，合力固爭，以爲不可。確貶，又謂不宜置之死地。既而確再貶新州，公與范丞相皆罷。初，公在熙寧中，論事已爲范丞相所推，及偕執政，趣又多合，已而俱罷，天下稱之。然公與人不苟相比。前論不當罷教畿内保甲者，乃范丞相所建也。始自兵部尚書遷户部，奉山陵有勞，確乘間復徙公兵部，而公志在體國，不以怒遷，士大夫益知公賢。墓誌復召爲吏部尚書，遷太中大夫。公春秋寖高，志氣益壯。時在廷朋黨之論稍熾，公入對首言：「人臣朋黨，誠不可長，然或不察，則濫及善人，東漢黨錮之獄是也。慶曆中，或指韓琦、富弼、范仲淹、歐陽脩爲朋黨，賴仁宗聖明，不爲所惑。今日果有進此説者，亦願陛下察之。」繇是復與任事者不合，請老不許，即求補外。墓誌

公性寬厚，儀狀偉然，平居恂恂，不爲詭激之行，至有所守，確不可奪，議論平恕，無所向背。司馬温公嘗曰：「並馳萬馬中能駐足者，其王存乎！」故自束髮起家，以至大耋，歷事五世，而所持一心，屢更變故，而其守一道。與人交，久而益親。視孤藐流落者，恩意尤篤。少時師事潁川陳浚，浚死無子，公貴，求得其弟之子官之，且卹其家終身。其自奉甚約，而喜厚賓客。揚、潤相去一水，公守揚時，援故相例，得歲時過家上冢，乃出賜錢五十萬，賙給閭里，又具牛酒會，父老數百人，親與酬酢，皆歡醉而去，鄉黨以爲美談。嘗悼近世學士，貴爲公卿，而祭祀其先，但循庶人之制。及歸老築居，首營家廟如古法。公唯一兄，蚤世，事寡嫂甚謹，拊其子如己出，又官其二孫。退居丹陽且十年，不以一毫擾人。既殁，鄉人哭之皆哀，而四方有識之士又爲朝廷惜也。墓誌

校勘記

〔一〕稍更其法　「稍」上琬琰集中集卷三〇曾肇撰王學士存墓誌銘有「稍」字。

〔二〕去一正人　「正」字原脱，據同前書補。

十一之三　丞相蘇公

公名頌，字子容，泉州同安人，後徙潤州丹徒。中進士第，歷宿州觀察推官，知江寧縣，南京留守推官。皇祐五年，召試，除館閣校勘，同知太常禮院。編定集賢院書籍。出知潁州，提點府界縣鎮公事，淮南轉運使。神宗即位，召脩起居注，擢知制誥，知通進銀臺司、審刑院。罷，歸班，出知婺亳州、應天府。召判三班院，復出杭州。元豐初，權知開封府，降知濠州，徙滄州，召判尚書吏部。元祐初，授刑部尚書，遷吏部，兼侍講，改翰林學士承旨。五年，拜尚書左丞，踰年，拜右僕射，兼中書侍郎。八年，罷爲觀文殿大學士，出知揚州，改中太一宫使。紹聖四年，以太子少師致仕。徽宗初，遷太子太保。建中靖國元年薨，年八十二。

知江寧府江寧縣事。建業承李氏後，版籍賦輿，皆無法制，每有發歛，府移追擾，吏係縲於道。公至，則曰：「此令職也，府何與焉？」每因治訴，旁問鄰里，丁産多寡，悉得其詳。一日，召鄉老更定户籍，民有自占不實者，必曰：「汝家尚有某丁、某産，何不自言？」相顧而驚，無敢隱者，一縣以爲神明。又爲剗革蠹弊，更設條教，簡而易行，諸縣取以爲法。它日諸令長造門，領縣民拜廷下，謝曰：「此曹獲免追逮，皆公之賜也。」民有忿爭者，至誠喻以鄉黨宜相親善，意若以小忿而失歡心，一旦緩急，將何賴焉？往往謝去，或至半道，思公言而歸。縣以大治。時監司王鼎、王綽、楊紘皆於部吏少許可，及觀公施設，則曰：「非吾所及也。」鄒侍郎撰行狀

爲南京留守推官，留守歐陽公一以府政委之，曰：「子容處事精審，一經閱覽，則脩不復省矣。」杜祁公老居睢陽，一見公，深器之，每間數日，必折簡召。嘗曰：「如君，真所謂不可得而親疏者。」且自謂平生人罕見其用心處，遂自小官以至爲侍從、宰相，所以施設出處，先後本末，悉以語公，曰：「以子相知，且知子異日必爲此官，老夫非以自矜也。」其後公出入中外，薦歷清要，至爲宰輔，還政退居，略相似焉。行狀

富鄭公、韓魏公爲相，務推尚廉退有德之士，以勸厲風俗，知公久次儒館，不干榮利，屢問所欲，惟力求外，以便親養，遂除知潁州。後富公遺公書曰：「若吾子出處，可謂真古君

子矣。」行狀

公請以獲盜多寡立縣令殿最法，以爲：「巡檢、縣尉，但能捕盜，而不能使民不爲盜。能使民不爲盜者，縣令也。且州縣物務，歲課稍虧，官佐有罰，今良民罹剽刧之害，而親民官獨不任責，可乎？」行狀

神宗自在藩邸聞公名。及即位，公適送伴契丹使，次恩州驛，夜火，左右請與虜使出避，州兵叩門欲入捄，公不爲動，閉門堅卧如常，徐使守衛卒撲滅之。是夕，州人譁言虜有變，捄兵亦欲乘間生事，至聞京師。使還，上問公所以處之者，稱善久之，益知公可用。及使淮南入辭，勞問甚寵。曾内翰撰墓誌

公在審刑，知金州張仲宣受財枉法，抵死，法官援前比貸死，杖脊黥配海島。公奏：「古者刑不上大夫，仲宣官五品，有罪得乘車，今刑爲徒隸，恐汙辱衣冠耳，其人則無足矜也。」仲宣繇此得免杖黥，止流海外。自是命官無杖黥者。墓誌○又行狀云：張仲宣坐枉法贓罪至死，法官援李希輔例杖脊黥隷海島，公奏曰：「希輔、仲宣均爲枉法，而情有輕有重。」上愕然曰：「枉法豈復有輕者？」公曰：「希輔知台州，受賕數百千，額外度僧；仲宣則以所部金坑，發檄巡檢體究，無甚利。士人憚興作，遂以金八兩求仲宣不差官比較，止係違令，可比恐喝條耳，故枉法爲輕。餘同。」

上方勵精爲治，急於人材，大臣薦秀州判官李定，召見，擢太子中允、監察御史裏行。

知制誥宋敏求以定縣自幕職而升朝著〔一〕，任執法，非故事，與公及李大臨相繼封還詞頭，不草制。詔再下，公言〔二〕：「祖宗朝，天下初定，故有起孤遠而登顯要者。真宗以來，雖有幽人異行，亦不至超越資品。今定非有積累之資，明白之効，一言稱旨，便授御史，浸漸不已，恐高官要秩，或可以岐路致也。」疏入，手詔召公對，上引近詔舉臺官不拘官職高下爲言，且曰：「格命久，將得罪。」公對：「臣既知其不可，若因召諭，遂變前言，則是懷姦固位，此尤陛下所當罪也。」退而又論：「舉官詔意，不爲選人設文。」時敏求前罷，公與大臨更奏，復下至於七八，最後特以付公，固執不行，迺與大臨俱罷，歸班，而定御史之命，亦爲中寢。公以守職不回絀，人望益重，賓客滿門。日奉朝請，雖風雨寒暑，未嘗移疾。家貧，擔石不充，無慍色。墓誌○又行狀云：公既歸班，執政或喻公請外官閑局。公曰：「方以罪譴，敢求自便乎？」○又元城談録云：天下以爲當然者，謂之公論。公論蓋非强名，而乃天道也。此道未嘗廢，顧所在如何爾。如唐、虞、三代，與吾祖宗之時，公論在上，君相主之，賢哲聚於朝，不肖沉於下，海内入於陶冶，一歸於正。如晚周及東漢之餘，上之人不能主公論，所用非其人，於是乎清議在下，而士知所尊畏，耻爲非義，登其門者如龍，從其死者如歸，致黨錮之禍起，視漢室爲何等時也！頃時王安石薦李定，召見，陳襄彈之，未行。閒擢太子中允、監察御史裏行。宋次道封還詞頭，翌日辭職，罷之。又下，次直李大臨、蘇子容相繼封還，更奏覆下，至於七八。子容與大臨俱落職奉朝請，名譽赫然。此乃祖宗德澤，百餘年間，養成風俗。公論之不可屈如此，與齊太史書崔杼殺其君，殺三人而執筆如初者何異！其後攝官脩起居注，章衡行之，賢不肖於此可見。要之公論不可一日廢，然在上則治，在下則亂，可以卜世也。

知婺州，泝桐江，水暴迅，舟横欲覆，魏國太夫人在舟中，幾溺矣。公哀號赴水救之，舟忽自正，太夫人甫出及岸，舟乃覆。衆以謂誠孝所感。行狀

祖父知亳州，有豪民婦被罪當杖，以病未科，每旬檢校，未愈。鄧元孚爲譙縣簿，謂大人曰：「尊公高明，平昔以政事稱，今豈可爲一豪婦人所紿？公爲賢子，不可不白。但諭醫者如法檢校，彼自不誣矣。」大人白之，祖父曰：「萬事付公議，何容心焉！若言語輕重，則人有觀望，或有可悔。」既而此婦死，元孚大慙服，曰：「某輩狹小，豈可測公之用心也。」蘇氏談訓

九年，以吳越薦饑，選知杭州。一日，出遇百餘人，遮道泣訴曰：「某等以轉運司責所逋市易緡錢，晝繫公庭，夜禁厢院，雖死無可償者。」公曰：「吾今釋汝，使汝得營生事，衣食之餘，悉以償官，期以歲月而足，可乎？」皆曰：「不敢負。」於是縱之。轉運使大怒，欲奏公沮壞法令，而民償責者乃先期而至，遂不復言。一日，燕有美堂，聞將兵結集，謀害官吏，郡人喧傳，恐懼不安。公談笑自如，密喻兵官，捕首領十數輩，械送獄中。逮夜會散，而坐客不知也。行狀

充北朝生辰國信使。在虜中遇冬至，本朝曆先北朝一日，北人問公孰是，公曰：「曆家算術小異，遲速不同。謂如亥時節氣當交，則猶是今夕；若踰數刻，即屬子時，爲明日矣。或先或後，各從本朝之曆可也。」虜人深以爲然，遂各以其日爲節慶。賀使還奏之，上喜曰：「朕思之，此最難處，卿之所對，極中事理。」因問虜中山川形勢，人情向背，公曰：「虜講和之日久，頗竊中國典章禮義，以維持其政令，上下相安，未有離貳之意者。昔人以謂匈奴直百年之運，言其盛衰有數也。」上曰：「虜自耶律德光至今，何止百年。」公曰：「漢武帝自謂高皇帝遺朕平城之憂，雖久勤征討，而匈奴終不服。至宣帝，呼韓單于稽首稱藩。唐自中葉以後，河湟陷於吐蕃，憲宗每讀正觀政要，慨然有收復意，至宣宗時乃以三關七州歸於有司。由此觀之，夷狄之叛服不常，不繫中國之盛衰也。」上深然之。行狀

祖父尹開封，頗嚴鞭撲。以謂京師浩穰，須彈壓，當以杜後惠文治之，非亳、潁卧治之比。談訓

元豐初，白馬縣民有被盗者，畏賊不敢告，投匿名書於縣。弓手甲得之，而不識字，以示門子乙，乙爲讀之。甲以其言捕獲賊，而乙爭其功。吏以爲法禁匿名書，而賊以此發，不敢處之死，而投匿名者當流，爲情輕法重，皆當奏。蘇子容爲開封尹，方廢滑州白馬爲邑。上殿論賊可減死，而投匿名者可免罪。上曰：「此情雖極輕，而告訐之風不可長。」乃杖而免

之。子容以謂：「賊不干己者告捕，而變主匿名，本不足深過。而先帝猶恐長告訐之風，此所謂忠厚之至。然熙寧、元豐之間，每立一法，如手實、禁鹽、牛皮之類，皆立重賞，以勸告訐者，此當時小人所爲，非先帝本意。」時范祖禹在坐，曰：「當書之實録。」東坡集

公在開封，常治國子博士陳世儒母爲群婢所殺事，獄具，輒爲法官所駁，或謂公欲寬世儒夫婦。上以詰公，且曰：「此人倫大惡，毋縱有罪！」公對：「事在有司，臣固不敢言寬，亦不敢喻之使重。」既而公罷開封，獄移大理寺，大理奏其妻母緣大臣有請於公。又移御史臺，自濠逮公赴對。御史以言導公，公曰：「使頌誣人死，不可爲；若自誣，雖重得罪不避。」手書數百言，皆自誣詞也。上閱獄辭，疑不直，詔更劾實。御史推窮，乃大理丞賈種民增損囚辭，以爲有請，得其藁於獄吏家。於是種民抵罪，而公得白。顧嘗因人語及世儒帷箔事，公應曰：「然。」以是爲泄獄情，罷郡歸班。墓誌

祖父知滄州，陛辭，上曰：「朕每欲用卿，輒爲事奪，豈非命耶？然卿直道，久而自明。」祖父頓首謝，兼語及偏親留京師，未能偕行。上問：「卿母誰氏？」祖父對曰：「故龍圖閣直學士陳從易之女。」上曰：「是天聖間侍從耶？」祖父對曰：「從易祥符中館職，已而外遷，久之，因自廣州罷還不蓄南物，獨載俸餘見錢過嶺，仁宗皇帝聞之，擢知制誥。」上曰：「其清節過於馬援矣。」故謝表云：「憫臣之數奇多難，特軫淵衷；勉臣以直道自明，屢

形天語。」談訓〇又云：初，陳龍圖爲館職，數十年不遷，居喪時，士大夫有致賻者，公不拒。服除，知廣州，罷官，不蓄南物，獨載俸餘錢過嶺，半以償贈賻者，半以班宗族之貧者。

祖父元豐中自滄州被召脩官制，陛對日，上曰：「更欲脩一書，非卿不可。以北虜通好八十餘年，盟誓聘使，禮幣儀式，皆無所考據。朕欲成一書，但患爾來脩書者遷延歲月，不肯早成。然此書浩大，以卿度之，何時可畢？」祖父曰：「恐須一二年可矣。」上喜曰：「果然，非卿不能如是之敏也。」及書成，賜名華戎魯衛信録。奏篇上，上讀序引，大喜曰：「正類序卦之文。」談訓

文潞公嘗謂祖父「今之魏相也，所謂好觀漢律令，便宜章奏，可以斷國論矣。」談訓

公前後掌天官四選五年，是時倉法行，吏無所覬，每選人改官京朝官，使臣關陞磨勘，或以功過當陞降者，吏洗垢求瑕，故爲稽滯。公敕吏曰：「某官緣某事當會某處。」仍引合用條格，具委無漏落狀同上。自是吏不得逞。每訴者至，必取案牘使自省閲，訴者服，乃退；其不服者，公必往復詰難，度可行行之，苟有疑，則爲之奏請，或建白都堂〔三〕。故士大夫受賜多，而不得者，亦以爲無可憾。行狀

公兼侍讀，奏言：「國朝典章，大抵沿襲唐舊，史官所記，善惡咸備。乞詔史官學士，採録新、舊唐書中臣主所行，日進數事，以備聖覽。」遂詔經筵官，遇非講讀日，進漢、唐故事二

條。公每有所進，可爲規戒，有補時事者，必述以己意，反復言之。行狀

公自與聞國政，務在奉行故事，使有司奉法遵職，執事量能授任，杜絶僥倖僭差之原，深戒疆場之臣，邀功生事。每廟堂論議，援古證今，出入經史，所未安者，必力爭之，毅然不可回。公天資仁厚，宇量閎博，喜愠不形於色。事親孝，睦九族以慈，處朋友以義。幼自偪束，尤謹禮法，雖燕居，必正衣冠危坐，家人莫見墮容。平生未嘗問家人有無，晚際會所得俸賜，隨即散用。其自奉養至儉薄，每食不過一肉。始薨之日，吊哭者造其寢堂，見其居處服用，無不歎愕咨嗟，以爲寒素不若也。自少所交，皆當世賢傑，及登顯近，務推挽正人吉士，不問識與不識。性酷嗜學，晚歲彌甚。自書契以來，墳史所載九流百家之説，至於圖緯、陰陽、五行、律吕、星官、算法、山經、本草、訓故文字，無所不通。不獨見於論議，文章必欲驗之實事，以扶助世教。其於名理，所造尤精詣，所至爲政務大體，深戒虛名，因時乘理，而實利及下，莫見其迹。既去，則人莫不思之。在相位時，避遠權勢，門無雜賓。其進退士大夫，無纖毫私意，以故人不歸恩，而怨讟亦不切至焉。行狀

元祐中，建請别製渾儀，因命公提舉。公既邃於律曆，又以吏部令史韓公廉曉算術，有巧思，奏用之，且授以古法，爲臺三層，上設渾儀，中設渾象，下設司辰，貫以一機，激水轉輪，不假人力。時至刻臨，則司辰出告。星辰躔度所次，占候測驗〔四〕，不差晷刻。晝夜晦

明，皆可推見，前此未有也。行狀

至和中，文潞公爲相，嘗請建家廟，事下太常，公議以爲：「禮大夫士『有田則祭，無田則薦』，是有土者乃爲廟祭也。有田則有爵，無土與爵，則子孫無以繼承宗祀，是有廟者止於其躬，子孫無爵，祭乃廢也。若參合古今之制，依約封爵之令，爲之等差，錫以土田，然後廟制可議。若猶未也，即請考案唐賢寢堂祠饗儀，止用燕器常食而已。」行狀

嘉祐中，詔禮院議立故郭皇后神御殿於景靈宮。公以謂：「敕書云：『向因忿鬱，偶失謙恭。』此則無可廢之事。又云：『朕念其自歷長秋，僅周一紀，逮事先后，祗奉寢園。』此則有不當廢之悔。又云：『可追復皇后，其祔廟謚册並停。』此則有合祔廟及謚册之義。請祔郭皇后於后廟，以成追復之義。」衆論未定。丞相曾公問曰：「郭后是上元妃，若祔廟則事體重矣。」公曰：「國朝三聖，賀、尹、潘皆元妃，事體正相類。今止祔后廟，則豈得有同異之言？」曾公曰：「議者以謂陰逼母后，是恐萬歲後配祔之意。」公曰：「若加一『懷』、『哀』、『愍』之謚，則不爲逼矣。」曾公歎重久之。後宋公敏求謂公曰：「聞議郭后事引敕語，此是先人宣獻爲參政時自撰，甚有微意，云後有知禮者，當行之。蓋當時有沮此議者，非公莫能見也。」然竟不行。行狀

嘗議學校，欲博士分經，課試諸生，以行藝爲升俊之路。議貢舉，欲先士行而後文藝，

去封彌謄録之法，先行州縣，使有司得專參詳考察，庶幾存鄉舉里選之遺範。又請每歲放進士，量留人數，以廣制科遺逸之選。又謂尚書古之天臺，朝廷萬事之本，皆由此出。仁宗朝，大臣嘗請移審官院歸吏部，三班院歸兵部，審刑院歸刑部，庶稍近古制，而當時議者不深惟其本，苟憚興作，遂不果行。請先置朝臣兩員，振舉綱維，竢其整葺有緒，然後議移審官等三院還省，則南宫故事可舉，而行一代典章，於斯爲盛矣。其後詔博士分經，以三舍取士，兼考行義，又十餘年而官制行，皆略如公言。行狀

嘗因對，神宗從容問宗子主祭、承重之義。公言：「古者貴賤不同禮，諸侯大夫世有爵禄，故有大宗、小宗、主祭、傳重之義〔五〕，則喪服從而異制，匹士庶人亦何預焉。近代不世爵，宗廟因而不立，尊卑亦無所統，其長子孫與衆子孫無以異也。今五服敕，嫡孫爲祖、父爲長子猶斬衰三年，生而情禮則一，死而喪服獨異，恐非先王制禮之本意也。而世俗之論，乃以三年之喪爲承重，而不知爲承大宗之重也。嘗聞慶曆中，朝廷議百僚應任子者，長子與長孫差優與官，餘皆降殺，亦近古立宗之法也。乞詔禮官、博士參議禮律，合承重者，酌古今收族主祭之禮，立爲宗子繼祖者，以異於衆子孫之法。及士庶人不當同用一律，使人知尊祖，不違禮教。」行狀

嘗權樞密院，邊帥遣种朴入奏：「得諜言阿里骨已死，國人未知所立，蕃官趙純忠者信

謹可任，願乘其未定，以勁兵數千，擁純忠入其國立之。」衆議欲如其請，公獨曰：「不可。越境而入其國，使彼拒而不受，得無損朝廷威重乎？徐觀其變，竢其定而撫輯之，未晚也。」已而邊奏至，阿里骨故無恙。行狀

祖父執政時，諸公奏對，惟稟旨宣仁，哲宗有言，或無對者。祖父奏事宣仁畢，必再稟哲宗，有宣諭必告諸公，以聽聖語。哲宗蓋默識之。後罷相，周秩爲御史〔六〕，嘗論元祐執政，至祖父，上曰：「蘇某知君臣之義，與它人不同。」談訓

祖父在元祐間，不取諸公太紛紛〔七〕。常云：「君長誰任其咎耶？」談訓

公前後歷典四選，銓綜有條，士無留滯。有自辨者，人人使盡其説，故雖不得所欲，亦心服而去。其脩敕令，必本大體。爲侍讀，多所啓迪。及登丞弼，論議持平，務循故事，避遠權寵，不立黨援，進退人材，弗專主己，理有未當，亦不苟從。墓誌

平生於人無纖芥仇怨，在杭州日，有要人以事屬公，公不從，後其人當言路，懷忿抵巇。或謂：「其事迹書扎具存，可辨。」公笑曰：「吾豈爲是者！」在潁州日，通判趙至忠本歸明人，所至輒與守競，公待之以禮，具盡誠意。它日，至忠泣曰：「至忠，虜人也，然見義則服。平生誠服者，唯今韓魏公與公耳。」行狀

王禹玉、元厚之諸公嘗問祖父曰：「公記問之博〔八〕，以至國朝典故，本末無遺，日月不

差，用何術也？」祖父曰：「亦有一説。某每以一歲中大事爲目，欲記當年事則不忘矣。如某年改元，其年有某事；某年上即位，其年有某事；某年立后若太子，其年有某事；某年命相，其年有某事。則記事之一法也。後觀太史公書，『是歲孔子生』，『是歲孔子卒』，『是歲齊桓公會於葵丘』，『是歲晉文公始霸』之類，恐亦此意也。」元曰：「不然。至於暗記經史，默詠詩什〔九〕，以至士大夫家世、伐閲、名諱、婚姻無遺忘者，又以何法？乃真强記爾！」談訓

祖父嘗言：「吾每聞前輩善言，則終躬佩服。少時聞計用章郎中爲吏，以循良稱，數典大郡，政績尤異。因往造請，求異聞，乃款語，其可紀者曰：『人主不宜有所好，有所好則腹心肝膽皆在人矣。故好征戰則孫武、白起之徒出，而民殘於干戈矣；好刑名則韓非、張湯之徒出，而民苦於刻核矣；好聚歛則桑羊、皇鏄之徒出，而民困於掊克矣；好順從則張禹、胡廣之徒出，而民敝於夸大矣。豈惟人主學，士大夫亦宜知之。夫神龍騰驤，豈可羈也？然或豢養於人者，謂其有嗜慾也。』」談訓

祖父又嘗言：「在江寧日，楊告諫議謂吾曰：『嘗愛韓非一言，以謂「土木偶人者，耳鼻欲大，口目欲小」，此言可以諭大。夫土木偶人而鼻先小，目先大，人或非之，則無以爲也。鼻大則可小，目小則可大，凡事皆然，不厭於三思而熟慮也。人皆以非爲刻薄，此豈非忠厚

之言哉！』告又自云：『始以中行外郎爲江東運副，爲司長書押皆叩紙，後有以前行充者，書押須移上，始悔初之不三思也。』」談訓

舒信道元豐中爲御史中丞，鋭於進取〔一〇〕，言事多涉刻薄，爲王和甫所繩除名。紹聖復通直郎，知無爲軍。或言其得罪深重，不當叙復，改監中嶽廟。祖父聞之，曰：「士大夫立朝當路，一涉非義，失人心，則終躬遂廢。如王君貺未三十爲御史中丞〔一一〕，緣進奏院事，終躬轗軻，不復大用。陷於刻薄，可不慎哉！」談訓

祖父言：「吾在金華，每進讀至弭兵息民，則必反復條奏，援引古今，使上不忘弭兵息民之意。以謂人主之聰明，不可有所嚮，有所嚮則偏，偏則爲患大矣。當今守成之際，應之以無心，則天下無不治矣。」談訓

祖父嘗云：「吾平生未嘗以私事干人主，奏對惟義理之言，故歷仕四朝，中間雖謫，不愧於觀過，而神考以謂直久而自明也。」談訓

吕吉甫參政事，使其親友謂祖父曰：「子容吾鄉里丈人行，若從吾言，執政可得也。」祖父笑而不答。談訓

祖父云：「平生薦舉不知幾何人，惟孟安序朝奉，分寧人，歲以雙井一斤爲餉，知吾無包苴之饋也。」

祖父嘗云：「人生在勤，勤則不匱，户樞不蠹，流水不腐，此其理也。」談訓

校勘記

〔一〕朝著　「著」，琬琰集中集卷三〇曾肇撰蘇丞相頌墓誌銘作「者」。
〔二〕公言　「公」下原重「公」字，據同前書改。
〔三〕建白　「建」原誤作「巡」，據洪、張本及宋史卷三四〇蘇頌傳改。
〔四〕占候測驗　「測」，宋史卷三四〇蘇頌傳作「則」。
〔五〕傳重　「傳」，同前書作「承」。
〔六〕周秩爲御史　「周秩」，宋蘇象先丞相魏公譚訓（以下簡稱魏公譚訓）卷一作「張商英」。
〔七〕太紛紛　「紛紛」，同前書作「紛紜」。
〔八〕記問　「問」字原脱，據同前書卷三補。
〔九〕默詠詩什　「默」原誤作「哩」，據同前書改。
〔一〇〕爲御史中丞　「爲」原作「自」，據同前書改。
〔一一〕御史中丞　「中」字原脱，據同前書補。

三朝名臣言行録卷第十二

十二之一　丞相劉忠肅公

公名摯，字莘老，永静軍東光人。嘉祐中登進士甲科，歷知冀州南宫縣，江陵府觀察推官。召試，爲館閣校勘，擢檢正中書禮房公事、監察御史裏行。責監衡州鹽倉，簽書應天府判官事。元豐初，爲開封府推官，尚書禮部郎中，右司郎中，衝替，起知滑州。哲宗即位，召爲侍御史。元祐元年，爲御史中丞，拜尚書右丞，歷左丞，中書門下侍郎。六年，拜右僕射，以觀文殿學士知鄆州，徙青州。紹聖初，落職知黄州，再貶光禄卿，分司南京，蘄州居住。四年，責鼎州團練副使，新州安置，薨，年六十八。

王荆公安石初秉政，搜擇人才，任以不次。元公絳數以公爲言，荆公一見，遂器重焉，擢爲中書檢正。居月餘，默默非所好。會除御史，欣然就職。歸語家人曰：「趣裝，毋爲安居計。」未及陛對，首上疏論：「亳州獄起不正〔一〕，小臣意在傾故相富弼以市進，今弼已責，願寬州縣之罪。」又言：「程昉開漳河，調發猝迫，人不堪命。趙子幾擅升畿縣等，使納役錢，縣民日數千人遮訴宰相，京師喧然，何以示四方？張靚、王廷老擅增兩浙役錢，督賦嚴急，人情嗟怨。此皆欲以羨餘希賞，願行顯責，明朝廷本無聚斂之意〔二〕。」門人劉彷、王知常撰次行實

神宗皇帝鋭意求治，獎勵臣下，公既對，面賜褒諭，因論人物邪正，條對移時，上意嚮納。劉大諫序公文集云：神宗面賜褒諭，且問：「從學王安石耶？安石稱卿器識。」公對曰：「臣東北人，少孤獨學，不識安石也。」因上疏極論，其略曰：「君子小人之分，在義利而已。小人非不足用，特心之所嚮，不在乎義。故希賞之志，每在事先；奉公之心，每在私後。陛下有勸農之意，今變而爲煩擾；陛下有均役之意，今倚以爲聚斂。其於愛君之心，憂國之言者，皆無以容於其間。今天下有喜於敢爲之論，有樂於無事之論，彼以爲此流俗，此以彼爲亂常。畏義者以進取爲可恥，嗜利者以守道爲無能。臣願陛下虛心平聽，慎重好惡。前日意以爲是者，今更察其非；前日意以爲短者，今亦用其長。稍抑虛譁輕僞，志近忘遠，幸於苟合之人；漸察忠厚慎重，難進易退，可與有爲之士。抑高舉下，品制齊量。收合過與不及之俗，使會於大中之道，然後風俗一，險阻平，施設變化，唯陛下號令之而已。」行實

公論率錢助役，官自雇人，略舉十害。是時御史中丞楊公繪亦上疏論新政，并公章下司農寺。司農條件詰難，劾繪與公險詖欺誕，中有向背。有旨分析，公奏曰：「臣有言責，采士民之説，敷告於陛下，是臣之職也。今有司駁奏，遽令分析，是使之較是非，爭勝負，交口相直，無乃辱陛下耳目之任哉！所謂向背，則臣所向者義，所背者利，所向者君父，所背者權臣。願以臣章并司農奏宣示百官，考定當否。如臣言有取，幸早施行，若稍涉欺罔，甘就竄逐。」奏入，不報。公謂：「主上天資英睿，孜孜聽納，而大臣輔導之非是。」懷不能已，明日復上疏曰：「陛下起居言動，躬蹈德禮，夙夜勵精，以親庶政。天下未至於安治者，誰致之耶？陛下注意以望太平，而自以太平爲己任，得君專政者是也。二三年間，開闔動搖，舉天下無一物得安其所者。蓋自青苗之議起，而天下始有聚斂之疑；青苗之議未允，而均輸之法行；均輸之法方擾，而邊鄙之謀動；邊鄙之禍未艾，而助役之事興。其間又求水利也，又淤田也，又省併州縣也。其議財，則市井屠販之人，皆召而登政事堂。其征利，則下至曆日，而官自鬻之。推此而往，不可究言。至於輕用名器，淆混賢否：忠厚老成者，擯之爲無能；俠少儇辯者，取之爲可用；守道憂國者，謂之流俗；敗常鑿民者，謂之通變。凡政府謀議經畫，除用進退，獨與一掾屬論定，然後落筆。同列與聞，反在其後。故奔走乞丐之人，其門如市。今羌夷之款未入，反側之兵未安，三邊創痍，流潰未定。河北大旱，諸路大水，民勞財乏，縣官減耗。聖上憂勤念治之時，而政事如此，皆大臣誤陛下，而大臣所用者誤大臣也。」居數日，罷御史，落館職，政府擬竄嶺外，上不聽，乃貶衡州。公奏言：「上世葬將陵，歲有川患，方護諸喪抵鄆州葬有日。伏望寛貸，使臣葬畢，奔赴貶所。」有旨聽許。行實○又聞見録曰：楊元素爲中丞，與劉摯言助役有十害。王荆公使張琥作十難以詰之，琥辭不爲。曾布曰：「請爲之。」仍詰二人向背好惡之情果何所在，元素惶恐，請曰：「臣愚不知助役之利乃爾，當伏妄言之罪。」摯奮曰：「爲人臣豈可壓於權勢，使人主不知利害之實？」即復條對布所難者，以伸前議，且曰：「臣所向者陛下，所背者權臣，所好者忠直，好惡者邪姦。臣今獲罪譴逐，固自其分，但助役終爲天下之患害，願陛下勿忘臣言。」於是元素出知鄭州，摯責監臨〔三〕，琥亦由此忤荆公意，坐事落修注。

公在南都幕府，會司農寺行新令，盡斥賣天下祠廟，依坊場河渡法收淨利。南都閼伯廟歲爲錢四十六貫，微子廟十二貫。公嘆曰：「一至於此！」往見留守張公方平曰：「獨不能爲朝廷言之耶？」張公矍然，因託公爲奏曰：「閼伯遷此商丘，主祀大火，火爲國家盛德所乘，歷世尊爲大祀。微子，宋始封之君，開國此地，本朝受命，建號所因。又有雙廟者，唐張巡、許遠孤城死賊，能捍大患。今若令承買小人規利，冗褻瀆慢，何所不爲，歲收微細，實損大體。欲望詳酌留此三廟，以慰邦人崇奉之意。」神宗即日批曰：「辱國瀆神，此爲甚者。速令行下，更不施行。」司農寺官吏令開封府取勘。行實

哲宗皇帝嗣位，宣仁聖烈皇后以祖母共政，見連歲水旱，西邊未寧，百姓勞弊，而國有大故，當務休息，遂散遣京城役夫，減皇城司覘者，廢物貨場，罷户馬等事，皆從中出。又戒敕中外，無敢苛刻擾民。已而進退大臣，選用臺諫，擢公爲侍御史。公自熙寧以言去位，踰十六年乃復任言責，閲天下事，久思所以報稱，於是上疏曰：「昔者周成王幼冲踐阼，師保之臣，周公、太公其人也。仁皇帝盛年嗣服，用李維、晏殊爲侍讀，孫奭、馮元爲侍講，聽斷之暇，召使入侍。陛下春秋鼎盛，在所資養，願選忠信孝悌，淳茂老成之人，以充勸講進讀之任，便殿燕坐，時賜延對，執經誦説，以廣睿智，仰副善繼求治之志。」行實

公又言：「諫官御史，員缺未補，監察雖滿六員，專以察治官司公事，而不與言責。臣請增補臺諫，並許言事。」行實

神宗皇帝靈駕發引前一夕，山陵使蔡確不入宿，公彈劾其罪以聞，不報。確使回，赴内東門朝見訖，即日視事。公又奏：「確不引咎自劾，乞罷其政事，以明典憲。」無何，確上表自陳，其略云：「蓋嘗請收拔當世之耆艾，以陪輔王室，蠲省有司之煩碎，以慰安民心。」大意謂垂簾以來，多所更改，皆其建請。公以謂：「使確誠有是事，不言於先朝，爲不忠之罪；於今日爲取容之計。誠無是事，則欺君莫大於此。」因上疏論其惡，謂確當去，其罪大略有十。又論章惇凶悍輕侻，無大臣體。皆罷其位。行實

神宗更新學制，養士以千數，然有司立爲約束，過於煩密，人情病焉，久未之改。公上疏謂：「學校爲育材首善之地，教化所從出，非行法之所。雖群居衆聚，帥而齊之，不可無法，亦有禮義存焉而已。先皇帝體道制法，超漢軼唐，養士之盛，比隆三代。然而比以太學屢起獄訟，有司緣此造爲法禁，煩苛愈於治獄，條目多於防盗，上下疑貳，以求苟免。甚可怪者，博士、諸生，禁不相見，教諭無所施，質問無所從，月巡所隸之齋而已。齋舍既不一，隨經分隸，則又易博士兼巡禮齋，詩博士兼巡書齋，所至備禮請問，相與揖諾，亦或不交一言而退，以防私請，以杜賄賂。夫學政如此，豈先帝所以造士之意哉？夫治天下者，遇人以君子、長者之道，則下必有君子、長者之行而應乎上。若以小人、犬彘遇之，彼將以小人、犬彘自爲，而況以此行於學校之間乎？願罷諸生不許相見之禁，聽其在學往還，即有饋受自依敕律，其餘見行科條，委本監長貳與其屬看詳增損，著爲定制。」行實

公既被遇，知無不言，姦佞刻薄之吏，事狀顯著，公皆正色彈劾，多所貶黜，中外肅然。時人以比包希仁、吕獻可。上察其忠義誠信，可屬重任，未幾遂大用焉。劉大諫撰公文集序

諫官王覿論胡宗愈除右丞非是，疏奏不已，二聖怒，將重責。宰相開陳，不聽。公復進説甚力，簾中厲聲曰：「若有人以門下侍郎爲姦邪，甘受之否？」公頓首謝曰：「陛下審察毁譽每如此，天下幸甚。然願朝廷顧大體，宗愈進用，自有公議，必致陛下逐諫官而後進，

恐宗愈亦非所願。」文彦博曰：「劉摯言是，願賜聽覽。」遂免重責，改職補外而已。行實

公與同列奏事，因論人才大概，公奏曰：「人才難得，臣嘗歷觀士大夫間，能否不一。性忠實而有才識，上也；才雖不高而忠實有守，次也；有才而難保，可借以集事，又其次也。懷邪觀望，隨勢改變，此小人，終不可用。」二聖諭曰：「此言極是。卿等常能如此，太皇、官家何所憂也！」行實

哲宗在講筵，一日讀仁宗不避庚戌臨奠張士遜，侍讀説曰：「國朝故事，多避國音，本朝角音，火也〔四〕，故畏庚辛。」上顧問執政：「果當避否？」公進曰：「陰陽拘忌之説，聖人不取。如正月祈穀，必用上辛，此豈可改也？漢章帝以反支日受章奏，唐太宗以辰日哭張公謹。仁宗不避庚戌日，皆陛下所宜取法。」上深然之。行實

公在中書，一日内降畫可二狀，其一裁節宗室冗費，其一減定六曹吏額。房吏請封送尚書省，公曰：「常時文書，録黄過門，今封送何也？」對曰：「尚書省以吏額事每奏入，必徑下本省已久，今誤至此。」公曰：「中書不知其它，當如法令。」遂作録黄。初，尚書令史任永壽精悍而猾，與三省吏不相能，數以姦弊告諸宰執，吕丞相大防信任之。時户部裁節浮費，後省裁定吏額，皆踰年未就。吕丞相專權很愎，盡取其事，置吏額房於都省，召永壽輩領之，未嘗謀及同列也。永壽見録黄，愕曰：「兩省初不與，今乃有此？」即禀丞相，命兩省

各選吏赴局，同領其事，以是白公。公曰：「中書行録黄，法也。豈有意與吏爲道地？今乃使就都省分功，何邪？」明日，吕相袖藁，厲色示公曰：「勢不可不爾。」公不欲立異，勉應曰：「諾。」其後事畢，永壽等以勞進官有差，於是外議喧然不平，臺諫交章論列。時公已遷門下，每於上前開陳吏額本末：「此皆被省者鼓怨言，章風聞，過實不足深遂。」吕丞相亦以語客曰：「使上意曉然者，劉門下力也。」然自此忌公益甚，陰謀去之。遂引楊畏在言路，諫官疏其姦邪反覆，章十餘上，竟不能回。士大夫趨利者，汹汹交訌其事，於是朋黨之論起矣。公語丞相曰：「吾曹心知無他，然外議如此，非朝廷所宜有，願少引避。」丞相曰：「行亦有請。」是歲八月一日，奏畢少留，奏曰：「臣久處近列，器滿必覆，願賜骸骨，避賢者路。」上遣中使召公入對，太皇太后諭曰：「侍郎未可去，須官家親政，然後可去。」使者數輩，趣入視事，公不得已受命。頃之，吕丞相亦求退，不許。明年，公繼爲丞相，不滿歲，前日汹汹者在言路詆公，竟去位，朋黨之論遂不可破。集序

選后未決，簾中諭曰：「所選百餘家矣，皆於陰陽家不合，獨一家可用，復有二事未安：一事女是庶出，二事嫡母悍妬，女生三歲而逐其所生母，遂鞠於伯氏。今以所生爲父母耶？所養爲父母耶？」或對曰：「女無出繼之理，當正其本生父母，似無足疑。若庶出則國朝已有明德皇后故事。」公進曰：「以春秋傳言之，夫婦之子，妾婦之子，皆合備采擇之

數。以禮言之，則必著外祖官氏者，明當用嫡也。況明德皇后乃太宗在藩邸時取以爲妃，非天子納后故事。」衆皆助公語，上深然之。行實

公輔政累年，剛明重厚，達於治道，朝廷賴之。及爲相，益總大體，務守法度，輔佐人主於無過之地。其於用人，先器識，後才藝，進擬之際，必察其人性行厚薄，終不輕授以職任。故才名之士，或多怨公，公知之，不恤也。取人不問識與不識，或多南士，有以蕭望之、鄭朋事諫，公笑而不答。論者謂：「元祐以來，能以人物爲意，知所先後，而無適莫者，公爲之首。」奏事上前，言直事核，不爲緣飾，多見聽用。與同列語，公平不欺，未嘗以私屬人，人有所欲，多憚公聞之，公聞之，亦爲盡力，然終不以語也。精力絶人遠甚，一見賓客，及聞其語，終身不忘。事無劇易，臨之曉然。省吏每以事試公，不以久近，區處如一，言皆可復。故三省事經公所裁定者，後皆遵用，莫能改云。集序

言者論公交通邢恕及章惇子，牢籠小人，爲異日計。公心知爲言者所中，不復自明，謝曰：「臣愚闇，招致人言，願就貶責。」既退，固請益堅，乃罷相，以殿學士守鄆。給事中朱光庭駁奏謂：「劉摯忠義自奮，朝廷擢之大位，一旦以疑而罷，天下不見其過。」遂并罷知亳州。初，邢恕謫官過京師，以書抵公，公答以手簡云：「爲國自愛，以俟休復。」會茹東濟爲排岸官，其人數有求，而公不與，怨甚，適見公簡，陰録其語，以示中丞鄭雍、侍御史楊畏。

二人方論奏公未竟，乃解釋其語繳上之，曰：「『以俟休復』者，俟它日太皇太后復辟也。」又章惇諸子故與公之子游，間一到府第相見，或隨衆客，公亦見之，故言者謂公延見接納〔五〕，預爲牢籠，以冀後福云。行實○又王彦霖繫年録云：延和奏事，密院再上，因奏：「前日臣有短見奏陳，不知曾經覽否？」應曰：「見臣之區區，不爲一劉摯。蘇轍爲陛下惜腹心之人，腹心之人難得，去了一個無一個。」諭曰：「劉摯垂簾之初煞有功，排斥姦邪，言事忠直，太皇心裏煞重它。只爲邢恕過京通柬，及接見章惇子弟，當面問它來，它皆言是曾樞密，且道是一個朝廷怪責底人，却與書柬通消息，送好心，後得不得？」余曰：「蔡確發毒，便劉摯分付右僕射與也，牢籠不得。」應曰：「樞密道底便是也。蔡確便教做宰相也，則牢籠不得。」余曰：「陛下既見得，却教做宰相也牢籠不得如何？尋常一個柬帖，可以牢籠。願陛下更加體照。」又諭曰：「太皇亦不深罪他，也爲它垂簾之初有功，只爲這件事到了不合。」余曰：「此則誠是劉摯少思慮，不將來做事，却做尋常人情事處來。言事官未必皆忠直無心之人，臣聞楊畏是吕惠卿面上人。」簾中稍前，再審，再奏之，因曰：「知它用意在甚處，但看去除陛下腹心之人，便是與姦邪開道路也。陛下亦覺近來臺諫官莫太甚不便，是臣等當日言蔡確、章惇亦不曾如此，今劉摯有甚事，怎消得恁地逼逐？願陛下更加照察，且將此事更入思慮。」

公天性高明，不以己長格物。既貴，恭儉好禮，不改平素。淳静嗜書，自幼至老，未嘗釋卷，家藏書多，皆自讎校，得善本或手鈔録，孜孜無倦。平居不親妾媵，家事有無，不以經意。雖在相府，蕭然一室。其後南遷，不知者謂公不堪其憂，親族門人乃知公謫居自奉簡約，與在相府無以異也。少好禮學，講究三禮，視諸經尤粹。晚好春秋，考諸儒異同，辨其得失，通聖人經意爲多。公文章雅健清勁，如其爲人，辭達而止，不爲長語。表章書疏，未嘗假手。集序

公教子孫，先行實，後文藝，每曰：「士當以器識爲先，一號爲文人，無足觀矣。」行實

公自青社罷職知黄州，又分司徙蘄州，語諸子曰：「上用章丞相，吾勢當得罪。若章君顧國事，不遷怒百姓，但責吾曹，死無所恨。第恐意在報復，法令益峻，奈天下何？」憂形於色，初無一言及遷謫也。嶺表之謫，公拜命，即日就道，惟從一子，家人涕泣願侍，皆不聽，水陸犇馳，見星乃止。至貶所，屏跡不交人事，亦無書自隨，宴坐靜默，家人具饌告之食則食，喜怒不形意，澹如也。公年未五十，即屏嗜慾，晚歲南遷，氣貌安强，無衰悴之色。集序

公居新州數月，得微疾，自謂將終，戒飭後事，精神不亂，安卧而薨。公既歿於嶺外，所屬爲公請歸葬於朝，不許。已而諸子坐廢，家屬再徙佗郡，而不著罪狀，人無知其故者，雖公家亦不知也。今上登極，大赦天下，公既歸葬，而文及甫、蔡渭皆貶湖外，然後人稍知其事起於此。初，及甫持喪在洛陽，邢恕責永州，未赴，亦以喪在懷州，數通書，有怨望語。及甫又以公任中司，嘗彈罷其左司郎官，怨公尤深，以書抵恕，其略曰：「改月遂除，入朝之計未可必。當塗猜怨於鷹揚者益深，其徒實繁。司馬昭之心，路人所知也，濟之以『粉昆』，必

欲以眇躬爲甘心快意之地，可爲寒心。」大意謂服除必不得京師官，當求外補，故深詆當路者。紹聖初，恕以示蔡碩、蔡渭，渭數上書訟吕丞相及公而下十餘人，陷害其父確，謀危宗社，引及甫書爲驗。朝廷駭之，委翰林學士蔡京、御史中丞安惇究治焉。遂逮及甫就吏，而所通初無事證，但託以亡父曾説之。究治所問「司馬昭謂誰？」及甫對意謂公也。問其證據事狀，則曰無有，但疑其事勢心意如此。朝廷照知其妄，獄事遂緩。會公薨聞，猶用蔡京奏，以不及考驗爲辭，但坐諸子而已。時紹聖五年五月四日也。其後諸子叙復，護喪還鄉里，公嗣子跂徑伏闕下，上疏訴其事，又持副封詣都堂，叩宰相韓忠彦、曾布等，皆取實封案牘閲視，知其謬妄明白，具以語跂。至建中靖國元年二月二十五，有旨：「文及甫、蔡渭所陳顯無實狀，已行貶責。紹聖五年五月四日指揮更不施行。」然後公殁後讒謗所坐，皆得解釋。渭今改名懋云。集序○又行實云：究治所問及甫「司馬昭」謂誰？及甫對意謂公也。問其證據事狀，則曰：「無有。但執政五年而未作相，必有怨望，疑其事勢心意如此。」又問：「『粉昆』謂誰？」及甫對：「『粉昆』謂王巖叟面白如粉，『昆』謂梁燾字況之，『況』猶『兄』也。」初，議者傳聞及甫怨詈之語，固知不實，然謂爲司馬昭，必以吕丞相大防獨當國久，或以爲謗，而及甫獄詞乃以指公。又「粉昆」者，世以駙馬都尉爲「粉侯」，故王克臣緣子師約，人稱爲「粉爹」，今韓嘉彦尚主，必以兄忠彦爲「粉昆」，而及甫乃指巖叟、燾，蓋及甫元祐末稍被進用，吕丞相除爲權侍郎，心甚德之，而忠彦是時雖罷樞府，上眷未衰，王、梁或貶或死，易以陵藉，故及甫陰自移其初意，委曲遷就，獨指公及王、梁，人皆知其妄，朝廷亦覺悟，獄事遂緩。

校勘記

〔一〕亳州獄起不正　「正」，宋史卷三四〇劉摯傳作「止」，校云：「『止』原作正。按劉摯忠肅集卷三乞結絶亳州獄奏，有『遂成大獄，……而起獄不止』句；劉安世忠肅集序也説：『即上疏論亳州獄起不止，小臣意在傾故相富弼以市進。』今補改。」

〔二〕朝廷　「朝」字原脱，據同前書補。

〔三〕摯責監臨　「監臨」，邵氏聞見録卷一三夏敬觀校本作「江陵」，宋史卷三四〇劉摯傳作「謫監衡州鹽倉」，「臨」或爲「鹽」之誤。

〔四〕火也　「火」，宋史卷三四〇劉摯傳作「木」。

〔五〕延見接納　「接」字原脱，據同前書補。

十二之二　樞密王公

公名巖叟，字彦霖，大名清平人。舉明經，調真定府欒城縣主簿，韓魏公留守北京，辟管勾國子監，又辟管勾安撫司機宜文字，監晉州折、博、煉鹽務，知定州安喜縣。哲宗登極，除監察御史。元祐元年，遷左司諫、侍御史，出知齊州，復召，爲起居舍人。四年，除中書舍人、權吏部侍郎、樞密都承旨，知開封府。六年，拜樞密直學士，簽書樞密院事，以端明殿學士知鄭州，徙河陽，薨，年五十一。

嘉祐六年，仁宗患詞賦浸淫，經術不明，初置明經科。公年十八，州舉、省試、御前皆第一。熙寧中，韓忠獻公留守北京，一見異之，辟以爲屬。張芸叟撰墓誌

近臣被詔薦御史，意屬公而未及識，或謂公曰：「可一往見之。」公笑曰：「此所謂呈身御史也。」卒不見。墓誌

除監察御史，時六察尚未得言事，公以謂既處言職，不得不言。入臺之次日，即上書論「社稷安危之計，在從諫用賢，不可以小利失民心」，且言：「河北推鹽之法尚行，民受其弊，下貧不復得食。」因録大名刻石仁宗詔書以進，且言：「河北天下根本，自祖宗以來，推此以

爲惠。願復鹽法如故。」其後出守齊州，復請河北之法行之京東。是時方下詔求疾苦，四方之人，爭以其情赴愬，所由憚於省録，頗致壅塞。公言：「不問則已，言則必行之。不然，四方之人必謂陛下以空言説之，後有詔令，孰肯取信？」墓誌

裕陵復土使者還朝，以定策自居，公言：「陛下之立，以子繼父，百王不易之道。太皇太后先定於中，而渠敢貪天自言定策。」及論執政有才輕行薄，廉隅不脩，好爲俳諧，侵侮在位，陰相交結，共持威福者。章十餘上，卒皆罷之。墓誌

元祐元年，遷左司諫。一日，並命執政，其間有不協士望者，公方權給事中，即繳録黄，并以諫職上疏。既而命復下者再，遂不由門下省以出，公請對，言益切。退就閤門，復上章論之。繼降手詔，俾速書讀，中語甚峻。公持之愈急，復上疏云：「臣爲諫官，既當言；承乏給事，又當駁。非臣好爲高論，喜忤大臣，且命令斜出，尤損紀綱。」凡八上章，命竟寢。墓誌

又言：「三省胥徒，歲累優秩，月饗厚禄，朝廷每舉一事，則論功計賞，不知平日禄賜將焉用之，姑息相承，以至於此。望飭勵大臣，杜抑儌倖，復講治平，已前條格循用。」即詔近臣裁爲十七條，今遵行之。墓誌

九月，除侍御史，左右正言久闕，公上疏：「國朝倣近古之制，諫官置纔六人，方之先王已爲少。今復缺而不補，臣所未喻，豈以謂治道已清，而無事於言耶？人材難稱，不若虛

其位耶？二者皆非臣所望於今日也。願詔補諫臣，無令久虚其職〔一〕。」墓誌

公以起居舍人入侍邇英，司馬康侍講洪範至「乂用三德」。上曰：「只此三德，爲更有德。」時天子恭默思道，敬慎未言，公喜聞德音，因欲風諫。退而上書曰：「陛下既能審而問之，必能體而行之。三德者，人君之大本，得之則治，失之則亂，不可須臾去者。三數雖少，推而擴之，足以盡天下之要。陛下誠能用以脩己安人，則堯、舜、三代之盛可坐致也。臣職備史官，敬已書之於册，以示萬世。」墓誌

滕元發自太原易許昌，公封還詞頭，言：「進退帥臣，理當重慎，今以走馬承受一言，便易邊帥，使後人畏憚不自保，此風浸長，非委任安邊之福。」命遂寢。墓誌

館伴大遼賀正旦使。使者耶律寬求觀元會儀，公曰：「此非夷狄所宜知，止録笏記與之。」寬不敢求。墓誌

爲樞密都承旨，湖北諸蠻互出擾邊，無有寧歲，公請專以疆事委荆南唐義問。遂自草檄文，喻義問以朝廷方敦尚恩信，勿爲徼倖功賞之意，其後終底緝寧。墓誌

權知開封府。舊以推、判官分左右廳，二人共治一事，每有異同，或至累日不決，官吏疲於咨稟，罪人困於留繫。公至，首立逐官分治之法，人各自伸事以無壅，遂著爲令。墓誌

公常謂：「天下積欠多名，催免不一，公私費擾。乞隨等第立多寡爲催法。」朝廷乃立

定五年十料之令。墓誌

凡京城偷者所聚，謂之「大房」，多在僻遠，每區容數十百人，囊橐淵藪，有不勝究者。公密令掩捕毁徹，隨情處決，遂以無盗，居民開户而寢。供備庫使曹讀以其物産貿易萬緡〔二〕，市儈稽違逾年，止輸其半，讀盡力無可賴。一日開户，外有錢聲，償數皆足。讀怪念之，詢其由，乃曰：「王公今日知府矣。」公治開封，不爲精神智力，如在無事小郡者，而老姦吏自然畏栗，至不敢欺。

六年二月，拜樞密直學士、簽書樞密院事。曲謝延和，太皇太后諭曰：「知卿材望，故不次進用。」公遜謝而進曰：「陛下聽政以來，納諫從善，務合人心，所以朝廷清明，天下安靜。願信之勿疑，守之勿失，則宗社千萬世之福也。用人之際，望更加審察〔三〕；邪正難辨，辨之少差，治亂所繫。」繫年録載此語甚詳。又云：太母曰：「此事裏面常説與官家，只爲官家未苦理會得，卿更説與官家。」因少進而西。又少進而西曰：「陛下今日進聖學者，正欲理會邪正兩字。正人在朝，則朝廷安，人君無過舉，天下平治；邪人一進，則朝廷便有不安之象。非謂一人便能如此，乃其類應之者衆，上下蒙蔽，人主無由得知，不覺養成禍患爾。」二聖深然之。公又進曰：「或聞有以君子小人參用之説告陛下者，不知果有之否？此乃欲深誤陛下也。自古君子小人，無參用之理。聖人唯說：『君子在內，小人在外，則成泰；小人在内，君子在外，則成否。』小人既進，君子不肯與小人爭進，自然稍稍引去。君子與小人競進，則危亂之基也。此際不可不察，幸陛下常用心於此。」邇英進讀仁宗知人事，公曰：「人主常欲虚心平意，無所偏係，觀事以理，則事之是非，人之邪正，自然可見。」墓誌

因侍講筵，奏曰：「陛下退朝無事，不知何以消日？」應曰：「看文字。」對曰：「陛下以讀書爲樂，天下幸甚。大抵聖賢之學，非造次可成，須在積累。積累之要，在專與勤。屏絶它好，始可謂之專。久而不倦，始可謂之勤。四字是積學之要，願陛下特留聖意。」應而退。繫年録

初，夏人遣使入貢及爲境上之議，既定時日，復多不至，我去彼來，數數勞苦。公請預戒邊臣，一不至則勿復應。自爾夏人來者未嘗愆期。墓誌

同進呈熙河、延安二捷報，子由躐而前曰：「近日邊奏稍頻，西人意在得二堡。今盛夏猶如此，入秋可虞。不若早商量了當。」意在與之也。微仲曰：「不可。國家歲以二十五萬銀絹賜與，在西國當一百萬，豈可受侵凌，亦須恩威並行。」余曰：「形勢之地，豈可輕議棄與？不知與後保得後來不更要否？」簾中曰：「夷狄無厭。」劉相亦曰：「無厭。」余曰：「不可一向示弱。」師朴曰：「看道理如何。」遂下。初，蘭州界有質孤、勝如兩堡，自元祐講

和畫界，當在我地，而西人力爭，蓋兼形勢膏腴之利，失之則蘭州、熙河遂危，故以爲不可棄，獨延帥意在與之。子由自執憲，主延帥議，故進說如此。繫年録○墓誌云：二堡乃充國留屯之所。

六年，夏賊數萬寇定西之東、通遠之北，壞七厓嵬堡，虜居人，轉寇涇原及河外鄜、府州，衆至十萬。熙帥范育偵伺夏人右廂種落大底趣河外，三疏請乘此進堡砦，築龕谷、勝如〔四〕、相照、定西而東徑隴諾城，衆議未一，或欲以七嵬經毀之地，皆與之。公言甚力，以爲不可與，賊計得行，後患未已，且損事體，取輕夷狄。因請遣官諭熙帥，即遣户部員外郎穆衍行視，築定遠以據要害，其調發軍馬支費錢糧，帥司一切得從便宜，不必中覆。定遠既成，物論爲當，皆公之力也。墓誌

儲祥宮成，太皇太后諭曰：「先帝以皇嗣難立，有此志願，今太皇與皇帝出閤中物營之，以成先帝之志。」公進曰：「陛下不煩官，不勞民，真盛德之美。然自古人君，常以土木爲戒，此宮既成，它日願勿復爲也。」宮成將肆赦，公曰：「天禧中祥源成，治平中醴泉成，皆無赦。」既對，又曰：「古人至有垂死諫君無赦者，此可見赦無益於聖治也。」墓誌

時選后久未決。一日奏事畢，太皇太后諭執政曰：「今得狄諮女，年命似便，然爲是庶出過房，事須評議。」公進曰：「按禮經問名篇，女家答曰：『臣女，夫婦所生。』及外氏官諱。

不識今者狄氏將何辭以進？」太皇太后深以爲然，議遂寢。既降制定選今皇后，太皇太后諭曰：「皇帝選得賢后，有内助之功，不是小事。」公對曰：「内助雖是后事，其如正家須在皇帝。聖人言：『正家而天下定。』正當慎之於始。」太皇太后以公言語上曰：「正家須在皇帝。」如是者再。既退，公乃取歷代后事迹可以爲法者，成書一卷曰中宫懿範上之。墓誌

邇英進讀寶訓至節費。公曰：「凡言節用，非謂偶節一事，便能有濟，要當每事以節儉爲意，則積久累日，國用自饒。」墓誌

公内剛外和，志其大而略其細，或以不義加己，不寘念也。見欺君害民者，雖前有鼎鑊，必與之較。故立朝廷，進説無所回隱，不卹己私。其人居朝廷、執政柄、在人望，風聽命之不暇，公直前犯之，雖司馬温公亦爲之言曰：「吾寒心栗齒，憂在不測。」而公處之自如。至于再三，或累十數章，必行其言然後已。墓誌

公於學無所不窺，詩、易、春秋皆有傳記。漢、唐諸史，略舉成誦，動數百言。其爲文閎深含暢，語省而理該，尤深得制誥體，然平居未嘗見露文采而矜知聞也。墓誌

彦霖父子皆魏公之客，魏公薦彦霖爲屬。韓康公代魏公，欲留彦霖，謝曰：「巖叟魏公之客，不願出它門也。」士君子稱之。聞見録

校勘記

〔一〕無令久虛其職「令」原作「今」，據洪、張本改。
〔二〕曹讀「讀」，宋史卷三四二王巖叟傳作「續」，下文同。
〔三〕審察「察」字原脱，據洪、張本補。
〔四〕勝如「如」原作「姑」，據前文及宋史卷三四二王巖叟傳補。

十二之三 諫議劉公

公名安世，字器之，大名人。中熙寧六年進士第，歷洛州司法參軍，河南府左軍巡判官。哲宗即位，除祕書省正字。擢右正言，遷起居舍人，兼左司諫。又遷左諫議大夫，除中書舍人，辭不拜，以集賢殿脩撰提舉西京崇福宫。俄復除寶文閣待制、樞密都承旨。出知真定府，落職知南安軍，改提舉洪州王隆觀，南安軍居住，責授少府少監，分司南京，新州别駕，英州安置。元符初，移梅州。徽宗即位，移衡州，尋改濮州團練副使，鼎州居住，未行，除脩撰、知鄆州，待制、知真定府，罷，知潞州，落職，知沂州，貶信陽軍，除名勒停，送峽州編管。久之，提舉南京鴻慶宮，復直龍圖閣。宣和七年卒，年七十八。

公儀狀魁碩，聲吐如鍾，見賓客，談論踰時，體無欹側，肩背竦直，身不少動，至手足亦不移。性嚴毅，雖家居無墮容，子弟進見侍側，肅如也。其孝悌忠信，恭儉正直，不好聲色，不殖貨財，誠心自然，非勉强而行之也。窮經樂道，至老不衰。言行録

開府公與司馬温公爲同年契，因遂從學于温公。熙寧六年，舉進士，不就選，徑歸洛。温公曰：「何爲不仕？」公以「漆彫開斯未能信」之語以對。温公説，復從學者數年。一日，避席問盡心行己之要，可以終身行之者。温公曰：「其誠乎！吾平生力行之，未嘗須臾離也，故立朝行己，俯仰無媿爾。」公問：「行之何先？」温公曰：「自不妄語始。」自是拳拳弗失，終身行之。調洛州司法參軍，時吳守禮爲河北轉運使，嚴明守法，官吏畏之。吳一日問：「有人告司户贓汙，如何？」公對：「不知。」吳不悦，明日，閲視倉庫，召司户者謂曰：「人訴尔有贓，本來按尔，今劉司法言尔無之，姑去。」於是衆方知公長者。然公心常不自快，曰：「司户實有贓，而我不以誠告，吾其違温公教乎？」後因讀揚子雲「君子避礙通諸理」，而後意方釋然。言不必信，此而後可。言行録○又韓瓘所記談録云：公曰：「先人與温公同年，以其樂於教育，故白公遣安世從學，與公休同業，凡三四日一往，以所習所疑質焉。公忻然告之無勸

意。凡五年得一語，曰『誠』，安世請問其目，公喜曰：『此問甚善，當自不妄語入。』余初甚易之，及退而自隱括日之所行與凡所言，自相掣肘矛楯者多矣。力行七年而後成，自此言行一致，表裏相應，遇事坦然，常有餘裕。」○又道護録云：公言：「安世平生只是一個誠字，更撲不破。誠是天道，思誠是人道，天人無兩個道理。」因舉左手顧之笑曰〔一〕：「只爲有這軀殼，故假思以通之耳。及其成功，一也。安世自從十五歲以後，便知有這個道理，也曾事事着力，畢竟不是只有個誠字，縱横妙用，無處不通。以此杜門獨立，其樂無窮，任怎生也動安世不得。」

温公薦充館職，因謂公曰：「知所以相薦否？」公曰：「獲從公遊舊矣。」温公曰：「非也。光居閒，足下時節問訊不絶；光位政府，足下獨無書。此光之所以相薦也。」言行録○案文集有乞不就試狀云：「王景興師事楊賜，傅燮以郡將堂舉孝廉，後聞其喪，皆去官行服。而近世臣僚，薦辟磨勘，舉者亡没，亦皆報罷。臣少學於光，晚蒙推薦，今光薨謝，臣既不能効古人之節，去官送喪，而遽飾固陋之辭，以干榮進，實所未安。」

自王荆公、吕惠卿、蔡確、章惇繼踵執政，幾二十年，士大夫多出其門，布列内外，任職之人，不與王、吕，則與蔡、章，在朝廷者十有五六。温公當國，姦邪小人惡其害己，興訕造訕，更唱迭和。會温公遽薨，善類自失，朋邪相慶，意蔡、章復用。雖執政間亦多畏此二人之險，甚於虺蜴，依違顧望，中外憂之。宣仁后問吕申公：「孰爲司馬相公門下，素所厚善，可爲臺諫者？」吕以公嘗爲温公所薦，擢右正言。言行録是時差除，頗多政府親戚。公言：「祖宗以來，執政大臣親戚子弟，未嘗敢受内外華要之職。自王安石秉政以後，盡廢累聖之制，專用親黨，務快私意，二十年間，廉恥掃地。今廟堂之上，猶習故態。」歷疏太師、平章軍國重事彦博，司空、平章軍國事公著，左僕射大防，右僕射純仁，門下侍郎固，左丞存，右丞宗愈，堂除子弟親戚，凡數十人，且曰：「中書侍郎摯，未見所引私親，而依違其間，不能糾正，雷同循默，豈得無罪？願出臣此章，偏示三省，俾自此以往，厲精更始。」言行録

胡宗愈除右丞，不協公論，臺諫更疏論列。已而諫官王覿坐是罷斥於外，然臺諫論之不已，皆不報。中執法孫莘老、御史楊康國相繼辭去，獨公與左司諫韓川同對宣仁后，因問：「近日差除如何？」公與川奏：「朝廷用人，皆協輿望，唯是胡宗愈，公議以爲不當。」即略陳宗愈罪狀。宣仁后曰：「今且試其所爲。」公謂：「朝廷設官，從微至著，自有等級，要須歷試，灼見其賢，然後舉而加於衆人之上，則人無異論。若執政之官，陛下所與朝夕圖議天下之事，若謀猷獻替，動皆中理，固爲盡善，一有差失，天下將有受弊者。以此論之，執政豈是試人之地？」宣仁后嘉納。退而又以劄子論宗愈向爲蔡確引用，今又陰結惇、確，凡十二事，章十餘上，皆留中，而公論之不已。又申三省，乞請章疏付外施行。翌早，三省奏事罷，執政皆退，簾中有語曰：「右丞且住，劉安世有章疏言右丞，右丞宜自爲去就。」宗愈遂

罷。言行録

章惇於崑山縣强市民田，人户經州縣監司次第陳訴，皆不敢受理，又經户部論訟，復不敢治，御史臺亦不彈劾。公累上疏，不報。乃極論之曰：「案惇抱死黨之志，而濟以陰謀；蘊大奸之才，而輔之殘忍。因緣王安石、吕惠卿之黨，遂得進用，而造起邊隙，徼幸富貴，在先帝時已坐買田不法，嘗罷執政。蔡確引用，再叨大任。陛下嗣位，擢置上樞，而内懷姦謀，沮毁聖政，以至悖慢帷幄之前，殊無臣子之禮。及以家難退歸里閭，而敢憑恃凶豪，劫持州縣，使無辜之民，流離失業。乞特賜竄殛，仍委臺臣置院推劾。其崑山、蘇州及本路監司，亦乞並行黜責。」章四上，朝廷令發運司體究，詔贖銅十斤。公復爭之，以謂：「所責太輕，未厭公議。況惇與確、黄履、邢恕素相交結，自謂社稷之臣，貪天之功，徼幸異日，天下之人，指爲四凶。若不因其自致人言，遂正典刑，異日却欲竄逐，深恐無名。且干繫官吏，因惇致罪，皆處從坐，惇係首惡之人，乃止贖銅，事理顛錯，亦已太甚。況下狀之日，惇父尚在，而别籍異財，事狀顯著，考按律文，罪入十惡。愚民冒犯，猶有常刑，惇爲大臣，天下所望，而虧損名教，絶滅義理，止從薄罰，何以示懲？聖人制法，惟務至公。若行於匹夫而廢於公卿，伸於愚民而屈於貴近，此乃姑息之弊政，非清朝之所宜行也。」言行録

李常始阿附王荆公，故神宗嘗曰：「李常非佳士。屬者安石家居，常求對，極稱其賢，

以爲『朝廷不可一日無安石，寧可逐臣，不可罷安石』。既退，更具以此言告安石以賣恩。」當時已爲清議所貶。及元祐間爲御史中丞，與侍御史盛陶陰庇姦慝，緘默不言，世尤惡之。公言：「常、陶賦性柔邪，秉心不一。昔蔡確用事之日，陰相交結，故擢常爲户部尚書，以陶爲考功郎官。今並居丞雜，阿諛朋黨，殊無公道。蔡確猶在謫籍，而爲其弟碩陳乞内徙。又自請潁昌自便。章惇强買民田，二人目覩其事，終無一言。」如此者七事。疏方入，未及行，會知漢陽軍吴處厚上蔡確安州所爲謗詩，公即論奏曰：「確詩十篇，多涉譏訕，而二篇尤甚，非所宜言。指斥乘輿，情理切害，犯大不敬。借唐爲諭，謗訕君親，至於『滄海揚波』之語，其所包藏，尤爲悖逆。蓋確自謂齒髮方盛，足以有爲，意在它日時事變易，儌幸復用，攄泄禍心。此而可捨，國法廢矣！」與左諫議大夫梁燾對於延和，兩宫宣諭，令具行遣，比例條例密奏〔一一〕。即以宰相丁謂等貶崖州司户條例以聞。初，吴處厚繳進確詩，李常以爲不宜長此風，盛陶謂確本無意。公與燾并奏其罪，請俟蔡確事畢，特行竄逐。彭汝礪、曾肇同在中書爲舍人，亦皆極力救確。公言：「上自執政，下至堂吏，確之黨與，殆居其半，百端營救，齊奮死力。若使邪説得行，摇動正論，則朝廷之事，極有可憂。此臣所以夙夜寒心，過爲陛下之計。」已而蔡確責授光禄卿，分司南京，而彭汝礪封還詞頭，不肯草制。公與梁燾、吴安詩同上疏力爭，以爲責命太輕，未厭輿議〔一二〕。疏十餘上，始竄確於新州。於是中丞李常、侍御史盛陶、殿中侍御史翟思、監察御史趙挺之、王彭年，坐是同日出，臺中一空。彭汝礪落職黜守偏州，曾肇亦罷斥外補。言行録

蔡確雖貶，尚與章惇等自謂有定策功，創造語言，恐脅貴近，爲中外憂。公復言曰：「臣近嘗進對，論蔡確朋黨，雖粗陳大概，未能盡達天聽。事體至重，不可不憂。臣聞蔡確、章惇、黄履、邢恕四人者，在元豐之末，號爲死黨，惇、確執政，倡之於内，履爲中丞，與其寮屬，和之於外，恕立其間，往來傳送，天下之事，在其掌握。聖上嗣位，四人者以謂有定策之功，眩惑中外，若不早爲辨正，臣恐異日必爲朝廷之患。臣聞元豐七年秋宴之日，今上皇帝出見群臣，都下喧傳，以爲盛事。明年，神考晏駕，衆謂前日之出，已示與子之意。其事一也。自先帝違豫，嘉、岐二王日詣寢殿，候問起居，及疾勢稍增，太皇太后即時面諭，並令還宫，非遇宣召，不得輙入。有以見聖心無私，保佑慎重。其事二也。建儲之際，大臣未嘗啓沃，而太皇太后内出皇帝，爲神考祈福，手書佛經，宣示執政，稱美仁孝，發於天性，遂令草詔，誕告外庭。蓋事已先定，不假外助。其事三也。陛下聽政之初，首建親賢之宅，才告畢工，二王即日遷就外第，天下之人莫不服陛下之聖明，深得遠嫌之理。其事四也。此實太皇太后聖慮深遠，爲宗廟社稷無窮之計。彼四人者，乃敢貪天之功，以爲己力。伏望明詔執政及當時受遺之臣，同以親見策立今上事迹，作爲金縢之書，藏之禁中。又以其事本末

著實録，然後明正四凶之罪，布告天下。除蔡確近已貶竄外，所有章惇、黄履、邢恕，欲乞並行逐之遠方，終身不齒。所貴姦豪屏息，它日無患。」由是三人亦皆得罪。言行録

始，公論蔡確未行，兩府中獨范丞相留身簾前，力解之。時左丞王存已去，行數步，爲范一言留之。當時公嘗奏云：「伺候行遣蔡確了日，當節次劾奏奸黨，乞賜竄逐。」至是乃言之，且言：「純仁爲樞密日，因司馬光久在病告，遂以國用不足爲説，乞依舊散青苗息錢，光聞其事，力疾入見，以死爭之。又於上前親自奏禀云：『不知是何姦邪之人，勸陛下復爲此事？』純仁汗顔畏縮，不敢仰視。尋得聖旨，盡令寢罷。光謂臣曰：『純仁自爲執政，言行反覆，陰懷顧望，止爲全身之謀。以名取人，其弊至如此。』以上皆光之語，臣不敢有一字增損。」純仁與存遂皆罷去。言行録

遷起居舍人，兼左司諫。時有詔權罷講筵。久之，公偶爲家人雇乳母，牙媪以謂無有，詰其故，因言内降指揮，見求乳母。公怒曰：「汝何敢尒妄言！且今上猶未納后，安得有此？」媪云：「内東門司、開封府録實預其事。」公與府録有契，因折簡問之，答如所聞。即上疏面言：「迺者民間喧傳，見求乳母。臣謂陛下富於春秋，尚未納后，未嘗輒信。近日傳者益衆，頗有實狀。臣忝備言職，當諫其漸。昔者帝堯惟以天下爲憂，不敢以位爲樂。成湯不邇聲色，萬世傳誦。皇帝陛下不可以不勉，太皇太后不可以不勸也。願爲宗廟社稷之

大計，清間之燕，頻御經帷，仍引近臣，與之議論前古治亂之要，當今政事之宜悉，俾開陳以助聖學，無溺於所愛，而忘其可戒，則天下幸甚。」哲宗但俛首不言。宣仁后曰：「此事無之，恐卿誤聽。」反覆良久，公云：「臣請繼此復言。」明日，兩府奏事，宣仁后留吕丞相告之，且云：「可諭安世無再言。」吕曰：「臣忝備宰相，無由與言官相見。若召至都堂，恐駭人聽。今給事中范祖禹雅與安世厚善，而臣與祖禹共事於國史，臣請退語祖禹，以聖語諭安世。」宣仁后曰：「善。」范過公所，趣小吏白：「諫議朝服聽宣諭。」公初唯唯而已。徐曰：「醇甫居侍從論思之地，且職在勸講，義當盡規，奈何反止同列耶？」於是醇甫退而亦論之。公復上疏言：「伏聞德音，諭臣以所論後宮事實未嘗有者，稽首承命，感抃交集。臣歷觀前世之主，鮮有不以聲色爲累。至於近之太早，御之無節，則又不能保固真源，增益壽考，聖賢所戒，可爲寒心。且世俗之間，粗有百金之産，猶知愛其子孫，以爲嗣續之託。而況國朝百三十年之太平，六聖憂勤積累之基業，陛下繼而有之，可不自愛自重，以爲宗廟社稷無窮之計乎？若陛下實未嘗爲，則臣之所言，猶不失諫官之職。萬一有之，則臣之進説，已是後時，惟冀陛下愛身進德，留意問學，清心御欲，增厚福基。臣不勝惓惓愛君之至。」宣仁后初不知，因公言始窮詰其事，乃知雇乳母者爲劉氏也，后怒而撻之，由是劉深以望公。其後專寵，孟后幽廢，正位中闈，是爲昭懷皇后。（言行録）

自崇慶垂簾，復祖宗舊政，温公既薨之後，荆公之徒，多爲飛語以動摇在位，誘之以利，脅之以禍，無所不至。大臣多首鼠兩端，爲自全計。吕、范二相尤畏之，欲用其黨以平舊怨，謂之調亭。差除之際，公與梁燾、朱光庭每極力爭論，吕公病之，因薦熙豐舊人鄧温伯爲翰林承旨，意言官必爭，因以逐之。公言：「温伯熙寧中，王安石、吕惠卿更相傾陷，温伯始終反覆，出入兩黨，又附蔡確，爲之草制，稱其有定策之功。乞行罷黜。」疏累上，不報。又於延和面對，極言論難甚久。宣仁后曰：「卿等須體朝廷之意，天下事豈可盡由臺諫？亦當出自宸衷。」公以義理開陳，退復論之，凡六上章，不報。即引疾在告，陳乞宫觀。尋除中書舍人，公力辭。門下侍郎劉莘老亦奏：「温伯實王安石黨人，梁燾、朱光庭、劉安世皆忠純諒直之臣，中外之情，以其去住卜朝廷意向，憂國之臣無不疑懼。」兩宫復遣中使宣諭，錫以珍膳。公請益堅，乃除集賢殿脩撰，提舉西京崇福宫。言行録

公徧歷言路，正色立朝，知無不言，言無不盡，每以辨是非邪正爲先，進君子退小人爲急。其面折庭爭，至雷霆之怒赫然，則執簡却立，伺天威少霽，復前極論，一時奏對，且前且却者，或至四五。殿庭觀者，皆汗縮竦聽。公退，則咨嗟嘆服。至以俚語目之曰「殿上虎」。言行録

公曰：「安世作都承旨、待制，欲至梁門見一相識，吕微仲作左相，與執政出尚書省，相

從歸府第，遇之於塗。余去蓆帽凉衫，斂馬於浚溝廟下，既至，遣人傳語，相揖而過。當時若無所據，則爲犯義。」微仲歸不下廳，呼門下省法吏問：「從官道逢宰相，如何？」吏檢條但有尚書省官避令、僕，兩省官各避其官長，而無兩制避宰相之法。微仲遂止，然終不樂。范相之出，由安世章疏，已而復拜，吕相遂擬安世真定，宣仁難之，吕云：「劉安世曾言范純仁，純仁今既復相，宜少避之。」宣仁曰：「今既不作言事官，自不相妨。」其後樞密院奏事，宣仁申前語，韓師朴如吕之對。宣仁曰：「如此正人，宜且留朝廷。」遂輟。譚録

元祐中，詔議北郊典禮，蘇子瞻主合祭之議，從之者五人；余謂須當分祭，從者僅四十人；又有三人，欲於十月以神州地祇之祭易夏至方澤之祀；復有一人欲上不親祠而通權火，天子於禁中望拜。既而朝廷復送下三狀，再令詳定。子瞻狀引「昊天有成命」詩以難分祭之議，衆官憚子瞻之勢，莫敢攖觸，乃蒙見推，因作前議以答之。既送同議官簽書，遂致漏泄，其徒馳告子瞻曰〔四〕：「若劉承旨議上，決恐難答。莫若白子由，亟令罷之。」子由時爲門下侍郎，即日降旨罷，議竟不得上。比觀蘭臺文選，印行子瞻議狀，盡非元奏之語，深可駭異。其禮部所議，初甚平易，後爲門人開說，遂爲後狀以進，亦但慮「減損禋賜，動軍中之情」，又謂「合祭已久，神祇所饗，改之必有殃咎，可爲寒心」而已。余隨其所論，以理折之，固無遺者。今覽印本，追記舊文，十不存一，懼後人不知本末，因録奏草於右，使覽者得以

推見事實云。劉公北郊後序○劉公奏狀略云：蘇軾謂合祭員丘，於禮爲得，不可復改。臣等謹按，周禮天子親祀上帝凡九，國朝三歲一郊，固已疏闊，豈可因循謬誤，不加考正？古者求神以類。天，陽物也；地，陰物也。歲月、時日、方位、牲器、樂舞，皆從其類。今議者於聖人成法，則棄而不行，猥用王莽不經之説，至引夫婦同牢私媟之語，黷亂天地。又引「昊天有成命」之詩以爲證。臣等竊詳，此詩終篇未嘗有合祭之文，序乃後儒之辭，亦謂成周之世，圓丘方澤，各歌此詩，以爲樂章耳。如潛之序曰：「季冬獻魚，春薦鮪也。」豐年之序曰：「豐年，秋冬報也。」噫嘻之序曰：「春夏祈穀于上帝也。」如此之類，不知爲一祭邪，抑二祭也？若郊禋賜予，乃五代姑息之弊法。聖朝寬仁，不欲遽罷，若分而爲二，何所不可？議者乃欲因此造爲險語，以動上聽，又引禍福殃咎之説，劫持朝廷，必欲從己，甚無謂也。大抵臣等所守，乃先王之正禮，而蘇軾之議，皆後世之便宜，權之與正，決不可合。伏望聖慈，詳審其當，上以體神考之志，下以正千載之惑，豈勝幸甚。

宣仁后晏駕，呂丞相使陵下，范丞相奏乞除執政，即用李清臣爲中書侍郎，鄧溫伯爲尚書右丞。時大臣卒用調亭之説，遂有李、鄧之除。二人皆熙、豐之黨，屢見攻於元祐，乃以先朝事激怒上意。會庭策進士，李、鄧撰策題，歷詆元祐之政，有復新法之意，從而中傷元祐諸人。公乃出鎮常山。未幾，元豐舊人悉皆收召，遂相章惇。言者以公頃言蔡確落職知南安軍，而呂丞相亦不免遠竄，乃深愧於公。其後范丞相門人狀范公之行曰：「使其言行於熙、豐時，後不必至紛更；盡申於元祐中，必無紹聖大臣復讎之禍。」或以此問公，公曰：

「微仲、堯夫不知君子小人，勢不兩立如冰炭，故開倖門，延入李、鄧，排去正人，易若反掌。調亭之説果何益乎？昔温公爲相日，蓋知其後必有反覆之禍，然救生民之患，如救焚拯溺，猶恐不及，何暇更顧異日一身之患哉！」世以公爲知言。言行録

公度嶺北望中原，自念奉父母遺體而投炎荒，且無兼侍，恐一旦溘然，爲慈親憂，因憶温公語云：「北人在瘴地，唯絶嗜欲，可以不死。」自是遂絶。言行録○又談録云：公言其平日康寧之狀云：「安世尋常未嘗服藥，方遷謫時，年四十有七，先妣必欲與俱，百端懇罷，不許。安世念不幸使老親入於炎瘴之地，已是不孝，若非義，固不敢爲。父母惟其疾之憂，如何得無疾？祇有絶欲一事，遂舉意絶之。自是逮今，未嘗有一日之疾，亦無宵寐之變。」瓘曰：「公平生學術以誠入，無往而非誠，凡絶欲是真絶欲，心不動故。」公曰：「然。」公曰：「安世自絶欲來三十年，氣血意思只如當時，終日接士友劇談，雖夜不寐，翌朝精神如故。平生坐必端已〔五〕，未嘗傾側靠倚。每日行千步，燕坐調息，復起觀書，未嘗晝寢。啜茶伴客，有至六七盌，初無所苦。書字幼服先人之訓，先工正書，然後學行，行已能草。今人未能正書而便草，如未能坐立而便走也，安有是理？故終身未嘗草字。與人書尺，至老未嘗使人輒代。歲時家廟祭饗，拜跪七十有二，未嘗廢闕。此祖先相傳，安世終身由之，以勵子孫，一皆本之以誠。故心嘗前知，兩月前自覺必有變異，果長子不禄。故至誠如神，聖人豈吾欺哉！」

公言：「安世初到南方，有一高僧教余言：『南方地熱，而酒性亦大熱，本草所謂大海雖凍，而酒不冰，今嶺南煙瘴之地，而更加以酒，必大發疾。故疾之狀使人遍身通黄，此熱

之極也。』故余過嶺即斷酒，雖遍歷水土惡弱，它人必死之地，而余獨無恙。今北歸已十年矣，未嘗一日患瘴者，此其効也。」語録

紹聖初，黨禍起，器之尤爲章惇、蔡卞所忌，遠謫嶺外。盛夏奉老母以行，途人皆憐之，器之不屈也。一日行山中，扶其母籃舁憩樹下，有大蛇冉冉而至，草木皆披靡，擔夫驚走，器之不動也。蛇若相向者久之，乃去。村民羅拜器之曰：「官，異人也。蛇，吾山之神，見官喜相迎耳。官行無恙乎！」温公門下士多矣，如器之者所守凜然，死生禍福不變，蓋其平生喜讀孟子，故剛大不枉之氣似之。聞見録

惇、卞用事，所以殺公者百計，皆不克。然必欲致於死，故方竄廣東，則移廣西，既抵廣西，則復徙廣東，凡二廣間甲令所載稱遠惡州軍者，無所不至。雖盛夏，令所在州軍監督，日行一舍，或泛海往來貶所。人皆謂公爲必死，然七年之間，未嘗一日病，年幾八十，堅悍不衰，此非人力所及，殆天相之也。或問何以至於此，曰：「誠而已。」言行録

先是，文及甫持喪在河陽，邢恕在懷州。及甫以劉丞相摯任中司日，嘗彈罷其左司郎，銜怨不已，以書抵恕曰：「及改月遂除畢禫祭，當外補，入朝之計未可必。當塗猜怨於鷹揚者益深，其徒實繁。司馬昭之心，路人所知也。又濟之以『粉昆』，朋類錯立，必欲以眇躬爲甘心快意之地。」紹聖末，蔡確子渭受旨於翰林學士蔡京，且迎合大臣，乃上書引及甫書爲

證，訟劉丞相及公等誣陷其父，謀危社稷。朝廷駭之，委京究問，置獄於同文館，遂逮及甫就吏。及甫稱：「鷹揚」，謂其父潞公也；「當塗」者，謂劉摯也；「其徒實繁」者，謂梁燾、王巖叟、劉安世、孫升、韓川之類也；「司馬昭之心，路人所知」者，緣摯竄斥顧命宰相蔡確，是時國勢甚危，疑摯有傾摇之心，意在不測，如司馬昭廢辱之事也；「粉昆」、「朋類」者，「粉」謂王巖叟面如傅粉，「昆」謂梁燾，燾字睍之，以「睍」爲「兄」，以「兄」爲「昆」也；「欲以眇躬爲甘心快意之地，可爲寒心」者，「眇躬」謂主上，摯既懷無君之心，有動摇不逞之意，前已甘心快意於蔡確輩，今欲快意於主上，是欲以主上爲甘心快意之地，有憂國之心者，爲可寒心也。問：「有何照據？」則曰：「先父屏人説來，即無的確照據。」時劉丞相、王彦霖已物故，然而其謀本出於蔡京，故京猶乞上殿，親寫劄子，爭論不已。三省言：「蔡京奏摯等逆心，及甫言之於元祐，其事可信不誣，在法九族當坐，則其一時黨附顯著之人，同惡相濟，豈得無之？如劉安世嘗論禁中雇乳母，謂『陛下已親女寵』，又論不御經筵，謂『陛下已惑酒色』，誣罔聖躬，形於章疏者，果何心也？今摯貶死，廢及子孫，而安世不問，罪罰殊科如此，臣不知其説也。」詔范祖禹移化州安置，劉安世移梅州安置，王巖叟、朱光庭諸子並勒停，永不收敘。公時執喪，不候服闋，赴貶所。言行録

公在貶所，忽有所厚士類數輩至，殷勤之餘，輒相向垂涕。公曰：「豈非安世有後命

乎？」客曰：「屬聞朝廷遣使入郡，將不利於公，願公自裁無辱。」公告之曰：「安世罪大責輕，若朝廷不貸，甘心東市之誅，使國家明正典刑，誅一戒百，亦助時政之萬一。何至效匹夫匹婦，自經於溝瀆哉！」不爲動。使者入海島，杖死元祐内臣陳衍。蓋累聖相授，不殺近臣，惇、卞屢造此禍而不克，故因令使者迂往諸郡，以虚聲逼諸流人，使其自盡也。自是廣人寢知惇、卞意。時公貶所有土豪，緣進納以入仕者，因持厚資入京師，以求見惇，犀珠磊落，賄及僕隸，久之不得見。其人直以能殺公意達之，惇乃見之。不數日，薦上殿，自選人改秩，除本路轉運判官。其人飛馭徑驅，至公貶所。郡將遣其客來勸公治後事，涕泣以言，公色不動，留客飲酒，談笑自若，對客取筆書數紙，徐呼其僕曰：「聞朝廷賜我死，即死，依此行之。」謂客曰：「死不難矣。」客從其僕取紙閲之，則皆經紀其家與同貶當死者之家事甚悉，客驚歎，以爲不可及也。俄報運使距郡城二十餘里而止，翌日當至。家人聞之，益號泣不食，亦不能寐，且治公身後事。而公起居飲食如平常，曾無少異。至夜半伺公，則酣寢，鼻息如雷。忽聞鍾動，上下驚曰：「鍾聲何太早也？」黎明問之，鳴鍾者，乃運判公一夕嘔血而斃矣。明日有客唁者曰：「若人不死，則公未可知矣！」然公亦無喜色。於是見公處死不亂如此。言行録

惇、卞謀害公既不克，是時昭懷寵冠六宫，隆祐幽廢。惇乃以公頃論禁中雇乳母事媒

孽之。始，鄒至完亦嘗諫立劉氏，坐竄嶺外，至是，詔應天少尹孫鼛以檻車抵二公貶所〔六〕，欲收以致京師。至泗濱，聞哲宗登遐，徽宗即位，置郵走赦，孫即聞於朝，乃不收。言行録

曾子宣爲右相，李邦直爲門下侍郎，一時正人，皆爲所忌。公帥真定，吕子進帥高陽，過闕合入見，緣公鄆帥謝章有曰「志存許國，如萬折而必東；忠以事君，雖三已而無愠」，曾、李覽之曰：「如此怎生屈摺？」遂不許入朝。韓丞相忠彦薦張芸叟爲大諫，邦直出之帥中山，蔡京作相，用范致虚諫疏曰「河北三帥連衡，恐非社稷之福」，公與張、吕同日報罷。言行録

公知潞州，部使者希蔡京旨，治郡中事無巨細皆詳考，然終不得毫髮過，雖過往驛券，亦無違法予者。部使者亦歎服之。公在南京奉祠，府尹因徧取宫觀寄居官白直曆閲之，或差禁卒，或過其數，至公獨無，其持身廉慎如此。譚録

公曰：「安世初除諫官，未敢拜命，入與娘子謀曰：『朝廷不以安世不肖，誤除諫官，這個官職，不比閑慢差遣，須與它朝廷理會事，有所觸犯，禍出不測。朝廷方以孝治天下，如以老母懇辭，必無不可。』娘子曰：『不然。諫官是天子争臣，我見你爺要做不能得，你是何人，蒙它朝廷有此除授，你若果能補報朝廷，假使得罪，我不選甚處，隨你去。但做！』安世遂備禮辭免尋便。供職三日，朝廷有大除拜，安世便入文字，凡二十四章，又論章惇十九

章，及得罪，惇必欲見殺。人言『春、循、梅、新，與死爲鄰；高、竇、雷、化，説着也怕』，八州惡地，安世歷遍七州，於其中間，又遭先妣喪禍，與兒子輩扶護靈柩，盛夏跣足，日行數十里，脚底都穿破。一日下程，大底兒子悶絶於地，後來究竟不起。今只有老夫與兒子兩人在耳。」道護録

公曰：「今人咸言事已如此，不可復理。安世以爲甚易耳。孟子云：『夫天未欲平治天下也，如欲平治天下，當今之世，捨我其誰哉！』非敢輕蔑天下之士，自以實見天下有可爲之理爾。請言一事。安世少時在開寶寺習省課，潞公爲樞相，一日，以先人監牧司申一事頗違當時朝廷之意，召安世問之，安世以實對。已而問：『近有所聞否？』安世言：『昨有人相訪，云王介甫求去甚堅，恐相公代其任。』潞公曰：『安得有此！譬如立大厦，其匠擅其工，斤斧紛然，其大木截之令小，小者復碎之，曾未就緒，輒要主人辭去。舊屋既毁，新材又壞，後之人如何其可爲也？』余時甚少，氣頗鋭，應之曰：『安世雖晚進，以理觀之，似未然。』潞公愕然曰：『何故？』安世曰：『今日新政，不知果順人之所欲，爲人之利乎？若不然，相公當之，去所害，興所利，反掌之間耳。』潞公默然。它日見先人，云：『嘗請令郎相見，其論甚堅正也。』」譚録

先是，建中年間，公與蘇子瞻自嶺外同歸，道出金陵。時有吏人吳默者，以詩贄二公，

子瞻稱之，跋數語於詩後，公亦題其末，以勉其學。是後内侍梁師成得幸，自謂子瞻遺腹子，與一二故家，稍稍親厚，默知其説，因携二公所跋詩謁之。梁甚悦，奏之以官。至宣和間，梁益大用，以太傅直睿思殿，參三省樞密院事，貴震一時，雖蔡京、童貫皆出其下。是時默改名可，爲正使，師成令可自京師來宋，欲鈎致公，引以大用，且以書抵公。可至三日，然後敢出之，且道所以來之意，大概以諸孫未仕爲言，以動公。公謝曰：「吾若爲子孫計，則不至是矣！且吾廢斥幾三十年，未嘗曾有點墨與當朝權貴。吾欲爲元祐完人，不可破戒。」乃還其書而不答，人皆爲公危之，而公自若也。言行録

公曰：「士夫知舊，多勸扁舟東下，窮山水之勝，且以遠屏自全者。余謝之曰：『舊一擾擾，如一鼎之沸，安有清泠處乎？安世世食君禄，又嘗備法從，緩急自知死所，何避之有？』以此泰然未嘗經意。昔温公自陝論新法不可以治郡，得請歸洛，時劇寇王充聚黨數千横行大行中，先人出兩驛延勞之云：『今日且喜公歸，某前甚憂之，若此寇知公有人望，萬一劫公東來，以之動民，奈何？』公笑而不答。再問之，則云：『此何足問！吾輩平日學道，以忠孝爲質，有死而已，夫復何懼？』固知君子涉世自處，固有素矣。」譚録

先生曰：「金陵有三不足之説，聞之乎？」僕曰：「未聞。」先生曰：「金陵用事，同朝起而攻之，金陵闢衆論進言於上曰：『天變不足懼，祖宗不足法，人言不足卹。』此三句非獨爲

趙氏禍，乃爲萬世禍也。老先生嘗云：『人主之勢，天下無能敵者，或有過舉，人臣欲回之，必思有大於此者巴攬之〔七〕，庶幾可回也。』今乃教人主，使不畏天變，不法祖宗，不卹人言，則何等事不可爲也！」僕曰：「此言爲萬世禍，或有術可以絶此言，使不傳於後世乎？」先生曰：「安可絶也！此言一出，天下人皆聞之。若著論明辨之，曰：『此乃禍天下後世之言，雖聞之不可從也。』譬如毒藥不可絶，而神農與歷代名醫言之曰：『此乃毒藥，如何形色，食之必殺人。』故後人見而識之，必不食也。今乃絶之，不以告人，既不能絶，而人誤食之死矣。」先生又曰：「『巴攬』兩字，賢可記取，極有意思。」馬永卿編語録

先生因言及王荆公學問，先生曰：「金陵亦非常人，其粗行與老先生略同，其質朴儉素，終身好學，不以官職爲意，是所同也。但學有邪正，各欲行其所學者爾。而諸人輒溢惡，此人主所以不信，而天下之士至今疑之，以其言不公，故愈毁之而愈不信也。嘗記漢時大臣，於人主之前説人短長，各以其實。如匡衡論朱雲，以爲雲素好勇，數犯法，亡命受易，頗有師道，是其一也。凡人有善有惡，故人有毁有譽。若不稱其善，而併以爲惡而毁之，則人必不信有是惡矣。故攻金陵者只宜言其學乖僻，用之必亂天下，則人主必信。若以爲以財利結人主如桑洪羊，禁人言以固位如李林甫，姦邪如盧杞，大佞如王莽，則人不信矣。蓋以其人素有德行，而天下之人素尊之，而人主夷考之無是事，則與夫毁之之言，亦不信矣。

此進言者之大戒。」語録

器之嘗謂予言：「當官處事，須權輕重，務合道理，毋使偏重可也。夫是之謂中。」因言：「元祐間，嘗謁見馮當世宣徽，當世言：『熙寧初與陳暘叔、吕寶臣同任樞密，暘叔聰明少比，遇事之來，迎刃而解。而吕寶臣尤善秤停事，每事之來，必秤停輕重，令得所而後已也。事經寶臣處者，人情事理，無不允當。』」器之因極言：「『秤停』二字，最吾輩當今所宜致力，二字不可不詳思熟講也。」寶臣即惠穆公也。童蒙訓

器之云：「安世初登第，與二同年謁李若谷參政，三人同起身請教，李曰：『若谷自守官以來，常持四字，曰勤、謹、和、緩。』其間一後生應聲曰：『勤、謹、和既聞命矣，緩之一字，某所未聞。』李正色作氣曰：『何嘗教賢緩不及事來？且道世間甚事不因忙後錯了？』」吕氏雜録

胡珵問曰：「筮仕之初，遽領推勘，不知治獄要道何如？」公曰：「在常注意，而一事不如意敬〔八〕。安世有一同年宋若谷，在洛州同官，留意獄訟，當時遂以治獄有聲，監司交薦，其後官至中散大夫。嘗曰：『獄貴初情。』每有繫獄者一行若干人，即時分牢異處，親往遍問，私置一簿子，隨所通説筆記之。」因以手指畫膝上教珵曰：「題云某日送到某人某事若干人，列各人姓名其後，行間相去可三寸許，以初訊問所得語列疏姓名左方。其後結正，無

能出初語者。蓋人乍入狴犴，既倉卒，又異處不能相謀，此時可以得其情耳。獄貴初情，此要道也。」道護録

與黄鍰用和小柬云：「俞玘筆尚未蛀損，但撚心不正，主鋒多偏，傅毫太薄，抑按無力，此其所短也。」又柬云：「向者論俞玘筆病，出於偶然。乃蒙閤下推之以及脩身之道，何嗜學之篤也。柳公權謂『心正則筆正』，亦有此理。苟知其要，亦不必專守斯言也。」道護録後

公自宣和乙巳歲元日以後，謝絶賓客，四方書問，皆不啓封，家事無巨細悉不問。曰：「異時吾死，斂以時服，柩中慎無置一物。」於是家人始爲公憂。夏六月丙午，忽大風飛瓦，驟雨如注，雷電晝晦於公正寢，人皆駭懼而走，及雨止辨色，公已終矣，聞者咸異焉。葬開封府祥符縣樂安鄉邊村之原。楊中立以文弔之曰：「劫火洞然，不燼唯玉。」搢紳往往傳誦，以爲切當。公在宋，杜門屏迹，不妄交遊，人罕見其面。然田夫野老，市井細民，以謂若過南京不見劉待制，如過泗州不見大聖。及公没，耆老士庶，婦人女子，持薰劑，誦佛經而哭公者，日數千人，至填擁不得其門而入。家人因設數大鑪於廳下，爭以香炷之，香價踴貴。後二年，虜人驅墳户發棺，見公顔貌如生，咸驚曰：「必異人也！」問誰，墳户對以某官，一無所動，蓋棺而去。言行録

昔有與蘇子瞻論元祐人才者，至公則曰：「器之真鐵漢，不可及也。」言行録

校勘記

〔一〕因舉左手　「左」下洪、張本有「右」字。
〔二〕條例　「例」原作「列」，據下文「即以……條例以聞」改。
〔三〕未厭與議　「與」原作「與」，據洪本、元刊本、張本改。
〔四〕其徒馳告子瞻曰　「徒」原作「徙」，據文意改。
〔五〕端已　「已」疑誤，當作「正」。
〔六〕孫稾　「稾」，宋史卷三四五劉安世傳作「鼛」。
〔七〕巴攬之　「攬」原作「欖」，據後文改。
〔八〕在常注意而一事不如意敬　按：此句有疑。

三朝名臣言行録卷第十三

十三之一　内翰范公

公名祖禹，字淳甫，成都華陽人。中進士第，知資州龍川縣。司馬温公辟同編脩資治通鑑，書成，除秘書省正字。哲宗即位，擢右正言，以親嫌改著作佐郎、神宗實録檢討官。遷著作郎兼侍講。遷右諫議大夫兼實録修撰。改禮部侍郎，進翰林侍讀學士兼國史院事。又爲翰林學士兼侍講。哲宗親政，以龍圖閣學士知陝州。紹聖初，提舉亳州明道宫，繼責授武安軍節度副使，永州安置，再貶昭州别駕，賀州安置，移賓州，再移化州。卒，年五十八。

公未生，河南郡太君夢一偉丈夫，被金甲至寢室曰：「吾故漢將軍鄧禹也。」既寤，猶見之。是日公生，遂以爲名。初字夢得，温公以傳稱鄧仲華「内文明，篤行淳備」，改字淳，

曰：「或配甫字而稱之〔一〕。」故字淳甫。家傳

公弱不好弄，博學强記。年十三，通議、河南君皆蚤世，叔祖忠文公撫育如己子。公自以既孤，每歲時親賓慶會，慘怛若無所容，閉門讀書，未嘗預人事。既至京師，所與交遊，皆一時聞人。忠文每器之曰：「天下士也。」謂諸子曰：「三郎，汝師也，當取法焉。」公第三，視忠文諸子爲諸父行云。家傳

熙寧三年，司馬文正公修歷代君臣事迹，辟公同編修，供職秘省。時王荆公當國，人皆奔競，公未嘗往謁。王安國與公友善，嘗諭荆公意，以公獨不親附，故未進用，公竟不往見。家傳

初，温公又辟劉公攽、劉公恕同修書，及温公歸洛，詔聽以其屬自隨，而二公各在官所，獨公在洛，温公專以書局事屬之，故公於此書，致力爲多。是時富韓公致事居洛，韓公素嚴毅，杜門罕與人接，待公獨厚。疾篤，召公以密疏授之，大抵論王安石誤國及新法之害，言極憤切。韓公薨，或疑以爲不可奏，公卒上之。家傳

元豐八年三月五日，神宗晏駕。六月七日，公上疏言：「先王制禮，以君服同於父，皆斬衰三年，蓋恐爲人臣者不以父事其君，此所以管乎人情也。自漢已來，不唯人臣無服，而人君遂亦不爲三年之喪。唯國朝自祖宗已來，外廷雖用易月之制，而宮中實行三年之服。

且易月之制，前世所以難改者，以人君自不爲服也。今君上之服，已如古典，而臣下之禮，猶依漢制，是以大行在殯，而百官有司，容貌衣服，無異於行路之人，豈人之性如此其薄哉？由上不爲之制禮也。今群臣易月，而人主實行喪，故十二日而小祥，期而又小祥，二十四日而大祥，再期而又大祥。夫練祥不可以有二也，既以日而爲之，又以月而爲之，此禮之無據者也。既除服矣，至葬而又服之，祔廟而後即吉，纔八月耳，而遽純吉，無所不佩，此又禮之無漸者也。易月之制，因襲故事，已行之禮，既不可追，且衰裳不可以服勤，則斷以日月，而易朝服以治事，亦是也。臣愚以爲，宜令群臣朝服止如今日而未除衰，至期而服之，漸除其重者，再期而又服之，乃釋衰，其餘則君服斯服可也。至於禫，不必爲之服，唯未純吉，以至於祥，然後無所不佩，則三年之制略如古矣。」又論厚葬之禍，乞於儉制之中，更加損約。未報。又奏曰：「天子者，天下之共主，故其喪使天下共服之。今朔望之禮，群臣朝服以造殯宫，是以吉服臨喪也。人主獨以衰服在上，是以先帝之服爲人主之私喪也。凡此二者，皆禮之所不安也。今欲風天下以忠孝，莫如先正此禮。然古者君臣居喪而行吉禮則服冕，既畢禮，則復衰。今人主素服以聽朝，而人臣朝服以治事，亦古之遺法也。唯群臣燕服，當爲之制。期年之内，純用縞素，小祥可以有色，而漸加以緣，使脱去朝服，而猶知有喪，則人情不可得而忘矣。書曰：『三載，四海遏密八音。』古者禮不下庶人，唯遏密三年，所以爲君服也。今祔廟之後，群臣不樂，而百姓無禁，是殺禮以姑息習爲俗樂之浮民，而使人不知君臣之義也。彼不爲樂，必有他業以養其生，豈遽至於困窮哉！　臣以爲禁之合於禮，而無傷於俗，請禁之便。」執政皆以爲難，唯温公然之，而議竟寢。家傳

公除正言，客有言温公以公在言路，必能協濟國事。温公正色曰：「子謂淳夫見光有過不言乎？　殆不然也！」遺事

公在書局，分職唐史，考其成敗治亂得失之迹，撮其機要，論次成書，名曰唐鑑，欲獻之神宗。屬神宗已不豫，未及上。元祐元年上表進其書。家傳○又遺事云：公諫疏多自毁去，平生爲文，深不欲人知。京師刊行唐鑑，欲移文開封毁板，冲力陳不可，乃已。○又云：元祐中，客有見伊川先生者，几案無它書，唯印行唐鑑一部。先生謂客曰：「近方見此書，自三代以後，無此議論。」崇寧中，冲見欒城先生於潁昌，欒城曰：「老來不欲泛觀書，近日且且看唐鑑。」

元祐初，伊川除崇政殿説書，時公爲著作佐郎、實録院檢討。伊川嘗謂温公曰：「經筵若得范淳夫來尤好。」温公曰：「他已修史，朝廷自擢用矣。」伊川曰：「不謂如此，但經筵須要他。」温公問何故，伊川曰：「頤自度乏温潤之氣，淳夫色温而氣和，尤可以開陳是非，導人主之意。」其後除侍講。遺事

除兼侍講，上疏太皇太后，其略曰：「祥禫將終，即吉方始，服御器用，内外一新，奢儉

之端，皆由此始。又況皇帝富於春秋，聖性未定，覩儉則儉，覩奢則奢，所以輔養，不可不慎。陛下若崇儉樸，以輔聖德，使目不視靡曼之色，耳不聽淫哇之音，非禮不言，非禮不動，則學問日益，聖德日隆，此宗社無疆之福也。臣聞奉宸庫已取珠子六十斤，户部已用金至三千六百兩，不爲不多矣。恐增加無已，滋長侈心，故願預爲之防，止於未然。」家傳

忠文公在許，公謁告省覲。上遣使宣問，賜銀百兩，仍頒手詔龍茶，命公賫賜蜀公。初，朝廷既相温公、申公，詔起蜀公，欲以門下侍郎處之，蜀公以書問出處於公，公以謂不當起，蜀公得書大喜，曰：「是吾心也。凡吾所欲爲者，君實已爲之矣，何用復出？」又與親舊書云：「比亦欲出矣，而三郎勸止，遂已。」家傳

神宗服除，故事，開樂置宴。公言：「君子之於喪服，以爲至痛之極，不得已而除之，若以開樂故特設宴，則似除服而慶賀，非君子不得已而除之之意也。請更不作宴，唯因事則聽樂，庶合禮意。」上從之。家傳

冬大寒，禁中出錢十萬貫以賜貧民。公言：「朝廷自嘉祐已前，諸路皆有廣惠倉，以救恤孤貧。京師有東、西福田院，以收養老幼廢疾。至嘉祐八年，增置城南、北福田院，共爲四院。此乃古之遺法也。然每院止以三百人爲額，則京師之衆孤窮者，不止千二百人，每遇太冬盛寒，然後降旨救恤，則民已凍餒死損者衆矣。臣以爲宜於四福院增蓋官屋，以處

貧民，不限人數，委左右廂提舉使臣預設方略救濟，不必專散以錢，計其存活死損，以爲殿最。其天下廣惠倉，乞更舉行，令官吏用心振恤，須要實惠及貧民。」上納用焉。家傳

講論語畢，賜宴于東宫。上遣中使賜御書唐人詩各一首，宰執講讀官凡十有三人拜賜。公表謝曰：「臣願陛下篤志學問，亦如好書，益進道德，皆若游藝。」又賦詩以獻。退而節略尚書、論語、孝經要切之語，訓戒之言，得二百一十九事，名曰三經要語進之。家傳

是夏權住進講。公上疏，其略曰：「陛下今日學與不學，繫天下他日之治亂，臣不敢不盡言之。陛下如好學，則天下之君子欣慕，願立於朝，以直道事陛下，輔助德業，而致太平矣。陛下如不好學，則天下之小人皆動其心，欲立於朝，以邪諂事陛下，竊取富貴，而專權利矣。君子專於爲義，小人專於爲利。君子之得位，欲行其所學也；小人之得位，將濟其所欲也。用君子則治，用小人則亂。君子與小人皆在陛下心之所召也。凡人之進學，莫不在於年少之時，陛下數年之後，雖欲勤於學問，恐不得如今日之專也。臣竊爲陛下惜此日月，願以學爲急，則天下幸甚。」家傳

除諫議大夫，充實録修撰，時吕申公已薨，公遂就職。家傳

蔡確既貶，公上言：「聖人之道，不過得中。天下之事，不可極意，過中極意，後必有悔。用刑寧失之於寬，不可失之於急；寧可失之於略，不可失之於詳。自丁謂以來，不竄逐

大臣六十餘年，今已用大刑。四方聞之，無不震聳。其黨有素懷姦心爲衆所知者，固不逃於聖鑒，自餘偏見異論者，若皆以爲黨確而逐之，臣恐刑罰之失中，人情之不安也。」又因登對勸上以辨邪正，曰：「比年以來，大臣以兼容小人爲寬，好惡不明，邪正不分。宰相以進賢退不肖爲職，而邪正不分，豈不負國？望戒大臣各以公心求賢，多引鯁正之人，以重朝廷，無使小人得位，爲他日患。」家傳

韓嘉彦已選尚公主，公上言：國朝舊制，婚姻之家，無預政事者。今嘉彦尚主，而忠彦執政，此非祖宗故事，不可爲子孫法。陛下念韓琦之功，富貴其家可也，至於執政，必選天下之望，不可專以勳舊。自用忠彦已來，外議籍籍，至今未已。今國家既與〔此下原闕一葉〕爲執政以前，人望不及范純仁，自居大位，純仁頓失人望，是以大防比之差少過失。然其爲人麤疏，果敢好立崖岸，簡於接物，士大夫多不親附。自六曹尚書、侍郎，兩省侍從，未聞宰相召一人問以職事。陛下深居帷幄，皇帝未親庶政，尤不可使宰相權重。昔真宗用王欽若、丁謂，必以馬知節參之。今陛下專任大防，而劉摯與大防協同，此非相參之人也。近用左右丞二人，又皆人望素輕。以臣料之，自此廟堂論議，必無異同，朝廷一決於大防與摯，無有敢違之者。如此則公道何以得立？惟陛下稍自攬權綱，無使威福之柄，漸移於下。」家傳

范忠宣公之罷，公嘗論列。客有謂忠宣曰：「范淳夫亦有言，何也？」忠宣曰：「使純仁在言路，見宰相政事如此，亦豈可默也？」遺事

除給事中，公復陳河事利害，乞罷韓忠彦政事，力辭然後就職。即上言：「臣所領工房，伏見朝廷應副修河司所須，日有行下文字，臣稽之於古，考之於今，質之於中外人言，竊謂此功必不可成，恐雖應副，枉費國財民力，有害無利。」大臣猶執前説，遂降指揮，且開減水河，權罷修河。然其後卒如公議。家傳

禁中下開封府覓乳母十人，公偶以腹疾在告，聞之，即上疏皇帝曰：「陛下未建中宫，而先近幸左右，好色伐性，傷於太早，有損聖德，無益聖體。此臣之所甚憂也。陛下今年十四歲，而生於十二月，其實猶十三歲，此豈近女色之時乎？陛下承天地宗廟社稷之重，守祖宗百三十年基業，爲億兆之父母，豈可不愛惜聖體哉！」又上疏太皇太后曰：「千金之家，有十三歲之子，猶不肯使近女色，而況於萬乘之主乎？陛下愛子孫而不留意於此，非愛子孫之道也。譬如美木方長，正當封植培壅，以待其蔽日淩雲，若戕伐其根，豈不害哉！臣嘗見司馬光言，章獻明肅太后保護仁宗皇帝最爲有法，自即位已後，未納皇后已前，居處不離章獻卧内，所以聖體完實，在位最爲長久。章獻於仁宗，此功最大。臣考之國史，仁宗在乳褓，章獻使章惠太后護視，章獻臨朝，仁宗起居飲食，章惠必與之俱，所以保佑扶持，恩

意勤備。今陛下臨朝，日有萬事，至於左右護視皇帝，臣不知有如章惠者乎？願陛下與皇太后、皇太妃詳論此事，戒飭保傅，令以章惠爲法。如其不然，女色爭進，數年之後，敗德亂政，無所不有。陛下雖欲悔之，豈可及乎？」既而太皇太后喻宰臣吕大防，以兩諫議及公所奏皆無是事，且令公轉喻諫官。公既病愈參告，乃知之，遂以喻諫官劉安世，安世責公不言，公言亦曾入一文字，遂與劉公再入一疏。見劉公事中。家傳

有詔選后，并令侍從禮官講求禮制。公上疏言四事，一曰族姓，二曰女德，三曰隆禮，四曰博議。又與諸公討論講議，約先王之禮，參酌其宜爲之禮上之。及中宫初建，又解家人卦以獻。家傳○按文集，初欲以都亭驛爲皇后行第，皇帝服通天冠絳紗袍發册，公言：「皇后，天下母，不可以先居夷狄之館。古者天子親迎，蓋將以爲天地宗廟社稷主，故用祭服，通天冠當古皮弁，乃齊服，不可用。」從之。

浙西水災，朝廷遣使賑之。言者謂浙西災不至大，而州郡奏報以少爲多，乞考其虚實，而懲責其尤甚者。又乞令賑濟官凡措畫稍大事，並申取朝廷指揮，其急切不可待報者，雖許一面施行，亦須便具奏知。有旨施行。公封還之，極論其不可。家傳

公嘗采集帝王學問及記祖宗講讀故事，爲帝學八卷上之。家傳

秘書監王欽臣奏差真靖大師陳景元校黄本道書〔二〕，公封還之，以謂：「諸子百家，神

仙道釋，蓋以備篇籍異聞，以示藏書之富，本非有益於治道，不必使方外之士讎校，以崇長異學也。今館閣之書，無所不有，若用此爲例，各委本色，則豈祖宗設館之意哉！昔王安石使其門僧智緣隨王韶誘説木征，時人謂之『安撫大師』，今乃有校書道士，人必謂之『編校大師』矣。事雖至微，實損國體。」遂罷其命。家傳

元祐七年三月，邇英閣對，公奏：「臣掌國史，伏觀仁宗皇帝在位四十二年，豐功盛德，固不可得而名言。所可見者其事有五：畏天、愛民、奉宗廟、好學、納諫。仁宗行五者於天下，所以爲仁也。然仁宗每因事示人好惡。皇祐中，楊安國講『直哉史魚！邦有道，如矢；邦無道，如矢。君子哉蘧伯玉！邦有道，則仕；邦無道，則可卷而懷之』，仁宗曰：『蘧伯玉信君子矣，然不若史魚之直。』據孔子之所言，則史魚不若蘧伯玉之爲君子。仁宗之言，人君之言也。人君唯欲臣下切直，故言蘧伯玉不若史魚，以開臣下切直之路。由是天下知仁宗好直不好佞，此聖人之大德也。願陛下以爲法，昭示所好，以慰群生之望。」上然之。家傳

公進言無隱，考古驗今，反覆曲折，至於再四，而其言愈切。大意勸上畏天愛民，脩身納諫，稽法祖宗，而專引仁皇行事，以爲故實，又采集仁宗聖政數百事，爲仁宗訓典六卷以獻。公平居口不言人過，遇事别白邪正是非，略無假借。以謂不若是則履霜堅冰，危國亡

家之本也，必極論而力正之。在經筵，據經守正，獻納尤多。講尚書「內作色荒，外作禽荒，酣酒嗜音，峻宇彫墻，有一于此，未或不亡」，講畢，再誦此六句，却立云：「願陛下留聽。」哲宗首肯者再三，然後退就位。講孟子「今之樂，猶古之樂」，公曰：「孟子切於救民，故深勸齊王與民同樂，而謂『今之樂，猶古之樂』。然世俗之樂，鄭、衛淫哇之聲，非先王之法，豈可以薦上帝、配祖考、降天神、出地祇也？今樂、古樂如君子、小人之不可同，邪正之不可並。如必欲以禮樂治天下國家，則當如孔子答顏淵之言，孔子所言者爲邦之正道，孟子所言者救世之急務，此所以不同。」講「公劉好貨，大王好色」，公曰：「孟子以王好貨，勸以當如公劉與民同利；以王好色，勸以當如太王與民同欲。然臣竊以謂公劉非好貨，乃是厚民；太王非好色，乃是正家。人君不可以好貨，亦不可以好色。好貨則貪而害民，好色則荒而害政。孟子事齊宣王，中才以下之君，故其言如此。」家傳

東坡先生嘗謂薦曰：「范淳夫講說，爲今經筵講官第一。言簡而當，無一冗字，無一長語，義理明白，而成文燦然。乃得講師三昧也。」李廌師友談記

太史公詰朝當講，即前一夕，正衣冠，儼然如在上前，命子弟侍坐，先案講其說。先生平時，温温其語，若不出諸口。及當講，開列古義，仍參之時事，及近代本朝典故，以爲戒勸，其音琅琅然，聞者興起。談記

太史公講王制「巡狩柴望」之禮，曰：「古之人多因『燔柴望秩〔三〕』之説，乃附會爲封禪之事，或以求神仙，或以祈福，或以告太平成功。皆秦、漢之侈心，非古者巡狩省方之義。爲人臣凡有勸人主封禪者，皆佞臣也。」談記

太史公講「太史奉諱惡」之説，注謂「子卯」與先代忌辰之類爲「諱惡」。公曰：「以臣所見，所謂『諱惡』者，危亡之言也。爲人君，必使危亡之言不絶于耳；爲人臣，必使危亡之言不絶于口。然後君臣相與戒慎畏懼，保其社稷。若夫『子卯』雖爲桀、紂之亡日，與先代忌辰，此有司常事耳，不足道也。」談記

元祐初，公以著作郎兼侍講，每造邇英，過押班，御藥閤子都知已下列行致恭即退。顧子敦嘗與都知梁惟簡一言，公大以爲失體。陳衍初管當御藥院來謝，宅門數步外下馬，留榜子與閽者云：「只煩陳覆，欲知曾到門下。」其後公爲諫議大夫，僦居城西白家巷，東鄰陳衍園也。衍每至園中，不敢高聲，謂同列曰：「范諫議一言到上前，吾輩不知死所矣。」遺事

公爲禮部侍郎，車駕將幸太學，公以唐開元中，内出王者衮冕之服，以衣先聖，今乃未用王者之制，請幸學酌獻之日，特命改正。家傳

公薦王存、蘇軾、趙彦若、鄭雍可備讀官，程頤、孔武仲、吕希哲、吕大臨、管師仁可備講官。又別奏辯頤被誣事甚悉。家傳

執政以公懇請，進擬龍圖閣待制、知梓州。太母宣諭曰：「只爲孫兒不肯教他去，且爲孫兒留之。」公遂不敢有請。家傳

太皇太后登遐，公言：「太皇太后新棄天下，陛下初攬庶政，乃宋室隆替之本，社稷安危之基，天下治亂之端，生民休戚之始，君子小人消長進退之際，天命人心去就離合之時，不可不慎也。太皇太后内定大策，擁立陛下，聽政之初，詔令所下，百姓呼舞，至公無私，焦勞刻苦，專心一意，保佑陛下。斥逐姦邪，裁抑僥倖，九年之間，始終如一。故雖德澤深厚，結於百姓，而小人怨者，亦不爲少矣。今必有小人進言曰：『太皇太后不當改先帝之政，逐先帝之臣。』此乃離間之言，不可不察也。當陛下即位之初，中外臣民，上書言政令不便者以萬數，太皇太后因天下人心之欲改，與陛下同改之，非以己之私意而改也。既改其法，則作法之人及主其人者，有罪當逐，陛下與太皇太后亦以衆言而逐之，其所逐者皆上負先帝，下負萬民，天下之所讎疾，而欲去之者也。太皇太后豈有憎愛於其間哉？顧不如此，則天下不安耳。惟陛下清心照理，辯察是非，有以此言惑聖聽者，宜明正其罪，付之典刑，痛懲一人，以警群慝，則帖然無事矣。如其不然，則臣恐姦言繼進，致陛下於有過之地，失天下之心，不可不預防也。此等既上悞先帝，欲復悞陛下，天下之事，豈堪小人再破壞耶？」初，公與蘇公約皆上章論列，蘇公已具草，見公之章，遂附名同奏，竟不肯出其藁。因謂公曰：

「公之文，經世之文也。軾於朝廷文字，失於過當，不若公言之皆可行也。」公又上疏陳祖宗創業之艱難，勸上憂勤抑畏，以守大業。且曰：「元豐之末，時運艱危，先帝早棄天下，陛下嗣位，幸賴太皇太后以大公至正爲心，罷王安石、吕惠卿等所造新法，而行祖宗舊政，故社稷危而復安，人心離而復合，乃至契丹主亦與宰相議曰：『南朝專行仁宗政事，可飭燕京留守，使戒邊吏，守約束，無生事。』夫以夷狄之情如此，則中國人心可知矣。太皇太后爲陛下立太平之基，已有成効，臣願陛下守之以静，無所改爲，恭己以臨之，虚心以處之。詔左右大臣，動必循守祖宗法度，陛下躬攬於上，諮諏善道，察納讜言，則群臣邪正，萬事是非，皆了了於聖心矣。」家傳

有旨召内臣十餘人，而李憲、王中正之子皆在其中。公上疏言：「陛下初政，未嘗聞行一美政，訪一賢臣，而先進用内臣如此，衆多之口，必謂陛下私於近習，臣竊惜之。」不報。又請對，極言小人、宦官不可用，歷引古今及陳吕惠卿、蔡確、章惇、李憲、王中正等罪狀。時惇、惠卿皆復官，上已有相惇意，人情益摇，大臣不敢爭，臺諫不敢議，惟公論奏不已。親舊力勸止公，以謂今事已不可回，必得重禍。公曰：「不然。吾以經術侍人主，職在輔導，事至於此，其能默乎？」哲宗臨朝威嚴，群臣不敢仰視，而待遇公極於温渥，是日所論，亦皆和顔開納。公曰：「陛下既以爲然，臣乞携此章示執政，且詰責之。」時范忠宣猶當軸也。

上曰：「且留此，朕欲再看。」復奬喻再三，公謝而退。家傳

元祐九年三月朔，日有食之，不盡如鉤。公因對極言：「宜恐懼脩省，以答天戒，務在安靜，以寧天心。」時繼述之論已興，方欲更變法度，公每因事進諫，言極忠憤，哲宗終無怍色。公乞補外，上云：「不要入文字，執政官有闕。」公亦不知上意。明日，蘇公自門下侍郎出知汝州，公再上章請郡，又不許。上且欲大用，有成命矣，内外梗之者甚衆，已而中輟。家傳

閏四月，除知陝州，朝辭，勸上以寬。到任謝表云：「非堯、舜不陳，竊慕責難之義；惟祖宗是憲，仰裨求助之明。」蓋平日之志也。家傳

章惇拜相，蔡卞脩國史，公罷郡、宮觀，令與同進書官趙尚書彦若、黄校理庭堅同於京畿居住，報應史院取會文字。初，卞以前史官直書王安石罪，欲中傷以詆誣神考之罪，實録中出千餘條，以謂皆無證據，欲逮諸史官繫詔獄覈實。既而檢尋悉有據，故所問止三十二事，公以實報，遂與趙公、黄公皆坐貶，公得永州。公平生澹然無欲，家人不見其喜怒之容。脩書于洛，有終焉之志。及登侍從，無時不求退。每被除擢，必力辭，不得已然後就職。及被貶責，處之怡然，嘗曰：「吾西蜀一布衣耳，今復不仕，何爲不可？」家傳

紹聖三年，徙賀州，謫詞云：「朕於庶言，無不嘉納。至於以訐爲直，以無爲有，則在所

不赦。」公云：「吾論多事矣，皆可以爲罪也，亦不知所坐何事？」後乃知坐向言覓乳媪事，惇、卞以謂上疏太母，所以離間哲宗也。然公先上皇帝疏，後數日乃上太母疏，止是勸上以愛身脩德，太母以保護上躬而已。明年，徙賓州。元符元年，移化州。所被受止是白劄子，竟不知所坐也。家傳

公燕居正色危坐，未嘗不冠，出入步履，皆有常處。几案無長物，研墨刀筆，終歲不易其所。平生所觀書，如手未觸。衣稍華者不服，十餘年不易衣，亦無垢汙，履雖穿如新。皆出於自然，未嘗有意如此也。遺事

公每誦董仲舒之語「正其義不謀其利，明其道不計其功」，謂沖曰：「君子行己立朝，正當如此。若夫成功，則天也。」遺事

公言：「舊年子弟赴官，有乞書於蜀公者，蜀公不許，曰：『仕宦不可廣求人知，受恩多則難立朝矣。』」遺事

吕吉甫之用事也，神宗極知其姦邪，嘗謂「惠卿可斬」。紹聖初起廢謝表，力詆元祐政事及諸公，又自陳遭遇先朝，被眷深厚，鋪叙甚詳。公笑曰：「宜乎世以嚴子陵爲高人也！」遺事

東坡好戲謔，語言或稍過，公必戒之。東坡每與人戲，必祝曰：「勿令范十三知！」公

舊行第十三也。遺事

公篤於兄弟之愛，蜀中歲入，不復問多寡，奏薦先諸弟，及捐館，温猶未官也。遺事

公平生不問家有無，俸入所得，與族人賓客共之，以故常不足。逮南遷，家徒四壁，遽以蜀田質於人，出倍稱之息，始能辦行。遺事

哲宗即位，宣仁后垂簾同聽政，群賢畢集于朝，專以忠厚不擾爲治，和戎偃武，愛民重穀，庶幾嘉祐之風矣。然雖賢者不免以類相從，故當時有洛黨、川黨、朔黨之語。洛黨者，以程正叔侍講爲領袖，朱光庭、賈易等爲羽翼。川黨者，以蘇子瞻内翰爲領袖，吕陶等爲羽翼。朔黨者，以劉摯、梁燾、王巖叟、劉安世爲領袖，羽翼尤衆。諸黨相攻擊不已。正叔多用古禮，子瞻謂其不近人情如王介甫，深疾之，或加玩侮，故朱光庭、賈易不平，皆以謗訕誣子瞻，執政兩平之。是時既退元豐大臣于散地，皆銜怨刺骨，陰伺間隙，而諸賢皆不悟，自分黨相毁。至紹聖初，章惇爲相，同以爲元祐黨，盡竄嶺海之外，可哀也。吕微仲，秦人，戇直無黨，范醇夫，蜀人，師温公，不立黨，亦不免竄逐以死，尤可哀也。聞見録

公曰：「范純夫，其問學脩身固好，若造理與立事，則未在。蓋氣質弱於劉道原。」元城譚録

校勘記

〔一〕或配甫字而稱之　「字」原作「子」，據文意改。

〔二〕王欽臣　「欽」下原衍「若」字，按王欽臣元祐間曾爲秘書少監，見宋史卷二九四本傳，事與王欽若無涉，據删。

〔三〕古之人多因燔柴望秩之説　按：據上文「太史公講王制『巡狩柴望』之禮」句，此所引應爲禮記王制語，今本十三經注疏禮記正義王制有「歲二月東巡狩，至于岱宗，柴而望祀」，則「秩」似當作「祀」。

十三之二　吏部侍郎鄒公

公名浩，字志完，常州晉陵人。中進士第，歷揚州、潁昌府教授。元祐七年，除太學博士，出爲襄州教授。元符元年，召對，除右正言。明年，除名勒停，羈管新州。徽宗即位，復宣德郎，添監袁州酒税，除右正言，遷右司諫、起居舍人。明年，除中書舍人。遷吏部侍郎，除寶文閣待制，知江寧府，尋改知杭州，未赴，責授衡州别駕，永州安置。明年，除名勒停，昭州居住。崇寧四年，移漢陽軍居住。五年，復承奉郎，遂歸常州。大觀四年，復直龍圖閣。政和元年卒，年五十二。

道鄉鄒公，自少以道學行義知名於時。其爲人也，和順積中，而英華發外，望之睟然，見於顔面，不問知其爲仁人君子也。其遇事接物，猶虚舟然，而堅挺之姿，如精金良玉，不可磨磷。元符中，用侍臣之薦，擢居諫垣，從人望也。是時哲宗皇帝厲精求治，用賢如不及，一見即以公輔期之，嘉言入告，無不從者。適中宫虚位之久，大臣欲自結於嬖暱，爲保位之謀，迎意媚合不以正。公力言之，以爲公議不允，忤上旨。姦諛之徒，惡其害己，相與協力，擠之於陷穽之中又下石焉，皆是也。公之章留中不下，乃僞爲之，加以詆誣不實之語，如「取它人之子而殺其母」之類。流布中外，欲天下聞之，真若有罪者，其爲謀深矣。雖有端人正士，無敢爲公辨明者。公既没，迨今二十餘年，昔之姦朋，凋喪略盡，而正論行焉，真僞是非，始有在矣。紹興三年，其子柄集公之奏議一編，屬余爲叙。余於公，非一朝燕游之好也，知公爲尤詳，其事之本末，皆余所親聞見者，故詳著之，以昭示來世，庶乎使小人知君子之爲善終不可誣也。公之將亡，余適還自京師，聞公疾革，未及弛擔，即馳往省之。見其薾然僅存餘息，然語不及私，猶以國事爲問，蓋其平生以天下之重爲己任，至垂絶而不忘也。每追念及之，愴然不能釋。嗚呼！世道喪久矣，不復有斯人也！龜山集鄒公奏議集序

張繹曰：「鄒浩以極諫得罪，世疑其賣直也。」先生曰：「君子之於人也，當於有過中求無過，不當於無過中求有過。」程氏遺書

志完脩潔有志行，記覽該總，援筆數千言立就，斯可畏者。然自視如未足，士有一善，無貴賤必與之交，無遠邇必欲收而取之。崔正言婆娑集

志完云：「聖人之道，備于六經，六經千門萬户，何從而入？大要在中庸一篇，其要在慎獨而已。但於十二時中，看自家一念從何處起，即點檢不放過，便見工力。」胡氏傳家録

田晝者，字承君，陽翟人，故樞密宣簡公姪也。人物雄偉，議論慷慨，倶有前輩之風。鄒浩志完教授潁昌，與承君遊，相樂也。志完性懦，因得承君，故遇事輒自激勵。元符間，承君監京城門，志完除言官，遣客見承君，以測其意。客問承君：「近讀何書？」承君曰：「吾作墨子詩有『知君既得雲梯後，應悔當年泣染絲』之句，爲志完發也。」客言於志完，志完折簡謝曰：「承君辭甚苦〔一〕。」因約相見。承君取告見之〔二〕，問志完曰：「平生與君相許者何如？今君爲何官？」志完愧謝曰：「上遇群臣，未嘗假以聲色，獨於浩若相喜者。今天下事故不勝言〔三〕，意欲使上益相信而後言，貴可有益也〔四〕。」承君許之。既而朋黨之禍大起，時事日變更，承君謝病歸陽翟田舍。一日，報立劉氏爲皇后，承君謂子曰〔五〕：「志完不言，可以絶交矣。」又一日，志完以書約承君會潁昌中塗，承君喜甚，亟往。志完具言：「諫

立皇后時，浩之言驗矣。上初不怒也，浩因奏曰：『臣即死，不復望清光矣。』下殿拜辭以去。至殿門，望上猶未興，凝然若有所思也。明日浩乃得罪。」留三日，臨别，志完出涕，承君正色責曰：「使志完隱默，官京師，遇寒疾不汗，五日死矣，豈獨嶺海之外能死人哉！願君無以此舉自滿，士所當爲者，未止此也。」志完茫然自失，歎息曰：「君之贈我厚矣！」乃别去。建中靖國初，承君入爲太宗正丞。宰相曾布欲收置門下，不能屈，除提舉常平，亦辭，請知淮陽軍以去。吏民畏愛之，歲大疫，承君日自挾醫，户問病者，藥之良勤，得疾而卒。聞見録

校勘記

〔一〕志完折簡謝曰承君辭甚苦　「曰」，邵氏聞見録卷一五無之，則讀作「志完折簡謝承君，辭甚苦」。

〔二〕取告見之　「取告」，同前書元鈔本作「趣往」，較長。

〔三〕故不勝言　「故」，同前書元鈔本作「固」，宋史卷三〇五田晝傳叙此亦作「固」。

〔四〕貴可有益也　「可」，同前書一本作「其」。

〔五〕承君謂子曰　「謂」，同前書作「告諸」。

十三之三　諫議陳忠肅公

公名瓘，字瑩中，南劍州沙縣人。中元豐二年進士甲科，爲湖州書記，簽書鎮東軍判官事。除太學博士，辭不就。紹聖初，復除博士、祕書省校書郎。通判滄州。除著作佐郎、樞密院編脩官，皆辭不赴，差知衛州。徽宗即位，召除右正言，遷右司諫，責監揚州糧料院，改知無爲軍。復召爲著作郎、實録院檢討官。辭史局，除右司員外郎。以上宰相書責監建州武夷觀。坐黨籍除名勒停，送袁州編管。崇寧元年，移送廉州，量移郴州，得自便。以子正彙事逮繫詔獄，送通州安置。坐進尊堯集，送台州編管。復宣教郎，主管江州太平觀，令居南康軍，徙楚州。宣和六年，卒。靖康中贈諫議大夫，紹興中特賜謚。

公爲越州簽判，蔡卞爲帥，待公甚厚，每以公學識卓異，待遇加禮。而公已得其心術，常欲疏遠之，屢引疾尋醫，章不得上。會明倅闕，蔡俾公權攝，以時當得職田，意公方貧，必喜於少紓。公到明，遂伸尋醫之請，將所得圭租遜前官，明州以法當公得，公以義不當受，卒不取而歸之官廩。初，卞嘗爲公語：「張懷素道術通神，雖飛禽走獸能呼遣之。」至言：

「孔子誅少正卯，彼嘗諫以爲太早；漢、楚成皋相持，彼屢登高觀戰。不知其歲數，殆非世間人也。」公每竊笑之。及將往四明，而懷素且來會稽，卞留公少俟，公不爲止，曰：「子不語怪、力、亂、神，以不可訓也。斯近怪矣。州牧既甚信重，士大夫又相諂合，下民視之從風而靡。使真有道者，固不願此。不然，不識之未爲不幸也。」後二十年，懷素敗，多引名士，或欲因是染公，竟以尋求無迹而止。非公素論守正，則不免於羅織矣。遺事

紹聖初，章申公以宰相召，道過山陽，公適相遇，隨衆謁之。章素聞公名，獨請登舟，共載而行，訪以當世之務。公曰：「請以所乘舟爲諭。偏重其可行乎？移左置右，其偏一也。明此，則可行矣。」章默然未答。公復曰：「上方虛心以待公，公必有以副上意者。敢問將欲施行之叙，以何事爲先，何事爲後？何事當緩，何事當急？誰爲君子，誰爲小人？諒有素定之論，願聞其略。」章復竚思良久，曰：「司馬光姦邪，所當先辨，無急於此。」公曰：「相公悮矣。此猶欲平舟勢而移左以置右也，果然，將失天下之望矣。」章厲色視公曰：「光輔母后，獨宰政柄，不務纂紹先烈，肆意大改成緒，悮國如此，非姦邪而何？」公曰：「不察其心，而疑其迹，則不爲無罪；若遂以爲姦邪，而欲大改其已行，則誤國益甚矣！」乃爲之極論熙、豐、元祐之事，以爲：「元豐之政，多異熙寧，則先志固已變而行之。温公不明先志，而用母改子之説，行之太遽，所以紛紛，至於今日。爲今之計，唯當絶臣下

之私情，融祖宗之善意，消朋黨，持中道，庶乎可以救弊。若又以熙、豐、元祐爲説，無以厭服公論，恐紛紛未艾也。」辭辯淵源，議論勁正，章雖迕意，亦頗驚異，遂有兼取元祐之語，留公共飯而别。章到闕，召公爲太學博士，公聞其與蔡卞方合，知必害於正論，遂以婚嫁爲辭。久乃赴官，於是三年不遷。遺事○龜山語録云：瑩中言宰舟事最好，然元祐舟不知爲甚椿得太重，及紹聖時不知却如何亦偏多載了。據此，兩舟所載者因何物得重，今當減去何物則適平，若被人問到此，須有處置始得。如是本分處置得事之人，必須有規矩繩墨，一一調和得是，不令錯了。若只説得總腦便休，亦不濟事。孟子言「天下可運於掌」，如彼所言，天下誠可運於掌也。

公爲太學博士，薛昂、林自之徒爲正録，皆蔡卞之黨也，競推尊荆公而擠排元祐，禁戒士人，不得習元祐學術。卞方議毁資治通鑑板，公聞之，因策士題特引序文以明神考有訓，於是林自駭異，而謂公曰：「此豈神考親製耶？」公曰：「誰言其非也？」自又曰：「亦神考少年之文爾。」公曰：「聖人之學，得於天性，有始有卒，豈有少長之異乎？」自辭屈愧歉，遽以告卞，卞乃密令學中置板高閣，不復敢議毁矣。遺事

紹聖大臣嫉元祐更改王荆公已行之法，乃用繼述之説，以爲形跡。先朝追貶司馬温公等，加以不孝之名，上謗宣仁，事傷國體。公時爲太學博士，被旨賜對，其奏劄曰：「道常然而不渝，事有弊則必變。故堯、舜、禹皆以『若稽古』爲訓。『若』者順而行之，『稽』則考其當

否，或『若』或『稽』，必使合於民情，所以成帝王之治也。」造膝之言，遂明繼述之義。且論：「天子之孝，與士大夫不同。」泰陵喜所未聞，反覆詰問，語遂移時。迫於進饍，公乃引退。上意感悟，約公再見，有變更時事之意。執政聞而恨之，遂黜公于外。泰陵聖顔英睿，臣下奏對，往往懾於天威，少或契合。公始召見，遽以人所難言，逆意開陳，辭達義明，使人主豁然感寤。由是搢紳士夫，罔不欽服。蘇黄門聞之，撫几歎曰：「吾兄東坡，最善論事，然亦不知出此。」遂以書抵公，歎譽甚至。遺事　又聞見録云：陳瑩中紹聖初用章惇薦爲太學博士。先是，惇之妻嘗勸惇無修怨。惇作相，專務報復，首起朋黨之禍。惇妻死，惇悼念不堪。瑩中見惇容甚哀〔一〕，謂惇曰：「公與其無益悲傷，曷若念夫人平生之言？」蓋譏惇之報怨也。惇以爲忤，不復用。

公嘗爲别試所主文。林自謂蔡卞曰：「聞陳瓘欲盡取史學，而黜通經之士，意欲沮壞國是，而動摇荆公之學也。」卞既積怒，謀將因此害公，而遂禁絶史學。計畫已定，唯候公所取士求疵〔二〕，立説而行之。公固預料其如此，乃於前五名悉取談經及純用王氏之學者，卞無以發，然五名之下，往往皆博洽稽古之士也。公嘗曰：「當時若無矯揉，則勢必相激，史學往往遂廢矣。故隨時所以救時，不必取快目前也。」遺事

公自館職請外補，得倅滄州，秩滿，移守衛州，中間數有薦章，兩被内除，皆辭不行。至紹聖末，徽宗即位，召爲言事官，於是即日就道，論章惇、蔡卞繼述〔三〕，平日之志略行焉。

遺事

公方赴召命至闕，聞有中旨，令三省繳進前後臣僚章疏之降出者。公謂宰屬謝聖藻曰：「此必有姦人圖蓋己愆而爲此謀者。若盡進入，則異時是非變亂，省官何以自明？」因舉蔡京上疏請滅劉摯等家族，及妄言携劍入内欲斬王珪等數事。謝驚悚，即白時宰，録副本于省中。其後京黨欺誣蓋抹之説不能盡行，由有此跡不可泯也。遺事

徽宗初政，欲革紹聖之弊以靖國。於是大開言路。衆議皆以瑶華復位，司馬温公等叙官爲所當先。公時在諫省，獨以爲：「幽廢母后，追貶故相，彼皆立名以行，非細故也。今欲正復，當先辯明誣罔，昭雪非辜，誅責造意之人，然後發爲詔令，以禮行之，庶幾可無後患。不宜欲速致悔也。」朝廷以公論久鬱，且欲快悦人情，遽施行之。至崇寧間，蔡京用事，悉改建中之政，人乃服公遠慮也。遺事

公在言路，知無不言，然議論持平，務存大體，彈擊不以細故，未嘗及人私過。常言：「人主託言者以耳目，固不當以淺近見聞，惑其聰明。況以訐爲忠，無補於時，反傷治體乎！」遺事

公譽望早達，自登科不汲汲於仕進。元祐、紹聖間，諸公交薦於朝，公慎所主，多所退避。及後被眷知，居言路，排姦扶正，所指議者往往嘗相舉薦，故公疏文有曰：「在彼則舉

爾所知，在此則爲仁由己，未嘗以預薦而入其黨，亦不以小故而絶其恩。」蓋公之意，以士人出處不因薦剌而廢公議，則朋黨之説無緣而起。遺事

公因朝會，見蔡京視日久而不瞬，嘗以語人曰：「京之精神如此，它日必貴。然矜其稟賦，敢敵太陽，吾恐此人得志，必擅私逞欲，無君自肆矣。」尋居諫省，遂攻其惡。京聞公言，因所親以自解，且致情懇，而以甘言啖公。公使答之曰：「杜詩所謂『射人先射馬，擒賊須擒王』，不得自已也。」於是攻之愈力。遺事

公每謂：「天下之事，變故無常，唯稽考往事，則有以知其故而應變。王氏之學，乃欲廢絶史學，而咀嚼虚無之言，其事與晉無異，將必以荒唐亂天下矣。」故彈蔡京疏文有曰：「絶滅史學，一似王衍；重南輕北，分裂有萌。」逮今三十餘年，而所言無不驗者。遺事

公以紹聖史官，專據荆公日録，以修裕陵實録，變亂是非，不可傳信，故居諫省，首論其事，進日録辨，乞改實録。又因竄責合浦，著尊堯集，深闢誣妄，以明君臣之義，然猶止以增加之罪，歸于蔡卞。蓋公之意以謂，荆公已殁，宗其説以殖私黨者，卞實罪魁，救時革弊，當以去卞爲先。若根源鋤塞，則制其流蔓易矣，及邪説大行，勢不可回。於是直攻荆公之惡，以明禍本之所在，所以復著四明尊堯也。雖尊崇宗廟，破闢私史，立意則同，而議論直捷，無所迴避，則後集乃公之所取以爲正也。故公自謂四明尊堯者，芻蕘改過之書也。後集序

文可以備見。遺事○元城譚録曰：陳瑩中，安世嘗薦自代，而未嘗識面。中庸曰：道之不行，不明也，我知之矣，智者、賢者過之，愚者、不肖者不及也。若瑩中者，多失之過。如尊堯集先評王荆公爲伊、呂聖人之耦，而後納諸僭叛不軌之域，此學術不粹也。其始論荆舒日録也，乃歸過蔡卞，以爲吾用權道。且君子立言行己，當本之誠，此之謂誠可乎？春秋書二百四十二年之事，善善惡惡，或原心定罪則有之，何嘗有嫁罪誣人之事？今欲正一大事，而枉筆且誣人，是自招曲也。如此，安有能立者乎？○又曰：當今之務，非出於荆公，則入於温公矣。元祐諸公所行，蓋有未當處，不可全用。今日之事，則固不可用。有一道理，未嘗爲人説，恐万一傳去，使渠輩先施弓箭，而不可不爲吾子言。然則救弊之理，莫若只宗神考，大有不可及者，則漸自正。韓瓘曰：「陳瑩中之説，固如是也。」公曰：「安世實嘗語之以此。」○劉公集有答陳公書論尊堯集，大概與前説同，但其末云：「報君行己，茍己無憾，而今而後，亦可以忘言矣。」

公自諫省謫揚州筦庫，以論蔡京交結外戚迮欽聖也。被命數日，欽聖悔寤，遣中使宣諭，以非本旨，方且開解，主上召還矣。賜公度牒十道，俾勿遽行。繼遂有無爲之命。公以京猶在朝廷，而復言者差遣，是非不辨，不敢祗受。及京得外補，公乃拜命。遺事

公自右司員外郎兼權給事中。時何相執中爲禮部侍郎，一日，以間與公曰：「今早見貴人，公即真矣。」公即呼正彙示之曰：「吾與丞相議事多不合，今所聞乃爾，是欲以官爵相餌也。若受其薦進，而復有異同，則公議私恩，兩有愧矣。吾有一書，將投之以決去就，汝

其爲我書之。」又曰：「郊祀不遠，彼不相亮，則失汝恩澤，能不介意乎？」正彙再拜願得書，公乃大喜。明日持以入局，未及問，丞相約公相見，連介催促。公留使者少候，已而同舍朱世英來，公拉之同往。朱不知所以，丞相見公有同行者，有不豫之色。公不候坐定，遽出書爲獻，丞相大怒，辯論移時，公指事叙言，辭色不撓，堂吏比肩聳觀，朱亦皇恐失措。丞相怒甚，翹足肆坐，語浸驕慢，公雍容起白曰：「瓘之所論者國事，是非當付之公議，相公未可失待士之禮也。」丞相整儀無語，公遂起，竟不聞所以相招者何言。信宿，遂有海陵之命。遺事

公自嶺外歸，居明州，嘗令正彙幹蠱錢塘。偶聞蔡宻詫説蔡京之福厚，其事有動摇東宫之迹，不敢隱嘿，乃自陳于帥司。蔡薿時爲杭帥，方與京叙宗盟，結死黨，遂執正彙送京師，而飛書告京俾爲計。事下開封制獄，獄辭果不右正彙，而公亦連逮。開封尹李孝偁脅誘公使證正彙之妄，公曰：「正彙聞蔡京將不利於社稷，傳於道路，遽自陳告，瓘豈與知？若瓘以所不知忘父子之恩而指其爲妄，則情所不忍；挾私情以符合其説，又義所不爲。況不欺不貳，平昔所以事君教子，豈於利害之際，有所貪畏，自違其言乎？蔡京姦邪，必爲國禍，瓘固嘗論於諫省，亦不待今日語言間也。」時内侍黄經臣監勘，聞公所對，失聲歎息，謂公曰：「主上正欲得實，右司但依此供狀。」其後獄具，正彙猶坐所言過實流竄海島，公亦有安置通州之命。遺事○又聞見録云：瑩中爲諫官時，爲上皇極言蔡京、蔡卞不可用，用之決亂天下。

蔡京深恨之，屢竄責。例用赦放歸，猶隸通州。一日，瑩中之子走京師，言蔡京事。詔獄下，明州捕瑩中甚急，士民哭送之，瑩中不爲動。入獄，見其子被縶，笑曰：「不肖子煩吾一行。」蔡京用酷吏李孝壽治其事，孝壽坐廳事簾中，列五木于庭，引瑩中問之。瑩中從容曰：「蔡京之罪，瓘實知之，不肖子不知也。」多求紙自書。孝壽懼，以瑩中爲不知情，即日放歸。再隸通州，其子配海上。

公在通州，張無盡入相，欲引公以自助。時置政典局，乃自局中奉旨，取公所著尊堯集，蓋將施行所論，而由史局用公也。公料其不能成事，辭以修寫而未發。繼日承政典局牒，坐聖旨，俾州郡催促。公乃用奏狀進表，以黄帕封緘，繳申政典局，乞於御前開拆。或謂公當徑申局中，而通書廟堂。公曰：「恨不得直達乙覽，豈復可與書耶？彼爲宰相，有所施爲，不於三省公行，乃置局建官，若自私者，人將懷疑而生忌，正恐尊堯至而彼已動摇也。遠其迹猶恐不免，況以書耶？」繼而悉如公言。張既罷黜，公亦有台州之命，責詞謂公「私送與張商英，意要行用」，於是衆人服公之遠慮，而怪何、鄧輩敢欺罔上下也。何執中爲宰相，鄧洵仁爲執政。○遺事

公謫台州，朝旨不下司，行移峻急，所過州郡，皆令兵甲防送，不得稽留。至台久之，人莫敢以居屋借賃者，暫館僧舍。而郡守以十日之法，每遣厢巡起遣。故十日必爲之遷一寺。公處之澹然，不以介意。遺事

公到台數月，朝廷起遷人石㦸知州事，且令赴闕之官，士論訩訩，咸爲將有處分于公也。㦸至，果揚言怖公。視事次日，即遣兵官突來約束，不得令出入，取責鄰人防守狀，又置邏卒數鋪，前後巡察，抄録賓客書問之往還者，雖親戚家書，殆至隔絶。未幾，復令兵官突來所居，搜檢行李，攝公至郡。郡庭垂簾如制獄，大陳獄具。蓋朝旨取索尊堯副本，而㦸爲此以相迫脅耳。公知其意，遂發問曰：「今日之事，豈被旨耶？」㦸非所料，失措而應曰：「有尚書省劄子。」卷簾出示公，劄子所行，蓋取尊堯集副本，以爲係詆誣之書，合繳申毀棄也。公曰：「然則朝廷指揮取尊堯集耳，追瓘至此，復欲何爲？」因問之曰：「君知尊堯所以立名乎？蓋以神考爲堯，而以主上爲舜也。助舜尊堯，何爲詆誣？時相學術淺短，名分之義，未甚講求，故爲人所法使，請治尊堯之罪，將以結黨固寵也。君所得於彼者幾何，乃亦不畏公議，干犯名分乎？請具申瓘此語，瓘將顯就誅戮，不必以刑獄相恐。」㦸不待公言畢，屨揖公退。尋語人曰：「不敢引其説，尚自如此，良可畏也。」繼又幽公於僧舍，使小吏監守，對榻坐卧，窘辱百端，人情憂怖，慮有不測，公安之不以爲撓，㦸亦終不能爲害。遺事

公謫台州，於法合進謝表。台州不爲發遞，表未得達，而石㦸之來，聲勢甚異，公料其必受蔡薿風旨，意在得其所投書，必將搜索及行李。於是爲封事，繳謝表封緘於篋，題以臣

名。慽至果如所料，而以緘題之故，不敢輒開，遂以奏御。薿與執中皆怒。未幾，罷之。或問：「公何以審其如此？」公曰：「吾於薿初無它，薿懷遺書之愧，而其黨未必知，納忠相捃，實自爲計。今顯其迹，則法使之術不行矣。」遺事

公雖緣蔡氏得罪，而首論私史，力排王氏。王、蔡之黨，如薛昂、蹇序辰、何執中、鄧洵仁、洵武、蔡薿之徒，皆當時協力排陷，欲殺公者，亦不獨蔡京兄弟而已。蔡薿與公初不相識，公上宰相書，謫守海陵，薿爲太學生，以長書遺公，論天下事，皆合天下之公議，遣人致於海陵，謂：「公諫疏婉而有理，似陸宣公；剛而不撓，似狄梁公；文章淵源，發明正道，則韓文公其人也。」至次年，薿以對策爲大魁，所陳時務，與前書頓異，於是愧悔，而欲殺公以滅口，密贊京黨，出力尤甚。正彙三山之竄，石慽台州紛紛，皆其所爲也。遺事

公遷責以來，杜門不治人事，絶迹州郡宴會幾三十年，所至人情向慕，雖田夫野老，咸知名願見。及自天台歸通州〔四〕，道由會稽，時王豐甫仲薿爲越帥，以公早爲岐公所器重，具舟檝爲禮，候公於郊，因共載歸府舍。越人聞公赴府會，競來觀瞻，比肩輿歸館，道路遮擁，幾不可行。爲人欽重如此。遺事

公在台五年，屢該赦，當自便，而刑部不敢檢舉。既而上旨令叙官放還，乃因郊霈霑恩。然初以宣德郎被謫，而叙官乃得承事郎，實鐫降也。被命之後，忽得州牒備坐省劄

云：「奉御批，叙復數内陳瓘叙復未當，合於見存官外叙一官，仍取旨與差遣。符州告示，本官知委。」公既供知委而來通州，將數月，又有省劄下通州，令公具家狀陳乞差遣。人皆賀公，以爲起發有漸也。公曰：「此廟堂欺君玩世之術爾，若與差遣，豈應見問？上聞吾叙官不當，而見於御批，諸公不敢但已，爲此遷延之説，以塞上旨。家狀雖可供，而差遣其可乞耶？彼謂吾不堪流落，而因兹乞憐爾。」乃報云：「家狀昨因削籍毁棄，無憑供具。」事果不行。遺事

公既還寓通州，時開封尹盛章與石悈以私隙訴爭，章密取旨送悈獄，以罪編置通州，因揚言爲公報忿。公聞而嘆曰：「此豈盛世所宜有耶？」因謀徙居以避之。時縣宰與公姻家，而於悈亦沾親，悈屬宰求館舍，宰以爲疑。公謂宰曰：「親戚患難，宜相周旋，置此卹彼，乃爲義事，無足嫌也。」宰於是與之盡力。悈聞而愧感，遣其子來致謝，公曰：「吾爲宰盡親戚忠告之益爾，非欲以德報怨也。」却之不見。月餘遂挈家爲江上之遊。遺事

公泛江至江州，愛其江山之勝，因卜居于城外，杜門不出，謁而來者不拒。士大夫經由江上者，往往不之公府，而必到公家。公延接無間，每爲燕豆之歡。踰年歡適，忽有朝旨，不許出城，月申存在。又更易守臣，日降不下司文移〔五〕，以俟新守之到。外間叵測，無不震懼。交遊中有來索與公往復書簡者，有碎公所書碑刻牌額者，公亦自期以死，惕息俟命

而已。閲數日，乃移南康居住。蓋緣王寀得罪，疾公者乘此時以怖公也。劉待制器之聞之，以書抵公曰：「此乃鶴相恐脅濮上之策，伎止此耳。」遺事

公晚年益負天下重名，蔡氏之黨，必欲殺公以快意。時王寀得罪，而公適居江州，讒者以爲公來居寀之鄉郡，因危言陷公。賴徽宗聖察，止令移居南康。及後方寇嘯聚，又造飛語，言公之婿爲寇所劫取，欲以相中傷，復有楚州之命。蓋公所論京、卞，皆披摘其用心，而發露其潛慝，蔡氏最所忌嫉，故得禍比同時諸公爲最酷，猶以徽宗保全，不至死也。遺事

公徙居山陽也，經由江都。時淮帥毛友達可，或疑其蔡氏腹心，勸公晦跡而過。公曰：「吾無私憾於蔡氏，蔡氏之人，豈無是非之公乎？」乃先遣書遺之。毛報書加禮，有「公立朝行己之道，願望見而不可得」之語，即出郊候公，語頗輸誠，公亦待之無間。後聞其奏報方寇事，不爲欺隱，以書譽之於舊曰：「蔽遮江淮，沮遏賊勢，斯人有助也。」蓋公與人爲善，不分彼此，大率如是。晚進後輩，因公激發，默化而爲善者，不可一二舉也。遺事

公性至孝，事親承順顔色，使親庭無不適之意。居喪毀瘠如禮，廬墳茹蔬連年，有甘露芝草之瑞。於兄弟友愛尤至，伯氏早世，公撫卹其孤，教養嫁娶，使皆有所成立。初奏補恩澤，捨己子而先伯父之子。及後貶責以至終身，諸子皆白衣，未嘗有不滿之意。遺事

公性謙和，與物無競，與人議論，率多取人之長，雖見其短，未嘗面折，唯微示意以警

之，人多退省愧服。尤好奬進後輩，一言一行，苟有可取，即譽美傳揚，謂己不能。公平生手不執錢，不視權衡，貨殖之事，未嘗講論，唯於農田，不廢詢訪，以米之貴賤，而察歲之豐凶也。然常語人則曰：「有國家豈能忘利？或孳孳而營之，或臨事必以爲言，此前賢以爲戒也。」遺事

公雖閑居，容止常莊，言不苟發，雖盛暑見子孫輩未嘗不正衣冠。一日，嘗與家人語，家人戲問實否，公退自責者累日：「豈吾嘗有欺於人耶？何爲有此問也？」御下尤有禮法，未嘗以非類罵人。遺事

公有斗餘酒量，每飲不過五爵。雖會親戚，間有歡適，不過大白滿引，恐以長飲廢事。每日有定課，自雞鳴而起，終日寫閱，不離小齋。倦則就枕，既寤即興，不肯偃仰枕上。每夜必置行燈於床側，自提就案。人或問：「公何不呼喚使令者？」公曰：「起止不時，若涉寒暑，則必動其念，此非可常之道。偶吾性安之，故不欲以勞人也。」遺事

公智明慮遠，事無大小，必原始要終，驗如符契。又通易數，如靖康變故，隆祐垂簾，國家中興之事，往往嘗預言之。士大夫間有親聞者。遺事

李丞相伯紀爲柱史，坐論水被謫，有書與公，求華嚴奥旨，若將忘世者。公以狄梁公「得筏猶捨」之語報之，且謂：「李文靖、王文正二公皆好佛者，未嘗泥其教文，而專以衛物

爲心。文靖爲相，以不擾之説報罷内外所陳利害；文正當軸，終日端默，包兵革以待夷狄。」勉其繼踵二公於筌筏之外，書辭數千言。及後伯紀果大用，識者歎公藻鑑，且服公之至論也。遺事

徐師川以才氣自負，少肯降志於人。常言：「吾於魯直爲舅氏，然不免有所竊議；至於了翁，心誠服之。」每見公，或經旬月，必設拜禮。忠宣范公晚年益以天下自任，尤留意人材，或問其所儲蓄人材，可爲今日用者，答曰：「陳瓘。」又問其次，曰：「陳瓘自好也。」蓋言公可以獨當天下之重也。宣和之末，人憂大廈之將顛，或問游定夫察院以當今可以濟世之人，定夫曰：「四海人材，不能周知，以所知識，陳了翁其人也。」劉器之亦嘗因公病，使人勉公以毉藥自輔，云：「天下將有賴於公，當力加保養，以待時用也。」其爲賢士大夫所欽屬如此。遺事

公自遷責，所居必葺小齋，終日寫閲内典，觀經史，二十餘年如一日，未嘗少懈。以所抄録名曰知恩，殆千餘軸。又雜觀百家之文，毉卜等書，開卷得益者，亦片紙記録，粘於壁間。環座既遍，即合爲一策，名曰壁記，如此者又數十册。遺事

張丞相天覺晚年亦好佛書、重道。建華嚴閣，作醮籙會，黄冠、釋子，紛紛奔趨之。公雖嘗被其薦引，然素未相識及通書也。至是代書簡之曰：「辟穀非真道，談空失自然。何

如勳業地，無愧是神仙。」及在山陽，方與賓舊會食，見邸報有天覺所上遺表，遽止酒而起，歎傷異常。客有以爲疑者，公曰：「張固非粹德，且復才疏。然時人歸向之。今其云亡，絶人望矣。近觀天時，人事必有變革，正恐雖有盛德者，未必孚上下之聽，殆難濟也。」未幾，公亦感疾，浸至大故。遺事

陳瑩中與關止叔沼、與滎陽公書問，其言前輩與公之交遊必平闕，書云「某公某官」，如稱器之則曰「待制劉公」之類；其與己同等，則必斥姓名，示不敢尊也，如曰「游酢」、「謝良佐」，云此皆可以爲後生法。童蒙訓

陳瑩中嘗言：「學者須常自試以觀己之力量進否。易曰：『或躍在淵。』自試也。」此聖學也。童蒙訓

陳左司瓘送其姪淵責沈文曰：「予元豐乙丑夏爲禮部貢院點檢官，適與校書郎范公淳夫同舍，是時先公爲秘書省正字。公嘗論顏子『不遷怒、貳過〔六〕』，惟伯淳能之。予問公曰：『伯淳誰也？』公默然久之，曰：『不知有程伯淳邪？』予謝曰：『生長東南，實未知也。』予常以寡陋自愧。」了翁之子正由云：「了翁自是每得明道先生之文，必冠帶然後讀之。」范太史遺事○龜山先生題責沈後曰：「了翁以蓋世之才，邁往之氣，包括宇宙，宜其自視無前矣。乃退然不以賢知自居，而以不聞先生長者之名爲愧，非有尊德樂義之誠心，而以自勝爲彊，何以及此？

高文大筆，著之簡册，使世之自廣而狹人者，有所矜式，豈曰少補之哉！」

建中之初，右司諫陳公瑩中論蔡氏弟兄忤旨竄嶺表，公之南遷，不以其罪，舉天下憤惜之，無敢言者。名隸黨籍餘二十年，轉徙道途無寧歲，卒以窮死。初，京爲翰林學士承旨，以辭命爲職，潛姦隱慝，未形於事。雖位通顯世之人，蓋莫知其非也。公於是時力言京不可用，用之必爲腹心患，宗社安危未可知也。聞之者往往甚其言，以爲京之惡不至是。已而結嬖倖，竊國柄，矯誣先烈，怙寵妄作，爲宗社禍，悉如公言。於是人始服公爲蓍龜也。昔王文公安石以學行負時望，神宗皇帝引參大政，士大夫相慶於朝，謂三代之治可以立致。呂公獻可獨以爲不然，抗章論之，雖文正温公猶以爲太遽，欲獻可姑緩。未幾，多變更祖宗故事，以興利開邊爲先務，諸公雖悉力交攻之莫能奪，其流毒至于今未殄也。故温公每謂人曰：「獻可之先見，余所不及。」心誠服之。余以謂公之於京，言之於未用之前，獻可於文公，論之於既用之後，則公之先見，於獻可有光矣。龜山撰公祠堂記

校勘記

〔一〕瑩中見惇容甚哀　「容」、「哀」，原誤作「客」、「衆」，據邵氏聞見録卷一五改。

〔二〕求疵　「疵」原誤作「疪」，據洪本、元刊本、張本改。

〔三〕蔡卞　「卞」原誤作「明」，據文意改。

〔四〕通州　「州」原作「川」，據下文改。

〔五〕日降不下司文移　按：句有疑。

〔六〕不遷怒貳過　「怒」下洪本有「不」字，較勝。

三朝名臣言行録卷第十四

十四之一　康節邵先生

先生名雍，字堯夫，其先范陽人，徙衡漳，又徙共城。先生年三十，來遊于洛，葬其親於伊川，遂爲河南人。嘉祐中詔舉遺逸，留守王公拱辰以先生應詔，授試將作監主簿。熙寧初，復求逸士，御史中丞吕公誨等又以先生爲言，補潁州團練推官。皆三辭不獲而後受命，終稱疾不之官。十年，卒，年六十七，贈祕書省著作郎，元祐中特賜謚。

先生始學於百原〔一〕，堅苦刻厲，冬不爐，夏不扇，夜不就席者數年，衛人賢之。先生歎曰：「昔人尚友於古，而吾未嘗及四方，遽可已乎？」於是走吳適楚，過齊、魯，客梁、晉。久之而歸，曰：「道其在是矣。」蓋始有定居之意。先生少時自雄其材，慷慨有大志。既學，力慕高遠，謂先王之事爲可必致。及其學益老，德益劭，玩心高明，觀於天地之運化，陰陽之消長，以達乎萬物之變，然後頽然其順，浩然其歸。在洛幾三十年，始至，蓬蓽環堵，不蔽風雨，躬爨以養其父母，居之裕如。講學於家〔二〕，未嘗强以語人，而就問者日衆。鄉里化之，遠近尊之，士人之道洛者，有不之公府，而必之先生之廬。先生德氣粹然，望之可知其賢，然不事表襮，不設防畛，正而不諒，通而不汙，清明坦夷，洞徹中外。接人無貴賤親疏之間，群居燕飲，笑語終日，不取甚異於人，顧吾所樂如何耳。病畏寒暑，嘗以春秋時行遊城中，士大夫家聽其車音，倒屣迎致，雖兒童奴隸，皆知懽喜尊敬。其與人言，必依於仁義忠信，樂道人之善，而未嘗及其惡，故賢者悦其德，不賢者服其化，所以厚風俗、成人材者，先生之功多矣。昔七十子學於仲尼，其傳可見者，惟曾子所以告子思，而子思所以授孟子者耳。其餘門人，各以其材之所宜者爲學，雖同尊聖人，所因而入者，門户則衆矣。況後此千餘歲，師道不立，學者莫知其從適。獨先生之學爲有傳也。先生得之於李挺之，挺之得之於穆伯長，推其源流，遠有端緒。今穆、李之言及其行事，概可見矣。而先生淳一不雜，汪洋浩大，乃其所自得者多矣。然而名其學者，豈所謂門户之衆，各有所因而入者歟？語成德者，昔難其居。若先生之道，就所至而論之，可謂安且成矣。銘曰：嗚呼先生，志豪力雄。闊步長趨，凌高厲空。探幽索隱，曲暢旁通。在古或難，先生從容。有問有觀，以飫以豐。天不憖遺，哲人之凶。嗚皐在南，伊流在東。有寧一宫，先生所終。明道先生撰墓誌銘先生少事北海李之才挺之，挺之聞道於汶陽穆脩伯長，伯長以上，雖有其傳，未之見也。先生既受其學，又游河、汾之曲，以至淮、海之濱，涉河濟汶，達於梁、宋，苟有達者，必諮訪以道，無常師焉。乃退居共城，廬於百源之上，大覃思於易經，夜不設寢，日不再食，三年而學以大成。大名王豫天悅，瑰偉博達之士也，精於易，聞先生之篤志，愛而欲教之，既與之語三日，得所未聞，始大驚服，卒捨其學而學焉。衛人乃知先生之爲有道也。年三十餘，來游于洛，以爲洛邑天下之中土，達觀四方之士，乃定居焉。先生清而不激，和而不流，遇人無貴賤賢不肖，一接以誠。長者事之，少者友之，善者與之，不善者矜之。故洛人久而益尊信之，四方之學者與士大夫之過洛者，莫不慕其風而造其廬。先生之教人，必隨其才分之高下，不驟語而强益之。或聞其言，若不適其意，先生亦不屑也。故來者多而從者少，見之者衆而知之者尚寡。及接之久，察其所處，無不中於理，叩其所有，愈久而愈新，則皆心悅而誠服。先生未嘗有求於人，或餽之以禮者，亦不苟辭。洛人爲買宅，丞相富公爲買園以居之。先生年六十，始爲隱者之服，曰：「病且老矣，不復能從事矣。」隆寒盛暑，閉門不出，曰：「非退者之宜也。」其於書無所不讀，諸子百家之學，皆得其本原，而釋、老、技術之說，一無所惑其志。著皇極經世六十卷。晚尤喜爲詩，平易而造於理。有擊壤集二十卷，自爲之序。門人張峄撰行狀

邵堯夫先生居洛四十年，安貧樂道，自云未嘗攢眉。所居寢息處爲「安樂窩」，自號安樂先生。又爲甕牖，讀書燕居其下，旦則焚香獨坐，晡時飲酒三四甌，微醺便止，不使至醉也。中間州府以更法不餉餽寓賓，乃爲薄粥以代之，好事者或載酒以濟其乏。嘗有詩云：「斟有淺深存變理，飲無多少繫經綸。莫道山翁拙於用，也能康濟自家身。」喜吟詩，作大字書，然遇興則爲之，不牽强也。大寒暑則不出，每出乘小車，用一人挽之，爲詩以自詠曰：「花似錦時高閣望，草如茵處小車行。」司馬公贈以詩曰：「林間高閣望已久，花外小車猶未來。」隨意所之遇，主人喜客，則留三五宿，又之一家，亦如之，或經月忘返。雖性高潔，而接人無賢不肖貴賤，皆懽然如親。嘗自言：「若至大病，自不能支。其遇小疾，得有客對話，不自覺疾之去體也。」學者來從之問經義，精深浩博，應對不窮，思致幽遠，妙極道數。間與相知之深者開口論天下事，雖久存心世務者不能及也。呂氏家塾記

元祐中，韓康公尹洛，爲先生請謚于朝。太常博士歐陽棐議曰：「君少篤學，有大志，久而後知道德之歸。且以爲學者之患，在於好惡先成乎心，而挾其私智，以求於道，則蔽於所好，而不得其真。故求之至於四方萬里之遠，天地陰陽，屈伸消長之變，無所不考，而必折衷於聖人。雖深於象數，先見默識，未嘗以自名也。其學純一而不雜，居之而安，行之而成，平夷渾大，不見圭角，蓋其自得深矣。故其隱居幾三十年，室廬纔足以蔽風雨，溉園耕

稼，僅足以給朝夕。及出而接物，恂恂樂易，無貴賤少長，一切以誠。平居怡然，有所甚樂，而世莫能窺也。常自名其居曰『安樂』，而又以爲號。蓋古有黔婁者，死無以斂，而謚曰康，以爲不苟世之爵禄者，其富貴有餘。與君之學未必同，而其迹似之矣。方朝廷命君以潁州推官，嘗辭而不聽，君以爲：『辭益堅則名益高，而未必從也。既受命而以疾辭於吏部，則有司之事耳。』故迹不近名，而終自全其志，則其守可謂固矣。謹按謚法：『温良好樂曰康，能固所守曰節。』伏請謚曰康節。」按晁以道集，叔弼後謂以道曰：「棐從母王宣徽夫人得疾洛陽，先妣夫人亟以棐入洛，時先公參大政，臨行告戒曰：『洛中有邵堯夫，吾獨不識，汝爲吾見之。』棐既至洛求教，先生特爲棐徐道其立身本末甚詳，出門揖送，猶曰：『足下其無忘鄙野之人於異日。』棐伏念先生未嘗辱教一言，雖欲不忘，亦何事邪？』歸白大人，則喜曰：『幸矣，邵堯夫有以處吾兒也。』其後二十年，棐偶入太常爲博士，次當作先生謚議，乃恍然周省先生當時之言，落筆若先生之自序，無待其家所上文字也。」

康節先生少日遊學，先祖母李夫人思之恍惚，至倒誦佛書。康節亟歸，不復出。夫人捐館，康節特毁甚〔三〕，躬自爨以養祖父。置家蘇門山下，康節獨築室于百源之上。時李之才挺之，東方大儒也，權共城縣令。一日見康節，心相契，授以大學。康節益自克勵，三年不設榻，晝夜危坐以思。寫周易一部，貼屋壁間，日誦數十遍。聞汾州任先生者有易學，又

往質之。以下並聞見録

康節與富文忠公早相知。文忠初入相，謂門下士田棐大卿曰：「爲我問邵堯夫，可出，當以官職起之，不即命爲先生處士，以遂隱居之志。」田大卿爲康節言，康節不答，以詩謝之曰：「相招多謝不相遺，將爲胸中有所施。若進豈能禁吏責，既閑安用更名爲？願同巢、許稱臣日，甘老唐、虞比屋時。滿眼清賢在朝列，病夫無以繫安危。」公終不相忘，乃因明堂祫享赦，詔天下舉遺逸，公意謂河南府必以康節應詔。時文潞公尹洛，以兩府禮召見康節，康節不屈，遂以福建黄景應詔。文忠不樂。至者二十八人，各試論一首，命官爲試銜知縣。且奏天下尚有遺材，乞令再舉。詔從之。王拱辰尚書尹洛，乃以康節應詔，潁川薦常秩〔四〕，皆先除試將作監主簿，不理選限。知制誥王介甫繳還辭頭曰：「使邵雍常民，一試銜亦不可與。果賢者，不當止與試銜，宜召試然後官之。」上不納，下知制誥祖無擇，除去「不理選限」行辭。然康節與常秩皆不起。是時富公已丁憂去位矣。熙寧二年，詔舉遺逸，御史中丞呂誨、三司副使吴充、龍圖閣學士祖無擇皆薦康節。時歐陽公作參知政事，素重常秩，故潁州亦再以秩應詔。康節除祕書省校書郎、潁州團練推官。辭，不許。既受命，即引疾不起。且以詩答鄉人曰：「平生不作皺眉事，天下應無切齒人。斷送落花安用雨，裝添舊物豈須春？幸逢堯、舜爲真主，且放巢、由作外臣。六十病夫宜揣分，監司無用苦開陳。」常秩以職官起。時王介甫方行新法，天下紛然以爲不便，思得山林之士相合。常秩賜對，盛言新法之便，乃除諫官，以至待制。帝浸薄之，介甫主之不忘，然亦知其爲人矣。

康節嘉祐中以遺逸命官，辭之，不從。河南尹遣官就第，送告敕朝章，康節服以謝，即褐衣如初。至熙寧初，再命官，三辭，又不從。再服以謝〔五〕，且曰：「吾不復仕矣。」始爲隱者之服，烏帽縚褐，見卿相不易也。司馬温公依禮記作深衣、冠簪、幅巾、紳帶，每出，朝服乘馬，用皮匣貯深衣隨其後，入獨樂園則衣之。嘗謂康節曰：「先生可衣此乎？」康節曰：「雍爲今人，當服今時之衣。」温公歎其言合理。

熙寧三年，朝廷初行新法，所遣使者皆新進少年，遇事風生，天下騷然，州縣始不可爲矣。康節閑居林下，門生故舊仕宦四方者皆欲投劾而歸，以書問康節。康節答曰：「正賢者所當盡力之時，新法固嚴，能寬一分則民受一分之賜矣。投劾而去何益？」

康節過士友家晝卧，見其枕屏畫小兒迷藏，以詩題其上云：「遂令高卧人，欹枕看兒戲。」蓋熙寧間也。陳恬云。擊壤集不載。

熙寧中，洛陽以清德爲朝廷尊禮者，大臣曰富韓公，侍從曰司馬温公、吕申公，士大夫位卿監以清德早退者十餘人，好學樂善有行義者幾二十人。康節隱居謝聘，皆相從。忠厚之風，聞於天下。里中後生皆知畏廉耻，欲行一事，必曰：「無爲不善，恐司馬端明、邵先生知。」

富韓公自汝州得請歸洛養疾，築第與康節天津隱居相邇。公曰：「自此可時相招矣。」康節曰：「雍冬夏不出，春秋時，間過親舊間。公相招未必來，不召或自至。」公謝客戒子曰：「先生來，不以時見。」康節一日過之，公作詩云：「先生自衛客西畿，樂道安閑絶世機。再命初筵終不起，獨甘窮巷寂無依。貫穿百代嘗探古，吟詠千篇亦造微。珍重相知忽相訪，醉和風雨夜深歸。」公常令二青衣、蒼頭掖之以行，一日，與康節會後園中，因康節論天下事，公喜甚，不覺獨步下堂。康節不爲起，徐指二蒼頭戲公曰：「忘却拄杖矣。」公常苦氣痞，康節曰：「好事到手畏慎，不爲他人做了，鬱鬱何益？」公笑曰：「此事未易言也。」蓋爲嘉祐建儲耳。公雖剛勇，遇事詳審，不萬全不發，康節因戲之。公一日有憂色，康節問之，公曰：「先生度弼之憂安在？」康節曰：「豈以王安石罷相，吕惠卿參知政事，惠卿凶暴過安石乎？」公曰：「然。」康節曰：「公無憂。安石、惠卿本以勢利合，惠卿、安石勢利相敵，將自爲仇矣，不暇害他人也。」未幾，惠卿果叛安石。公謂康節曰：「先生識慮絶人遠矣。」一日薄暮，司馬温公見康節曰：「明日僧修顒開堂説法，富公、晦叔欲偕往聽之。晦叔貪佛已不可勸，富公果往，於理未便。光後進，不敢言，先生曷不止之？」康節曰：「恨聞之晚矣。」明日，公果往。後康節因見公，謂公曰：「聞上欲用裴晉公禮起公。」公笑曰：「先生以

走也。」謂弼衰病能起否？」康節曰：「固也。或人言上命公，公不起，一僧開堂，公乃出。無乃不可乎？」公驚曰：「弼未之思也。」公以康節年高〔六〕，勸學修養，康節曰：「不能學人胡走亂走也。」

熙寧癸丑春，大名王荀龍字仲賢入洛見康節。其議論勁正，有過人者，康節喜之。仲賢，魏公客也，因出魏公送行詩，顏體大書，極奇偉。康節曰：「吾少日喜作大字，李挺之曰：『學書妨學道。』故嘗有詩云：『憶昔初書大字時，學人飲酒與吟詩。若非益友推金石，四十五年成一非。』」仲賢又誦魏公詩云：「春去花叢胡蝶亂，雨餘蔬圃桔槔閑。」康節愛之曰：「怨而不傷，婉而成章之言也。」

一日，二程先生侍太中公訪康節於天津之廬，康節携酒飲月陂上，歡甚，語其平生學術出處之大致。明日，明道悵然謂門生周純明曰：「昨從堯夫先生游，聽其論議，振古之豪傑也。惜其無所用於世。」純明曰：「所言何如？」明道曰：「內聖外王之道也。」是日，康節有詩，明道和之，今各見集中。

康節居洛，凡交游，年長者拜之，年等者與之爲朋友，年少者以子弟待之，未嘗少異於人，故得人之歡心。每歲春二月出，四月天漸熱即止。八月出，十一月天漸寒即止。故有詩云：「時有四不出，大風、大雨、大暑、大寒。會有四不赴。公會、葬會、生會、醵會。」每出，人皆倒屣迎致，雖兒童奴隸皆知尊奉。每到一家，子弟家人爭具酒饌，問其所欲，不復呼姓氏，但曰「吾家先生至」也。雖閨門骨肉間事，有未決者，亦求教，康節以至誠爲之開諭，莫不悦服。十餘家如康節所居安樂窩起屋，以待其來，謂之「行窩」。故康節没，鄉人挽詩有云：「春風秋月嬉游處，冷落『行窩』十二家。」洛陽風俗之美如此。

康節平居於人事機祥未嘗輙言。治平間，與客散步天津橋上，聞杜鵑聲，慘然不樂。客問其故，則曰：「洛陽舊無杜鵑，今始至，有所主。」客曰：「何也？」康節曰：「不二年，上用南士爲相，多引南人，專務變更，天下自此多事矣！」客曰：「聞杜鵑何以知此？」康節曰：「天下將治，地氣自北而南；將亂，自南而北。今南方地氣至矣，禽鳥飛類，得氣之先者也。春秋書『六鷁退飛』、『鸜鵒來巢』，氣使之也。自此南方草木皆可移，南方疾病瘴瘧之類，北人皆苦之矣。」至熙寧初，其言乃驗。伯温後聞熙州有唐碑，一日有家雀數千集其上，人惡之曰：「豈此地將爲漢有耶？」因焚之。蓋夷中無此禽也。已而果然。因并記之，以信先君之説。

康節謂本朝五事，自唐、虞而下所未有者：一，革命之日，市不易肆；二，克服天下，在即位後；三，未嘗殺一無罪；四，百年方四葉；五，百年無心腹患。

康節宅契司馬温公户名，園契富韓公户名，莊契王郎中户名，康節初不改也。

熙寧十年夏，康節感微疾，氣日益耗，神日益明，笑謂司馬温公曰：「雍欲觀化一巡，如何？」温公曰：「先生未應至此。」康節笑曰：「死生亦常事耳。」張横渠先生喜論命，來問疾，因曰：「先生論命否，當推之。」康節曰：「若天命，則已知之矣，世俗所謂命，則不知也。」横渠曰：「先生知天命矣，載尚何言？」程伊川曰：「先生至此，它人無以爲力，願自主張。」康節曰：「平生學道，豈不知此？然亦無可主張。」時康節居正寢，諸公議後事於外，有欲葬近洛城者。康節已知，呼伯温入曰：「諸公欲以近城地葬我，不可，當從伊川先塋耳。」七月初四日，大書詩一章曰：「生于太平世，長于太平世〔七〕，死于太平世。客問年幾何？六十有七歲。俯仰天地間，浩然獨無愧。」以是夜五更捐館。辨惑云：伊川又問：「從此永訣，更有以見告乎？」先生舉兩手示之，伊川曰：「何謂也？」先生曰：「面前路逕須令寬，路窄則自無着身處，況能使人行也。」○程氏遺書云：伯淳言：「邵堯夫病革，言試與觀化一遭。」子厚言：「觀化它人便觀得，自家又如何觀得化？嘗觀堯夫詩意，纔做得識道理，却於儒術未見所得。」○又云：邵堯夫臨終時，只是諧謔，須臾而去。以聖人觀之，則亦未是，蓋猶有意也。比之常人，甚懸絶矣。他疾甚革，頤往視之，因警之曰：「堯夫平生所學，今日無事否？」他氣微不能答。次日見之，却有聲如絲髮來大，答云：「你道生薑樹上生，我亦只得依你説。」是時諸公都在廳上議後事，他在房間便聞得，諸公恐喧他，盡出外説話，他皆聞得。一人云：「有新報云云。」堯夫問：「有甚事？」曰：「有某事。」堯夫曰：「我將爲收却幽州也。」以它人觀之，便以爲怪。此只是心虚而明，故聽得。問曰：「堯夫未病時不如此，何也？」曰：「此只是病後氣將絶，心無念慮，不昏，便如此。」又問：「釋氏亦先知死，何也？」曰：「只是一箇不動心。釋氏平生只學這箇事，將這箇做一件大事。學者不必學它，但燭理明，自能之。只如邵堯夫事，它自如此，亦豈嘗學也？」

邵康節居洛陽，有商州太守趙郎中者，康節與之有舊，嘗往從之。時章惇子厚作令，商州趙厚遇之。一日，趙請康節與章同會。章豪俊，議論縱横，不知敬康節也。語次因及洛中牡丹之盛，趙守因謂章曰：「先生洛人也，知花爲甚詳。」康節因言：「洛人以見根撥而知花之高下者，知花之上也；見枝葉而知高下者，知花之次也；見菩蕾而知高下者，知花之下也。如公所説，乃是知花之下也。」章默然慚服。趙因謂章：「先生學問淵源，世之師表，公不惜從之學，則日有進益矣。」章因從先生游，欲傳數學。先生謂章：「須十年不仕宦，乃可學。」蓋不之許也。童蒙訓

邢和叔亦欲從先君學，先君略爲開其端倪，和叔援引古今不已。先君曰：「姑置是，此先天學，未有許多言語，且當虚心滌慮，然後可學此。」和叔留别詩云「杷下每慚呼孺子，牀前時得拜龐公」之句，先君和之：「觀君自比諸葛亮，顧我殊非黄石公。」斷章云：「出人才業尤須惜，慎勿輕爲西晉風。」辨惑〇又上蔡語録云：邢七要學，堯夫不肯，曰：「徒長姦雄。」

校勘記

〔一〕百原　「百」，二程集明道先生文卷四邵堯夫先生墓誌銘作「伯」。

〔二〕講學於家　「家」原作「人」，據同前書改。

〔三〕特毁甚　「特」，邵氏聞見録卷一八或作「特哀」，或作「持喪」。

〔四〕潁川　「川」，下文作「州」。

〔五〕再服以謝　「服以」，邵氏聞見録卷一九作「以朝章」。

〔六〕公以康節年高　「年高」，同前書卷一八或本作「高尚」，或本作「年未高」。

〔七〕長於太平世　同前書卷二〇明鈔本此句下尚有「老於太平世」一句。

十四之二　密學陳公

公名襄，字述古，福州候官人。中慶曆二年進士第，歷建州浦城縣主簿，台州仙居令，知孟州河陽、彭州濛陽縣。召試，充祕閣校理，判尚書祠部。出知常州。神宗即位，召脩起居注，知諫院，管勾國子監。未幾罷諫院，兼御史知雜事，判吏部流内銓、知制誥兼直學士院。出知陳州，徙杭州。召還，知通進銀臺司，除樞密直學士，判太常寺，兼侍讀。卒，年六十四。

公既孤，且多病，常以先君侍郎之言爲念，居間益自策勵，上事繼母以孝，下教弟妹以義方，求士之賢者，親而友之，得其鄉士陳烈、周希孟、鄭穆爲之友。四人者，氣古行高，磨礱鐫切，相期以天下之重爲己任。時學者方溺於彫篆之文以相高，所謂知天盡性之説，皆指以爲迂闊而莫之講。公與三人者獨以斯道鳴於海隅，聞者始皆笑之而驚，四人者不爲變，守之益堅，躬行於其家，由家達于州閭，人卒信而化之，父兄皆飭其子弟請從之。由是閩中士人宗之，謂之「四先生」。雖有誕突盗傲，不可率者，不敢失禮於其門。已而四先生之名傳之四方，從之學者日益衆。葉祖洽撰行狀

公主建州之浦城簿，會邑闕令，公獨當縣事，邑之封疆遠，多世族，前後令罕能制，蔽蒙請託，習以爲常。公夜寐夙興，務究其弊，訟之難聽而積久者，窮極本源，剖決無留。有請託者，惜其士類，不欲遽繩以法。每聽訟，必使數人環列於前，私謁者無所發。由是邑人知公之不可干，老姦宿贓，縮手喪氣，民畏且愛，爭圖公之像以神事之至今。先有詔郡邑興學，公遂諭邑之富人，出所餘以繕學舍。學成，使邑之子弟造焉。公爲入學，講説不斁，士之自遠方來者，至數百人。部使者安刑部積始至其縣，公即以十事便於民者干之，安皆行

之，人受其賜。行狀

公爲主簿，集其士子弟及庶民之好學者，教於縣庠，使孝於其親，順於其昆，信於其鄉，仁於其民。由是爲其父兄者，更相糾戒，不可以非禮干吾簿焉。時有禁近大臣，扶護親喪還閩，衢州以南所過邑，皆調民丁七百，送其行李。至浦城，公曰：「農時方作，雖王命尚不可奪之，矧以爲私耶！」乃令僦賃以役。劉執中撰祠堂記

陳述古密直知建州浦城縣日，有人失物，捕得莫知的爲盜者。述古乃紿之曰：「某廟有一鍾，能辨盜至靈。」使人迎置後閤祠之，引群囚立鍾前。自陳：不爲盜者，摸之則無聲；爲盜者，摸之則有聲。述古自率同職，禱鍾甚肅。祭訖，以帷帷之，乃陰使人以墨塗。良久，引囚逐一令引手入帷摸之。出乃驗其手，皆有墨，惟有一囚無墨，訊之，遂承爲盜。蓋恐鍾有聲，不敢摸也。此亦古之法，出於小說。筆談

仙居爲縣僻陋，民不知教。公於正歲，因耆老來賀，作勸學一篇，使門人管師復讀於庭，且諭之曰：「吾秩滿即去，爾有子弟，亟遣就學。」於是耆老相與感泣歎嗟，從之翕然。每過社稷、孔子廟，必下而趨。邑人自是有所矜式，學者興起。縣有西圃，蕪廢弗葺，縱民耕種其中。然每有興建，必爲民利，故瓦木之資，不責於民，而樂輸之。下至織席之微，亦願出所得以助焉。及公去也，老幼攀車遮道，幾不得出境。行狀

知孟州河陽縣，會司徒富公亦自鄆移鎮河陽，一見公，即厚遇之。燕遊登臨，必與之偕，吟詠樽俎，更和迭倡。富嘗曰：「陳著作，奇才人也。」縣之西有齋舍，俾治新之，率邑子弟入學，至弛身役以誘之。又命其徒張公謂、吳道分教之，民莫不聳勸。俄有謗者，謂公誘邑子以資過客，富公聞之，不能無惑，志以問公，公對曰：「自反而縮，雖千萬人吾往矣。公苟惑謗，何以爲知己？」富不能折。其親舊聞之，有自京師來責公者，曰：「可毀校以塞謗。」公笑謂曰：「以一謗者，使諸生遂不得聞道，其於自任何如？」卒不毀，講說不爲少懈，然後富公益奇之，知其自信之篤。行狀

公在河陽，邑居隘陋。盛暑公出，家人間或垂簾納涼於廳事。既而其櫝失官緡錢二萬，守者以爲辭，公不辨，出己俸償之，物議喧騰，富公亦以爲信。未幾，盜獲於它邑，乃守櫝者爲之。河陽里胥，運置酒材，破蕩産業者，世以爲病。公命浙東從之學者張公謂，以百金僦田兩夫，募農師引沃水灌爲稻畦，種以糯穀。比其耕插耘耨收割也，必躬涖之。而其往來，皆用盛樂，招集其民，俾觀稼穡之法。酒材既足，民胥効之，瘠鹵之地，遂爲膏腴，溫造故迹，復生秔稌矣。祠堂記

判尚書祠部，遇權貴人奏乞寺觀名額，且度僧人、道士，公堅執著令不爲行。因奏言：「近年以來，自宮闈宦官，以及要近，一例陳乞。蓋秉政大臣，不爲陛下愛惜典刑，首爲瀆

亂，所有詔令，未敢奉行。」行狀

出知常州，郡庠下窄，不足以容生師。公勤於經始，成以不日，其規摹氣象，遂爲諸郡庠序之冠。公晨入其中，坐授諸生經義，旁決郡事。由是毗陵學者，盛於二浙。治平初，召還將行，委官閱公帑，得雜收無名錢數百萬，因召積年有官逋未償，情可矜而力不足者，悉以輸之。蓋公淡於宴樂，故有餘，足以周物。行狀

常州運渠橫遏震澤，積水不得北入于江，以爲常、蘇數邑民田之害者累世矣。公以渠之丈尺，對民田之步畝，分授以浚，深廣有制，不月而成。遂削望亭古堰，而震澤積水乃克北流，民害以除，而田旱有溉，豐穰歲饗矣。祠堂記

管勾國子監。時有詔令兩制臺閣臣僚議學校貢舉之制，公因奏曰：「事得其本則爲之甚易，陛下先求賢德，使爲師長，則百度可不勞而成。伏見常秩、陳烈、管師常、程頤經行脩明，宜召爲太學官，使學者有所師法。」行狀

熙寧二年，陳述古學士襄自右史遷臺雜。近例，左右次補知制誥，臺雜，乃叙遷三司副使。於是特降旨，候知制誥闕，與召試。襄辭曰：「陛下以義使臣，則臣敢不惟命是聽。豈可計較資地，以爲輕重？況義之所在，知無不言。夫豈知鈇鑕之在前，而寵禄之居後哉！一有顧利避害之心，則依違姑息，無所不至。身且不正，焉能正人？」乃許追寢前命。明

年，以言青苗事，復爲右史。又歲餘，始掌誥命。呂氏家塾記

方是時，朝廷一新天下法度，公數上疏論列，言多留中。嘗言：「人君先於知道，其次在得賢，然後務立法度。」多見嘉納。行狀

召試知制誥，公不就，奏曰：「朝廷比以制置條例司改更常平新法，中外之議，皆以爲擾。臣負憂責，不得不言，未能開悟聖心，蚤令寢罷，不職之罪，不知譴所，其有召試，臣不敢當。」旋罷知雜，直舍人院，兼天章閣侍講，復脩起居注，皆辭以爲言事不職，不敢承命，仍乞外補。御批其疏：「近除知制誥，卿以言事未遂，懇不受命，且求外補。朕素慕卿經術行己，深惜遠去，故特還舊職，庶幾左右經席，漸磨道義，以適所願。聞今覽來奏，尚欲固辭，豈未悉朕意歟？今還卿來章，當亟就職。」遂復脩注、判銓焉。祠堂記

杭爲都會賓旅之衝，又屬朝廷相繼遣使，公外應接使客，内撫循士民，州不知其擾。杭雖號水鄉，而其地斥鹵，可食之水常不繼。唐相國李長源舊爲六井，引西湖以飲民。井既久廢不脩，水遂不應民用。公命工討其源流，渫而甃之，井遂可食，雖遇旱歲，民用沛然。行狀

陳地勢卑，每遇霖雨，遂無通溝，州民苦之。公命脩八字溝以渫水，城中無泥行之阻。州之學舍隘甚，自范文正公有意闢之，數十年矣，公一朝以官舍廣之，親入學與諸生講中

庸。州人始不務學，至是踴躍自奮。公嘗釋奠學中，州人各遣童稚觀禮，公一以善言循循誘之，莫不感勵。行狀

熙寧中，陳州一日晨起屋瓦盡有冰文，作花果鳥獸狀，如雲母印著粉紙。時陳襄侍讀守淮陽，有屬請奏祥瑞者，公云：「此事當奏，但非瑞奏耳。」但作奏云：「有此祥異，不敢不奏。」以竹篭盛瓦數十枚奏呈，冰文雖消，痕跡猶在。識者皆以陳公爲得體。韓莊敏遺事

公生平講求萬民利害，雖非其職，必録于篇。會其部使可以立事者，則以授之，利及四方者又不知其數焉。凡干朝廷治體、州縣養民之事，必求其術之可以爲法者，鰥寡孤獨，遺棄幼子，災傷水旱，兇札疾疫，恤窮安富，養老勸農，治兵牧馬，練將守邊，積穀生材，差役漕運之事，莫不夙夜圖營精密曲盡之術，而又以詢於賢者、明者、能者，不憚謙遜，屢求廣諮、博訪，既得一善，則又稱其得之所自，而推以授人。此其平生存心，凡四十年弗懈也。既亡，彝檢其手書，議及民政，講求治道，或以相授，或以相諮，凡餘百本，或累至十幅，盈紙細書，講論得失，則其以天下爲己憂也又如此。使之大用，豈可量哉！祠堂記

公將終，妻子環泣，求所以語後者。公索紙筆，書「先聖先師」四字付其子而絶。行狀

公爲人寬厚長者，而臨事有不可犯之色。勇於爲義，其氣渾然，人欲以喜怒探之，終莫之得。遇利害得喪，恬如也。其接物誠，其與人恭而温，與之遊者，不覺鄙咎之失於心也。

行狀

富丞相當國日，引陳襄述古爲上客，述古所以告富公者，盡仁義也。有不悦富公者，造爲「五鬼」之號，而襄在其一。夫流言待無知者而傳，至智者則止矣。以富公之賢，其門豈無善士？以述古之賢，而肯爲人作鬼乎？呂氏家塾記

公之平生，以道德教育天下英才爲己任，故以學業出入其門者，無慮千人，而齒于仕版，輔大政、親近侍、列臺閣、帥邊防者有矣，守方州、使諸路、佐郡邑、宰人民者所至多焉，莫不知所以仁民爲固國之本也，治己爲臨下之範也，學古爲脩身之資也，事親爲行道之始也。官于四方，而民受其賜者，皆公之所教也。不止如是焉。自始達及終身，凡聞天下之賢，有學行者，有吏能者，有道德者，有忠義者，其才可以進之于朝以爲民庇及具表則者，不必識其人也，必書其實，以遺其所部使牧守或執政柄者，未登其賢而用不已也，因之拔擢致身於亨顯而不知其自於公者衆矣。是以其亡，四方髦士及公卿大夫識與不識，若喪其朋，咨嗟靡息焉。公之於學，志在攷古，以治其性爲本，事君以建其忠爲業，故雖燕居，必持厥志，謂暴其氣者，不可以入君子之德，是以雖家人臧獲，平生未始見其不足之色。鋭於經綸天下大務，尤能受盡言，樂聞己過，喜於爲善，度量淵廣，長於包荒，樂於教民。其職精於治體，其政先於變俗，其仁勤於濟衆，其交貴於謙光。故其出入中外，裕裕然弗以進退榮辱動

其心焉。每曰：「惟大人爲能格君心之非，吾徒之事也。」其知諫、知雜，言出至誠，詳審有緒，不爲激訐，故雖譏病大臣，補救時政，上每嘉納而多留中。祠堂記

十四之三　祕書丞劉公

公名恕，字道原，筠州人。父渙，少有高志，年五十，爲潁上令，不能屈節事上官，棄官家廬山之陽，歐陽公所爲賦廬山高也。公年十八，試經義、説書皆第一，釋褐邢州鉅鹿主簿，遷晉州和川令。司馬公受詔脩資治通鑑，奏請同編脩。以親老乞監南康酒，詔即其官脩書。累官至祕書丞。卒年四十七。

道原少穎悟俊拔，讀書過目即成誦。年四歲，坐客有言孔子無兄弟者，道原應聲曰：「以其兄之子妻之。」一坐驚異。十二三謁丞相晏公，問以事，道原反覆詰難，公不能對。范太史撰墓碣

公在鉅鹿，陳鄘公帥高陽，召至府，重禮之，使講春秋，丞相親帥官屬往聽。墓碣

皇祐初，光爲貢院屬官，時有詔：「士能講解經義者，聽別奏名。」應詔者數十人，趙周翰爲侍講，知貢舉，問以春秋、禮記大義，其中一人所對最精詳，先具注疏，次引先儒異説，

末以己意論而斷之，凡二十問，所對皆然，主司驚異，擢爲第一。及發糊名，乃進士劉恕，年十八矣。光以是慕重之。司馬公作十國紀年序

道原爲人重意義，急然諾。郡守得罪被劾，屬吏皆連坐下獄，道原獨保證之，恤其妻子，如己骨肉，又面數轉運使以深文峻詆。墓碣

前世史自太史公所記，下至周顯德之末，簡策極博，而於科舉非所急，故近歲學者多不讀，鮮有能道之者，獨道原篤好之。爲人强記，紀傳之外，閭里所録，私記雜説，無所不覽。坐聽其談，衮衮無窮，上下數千載間，細大之事如指掌，皆有稽據可考驗，令人不覺心服。十國紀年序

英宗皇帝雅好稽古，欲徧觀前世行事得失，以爲龜鑑，詔光編次歷代君臣事，仍謂光曰：「卿自擇館閣英才共修之。」光對曰：「館閣文學之士誠多，至於專精史學，臣所得而知者唯和川令劉恕一人而已。」上曰：「善。」退即奏召之，與共修書凡數年，史事之紛錯難治者，則以諉之，光蒙成而已。十國紀年序○又墓碣云：道原於魏、晉以後事尤能精詳，考證前史差謬，司馬公悉委而取決焉。

道原爲人剛毅，一豪不挫於人。熙寧中，執政有與之故舊者，欲引修三司條例，道原不肯附之，且非其所爲。執政者寢不悦，當是時其權震天下，人不敢忤，而道原憤憤欲與之

校，面語侵之，至變色悖怒，而道原不少屈。稠人廣坐，抗言其失，聞者縮頸，而道原意氣自若。久之亦不自安，以親老告歸南康，乞監酒税以就養。墓碣

王介甫與道原有舊，深愛其才。熙寧中，介甫參大政，欲引道原修三司條例，道原固辭以不習金穀之事，因言：「天子方屬公以政事，宜恢張堯、舜之道，以佐明主，不應以財用爲先。」介甫雖不能用，亦未之怒。道原每見之，輒盡誠規益。及吕獻可得罪知鄧州，道原往見介甫曰：「公所以致人言，蓋亦有所未思。」因爲條陳所更法令不合衆心者，宜復其舊，則議論自息。介甫大怒，遂與之絶。未幾，光出知永興軍，道原曰：「我以直道忤執政，今官長復去，我何以自安？且吾親老，不可久留京師。」即奏乞監南康軍酒，得之。十國紀年序

道原嗜學，方其讀書，家人呼之食，至羹炙冷而不顧。夜則卧思古今，或不寐達旦。在和川，嘗以公事適野，見劉聰太宰劉雄碑，知嘉平五年始改建元[一]，正舊史之失。在洛陽，與光偕如萬安山，道旁有碑，讀之乃五代列將，人所不稱道者，道原即能言其行事始終，歸驗於舊史，信然。宋次道知亳州，家多書，道原枉道就借觀之。次道日具酒饌爲主人禮，道原曰：「此非吾所爲來也，殊廢吾事，願悉撤去。」獨閉閣晝夜讀且抄，留旬日，盡其書而去，目爲之翳。十國紀年序

方介甫用事，呼吸成禍福，凡有施置，舉天下莫能奪。高論之士，始異而終附之，面譽

而背毁之，口是而心非之者，比肩是也。道原獨奮厲不顧，直指其事，是曰是，非曰非，或面刺介甫至變色如鐵。或稠人廣坐，介甫之人滿側，道原公議其得失無所隱，惡之者側目，愛之者寒心，至掩耳起避之，而道原曾不以爲意。見質厚者，親之如兄弟；姦諂者，疾之如讎。用是困窮而終不悔，此誠人之所難也。昔申棖以多欲不得爲剛，微生高以乞醯不得爲直，如道原者，可以爲剛直之士矣。十國紀年序

道原家貧，至無以給旨甘，一毫不妄取於人。其自洛陽南歸也，時已十月，無寒具，光以衣襪一二事及舊貂褥賫之，固辭，强與之。行及潁州，悉封而返之。於光而不受，於它人可知矣。尤不信浮屠説，以爲必無是事，曰：「人如居逆旅，一物不可乏，去則盡棄之矣。豈得賫以自隨哉！」可謂知之明而決之勇矣。十國紀年序

先公言荆公笑劉道原耽史而不窮經，相見必戲之曰：「道原讀到漢八年未？」而道原力詆荆公之學，士子有談新經義者，道原怒形於色，曰：「此人口出妖言，面帶妖氣。」先公每談此以爲笑。范太史遺事

資治通鑑書成，劉袐丞已卒，先公上奏云：「恕於此書，功力最多，今編修屬官皆蒙甄録，惟恕身亡，獨未霑恩。伏聞仁宗朝黄鑑預修三朝寶訓，梅堯臣爲編修唐書官，皆未及奏書而卒，後特官其一子。乞依此例，與恕一子推恩。又乞以刊成通鑑賜其家。」朝廷皆從

之。道原子羲仲，有史學，能世其家，先公待之如子姪。范太史遺事

校勘記

〔一〕嘉平五年「五」原誤作「二十五」，據琬琰集中三八司馬光撰十國紀年序改。

十四之四　節孝徐先生

先生名積，字仲車，楚州山陽人。中進士第，神宗朝數召對，以耳疾不能至。元祐年就除揚州司户參軍、楚州教授。徽宗即位，特改宣德郎。累乞致仕，不報。崇寧二年，特除西京嵩山中嶽廟，逾月卒，年七十六。政和六年，賜謚節孝處士。

先生自兒童不爲嬉戲，寡言笑，莊毅如成人。父羅城君卒，先生始三歲，晨昏匍匐床下，求其父甚哀。太夫人一日使讀孝經，輒流涕不能止。是時太夫人携先生育於陝右外家，事母篤孝，朝夕冠帶問起居。一日幞頭晨省，外氏諸婦大笑之。翌日復如是，笑不已。被笑旬日彌恪，自是至老不廢，居家必冠帶，當暑絺綌必重。王資深撰行狀○又童蒙訓云：先

生因具公裳見貴官，忽自思云：「見貴官尚必用公裳，豈有朝夕見母而不具公裳者乎？」遂晨夕具公裳揖其母。

既冠，徒步從安定先生學。安定門下踰千人，以別室處之，遣婢視飲食澣濯。盛寒惟一衲裘，以米投漿甕中，日食數塊而已。安定使其徒餽之食，不受。將還，受一飯而行，曰：「先生之命，不可終違。」嘗曰：「吾於安定之門，所得多矣，言之在耳，一字不違也。」行狀○又童蒙訓云：仲車先生初從安定胡先生學，潛心力行，不復仕進。其學以至誠爲本，積思六經，而喜爲文詞，老而不衰。先生自言，初見安定先生退，頭容才偏，安定厲聲云：「頭容直！」積因自思，不獨頭容，心亦要直也，自此不敢有邪心。○又安定行録云：了翁嘗問先生：「佛氏有悟門，儒者有之否？」先生曰：「有之。」問：「先生之悟門云何？」曰：「積昔從安定先生學，先生晚畜二侍姬，諸弟子莫見。一日因延食中堂，二女子侍側，食已，積請於安定曰：『門人或問見侍子否，何以告之？』安定曰：『莫安排。』積由是有得，此積之悟門也。」

二叔父議析居，先生涕泣止之，不可，於是請二叔父先取所欲，餘書十篋，弊屋數間而已，先生怡然受之。二叔父歿，家事替，先生事叔母如母，送死無不備。先生事母謹嚴，非有大故，未嘗去其側。日具太夫人所嗜，或不獲，即奔走闤市，若有所亡，人或慕其純孝，損直以售之。親戚故人，人致甘毳，誠不至，禮不恭，弗受也。所奉饌皆手自調味，太夫人飲食時，先生率家人在左右，爲兒嬉或謳歌以説之。故太夫人雖在窮巷，而奉養與富貴家等，無須臾不快也。應舉貢禮部，不忍一日去其親，遂徒步載母，西入京師。一日借人書册，經夕還之，人知其必不校，乃誣曰：「册中有金葉。」先生遜謝，賣衣償金。聞者皆不平，强使歸金，先生終不受。平居日未嘗事聲律，及試有司，亦以賦中第。同牓第一人許安世，率同年數十人拜太夫人於堂上，仍以百千爲太夫人壽，數往返，先生終拒之。先生年過壯，未娶，或勉之，答曰：「娶非其人，必爲母病。予非敢忘嗣，固有待也。」先生以羅城君諱石，平生不用石器，遇石則避而不踐。或謂先生曰：「天下用石多矣，必避之，然後爲孝歟？他日山行奈何？」先生曰：「此吾私迹則然，吾豈固避之哉！吾遇之怵然傷吾心，乃思吾親，不忍加足其上。他日若有君命，敢從私乎？」行狀

太夫人既以疾終，先生號慟嘔血，絶而復蘇，哭不輟聲，水漿不入口七日。廬墓三年，卧苫枕塊，縗絰不去身，至雪夜哀號，伏墓呼太夫人，問寒否如平生。困委僵仆，手足皆裂，不顧也。翰林呂溱嘗造廬下，見其飲食，聞其號哭，垂涕曰：「想見鬼神中夜聞此聲，亦須爲公泣。」所居茅舍，不蔽風雨，而農夫樵父，瞻仰如神。有爭訟者必造之，先生以義裁決，皆悦服而去，不復造有司。每歲甘露降於墳域必逾月，郡縣吏民無長少，日至東郭焚香致恭，城中爲虚。競獻粟帛藥劑，悉無所受。隣邑之人，環廬擁道，移市就之，踰月乃止。太守迎先生入學，歲四月降甘露於所舍。太夫人墳左有杏一本兩枝，數年矣，一日兩枝之端

忽漸相向，踰時遂合，今尚存也。先生居州學教授舍，尚設考妣几筵，晨昏起居，執爨滌器，饋食如生。冬以火温衾席，夏揮扇去蚊蚋，思母平時所甘，日以供祀，未嘗一日不奉酒也。行狀

先生嘗患鄉飲之禮，世久不見，率郡守舉行其儀，閭巷鄉老，皆使與飲。又著文勸諭其子弟室家，是日士民在泮者蓋千人。行狀

先生平日教學者，每以「治心養氣」四字爲先，曰：「脩身務學，爲文之要，莫大於此，其効甚明，其術甚易。」晚乃著書，未成而病，嘗曰：「吾之書大要以正治心，以直養氣而已。」四方士大夫上謁請見者無虚日，先生酬答不倦，忘寢與食。或問立朝之要，則必曰：「以正輔乎君。」或問脩身之要，則必曰：「以正脩其身。」自遠方寄匣軸請教者〔一〕，乃大書一「正」字與之。諸生有逾年不省侍者，以私財遣之使歸。行狀

先生天文之學，尤造其妙。門人問之，則曰：「昔有學天文於譙周者，周曰：『天下事可學者甚多，何獨天文？』」行狀

先生居山陽鄉校幾三十年，事先聖如一日，籩豆器皿，必自盥濯，春秋釋菜，必數日齊戒。諸生無家者，每歲時置酒與之飲。其歿於學者，皆葬徐氏地中，無人奉烝嘗者，數百人設廣坐祭之。行狀

先生自少戒殺，見聚螘，惕然惟恐踐之。未嘗誦佛書，而每論佛必得其要。平日默處一室，幾若與世相忘，至其論天下事，則衮衮不倦。有客自廣東奉使歸，見先生語邊事，先生因論二廣山川險易，堡塞疏密，番禺槍手利害，口誦手畫，若數一二。使者歎曰：「不出户而知天下者，徐公是也。」行狀

先生於前代名將，酷慕諸葛武侯，以其所學之廣，所養之厚也。嘗謂：「兵者實大賢盛德之事，非小才小智所能用。不獨用之難也，言之亦難。若其所養不至而易言之，鮮不敗事。」行狀

先生自少及老，日作一詩，爲文率用腹藁口占，其子書之。作大河詩二百餘韻，一夕乘興自書，不改一字。嘗曰：「文字在胸中，出之未暇者，不可勝記。」晚年益好觀書，目力視小字不衰。自得耳疾，不發遠書，其欲答者，率以小詩報之。然詩亦不至京師。行狀

先生居官得禄，奉祭祀外悉付家人，未嘗問有無。至親舊急難，則罄所有赴其急，或脱衣衣之，率以爲常，故居州序三十年，未嘗一日絕禄，而家徒四壁立。行狀

先生一日升堂訓諸生曰：「諸君欲爲君子，而使勞己之力，費己之財，如此而不爲，猶之可也。不勞己之力，不費己之財，何不爲君子，鄉人賤之，父母患之，如此而不爲，猶之可也。父母欲之，鄉人榮之，何不爲君子？」又曰：「言其所善，行其所善，思其所善，如此而

不爲君子者，未之有也。言其不善，行其不善，思其不善，如此而不爲小人者，未之有也。」行狀

先生以病廢人事，惟里閭故舊、親戚之喪，遣吊祭親治辨如平日，滌罍缸貯酒，拜而後遣之。安定言行録

先生病革，門人問之，先生遽以衣覆首曰：「不巾不敢延坐。」又謂其子曰：「君子命在須臾恍惚之間，然而不敢少忘禮義。」并舉曾子易簀之事，因誦檀弓一篇，誦畢而化。行狀

傅尚書墨卿初尉江都，往來山陽，深爲節孝先生所知。或問先生所爲知墨卿者，先生曰：「方欽聖升遐，楚之郡縣官若寓若客，皆集服臨郡廷下，惟傅尉容稱其服，吾是以賢之。」安定言行録

校勘記

〔一〕匣軸　「匣」，洪本、元刊本、張本作「巨」。

十四之五　陳無己〔一〕一字履常，事具文集序，今見左方。

彭城后山居士陳師道無己苦節厲志，自其少時，蚤以文謁南豐曾舍人，曾一見奇之，許其必以文著，時人未之知也。元祐中，侍從合薦于朝，起爲徐州教授，除太學博士，言者謂當官嘗私至宋謁眉山蘇公，改教授潁州。紹聖初，以進非科第而罷，退居彭城者累年。復教授棣州，入祕書省爲正字以卒，實建中靖國元年也。未仕，貧無以養，寄其孥婦氏。當權者或召見之，顧非其好，不往，此豈易衣食者哉！在潁賦六一堂詩，有「向來一瓣香，敬爲曾南豐」之句。而太守則蘇公也。其罷而歸彭城，家益窮空，至累日不炊，妻子愠，見而不恤。諸經皆有訓傳，於詩、禮尤邃。爲文至多，少不中意則焚之，存者財十一也。世徒喜誦其詩文，乃若奧學至行，或莫之聞也。謝克家撰文集序

頃在廣陵，秦觀少游爲僕言：「彭城陳師道履常者，高士也。其文妙絶當世，而行義稱焉。嘗銘黄樓，曾公子固謂如秦刻石。傅公欽之初爲吏部侍郎，聞其游京師，欲與相見，先以問觀，觀曰：『師道非持刺字俛顔色，伺候乎公卿之門者，殆難致也。』公曰：『非所望也，吾將見之，懼其不吾見也，子能介於陳君乎？』公知其貧甚，因懷金餽之。及覩其貌，聽其

論議，竟不敢以出口。」二公所以待履常者如此。道鄉集

陳履常居都下逾年，未嘗一至貴人之門。章子厚欲一見，終不可得。中丞傅欽之、侍郎孫莘老薦之，軾亦掛名其間，會朝廷多知履常者，故得一官。蘇内翰答李廌書○後山集答秦少游書云：辱書論以章公降屈年德〔二〕，以禮見招，不佞何以得此，豈佞嘗欺之耶？公卿不下士尚矣〔三〕，乃特見於今而親於其身，幸孰大焉！愚雖不足以齒士，猶當從侯之後，順下風以成公之名。然先王之制，士不傳贄爲臣，則不見於王公。夫相見所以成禮，而其弊必至於自鬻。故先王謹其始以爲之防，而爲士者世守焉。師道於公，前有貴賤之嫌，後無平生之舊。公雖可見，禮可去乎？且公之見招，蓋以能守區區之禮也〔四〕，若昧冒法義，聞命走門，則失其所以見招，公又何取焉？雖然，有一於此，幸公之它日成功謝事，幅巾東歸，師道當御款段，乘下澤，候公於上東門外，尚未晚也。拳拳之懷，願因侯以聞焉。

校勘記

〔一〕陳無己　按：目録原作「正字陳公師道」，今改同正文。

〔二〕辱書論以章公降屈年德　「論」，洪、張本及宋陳師道後山居士文集卷一〇與少游書作「諭」。

〔三〕公卿不下士尚矣　「公卿」二字原闕，據同前書補。

〔四〕蓋以能守區區之禮也　「蓋」、「也」，後山居士文集作「豈」、「乎」。